U0058347

第二次世界大戰
WORLD WAR II MAP BY MAP
戰場大圖解

第二次世界大戰 WORLD WAR II MAP BY MAP 戰場大圖解

作者／DK出版社編輯群
序／彼得・斯諾
翻譯／于倉和

Boulder Media 大石文化

目錄

10

第一章　跌入戰爭的深淵　1918–1939年

34

第二章　德意志大獲全勝　1939–1941年

DK
Penguin
Random
House

第二次世界大戰
戰場大圖解

作　　者：DK出版社編輯群
翻　　譯：于倉和
主　　編：黃正綱
資深編輯：魏靖儀
美術編輯：吳立新
圖書版權：吳怡慧

發 行 人：熊曉鴿
總 編 輯：李永適
印務經理：蔡佩欣
發行經理：吳坤霖
圖書企畫：陳俞初

出 版 者：大石國際文化有限公司
地 址：新北市汐止區新台五路一段97號14樓之10
電 話：（02）2697-1600
傳 真：（02）8797-1736
印 刷：群鋒企業有限公司

2024年（民113）1月初版五刷
定價：新臺幣 1200元
本書正體中文版由Dorling Kindersley Limited授權
大石國際文化有限公司出版

ISBN：978-986-06934-4-7（精裝）
＊本書如有破損、缺頁、裝訂錯誤，請寄回本公司更換

總代理：大和書報圖書股份有限公司
地址：新北市新莊區五工五路2 號
電話：（02）8990-2588
傳真：（02）2299-7900

102

第三章 戰火擴大 1942年

國家圖書館出版品預行編目（CIP）資料

第二次世界大戰 - 戰場大圖解 / DK出版社 作；于倉和 翻譯. -- 初版. -- 新北市：大石國際文化, 民110.12 288頁；23.5 x 28.1公分
譯自：World War II Map by Map

ISBN 978-986-06934-4-7（精裝）
1.第二次世界大戰 2.戰史

712.84 110019310

For the curious
www.dk.com

156

第四章　局勢逆轉　1943–1944年

224

第五章 結局和餘波 1944–1955年

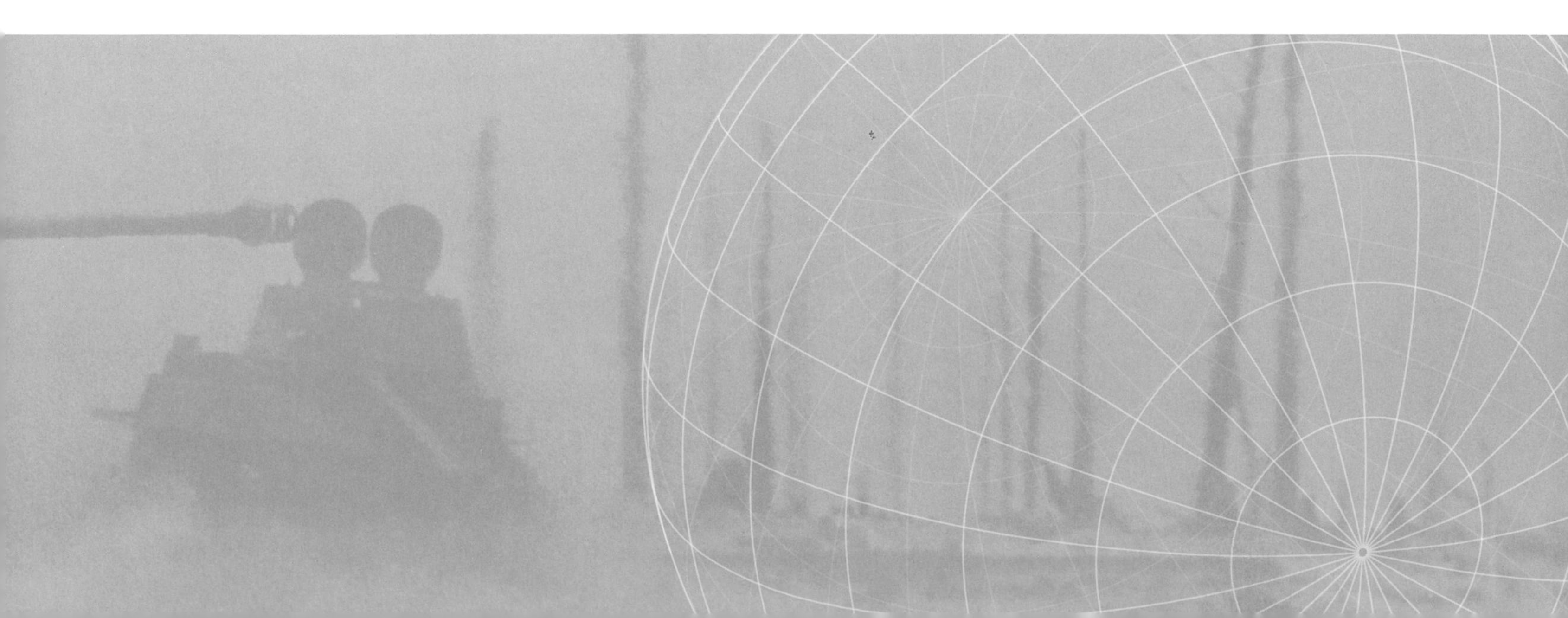

前言

這是我所看過最引人注目的軍事地理作品。1939-45 年間發生的這場激烈衝突規模空前，世界史上所有其他衝突全都無法與之相比，這本書就是明證。第二次世界大戰的殘暴凶猛——暴力程度和付出的人命代價——幾乎無法言形：8000 萬人死亡，大約 2000 萬人在戰場上陣亡，而因為大轟炸引發的火風暴以及陸、海、空全方位戰火而犧牲的平民，則達到這個陣亡數字的三倍左右。這些鉅細靡遺的地圖所闡述的，正是讓機械化大軍得以橫掃遼闊大地、讓軍艦和飛機可以越過前人作夢也想不到的距離施加打擊的機動力和速度。之前的任何衝突都不需要如此全面而詳盡的地圖，也沒有任何其他衝突能夠帶給製圖師如此重大的挑戰。和之前的任何一場戰爭相比，每一個戰爭中的關鍵時刻都標誌著部隊機動性和工業化力量更明顯的運轉跡象。像這樣的地圖可以幫助我們想像 1940 年春天希特勒用閃電戰粉碎低地國家和法國的輪廓、規模和進軍步伐，也為我們舉出其他大部隊進軍的例證—— 1940-43 年間雙方軍隊在北非的勢力消長，蒙哥馬利和巴頓的大軍從北非到西西里及義大利的偉大躍進，納粹德國對史達林統治下蘇聯的閃電襲擊，還有 1942-43 年史達林格勒以後的驚人逆轉。而所有這些當中最戲劇化的，當屬有史以來規模最宏大的

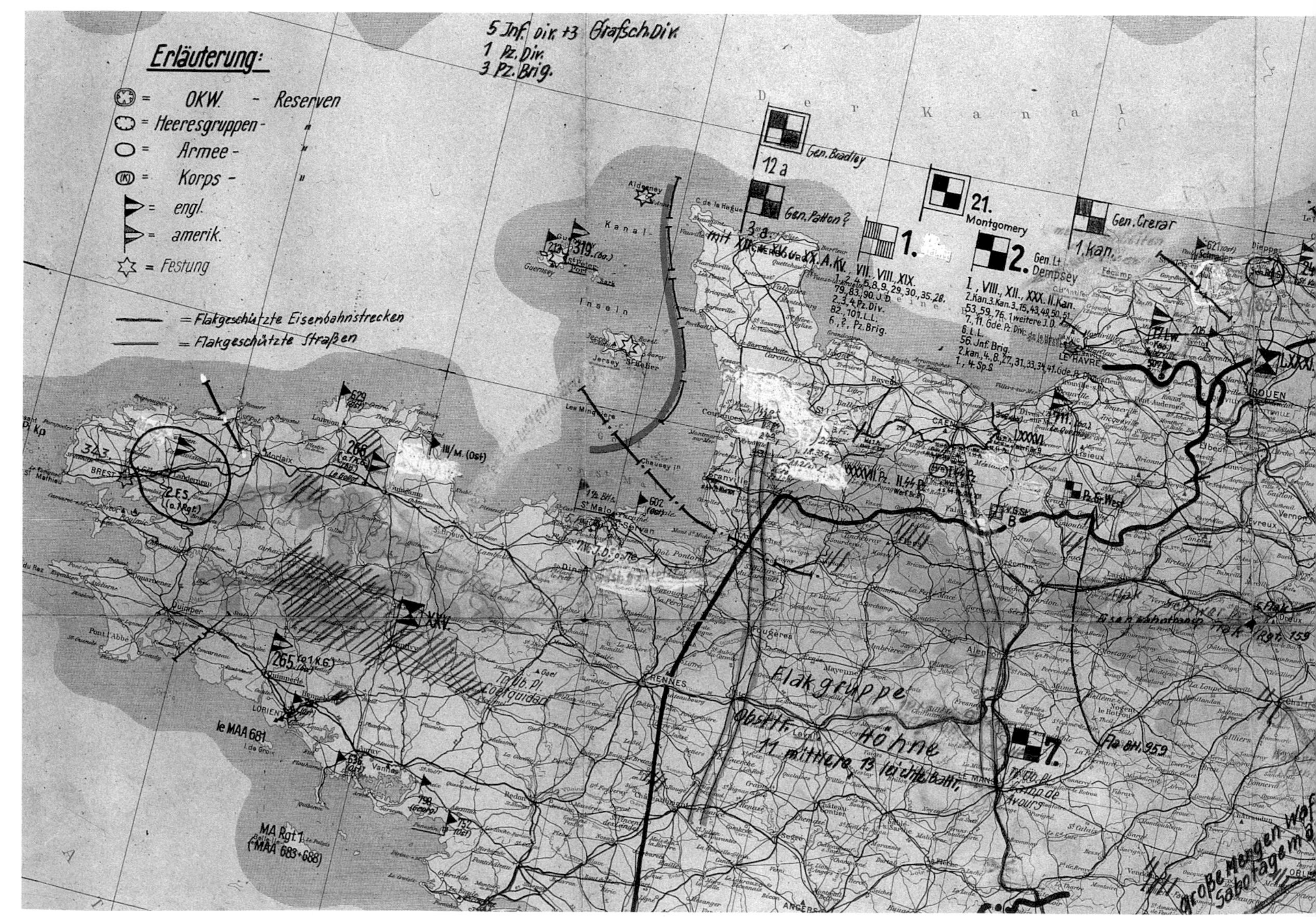

Erläuterung:
= OKW. - Reserven
= Heeresgruppen- "
= Armee- "
= Korps - "
= engl.
= amerik.
= Festung
= Flakgeschützte Eisenbahnstrecken
= Flakgeschützte Straßen
5 Inf. Div. +3 Grafsch. Div.
1 Pz. Div.
3 Pz. Brig.
Der Kanal
Gen. Bradley
12 a
Gen. Patton?
21. Montgomery
Gen. Crerar
1. kan.
2. Gen. Lt. Dempsey
LE HAVRE
ROUEN
RENNES
Flakgruppe
Obstlt. Höhne
11 mittlere 13 leichte Battr.

▽ **諾曼第作戰當時的地圖**

這張德軍形勢圖顯示1944年時軸心國和同盟國部隊移防的狀況。當盟軍在D日反攻法國，雙方為了爭奪法國北部、比利時和荷蘭的控制權而激烈戰鬥時，這也將成為歐洲戰事的關鍵事件之一。

1944 年 6 月 D 日海上入侵行動。

本書也讓我們想起烽火中的亞洲。本書詳盡描述了 1941 年 12 月 7 日日軍偷襲珍珠港之後太平洋上發生的大規模海戰，套用當時美國總統羅斯福的話，美國之所以參戰，是因為「這個永遠恥辱的日子」。不過更重要的是，正因美國的工業力量站在同盟國這一邊，德國、義大利和日本才會戰敗。本書的地圖栩栩如生地呈現了一連串孤注一擲、激烈奮鬥且代價高昂的戰役，最後使得日本短命的太平洋帝國力竭衰亡。本書也是一份基本的指引，有助讀者理解美軍部隊在當時所面對的艱鉅挑戰。除此之外，這本關於二次大戰的全面性作品還收錄了更多的地圖，以戰前和戰後的世界局勢與衝突中更廣泛的社會、政治和經濟面向來強化論述，至於當時軍事指揮官使用的各式地圖，我們也可以一睹為快。好的地圖可以幫助我和其他評論人解釋戰事的盛衰起伏，這件事長久以來都令我十分著迷，而本書就位居這場偉大探索的第一線。

彼得・斯諾（Peter Snow），2019 年

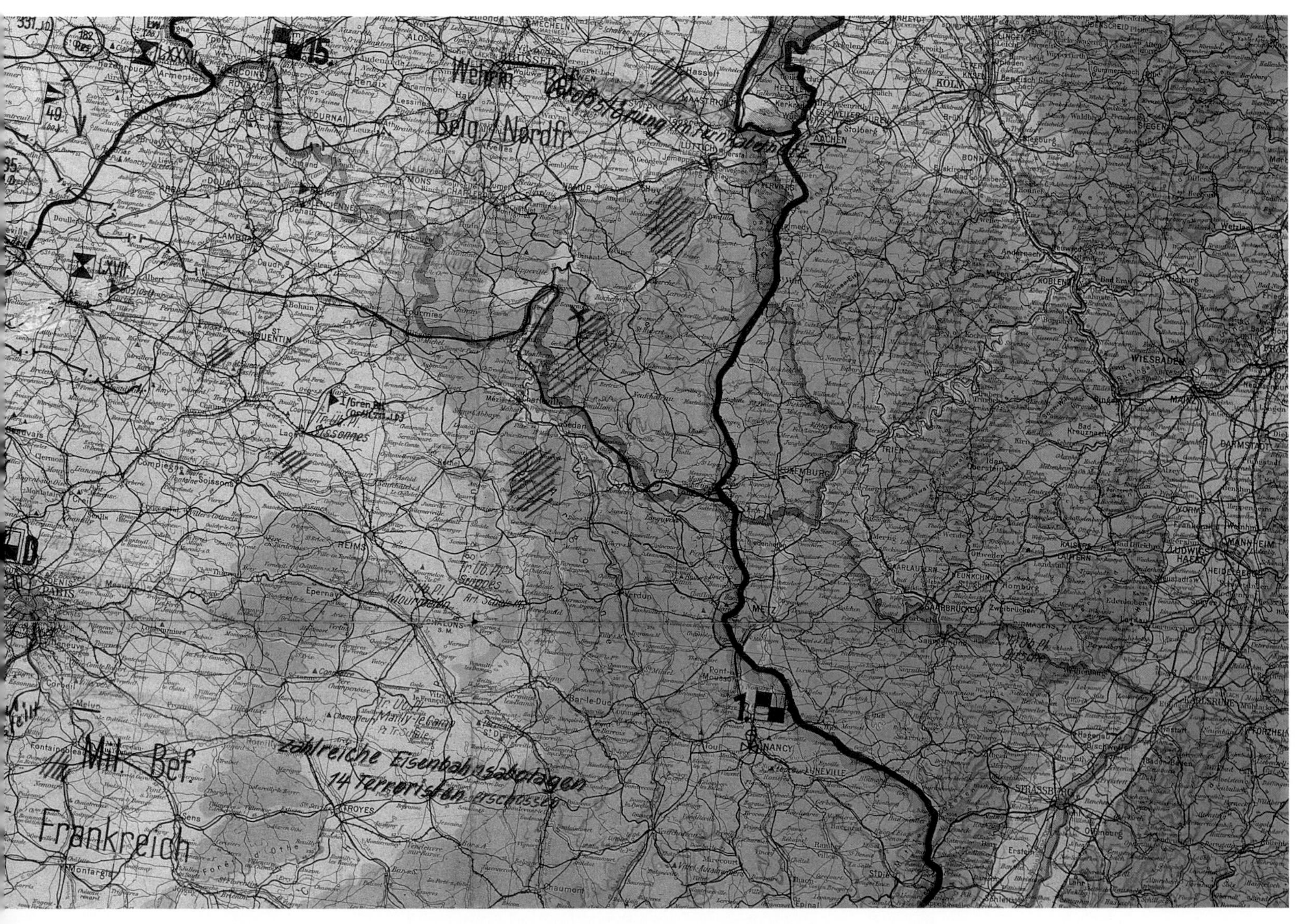
15.
Wehrm. Bef.
Belg./Nordfr.
AACHEN
KÖLN
WIESBADEN
LUXEMBURG
TRIER
MANNHEIM
REIMS
PARIS
METZ
1.
NANCY
Mil. Bef.
Frankreich
zahlreiche Eisenbahnsabotagen
14 Terroristen erschossen

第一章

跌入戰爭的深淵 1918–1939年

第一次世界大戰後，日益緊張的關係導致世界各地躁動不安，極端民族主義在歐洲興起，而亞洲的衝突也愈演愈烈。一場新的全球大戰一觸即發。

"YA PRESENTIMOS EL
AMANECER EN LA ALEGRIA
DE NUESTRAS ENTRAÑAS"

△ **國民軍宣傳**
宣揚國民軍理念的西班牙內戰海報。西班牙內戰是國民軍和共和軍之間的交戰，可說是1930年代歐洲左派和右派兩極分裂對抗的縮影。

戰爭的種子

1920和1930年代，世界因為意識型態分歧、社會動盪衝突、經濟崩潰瓦解而傷痕累累。企圖對外征伐的侵略性軍國主義分子在各個主要國家掌權，尤其是德國和義大利，而自由民主國家維護和平的笨拙手法更是加速引爆了戰爭。

第二次世界大戰的起源，可以直接回溯到第一次世界大戰這場「結束一切戰爭的戰爭」，這是個悲哀的諷刺。這場破壞性巨大的衝突雖然讓絕大多數平民都渴望和平，但也埋下了不滿、不安和不穩定的因子。德國尤其無法忍受戰敗，而絕大多數德國人更是痛恨戰勝國在1919年擬定的《凡爾賽條約》，因為他們認為內容過於嚴苛。1919年成立的德國威瑪共和（Weimar Republic）政府積弱不振，還要面對嚴重通貨膨脹以及左派和右派武裝暴動的困局。

從和平到重新武裝

在1920年代，復甦的跡象令人感到振奮，而國際事務的處理也有顯著改善。根據條約內容，國際聯盟（League of Nations）於1920年成立，推動雄心勃勃的集體安全和裁軍計畫，但它的威權卻因為美國拒絕加入而打了折扣。經過1923年一次為執行《凡爾賽條約》而引發的危機後，德國和法國開始推動雙邊關係正常化，但真正的穩定依然遙不可及。先前的俄羅斯帝國變成了蘇聯——一個理論上致力於世界革命的共產國家，為國際政治添了一個新的不穩定因素。而義大利這個國家也因為第一次世界大戰而陷入嚴重動盪局面，法西斯獨裁者貝尼托・墨索里尼（Benito Mussolini）進而掌權。在中國，國民黨盡一切力量維繫中央政府，對抗共產主義分子與軍閥。

華爾街股災（Wall Street Crash）之後，大蕭條（Great Depression）於1929年出現，回到「正常生活」的希望無疑煙消雲散。這個造成全球經濟重大打擊的事件，對被各種國內及國際緊張情勢撕裂的世界形成毀滅性的衝擊。隨著貿易瓦解，主要國家都打算透過政治手段來控制領土和資源，以尋求經濟安全。許多國家面對大規模失業潮和生活水準降低的困境，選擇威權體制，放棄自由主義。在德國，大蕭條的衝擊導致阿道夫・希特勒（Adolf Hitler）的納粹黨從微不足道的邊緣極端運動一躍成為主要政治勢力。希特勒引導德國人對《凡爾賽條約》的怨念，把解決德國經濟問題和

▷ **日軍火力**
日本在1930年代進行軍事擴張期間，92式重機槍是日軍採用的武器之一。

兩次大戰之間

第一次世界大戰結束後，歐洲經歷了一段騷亂，然後在1920年代中期稍微穩定下來。接著大蕭條在1929年出現，促成希特勒在德國掌權。自此之後，德國的侵略導致一次又一次的危機，直到1939年9月入侵波蘭，在歐陸引爆第二次世界大戰。日本於1937年入侵中國，此時的亞洲早已陷入戰火。

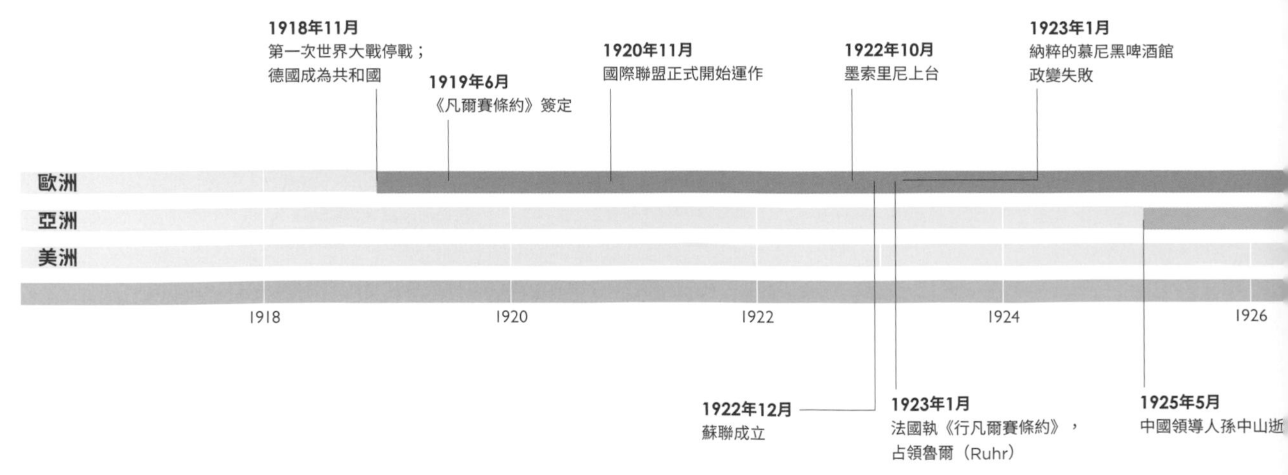
1918年11月
第一次世界大戰停戰；德國成為共和國
1919年6月
《凡爾賽條約》簽定
1920年11月
國際聯盟正式開始運作
1922年10月
墨索里尼上台
1923年1月
納粹的慕尼黑啤酒館政變失敗
歐洲
亞洲
美洲
1918
1920
1922
1924
1926
1922年12月
蘇聯成立
1923年1月
法國執《行凡爾賽條約》，占領魯爾（Ruhr）
1925年5月
中國領導人孫中山逝

◁ **兵不血刃的征服**
1939年春，在大批鬱悶群眾的圍觀下，德國陸軍行軍穿越布拉格的街道。他們不費一兵一卒就占領了捷克斯洛伐克。

恢復德國武裝力量的議題掛勾。不到兩年，希特勒在 1933 年成為德國總理，於是德國公然推行大規模再武裝政策。在此時的東亞地區，軍國主義傾向日益明顯的日本受到中國積弱不振的情勢吸引，產生侵略的想法，最後在 1937 年達到高點，對中國發動全面入侵。墨索里尼的義大利則在 1935 年發動小規模侵略行動，目標是衣索匹亞。由於國際聯盟顯露出無能為力的樣子，無法阻止這類破壞世界和平的行動，因此變得無足輕重。

通往戰爭之路

採行自由民主體制的英國和法國想盡各種辦法，試圖找出對於這類赤裸裸侵略行為的適當回應。當希特勒公然違背《凡爾賽條約》恢復德國武裝時，他們卻未能採取行動。當西班牙內戰在 1936 年爆發，德國和義大利隨即介入，支持右翼叛軍，英國和法國則保持中立，拒絕和意識型態相對的蘇聯合作，一起支持西班牙政府。民主國家很晚才開始強化武裝，但極力避免和德國開戰，害怕空中轟炸可能會帶來的立即效應。英國首相尼維爾・張伯倫（Neville Chamberlain）決定採取綏靖政策，尋求平息德國人的不滿。1938 年，希特勒獲得允許，兼併奧地利和捷克斯洛伐克的蘇台德區（Sudetenland）。但對這位納粹領導人而言，這根本不夠。他想要戰爭與征服，制訂計畫來逆轉第一次世界大戰的裁決，建立由德國主宰的歐洲。

德國在 1939 年 3 月占領布拉格之後，英國政府決定反對納粹任何進一步的擴張行動。當英國和法國承諾協助波蘭，也就是希特勒的下一個目標，戰爭就進入倒數計時階段。英國和法國依然不願意和蘇聯同盟，但就在這個敷衍的時候，蘇聯獨裁者約瑟夫・史達林（Joseph Stalin）選擇和希特勒交易，從此開啟了德國進攻波蘭與第二次世界大戰爆發的大門。

> 「戰爭之於男人，就像母性之於女人……我才不相信永久的和平。」
>
> 義大利獨裁者墨索里尼，1939年

▷ **法西斯主義的臉孔**
義大利法西斯領袖貝尼托・墨索里尼在兩次大戰之間成為主宰歐洲的軍裝獨裁者的模範。

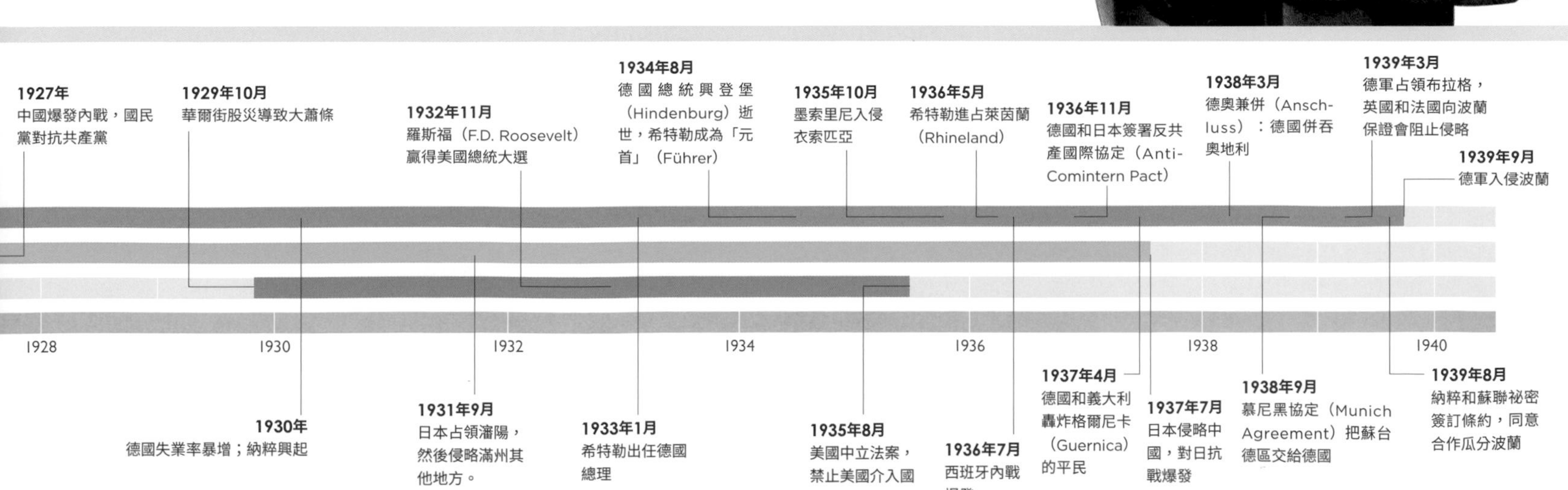

1927年
中國爆發內戰，國民黨對抗共產黨
1929年10月
華爾街股災導致大蕭條
1930年
德國失業率暴增；納粹興起
1931年9月
日本占領瀋陽，然後侵略滿州其他地方。
1932年11月
羅斯福（F.D. Roosevelt）贏得美國總統大選
1933年1月
希特勒出任德國總理
1934年8月
德國總統興登堡（Hindenburg）逝世，希特勒成為「元首」（Führer）
1935年8月
美國中立法案，禁止美國介入國外戰爭
1935年10月
墨索里尼入侵衣索匹亞
1936年5月
希特勒進占萊茵蘭（Rhineland）
1936年7月
西班牙內戰爆發
1936年11月
德國和日本簽署反共產國際協定（Anti-Comintern Pact）
1937年4月
德國和義大利轟炸格爾尼卡（Guernica）的平民
1937年7月
日本侵略中國，對日抗戰爆發
1938年3月
德奧兼併（Anschluss）：德國併吞奧地利
1938年9月
慕尼黑協定（Munich Agreement）把蘇台德區交給德國
1939年3月
德軍占領布拉格，英國和法國向波蘭保證會阻止侵略
1939年8月
納粹和蘇聯祕密簽訂條約，同意合作瓜分波蘭
1939年9月
德軍入侵波蘭
1928
1930
1932
1934
1936
1938
1940

AVEZ VOUS PLACE
DANS VOTRE COEUR
POUR NOUS ?
SWEDEN
NORWAY
FINLAND
Petrograd
Åland Is.
ESTONIA
Pskov
LATVIA
NORTHERN
IRELAND
IRISH
FREE
STATE
Dublin
North Sea
DENMARK
Baltic Sea
MEMEL
TERRITORY
LITHUANIA
Wilno
WHITE
RUSSIA
UNITED
KINGDOM
SCHLESWIG-
HOLSTEIN
Danzig
EAST
PRUSSIA
Allenstein
Marienwerder
POLISH
CORRIDOR
NETHERLANDS
RUHR
BELGIUM
Eupen
GERMANY
Brest-Litovsk
UPPER
SILESIA
POLAND
UKRAINE
LUXEMBOURG
BOHEMIA
CZECHOSLOVAKIA
Teschen
RHINELAND
ALSACE-
LORRAINE
FRANCE
RUTHENIA
SLOVAKIA
AUSTRIA
BESSARABIA
Sopron
SWITZERLAND
CARINTHIA
HUNGARY
TRANSYLVANIA
ROMANIA
SLOVENIA
KINGDOM OF SERBS, CROATS, AND SLOVENES
CROATIA
DALMATIA
BOSNIA-
HERZEGOVINA
SERBIA
Adriatic Sea
ITALY
SPAIN
Corsica
MONTENEGRO
BULGARIA
EASTERN
THRACE
MACEDONIA
ALBANIA
NORTHERN
EPIRUS
WESTERN
THRACE
GREECE
Smyrna
Dodecanese Is.
Crete
1920年 俄羅斯在《塔爾土條約》（Treaty of Tartu）中承認芬蘭獨立
1920年 經過短暫的獨立戰爭後，愛沙尼亞脫離俄羅斯獨立
1922年 愛爾蘭分裂成以天主教為主的自由邦和北部一個以新教為主、由六個邦組成的實體。
1921年 俄羅斯於華沙城外戰敗之後，俄波雙方針對邊界達成協議
1916年 愛爾蘭共和主義分子在都柏林發動復活節起義（Easter Rising），反抗英國統治
1920年 波蘭兼併立陶宛的維爾紐斯，並在1922年的公投中通過
1921年 根據《里加條約》（Treaty of Riga），俄羅斯承認拉脫維亞獨立
1919年 薩爾蘭（Saarland）由國際聯盟託管，直到1935年透過公投和德國重新統一
1923-1925年 由於德國無力支付賠款，法國和比利時部隊占領魯爾
1919年 原本的德國城市但澤（Danzig）在國際聯盟監管下成為自由市
1920年 泰申（Teschen）劃分給波蘭和捷克斯洛伐克
1920年 俄羅斯和立陶宛簽訂和平條約
1919年 萊茵蘭非軍事化，直到1936年
1919年 阿爾薩斯－洛林（Alsace-Lorraine）在被德國統治了48年後，重回法國懷抱
1919年《聖日耳曼條約》（Treaty of St-Germain）劃定奧地利的新邊界
1920年《特里阿農條約》（Treaty of Trianon）為匈牙利劃定新的邊界
1918年 比薩拉比亞（Bessarabia）加入羅馬尼亞
1918年 塞爾維亞人、克羅埃西亞人和斯洛維尼亞人王國脫離奧匈帝國及塞爾維亞成立，並在1929年改名為南斯拉夫
1920-22年 希臘占領東色雷斯（Eastern Thrace）
1925年 希臘和保加利亞因馬其頓問題發生衝突
1919年 希臘占領斯麥納（Smyrna），導致和土耳其交戰，直到1922年
爭議地區
舉辦公投
1918年時的德國國界
被武裝部隊占領的魯爾
由國際聯盟高級專員監管的地區
萊茵蘭非軍事區
《塞夫爾條約》之後的土耳其
1923年《洛桑條約》之後交還給土耳其的領土
1921年被土耳其兼併

◁ **戰爭兒童**
這張1917年的海報寫著「在您的心中有我們的容身之處嗎？」，為成千上萬在一次大戰中失去父親的法國兒童發出呼籲。戰爭傷亡的規模過於龐大，對戰鬥人員的祖國造成深遠影響。

6 紛爭中的歐洲 1919–1925年

結束歐洲戰火的各個條約企圖解決諸多重大領土糾紛，其中許多都牽涉到歸還在之前的戰爭中喪失的領土，或是處理某一族群居住在新邊界「錯誤」的一邊所引發的問題。公民投票這個做法讓當地人對未來的政府擁有最終決定權。

5 新土耳其 1919–1923年

鄂圖曼土耳其帝國在1918年10月停戰後，戰勝的協約國計畫在1920年的《塞夫爾條約》（Treaty of Sèvres）中瓜分這個國家。土耳其民族主義分子在穆斯塔法・凱末爾（Mustafa Kemal）的領導下拒絕了這紙條約，並在1922年之前逐步驅逐了希臘、亞美尼亞和法國等國的占領軍。到了1923年，鄂圖曼蘇丹體制被廢除，新的共和體制建立，並在1923年的《洛桑條約》（Treaty of Lausanne）中獲得承認，確立土耳其的新疆界。

4 德意志帝國瓦解 1918–1923年

戰爭結束時，德國皇帝威廉二世（Wilhelm II）逃往荷蘭，德國成為共和國。1919年的《凡爾賽條約》針對德國訂定懲罰條款，領土被劃分給丹麥、比利時、法國和波蘭。帝國體制被取消，武裝部隊受限，艦隊遭沒收處分。除此之外，德國也必須支付賠款。

大戰過後

第一次世界大戰後，隨著帝國崩潰瓦解、新的國家成立，許多歐洲國家的邊界也都重劃。這些決定新國界的過程通常很暴力，且各自留下不良的後遺症。

圖例

— 1923年的國界

時間軸

1 2 3 4 5 6

1915 1920 1925 1930

RUSSIA

1 俄羅斯帝國的終結 1917-1921年

1917年的二月革命推翻了羅曼諾夫王朝（Romanov），十月革命則推翻臨時政府，共產黨於是掌握俄羅斯。布爾什維克（Bolshevik）政權在1917年12月安排和德國停火，並在1918年3月簽訂《布里斯特－李托佛斯克條約》（Treaty of Brest-Litovsk），聲明放棄對芬蘭、波羅的海各省分、波蘭和烏克蘭的控制權。

918年 俄羅斯簽訂布里斯特－李托佛斯克條約，放棄布里斯特－李托佛斯克線以西的土地

1917年12月時的俄羅斯國界

暫時自治或獨立的地區

布里斯特－李托佛斯克條約線

2 奧匈帝國瓦解 1918–1920年

哈布斯堡（Habsburg）帝國瓦解，導致奧地利、匈牙利和捷克斯洛伐克三個新國家成立。奧地利之前的領土劃分給波蘭和羅馬尼亞，以及之後的南斯拉夫。奧地利必須支付賠款，並禁止和德國合併，軍隊發展也受限。舊匈牙利王國（Kingdom of Hungary）喪失三分之二的領土，許多匈牙利人前往羅馬尼亞和其他地方。

Rostov

1914年時的奧匈帝國國界

Caucasus

GEORGIA

AZERBAIJAN

1915-22年 大約150萬土耳其亞美尼亞人遭土耳其民族主義分子屠殺

ARMENIA

Black Sea

TURKISH ARMENIA

TURKEY

Lake Van

PERSIA

Ankara

Anatolia

TURKISH KURDISTAN

23年 安卡拉成新的土耳其共國首都

3 新興國家 1918–1922年

鄂圖曼帝國、德意志帝國、俄羅斯帝國和奧匈帝國在戰爭結束時瓦解，導致許多新國家在中歐建國：愛沙尼亞、芬蘭、奧地利、捷克斯洛伐克、波蘭、匈牙利、立陶宛、拉脫維亞和塞爾維亞人、克羅埃西亞人和斯洛維尼亞人王國（The Kingdom of the Serbs, Croats, and Slovenes）。之後愛爾蘭自由邦（Irish Free State）也在血腥內戰後，於1922年脫離英國獨立，加入它們的行列。

新國家成立

Cyprus

第一次世界大戰的遺物

歐戰在1918年結束，造成四大帝國瓦解。歐陸的地圖需要重劃，此舉決定了好幾百萬人民未來的國家。儘管隨著新國家建立、舊衝突逐漸解決，戰爭的產物依然在之後的許多年裡深深影響著整個歐洲。

在1919年之後決定歐洲未來命運的和平條約，是「四巨頭」（Big Four）之間諸多妥協的結果，也就是戰勝的協約國：美國、英國、法國和義大利。美國總統伍德羅・威爾遜（Woodrow Wilson）打算基於民族自決原則提出自由的和平解決方案，但法國總理喬治・克里孟梭（Georges Clemenceau）最想要的卻是確保法國未來的安全，並要德國為戰爭付出代價，英國首相大衛・勞合・喬治（David Lloyd George）也認同這個觀點。結果整體而言，這些條約讓大家都不高興，許多國家的政府和人民都對結果相當不滿。

領土紛爭持續分化各國，尤其是在東歐。至於在土耳其，戰鬥則持續到1922年。許多新國家都是硬生生從奧匈帝國和其他舊帝國分離出來的，而戰敗的德國則成為萎縮的共和政體。至於被排除在和平會談之外的俄羅斯帝國，則轉變成世界上第一個共產國家。

雖然和平條約解決了一些問題，但戰爭的後遺症卻對歐洲和亞洲造成深刻的社會、經濟和政治影響，也成為20年後新一輪世界大戰的關鍵起因。

> 「我的國內政策：發動戰爭。我的外交政策：發動戰爭。不管什麼時候，我都是發動戰爭。」
>
> 喬治・克里孟梭，1918年

寫下和平

1919年，戰勝的協約國政治領導人和外交官在巴黎集會，和戰敗的中歐國家起草一系列條約，每一份都以巴黎以西用來簽署條約的宮殿、城堡和城鎮命名。主條約於1919年6月和德國在凡爾賽（Versailles）簽訂，接著於1919年9月和奧地利在聖日耳曼昂萊（St-Germainen-Laye）簽訂，1919年11月和保加利亞在塞納河畔納伊（Neuilly-sur-Seine）簽訂，1920年6月與匈牙利在特里阿農（Trianon）簽訂，最後則是1920年8月和土耳其簽訂然後又廢除的《塞夫爾條約》。

簽署《凡爾賽條約》

AUS IHREN SCHWERTERN WERDEN SIE PFLUGSCHAREN SCHMIEDEN
PAX
GREENLAND
ICELAND
見放大圖
CANADA
USA
PACIFIC OCEAN
MEXICO 1931
GUATEMALA 1920–36
EL SALVADOR 1924–37
HONDURAS 1920–36
NICARAGUA 1920–36
PANAMA
COSTA RICA 1920–25
HAITI
CUBA
DOMINICAN REPUBLIC 1924
VENEZUELA 1920–38
COLOMBIA
ECUADOR 1934
PERU 1920–39
BRAZIL 1920–26
BOLIVIA
CHILE 1920–38
PARAGUAY 1920–35
ARGENTINA
URUGUAY
MOROCCO
ALGERIA
LIBYA
EGYPT 1937
PALESTINE
SYRIA
IRAQ
PERSIA
TRANSJORDAN
FRENCH WEST AFRICA
ANGLO-EGYPTIAN SUDAN
BRITISH TOGO
NIGERIA
LIBERIA
FRENCH TOGO
UGANDA
RUANDA-URUNDI
ETHIOPIA 1923–1937
BELGIAN CONGO
KENYA
BRITISH CAMEROONS
FRENCH CAMEROONS
TANGANYIKA
NYASALAND
ANGOLA
NORTHERN RHODESIA
MOZAMBIQUE
MADAGASCAR
FRENCH EQUATORIAL AFRICA
SOUTHERN RHODESIA
BECHUANALAND
SOUTH-WEST AFRICA
SOUTH AFRICA
1932年 前鄂圖曼帝國伊拉克地區成為第一個從英國託管地狀態成功獨立的國家
1923年 法國獲得前鄂圖曼帝國敘利亞地區的託管地，包括未來的黎巴嫩
1933年 新任德國總理阿道夫・希特勒立即讓德國退出國際聯盟
1932–34年 世界裁軍會議（World Disarmament Conference）在日內瓦集會，有60個國家的代表參加，但沒有任何進展，宣告失敗。
1936年 共和政府呼籲國際聯盟介入西班牙內戰，但遭到拒絕
1919年 美國參議院拒絕批准《凡爾賽條約》，因此美國並未加入國際聯盟
1923年 英國獲得前鄂圖曼帝國巴勒斯坦地區的託管地，成立外約旦酋長國（Transjordan，之後的約旦），是自治區
1930年 國際聯盟提出報告，促使賴比瑞亞政府廢除奴隸制度
1926年 巴西成為第一個退出國際聯盟的創始會員國
1935年 義大利入侵衣索比亞後，國際聯盟施加了微弱的制裁，但未能阻止義大利占領衣索比亞
圖例
創始會員國
會員國屬地
退出或被驅逐的國家及其屬地
之後加入的會員國以及參與的年代
託管地
1930年的國界
非會員國
時間軸
1
2
3
4
5
6
1910
1930
1950
1970
1990

△ **給和平一個機會**
這張支持瑞士在1920年加入國際聯盟的明信片透露出樂觀的情緒。

2 國際聯盟會員數 1920–1939年

國際聯盟的創始會員共有42國，到了1934年則增加到58國。美國、沙烏地阿拉伯、葉門、蒙古、不丹和尼泊爾從未加入。蘇聯只在1934–39年間加入，德國和日本在1933年退出，義大利在1937年退出，西班牙則在1939年退出。由於殖民地和託管地無法取得會員資格，因此絕大部分非洲、東南亞和太平洋地區在國際聯盟都無人代表。

1 建立國際聯盟 1919年

國際聯盟是根據1919年結束第一次世界大戰的《凡爾賽條約》成立的，1920年1月10日首度在巴黎集會。國際聯盟包括所有會員國的大會、僅限強權國家加入的執行委員會，還有常設秘書處，所有這些單位都位於瑞士日內瓦（Geneva）。位於荷蘭海牙（The Hague）的常設國際法院（Permanent Court of International Justice）則負責裁判提交給它的糾紛案件。

行動中的國際聯盟

國際聯盟自1920年開始運作，直到在1946年被聯合國（United Nations）取代。在二次大戰爆發時，國際聯盟已經變得無關緊要了。

6 國際聯盟失敗 1930–1939年

國際聯盟解決了世界各地的部分紛爭，但無法降低世界各國的軍備庫存。此外，它也顯然無法阻擋德國、義大利和日本的軍事擴張，最終導致第二次世界大戰，因為在1930年代，這些國家都沒有因為敵對行動而獲得懲罰。最重要的是，國際聯盟對於集體安全的信念，根本無法阻止各國為了為了各自的國家利益而自行其是。

5 推動裁軍 1926–1939年

根據國際聯盟創始公約第八條，國際聯盟的目標是推動世界裁軍。1926年時，它設立了一個委員會，負責籌備世界裁軍會議，最後於1932年在日內瓦召開，但到了1933年就因為希特勒退出而宣告失敗。在此同時，1928年在國際聯盟之外推動的《凱洛格－白里安公約》（Kellogg-Briand Pact）試圖立法禁止以戰爭作為國家政策，但也失敗了。

國際聯盟

經歷第一次世界大戰的恐怖後，有些國家構想出國際聯盟這個辦法。這是世界有史以來第一個國際組織，主要使命是維護世界和平，避免另一場災難性的全球大戰。

「國際聯盟」一詞是在 1914 年由英國政治學家與和平主義者高茲沃斯・勞斯・狄金森（Goldsworthy Lowes Dickinson）創造的，他草擬了一份組織大綱。隨著一次大戰的推展，最終獲勝的協約國領袖開始勾勒出更清晰的戰爭目標，同意應該要成立某種國際組織，來防止未來的戰爭。1918 年 1 月，美國總統威爾遜明確地提出了這個想法，在他用來談判結束戰爭的「十四點和平原則」（Fourteen Points）中提到了一個「確保和平與正義的國際聯盟」。

國際聯盟的創始公約由英國外交家羅伯特・塞西爾勳爵（Lord Robert Cecil）和南非政治家揚・史末資（Jan Smuts）起草，並在 1919 年的巴黎和會（Paris Peace Conference）上通過。為了達成世界和平，公約宣示國際聯盟會支持裁軍，並聲明它的目標是要透過集體安全來防止戰爭，當中的會員國必須對世界和平的任何威脅做出集體回應。此外國際聯盟也在金融、貿易和交通等領域拓展國際關係，並協助促進人類健康，應付毒品、賣淫和奴隸問題。但有些會員國只顧自身利益，所以這些遠大抱負很多都無疾而終。

1939年 蘇聯入侵芬蘭後，成為第一個（也是唯一一個）被國際聯盟除名的國家
1933年 國際聯盟譴責日本侵略滿州，日本因此退出國際聯盟
USSR
1934–39
MONGOLIA
TIBET
CHINA
INDIA
JAPAN 1920–33
1919年 日本獲得前德意志帝國在密克羅尼西亞（Micronesia）諸島的託管地
SIAM
FRENCH INDOCHINA
PHILIPPINES
DUTCH EAST INDIES
INDIAN OCEAN
1920年 澳洲獲得屬於前德意志帝國的新幾內亞（New Guinea）和諾魯島（Nauru）託管地
AUSTRALIA
由國際聯盟裁決的領土紛爭
圖例
創始會員國
之後加入的會員國以及參與的年代
國際聯盟裁決的領土紛爭
退出或被驅逐的國家及其屬地
1930年的國界
FINLAND 1920
NORWAY
SWEDEN
ESTONIA 1921
LATVIA 1921
DENMARK
LITHUANIA 1921
NETHERLANDS
EAST PRUSSIA
IRELAND 1923
UNITED KINGDOM
GERMANY 1926–33
POLAND
BELGIUM
LUXEMBOURG 1920
CZECHOSLOVAKIA
AUSTRIA 1920
HUNGARY 1922–39
SWITZERLAND
FRANCE
ROMANIA
YUGOSLAVIA
ITALY
BULGARIA 1920
ALBANIA 1920
PORTUGAL
SPAIN
GREECE
TURKEY 1932

3 託管制度 1919–1990年

德國和鄂圖曼土耳其帝國在第一次世界大戰中戰敗後，它們在非洲、太平洋和中東的屬地就根據國際聯盟的授權割讓給協約國。國際聯盟的託管制度允許這些國家由代表國際聯盟的會員國家管理。託管給英國的伊拉克在1932年獨立，其他託管地則在第二次世界大戰後獨立。

4 領土紛爭 1921–1935年

國際聯盟的一個主要工作就是介入會員國之間的紛爭。第一次世界大戰後，許多國家的疆界仍有待確認，而南美、非洲和中國等地又爆發新的戰爭。不過國際聯盟在處理鴉片、性奴隸，以及協助難民等議題上仍有某種程度的成功。

分裂的歐洲

在戰間期，民主體制在大多數歐洲國家挫敗，法西斯主義和共產主義崛起。強勢且通常有獨裁傾向的領導人掌控了他們的國家。

6 西班牙與葡萄牙 1931–1939年

在西班牙，從1923年開始的普里莫・德里維拉（Primo de Rivera）獨裁政權在1931年被共和政府取代，但卻沒有受到廣泛支持。經歷了1936-39年間的血腥內戰，最後由佛朗哥將軍（Franco）領導的親法西斯國民軍獲得最後勝利。葡萄牙在一次大戰中並沒有扮演重要角色，他們的共和政府力量不大，但到了1932年卻展開雙臂擁抱安東尼奧・德・薩拉查（Antonio de Salazar）的保守專制意識形態，他擔任總理，擁有近乎獨裁的權力。

5 經濟衰退 1929–1939年

紐約證券交易所股市崩盤（見右側說明），引發國際財政危機，使歐洲經濟惡化。國際經濟合作破裂，被孤立的經濟民族主義取代。這個情況讓一些原本體質就已經相當虛弱的民主政府雪上加霜，許多國家都建立了法西斯或其他種類的獨裁政府。民族主義團體也在民主國家受到歡迎，例如荷蘭和法國。

4 德國與奧地利 1929–1939年

一次大戰結束時，德國戰敗、充滿分歧、士氣低落，採行民主制度的威瑪政府缺乏大眾支持，且在1929的財政危機之後更加衰弱。由希特勒領導的極右派納粹黨誓言帶領國家復興，並在1933年1月掌權，建立了一黨專政的集權主義國家。新成立的奧地利同樣衰弱，也在1933年成為專制國家，之後則在1938年3月被納粹德國兼併。

3 波蘭與波羅的海國家 1926–1939年

波蘭和波羅的海國家被夾在新生的共產蘇聯以及1933年崛起的希特勒德國之間，它們奮力主張身為獨立國家的權利，以維繫民主政權的生存。但因為先前沒有任何民主政治的經驗與傳統，所以最後都淪為獨裁國家。至於在北邊的芬蘭，民族主義運動「拉普阿」（Lapua）則試圖在1932年發動政變。

2 義大利與法西斯主義的興起 1922–1939年

雖然義大利是一次大戰中勝利的一方，但卻認為從北方的奧地利獲得的領土回報微不足道，因此產生對這場戰爭的不滿，再加上恐懼左派支持革命，因此激發了法西斯主義的興起。1922年10月，墨索里尼出任首相，建立一黨專政的專制國家，並採行攻擊性的對外政策，目標是要擴張義大利的權力與威望。

圖例
法西斯政權
共產政權
其他獨裁政權
右翼活動
1930年代的罷工和暴動
1932年，失業率已超過20%
從1929到1932年間工業產出下降的百分比
時間軸
1
2
3
4
5
6
1915
1920
1925
1930
1935
1940
波蘭與波羅的海國家
1933年 納粹掌權，鎮壓所有反對力量
1932年 奧斯瓦德・莫斯利（Oswald Mosley）發起黑衫軍運動
1934年 在政府遭指控貪汙舞弊後，大規模暴動和罷工隨即爆發
1933年 恩格爾伯特・多爾夫斯（Engelbert Dollfuss）
立專制政府
1931年 西班牙成立共和政府，但受到罷工、示威和暴動的困擾
1934年 南斯拉夫國王亞歷山大（Alexander）在馬賽被克羅埃西亞民族主義分子暗殺。
1922年 墨索里尼領導進軍羅馬的行動
IRELAND
UNITED KINGDOM
89%
NETHERLANDS
BELGIUM
LUXEMBOURG
SAAR
GERMANY
60%
FRANCE
73%
SWITZERLAND
AUSTRIA
ITALY
61%
SPAIN
PORTUGAL
ANDORRA
DENMARK
NORWAY
ATLANTIC OCEAN
North Sea
Mediterranean Sea
Adriatic
Corsica
Sardinia
Rhine
Elbe
Belfast
Dublin
Edinburgh
Liverpool
Manchester
Birmingham
Cambridge
Oxford
London
Lille
Brussels
Le Havre
Paris
Angers
Orléans
Frankfurt
Hamburg
Bremen
Copenhag
Oslo
Geneva
Milan
Venice
Genoa
Pisa
Rome
Naples
Toulouse
Montpellier
Avignon
Marseille
Bilbao
Pamplona
Tarazona
Lérida
Barcelona
Madrid
Toledo
Lisbon

▽ **進軍羅馬**
隨著內戰的威脅籠罩義大利，墨索里尼率領他麾下的法西斯黨黑衫軍（Blackshirts），在1922年10月28到29日往羅馬方向進軍，最後墨索里尼得以出任義大利首相。

1934年 代理國家元首康斯坦丁・帕斯（Konstantin Päts）宣布全國進入緊急狀態，聲稱右翼瓦普斯運動（Vaps）正在籌畫政變

1934年 三度擔任總理的卡爾利斯・烏爾馬尼斯（Karlis Ulmanis）建立專制獨裁政權

1926年 安塔納斯・斯梅托納（Antanas Smetona）透過政變建立專制政府

1926年 前軍事將領約瑟夫・畢蘇斯基（Josef Pilsudski）對波蘭不穩定的民主政府深感不滿，因此從退休狀態復出，發動政變

1919年 海軍上將霍爾蒂（Horthy）在新成立的王國中建立專制攝政體制

1929年 南斯拉夫國王亞歷山大實施王室專政，以結束塞爾維亞人和克羅埃西亞人之間的戰鬥

1938年 國王卡羅爾二世（Carol II）取得獨裁政權

1936年 國王鮑里斯三世（Boris III）建立王室獨裁政權

1936年 梅塔克薩斯將軍（Metaxas）領導的右翼獨裁政府掌權

SWEDEN FINLAND Helsinki Tallinn Stockholm ESTONIA Riga LATVIA Baltic Sea Danzig free port LITHUANIA Wilno EAST PRUSSIA Wagrowiec POLAND Warsaw 63% Krakow CZECHOSLOVAKIA U S S R Budapest ROMANIA HUNGARY Belgrade Bucharest YUGOSLAVIA Danube Black Sea BULGARIA Sofia Tirana TURKEY ALBANIA GREECE Athens

1 匈牙利與巴爾幹地區 1919–1939年

隨著奧匈帝國和鄂圖曼土耳其帝國在一次大戰結束時瓦解，巴爾幹半島上出現了新的國家。這些國家的政府通常處於弱勢，因此被皇室或軍事獨裁政權取代。納粹德國的影響力不斷增強，導致極右翼團體在那個地區形成。在匈牙利，由於人民不滿在1920年的《特里阿農條約》中喪失領土，因此與納粹德國變得更加關係緊密。

巴爾幹國家

獨裁者的歐洲

第一次世界大戰的勝利方可說是民主陣營的聯盟。但在往後不安定的20年間，許多歐洲國家都歷經嚴重的政治動盪，而經濟問題更是讓戰間期的歐洲局勢更加不穩定。

第一次世界大戰在 1918 年結束。接著各項和平條約簽字，大部分歐洲國家（除了新成立的共產俄羅斯以外）都是民主國家。但這些民主國家卻一個接一個向獨裁政體低頭。義大利是第一個，墨索里尼在 1922 年掌權。接著是 1923 年的西班牙，然後是 1926 年的波蘭。波羅的海國家的民主政權在 1926 到 1934 年間陸續垮台，而巴爾幹半島國家在 1929 年之後也是獨裁政權當道。納粹黨於 1933 年在德國興起，接著是奧地利，勾勒出整個大局。

「西班牙國民的意志從來就沒有辦法透過投票箱自由表達。」

法蘭西斯科・佛朗哥，1938年

這樣的轉變因為 1929 年之後橫掃歐洲的經濟危機而更加惡化。失業率提高加上經濟崩潰，掏空了民主政府的基礎，並促使右翼和法西斯團體崛起。這些政權在結構上往往傾向軍國主義，訴求上則偏向民粹主義，並為成員提供了他們在民主制度下無法獲得的權力。到了 1939 年，民主政體只在斯堪地那維亞、英國和愛爾蘭、法國、荷比盧三國和瑞士苟延殘喘，歐洲其他地區都已在獨裁統治下。

大蕭條

1929年10月，紐約證券交易所的長期榮景突然畫下句點。美國債權人開始呼籲外國貸款，但國際信貸在不久之後也跟著枯竭。為了因應這個情勢，美國政府於1930年開始徵收關稅，限制進口，因此其他國家也競相採行各種保護措施，導致世界貿易在1929到1932年間衰退了將近三分之二。結果就是價格和利潤暴跌，出口急遽萎縮，數以百萬計的人口歷經失業（右）和貧困的苦痛。

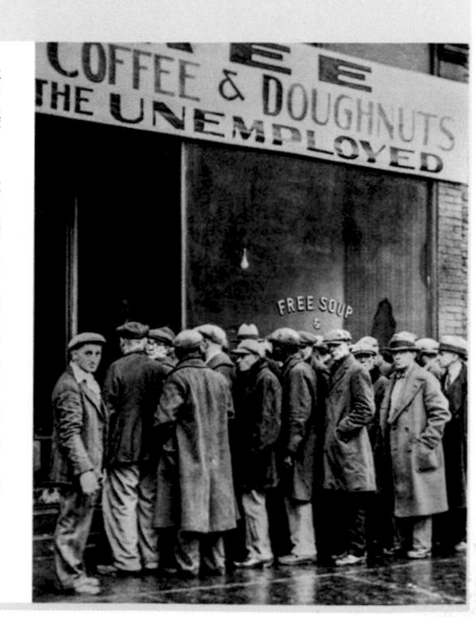
COFFEE & DOUGHNUTS
THE UNEMPLOYED
FREE SOUP

希特勒與納粹德國

雖然希特勒在1923年試圖發動政變但失敗，但到了1930年，納粹黨就已經成為德國境內一股不容小覷的力量。1929年華爾街股災之後出現的經濟蕭條，是他們能夠贏得全國廣泛支持的重要關鍵。

第一次世界大戰的失敗，帶給德國貧窮、怨恨和政治極端左右派的分裂。許多德國人期盼能有個強大而果斷的領導階層出現，這是主流政黨無法提供的東西。1920年代初，阿道夫・希特勒帶著無以倫比的堅定決心，出任國家社會主義德意志工人黨（National Socialist German Workers Party，即納粹黨）的黨魁。當時就有一位評論員表示，希特勒是「整個民族朝思暮想的人肉化身」。

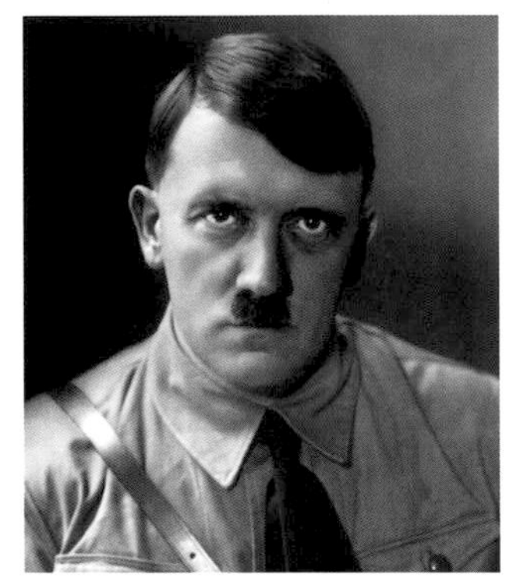

△ 元首
阿道夫・希特勒穿著軍服拍照。每個德國人家裡都一定要有元首的肖像。

納粹計畫

希特勒的演說直接、積極、絕不妥協，他的計畫也是如此。他誓言要發動民族革命，重建德意志的力量與尊嚴。他的承諾包括終結大規模失業困境、廢除《凡爾賽條約》、停止支付強加在德國身上的惡毒戰爭賠款，還有重建武裝部隊。德國人都聽進去了。在1932年的聯邦選舉，納粹黨在德國國會（Reichstag）中贏得230席，成為全國最大黨。經過長達數個月的閉門談判，德國總統興登堡在1933年1月才接受勸誘，勉為其難地提名希特勒擔任總理。到了3月，所謂的「授權法」（Enabling Act）賦予了希特勒緊急的獨裁權力，這部法律的通過等於在實質上終結了德國的民主。納粹黨把他們的政權稱為第三帝國（Third Reich），反映出他們的野心。

約瑟夫・戈培爾
1897–1945年

約瑟夫・戈培爾（Joseph Goebbels）是天生的演說家，是希特勒最信任的心腹之一。1926年，希特勒任命戈培爾擔任柏林的大區長官（Gauleiter），1933年再提拔他出任宣傳部長，掌控德國的無線電廣播、出版和文化機構。他的宣傳向大眾推銷德意志至高無上和領土擴張等納粹觀點。

大會宣傳演說
從1933年到1938年，納粹黨都會在紐倫堡（Nuremberg）舉行大型集會。這是宣傳部長戈培爾精心策畫的傑作，是納粹統治年代登峰造極的盛事。圖中是1936年的集會，大批部隊在路易特珀爾德集會場（Luitpold Arena）上專注聆聽希特勒發表主題演說。

動盪的中國

在兩次世界大戰之間，中國內部衝突頻傳、國內情勢混亂。尚未統一的各省分由互相敵對的軍閥統治，而日漸壯大的共產黨叛軍也是個威脅。但沒多久，中國領土就遭到來自日本的帝國主義軍隊攻擊。

1911 年的中國革命起源於湖北省武昌的部隊嘩變。清朝的專制帝王自 1644 年起就控制中國，而這場叛亂很快就演變成推翻清朝的浩大行動，之後更在 1912 年建立民國。民國的第一任大總統袁世凱企圖把他手中的政權轉變成實質的獨裁統治，以武力為基礎。但他在 1916 年去世後，中國就分裂成了好幾個軍事獨裁政權，由當地軍閥把持，並互相爭鬥。內戰逐漸蔓延擴大，直到中國國民黨在蔣介石的領導下於 1928 年統一中國的東半部。接著國民黨又緩慢地擴大控制範圍，直到 1937 年。

此時有兩股反對國民黨的力量出現：一個是中國共產黨，致力於為社會和經濟革命而戰，另一個則是日本軍，意圖在中國建立帝國。1927 年，共產黨在城市中大多被鎮壓，但日本人卻是更可怕的對手。他們在 1931 年併吞滿州，1932 年兼併熱河省，並在 1935 年於中國北方建立傀儡政權。

「犧牲未到最後關頭，決不輕言犧牲。」

蔣介石，1935年

蔣介石
1887–1975年

國民黨領導人蔣介石出生於浙江省寧波市的奉化。他身為商人之子，支持新中國的共和體制，組建了一支軍隊，並於1924年出任黃埔軍校的校長。他靠著人脈掌握了國民黨的領導大權，並在1926年擔任陸軍總司令。雖然他戰勝了軍閥，但他統治下的中國並不平靜，備受共產黨叛亂及日本入侵的威脅。1949年，他在中國內戰中遭中國共產黨的毛澤東擊敗，因此退往臺灣。

△ 分裂的中國
中華民國剛開始是由幾個地方軍閥統治，直到1937年才被國民黨統一，不過這個時候，華東和華北已經面臨日本的武裝侵略。

1 民族主義復興 1919–1937年

1919年5月發生在北京的學生示威在全中國激起民族主義浪潮，促使共產黨在1921年建立，而國民黨也在1924年跟著復甦。此時國民黨和共產黨合作，展開一場對抗軍閥的統一之戰，並在1926-28年由蔣介石領導的北伐中達到高潮。北伐成功後，共產黨人便遭到清洗。

1928年國民黨政府直接控制的區域
北伐路線
親國民黨部隊
1929-34年國民黨控制區
1935-37年國民黨控制區

2 日本入侵滿州 1931年

為了反制一場挑釁行動（其實是日軍在背後操作），日軍部隊在1931年9月18日入侵滿州，攻占瀋陽。他們繼續揮兵占領整個滿州地區，並在1932年建立滿州國，由中國被廢黜的皇帝溥儀擔任傀儡皇帝。日軍入侵並占領滿州的行動，標記著日本帝國主義入侵華北與華東地區的開始。

1931年日本侵略地區
日本入侵

居延
武威
青海
瀘定

群眾的指揮家
中國共產黨領導人毛澤東在對日抗戰期間向群眾發表演說。1945年戰爭結束後，毛澤東麾下共計有超過120萬名共產黨員。

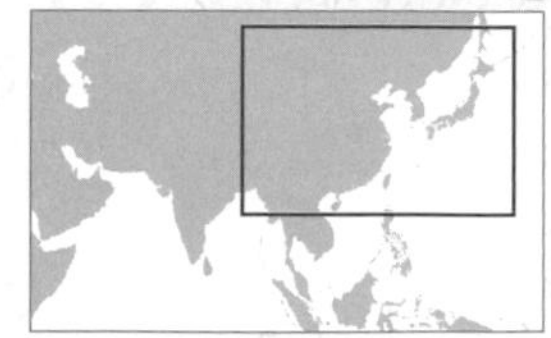

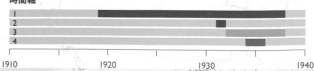

時間軸

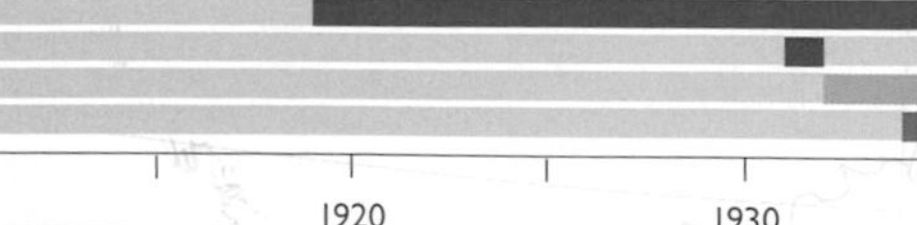
1
2
3
4
1910
1920
1930
1940

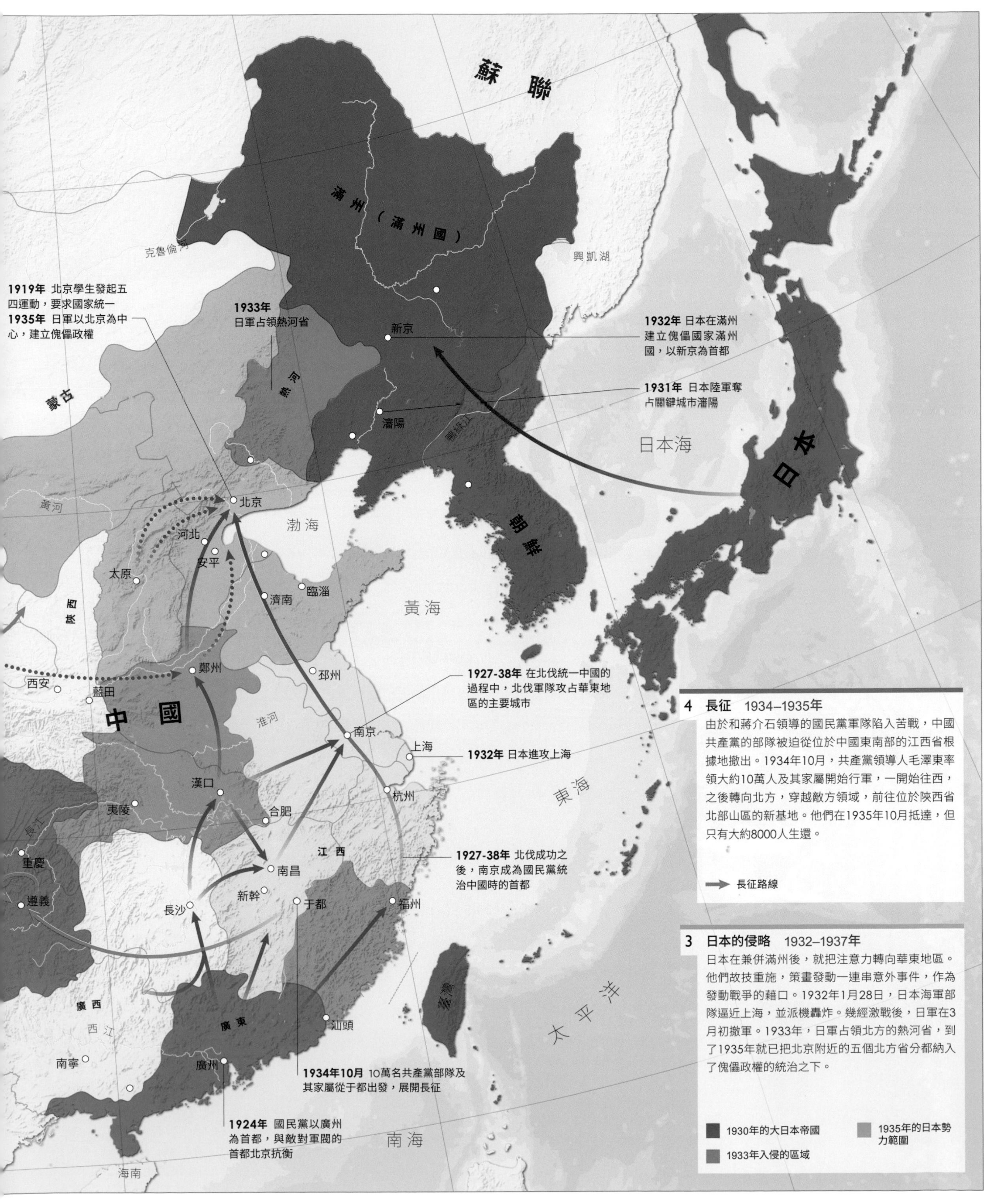
蘇聯
滿州（滿州國）
克魯倫河
興凱湖
1919年 北京學生發起五四運動，要求國家統一
1935年 日軍以北京為中心，建立傀儡政權
1933年 日軍占領熱河省
熱河
新京
1932年 日本在滿州建立傀儡國家滿州國，以新京為首都
1931年 日本陸軍奪占關鍵城市瀋陽
瀋陽
鴨綠江
蒙古
日本海
日本
朝鮮
黃河
北京
渤海
河北
安平
太原
陝西
臨淄
濟南
黃海
鄭州
邳州
西安
藍田
1927-38年 在北伐統一中國的過程中，北伐軍隊攻占華東地區的主要城市
中國
淮河
南京
上海
1932年 日本進攻上海
漢口
杭州
東海
夷陵
合肥
長江
重慶
江西
1927-38年 北伐成功之後，南京成為國民黨統治中國時的首都
南昌
遵義
新幹
長沙
于都
福州
廣西
廣東
西江
汕頭
臺灣
太平洋
南寧
廣州
1934年10月 10萬名共產黨部隊及其家屬從于都出發，展開長征
1924年 國民黨以廣州為首都，與敵對軍閥的首都北京抗衡
南海
海南
長征路線
1930年的大日本帝國
1935年的日本勢力範圍
1933年入侵的區域

4 長征 1934–1935年

由於和蔣介石領導的國民黨軍隊陷入苦戰，中國共產黨的部隊被迫從位於中國東南部的江西省根據地撤出。1934年10月，共產黨領導人毛澤東率領大約10萬人及其家屬開始行軍，一開始往西，之後轉向北方，穿越敵方領域，前往位於陝西省北部山區的新基地。他們在1935年10月抵達，但只有大約8000人生還。

3 日本的侵略 1932–1937年

日本在兼併滿州後，就把注意力轉向華東地區。他們故技重施，策畫發動一連串意外事件，作為發動戰爭的藉口。1932年1月28日，日本海軍部隊逼近上海，並派機轟炸。幾經激戰後，日軍在3月初撤軍。1933年，日軍占領北方的熱河省，到了1935年就已把北京附近的五個北方省分都納入了傀儡政權的統治之下。

西班牙內戰

1936–39年的西班牙內戰是第二次世界大戰的前奏，也是民選政府支持者和新興軍事獨裁力量之間的艱苦鬥爭。有幾個國家對交戰雙方提供支持。

1930年代，西班牙充斥著兩極對立的情況，例如教會和政府、都市與鄉村、自由和保守價值，以及富人與窮人的對立等。在政治光譜的一端是右翼國民陣線（National Front，國民軍），獲得法西斯政黨西班牙長槍黨（Falange）、君主制支持者和一些天主教徒支持。光譜的另一端則是左翼人民陣線（Popular Front，共和軍），由共產黨、社會主義分子、自由派，以及無政府主義者組成。

1936年2月16日，共和派贏得大選。由於害怕共產革命爆發，陸軍將領、國民軍領導人法蘭西斯科·佛朗哥將軍（Francisco Franco）在西屬摩洛哥領導部隊起義，並進軍西班牙西南部地區。親政府的團體對抗國民軍叛亂部隊，但佛朗哥獲得納粹德國和法西斯義大利的大力支援，因為這兩國都想阻止共產主義勢力在歐洲擴張。到了1936年11月，佛朗哥的部隊已經推進到馬德里周邊地區，這裡也是共和派的據點。國民軍一時無法攻克首都，圍攻了超過兩年的時間。

雖然共和軍持續掌握西班牙東部和大部分東南部地區，但佛朗哥的部隊組織較佳，因此陸續攻占原本由共和軍控制的地方。國民軍在特魯埃爾戰役（Battle of Teruel，1937年12月到1938年2月）的勝利是這場戰爭的轉捩點，而共和軍在厄波羅河戰役（Battle of the Ebro，1938年7月到11月）幾乎全軍覆沒。到了1939年春，這場衝突結束，佛朗哥的政府也獲得大多數歐洲國家承認。

> 「……只要是有我在的地方，就不會有共產主義。」
>
> 法蘭西斯科·佛朗哥，1938年引述

第二次世界大戰中的西班牙

雖然西班牙不是二次大戰的交戰國，但也不是完全中立。佛朗哥沒有正式加入軸心國，但他採取行動支持德國，像是供應基本物資，並允許數以千計的西班牙人志願加入軸心國部隊，不過條件是他們不會和西方盟國作戰。法國於1940年6月淪陷後，西班牙和德國差點結盟，但希特勒認為佛朗哥提出的要求太高，因此雙方最後沒有達成協議。隨著戰爭的發展，希特勒曾考慮入侵西班牙，迫使佛朗哥把部隊調往法國邊界。

法蘭西斯科·佛朗哥將軍

1 戰爭開始 1936年7月

1936年7月17日，駐紮在西屬摩洛哥的國民軍部隊對剛贏得大選的共和派政府發動政變。佛朗哥將軍在7月19日接掌西班牙非洲軍團（Army of Africa）——以摩洛哥為基地的一群職業軍人。自7月27日起，佛朗哥的部隊就在德國和義大利部隊的協助下從摩洛哥飛往西班牙，戰鬥隨即在西班牙西南各地爆發。

ATLANTIC OCEAN

2 國際介入 1936年

儘管有27個國家在1936年9月簽署了不介入公約，但基於這場戰爭的意識形態本質，它是具備了國際化的特點。國民軍部隊獲得法西斯義大利和納粹德國的人員和裝備供應，共和軍則得到俄國共產黨政府、墨西哥政府和國際縱隊（International Brigades）志願人員的支持——他們是來自世界各地、挺身對抗法西斯主義的左翼戰士。

德國支援　蘇聯支援　義大利支援

1936年8月22日 葡萄牙允許德國船隻在里斯本停泊，並從當地運送軍用物資進入國民軍控制區

PORTUGAL

Lisbon

3 對平民的暴行 1936–1939年

這場戰爭期間，雙方都曾對平民犯下暴行。共和軍鎖定任何右翼人士，包括教師、律師、市長和地主等，還洗劫了許多教堂。另一方面，國民軍則說服納粹德軍和義大利軍從空中進行轟炸，包括空襲格爾尼卡和巴塞隆納，執行者是從巴里亞利群島（Balearic Islands）起飛的義軍飛機。

共和軍暴行　國民軍暴行

▽ 抵抗國民軍

1936年7月，左翼人民陣線的女性民兵在馬德里街頭行軍。共和軍部隊也有一些女性戰鬥人員。

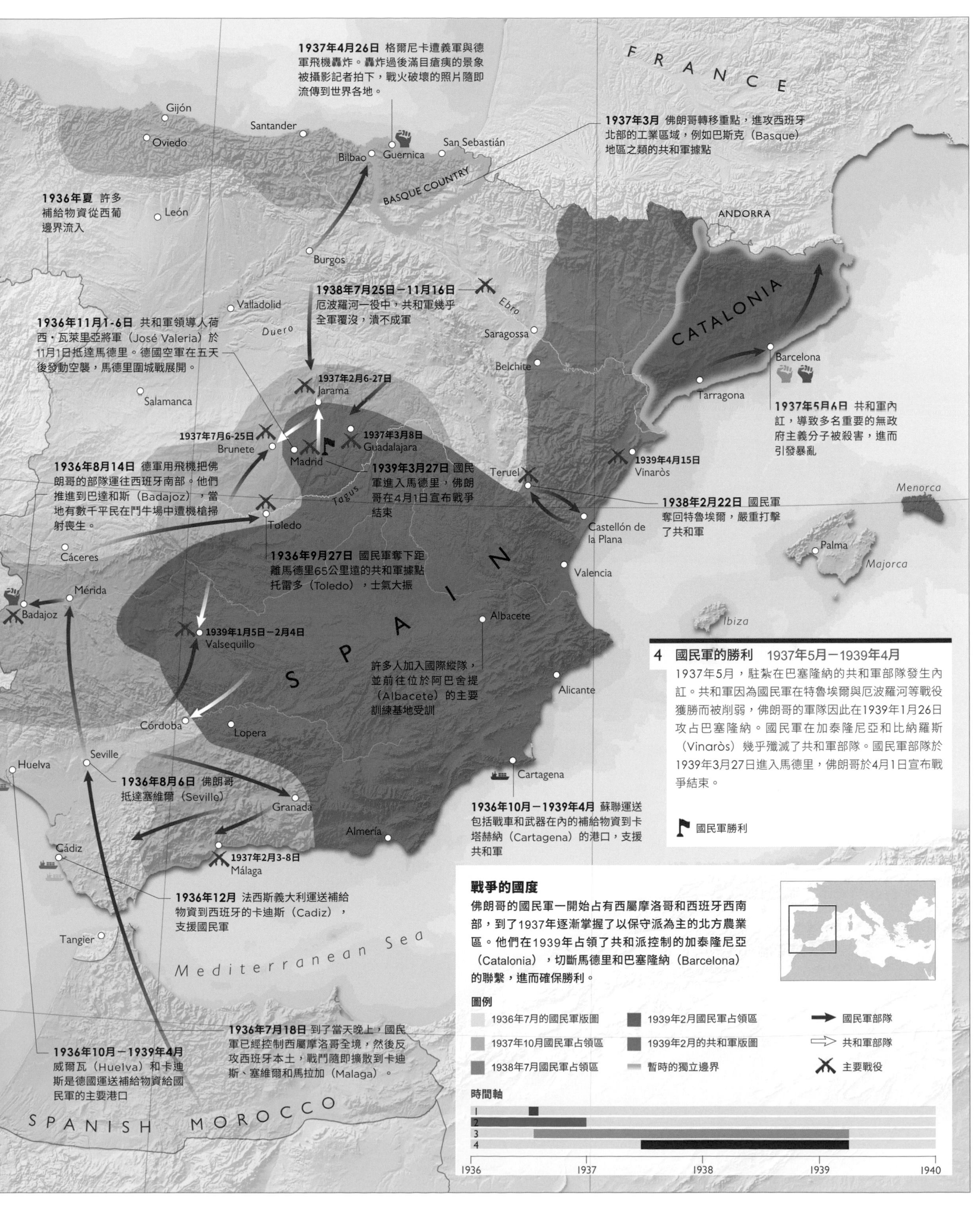

1937年4月26日 格爾尼卡遭義軍與德軍飛機轟炸。轟炸過後滿目瘡痍的景象被攝影記者拍下，戰火破壞的照片隨即流傳到世界各地。
FRANCE
1937年3月 佛朗哥轉移重點，進攻西班牙北部的工業區域，例如巴斯克（Basque）地區之類的共和軍據點
Gijón
Oviedo
Santander
Bilbao
Guernica
San Sebastián
BASQUE COUNTRY
1936年夏 許多補給物資從西葡邊界流入
León
Burgos
ANDORRA
1938年7月25日－11月16日 厄波羅河一役中，共和軍幾乎全軍覆沒，潰不成軍
Ebro
Valladolid
Duero
1936年11月1-6日 共和軍領導人荷西・瓦萊里亞將軍（José Valeria）於11月1日抵達馬德里。德國空軍在五天後發動空襲，馬德里圍城戰展開。
Saragossa
CATALONIA
Belchite
Barcelona
1937年2月6-27日 Jarama
Salamanca
Tarragona
1937年5月6日 共和軍內訌，導致多名重要的無政府主義分子被殺害，進而引發暴亂
1937年7月6-25日 Brunete
1937年3月8日 Guadalajara
Madrid
1939年3月27日 國民軍進入馬德里，佛朗哥在4月1日宣布戰爭結束
1939年4月15日 Vinaròs
Teruel
1936年8月14日 德軍用飛機把佛朗哥的部隊運往西班牙南部。他們推進到巴達和斯（Badajoz），當地有數千平民在鬥牛場中遭機槍掃射喪生。
Tagus
Menorca
1938年2月22日 國民軍奪回特魯埃爾，嚴重打擊了共和軍
Toledo
Castellón de la Plana
Cáceres
1936年9月27日 國民軍奪下距離馬德里65公里遠的共和軍據點托雷多（Toledo），士氣大振
Palma
Majorca
Valencia
Mérida
Badajoz
SPAIN
Albacete
Ibiza
1939年1月5日－2月4日 Valsequillo
許多人加入國際縱隊，並前往位於阿巴舍提（Albacete）的主要訓練基地受訓
Alicante
Córdoba
Lopera
Huelva
Seville
1936年8月6日 佛朗哥抵達塞維爾（Seville）
Cartagena
Granada
1936年10月－1939年4月 蘇聯運送包括戰車和武器在內的補給物資到卡塔赫納（Cartagena）的港口，支援共和軍
Almería
Cádiz
1937年2月3-8日 Málaga
1936年12月 法西斯義大利運送補給物資到西班牙的卡迪斯（Cadiz），支援國民軍
Tangier
Mediterranean Sea
1936年7月18日 到了當天晚上，國民軍已經控制西屬摩洛哥全境，然後反攻西班牙本土，戰鬥隨即擴散到卡迪斯、塞維爾和馬拉加（Malaga）。
1936年10月－1939年4月 威爾瓦（Huelva）和卡迪斯是德國運送補給物資給國民軍的主要港口
SPANISH MOROCCO
4 國民軍的勝利 1937年5月－1939年4月
1937年5月，駐紮在巴塞隆納的共和軍部隊發生內訌。共和軍因為國民軍在特魯埃爾與厄波羅河等戰役獲勝而被削弱，佛朗哥的軍隊因此在1939年1月26日攻占巴塞隆納。國民軍在加泰隆尼亞和比納羅斯（Vinaròs）幾乎殲滅了共和軍部隊。國民軍部隊於1939年3月27日進入馬德里，佛朗哥於4月1日宣布戰爭結束。
國民軍勝利
戰爭的國度
佛朗哥的國民軍一開始占有西屬摩洛哥和西班牙西南部，到了1937年逐漸掌握了以保守派為主的北方農業區。他們在1939年占領了共和派控制的加泰隆尼亞（Catalonia），切斷馬德里和巴塞隆納（Barcelona）的聯繫，進而確保勝利。
圖例
1936年7月的國民軍版圖
1937年10月國民軍占領區
1938年7月國民軍占領區
1939年2月國民軍占領區
1939年2月的共和軍版圖
暫時的獨立邊界
國民軍部隊
共和軍部隊
主要戰役
時間軸
1
2
3
4
1936
1937
1938
1939
1940

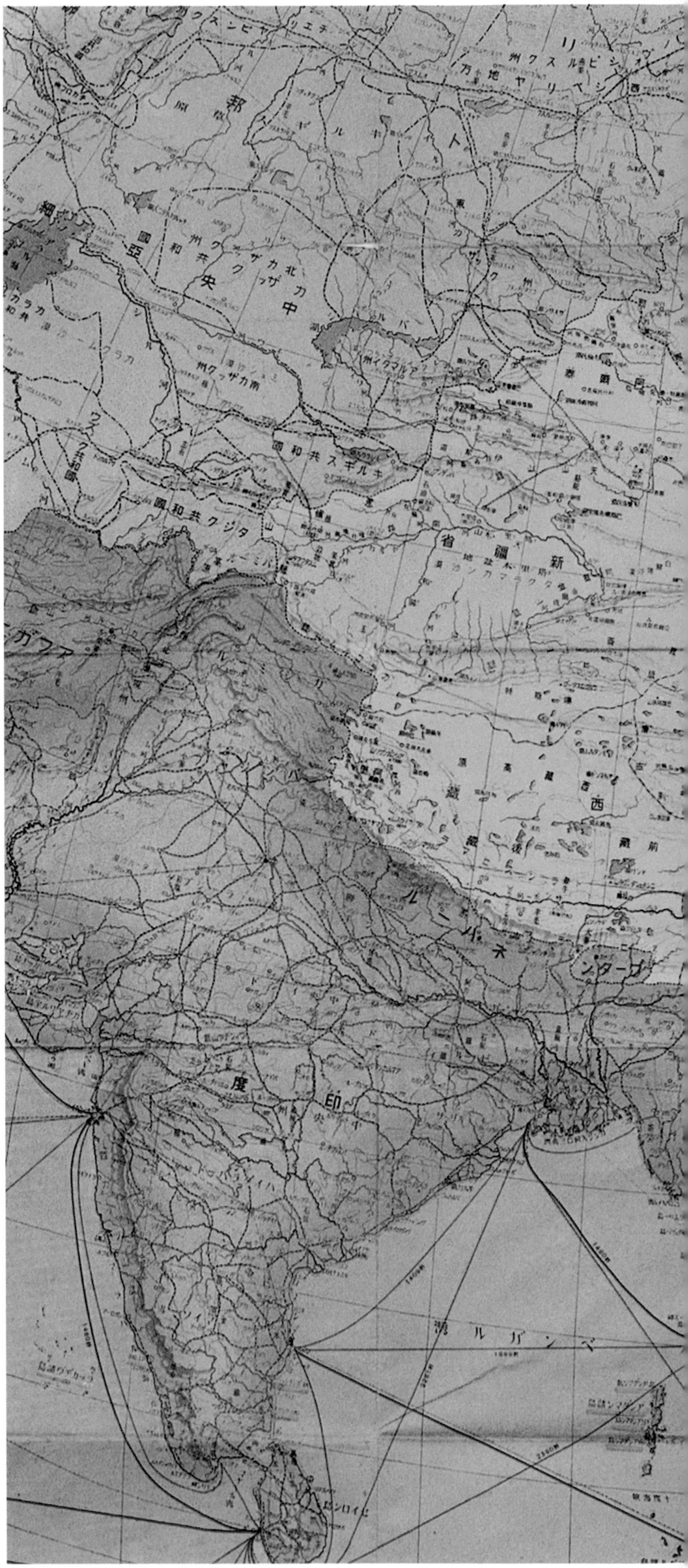

對日抗戰

日軍在1937年7月進攻中國，是一場長達八年的戰爭的開端。戰鬥十分血腥殘暴，雙方都蒙受超過700萬軍事人員傷亡，更有1700到2000萬中國平民喪生。

戰爭在 1937 年 7 月爆發，是日本長期以來渴望主宰中國的結果，目的是要獲取原物料、糧食和勞力。日本在 1895 年已經占領臺灣（如圖標示為暗紅色），在 1931 年取得滿州，1933 年又拿下熱河省（右圖中粉紅色區域），於是把注意力轉移到中國其餘地方。1937 年 7 月 7 日到 9 日，因為一起日本士兵在北京西南邊約 16 公里的宛平縣城失蹤的意外，日軍和國軍開始交火。日軍在通往北京的關鍵要道馬可波羅橋（Marco Polo Bridge，即盧溝橋）上開火，並進攻宛平縣城。這場突擊行動很快就演變成大規模戰鬥。雖然雙方立即同意停火，但日軍和國軍持續衝突，於是日軍展開征服中國華北的行動，導致局面演變成全面戰爭。但雙方都沒有正式宣戰。

侵略與擴張

有些日軍部隊向南推進，還有一些在華東海岸登陸。經過長達三個月的鏖戰後，他們在 11 月攻克上海，接著在 12 月奪取南京（右圖中粉色調的區域），然後在當地展開一場大屠殺。1938 年，他們在漢口打敗由蔣介石領導的國軍與蘇聯志願部隊，大約有 120 萬人在這場長達四個月的戰役中犧牲。日軍在這些攻擊中通常會配合空中轟炸，意圖打擊中方士氣。例如重慶就遭到轟炸超過 200 次，市中心被夷為平地。到了 1941 年，日軍已控制了大部分華東地區以及幾乎全部的海岸地帶。

中國的抵抗

儘管日軍獲得這些勝利，但戰爭卻陷入僵局。國軍的交通線綿延深入各地方，但日軍缺乏兵力掌握鄉村地區，不但無法擊潰共產黨在陝西發動的大規模游擊隊攻勢，也不能抵擋國民黨和共產黨發動的兩場大規模反攻，因此輸掉漢口和廣西南部的兩場大規模戰役。

◁ **南京大屠殺**
日本帝國陸軍在1938年1月進入南京城，估計有多達30萬平民遭到殺害。

1939年左右的日本帝國地圖
地圖的紅色區域顯示日本帝國在1930年的版圖，包括朝鮮與臺灣。右側的粉紅色區域代表1931-33年征服的領域，包括滿州。粉色調的區域顯示1937年日軍進攻中國的戰果，橙色調的區域則是1938-39年間的戰果。

德國與義大利的擴張

第一次世界大戰結束後，法西斯義大利和納粹德國追求對外擴張政策，目標是擴大版圖、推翻1919年《凡爾賽條約》的不利條款。在此期間，其他歐洲國家幾乎都沒有反對。

雖然義大利在一次大戰中屬於獲勝的協約國陣營，但卻是個傷亡慘重、經濟衰退、負債累累的國家，且分配到的領土少得可憐。義大利國民對此感到憤慨，再加上其他種種因素，因此墨索里尼的國家法西斯黨（National Fascist Party）在 1922 年取得政權。

墨索里尼想要提升義大利的國家威望，因此在地中海和非洲擴張版圖，終極目標是建立第二個羅馬帝國。他征服衣索比亞（1935 年）和阿爾巴尼亞（1939 年），是這個過程中成功的部份。

希特勒也有建立帝國的野心，深信德國需要「生存空間」（Lebensraum）來維繫生存。希特勒在 1933 年掌權後，他的意圖就是一雪《凡爾賽條約》的恥辱，在中歐建立一個重新武裝的泛日耳曼國家。德國公然藐視《凡爾賽條約》，開始恢復軍備。薩爾蘭和萊茵蘭在 1935-36 年回到德國懷抱，奧地利在 1938 年和德國統一，捷克斯洛伐克則在 1938-39 年被占領並分裂。

面對這種種擴張行動，英國和法國並沒有出手捍衛《凡爾賽條約》，而是選擇姑息這些獨裁者，希望這樣可以維持和平。不過綏靖政策在 1939 年春天宣告失敗，迫使英法兩國準備打一場死灰復燃、不可避免的歐洲大戰。

「義大利的救贖所需要的不是方案，而是人和意志力。」

貝尼托・墨索里尼，1920年在烏迪內（Udine）的演說

同盟國重新武裝

一次大戰後，英國和法國裁減軍備，但1933年納粹黨在德國興起，迫使他們重新思考這個做法。1936年以後，英國開始生產新一代的戰車和火砲、新式航空母艦和戰鬥艦，並研發噴火式（Spitfire）和霍克颶風式（Hawker Hurricane）戰鬥機。法國則沿著東部和德國接壤的國界建造防禦性質的馬其諾防線（Maginot Line），並對當時堪稱是規模世界第一的空軍部隊進行現代化。

英國噴火式戰鬥機生產線

SIEG HEIL
ZAHNATELIER
WH-32290

△ 希特勒在奧地利，1938年3月
德國兼併奧地利之後，希特勒以勝利者姿態在維也納街頭遊行，並在英雄廣場上對20萬名歡欣鼓舞的日耳曼奧地利人發表演說。

1 義大利在歐洲的領土 1910–1939年

1912年，義大利從鄂圖曼帝國取得多德坎尼斯群島（Dodecanese Islands），並在一次大戰結束後從奧地利取得一些領土。1919-21年間，他們占領土耳其南部一些地方，獲得南斯拉夫的港口札達爾（Zadar），最後在1924年兼併長期以來一直有爭議的港口阜姆（Fiume）。1923年，義大利和希臘發生糾紛，所以曾短暫占領科孚島（Corfu）。1939年，義大利部隊占領阿爾巴尼亞。

- 1910年時義大利在歐洲的版圖
- 1912年時義大利在歐洲的版圖
- 1919年時義大利從奧地利取得的領土
- 1939年取得阿爾巴尼亞
- 暫時占領
- 兼併的城市

2 義大利的非洲帝國 1911–1936年

義大利曾在1911年占領鄂圖曼治理的利比亞，並在1919到1935年四度擴張邊界，侵占鄰近土地。1925年，一紙協議讓英國治理的肯亞把朱巴蘭（Jubaland）割讓給義大利的索馬利蘭（Somaliland）。1935年11月，義大利部隊進攻獨立的衣索比亞王國，轟炸村莊，並施放毒氣對付當地部隊，還對水源下毒。國際聯盟施加了微弱的制裁，但義軍迅速征服衣索比亞，放逐了皇帝海爾・塞拉西（Haile Selassie）。

- 1910年義大利在非洲的版圖
- 1911年取得的領土
- 1919年取得的領土
- 1925-26年取得的領土
- 1934年取得的領土
- 1935年取得的領土

3 德國收回失土 1935-1936年

德國誓言推翻《凡爾賽條約》在歐洲所做的和平安排，於1935年3月宣布展開條約明令禁止的重新發展軍備計畫。同年，薩爾蘭的居民進行公投，決定和德國再統一。翌年，德軍武裝部隊就進占了非軍事化的萊茵蘭地區。

- 1935年前的德國
- 1935年取得的薩爾蘭
- 1936年取得的萊茵蘭

UNI
PORTUGAL
SPAIN
Gibraltar
MOROCCO
FRENCH WEST AFRICA

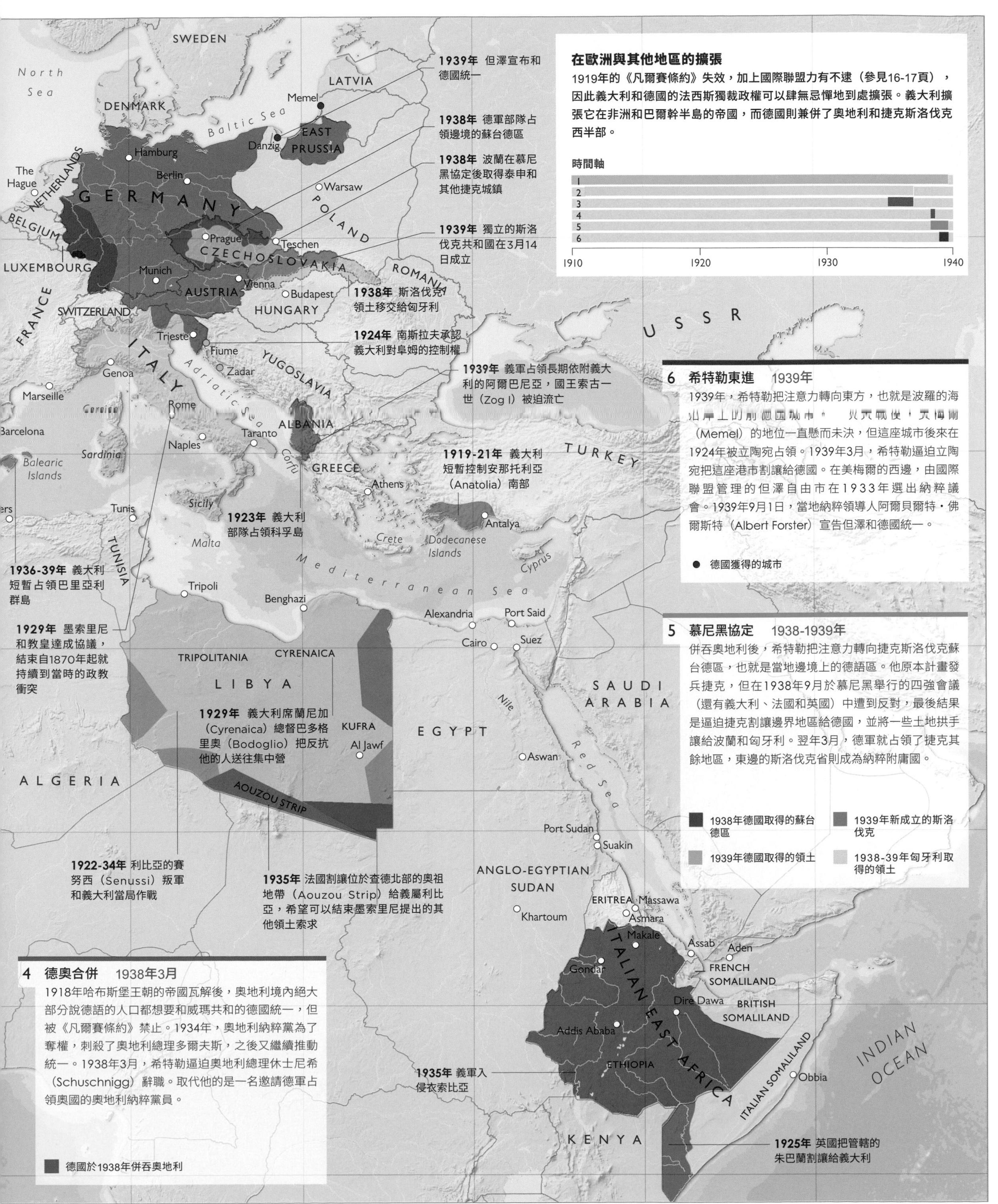
SWEDEN
North Sea
LATVIA
DENMARK
Baltic Sea
Memel
EAST PRUSSIA
Danzig
Hamburg
The Hague
NETHERLANDS
Berlin
GERMANY
Warsaw
POLAND
BELGIUM
Prague
Teschen
CZECHOSLOVAKIA
LUXEMBOURG
Munich
Vienna
AUSTRIA
Budapest
ROMANIA
HUNGARY
FRANCE
SWITZERLAND
Trieste
Fiume
ITALY
Genoa
Zadar
YUGOSLAVIA
Adriatic Sea
Marseille
Rome
ALBANIA
Barcelona
Taranto
Naples
Sardinia
Corfu
GREECE
Balearic Islands
Athens
Sicily
Tunis
Malta
Crete
Dodecanese Islands
Antalya
TURKEY
USSR
Cyprus
TUNISIA
Tripoli
Benghazi
Mediterranean Sea
Alexandria
Port Said
Cairo
Suez
TRIPOLITANIA
CYRENAICA
LIBYA
KUFRA
Al Jawf
EGYPT
Nile
SAUDI ARABIA
Aswan
Red Sea
ALGERIA
AOUZOU STRIP
Port Sudan
Suakin
ANGLO-EGYPTIAN SUDAN
ERITREA
Massawa
Asmara
Khartoum
Makale
Assab
Aden
Gondar
FRENCH SOMALILAND
Dire Dawa
BRITISH SOMALILAND
Addis Ababa
ITALIAN EAST AFRICA
ETHIOPIA
ITALIAN SOMALILAND
Obbia
INDIAN OCEAN
KENYA
1939年 但澤宣布和德國統一
1938年 德軍部隊占領邊境的蘇台德區
1938年 波蘭在慕尼黑協定後取得泰申和其他捷克城鎮
1939年 獨立的斯洛伐克共和國在3月14日成立
1938年 斯洛伐克領土移交給匈牙利
1924年 南斯拉夫承認義大利對阜姆的控制權
1939年 義軍占領長期依附義大利的阿爾巴尼亞，國王索古一世（Zog I）被迫流亡
1919-21年 義大利短暫控制安那托利亞（Anatolia）南部
1923年 義大利部隊占領科孚島
1936-39年 義大利短暫占領巴里亞利群島
1929年 墨索里尼和教皇達成協議，結束自1870年起就持續到當時的政教衝突
1929年 義大利席蘭尼加（Cyrenaica）總督巴多格里奧（Bodoglio）把反抗他的人送往集中營
1922-34年 利比亞的賽努西（Senussi）叛軍和義大利當局作戰
1935年 法國割讓位於查德北部的奧祖地帶（Aouzou Strip）給義屬利比亞，希望可以結束墨索里尼提出的其他領土索求
1935年 義軍入侵衣索比亞
1925年 英國把管轄的朱巴蘭割讓給義大利

在歐洲與其他地區的擴張

1919年的《凡爾賽條約》失效，加上國際聯盟力有不逮（參見16-17頁），因此義大利和德國的法西斯獨裁政權可以肆無忌憚地到處擴張。義大利擴張它在非洲和巴爾幹半島的帝國，而德國則兼併了奧地利和捷克斯洛伐克西半部。

時間軸
1
2
3
4
5
6
1910
1920
1930
1940

6 希特勒東進 1939年

1939年，希特勒把注意力轉向東方，也就是波羅的海沿岸上的前德國城市。一次大戰後，美梅爾（Memel）的地位一直懸而未決，但這座城市後來在1924年被立陶宛占領。1939年3月，希特勒逼迫立陶宛把這座港市割讓給德國。在美梅爾的西邊，由國際聯盟管理的但澤自由市在1933年選出納粹議會。1939年9月1日，當地納粹領導人阿爾貝爾特・佛爾斯特（Albert Forster）宣告但澤和德國統一。

● 德國獲得的城市

5 慕尼黑協定 1938-1939年

併吞奧地利後，希特勒把注意力轉向捷克斯洛伐克蘇台德區，也就是當地邊境上的德語區。他原本計畫發兵捷克，但在1938年9月於慕尼黑舉行的四強會議（還有義大利、法國和英國）中遭到反對，最後結果是逼迫捷克割讓邊界地區給德國，並將一些土地拱手讓給波蘭和匈牙利。翌年3月，德軍就占領了捷克其餘地區，東邊的斯洛伐克省則成為納粹附庸國。

- 1938年德國取得的蘇台德區
- 1939年新成立的斯洛伐克
- 1939年德國取得的領土
- 1938-39年匈牙利取得的領土

4 德奧合併 1938年3月

1918年哈布斯堡王朝的帝國瓦解後，奧地利境內絕大部分說德語的人口都想要和威瑪共和的德國統一，但被《凡爾賽條約》禁止。1934年，奧地利納粹黨為了奪權，刺殺了奧地利總理多爾夫斯，之後又繼續推動統一。1938年3月，希特勒逼迫奧地利總理休士尼希（Schuschnigg）辭職。取代他的是一名邀請德軍占領奧國的奧地利納粹黨員。

- 德國於1938年併吞奧地利

陷入火海的猶太教堂
1938年11月9日，德國北部漢諾威（Hanover）的主猶太教堂遭納粹黨人縱火焚毀。市內的猶太人商店與住宅也慘遭洗劫，住家的家具則被搬到廣場上焚燒。

水晶之夜

1938年11月，17歲的波蘭籍猶太人赫歇爾・格林斯潘（Herschel Grynszpan）暗殺了在巴黎的德國大使館工作的外交官恩斯特・馮・拉特（Ernst vom Rath）。此舉引發了一場納粹騷亂，整個第三帝國境內的猶太人都會因此承擔災難性的後果。

馮・拉特在 11 月 9 日殞命之後僅僅幾個小時，全德國的納粹黨人就發動了一場殘酷的報復行動，攻擊猶太教堂和猶太人的公司行號與住宅。這起事件被稱為水晶之夜（Kristallnacht），得名自各地街道上散布的大量玻璃碎片。等到這場騷亂在一天之後平息時，已有大約 100 座猶太教堂被拆除，另外還有數百座遭大火焚毀。許多猶太人的墓地被褻瀆，至少有 7500 間猶太人經營的店舖慘遭劫掠搜刮。

Jude

△ 猶太人的標誌
這項行動帶來了深遠的衝擊。到了1941年，德國境內所有的猶太人都得配戴這種黃色的大衛之星（Star of David）標誌，上有德文「猶太人」字樣。

前因後果

希特勒是否下達特定指令來發動這場行動，我們不得而知，但宣傳部長戈培爾卻火速宣稱，這整起事件之所以爆發，是因為懦夫般的攻擊引發全民族的怒火。納粹除了透過宣傳煽動種族仇恨以外，也把反猶主義制度化，像是納入學校教學，以及在 1935 年通過紐倫堡法案（Nuremberg Laws），剝奪猶太人的德國公民權。隨著馮・拉特之死，猶太人遭罰款 10 億帝國馬克（Reichsmark），還得負責修復這場行動造成的所有破壞。大約 3 萬名猶太人遭逮捕，當中大部分都被送往集中營。

Deutsche!
Wehrt Euch!
Kauft nicht bei Juden!
Jude

△ 反猶抵制行動
水晶之夜期間，柏林一間商店的櫥窗遭張貼海報，警告消費者不要跟猶太人買東西。一名駐柏林的《每日電訊報》（*Daily Telegraph*）特派員報導：「看來種族仇恨和歇斯底里似乎完全控制了原本善良正派的人。」

歐洲戰爭倒數

在戰前各種大動作的外交活動中，各國紛紛組成聯盟、提供保證，以及（如果不想打的話）宣布中立。最後一片拼圖——納粹和蘇聯之間的互不侵犯條約——是這個世紀最令人意外的外交奇襲。

隨著德國和義大利在歐洲擴張他們的帝國版圖，東方的日本和中國也陷入衝突（參閱第 26-27 頁），世界和平在整個 1930 年代愈來愈受威脅。為了反制此一情勢，歐洲兩個主要民主國家英國與法國放棄姑息希特勒和墨索里尼的政策，轉而採取嚇阻策略。1939 年 3 月 31 日，兩國向波蘭保證，如果波蘭遭到攻擊，西方國家定會伸出援手。而在義大利併吞阿爾巴尼亞之後，類似的保證也擴大到羅馬尼亞、希臘和土耳其。

由於有兩個互相敵對的集團出現，幾個歐洲國家不約而同地宣布中立，但這樣的外交聯盟手段和 1939 年 8 月由歐洲兩個意識形態上的對手——納粹德國和共產蘇聯——訂下的互不侵犯條約相比，根本不算什麼。這紙條約的保密條款重劃了中歐和東歐的地圖，並把原本獨立的國家納入各自的勢力範圍。有了這樣的防火牆，希特勒的德國在入侵波蘭的道路上就沒有任何阻礙了。

> 「在戰爭裡，不論哪一方自認是勝利者，實際上沒有贏家，只有輸家。」
>
> 英國首相尼維爾・張伯倫，1938年

約瑟夫・史達林
1879–1953年

約瑟夫・朱加什維利（Josef Jugashvili）出生於喬治亞的哥里（Gori）。他原本在一間神學院就讀，但因為有革命思想而遭退學。他曾兩度遭沙皇政府流放西伯利亞，並自1912年起開始自稱史達林，意思是「鐵漢」。1917年的十月革命期間，他協助列寧（Lenin）成為布爾什維克政府中的民族事務人民委員。1922年，他擔任共產黨總書記，並透過這個職位來建構他的權力基礎。到了1920年代末，他就成功建立了獨裁統治政體，直到他在1953年過世。

分裂的歐洲

崛起的納粹德國和義大利結盟，把歐洲分成兩大陣營。另外一群國家試圖保持中立，而蘇聯則出人意料地和納粹德國達成了某種共識。

時間軸

1 2 3 4 5

1936 1937 1938 1939 1940 1941

1 軸心國 1936–1940年

1936年11月1日，與德國簽署了新一輪協議以後，義大利獨裁者墨索里尼宣布建立羅馬－柏林「軸心」（Axis）。義大利與德國在1939年5月22日的鋼鐵條約（Pact of Steel）中把他們的聯盟正式付諸文字。在此期間，德國和日本在1936年11月25日簽訂針對蘇聯的反共產國際協定，而義大利也在1937年加入。日本、德國和義大利這三個所謂的「軸心國」之間的聯繫，在1940年9月27日的三國同盟條約（Tripartite Pact）中更加強化。

1939年5月時的歐洲軸心國

2 哥本哈根宣言（Copenhagen Declaration） 1938年7月

1938年7月，挪威、瑞典、丹麥、荷蘭、比利時、芬蘭和波羅的海三國愛沙尼亞、拉脫維亞與立陶宛在丹麥首都哥本哈根集會，宣告在任何即將到來的歐洲戰爭裡，他們都會維持中立。除了比利時以外，這些國家絕大部分在第一次世界大戰裡都保持中立，再不然就是尚未獨立，並且希望不要被牽扯進任何未來的衝突裡。

哥本哈根宣言簽署國

3 姑息結束 1939年

當德國撕毀1938年9月的慕尼黑協定（參閱第28-29頁）並占領捷克斯洛伐克西部後，英法兩國向波蘭（1939年3月）、羅馬尼亞與希臘（1939年4月）還有土耳其（1939年5月）保證，他們若是受到攻擊，會獲得保護。基於這樣的保證，德國在1939年9月入侵波蘭時，英法對德國宣戰。

盟國及盟國給予保證的國家

ATLANTIC OCEAN · IRELAND · UNITED KINGDOM · FRANCE · SPAIN · PORTUGAL · Glasgow · Belfast · Dublin · London · Madrid · Barcelona

1938年11月 在共產黨與極右派關係緊張之際，法國發生罷工事件

1939年1月26日 佛朗哥將軍的國民部隊攻占巴塞隆納

1939年4月1日 佛朗哥在馬德里宣布獲勝，西班牙內戰結束

Norwegian Sea
North Sea
Baltic Sea
Mediterranean Sea
FINLAND
SWEDEN
NORWAY
DENMARK
ESTONIA
LATVIA
LITHUANIA
EAST PRUSSIA
USSR
NETHERLANDS
BELGIUM
LUXEMBOURG
GERMANY
BOHEMIA & MORAVIA
POLAND
SLOVAKIA
AUSTRIA
SWITZERLAND
HUNGARY
ROMANIA
BESSARABIA
YUGOSLAVIA
BULGARIA
ALBANIA
GREECE
ITALY
TURKEY
Leningrad
Helsinki
Tallinn
Oslo
Stockholm
Riga
Copenhagen
Memel
Wilno
Danzig
Berlin
Amsterdam
Warsaw
Krakow
Nuremberg
Munich
Vienna
Bratislava
Budapest
Zurich
Milan
Bucharest
Belgrade
Sofia
Rome
Athens
Palermo
1939年 丹麥和德國簽署長達十年的互不侵犯條約
1938年7月 九個國家代表齊聚哥本哈根，簽署維持中立的宣言
1939年3月22日 德國併吞立陶宛在波羅的海的港口美梅爾
1939年 在德蘇互不侵犯條約裡，立陶宛原本是劃給德國，之後卻被納入蘇聯的勢力範圍
1939年8月 希特勒發出最後通牒，聲稱擁有但澤自由市的主權
1939年5月22日 鋼鐵公約在柏林簽署
1939年 根據德蘇互不侵犯條約，波蘭將被德國和蘇聯瓜分，從地圖上消失
1938年3月 希特勒兼併奧地利
1936年11月1日 在米蘭（Milan）的一場演說中，墨索里尼用「軸心」一詞來稱呼他與納粹德國的聯盟
1939年4月7日 義軍入侵阿爾巴尼亞
LADOGA
PETROGRAD
NARVA
PSKOV
VITEBSK
SMOLENSK
OREL
KIEV
POLTAVA
KARKHOV
STALINGRAD
ASTRAKHAN
ROSTOV
ODESSA

△ **希特勒與熊**
這幅1939年的法國諷刺漫畫為了批評蘇聯和德國間的條約，描繪希特勒和蘇聯（這隻「熊」）在歐洲地圖上摔角。這紙條約的談判過程保密，正式對外公布時引發歐洲震撼。

5 條約的影響 1939–1940年

條約中的保密條款影響了周邊國家的命運。德國可以在波蘭西部與立陶宛不受干擾地行動，至於波蘭東部、芬蘭、愛沙尼亞、拉脫維亞和羅馬尼亞的比薩拉比亞則是蘇聯的勢力範圍。後來，1939年9月28日的祕密協定更是讓德國的控制範圍延伸到波蘭東部，而蘇聯則可以把立陶宛納入勢力範圍。所有的保密條款都在1940年開始執行。

條約的受害國

4 德蘇互不侵犯條約 1939年8月23日

1939年8月23日，德國外交部長約阿辛・馮・李賓特洛普（Joachim von Ribbentrop）和蘇聯外交部長伏亞切司拉夫・莫洛托夫（Vyacheslav Molotov）簽署互不侵犯條約。公開的條款表示簽約國若有一方進入戰爭狀態，另一方定會維持中立。這是政策上的一個大轉彎：對慕尼黑協議感到失望的蘇聯如今已願意在「兩個帝國主義陣營」之間引發戰爭，而德國則希望入侵波蘭時能夠避免蘇聯干預。

互不侵犯條約簽署國

第二章

德意志大獲全勝

1939–1941年

軸心國軍隊橫掃歐陸，並深入蘇聯、巴爾幹地區和非洲。同盟國在所有戰線上都得為生死存亡而戰。

CHAMPIGNEULLES

△ **逃難的平民**
當德軍在1940年逼近法國首都巴黎時，一對夫妻開始尋找可以躲避的地方。有三分之二的巴黎人口恐慌地逃往鄉間避難。

歐洲的戰火

德軍在第二次世界大戰的第一階段大獲全勝，阿道夫・希特勒成為成為歐洲大陸的主宰。在溫斯頓・邱吉爾（Winston Churchill）的領導下，英國成功抵禦德國凌厲的空中攻勢，但當下除了求生存以外，根本無計可施，前景一片黯淡。

二次大戰在1939年9月爆發時，並沒有出現像一次大戰那樣歡聲雷動的人群。英國和法國政府不情願地加入一場他們不想參與的衝突。雖然他們曾經代表波蘭向德國宣戰，但卻沒有出兵相助，結果波蘭迅速戰敗，遭納粹德國和蘇聯瓜分，有受教育的菁英被屠殺，猶太人則被強制遷移到猶太區。英國和法國拒絕希特勒在波蘭獲勝後提出的和談要求，但也不想採取任何軍事行動。法軍駐紮在馬其諾防線上，那裡的要塞理應可以抵擋德軍入侵，而英國則派遣一支遠征軍（British Expeditionary Force）則前往法國北部。不過實際上，除了在海上之外，幾乎什麼事也沒發生。由於沒有任何軍事行動，所以這段時期被稱為「假戰」。

英國早在正式宣戰之前許久就已經對這場衝突有所準備。為了應付空襲，當局擬定並且立即執行民防計畫，大城市實施燈火管制，雖然德國並未像他們所設想的那樣快速進行空襲。宣戰前幾天，英國城市裡的兒童就被疏散，法國邊境地區的居民也一樣。等到戰爭爆發時，德國的經濟就已經為戰爭預備了超過一年，而英國和法國也開始重新武裝。確實，軍備生產計畫和徵兵結束了戰間期的高失業率窘境。

1939

△ **第三帝國勳章**
希特勒在1939年頒行騎士十字勳章（Knight's Cross），頒給行為格外英勇或指揮技巧傑出的德軍官兵。

德國突襲歐洲

有些政客，尤其是在法國，比較情願和蘇聯而不是納粹德國作戰。芬蘭在1939–40年冬天遭蘇聯攻擊後，他們曾半認真地擬了一些支持芬蘭的干預計畫。不過到了1940年春，他們就放棄了這個想法，因為希特勒在各地發動決定性的大規模軍事行動。首先，希特勒派兵前往北方，進入丹麥和挪威，之後更在法國、比利時、荷蘭和盧森堡發動閃電攻勢。德軍發展出結合戰車和飛機、快速奔襲的「閃電」（Blitzkrieg）戰術，獲得多次令人驚恐的勝利。在西線戰場，法軍和英軍在短短六星期內就徹底潰敗，不過有許多官兵在1940年5月到6月時從敦克爾克（Dunkirk）疏散，僥倖逃過被俘的命運。法國在幾個星期後投降，緊接著維琪法國（Vichy

希特勒的勝利

納粹德國只靠三場短短的戰役就征服了大半個歐洲北部：第一場是在1939年9月進攻波蘭，第二場是從1940年4月起進攻斯堪地那維亞，第三場則是在1940年5月到6月進攻西歐。但法國投降以後，希特勒就無法以同樣的能量和意志力繼續入侵英國了。德國空軍（Luftwaffe）的空襲造成廣泛的破壞，但卻沒有決定性。在這個時候，為了支援英國繼續作戰，美國的動作愈來愈明顯。

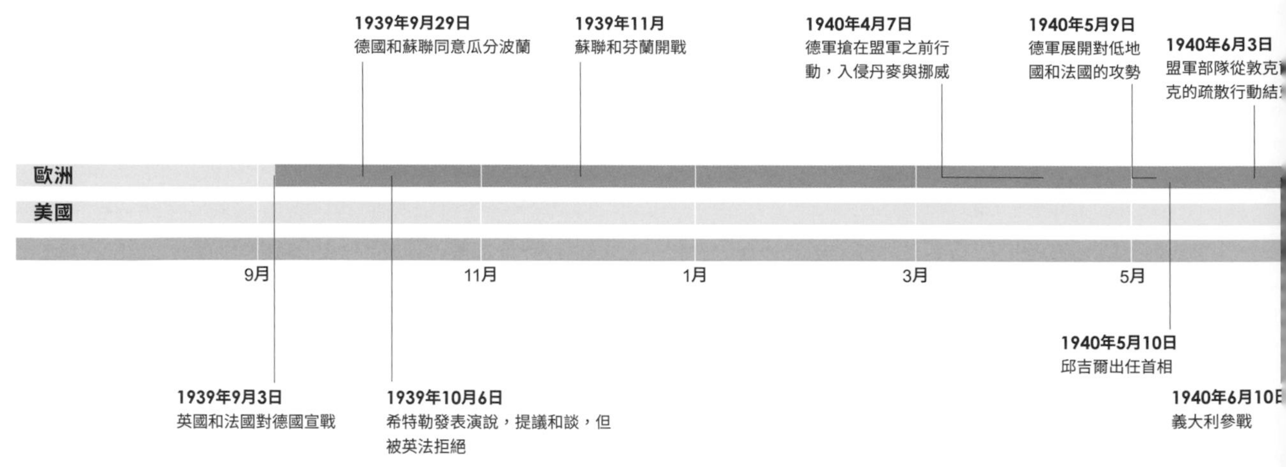
1939年9月29日
德國和蘇聯同意瓜分波蘭
1939年11月
蘇聯和芬蘭開戰
1940年4月7日
德軍搶在盟軍之前行動，入侵丹麥與挪威
1940年5月9日
德軍展開對低地國和法國的攻勢
1940年6月3日
盟軍部隊從敦克
克的疏散行動結
歐洲
美國
9月
11月
1月
3月
5月
1940年5月10日
邱吉爾出任首相
1939年9月3日
英國和法國對德國宣戰
1939年10月6日
希特勒發表演說，提議和談，但被英法拒絕
1940年6月10
義大利參戰

"LET US
GO FORWARD
TOGETHER"

◁ **號召支持**
這張海報在1940年5月邱吉爾當上首相之後不久發行，目的是鼓勵民族團結。

French）政府就成立了——目的就是與納粹德國合作。此時，希特勒和他的盟友已幾乎控制了整個歐洲大陸。

在英國，剛上任的首相邱吉爾決定戰鬥到底。1940年夏天，德國為了爭奪英格蘭南部的制空權而進攻，並同時準備進行海上入侵。這場作戰稱為不列顛之役（Battle of Britain），空中衝突在僵局中畫下句點，希特勒的入侵計畫也不了了之。不過在接下來的秋天和冬天，德軍轟炸機持續在夜間轟炸英國城市，這就是所謂的「閃電」（Blitz）空襲。至於在海上，德軍U艇也擊沉了大量商船。

在這個階段，英國沒什麼辦法可以轉守為攻。反之，邱吉爾選擇「經濟戰」，包括對德國城市進行徒勞無功的空中轟炸，以及在被占領的歐洲煽動反抗。

「德國人民已經達成這個世界認為不可能的事……」

阿道夫・希特勒的演說，1941年4月6日

▽ **在歐洲的勝利**
希特勒出席戰爭爆發前幾個月舉行的遊行，慶祝他的五十大壽。波蘭和法國落入納粹手中後，希特勒似乎已經在戰爭的初期實現了他的承諾。

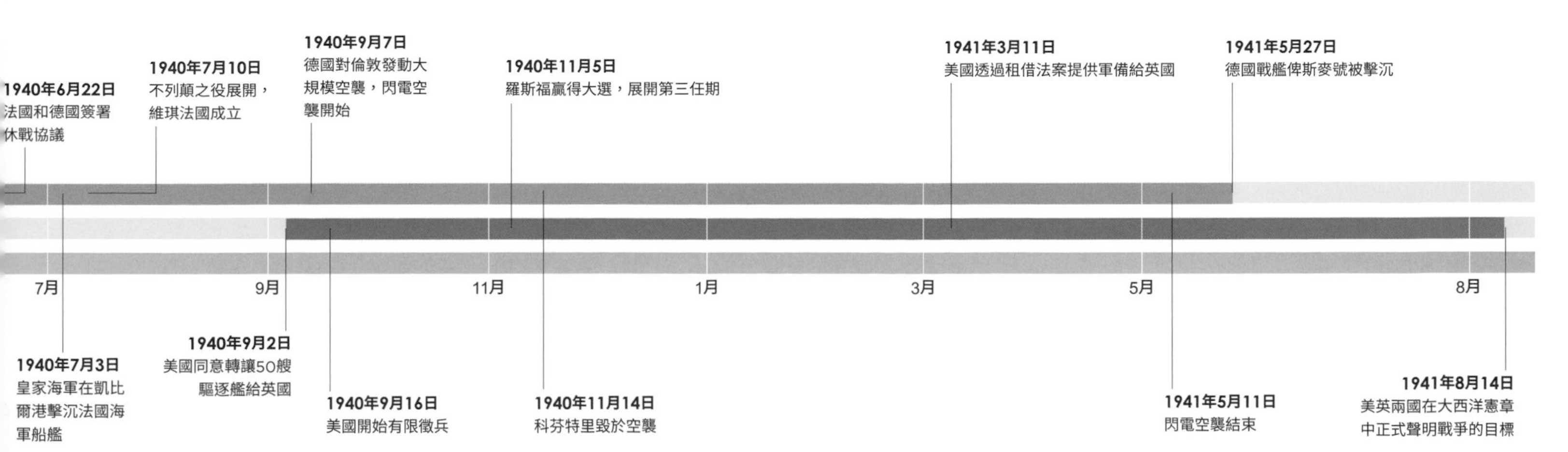
1940年6月22日
法國和德國簽署休戰協議
1940年7月10日
不列顛之役展開，維琪法國成立
1940年9月7日
德國對倫敦發動大規模空襲，閃電空襲開始
1940年11月5日
羅斯福贏得大選，展開第三任期
1941年3月11日
美國透過租借法案提供軍備給英國
1941年5月27日
德國戰艦俾斯麥號被擊沉
7月
9月
11月
1月
3月
5月
8月
1940年7月3日
皇家海軍在凱比爾港擊沉法國海軍船艦
1940年9月2日
美國同意轉讓50艘驅逐艦給英國
1940年9月16日
美國開始有限徵兵
1940年11月14日
科芬特里毀於空襲
1941年5月11日
閃電空襲結束
1941年8月14日
美英兩國在大西洋憲章中正式聲明戰爭的目標

1 德國入侵
1939年8月31日–1939年9月15日

8月31日，希特勒下令德軍入侵波蘭。北方集團軍從東普魯士發起攻勢，目標是在維斯杜拉河（Vistula River）以西的地方切斷波蘭陸軍主力。南方集團軍則朝羅茲（Lodz）和克拉考（Krakow）挺進，接著再轉向華沙。波蘭陸軍曾在庫特諾（Kutno）的布祖拉戰役（Battle of the Bzura）中發動大規模反擊，但迅速被打退。

德軍北方集團軍各軍團
1939年9月1-14日德軍的推進
德軍南方集團軍各軍團
波軍撤退路線
布祖拉河附近被包圍的波軍
1939年9月1日的波蘭前線軍團

2 德軍推進，蘇聯入侵
1939年9月15-28日

德軍持續推進，深入波蘭，到了9月15日便包圍華沙。他們也往更東邊挺進，渡過珊河（San River），進入依照談判結果屬於蘇聯的領域。更令波蘭驚恐的是，蘇聯在9月17日分別從白俄羅斯西部和烏克蘭西部兩個方向入侵波蘭。波蘭政府出逃，而留下來的波軍部隊遭到圍攻，陸續投降。

蘇聯方面軍（集團軍）
1939年9月17-27日蘇軍推進
波軍最後防禦陣地
1939年9月15-28日德軍推進

3 波蘭被瓜分
1939年9月28日–1939年10月12日

德國外長約阿辛・馮・李賓特洛普和蘇聯外長伏亞切司拉夫・莫洛托夫於9月28日進行會談，完成瓜分波蘭的方案。蘇聯分走一半的土地，併入蘇聯的烏克蘭和白俄羅斯，德國則兼併西半邊。一些居住在當地的波蘭人被驅逐、送往德國占領區，也就是位於波蘭中部的波蘭總督府（General Government）轄區。

1939年的波蘭邊界
蘇聯－德國劃界
波蘭總督府
德國兼併區域
蘇聯兼併區域

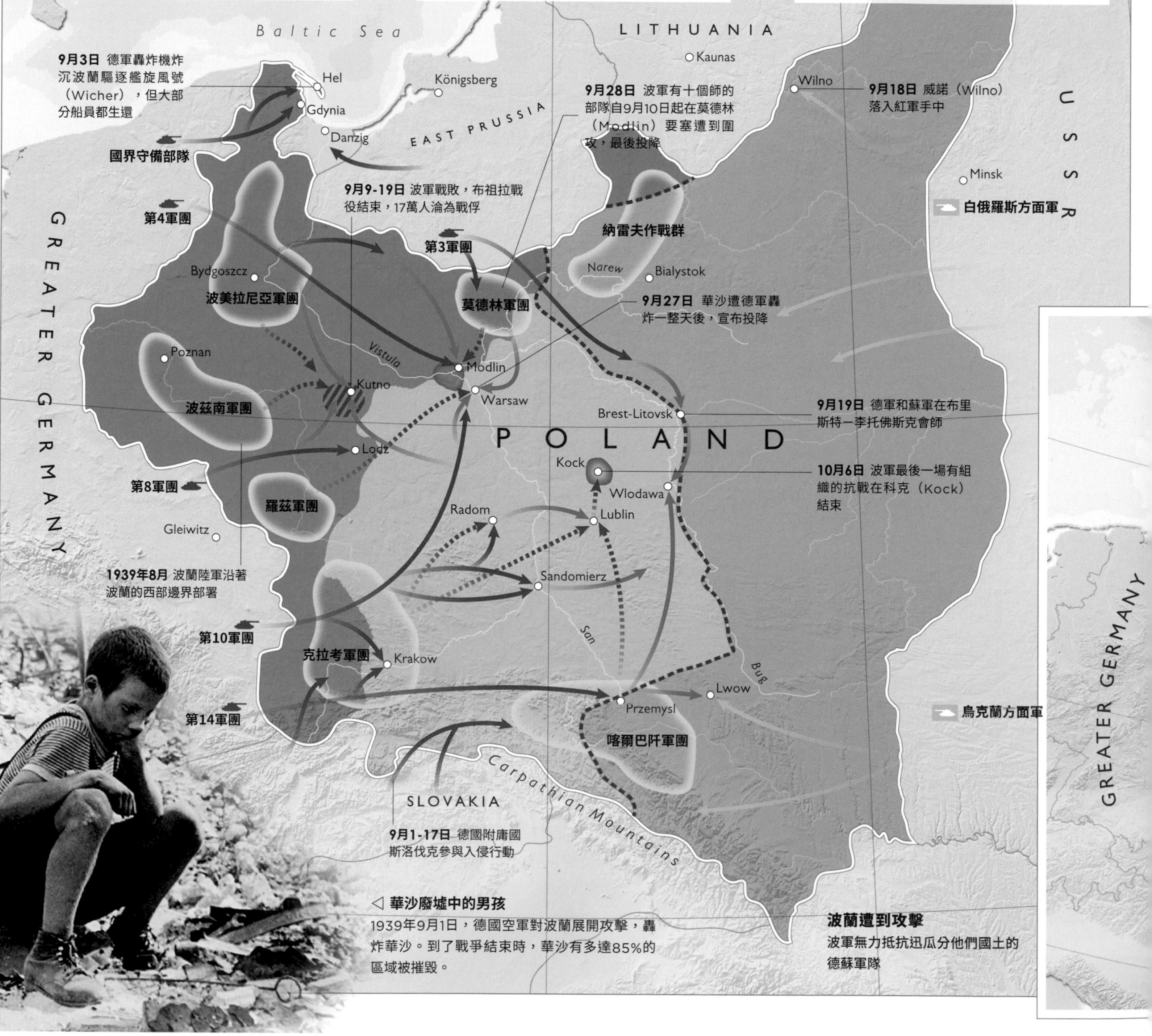

Baltic Sea
LITHUANIA
Kaunas
Hel
Gdynia
Danzig
Königsberg
EAST PRUSSIA
Wilno
Minsk
USSR
GREATER GERMANY
POLAND
Bydgoszcz
Poznan
Kutno
Modlin
Warsaw
Vistula
Narew
Bialystok
Brest-Litovsk
Lodz
Kock
Wlodawa
Radom
Lublin
Gleiwitz
Sandomierz
San
Krakow
Bug
Lwow
Przemysl
SLOVAKIA
Carpathian Mountains

9月3日 德軍轟炸機炸沉波蘭驅逐艦旋風號（Wicher），但大部分船員都生還

國界守備部隊

第4軍團

9月9-19日 波軍戰敗，布祖拉戰役結束，17萬人淪為戰俘

9月28日 波軍有十個師的部隊自9月10日起在莫德林（Modlin）要塞遭到圍攻，最後投降

9月18日 威諾（Wilno）落入紅軍手中

白俄羅斯方面軍

納雷夫作戰群

第3軍團

波美拉尼亞軍團

莫德林軍團

9月27日 華沙遭德軍轟炸一整天後，宣布投降

波茲南軍團

9月19日 德軍和蘇軍在布里斯特－李托佛斯克會師

10月6日 波軍最後一場有組織的抗戰在科克（Kock）結束

第8軍團

羅茲軍團

1939年8月 波蘭陸軍沿著波蘭的西部邊界部署

第10軍團

克拉考軍團

第14軍團

喀爾巴阡軍團

烏克蘭方面軍

9月1-17日 德國附庸國斯洛伐克參與入侵行動

◁ **華沙廢墟中的男孩**

1939年9月1日，德國空軍對波蘭展開攻擊，轟炸華沙。到了戰爭結束時，華沙有多達85%的區域被摧毀。

波蘭遭到攻擊

波軍無力抵抗迅瓜分他們國土的德蘇軍隊

波蘭的毀滅

波蘭被欺壓了超過200年，總算在第一次世界大戰之後成為獨立國家。不過在1939年，德軍和蘇軍只花了幾個星期就粉碎波軍的抵抗，瓜分了波蘭，波蘭人民也開始面臨殘酷的命運。

德國併吞奧地利和捷克斯洛伐克後，希特勒決心進攻波蘭，奪回失去的領土，並為德國人民製造「生存空間」，把波蘭變成德國的衛星國。根據德國和蘇聯在 1939 年談妥的那份心術不正條約（參見第 32-33 頁），波蘭會被這兩國瓜分，因此德國在進攻波蘭時不必擔心蘇聯干預。

9 月 1 日，德軍開進波蘭。雖然英法兩國在 9 月 3 日向德國宣戰，但卻違背提供波蘭軍事援助的承諾，希特勒因此沒了後顧之憂。

一個星期內，德軍的「閃電戰」就把波軍擠壓在波蘭的心臟地帶。當蘇軍在 9 月 17 日從東部入侵時，波蘭的命運就此注定。由於部隊被包圍在兩個敵人之間，波蘭在 9 月 28 日宣布投降，並被分成三部分：一部分被德國兼併，一部分被蘇聯兼併，第三部分則是由德國占領並設立波蘭總督府管轄。

入侵與壓迫
從1939年8月31日到10月12日，波蘭在短短幾個星期內就亡國了。波蘭人被占領軍視為劣等人種，在高壓體制下受到慘無人道的對待。

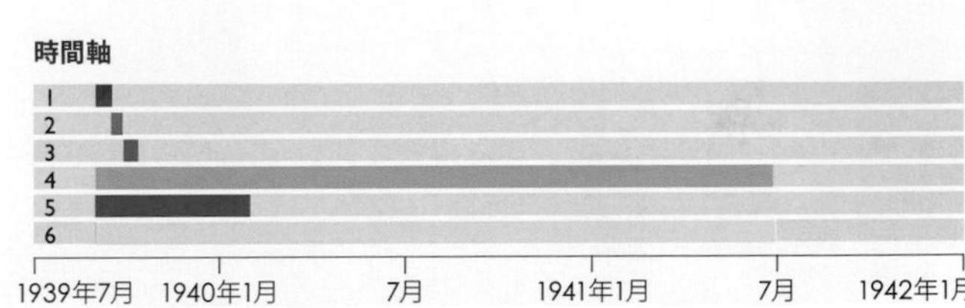
時間軸
1
2
3
4
5
6
1939年7月
1940年1月
7月
1941年1月
7月
1942年1月

1939年10月－1941年7月 大約100萬波蘭人被逐出德國控制區，之後德國人再移居到這些地方。

Baltic Sea
LATVIA
LITHUANIA
EAST PRUSSIA
Polish Corridor
POLAND
USSR
Kórnik
Kostrzyn
Mosina
Środa Wielkopolska
Śrem
Książ Wielkopolski
Warsaw
Lodz
Radom
Minsk Mazowiecki
Lublin
Bedzin
Krakow
Kalinin
Katyn
Minsk
Kiev
Kharkov
Kherson
PROTECTORATE OF BOHEMIA AND MORAVIA
SLOVAKIA
HUNGARY
ROMANIA
被送往阿爾漢格爾斯克州
被送往西伯利亞
被送往哈薩克

1939年11月 184名克拉考亞捷隆大學（Jagiellonian University）的教授被送往集中營

被占領的波蘭
在德國和蘇聯的占領下，猶太人和波蘭人都受盡欺凌，大規模處決、猶太區監禁和驅逐出境等行為都造成大量人口死亡。

4 蘇聯的壓迫 1939年9月－1941年6月
蘇聯當局迅速逮捕成千上萬被視為威脅或「反蘇聯」的波蘭人。1940年4月和5月，大約有2萬2000名波蘭軍官和知識分子在卡廷（Katyn）遭內政人民委員會（NKVD，蘇聯祕密警察）處決。蘇聯總共流放了超過100萬波蘭男女老幼，送往勞改營。

屠殺地點　1939年10月－1941年6月驅逐波蘭人　蘇聯占領區

5 坦能堡行動 1939年9月－1940年1月
在持續進行的恐怖鎮壓行動坦能堡行動（Operation Tannenburg）裡，德國試圖消滅波蘭的菁英階層——從知識分子與貴族到神職人員和教師，目的是要讓波蘭再也無法挑戰德國。成千上萬名波蘭人在公開場合被黨衛軍特別行動部隊（Einsatzgruppen）集體監禁或處決。

1939年10月20日坦能堡行動第一場大規模處決　德國控制區

6 波蘭猶太區 1939年9月－1941年6月
德國波蘭占領區中的猶太人都被集中到猶太區——也就是被監禁在空間狹小的住宅區內，四周有圍牆和帶刺鐵絲網，許多人都在這種地方病死或餓死。最大的猶太區位於華沙，建立於1940年10月12日。有超過35萬名猶太人——相當於華沙三分之一的人口——被關在占華沙總面積僅2.4%的區域內。

最大的猶太區

緊急措施

由於害怕敵軍發動大規模空襲、甚至施放毒氣，各國政府在宣戰之後都採取種種措施，以確保大城市可順利進行民防工作。圖為1939年，巴黎消防隊員戴著防毒面具進行演習。

假戰

雖然同盟國在1939年9月3日對德國宣戰，但直到1940年春天為止，陸地上都幾乎沒有什麼戰鬥。戰爭中這段短暫的平靜被稱為「假戰」。

LEAVE THIS TO US
SONNY—YOU OUGHT
TO BE OUT OF LONDON
MINISTRY OF HEALTH EVACUATION SCHEME

△ **安全須知**
在這張英國政府的宣傳海報裡，空襲民防人員告誡學童他應該要離開倫敦。總計有150萬名學童和他們的母親與嬰孩從大城市中疏散。

西歐在這段期間沒有爆發戰鬥，對雙方來說都相當值得把握！德國害怕在進攻波蘭的時候盟軍會發動攻擊，而英法兩國則需要更多時間來集結部隊。雖然準備工作正在進行，各國本土都進入戰時緊急狀態，但卻沒有什麼軍事行動。英國遠征軍在 1939 年 9 月 4 日布署到法國，但卻是採取守勢。法國曾在 9 月 7 日於薩爾蘭對德軍發動攻擊，但只持續五天就宣告結束。英國轟炸機則曾飛到德國城市上空，但只是投下宣傳單，目的是打擊德國軍民士氣。

希特勒在 1939 年 10 月 6 日向英國提議和談，但遭英國拒絕後，他就命令麾下將領準備入侵法國和比利時。最早提出的計畫無法讓人滿意，加上那年的冬天過於酷寒，因此攻擊計畫往後延遲了 29 次。到了 1940 年 4 月，德軍入侵丹麥和挪威，結束假戰。

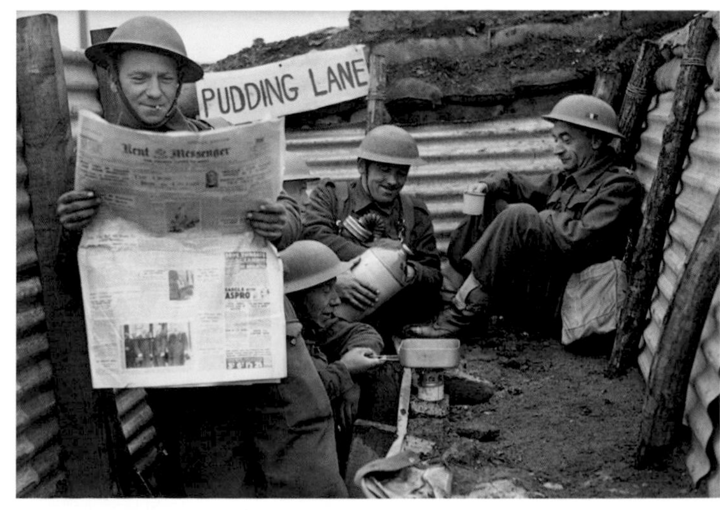
PUDDING LANE

△ **待命中的軍隊**
英國遠征軍奉命在1939年9月4日進入法國，三個星期內就有大約15萬名士兵抵達當地。他們被派往法國和比利時邊界，在接下來的八個月裡除了挖戰壕和等待以外，其餘時間都無事可做。

普拉塔河口海戰

1939年10月13到14日的夜裡，一艘德軍U艇在英國主要的海軍基地斯卡帕夫羅（Scapa Flow）擊沉停泊中的皇家橡樹號（HMS Royal Oak）。這場大膽的攻擊打擊了英軍士氣，但短短兩個月後，皇家海軍（Royal Navy）就在這場戰爭中的第一場大規模海戰裡克服困難，贏得勝利。

戰爭爆發時，德國海軍的戰略就是避免艦隊之間的直接衝突，而是使用水面掠襲艦和U艇來盡可能擊沉盟軍商船，切斷英國的海上交通線。戰爭開始前幾個星期，德軍軍艦和補給船隻進入北大西洋和南大西洋，絕大部分U艇則在北海（North Sea）和通往大西洋的航道上就位，在那裡等待授權發動攻擊。

德國海軍（Kriegsmarine）的旗艦是史佩海軍上將號（Admiral Graf Spee），它是一艘現代化的快速重武裝袖珍戰艦，由漢斯・朗斯多夫（Hans Langsdorff）指揮。從9月下旬到12上旬，史佩海軍上將號巧妙地躲避偵察，成功發動掠襲，擊沉九艘盟國商船，總噸位達5萬公噸。英法兩國海軍在南北大西洋各處組成特遣艦隊加強搜捕，最後在12月13日清晨發現史佩海軍上將號。在接下來的普拉塔河口海戰（Battle of the River Plate）中，多艘較小型的皇家海軍巡洋艦不斷騷擾並擊傷史佩海軍上將號，逼迫它進入中立的港口避難修理。之後史佩海軍上將號自沉，對德國海軍來說是個重大的挫敗，也嚴重削弱他們運用水面艦隊封鎖英國海上航運的原始戰略。

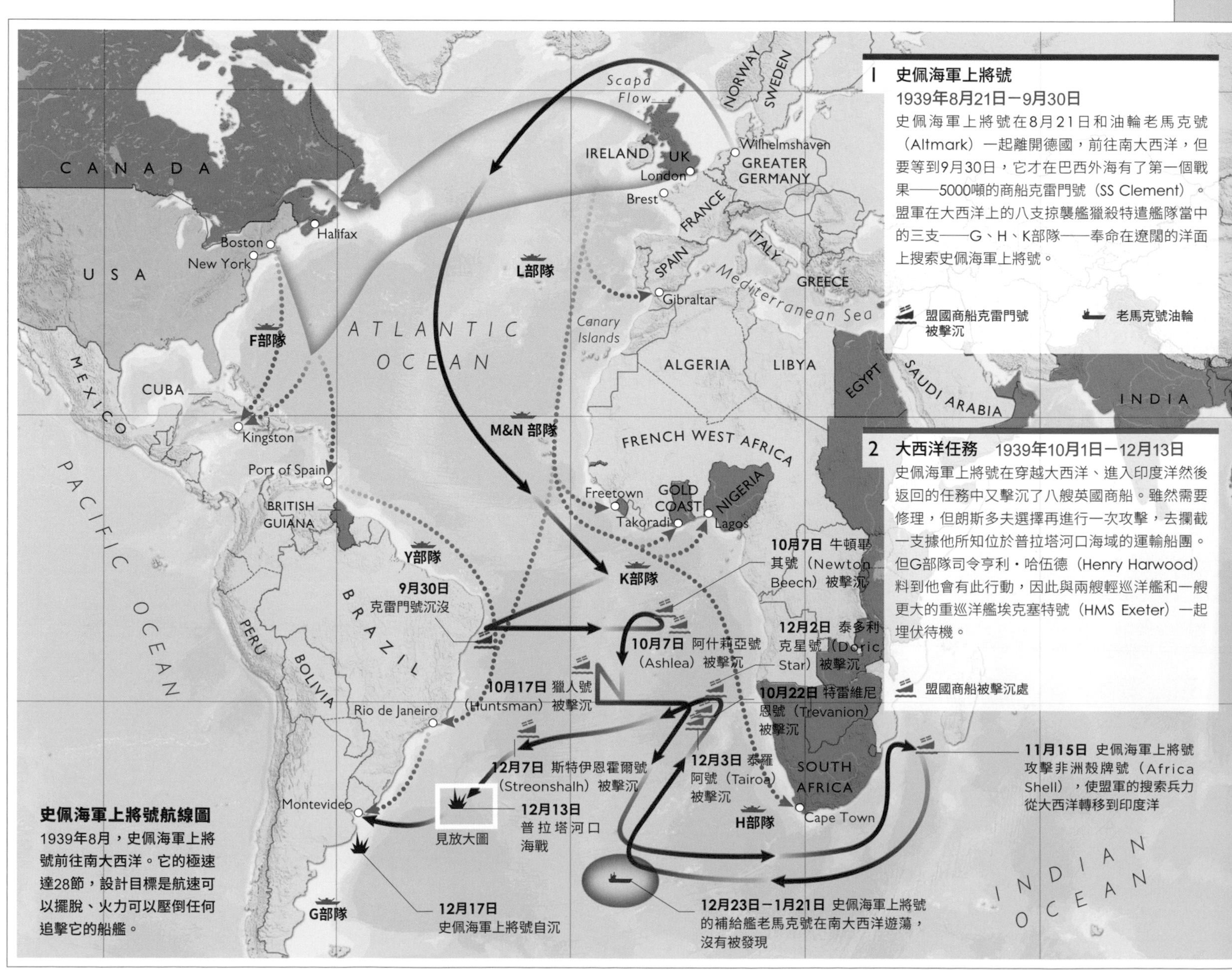

1 史佩海軍上將號
1939年8月21日－9月30日
史佩海軍上將號在8月21日和油輪老馬克號（Altmark）一起離開德國，前往南大西洋，但要等到9月30日，它才在巴西外海有了第一個戰果——5000噸的商船克雷門號（SS Clement）。盟軍在大西洋上的八支掠襲艦獵殺特遣艦隊當中的三支——G、H、K部隊——奉命在遼闊的洋面上搜索史佩海軍上將號。
盟國商船克雷門號被擊沉
老馬克號油輪
2 大西洋任務 1939年10月1日－12月13日
史佩海軍上將號在穿越大西洋、進入印度洋然後返回的任務中又擊沉了八艘英國商船。雖然需要修理，但朗斯多夫選擇再進行一次攻擊，去攔截一支據他所知位於普拉塔河口海域的運輸船團。但G部隊司令亨利・哈伍德（Henry Harwood）料到他會有此行動，因此與兩艘輕巡洋艦和一艘更大的重巡洋艦埃克塞特號（HMS Exeter）一起埋伏待機。
盟國商船被擊沉處
Scapa Flow
NORWAY
SWEDEN
CANADA
IRELAND
UK
London
Wilhelmshaven
GREATER GERMANY
Brest
FRANCE
Halifax
Boston
New York
USA
SPAIN
ITALY
GREECE
Mediterranean Sea
Gibraltar
L部隊
F部隊
ATLANTIC OCEAN
Canary Islands
ALGERIA
LIBYA
EGYPT
SAUDI ARABIA
INDIA
MEXICO
CUBA
Kingston
M&N 部隊
FRENCH WEST AFRICA
PACIFIC OCEAN
Port of Spain
BRITISH GUIANA
Freetown
GOLD COAST
NIGERIA
Takoradi
Lagos
Y部隊
K部隊
10月7日 牛頓畢其號（Newton Beech）被擊沉
9月30日 克雷門號沉沒
BRAZIL
PERU
BOLIVIA
10月7日 阿什莉亞號（Ashlea）被擊沉
12月2日 泰多利克星號（Doric Star）被擊沉
10月17日 獵人號（Huntsman）被擊沉
10月22日 特雷維尼恩號（Trevanion）被擊沉
Rio de Janeiro
12月7日 斯特伊恩霍爾號（Streonshalh）被擊沉
12月3日 泰羅阿號（Tairoa）被擊沉
SOUTH AFRICA
11月15日 史佩海軍上將號攻擊非洲殼牌號（Africa Shell），使盟軍的搜索兵力從大西洋轉移到印度洋
Montevideo
12月13日 普拉塔河口海戰
見放大圖
H部隊
Cape Town
史佩海軍上將號航線圖
1939年8月，史佩海軍上將號前往南大西洋。它的極速達28節，設計目標是航速可以擺脫、火力可以壓倒任何追擊它的船艦。
G部隊
12月17日 史佩海軍上將號自沉
12月23日－1月21日 史佩海軍上將號的補給艦老馬克號在南大西洋遊蕩，沒有被發現
INDIAN OCEAN

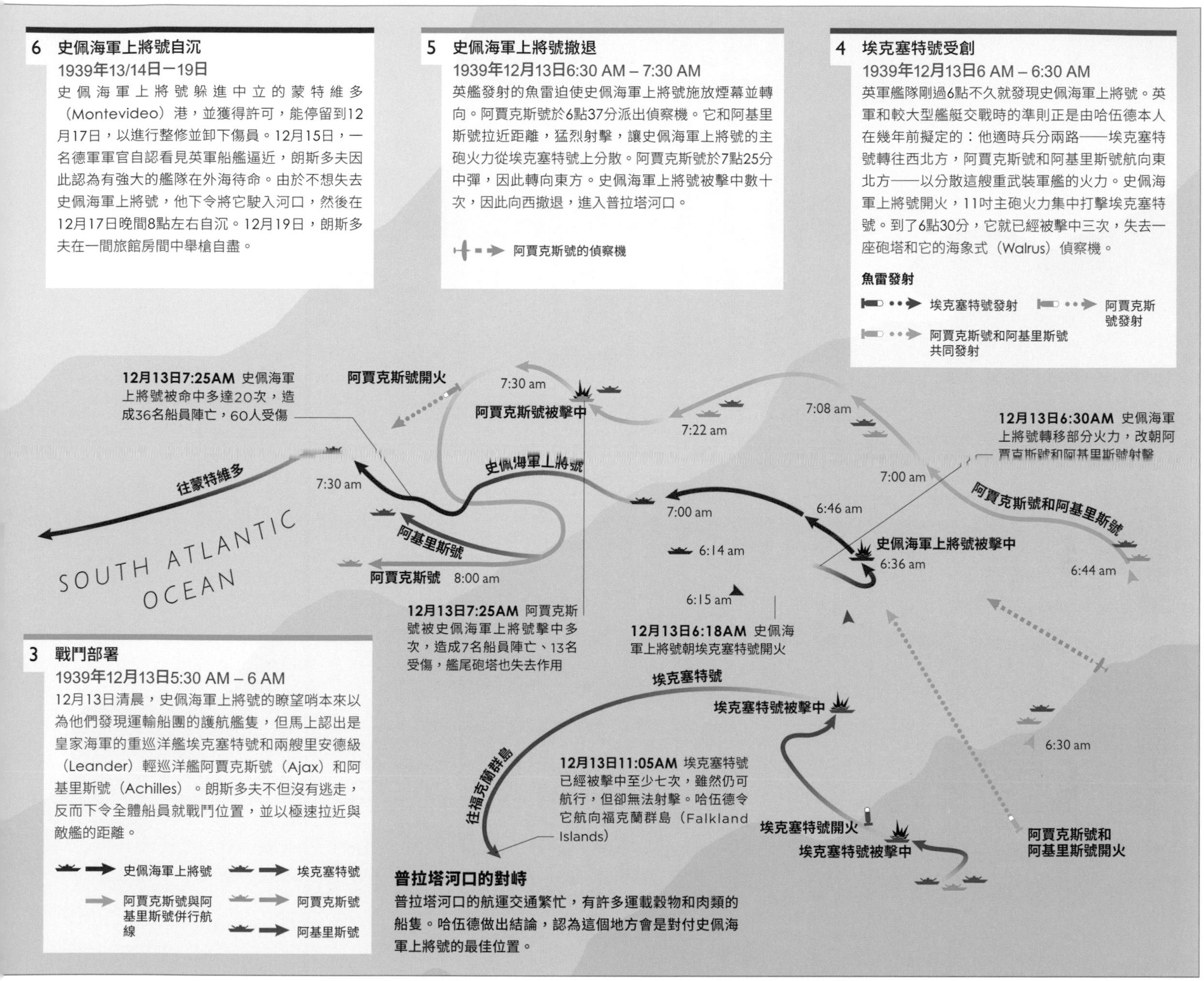

6 史佩海軍上將號自沉

1939年13/14日－19日

史佩海軍上將號躲進中立的蒙特維多（Montevideo）港，並獲得許可，能停留到12月17日，以進行整修並卸下傷員。12月15日，一名德軍軍官自認看見英軍船艦逼近，朗斯多夫因此認為有強大的艦隊在外海待命。由於不想失去史佩海軍上將號，他下令將它駛入河口，然後在12月17日晚間8點左右自沉。12月19日，朗斯多夫在一間旅館房間中舉槍自盡。

5 史佩海軍上將號撤退

1939年12月13日6:30 AM – 7:30 AM

英艦發射的魚雷迫使史佩海軍上將號施放煙幕並轉向。阿賈克斯號於6點37分派出偵察機。它和阿基里斯號拉近距離，猛烈射擊，讓史佩海軍上將號的主砲火力從埃克塞特號上分散。阿賈克斯號於7點25分中彈，因此轉向東方。史佩海軍上將號被擊中數十次，因此向西撤退，進入普拉塔河口。

阿賈克斯號的偵察機

4 埃克塞特號受創

1939年12月13日6 AM – 6:30 AM

英軍艦隊剛過6點不久就發現史佩海軍上將號。英軍和較大型艦艇交戰時的準則正是由哈伍德本人在幾年前擬定的：他適時兵分兩路——埃克塞特號轉往西北方，阿賈克斯號和阿基里斯號航向東北方——以分散這艘重武裝軍艦的火力。史佩海軍上將號開火，11吋主砲火力集中打擊埃克塞特號。到了6點30分，它就已經被擊中三次，失去一座砲塔和它的海象式（Walrus）偵察機。

魚雷發射

埃克塞特號發射

阿賈克斯號發射

阿賈克斯號和阿基里斯號共同發射

12月13日7:25AM 史佩海軍上將號被命中多達20次，造成36名船員陣亡，60人受傷

阿賈克斯號開火

7:30 am

阿賈克斯號被擊中

7:22 am

7:08 am

12月13日6:30AM 史佩海軍上將號轉移部分火力，改朝阿賈克斯號和阿基里斯號射擊

往蒙特維多

7:30 am

史佩海軍上將號

7:00 am

7:00 am

6:46 am

阿賈克斯號和阿基里斯號

阿基里斯號

史佩海軍上將號被擊中

6:36 am

6:14 am

6:44 am

SOUTH ATLANTIC OCEAN

阿賈克斯號 8:00 am

6:15 am

12月13日7:25AM 阿賈克斯號被史佩海軍上將號擊中多次，造成7名船員陣亡、13名受傷，艦尾砲塔也失去作用

12月13日6:18AM 史佩海軍上將號朝埃克塞特號開火

埃克塞特號

埃克塞特號被擊中

6:30 am

往福克蘭群島

12月13日11:05AM 埃克塞特號已經被擊中至少七次，雖然仍可航行，但卻無法射擊。哈伍德令它航向福克蘭群島（Falkland Islands）

埃克塞特號開火

埃克塞特號被擊中

阿賈克斯號和阿基里斯號開火

3 戰鬥部署

1939年12月13日5:30 AM – 6 AM

12月13日清晨，史佩海軍上將號的瞭望哨本來以為他們發現運輸船團的護航艦隻，但馬上認出是皇家海軍的重巡洋艦埃克塞特號和兩艘里安德級（Leander）輕巡洋艦阿賈克斯號（Ajax）和阿基里斯號（Achilles）。朗斯多夫不但沒有逃走，反而下令全體船員就戰鬥位置，並以極速拉近與敵艦的距離。

史佩海軍上將號　埃克塞特號

阿賈克斯號與阿基里斯號併行航線　阿賈克斯號

阿基里斯號

普拉塔河口的對峙

普拉塔河口的航運交通繁忙，有許多運載穀物和肉類的船隻。哈伍德做出結論，認為這個地方會是對付史佩海軍上將號的最佳位置。

大西洋狩獵場

對英國的全球作戰行動而言，大西洋航線可說是至關重要。德軍針對航運的通商破壞作戰不但需要補給艦，還需要可以長時間不被發現的好運。

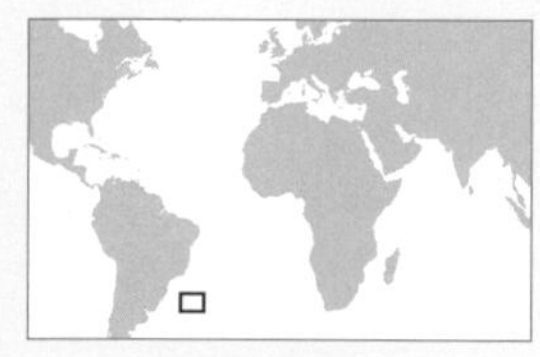

圖例

英國控制領土　主要航運海域　老馬克號補給艦

美國　主要航線　待命海域

盟軍掠襲艦獵殺特遣艦隊　史佩海軍上將號航線主要交戰海域

時間軸

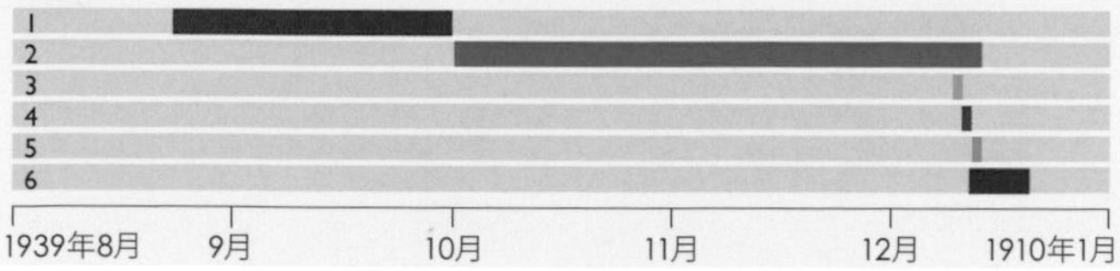

1　2　3　4　5　6

1939年8月　9月　10月　11月　12月　1910年1月

△ 史佩海軍上將號自沉

1939年12月17日晚間，安裝在袖珍戰艦史佩海軍上將號上的炸藥引爆，壯烈自沉。它沉沒的當下，吸引了超過2萬名群眾圍觀。

芬蘭冬季戰爭

蘇聯在1939年冬天入侵芬蘭時，受到大部分由後備軍人組成的芬蘭軍隊猛烈抵抗，他們相當適應嚴酷的氣候條件，也受過完善的訓練。芬蘭人對數量占優勢的敵人所造成的損傷有助他們談條件，最後談出了一個可避免全面屈服的停戰協議。

在 1939 年 8 月 23 日的德蘇互不侵犯條約裡，蘇聯和德國密謀瓜分他們之間大部分的歐洲土地，而且以他們的手法，「領土和政治都會重新洗牌」。根據這份條約，波羅的海國家和芬蘭落入了蘇聯的勢力範圍，不久蘇聯就要求芬蘭割讓雙方邊界線上的一些戰略要地。芬蘭拒絕，史達林就下令入侵，意圖在芬蘭建立附庸政權。

蘇聯於 1939 年 11 月 30 日發動攻擊，一開始共有四個軍團約 45 萬名士兵。他們的作戰計畫是要在三個星期內推進到赫爾辛基。蘇聯把攻擊重點放在卡瑞利亞地峽（Karelian Isthmus），當地的芬蘭部隊絕大部分都沿著曼納漢防線（Mannerheim Line）布防——它由一系列碉堡、反戰車壕和障礙物組成，芬蘭當局苦心經營了超過 20 年，用來嚇阻蘇聯進犯。蘇聯集結部隊的過程讓芬蘭有時間召集大約 25 萬人，他們都受過「柴捆」（motti）戰術的訓練，也就是把敵軍隊伍包圍並切割成好幾個孤立的「口袋」，然後加以殲滅。

到了 12 月底，芬軍的頑抗加上計畫縝密的反攻，讓位於芬蘭各地的蘇軍陷入苦戰。芬軍機動性極高的滑雪偵搜隊在蘇軍戰線後方製造混亂。但到了 2 月初，紅軍整頓旗鼓，重新發動攻勢，妥善運用人力和裝備方面的優勢，終於在戰場上獲得成功。戰爭在 1940 年 3 月 13 日結束，芬蘭割讓大約 10% 的領土給蘇聯。

ESTONIA
LATVIA
LITHUANIA
USSR
POLAND
SLOVAKIA
BUKOVINA
HUNGARY
ROMANIA
BESSARABIA

蘇聯吸收波羅的海及黑海周邊國家

冬季戰爭之後，蘇聯兼併愛沙尼亞、拉脫維亞與立陶宛，還有一部分羅馬尼亞，所有這些地區都位於德蘇互不侵犯條約中議定的蘇聯勢力範圍內。這幾個地方都在1940年8月以加盟共和國的身分併入蘇聯，而許多被認為是「人民公敵」的居民都被流放到西伯利亞或哈薩克。

圖例

- 兼併波羅的海國家
- 兼併羅馬尼亞領土

蘇聯入侵
蘇聯動員大約45萬的龐大兵力入侵芬蘭，但卻因為芬蘭軍隊的強烈抵抗而陷入混亂，作戰進度遲緩且損失慘重，直到雙方和談才結束戰爭。
圖例 蘇聯空襲
時間軸
1
2
3
4
5
6
1939年11月
12月
1940年1月
2月
3月
4月
1 北極圈內的行動
1939年11月30日－12月15日
蘇軍第14軍團的兩個師從科拉半島（Kola Peninsula）上的莫曼斯克（Murmansk）進攻雷巴奇半島（Rybachy Peninsula）和北極圈的港口佩察摩（Petsamo）。芬軍撤退，蘇軍占領港口，以防止任何盟軍登陸。蘇聯接著繼續進攻，朝目標瑙奇（Nautsi）推進，但攻擊進度因為芬軍反攻而受到阻礙，因此一直到3月7日才攻占瑙奇。
蘇軍進攻
芬軍抵抗
1939年12月15-18日 芬軍對蘇軍發動長達兩個星期的反攻後，最後從薩爾密耶爾維（Salmijärvi）撤退
Varanger Fjord
Rybachy Peninsula
Petsamo
Polyarnyy
Salmijärvi
Murmansk
Nautsi
Tana
Harstad
NORWAY

△ **芬軍滑雪部隊**
芬軍滑雪偵搜隊可在森林中迅速行動，也有專門應付惡劣條件的裝備，因此屢屢戰勝蘇軍。

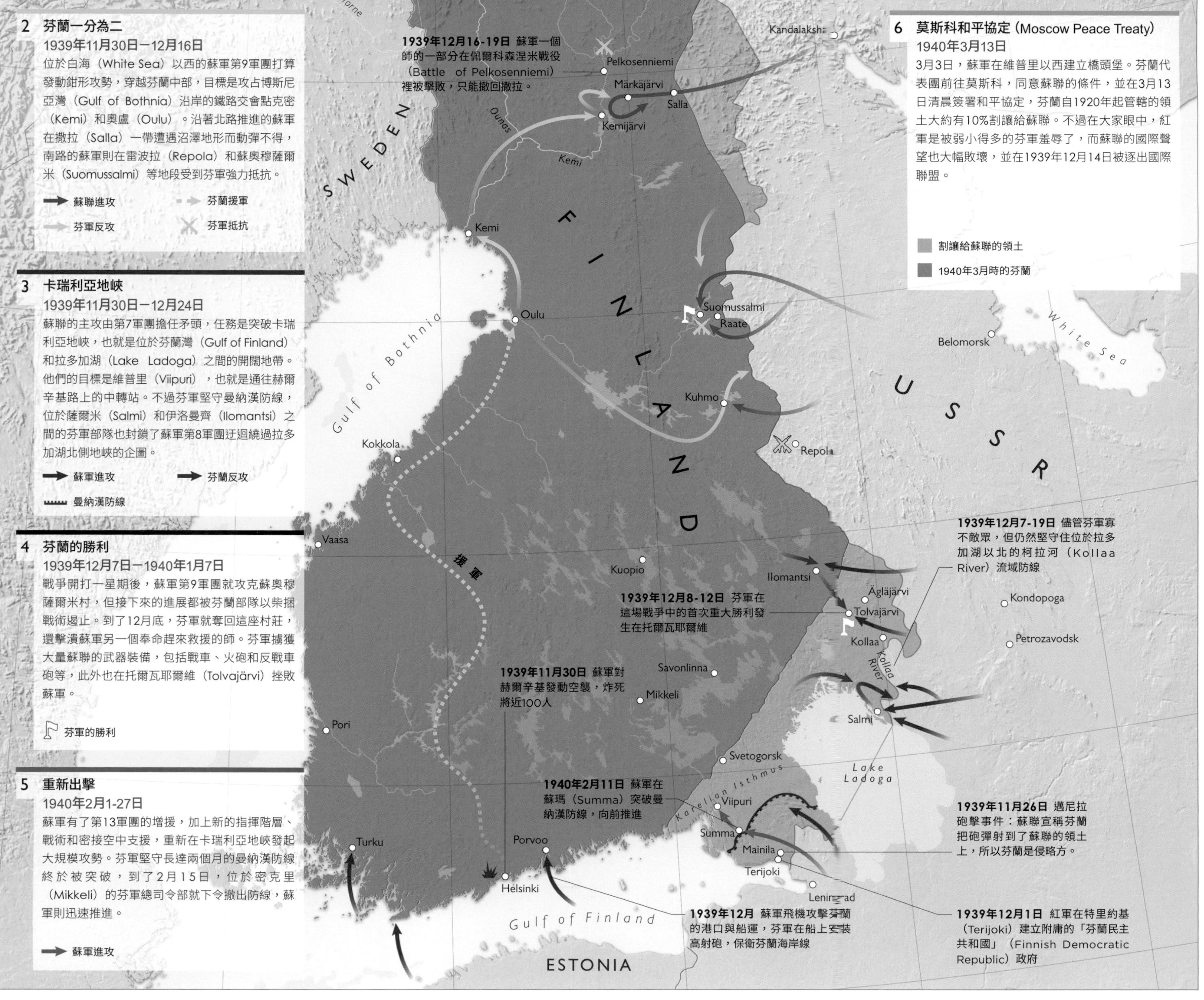
SWEDEN
FINLAND
USSR
ESTONIA
Torne
Kandalaksha
Pelkosenniemi
Märkäjärvi
Salla
Kemijärvi
Ounas
Kemi
Oulu
Suomussalmi
Raate
Kuhmo
Repola
Belomorsk
White Sea
Gulf of Bothnia
Kokkola
Vaasa
Pori
Turku
Helsinki
Porvoo
Gulf of Finland
Kuopio
Savonlinna
Mikkeli
Ilomantsi
Ägläjärvi
Tolvajärvi
Kollaa
Kollaa River
Salmi
Kondopoga
Petrozavodsk
Svetogorsk
Karelian Isthmus
Viipuri
Summa
Mainila
Terijoki
Leningrad
Lake Ladoga
援軍
1939年12月16-19日 蘇軍一個師的一部分在佩爾科森涅米戰役（Battle of Pelkosenniemi）裡被擊敗，只能撤回撒拉。
1939年12月7-19日 儘管芬軍寡不敵眾，但仍然堅守住位於拉多加湖以北的柯拉河（Kollaa River）流域防線
1939年12月8-12日 芬軍在這場戰爭中的首次重大勝利發生在托爾瓦耶爾維
1939年11月30日 蘇軍對赫爾辛基發動空襲，炸死將近100人
1940年2月11日 蘇軍在蘇瑪（Summa）突破曼納漢防線，向前推進
1939年11月26日 邁尼拉砲擊事件：蘇聯宣稱芬蘭把砲彈射到了蘇聯的領土上，所以芬蘭是侵略方。
1939年12月 蘇軍飛機攻擊芬蘭的港口與船運，芬軍在船上安裝高射砲，保衛芬蘭海岸線
1939年12月1日 紅軍在特里約基（Terijoki）建立附庸的「芬蘭民主共和國」（Finnish Democratic Republic）政府

2 芬蘭一分為二

1939年11月30日－12月16日

位於白海（White Sea）以西的蘇軍第9軍團打算發動鉗形攻勢，穿越芬蘭中部，目標是攻占博斯尼亞灣（Gulf of Bothnia）沿岸的鐵路交會點克密（Kemi）和奧盧（Oulu）。沿著北路推進的蘇軍在撒拉（Salla）一帶遭遇沼澤地形而動彈不得，南路的蘇軍則在雷波拉（Repola）和蘇奧穆薩爾米（Suomussalmi）等地段受到芬軍強力抵抗。

蘇聯進攻　芬蘭援軍　芬軍反攻　芬軍抵抗

3 卡瑞利亞地峽

1939年11月30日－12月24日

蘇聯的主攻由第7軍團擔任矛頭，任務是突破卡瑞利亞地峽，也就是位於芬蘭灣（Gulf of Finland）和拉多加湖（Lake Ladoga）之間的開闊地帶。他們的目標是維普里（Viipuri），也就是通往赫爾辛基路上的中轉站。不過芬軍堅守曼納漢防線，位於薩爾米（Salmi）和伊洛曼齊（Ilomantsi）之間的芬軍部隊也封鎖了蘇軍第8軍團迂迴繞過拉多加湖北側地峽的企圖。

蘇軍進攻　芬蘭反攻　曼納漢防線

4 芬蘭的勝利

1939年12月7日－1940年1月7日

戰爭開打一星期後，蘇軍第9軍團就攻克蘇奧穆薩爾米村，但接下來的進展都被芬蘭部隊以柴捆戰術遏止。到了12月底，芬軍就奪回這座村莊，還擊潰蘇軍另一個奉命趕來救援的師。芬軍擄獲大量蘇聯的武器裝備，包括戰車、火砲和反戰車砲等，此外也在托爾瓦耶爾維（Tolvajärvi）挫敗蘇軍。

芬軍的勝利

5 重新出擊

1940年2月1-27日

蘇軍有了第13軍團的增援，加上新的指揮階層、戰術和密接空中支援，重新在卡瑞利亞地峽發起大規模攻勢。芬軍堅守長達兩個月的曼納漢防線終於被突破，到了2月15日，位於密克里（Mikkeli）的芬軍總司令部就下令撤出防線，蘇軍則迅速推進。

蘇軍進攻

6 莫斯科和平協定（Moscow Peace Treaty）

1940年3月13日

3月3日，蘇軍在維普里以西建立橋頭堡。芬蘭代表團前往莫斯科，同意蘇聯的條件，並在3月13日清晨簽署和平協定，芬蘭自1920年起管轄的領土大約有10%割讓給蘇聯。不過在大家眼中，紅軍是被弱小得多的芬軍羞辱了，而蘇聯的國際聲望也大幅敗壞，並在1939年12月14日被逐出國際聯盟。

割讓給蘇聯的領土　1940年3月時的芬蘭

Norwegian Sea
NORWAY
SWEDEN
Gulf of Bothnia
Baltic Sea
ESTONIA
Ofotfjord
Tromsø
Finnsnes
Harstad
Svolvær
Narvik
Kiruna
Bodø
Rørvik
Namsos
Steinkjer
Trondheim
Støren
Molde
Åndalsnes
Ålesund
Leikanger
Vossevangen
Bergen
Lillehammer
Hamar
Rjukan
Oslo
Haugesund
Stavanger
Sola
Egersund
Larvik
Östersund
Örnsköldsvik
Sundsvall
Bollnäs
Gävle
Uppsala
Örebro
Stockholm
Norrköping
Lake Väner
攻擊支隊1
攻擊支隊2
攻擊支隊3
攻擊支隊4
攻擊支隊5
攻擊支隊6
6月7日 挪威國王哈康七世（Haakon VII）與重要官員在特隆瑟（Tromsø）登上英國重巡洋艦德文郡號（HMS Devonshire）離開挪威，前往英格蘭組成流亡政府。
6月8日 英國航空母艦光榮號（HMS Glorious）遭德軍沙恩霍斯特號（Scharnhorst）與格耐森瑙號（Gneisenau）攔截並被擊沉。
5月27-31日 德軍發動空襲，炸毀波德（Bodø）市中心，一個月前有一支英軍部隊在此登陸。英軍在5月31日撤離
4月8日 英軍驅逐艦螢火蟲號（Glowworm）無預警地遭遇德國海軍船艦，被德軍重巡洋艦希培爾海軍上將號（Admiral Hipper）發射的砲彈擊中。最後螢火蟲號衝撞希培爾海軍上將號，造成對方傷害後被擊沉。
4月10日 德軍輕巡洋艦柯尼希堡號（Königsberg）在卑爾根遭到英國皇家海軍航空隊（Fleet Air Arm）16架布拉克本（Blackburn）賊鷗式（Skua）俯衝轟炸機空襲，結果被擊沉
2月16-17日 英國海軍哥薩克號（HMS Cossack）的船員在約興峽灣（Jøssingfjord）強登德國的老馬克號
4月9日 德軍重巡洋艦布呂赫號（Blücher）在奧斯陸峽灣（Oslofjord）被岸砲擊沉

△ **德軍的海戰損失**
在那維克戰役（Battle of Narvik）裡被擊沉的其中一艘德軍驅逐艦生還船員和搶救出來的軍艦軍徽合影留念。

1 丹麥淪陷 1940年4月9日

負責攻占丹麥的德軍船艦與部隊共分成五個攻擊支隊（編號第7-11）。大約在清晨4點15分，一艘德軍船艦進入哥本哈根港，德軍傘兵也配合空降，以確保登陸區安全，包括奧爾堡（Aalborg）的機場在內。幾個小時後，德軍運輸船卸下部隊，丹麥政府則下令停火。當天晚上，德軍就已控制丹麥。

德軍傘兵空降　德軍推進

2 火速出兵挪威 1940年4月9日

德國港口內的德軍軍艦動向情報已經傳遞給盟軍指揮單位，皇家海軍艦隊在4月7日抵達挪威海（Norwegian Sea）。德軍的攻擊支隊（編號第1-6）突襲挪威的濱海城市，北起那維克（Narvik），南至奧斯陸，數以千計的部隊登陸，挪威對於如此大規模的入侵完全沒有準備。德軍傘兵也拿下了斯塔凡格（Stavanger）和奧斯陸的機場。到了4月9日中午，德軍就已控制那維克、特隆赫母（Trondheim）、卑爾根（Bergen）、斯塔凡格、埃格孫（Egersund）和克里斯提安桑（Kristiansand）。

德軍傘兵空降　德軍推進

3 那維克的兩場海戰 1940年4月10-13日

德軍登陸一天後，皇家海軍第2驅逐艦分遣隊進入歐佛特峽灣（Ofotfjord，納爾維克所在地的入口），擊沉兩艘德軍驅逐艦，並擊傷另外五艘，英軍則損失兩艘船艦。英軍戰鬥艦戰恨號（HMS Warspite）和航空母艦狂怒號（HMS Furious）不久後就和九艘驅逐艦抵達，搜索任何殘餘的德軍船艦。4月13日，八艘德軍驅逐艦和一艘U艇被擊沉或自沉，那維克港接著被封鎖。

4月10日在那維克沉沒的德軍船艦　4月13日在那維克沉沒的德軍船艦

4 德軍占領挪威南部 1940年4月9日－5月3日

英軍和法軍在翁達爾斯內斯（Åndalsnes）、莫爾德（Molde）和南索斯（Namsos）等地登陸，並和挪威軍隊會師，以便對特隆赫母展開逆襲。不過盟軍忽然遭到德國空軍攻擊，由於沒有適當的防空措施，因此從翁達爾斯內斯（4月30日－5月1日）和南索斯（5月2-3日）疏散。到了5月初，德軍部隊已經從奧斯陸、卑爾根和特隆赫母向內陸推進，並控制了挪威南部。

德國空軍攻擊　英法聯軍登陸　英軍陣地

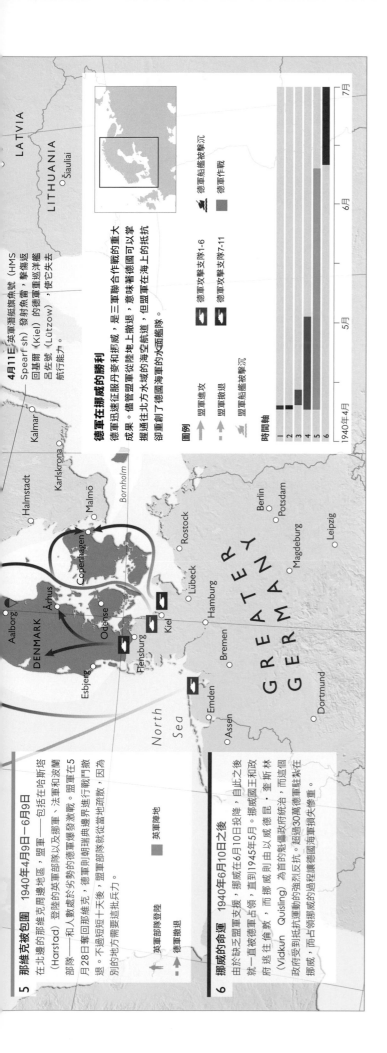

5 那維克被包圍 1940年4月9日－6月9日

在北邊的那維克周邊地區，盟軍——包括在哈斯塔（Harstad）登陸的英軍部隊以及挪軍、法軍和波蘭部隊——和人數處於劣勢的德軍爆發激戰。盟軍在5月28日奪回那維克，德軍則朝瑞典邊界進行戰鬥撤退。不過短短十天後，盟軍部隊就從當地疏散，因為別的地方需要這批兵力。

英軍部隊登陸　英軍陣地　德軍撤退

6 挪威的命運 1940年6月10日之後

由於缺乏盟軍支援，挪威在6月10日投降，自此之後就一直被德軍占領，直到1945年5月。挪威國王和政府逃往倫敦，而挪威則由以威德昆・奎斯林（Vidkun Quisling）為首的傀儡政府統治，而這個政府受到抵抗運動的強烈反抗。超過30萬德軍駐紮在挪威，而占領挪威的過程讓德國海軍損失慘重。

4月11日 英軍潛艇旗魚號（HMS Spearfish）發射魚雷，擊傷返回基爾（Kiel）的德軍重巡洋艦呂佐號（Lützow），使它失去航行能力。

德軍在挪威的勝利

德軍迅速征服丹麥和挪威，是三軍聯合作戰的重大成果。儘管盟軍從陸地上撤退，意味著德國可以掌握通往北方水域的海空航道，但盟軍在海上的抵抗卻重創了德國海軍的水面艦隊。

圖例

盟軍進攻　盟軍撤退　盟軍船艦被擊沉　德軍攻擊支隊1-6　德軍攻擊支隊7-11　德軍船艦被擊沉　德軍作戰

時間軸

1940年4月　5月　6月　7月

挪威戰役

1940年3月1日，阿道夫・希特勒簽字下令進行威塞演習行動（Operation Weserübung）。這場大膽行動的主要目標是要控制挪威——而要達成這個目標，就必須占領丹麥。這場入侵行動讓德國朝目標更進一步，就是獲得更多進入北海的通道，並為他們的軍艦和潛艇提供通往大西洋的門戶。

1938 年 7 月，挪威和另外八個國家宣布，會在可能發生的歐洲衝突裡保持中立。德國則做出回應，表示只要挪威的中立不被其他任何國家侵犯，就會尊重挪威的完整性。但這份和平並沒有持續很久。

挪威對德國來說極為重要，不只因為來自瑞典的大量鐵礦每年都會從挪威的不凍港那維克經由海運運往德國，也因為德國海軍認為在挪威建立基地可以擁有戰略優勢。因為對敵人來說，要完全阻絕挪威綿延的海岸線，比封鎖德國港口要困難得多。

1940 年 2 月的老馬克號事件（參見右欄）讓希特勒相信，英國不會尊重挪威的中立。由於害怕英國會立即採取行動，干擾至關重要的鐵礦運輸航線，德軍最高統帥部計畫入侵挪威，並於 1940 年 4 月 9 日展開。

挪威陸上和海上戰鬥的焦點就在那維克，因為盟軍必須占領這座城鎮，才能在挪威擁有戰略根據地。盟軍決定性地贏得了海戰，德國海軍損失慘重。不過在陸地上，缺乏裝備的盟軍部隊人數不足、火力也不夠，許多都在 5 月初奉命疏散。德軍的第 10 航空軍（Fliegerkorps X）握有制空權，證明了空中優勢在現代戰場上對於達成軍事目標有戰術上的重要性。

短短三星期後，盟軍就放棄了在挪威南部的行動，但依然在北部繼續作戰，最後終於和挪威軍一起奪回了那維克。不過德軍在 1940 年 5 月 10 日入侵法國和低地國家（參見第 48-49 頁），讓留下來的盟軍官兵不得不奉命撤退並疏散，因為這個時候其他地方更需要他們。

老馬克號事件

1939年的8月到12月間，德軍補給艦老馬克號（下）負責為在南大西洋對盟軍航運進行通商破壞的史佩海軍上將號加油補給（參見第42-43頁）。1940年1月，老馬克號返回本土，上面載著被史佩海軍上將號擊沉的商船上的船員俘虜。由於中立的挪威驅逐艦制止了皇家海軍的攔截，所以英軍命令驅逐艦哥薩克號把老馬克號追進約興峽灣。2月16日，配備刺刀的英軍強行登上老馬克號，殺死了幾名守衛，解救了大約300名盟軍戰俘。

Verbände der 1., 7., 9. u. engl. Armee
Belg. Armee
Mehrzahl der Belg. Div.
B
6.
4.
2.
12.
A
18.
6 Armee
(Gen. Touchon)
2. Armee
(Gen. Huntziger)
Ramsgate
BOULOGNE
Abbeville
AMIENS
ARRAS
DOUAI
LENS
LILLE
ROUBAIX
TOURNAI
GENT
BRUSSEL
LOWEN
NAMUR
CHARLEROI
VALENCIENNES
ST QUENTIN
Compiègne
Beauvais
Pontoise
PARIS
VERSAILLES
REIMS
CHÂLONS-S.M.
Meaux
Melun
Fontainebleau
Corbeil
Étampes
TROYES
Romilly-s.S.
Provins
Coulommiers
Laon
Noyon
Thourout
Roeselare
Ypern
Hazebrouck
Armentières
Bethune
Doullens
Montdidier
Clermont
Senlis
Chantilly
Soissons
Tirlemont
Wavre
Nivelles
Gembloux
Dinant
Philippeville
Mézières
Turnhout
Aerschot

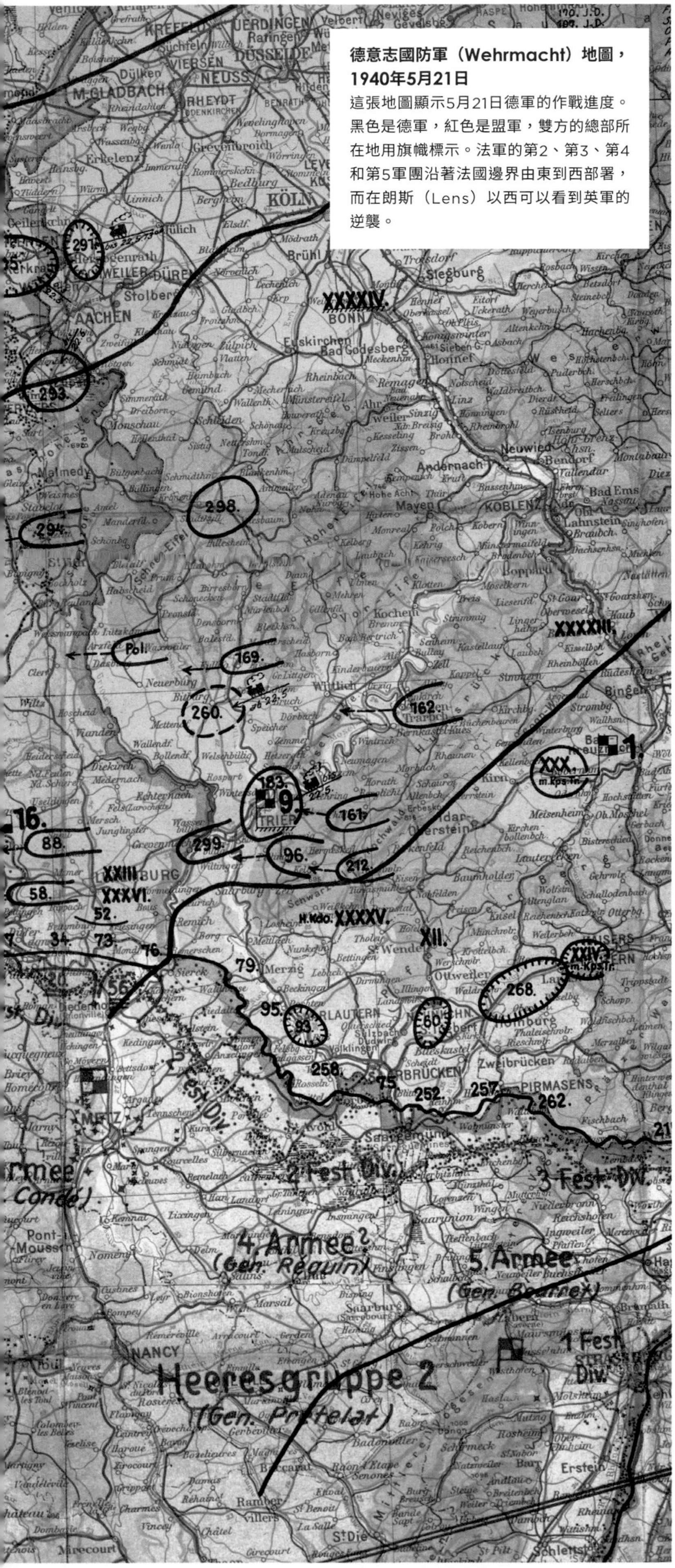

德意志國防軍（Wehrmacht）地圖，1940年5月21日
這張地圖顯示5月21日德軍的作戰進度。黑色是德軍，紅色是盟軍，雙方的總部所在地用旗幟標示。法軍的第2、第3、第4和第5軍團沿著法國邊界由東到西部署，而在朗斯（Lens）以西可以看到英軍的逆襲。

德國在西方的攻勢

德軍於1940年5月展開西線上的大攻勢，一天之內就入侵低地國家，在短短幾個星期中橫掃整個法國北部，抵達英吉利海峽沿岸，把成千上萬名英法聯軍官兵困在敦克爾克。

5月10日，德軍進攻荷蘭、比利時和盧森堡。德軍傘兵在荷蘭空降，奪取關鍵橋梁，為地面部隊開路。到了5月12日，德軍戰車抵達被德國空軍轟炸得千瘡百孔的鹿特丹（Rotterdam），荷蘭在5月14日投降。在比利時，德軍滑翔機搭載空降部隊，降落在位於列日（Liège）和馬斯垂克（Maastricht）之間的埃本艾美爾要塞（Fort Eben-Emael）屋頂上。他們和地面部隊會師，當時地面部隊正朝著位於比利時境內代拉河（River Dyle）的英法聯軍部隊（可參考布魯塞爾的旗幟標示）直奔而去。經過長達18天的戰鬥，比利時在5月28日投降，盧森堡則是在幾個小時之內就投降了。

突破盟軍防線

英法將領原本確信德軍無法穿透法國東部邊界上的馬其諾防線，或是森林密布的亞耳丁內斯地區（Ardennes）。但他們錯了。5月12日，德軍裝甲部隊進入亞耳丁內斯地區，並在色當（Sedan）橫渡馬士河（River Meuse），此舉意味著德軍能經過不設防的鄉間地帶往英吉利海峽推進。在南邊，法軍投入戰鬥，阻止德軍往巴黎移動。但巴黎根本不是目標。到了5月20日，德軍就已經抵達英吉利海峽海岸上的亞布維勒（Abbeville，中左），順利包圍盟軍。僅存的英軍裝甲部隊於5月21日在阿哈（Arras，上左）發動逆襲，但徒勞無功。德軍部隊穿越比利時，戰車從南邊和東邊不斷逼近，因此英軍在5月20日決定把部隊從敦克爾克撤出。

▷ **德軍挺進**
在1940年5月的法國戰役（Battle of France）期間，德軍步兵和戰車一起在亞耳丁內斯地區行軍。

陸空進擊
在1941年6月德軍入侵蘇聯初期，漢克爾（Heinkel）111型轟炸機從行進中的德軍摩托化與步兵縱隊上空飛過。這張照片很可能為了製造效果而經過竄改，以便用來宣傳。

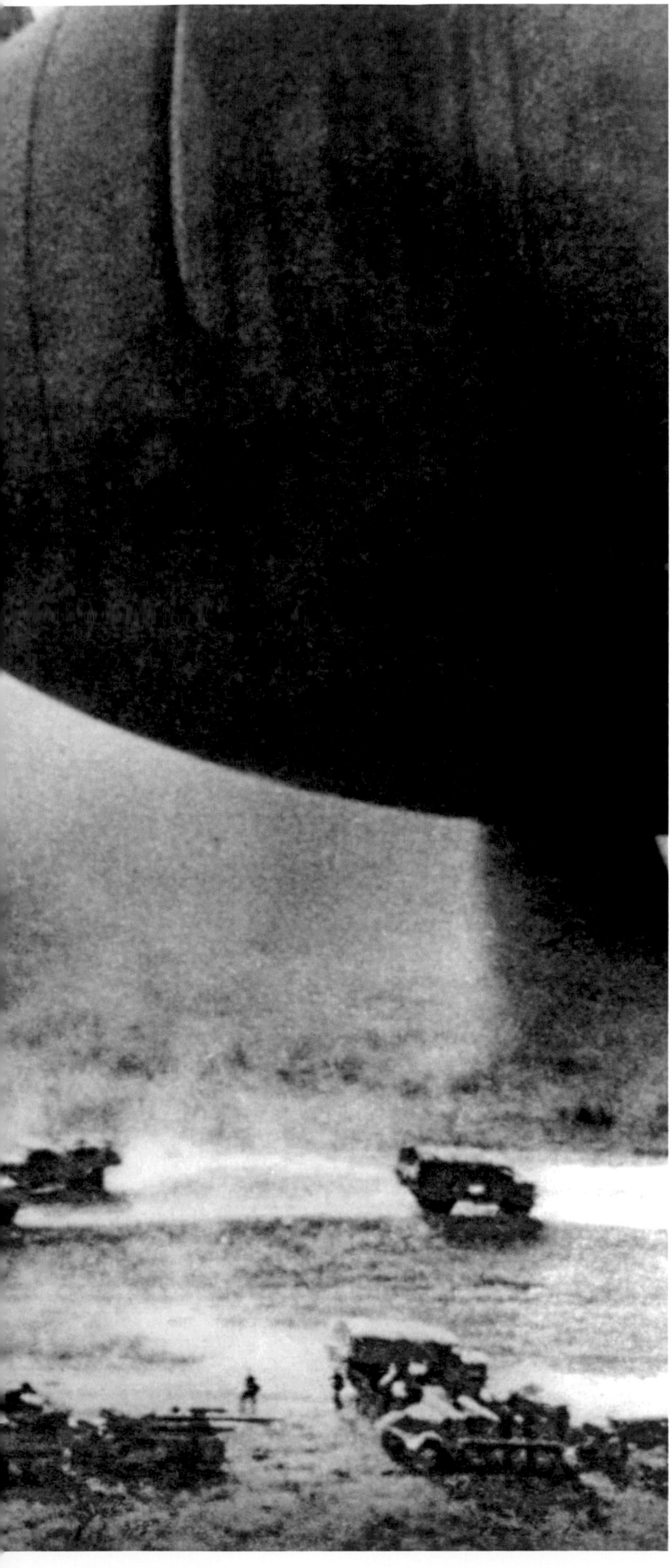

閃電戰

在大戰初期，德軍以不可思議的速度輾壓波蘭、法國和其他國家，暴露出盟軍的作戰準備完全與現實脫節。這些戰役令人措手不及、激烈且具有毀滅性，因此被稱為「閃電戰」。

第一次世界大戰期間，德軍最高統帥部發展出一套運用突擊隊（Sturmtruppen）的戰術，在敵軍防線上打開一個缺口，大批步兵再緊接著湧入。到了第二次世界大戰，科技的進步——包括性能較佳的戰車、可扮演地面支援角色的飛機、強化的無線電通訊能力——意味著德意志國防軍可以進一步發展這套戰術，運用多兵種協同攻勢來突破敵軍防線，然後在敵軍背面扇形散開，把敵軍包圍在「鍋」（Kessel）裡。

閃電戰的成效一鳴驚人。波蘭在1939年9月全軍覆沒，法國則在1940年5月崩潰。裝甲部隊突穿法軍部隊，抵達英吉利海峽沿岸，切斷盟軍主力部隊之間的聯繫。閃電戰的變體戰法包括運用空降部隊奪取敵人後方的目標，藉此分散敵人注意力。這點也有助德軍於1940年4月到6月期間在比利時、荷蘭和挪威迅速克敵制勝。

經驗與教訓

當德軍的對手學到反制辦法時，像是打擊挺進部隊的側翼，以及犧牲領土以避免被包圍等，閃電戰就沒那麼有效了，這就是德軍在1941年進攻蘇聯（參見第90-91頁）卻面臨災難性慘敗的幾個原因之一。

△ **德軍鋼盔**
這款鋼盔是配發給德軍步兵的典型人身保護裝備之一，戰車在前面開路，他們跟在後面推進。

△ **巴巴羅莎行動**
德軍在1941年6月入侵蘇聯時，他們迅速推進，包圍大批紅軍部隊。但由於補給線拉得太長，加上天候惡劣，12月時他們只能在莫斯科附近停下。

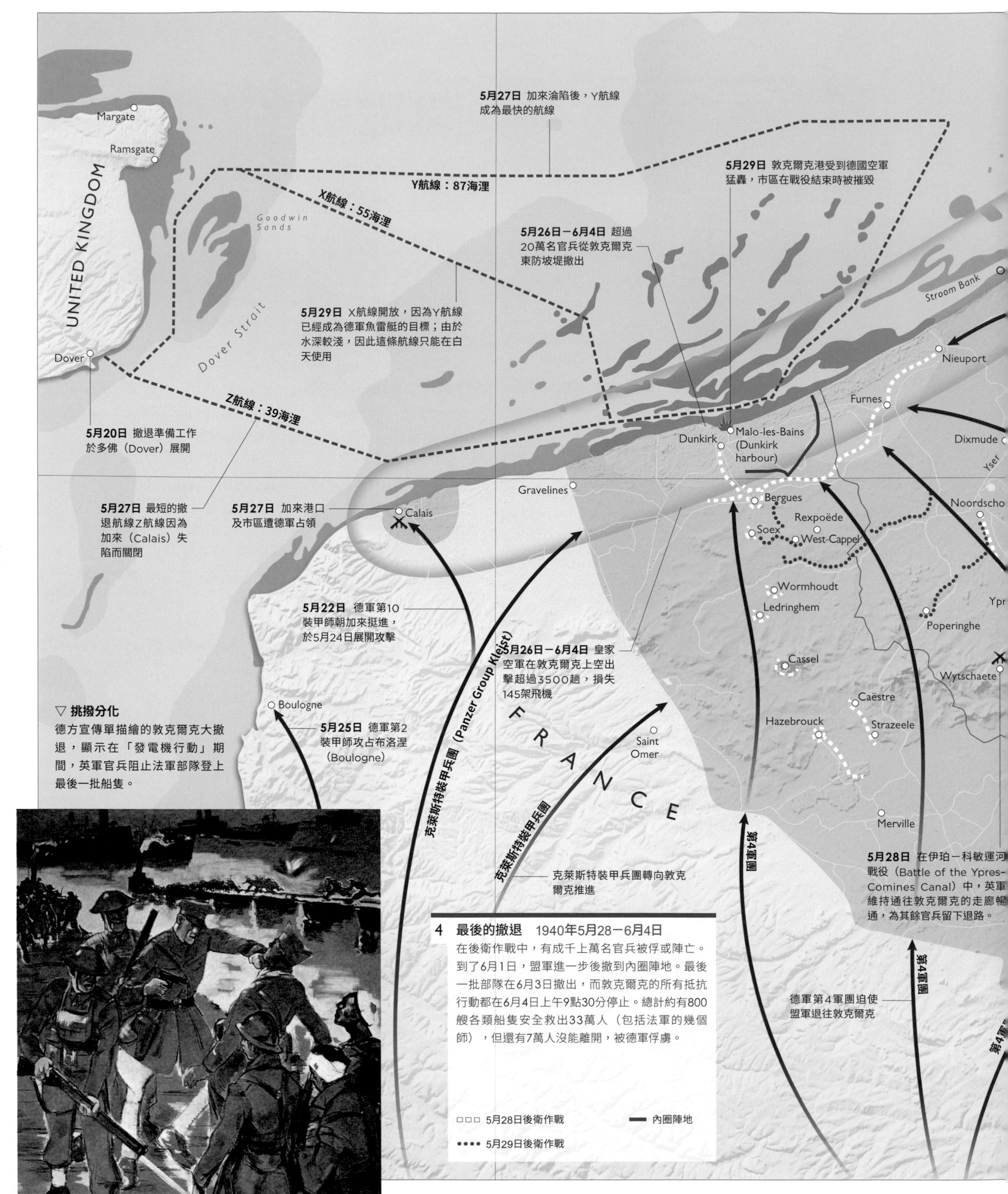

Margate
Ramsgate
UNITED KINGDOM
Goodwin Sands
Dover Strait
Dover
5月27日 加來淪陷後，Y航線成為最快的航線
Y航線：87海浬
X航線：55海浬
Z航線：39海浬
5月29日 敦克爾克港受到德國空軍猛轟，市區在戰役結束時被摧毀
5月26日－6月4日 超過20萬名官兵從敦克爾克東防坡堤撤出
5月29日 X航線開放，因為Y航線已經成為德軍魚雷艇的目標；由於水深較淺，因此這條航線只能在白天使用
5月20日 撤退準備工作於多佛（Dover）展開
5月27日 最短的撤退航線Z航線因為加來（Calais）失陷而關閉
5月27日 加來港口及市區遭德軍占領
Stroom Bank
Nieuport
Furnes
Dixmude
Yser
Dunkirk
Malo-les-Bains (Dunkirk harbour)
Gravelines
Calais
Bergues
Rexpoëde
Soex
West-Cappel
Noordscho
Wormhoudt
Ledringhem
Poperinghe
Ypr
Cassel
Wytschaete
Caëstre
Hazebrouck
Strazeele
Merville
Boulogne
Saint Omer
FRANCE
5月22日 德軍第10裝甲師朝加來挺進，於5月24日展開攻擊
5月26日－6月4日 皇家空軍在敦克爾克上空出擊超過3500趟，損失145架飛機
5月25日 德軍第2裝甲師攻占布洛涅（Boulogne）
克萊斯特裝甲兵團（Panzer Group Kleist）
克萊斯特裝甲兵團
克萊斯特裝甲兵團轉向敦克爾克推進
第4軍團
5月28日 在伊珀－科敏運河戰役（Battle of the Ypres-Comines Canal）中，英軍維持通往敦克爾克的走廊暢通，為其餘官兵留下退路。
德軍第4軍團迫使盟軍退往敦克爾克
5月28日後衛作戰
5月29日後衛作戰
內圈陣地

▽ **挑撥分化**

德方宣傳單描繪的敦克爾克大撤退，顯示在「發電機行動」期間，英軍官兵阻止法軍部隊登上最後一批船隻。

4 最後的撤退 1940年5月28－6月4日

在後衛作戰中，有成千上萬名官兵被俘或陣亡。到了6月1日，盟軍進一步後撤到內圈陣地。最後一批部隊在6月3日撤出，而敦克爾克的所有抵抗行動都在6月4日上午9點30分停止。總計約有800艘各類船隻安全救出33萬人（包括法軍的幾個師），但還有7萬人沒能離開，被德軍俘虜。

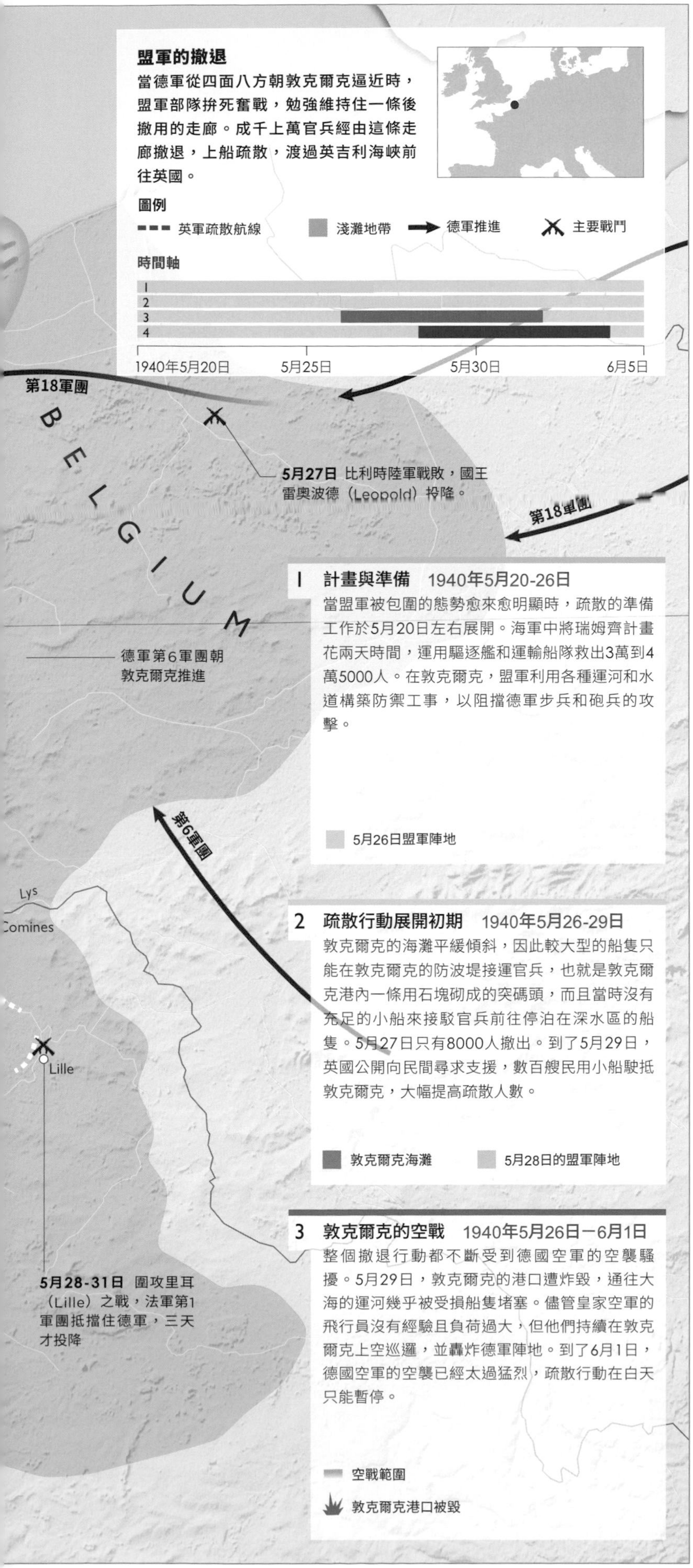

敦克爾克大撤退

在1940年5月26日到6月4日的短短十天裡，共有33萬8000名英軍與盟軍官兵登上由各式各樣船隻組成的船隊，從敦克爾克平安抵達英國。此舉稱為「發電機行動」（Operation Dynamo），是史上規模最大的撤退疏散行動。

就在希特勒下令入侵法國和低地國家僅僅一星期之後，德軍就把盟軍逼到了法國東北部的角落，也就是敦克爾克港附近。在德國空軍的打擊下，撤退中的英國遠征軍官兵還有法國、加拿大、比利時等盟軍部隊，一路上遭遇被車輛堵塞的道路，以及如洪水般的難民潮。不過在戰爭中一個關鍵性的決策裡，希特勒下令裝甲部隊暫停前進，使盟軍獲得了喘息空間，可以從敦克爾克的灘頭撤出超過 33 萬名人員。

邱吉爾下令進行這場撤退，實際細節則由海軍中將柏特倫・瑞姆齊（Bertram Ramsay）在位於多佛的海軍總部一間裝設發電機的房間裡規畫出來（這次行動的名稱就源自於此）。發電機行動於 5 月 26 日展開。儘管德軍並未全力打擊撤退中的盟軍，但整個疏散過程還是充斥著激烈的戰鬥。盟軍官兵退到海灘上之後，常得站在肩膀那麼深的海水裡等待救援，而德軍飛機則從上空轟炸沙灘。

雖然英國遠征軍幾乎丟光了所有的裝備，但敦克爾克的這場「奇蹟」還是從一場災難性的戰役中救出了邱吉爾所謂「英國陸軍的整個命根、核心和大腦」。若沒有這場行動，盟軍的戰力很可能會就此崩潰。

盟軍的撤退

當德軍從四面八方朝敦克爾克逼近時，盟軍部隊拚死奮戰，勉強維持住一條後撤用的走廊。成千上萬官兵經由這條走廊撤退，上船疏散，渡過英吉利海峽前往英國。

圖例

- - - 英軍疏散航線　淺灘地帶　→ 德軍推進　✕ 主要戰鬥

時間軸

1 2 3 4

1940年5月20日　5月25日　5月30日　6月5日

第18軍團

BELGIUM

5月27日 比利時陸軍戰敗，國王雷奧波德（Leopold）投降。

第18軍團

德軍第6軍團朝敦克爾克推進

第6軍團

Lys

Comines

Lille

5月28-31日 圍攻里耳（Lille）之戰，法軍第1軍團抵擋住德軍，三天才投降

1 計畫與準備 1940年5月20-26日

當盟軍被包圍的態勢愈來愈明顯時，疏散的準備工作於5月20日左右展開。海軍中將瑞姆齊計畫花兩天時間，運用驅逐艦和運輸船隊救出3萬到4萬5000人。在敦克爾克，盟軍利用各種運河和水道構築防禦工事，以阻擋德軍步兵和砲兵的攻擊。

5月26日盟軍陣地

2 疏散行動展開初期 1940年5月26-29日

敦克爾克的海灘平緩傾斜，因此較大型的船隻只能在敦克爾克的防波堤接運官兵，也就是敦克爾克港內一條用石塊砌成的突碼頭，而且當時沒有充足的小船來接駁官兵前往停泊在深水區的船隻。5月27日只有8000人撤出。到了5月29日，英國公開向民間尋求支援，數百艘民用小船駛抵敦克爾克，大幅提高疏散人數。

敦克爾克海灘　5月28日的盟軍陣地

3 敦克爾克的空戰 1940年5月26日－6月1日

整個撤退行動都不斷受到德國空軍的空襲騷擾。5月29日，敦克爾克的港口遭炸毀，通往大海的運河幾乎被受損船隻堵塞。儘管皇家空軍的飛行員沒有經驗且負荷過大，但他們持續在敦克爾克上空巡邏，並轟炸德軍陣地。到了6月1日，德國空軍的空襲已經太過猛烈，疏散行動在白天只能暫停。

空戰範圍

敦克爾克港口被毀

那些被留下的人

敦克爾克大撤退之後，仍有大批盟軍留在法國，3萬5000名法國官兵和許多英軍被迫投降。他們絕大部分都淪為戰俘，連續行軍好幾天，接著被運往德國境內的戰俘營，在戰爭中接下來的日子都待在那裡。有數千名法軍、英軍和加拿大士兵逃過被俘的命運，到了6月5日就已駐紮在索母河（Somme）沿岸，希望能擋住進擊的德軍。他們當中有許多在後期的疏散行動中獲救。

敦克爾克的盟軍戰俘

法蘭西的陷落

敦克爾克大撤退之後，寡不敵眾的盟軍部隊儘管凶猛戰鬥，仍無法成功阻擋德軍進入法國。1940年6月22日，法國簽下停戰協定，國家一分為二，分別是北邊的德國占領區和貝當元帥領導的維琪法國。

1940 年 6 月 5 日，隨著英國遠征軍撤回本土，德軍展開入侵法國的第二階段。由於缺乏有力的英軍支援（只剩第 51 高地師留在法國），法國境內的盟軍統帥馬克西姆・魏剛（Maxime Weygand）屈居下風。他麾下的法軍部隊已經精疲力竭，卻面對著一個幾乎不可能的任務，就是要守住一條長達 900 公里的戰線，而對手卻是德軍 10 個裝甲師和 130 個步兵師。

雖然法軍強力抵抗，但法國政府無心繼續作戰，於 6 月 10 日放棄巴黎，並在 6 月 17 日尋求停火。隨著法國西部的盟軍部隊持續疏散，法國東部的部隊投降，而位於中間區域的部隊則因為德軍掃蕩而陸續瓦解，法國最後在 6 月 22 日投降。

在法國和德國的停戰協定裡，法國遭分割，北邊和西邊由德國占領，南邊的主權（在名義上）仍歸法國。當時法國的戰爭與國防部次長夏爾・戴高樂（Charles de Gaulle）拒絕投降，從倫敦領導自由法國（Free French）政府。到了 1940 年 6 月底，法國原本龐大的陸軍已損失過半，不是傷亡就是被俘。西線戰場從此平靜了長達四年，直到 1944 年 6 月的 D 日（D-Day）登陸。

> **「困境會吸引有個性的人，因為把握住的話，他就能夠實現自我。」**
>
> 夏爾・戴高樂，《戰爭回憶錄》（*Mémoires de Guerre*）第一部，1954年

戴高樂與他的倫敦廣播

1940年6月，夏爾・戴高樂從英國廣播公司位於倫敦的播音室裡，對法國人民發表一系列鏗鏘有力的演說。他強烈呼籲法國人民，面對德國人要堅定不移：「不論發生什麼事，法國抵抗的烈焰不應該、也絕不會熄滅。」他的演說掀起了法國的抵抗運動，但許多從敦克爾克撤出的法軍官兵依然效忠維琪法國，不相信戴高樂的承諾。

△ **希特勒在巴黎**
在與法國簽署停戰協定後的某一天，希特勒第一次也是最後一次參訪巴黎，以慶祝他麾下軍隊的大捷。

6月16-19日 超過3萬名盟軍部隊從布勒斯特脫身

Brest

6月16-19日 法國海軍艦隊航向北非

1 攻勢展開 1940年6月5-9日

德軍的攻勢代號叫「紅色案」（Fall Rot），以攻擊位於拉昂（Laon）和海邊之間的盟軍部隊為開端。激戰之後，包括裝甲部隊在內的德軍部隊突破盟軍防線，朝盧昂（Rouen）前進，於6月9日渡過塞納河（Seine），其他部隊則向南朝巴黎或是朝艾內河（River Aisne）挺進。

- 6月5日的德軍戰線
- 德軍推進

St N

6月16-19日 5萬2000名盟軍部隊疏散

2 占領巴黎，前進南方 1940年6月9-22日

6月9日，德軍進抵巴黎。法國政府逃往土赫（Tours）。6月11日邱吉爾在當地與法國領導官員會面，鼓勵他們繼續戰鬥。6月14日，德軍在沒有抵抗的狀況下開進幾乎變成空城的法國首都。大批德軍部隊接著向南進軍，橫越法國中部，而法國政府則在考慮還有什麼選項。

- 6月12日的德軍戰線
- 德軍推進

Bay of Biscay

6月20-23日 波軍部隊從聖戎德呂茲撤出

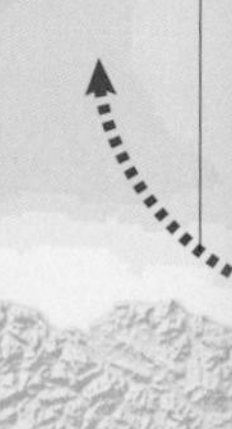

3 馬其諾防線崩潰 1940年6月14日—7月4日

6月14日，德軍第1軍團在薩爾布律肯（Saarbrucken）突破馬其諾防線——這是法國於1930年代修築的，目的就是嚇阻這類攻擊。接著德軍開始進攻東西兩側的堡壘。第7軍團隨後也在科爾馬突破馬其諾防線，而在此期間，位於馬其諾防線西邊末端的德軍裝甲部隊則朝東南方前進，抵達瑞士邊界，切斷馬其諾防線和法國其他地方的聯繫，從而包圍法軍的第5和第8軍團。

- 最後的法軍根據地
- 6月22日的德軍戰線
- 德軍推進

SPAIN

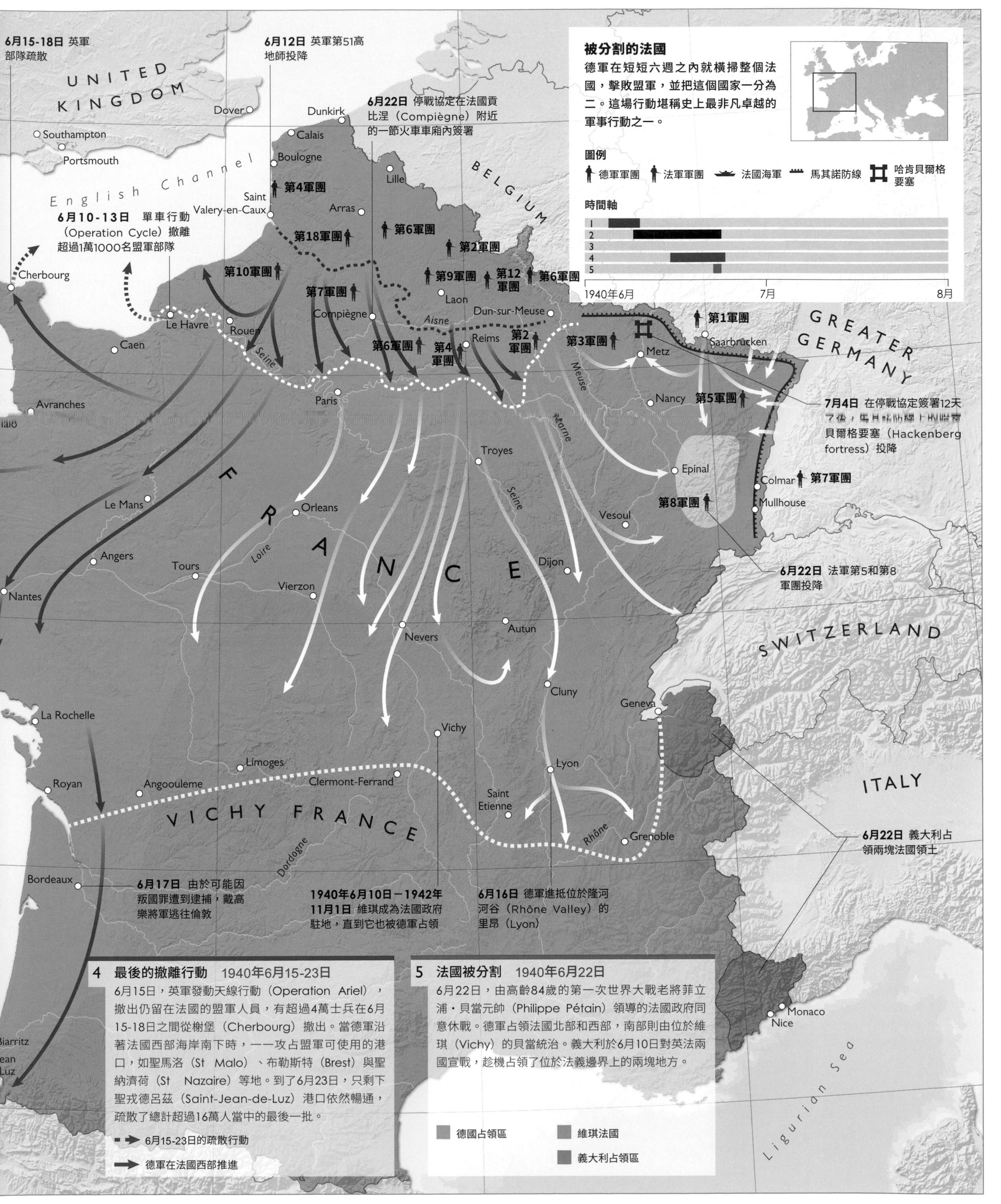

被分割的法國
德軍在短短六週之內就橫掃整個法國，擊敗盟軍，並把這個國家一分為二。這場行動堪稱史上最非凡卓越的軍事行動之一。
圖例
德軍軍團
法軍軍團
法國海軍
馬其諾防線
哈肯貝爾格要塞
時間軸
1
2
3
4
5
1940年6月
7月
8月
6月15-18日 英軍部隊疏散
6月12日 英軍第51高地師投降
6月22日 停戰協定在法國貢比涅（Compiègne）附近的一節火車車廂內簽署
6月10-13日 單車行動（Operation Cycle）撤離超過1萬1000名盟軍部隊
7月4日 在停戰協定簽署12天
貝爾格要塞（Hackenberg fortress）投降
6月22日 法軍第5和第8軍團投降
6月22日 義大利占領兩塊法國領土
6月17日 由於可能因叛國罪遭到逮捕，戴高樂將軍逃往倫敦
1940年6月10日－1942年11月1日 維琪成為法國政府駐地，直到它也被德軍占領
6月16日 德軍進抵位於隆河河谷（Rhône Valley）的里昂（Lyon）
UNITED KINGDOM
English Channel
BELGIUM
GREATER GERMANY
FRANCE
VICHY FRANCE
SWITZERLAND
ITALY
Ligurian Sea
Dover
Southampton
Portsmouth
Dunkirk
Calais
Boulogne
Lille
Saint Valery-en-Caux
Arras
Cherbourg
Le Havre
Rouen
Caen
Compiègne
Laon
Aisne
Dun-sur-Meuse
Reims
Saarbrucken
Metz
Nancy
Paris
Seine
Meuse
Marne
Avranches
Troyes
Epinal
Colmar
Mullhouse
Le Mans
Orleans
Vesoul
Loire
Angers
Tours
Dijon
Nantes
Vierzon
Nevers
Autun
Cluny
Geneva
La Rochelle
Vichy
Limoges
Lyon
Royan
Angooulem
Clermont-Ferrand
Saint Etienne
Rhône
Grenoble
Dordogne
Bordeaux
Monaco
Nice
Biarritz
第4軍團
第6軍團
第18軍團
第2軍團
第10軍團
第9軍團
第12軍團
第7軍團
第6軍團
第4軍團
第2軍團
第3軍團
第1軍團
第5軍團
第7軍團
第8軍團
6月15-23日的疏散行動
德軍在法國西部推進
德國占領區
維琪法國
義大利占領區

4 最後的撤離行動 1940年6月15-23日

6月15日，英軍發動天線行動（Operation Ariel），撤出仍留在法國的盟軍人員，有超過4萬士兵在6月15-18日之間從榭堡（Cherbourg）撤出。當德軍沿著法國西部海岸南下時，一一攻占盟軍可使用的港口，如聖馬洛（St Malo）、布勒斯特（Brest）與聖納濟荷（St Nazaire）等地。到了6月23日，只剩下聖戎德呂茲（Saint-Jean-de-Luz）港口依然暢通，疏散了總計超過16萬人當中的最後一批。

5 法國被分割 1940年6月22日

6月22日，由高齡84歲的第一次世界大戰老將菲立浦・貝當元帥（Philippe Pétain）領導的法國政府同意休戰。德軍占領法國北部和西部，南部則由位於維琪（Vichy）的貝當統治。義大利於6月10日對英法兩國宣戰，趁機占領了位於法義邊界上的兩塊地方。

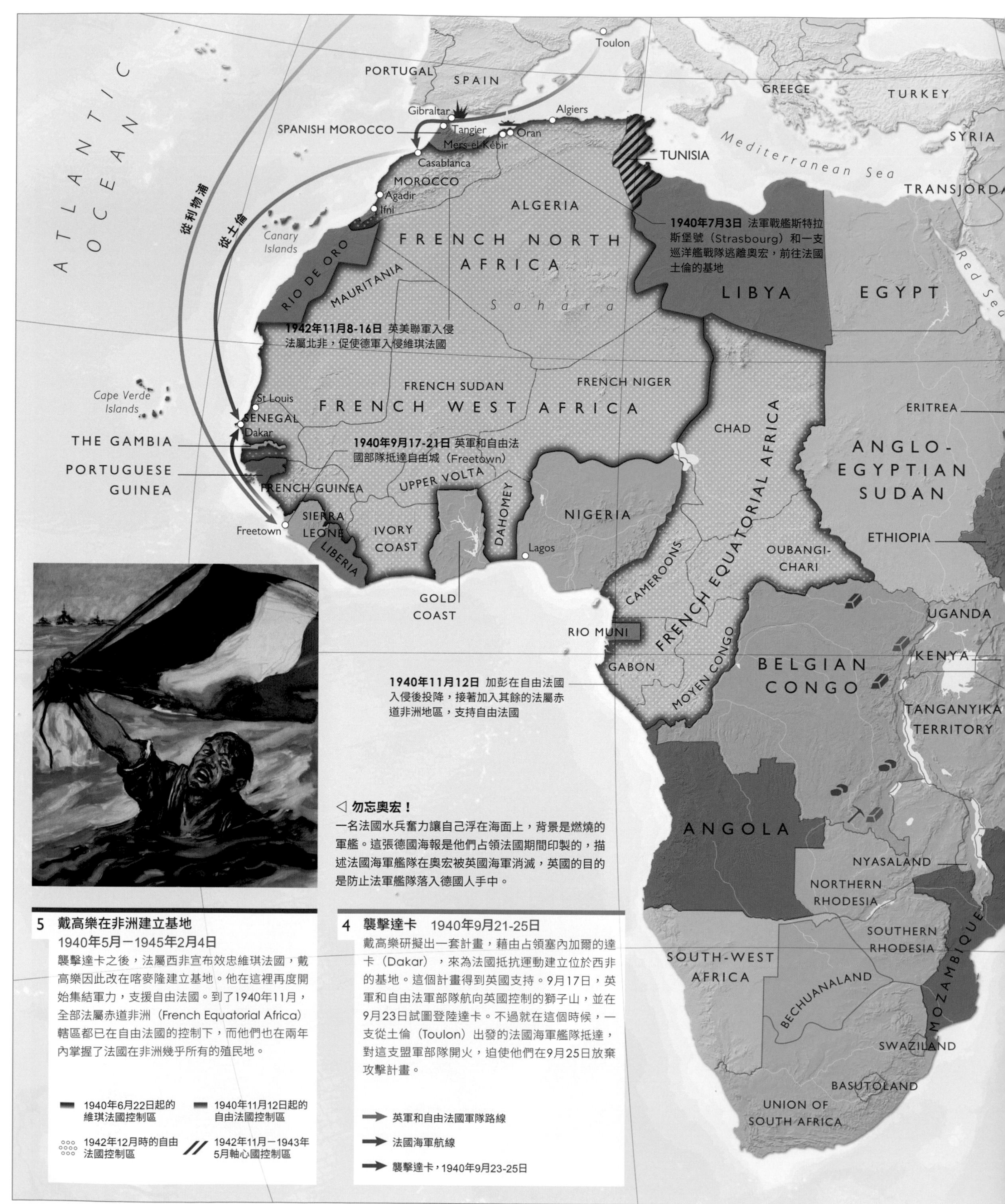

ATLANTIC OCEAN
Toulon
PORTUGAL
SPAIN
Gibraltar
SPANISH MOROCCO
Tangier
Algiers
Oran
Mers-el-Kébir
Casablanca
MOROCCO
Agadir
Ifni
GREECE
TURKEY
SYRIA
TUNISIA
Mediterranean Sea
TRANSJORDA
ALGERIA
從利物浦
從土倫
Canary Islands
RIO DE ORO
MAURITANIA
FRENCH NORTH AFRICA
Sahara
1940年7月3日 法軍戰艦斯特拉斯堡號（Strasbourg）和一支巡洋艦戰隊逃離奧宏，前往法國土倫的基地
LIBYA
EGYPT
Red Sea
1942年11月8-16日 英美聯軍入侵法屬北非，促使德軍入侵維琪法國
Cape Verde Islands
St Louis
SENEGAL
Dakar
FRENCH SUDAN
FRENCH NIGER
FRENCH WEST AFRICA
ERITREA
THE GAMBIA
PORTUGUESE GUINEA
1940年9月17-21日 英軍和自由法國部隊抵達自由城（Freetown）
CHAD
ANGLO-EGYPTIAN SUDAN
FRENCH GUINEA
UPPER VOLTA
DAHOMEY
NIGERIA
FRENCH EQUATORIAL AFRICA
Freetown
SIERRA LEONE
LIBERIA
IVORY COAST
Lagos
ETHIOPIA
CAMEROONS
OUBANGI-CHARI
GOLD COAST
UGANDA
RIO MUNI
GABON
MOYEN CONGO
BELGIAN CONGO
KENYA
1940年11月12日 加彭在自由法國入侵後投降，接著加入其餘的法屬赤道非洲地區，支持自由法國
TANGANYIKA TERRITORY
ANGOLA
NYASALAND
NORTHERN RHODESIA
SOUTHERN RHODESIA
MOZAMBIQUE
SOUTH-WEST AFRICA
BECHUANALAND
SWAZILAND
BASUTOLAND
UNION OF SOUTH AFRICA
1940年6月22日起的維琪法國控制區
1940年11月12日起的自由法國控制區
1942年12月時的自由法國控制區
1942年11月－1943年5月軸心國控制區
英軍和自由法國軍隊路線
法國海軍航線
襲擊達卡，1940年9月23-25日

◁ **勿忘奧宏！**
一名法國水兵奮力讓自己浮在海面上，背景是燃燒的軍艦。這張德國海報是他們占領法國期間印製的，描述法國海軍艦隊在奧宏被英國海軍消滅，英國的目的是防止法軍艦隊落入德國人手中。

5 戴高樂在非洲建立基地
1940年5月－1945年2月4日

襲擊達卡之後，法屬西非宣布效忠維琪法國，戴高樂因此改在喀麥隆建立基地。他在這裡再度開始集結軍力，支援自由法國。到了1940年11月，全部法屬赤道非洲（French Equatorial Africa）轄區都已在自由法國的控制下，而他們也在兩年內掌握了法國在非洲幾乎所有的殖民地。

4 襲擊達卡 1940年9月21-25日

戴高樂研擬出一套計畫，藉由占領塞內加爾的達卡（Dakar），來為法國抵抗運動建立位於西非的基地。這個計畫得到英國支持。9月17日，英軍和自由法軍部隊航向英國控制的獅子山，並在9月23日試圖登陸達卡。不過就在這個時候，一支從土倫（Toulon）出發的法國海軍艦隊抵達，對這支盟軍部隊開火，迫使他們在9月25日放棄攻擊計畫。

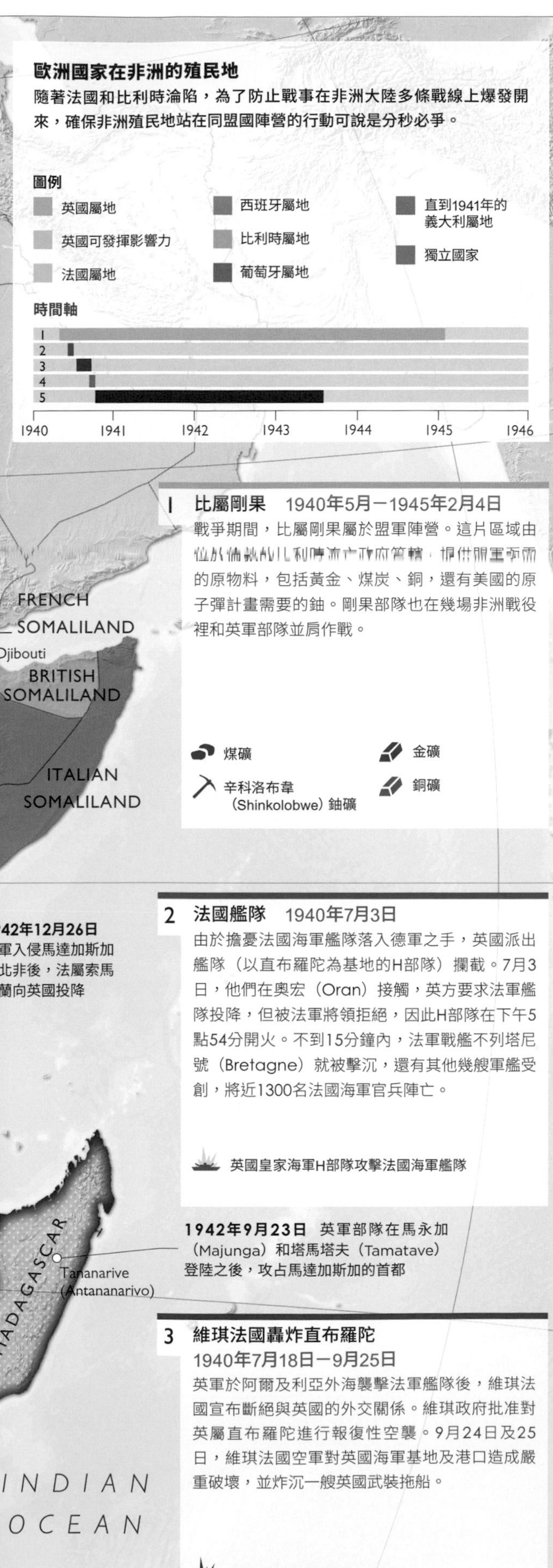
歐洲國家在非洲的殖民地
隨著法國和比利時淪陷，為了防止戰事在非洲大陸多條戰線上爆發開來，確保非洲殖民地站在同盟國陣營的行動可說是分秒必爭。
圖例
英國屬地
英國可發揮影響力
法國屬地
西班牙屬地
比利時屬地
葡萄牙屬地
直到1941年的義大利屬地
獨立國家
時間軸
1
2
3
4
5
1940
1941
1942
1943
1944
1945
1946
1 比屬剛果 1940年5月－1945年2月4日
戰爭期間，比屬剛果屬於盟軍陣營。這片區域由位於倫敦的比利時流亡政府管轄，提供盟軍所需的原物料，包括黃金、煤炭、銅，還有美國的原子彈計畫需要的鈾。剛果部隊也在幾場非洲戰役裡和英軍部隊並肩作戰。
FRENCH SOMALILAND
Djibouti
BRITISH SOMALILAND
ITALIAN SOMALILAND
煤礦
金礦
辛科洛布韋（Shinkolobwe）鈾礦
銅礦
942年12月26日
盟軍入侵馬達加斯加和北非後，法屬索馬利蘭向英國投降
2 法國艦隊 1940年7月3日
由於擔憂法國海軍艦隊落入德軍之手，英國派出艦隊（以直布羅陀為基地的H部隊）攔截。7月3日，他們在奧宏（Oran）接觸，英方要求法軍艦隊投降，但被法軍將領拒絕，因此H部隊在下午5點54分開火。不到15分鐘內，法軍戰艦不列塔尼號（Bretagne）就被擊沉，還有其他幾艘軍艦受創，將近1300名法國海軍官兵陣亡。
英國皇家海軍H部隊攻擊法國艦隊
1942年9月23日 英軍部隊在馬永加（Majunga）和塔馬塔夫（Tamatave）登陸之後，攻占馬達加斯加的首都
Tananarive (Antananarivo)
MADAGASCAR
3 維琪法國轟炸直布羅陀
1940年7月18日－9月25日
英軍於阿爾及利亞外海襲擊法軍艦隊後，維琪法國宣布斷絕與英國的外交關係。維琪政府批准對英屬直布羅陀進行報復性空襲。9月24日及25日，維琪法國空軍對英國海軍基地及港口造成嚴重破壞，並炸沉一艘英國武裝拖船。
INDIAN OCEAN
維琪法國空軍轟炸直布羅陀

非洲的強權惡鬥

對1940年的同盟國來說，法國和比利時在非洲的屬地既是威脅，也是機會。如果這些地方可以不被軸心國控制，那麼就可以提供充沛的物質資源和人力，支援盟軍作戰。

比利時和法國在1940年6月淪亡後（參見第54-55頁），比利時在非洲的屬地加入了同盟國陣營，但法國在非洲的殖民地處境就比較複雜了。一如法國本身已經分裂成被占領的法國和維琪法國，各個法屬殖民地的效忠態度也是一樣。法國在阿爾及利亞的殖民政府堅定支持維琪政權，但其他地方的人——例如查德總督費利茲·埃布韋（Feliz Éboué）——卻非常厭惡維琪政權的屈服，因此支持戴高樂的自由法國。對戴高樂而言，殖民地能提供充沛的人力，他可以運用這些人力來組建部隊，奪回法國。但如果這些屬地落入軸心國陣營，它們就會對同盟國造成威脅。基於這些考量，盟軍攻擊位於阿爾及利亞的法軍艦隊，之後又進攻馬達加斯加（還有中東的敘利亞），最後也促使盟軍支援戴高樂登陸法屬西非（French West Africa）的達卡。但各方還是互相猜忌：法國人時時刻刻都在提防英國人在非洲及中東的野心，而同盟國——以及許多支持他們的法國人——也都還不確定戴高樂究竟有多少能耐。儘管如此，到了1942年11月，除了一個地方以外，同盟國就已經成功收編了法國在非洲和中東的所有殖民地。

Comoro Islands
Mayotte (France)
Mozambique Channel
Diego Suarez
Nosy Be
Andoany
Ambilobe
Iharana
Ambanja
Antalaha
Antsohihy
Majunga
Mitsinjo
Soalala
Maintirano
Andilanatoby
Tamatave
Tananarive (Antananarivo)
Moramanga
Vatomandry
Belo Tsiribihina
Antanifotsy
Morondava
Nosy Varika
MADAGASCAR
INDIAN OCEAN
Manakara
Farafagana
Ambovombe
Taolanaro
Cape Saint Marie
圖例
英軍突擊地牙哥蘇亞雷斯，1942年5月5日
流行動，1942年9月10-11日
珍行動，1942年9月18日
線行動，1942年9月23日
馬達加斯加之戰
由於害怕日本海軍會以維琪法國控制的馬達加斯加島為海軍基地，英軍在1942年5月5日發動作戰，目標是奪取這座島。英軍展開兩棲登陸，攻下地牙哥蘇亞雷斯（Diego Suarez），而幾個月後，英軍又執行三階段的流線珍突擊行動（Operation Stream Line Jane），於10月底占領全島。

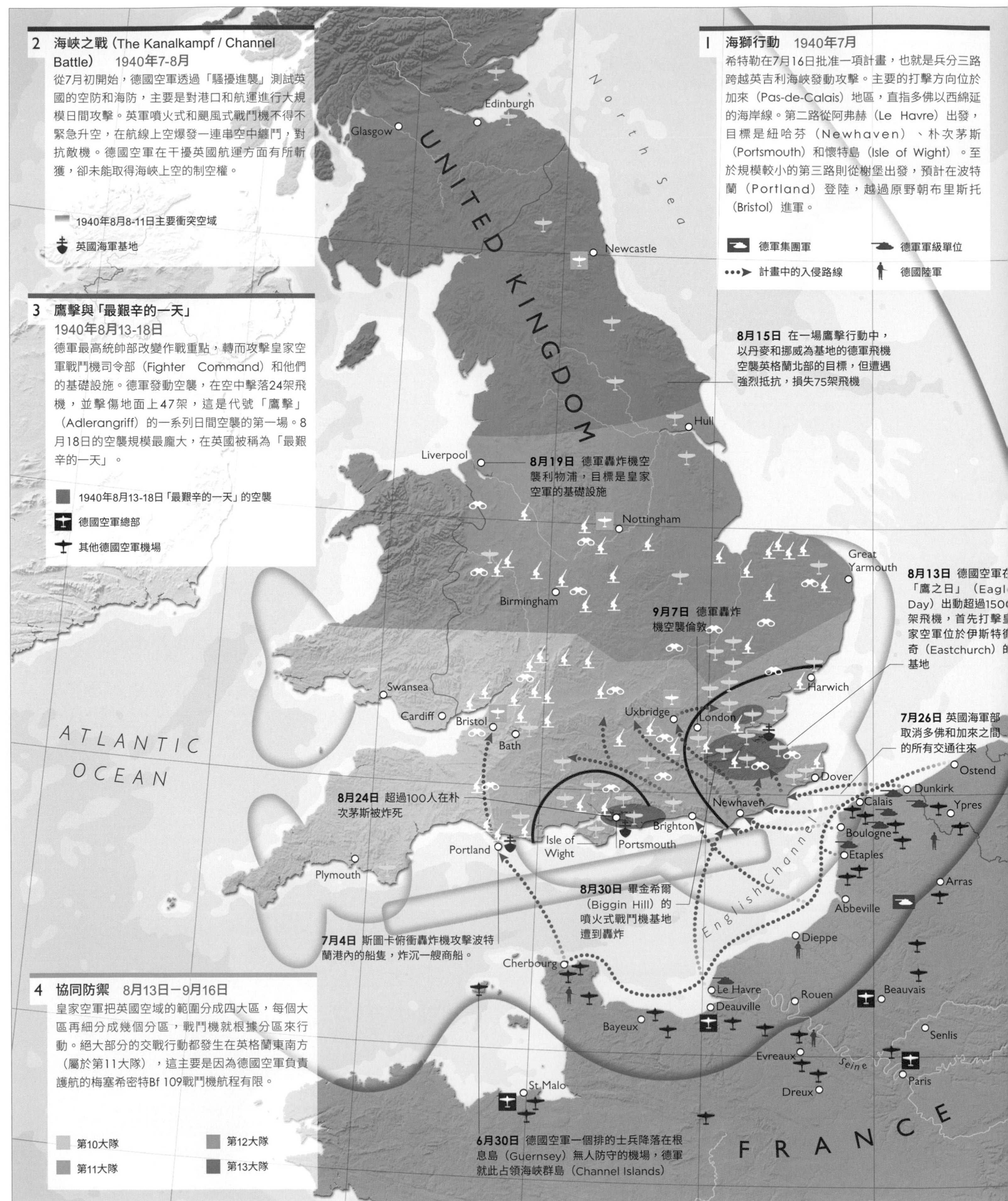

1940年8月8-11日主要衝突空域
英國海軍基地
1940年8月13-18日「最艱辛的一天」的空襲
德國空軍總部
其他德國空軍機場
德軍集團軍
德軍軍級單位
計畫中的入侵路線
德國陸軍
第10大隊
第12大隊
第11大隊
第13大隊
UNITED KINGDOM
North Sea
ATLANTIC OCEAN
English Channel
FRANCE
Seine
Glasgow
Edinburgh
Newcastle
Hull
Liverpool
Nottingham
Birmingham
Great Yarmouth
Harwich
Swansea
Cardiff
Bristol
Bath
Uxbridge
London
Dover
Ostend
Dunkirk
Calais
Ypres
Newhaven
Brighton
Portsmouth
Isle of Wight
Portland
Plymouth
Boulogne
Etaples
Arras
Abbeville
Dieppe
Cherbourg
Le Havre
Deauville
Rouen
Beauvais
Bayeux
Evreux
Senlis
Paris
Dreux
St. Malo
8月15日 在一場鷹擊行動中，以丹麥和挪威為基地的德軍飛機空襲英格蘭北部的目標，但遭遇強烈抵抗，損失75架飛機
8月19日 德軍轟炸機空襲利物浦，目標是皇家空軍的基礎設施
9月7日 德軍轟炸機空襲倫敦
8月13日 德國空軍在「鷹之日」（Eagl
Day）出動超過150
架飛機，首先打擊皇
家空軍位於伊斯特徹
奇（Eastchurch）的
基地
7月26日 英國海軍部取消多佛和加來之間的所有交通往來
8月24日 超過100人在朴次茅斯被炸死
8月30日 畢金希爾（Biggin Hill）的噴火式戰鬥機基地遭到轟炸
7月4日 斯圖卡俯衝轟炸機攻擊波特蘭港內的船隻，炸沉一艘商船。
6月30日 德國空軍一個排的士兵降落在根息島（Guernsey）無人防守的機場，德軍就此占領海峽群島（Channel Islands）

1 海獅行動 1940年7月

希特勒在7月16日批准一項計畫，也就是兵分三路跨越英吉利海峽發動攻擊。主要的打擊方向位於加來（Pas-de-Calais）地區，直指多佛以西綿延的海岸線。第二路從阿弗赫（Le Havre）出發，目標是紐哈芬（Newhaven）、朴次茅斯（Portsmouth）和懷特島（Isle of Wight）。至於規模較小的第三路則從榭堡出發，預計在波特蘭（Portland）登陸，越過原野朝布里斯托（Bristol）進軍。

2 海峽之戰（The Kanalkampf / Channel Battle） 1940年7-8月

從7月初開始，德國空軍透過「騷擾進襲」測試英國的空防和海防，主要是對港口和航運進行大規模日間攻擊。英軍噴火式和颶風式戰鬥機不得不緊急升空，在航線上空爆發一連串空中纏鬥，對抗敵機。德國空軍在干擾英國航運方面有所斬獲，卻未能取得海峽上空的制空權。

3 鷹擊與「最艱辛的一天」 1940年8月13-18日

德軍最高統帥部改變作戰重點，轉而攻擊皇家空軍戰鬥機司令部（Fighter Command）和他們的基礎設施。德軍發動空襲，在空中擊落24架飛機，並擊傷地面上47架，這是代號「鷹擊」（Adlerangriff）的一系列日間空襲的第一場。8月18日的空襲規模最龐大，在英國被稱為「最艱辛的一天」。

4 協同防禦 8月13日—9月16日

皇家空軍把英國空域的範圍分成四大區，每個大區再細分成幾個分區，戰鬥機就根據分區來行動。絕大部分的交戰行動都發生在英格蘭東南方（屬於第11大隊），這主要是因為德國空軍負責護航的梅塞希密特Bf 109戰鬥機航程有限。

天空之戰

1940年夏天，有一個月時間，英國不斷承受德國空軍的無情進襲，因為德軍要先打垮英國的空防，才能展開海上入侵。不過這場戰役的結果卻讓希特勒在西方的擴張計畫被迫暫停。

圖例

- 高空雷達偵測範圍
- 低空雷達偵測範圍
- 皇家防空觀測團
- 高射砲陣地
- 德國
- 軸心國／占領區
- 德軍戰鬥機航程

時間軸

1 2 3 4 5 6

1940年6月 7月 8月 9月 10月

6 改變戰術 1940年9月17日

9月17日是希特勒決定是否要執行海上入侵英格蘭計畫的最後期限。隨著這個日期慢慢逼近，戈林承諾的空優顯然無法達成，所以海獅行動只能無限期延後。空中作戰的重點於是改成英國的港口城市，是海空封鎖戰略的一部分。閃電空襲就此開始。

Ems

Amsterdam

NETHERLANDS

GREATER GERMANY

BELGIUM

LUXEMBOURG

5 皇家空軍的行動

1940年8月13日－9月16日

不列顛之役期間，皇家空軍在英國各地機場共有超過2900名飛行員，其中許多都來自大英國協國家，再不然就是祖國被納粹占領的流亡飛行員。在超過四個星期的激烈空戰裡，皇家空軍損失915架飛機，但德國空軍有超過1700架飛機被擊落。

- 皇家空軍戰鬥機司令部各大隊指揮部
- 其他皇家空軍機場

▷ **緊急升空**

1940年，皇家空軍噴火式戰鬥機飛行員奔向座機。除了英國軍人以外，許多皇家空軍飛行員來自多個國家，包括南非、澳洲、紐西蘭、波蘭和捷克斯洛伐克。

不列顛之役

法國淪陷後，就只剩下大英帝國獨自對抗納粹德國。希特勒提議和談結果被拒絕，因此他計畫入侵英格蘭。為了實現這個計畫，他必須先控制英吉利海峽內的航線，這也意味著他必須掌握海峽上方的天空。

趁著英國尚未從法國失陷（參見第54-55頁）的震驚中恢復過來，希特勒期待英國能依照他的意思進行和平談判。但邱吉爾挑明了不予考慮之後，希特勒就決定要用武力逼迫英國屈服。德軍擬定海獅行動（Operation Sea Lion）的計畫，這是以英格蘭南岸為目標的海軍協同攻擊。為了實現這件事，德國空軍總司令赫曼・戈林（Hermann Göring）承諾在四個星期內殲滅英國皇家空軍。結果這個計畫失敗了。在戰爭之前那幾年，英國就已經透過各種創新發明強化了空防，例如雷達以及更佳的陸空協調模式。另一方面，極機密的極端小組（Ultra）破譯的訊號情報（參見第170-71頁）也讓皇家空軍有時可以早一步知道德軍計畫。最後，在英吉利海峽上空的纏鬥中，英國的噴火式和颶風式戰鬥機都比德國空軍的梅塞希密特（Messerschmitt）戰鬥機強得多。

由於壓制英國空防的企圖受挫，希特勒開始採用轟炸英國港口城市的戰略，並在夜間對倫敦和其他工業中心進行閃電空襲行動（參見第60-61頁），以便對英國進行海空封鎖。不過，希特勒無法擊敗皇家空軍，也許是他在這場戰爭中的第一次重大挫敗，對他的無敵神話來說是沉重的一擊。

霍克颶風式戰鬥機

颶風式戰鬥機在1937年12月投入服役，到了1940年8月，皇家空軍已接收了超過2300架。在不列顛之役期間，它們的數量是噴火式戰鬥機的將近兩倍。它的機動性良好，在1940年擊落的敵機比其他任何英軍飛機都要多。之後的兩年裡，它們漸漸被更現代化的噴火式戰鬥機取代。

GN
OS

CITY OF LONDON UNION
BRIDGE WARD WITHIN
CITY OF LONDON PARLY. BOROUGH
BILLINGSGATE WARD
WHITECHAPEL UNION
STEPNEY PARLY. BOROUGH
ST. KATHARINE DOCKS
THE TOWER WARD
WEST DOCK
EAST DOCK
ST. BOTOLPH WITHOUT ALDGATE
Tower Bridge
RIVER THAMES
ST. OLAVE WARD
THOMAS WARD
Bonded Warehouses
Butler's Wharf
No. 6
No. 1. BERMONDSEY WARD
ST. GEORGE'S WARD

損害調查

這張倫敦地圖顯示柏蒙西（Bermondsey）和瓦平（Wapping）區建築物因轟炸受損的狀況。黑色和紫色代表建築物已被徹底炸毀或破壞到不可修復的程度，粉紅色則代表嚴重損壞但可修復，只是修復成本會非常高昂。

閃電空襲

1940年9月，希特勒做出一個重大的決定，就是把德國空軍的打擊重點從皇家空軍基地改成英國的城市。他的目標是破壞工業生產中心和港口，打擊民間士氣，逼迫邱吉爾求和。

「閃電空襲」一詞由英國媒體率先使用，用來形容德國空軍進行的高強度轟炸行動。第一起針對倫敦的攻擊發生在 1940 年 9 月 7 日，而在接下來的 57 個夜晚裡，德國空軍連續空襲英國首都，也轟炸其他大城市。閃電空襲一直持續到 1941 年 5 月。

希特勒依然想入侵英國，而轟炸倫敦是那個計畫的一部分，目標是瓦解英國的國民士氣。戰鬥在 9 月 15 日達到最高潮，一波又一波的德軍飛機朝倫敦猛撲而來，但卻無法達成全面突破。而科芬特里（Coventry）在 11 月 14-15 日遭受毀滅性空襲，預告了其他工業中心也危在旦夕。這場空襲共造成 568 人喪命，全市大約有三分之一的房子無法繼續住人。在接下來的六個月裡，德國空軍猛烈襲擊貝爾法斯特（Belfast）、伯明罕（Birmingham）、布里斯托（Bristol）、加地夫（Cardiff）、克來德班（Clydebank）、赫爾（Hull）、曼徹斯特（Manchester）、普利茅斯（Plymouth）、朴次茅斯、雪菲爾（Sheffield）、南安普敦（Southampton）和斯萬西（Swansea）。利物浦和默西賽德（Merseyside）是倫敦以外受到最嚴重破壞的地方，共有 1900 人喪生，7 萬人無家可歸。

1941 年 5 月，希特勒把注意力轉向蘇聯。針對倫敦的最後一場大規模空襲發生在 5 月 10 日，市中心有 2.8 平方公里的區域發生大火，英國國會大廈也中彈十餘發。德軍的轟炸一直持續到戰爭結束，但規模就沒這麼大了。

閃電空襲的效果

在整場行動期間，德國空軍共發動了 127 場大規模的夜間空襲（其中 71 場針對倫敦），在英國各城市共投擲約 4 萬 6000 公噸的高爆彈，此外還有 11 萬枚燃燒彈。這些空襲共造成 4 萬 3000 平民喪生，200 萬棟民房被毀或受損。到了 1941 年 2 月，共有 137 萬平民從被轟炸波及的地方疏散。

儘管閃電空襲帶來毀滅性的效果，但希特勒的計畫還是失敗了。閃電空襲期間，英國戰時工業生產量下跌比率不超過 5%，而民心士氣雖然幾度因為空襲帶來的破壞而動搖，卻從未崩潰。

▷ **抵抗的象徵**
這張聞名遐邇的照片顯示1940年12月29日的夜裡，倫敦的聖保羅大教堂（St Paul's Cathedral）被轟炸引發的熊熊烈焰點亮，四周煙霧瀰漫。

英國殊死戰

1940年6月法國屈服在希特勒的大軍下之後，大英帝國就成了唯一一個和德國與義大利作戰的強權國家。皇家空軍做好和德國空軍爭奪制空權的準備，同時英國人民則準備好面對德軍入侵。

USE SPADES NOT SHIPS
GROW YOUR OWN FOOD
AND SUPPLY YOUR OWN COOKHOUSE

△ **為勝利耕種**
這張海報鼓勵英國人種植自己的糧食。各地的開放空間都冒出菜園。

早在法國投降前，英國政府就已經擬定計畫，為可能的德國入侵做準備。1940 年 5 月 14 日，英國首相邱吉爾的新任陸軍大臣安東尼・伊登（Anthony Eden）就曾在廣播中呼籲人民挺身而出擔任志願義勇兵，萬一德軍真的入侵時可以和陸軍部隊並肩作戰。結果這個訴求立即受到熱烈回應，24 小時內就有大約 25 萬人報名加入地方防衛志願隊（Local Defence Volunteers）。到了 6 月底，這個數字已經增加到將近 150 萬人。7 月時，在邱吉爾的命令下，他們被賦予了一個軍事氣息更濃厚的新稱號：本土防衛隊（Home Guard）。

全力以赴

英國準備打一場總體戰。工廠和造船廠日以繼夜不停運轉，製造槍砲、戰車、飛機和軍艦。戰爭一開打，汽油就開始配給，而 1940 年 1 月開始的糧食配給則更加嚴格，奶油、糖、培根和火腿是第一批配給的食物，接著是各種蜜餞、糖漿、糖蜜、起司、茶葉、人造奶油與烹調油脂。衣物也納入配給範圍，而當局也發行一本小冊子，四處推廣「湊合將就」（Make Do and Mend）這句口號。

短缺最嚴重的就是人力。1941 年 12 月，男性的徵召年齡下限降到 18 歲，上限調升到 51 歲。不過最革命性的做法是女性也被徵召。到了 1942 年底，已有 1000 萬名年齡在 19 到 50 歲之間的女性登記從事跟戰爭有關的工作，其中有許多取代了原本男性在武裝部隊中的位置。

戰時的本土防衛隊

本土防衛隊接受輕兵器和反戰車武器的訓練，以便對抗入侵部隊。德國則下令，遭遇他們時要立即開火。他們當中有些人參加過不列顛之役（參見第58-59頁），負責操作高射砲。除此之外還有祕密的「輔助單位」，接受游擊戰和滲透破壞的訓練。

DISTRICT

1940年的戰時娛樂

閃電空襲期間，成千上萬的平民百姓在倫敦地下鐵車站躲避空襲。奧爾德威奇（Aldwych）是第一座轉換成空襲避難所的車站，不但有鋪位，偶爾還會有音樂會來提高民眾的士氣，如這張照片所示。

U艇戰開打

德軍最高統帥部用盡一切可能辦法，想要切斷對英國來說攸關存亡的海上補給線。它手中最有效的武器是德軍潛艇部隊，也就是U艇。1939到1941年間，它們攻擊大西洋航運線，戰果愈來愈豐碩。

第一次世界大戰期間，德國的U艇扮演重要角色，擊沉了將近5000艘船隻。自1939年戰爭爆發開始，希特勒就再次把希望寄託在海軍上將卡爾·多尼茨（Karl Dönitz，參見第168頁）指揮的潛艇部隊上，想讓英國屈服於饑饉之下。

曾經有一段時間，德國幾乎要打贏這一仗，尤其是在法國淪陷之後，以及U艇可以從挪威當地新開放的港口出擊作戰的時候。由於德軍在初期戰果豐碩，因此希特勒同意撥出資源來生產潛艇。剛開始，英國極度缺乏可用來護航商船的軍艦以及提供空中掩護的飛機，因此皇家加拿大海軍（Royal Canadian Navy）在保護大西洋航運的工作中扮演了至關重要的角色。不過隨著盟軍改善保護措施，發展相關科技以偵測潛艇，並取得更好的U艇部署情資，戰局開始轉而對U艇不利。1939年，美國建立泛美安全區（Pan-American Security Zone），這是一塊從美洲海岸向外延伸300到1000海浬的海域，美國海軍會在這片海域裡護航商船。1941年美國正式參戰後，美國海軍就主動在大西洋和德國潛艇交戰。

「戰爭期間唯一真正讓我恐懼的，就是U艇的危害。」

溫斯頓·邱吉爾，《第二次世界大戰回憶錄》（*The Second World War*），1949年

U艇

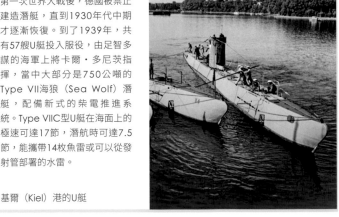

第一次世界大戰後，德國被禁止建造潛艇，直到1930年代中期才逐漸恢復。到了1939年，共有57艘U艇投入服役，由足智多謀的海軍上將卡爾·多尼茨指揮，當中大部分是750公噸的Type VII海狼（Sea Wolf）潛艇，配備新式的柴電推進系統。Type VIIC型U艇在海面上的極速可達17節，潛航時可達7.5節，能攜帶14枚魚雷或可以從發射管部署的水雷。

基爾（Kiel）港的U艇

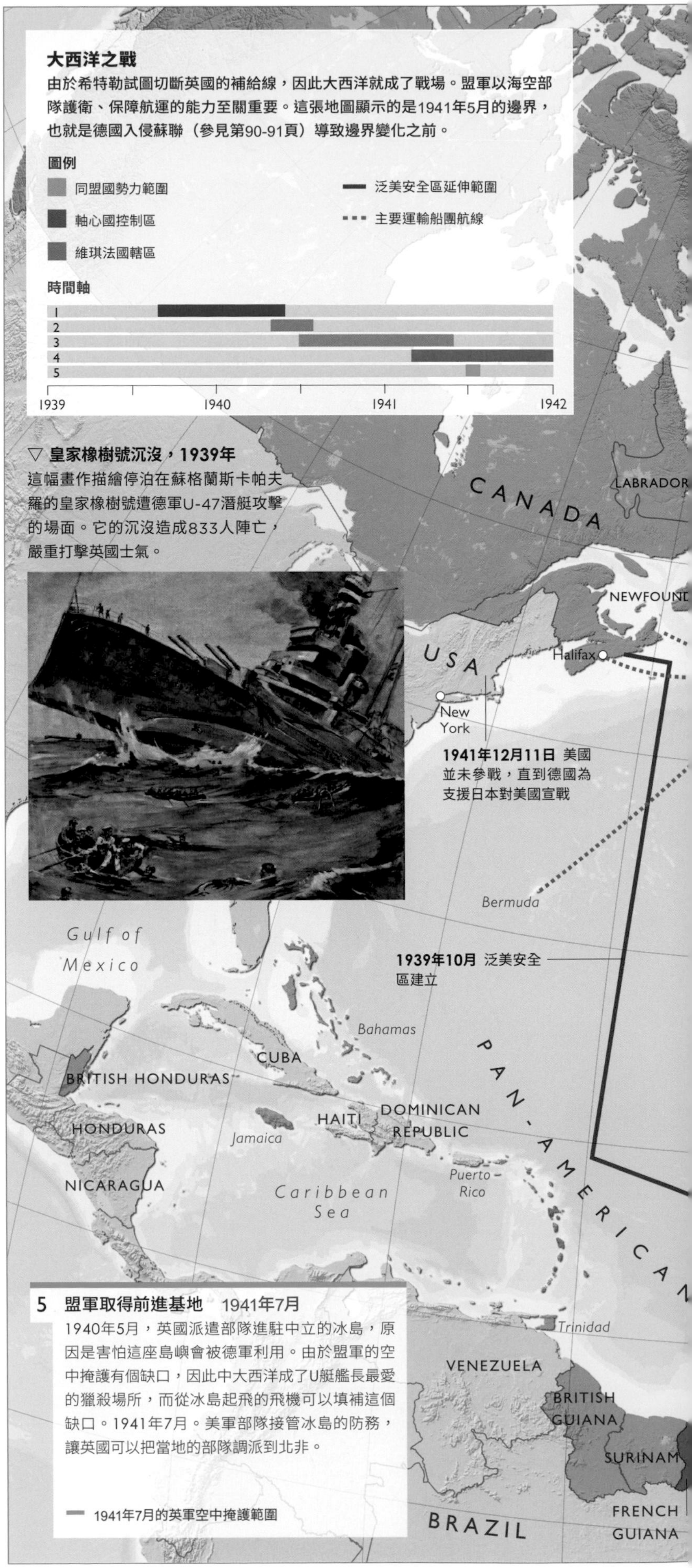

大西洋之戰

由於希特勒試圖切斷英國的補給線，因此大西洋就成了戰場。盟軍以海空部隊護衛、保障航運的能力至關重要。這張地圖顯示的是1941年5月的邊界，也就是德國入侵蘇聯（參見第90-91頁）導致邊界變化之前。

圖例

- 同盟國勢力範圍
- 軸心國控制區
- 維琪法國轄區
- 泛美安全區延伸範圍
- 主要運輸船團航線

時間軸

1 2 3 4 5

1939 1940 1941 1942

▽ **皇家橡樹號沉沒，1939年**
這幅畫作描繪停泊在蘇格蘭斯卡帕夫羅的皇家橡樹號遭德軍U-47潛艇攻擊的場面。它的沉沒造成833人陣亡，嚴重打擊英國士氣。

1941年12月11日 美國並未參戰，直到德國為支援日本對美國宣戰

1939年10月 泛美安全區建立

5 盟軍取得前進基地 1941年7月
1940年5月，英國派遣部隊進駐中立的冰島，原因是害怕這座島嶼會被德軍利用。由於盟軍的空中掩護有個缺口，因此中大西洋成了U艇艦長最愛的獵殺場所，而從冰島起飛的飛機可以填補這個缺口。1941年7月。美軍部隊接管冰島的防務，讓英國可以把當地的部隊調派到北非。

— 1941年7月的英軍空中掩護範圍

1939年10月14日 U-47號U艇在斯卡帕夫羅擊沉停泊中的皇家海軍戰鬥艦皇家橡樹號
1941年6月 蘇聯遭德國入侵後，加入同盟國
1939年9月3日 戰爭爆發的數小時內，U-30號U艇就擊沉了英國的雅典娜號（SS Athenia）
1941年5月9日 英國軍艦擊傷U-110號U艇，奪取密碼本和奇謎密碼機，可幫助布萊奇利園（Bletchley Park）的英國解碼人員破解德軍訊息
1941年3月16日 HX112船團的護衛兵力擊退U艇的狼群攻擊，擊沉兩艘U艇
1940年9月21-22日 一批德軍U艇攔截HX72船團，擊沉或擊傷14艘船
1941年5月21日 U-69號U艇擊沉美國商船羅賓摩爾號（Robin Moor），顯示對美國民用船隻而言，就算是大西洋的熱帶海域也不再安全
GREENLAND
Norwegian Sea
ICELAND
FINLAND
SWEDEN
NORWAY
U S S R
North Sea
DENMARK
GREATER GERMANY
GENERAL GOVERNMENT
HUNGARY
SLOVAKIA
ROMANIA
UNITED KINGDOM
IRELAND
NETHERLANDS
BELGIUM
SERBIA
CROATIA
ALBANIA
SWITZERLAND
FRANCE
VICHY FRANCE
ITALY
Mediterranean Sea
PORTUGAL
SPAIN
TUNISIA
Gibraltar
LIBYA
MOROCCO
ALGERIA
Azores
Madeira
Canary Islands
RIO DE ORO
FRENCH WEST AFRICA
GOLD COAST
NIGERIA
THE GAMBIA
Dakar
SIERRA LEONE
PORTUGUESE GUINEA
Freetown
LIBERIA
Cape Verde Islands
ATLANTIC OCEAN
ECURITY ZONE

1 第一滴血 1939年9月－1940年5月

大西洋上的商船可以透過船團制度獲得保護，英國曾在第一次世界大戰期間成功運用這個辦法。船團的做法就是把一群商船集中起來，由軍艦保護，並提供空中支援。運輸船團編成緊密隊形，以之字形航線航行，對U艇來說相當棘手，因為它們通常偏愛落單的目標。到了1939年底，商船的損失率雖讓同盟國擔憂，但還不至於太嚴重：共有114艘被擊沉，但有5500艘抵達目的地。

- 1940年5月時英國空中力量涵蓋的範圍
- 1940年5月之前被擊沉的U艇
- 1940年5月之前被U艇擊沉的盟軍商船

2 大西洋戰線擴大 1940年5-7月

德國在1940年春季占領法國和挪威，使U艇在英吉利海峽和大西洋沿岸獲得新的基地，大幅提升潛艇的打擊範圍。在此同時，英國必須把資源用於本島防衛，可用於護航的船艦與提供空中掩護的飛機數量因此急遽減少，導致這段期間內的U艇頻頻得手。

3 同盟國損失飆升 1940年6月－1941年5月

1940年6月，德軍採用稱為「狼群」的新戰術來對付運輸船團。一排排的U艇在大西洋上巡邏，要是有其中一艘發現運輸船團，它就會轉發位置資訊，然後返回基地。接著就會有一群U艇集結，等待夜幕落下，然後發動攻擊。這是相當致命的戰術，到了1941年3月，同盟國已損失了超過300萬噸的船隻。

- 1940年6月－1941年5月U艇擊沉的盟國商船
- 1939年9月－1940年5月被擊沉的U艇

4 美軍在西大西洋巡邏 1941年3-12月

自從1941年3月的租借法案（Lend-Lease Act）之後，美國涉入戰爭的程度就愈來愈深（參見第70-71頁）。美軍B-24解放者式（Liberator）和PBY卡塔利納式（Catalina）飛機在西大西洋提供更有力的空中掩護，而美國的工廠也建造船舶，供盟國使用。自1941年起，船用雷達和其他反制手段的進步都有助盟國船隻躲避U艇的威脅。此外，盟軍還擄獲德軍的奇謎（Enigma）密碼機（參見第170-71頁），協助英國破解有關U艇位置的情報。

- 美軍空中掩護範圍

3 搜索敵艦 1941年5月23日下午7點22分－5月24日清晨5點50分

5月23日下午7點22分，沙福克號上的瞭望哨發現俾斯麥號和歐根親王號。這個消息立即被傳送給胡德號和威爾斯親王號，而沙福克號和諾福克號則以高速穿過濃霧及大雪，尾隨德艦。胡德號和威爾斯親王號在清晨5點30分攔截到它們。5點50分時，位於胡德號上的艦隊司令海軍中將何蘭德（Holland）等待雙方距離拉近，隨後下令胡德號和威爾斯親王號開砲射擊。

發現德艦

4 丹麥海峽海戰

1941年5月24日清晨5點56分－6點9分

德艦立刻還擊，一發15吋口徑的砲彈擊中擊中胡德號主桅附近的地方。接著它又被另一發砲彈擊中，然後它的後彈藥庫就爆炸了。胡德號立即沉沒，幾乎全員陣亡，只有三人死裡逃生。沉寂了一會兒後，雙方繼續交火，威爾斯親王號被擊中，但它也擊中了俾斯麥號，造成它燃料外洩。6點3分，受創的威爾斯親王號脫離接觸，到了6點9分砲火才平息。

胡德號沉沒　丹麥海峽海戰

5 公海上的海軍獵殺 1941年5月24-25日

歐根親王號離開，繼續它的掠襲任務，而需要修理的俾斯麥號則朝西南方前進。沙福克號、諾福克號和威爾斯親王號在後面緊追不捨，而其他英艦也在這個時候加入追擊的行列。在接近午夜的時候，搭載魚雷的劍魚式魚雷機從勝利號航空母艦上起飛，攻擊俾斯麥號，但造成的損害不大。在一陣漫長的無線電靜默中，呂顏斯似乎逃離了英軍，不過次日早晨的一則訊息暴露了俾斯麥號的方位，英艦再度展開追擊。

魚雷　費里劍魚式雙翼魚雷機

6 雙方接近，準備決戰 5月26日

5月26日上午10點30分左右，俾斯麥號被皇家空軍一架卡塔利納式飛艇標定精確位置，但喬治五世國王號和羅德尼號（Rodney）卻遠在這艘受創的巨艦後方大約210公里之外。當晚，駐防在直布羅陀的H部隊從南邊趕上，15架劍魚式搭載魚雷從皇家方舟號（Ark Royal）起飛，攻擊俾斯麥號，毀了它的船舵。就在俾斯麥號無助掙扎時，大批追擊者步步進逼。

魚雷　費里劍魚式雙翼魚雷機

7 俾斯麥號的末日 5月27日

5月27日上午9點左右，喬治五世國王號和羅德尼號的主砲壓制了俾斯麥號的八門15吋口徑主砲，巡洋艦諾福克號和多塞特郡號（Dorsetshire）則發動攻擊。俾斯麥號雖然被數百枚砲彈擊中，嚴重受創，卻依然浮在海面上。到了10點39分左右，一發從多塞特郡號發射的魚雷加上俾斯麥號船員在鍋爐室安裝的炸藥爆炸，俾斯麥號的最後一刻終於到來。它本有大約2200名船員，但只有115人倖免於難。

魚雷　俾斯麥號沉沒

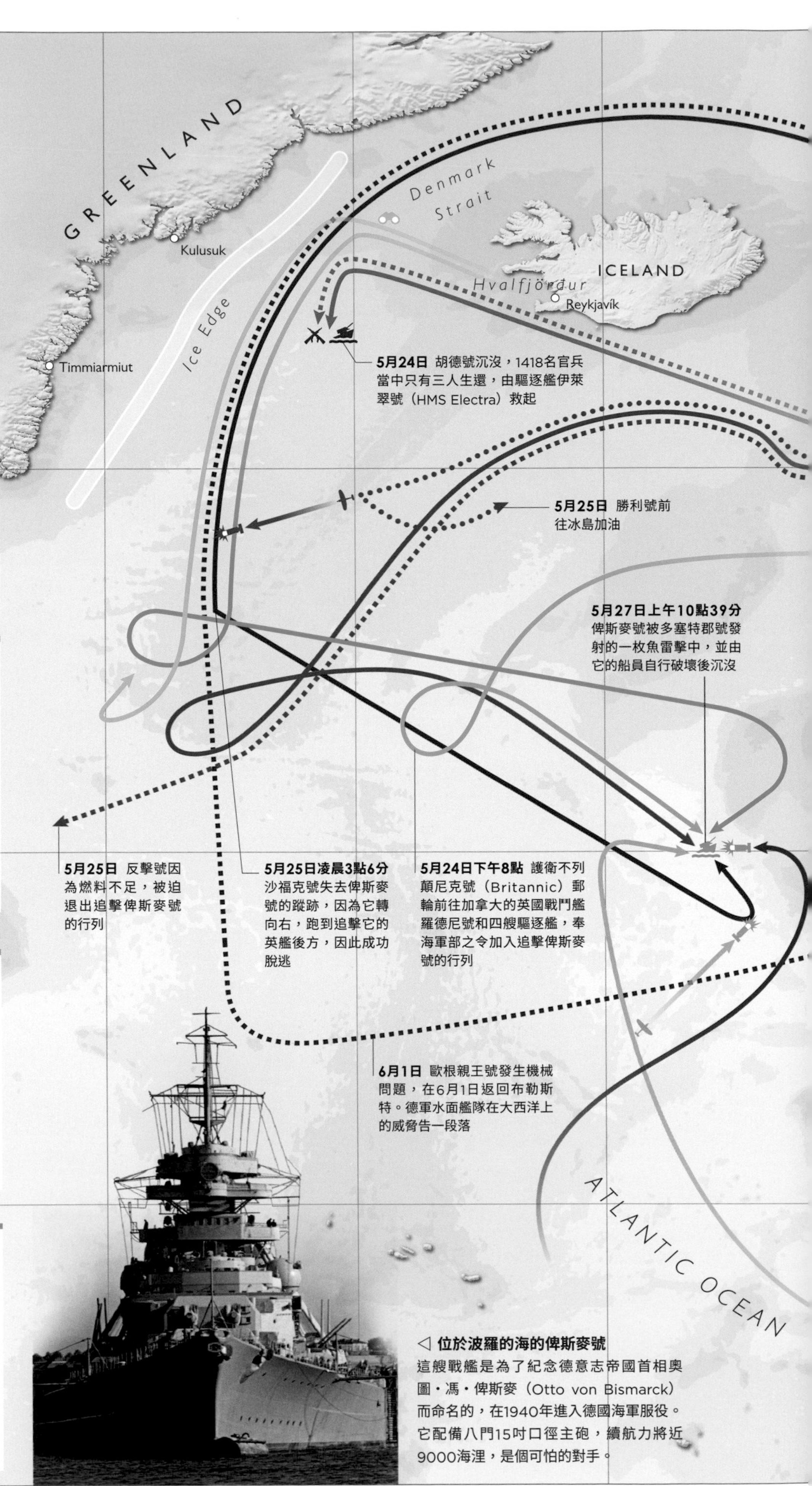

GREENLAND
Kulusuk
Timmiarmiut
Ice Edge
Denmark Strait
ICELAND
Hvalfjörður
Reykjavík
5月24日 胡德號沉沒，1418名官兵當中只有三人生還，由驅逐艦伊萊翠號（HMS Electra）救起
5月25日 勝利號前往冰島加油
5月27日上午10點39分 俾斯麥號被多塞特郡號發射的一枚魚雷擊中，並由它的船員自行破壞後沉沒
5月25日 反擊號因為燃料不足，被迫退出追擊俾斯麥號的行列
5月25日凌晨3點6分 沙福克號失去俾斯麥號的蹤跡，因為它轉向右，跑到追擊它的英艦後方，因此成功脫逃
5月24日下午8點 護衛不列顛尼克號（Britannic）郵輪前往加拿大的英國戰鬥艦羅德尼號和四艘驅逐艦，奉海軍部之令加入追擊俾斯麥號的行列
6月1日 歐根親王號發生機械問題，在6月1日返回布勒斯特。德軍水面艦隊在大西洋上的威脅告一段落
ATLANTIC OCEAN

◁ **位於波羅的海的俾斯麥號**
這艘戰艦是為了紀念德意志帝國首相奧圖・馮・俾斯麥（Otto von Bismarck）而命名的，在1940年進入德國海軍服役。它配備八門15吋口徑主砲，續航力將近9000海浬，是個可怕的對手。

2 皇家海軍本土艦隊出海 1941年5月22日

英軍戰艦胡德號和威爾斯親王號以及六艘驅逐艦從皇家海軍在奧克尼群島（Orkney Islands）斯卡帕夫羅的基地啟航，目的地是冰島的鯨魚峽灣（Hvalfjörður）。巡洋艦諾福克號（Norfolk）和沙福克號（Suffolk）已經在當地巡邏，以防德軍艦艇試圖通過丹麥海峽進入大西洋。英國本土艦隊司令、海軍上將托維（Tovey）坐鎮第二支戰隊隨艦出海，以便支援，下轄他的旗艦喬治五世國王號（King George V）、航空母艦勝利號（Victorious）、戰鬥巡洋艦反擊號（Repulse）、四艘輕巡洋艦和十艘驅逐艦。

英國海軍基地

ARCTIC OCEAN

Shetland Islands

Lerwick

Orkney Islands

Scapa Flow

Bergen 21 May

NORWAY

SWEDEN

Moss

North Sea

Kattegat

DENMARK

Malmö

Glasgow

Belfast

Dublin

Kiel

Gdynia

UNITED KINGDOM

NETHERLANDS

GREATER GERMANY

Berlin

London

Brest

FRANCE

VICHY FRANCE

PORTUGAL

Gibraltar

1 德艦離港 1941年5月18-22日

5月18日晚間，俾斯麥號和歐根親王號在三艘驅逐艦的伴隨下離開波羅的海的港口格丁尼亞（位於被占領的波蘭境內），朝卡特加特（Kattegat）前進。5月21日清晨，這支艦隊就已經停泊在卑爾根附近。第二天一早，俾斯麥號和歐根親王號前往北冰洋，而驅逐艦則航向北邊的特隆赫姆。雖然俾斯麥號也沒有滿載燃料，但只有歐根親王號加了油。

德國海軍基地

大西洋上的追擊

當德軍這兩艘戰力強大的水面作戰艦艇被發現時，英國本土艦隊就傾盡全力攻擊，當中包括幾艘皇家海軍最大的戰鬥艦胡德號、反擊號、喬治五世國王號和威爾斯親王號。

圖例

- Bismarck 俾斯麥號
- HMS Victorious 勝利號
- HMS Norfolk 諾福克號
- 歐根親王號
- 喬治五世國王號
- 沙福克號
- 胡德號
- 反擊號
- 多塞特郡號
- 威爾斯親王號
- 羅德尼號
- H部隊

時間軸

1 2 3 4 5 6 7

1941年5月15日 5月20日 5月25日 5月30日

擊沉俾斯麥號

1941年5月18日，德國海軍發動萊茵演習（Operation Rheinübung），這是德國孤立英國的計畫當中的一環，目標鎖定大西洋上的商船。參與本次作戰的船艦有重巡洋艦歐根親王號（Prinz Eugen），以及德國海軍艦隊最大的戰鬥艦艇俾斯麥號（Bismarck）。

1941 年 1 月到 3 月，德國海軍已經在大西洋部署兩艘戰艦——沙恩霍斯特號與格耐森瑙號，由海軍上將君特・呂顏斯（Günther Lütjens）指揮。在補給艦和油輪的支援下，它們共擊沉或俘虜了 22 艘同盟國的商船。由於這兩艘軍艦必須返回港口維修，因此有兩艘新的軍艦——歐根親王號與令人畏懼的戰鬥艦俾斯麥號——就被派往大西洋，同樣由呂顏斯指揮，繼續執行通商破壞的任務。

5 月 20 日，斯堪地那維亞的盟軍情報來源指出，德軍船艦離開波羅的海的格丁尼亞港（Gdynia）。四天後，它們在冰島和格陵蘭之間的丹麥海峽（Denmark Strait）被英軍戰鬥巡洋艦胡德號（HMS Hood）與戰鬥艦威爾斯親王號（HMS Prince of Wales）攔截，而接下來的戰鬥就是一場為期三天史詩級公海追擊戰。數十艘盟軍船艦在此集結，追擊俾斯麥號。最後，俾斯麥號被擊沉，大約 2100 人陣亡，呂顏斯也在其中。德軍為了實施在大西洋進行通商破壞戰的計畫，總共派出九艘補給艦或油輪，但俾斯麥號被擊沉後，英國皇家海軍在 6 月 3 日到 6 月 15 日之間就擊沉或俘虜了九艘當中的七艘。德國想在未來進行類似作戰的意圖，就此遭到嚴重打擊。

第二次世界大戰期間的航空母艦

1930年代，空權的發達削弱了戰艦在海戰中做為主力武器的地位。戰爭爆發時，航空母艦是舉足輕重的海上攻擊武器，因為航空母艦的艦載機可以在遠遠超越艦砲射程的地方對敵艦發動攻擊，攻擊的精確度也更高。不過航空母艦萬一進入敵艦的攻擊範圍內，它們本身也會很容易受到破壞。上圖中，一個中隊的費里劍魚式（Fairey Swordfish）魚雷機搭載魚雷，準備從英國航空母艦皇家方舟上號起飛——它們也曾參與追擊俾斯麥號的任務。

美國結束中立

第二次世界大戰剛爆發時，美國採取中立態度。但美國總統羅斯福後來改變了立場，加強生產軍備，並大力支援英國。到了1941年12月，美國終於全面投入戰爭。

WAR'S
FIRST CASUALTY
AMERICA FIRST COMMITTEE

△ 反戰遊說

美國第一委員會（America First Committee）成立於1940年，遊說反對美國介入歐洲事務，吸引了80萬名支持者。

並不是所有的美國人都樂於讓美國加入第一次世界大戰。因此戰爭結束後，美國縮減海軍與陸軍規模，人數降到 13 萬 5000 人以下。1937 年，美國通過中立法案（Neutrality Act），禁止銷售軍火給參戰的國家。不過隨著德國和日本的進攻態勢愈來愈鮮明，美國總統羅斯福開始尋求各種辦法，反制國內反對涉入國外衝突的強大政治聲浪。

美國加速武裝

戰爭在 1939 年 9 月爆發後，羅斯福建議國會撤銷軍火禁運，但買方只能以現金付款的方式來取得軍火。他也下令大量生產軍備，訂購了 270 艘軍艦，到了 1941 年 12 月，陸軍人數就已超過 160 萬人。羅斯福透過租借法案加強對英國的援助（參見第 70-71 頁），允許同盟國以賒帳或分期付款的方式取得原物料與軍事援助。而日本在 1941 年 12 月襲擊美國在夏威夷珍珠港（Pearl Harbor）的海軍基地後，中立的情緒煙消雲散，美國正式參戰。

△ 大西洋憲章會議

英國首相邱吉爾於1941年8月前往加拿大紐芬蘭（Newfoundland），和美國總統羅斯福會面。這兩位領導人擬定了一份聯合聲明，稱為大西洋憲章（Atlantic Charter）為這場戰爭及戰後世局設定他們的目標。

預備上戰場的海軍陸戰隊
新兵在美國南卡羅來納州（South Carolina）的帕里斯島新兵招募站（Parris Island Recruit Depot）進行基本訓練。由於羅斯福努力擴軍，美國海軍陸戰隊在1939到1941年間擴充了將近四倍。

租借法案

美國國會在1941年3月通過租借法案，讓美國可以在維持中立的狀況下提供英國軍事援助。這項政策確保盟軍部隊可取得源源不絕的糧食、燃料和各種物資，軸心國難以望其項背。

1937 年的中立法案通過後，美國公司無法出口軍用品到發生戰爭的國家，但美國總統羅斯福透過除了戰爭以外的一切手段協助對抗法西斯主義的戰鬥。這種態度也成為許多政策的基礎，例如 1940 年的驅逐艦換基地協議（Destroyers for Bases Agreement）。在這項協議裡，美國把驅逐艦移交給英國，以交換美軍基地所需的土地。租借法案是另一項類似的政策，根據這項政策，美國可以把軍用物資借給同盟國。羅斯福用一個簡單的比喻來為這項政策辯護，也就是說：如果鄰居家失火了，借給他一條水管是相當合情合理的事。對同盟國來說，租借法案提供了充沛的物資供應，從彈藥、油料、飛機、戰車和船艦到牙粉與鹽罐，應有盡有。這項政策協助拯救了英國，因為 1941 年時英國極度缺乏食物與燃料。剛開始，接受租借法案援助的國家只有英國及大英國協國家，但不到一年，蘇聯和中國也透過這項法案獲得了援助。自 1942 年起，隨著戰爭因為珍珠港事件（參見第 110-11）而擴大到太平洋，租借法案的重要性也水漲船高。到了戰爭結束時，全世界 40 個國家接受的美國援助，總價值超過 490 億美金。

> 「我們捍衛並建立一種生活方式，不光是為了美國，而是為了全人類。」
>
> 美國總統羅斯福，1940年5月

二次大戰中的美國孤立主義

1939年，美國決定維持中立。這個國家在第一次世界大戰期間蒙受慘重傷亡，協約國欠下的債務引發憤怒，因此幾乎沒有人想被捲入其他任何「外國事務」。不過美國總統羅斯福深知這場戰爭會威脅到美國的安全，他因此著手削弱1930年代的中立法案。他想透過租借法案讓美國武裝起來，為民主而戰，但又可避免直接衝突。

美國總統羅斯福簽署租借法案

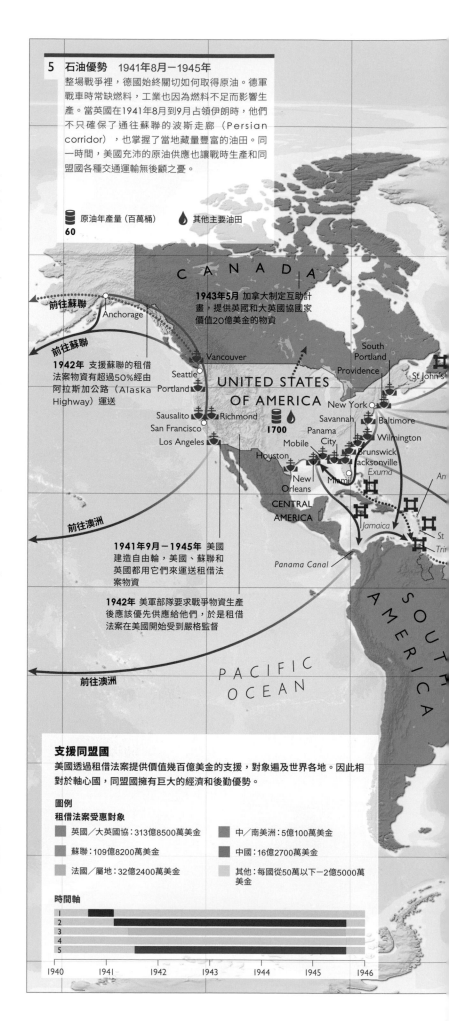

5 石油優勢 1941年8月－1945年

整場戰爭裡，德國始終關切如何取得原油。德軍戰車時常缺燃料，工業也因為燃料不足而影響生產。當英國在1941年8月到9月占領伊朗時，他們不只確保了通往蘇聯的波斯走廊（Persian corridor），也掌握了當地藏量豐富的油田。同一時間，美國充沛的原油供應也讓戰時生產和同盟國各種交通運輸無後顧之憂。

原油年產量（百萬桶） 60
其他主要油田

CANADA
UNITED STATES OF AMERICA
CENTRAL AMERICA
SOUTH AMERICA
PACIFIC OCEAN

前往蘇聯
前往蘇聯
前往澳洲
前往澳洲

Anchorage
Vancouver
Seattle
Portland
Sausalito
Richmond
San Francisco
Los Angeles
1700
South Portland
Providence
St John's
New York
Baltimore
Savannah
Wilmington
Panama City
Mobile
Brunswick
Jacksonville
Houston
New Orleans
Miami
Exuma
Jamaica
Panama Canal

1943年5月 加拿大制定互助計畫，提供英國和大英國協國家價值20億美金的物資

1942年 支援蘇聯的租借法案物資有超過50%經由阿拉斯加公路（Alaska Highway）運送

1941年9月－1945年 美國建造自由輪，美國、蘇聯和英國都用它們來運送租借法案物資

1942年 美軍部隊要求戰爭物資生產後應該優先供應給他們，於是租借法案在美國開始受到嚴格監督

支援同盟國

美國透過租借法案提供價值幾百億美金的支援，對象遍及世界各地。因此相對於軸心國，同盟國擁有巨大的經濟和後勤優勢。

圖例

租借法案受惠對象

- 英國／大英國協：313億8500萬美金
- 蘇聯：109億8200萬美金
- 法國／屬地：32億2400萬美金
- 中／南美洲：5億100萬美金
- 中國：16億2700萬美金
- 其他：每國從50萬以下－2億5000萬美金

時間軸

1 2 3 4 5

1940 1941 1942 1943 1944 1945 1946

ARCTIC OCEAN
1941年3-12月 租借法案的第一批物資寄出，英國接收大批食物和燃料。
1941年6月－1945年9月 支援蘇聯的租借法案物資有大約23%是透過最短但最危險的路線運送
Spitsbergen (Nor)
Murmansk
Archangel
Siberia
USSR
ICELAND
NORWAY
UNITED KINGDOM
Leningrad
Moscow
Liverpool
London
POLAND
41年11月24日
借法案對象擴大
裁高樂的自由法
政府
Paris
FRANCE
EUROPE
ROMANIA
60
Stalingrad
Novosibirsk
Petropavlovsk
Nikolayevsk
來自美國
來自美國
Vladivostok
1941年4月 租借法案對象擴大到中國
Baku
Tashkent
CHINA
Beijing
GREECE
TURKEY
Tabriz
Rasht
Bandar Shah
Algiers
Cairo
EGYPT
IRAQ
320
IRAN
Bushehr
SAUDI ARABIA
INDIA
Dinjan
Kunming
Chongqing
Calcutta
Bombay
AFRICA
Khartoum
Dakar
ETHIOPIA
LIBERIA
Lagos
Takoradi
1941年8月－1945年9月 補給物資在伊朗及伊拉克境內的波斯灣港口卸貨，再由鐵路運往蘇聯
DUTCH EAST INDIES
Georgetown
ife
Ascension Island
PACIFIC OCEAN
ATLANTIC OCEAN
INDIAN OCEAN
AUSTRALIA
來自美國
來自美國
Perth
Melbourne
Auckland
WORK NOW — TO RULE THE BLUE IN '42

▷ 全力生產
這張海報呼籲美國工業界加速生產，才能在世界各地捍衛自由。大量生產的飛機、車輛和船艦——例如不到一個星期就可以組裝完畢的自由輪——正是同盟國後勤補給和戰爭成功的關鍵。

4 反向租借 1941年－1945年
為了償還租借法案的部分援助，同盟國也為美國提供互惠的援助，總計達80億美金，當中90%來自英國和大英國協國家。英國主要提供英製飛機和巡邏艇，澳洲負責提供太平洋地區美軍部隊的給養，印度則為緬甸的美軍部隊提供航空燃料。蘇聯提供原物料，像是鉻和錳礦，此外也用黃金付款。

1 踏上租借之路
1940年9月－1941年3月11日
1940年9月，美國總統羅斯福主動表達支援作戰的態度，同意驅逐艦換基地協議。在這個協議裡，美國移交給英國50艘驅逐艦，以租借位於西大西洋英國屬地上的六座基地，租期為99年。當英國在海上的損失愈來愈嚴重、國庫幾乎見底時，羅斯福在1941年3月11日簽署了租借法案，允許英國向美國政府訂購軍用物資，且可等到戰爭結束後再付款。

英國租借給美國的基地

2 源源不絕的物資 1941年3月－1945年9月
租借法案在1941年3月生效後，美國仍是一片和平時期的氣氛，工業生產持平。美國從9月開始生產一些成本低廉、構造簡單的「自由輪」（Liberty Ship）輪船，但等到美國在1941年12月的珍珠港事件之後正式參戰時，就大幅提高了租借法案的生產量。不久，美國的援助物資就透過海運、鐵路和空運的巨大網路送往了世界各地。

主要海上補給線
主要空運航線
自由輪造船廠
鐵路

3 持續援助蘇聯 1941年6月－1945年9月
德國在1941年6月入侵蘇聯之後，英國立即開始援助蘇聯戰車和飛機。儘管受到反共派系的反對，羅斯福還是在9月把蘇聯納入租借法案的援助對象。蘇聯總計接受了將近110億美金的援助，包括50萬輛卡車、2000輛機車頭和1400萬雙鞋。

前往蘇聯的運輸船團夏季航線
前往蘇聯的運輸船團冬季航線
阿拉斯加公路
前往蘇聯的阿拉斯加空運航線
波斯走廊

地中海與中東

△ **羅盤行動**
1940年12月，英軍在西部沙漠大舉進攻，打擊義軍。英軍部隊俘虜了義軍大約13萬3000人。

義大利加入第二次世界大戰，把這場衝突向南擴大到地中海區域。義大利部隊蒙受幾次挫敗後，德國出手相救，於是軸心軍在北非沙漠和英軍爆發大規模的裝甲戰爭。

當戰爭在 1939 年 9 月爆發時，義大利雖然和納粹德國結盟——還相當浮誇地取名為「鋼鐵條約」，但還是維持中立。法西斯獨裁者墨索里尼深知自己國家的軍事弱點，因此一直等到法國明顯戰敗，才在 1940 年 6 月對同盟國宣戰。隨著法國退出戰爭舞台，英國把重點放在對抗德國，是一場攸關存亡的戰鬥。對義大利來說，此時似乎是個理想的機會，可以實現他們在地中海一帶建立帝國的野心。

1940 年秋季，義大利從北非殖民地利比亞發動攻勢進入埃及，同時也從阿爾巴尼亞（自 1939 年春季開始占領）進軍希臘。儘管英國當時已經自身難保，但邱吉爾還是決定把寶貴的資源用來捍衛埃及。埃及從表面上看來是一個獨立的中立國，但實際上是英國的勢力範圍，而蘇伊士運河（Suez Canal）是連絡大英帝國亞洲版圖的關鍵，維持來自中東的原油供應也是優先要務。

義軍裝備差、領導無方，在各條戰線上都遭受挫敗。義大利迅速喪失東非的殖民地，利比亞絕大部分地區都落入英軍手中，此外也被希臘擊敗。雖然希特勒認為介入北非和地中海只是從更重要的事務上分散注意力，但他還是派遣部隊進入這個區域，以挽救義大利免於危難。

德國向南方進軍

1941 年春季，德軍征服南斯拉夫後，繼續在最後幾波閃電戰攻勢裡向南挺進希臘和克里特島（Crete），而英國也派遣部隊干預。在北非，由德國將領艾爾文 · 隆美爾（Erwin Rommel）領導的非洲軍（Afrika Korps）裝甲部隊陸續抵達，對埃及造成威脅，因此英軍和軸心軍在西部沙漠（Western Desert）爆發激戰。

在此期間，地中海的海戰重點在於英軍努力封鎖隆美爾的補給線，並維持亞歷山卓（Alexandria）和直布羅陀的基地間途經馬爾他（Malta）的運輸船團航線暢通。雖然皇家海軍的船艦裝備相對較佳，但從陸地起飛的德國空軍飛機仍造成英軍重大損失。

◁ **傘兵徽章**
德軍傘兵部隊以獨特的徽章為標誌，在戰爭初期的閃電戰攻勢裡扮演要角

命運的更迭

地中海地區的戰爭分成兩個鮮明的階段。從1940年6月到1941年春，義大利在所有戰線上都潰敗。德國的陸空軍部隊隨後抵達，扭轉了軸心國的劣勢，但不具決定性。義大利海軍在義大利的塔蘭托（Taranto）和希臘的馬塔潘角（Cape Matapan）被英軍痛擊，再也無法爭奪地中海制海權。在北非，英軍經常被隆美爾擊敗，卻一再發動反擊。

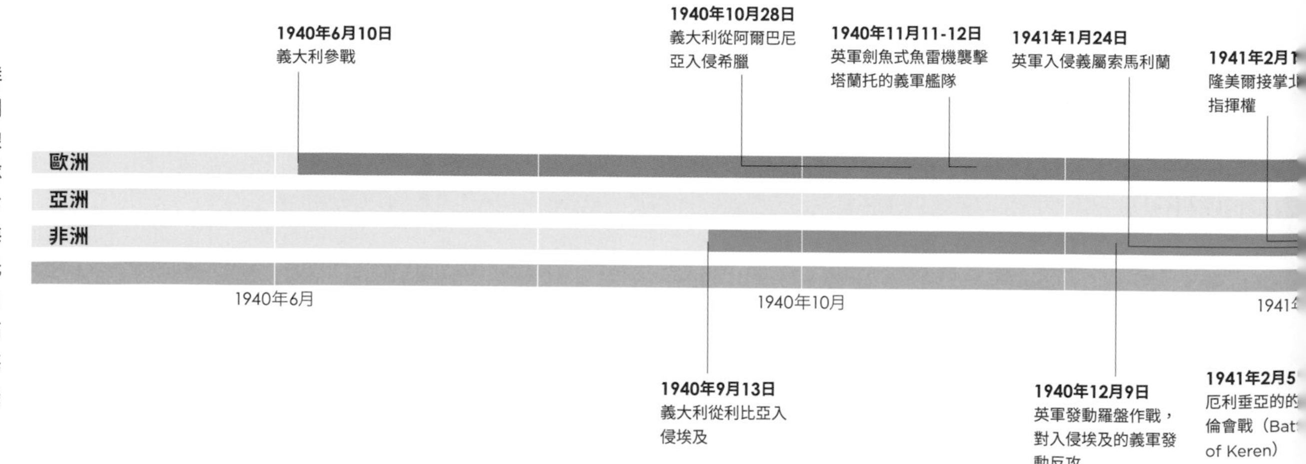
1940年6月10日
義大利參戰
1940年10月28日
義大利從阿爾巴尼亞入侵希臘
1940年11月11-12日
英軍劍魚式魚雷機襲擊塔蘭托的義軍艦隊
1941年1月24日
英軍入侵義屬索馬利蘭
1941年2月
隆美爾接掌
指揮權
歐洲
亞洲
非洲
1940年6月
1940年10月
1940年9月13日
義大利從利比亞入侵埃及
1940年12月9日
英軍發動羅盤作戰，對入侵埃及的義軍發動反攻
1941年2月5
厄利垂亞的
倫會戰（Bat
of Keren）

◁ **征服希臘**
打了三個禮拜之後，德軍於1941年4月占領希臘首都雅典，並在衛城升起納粹旗幟。

由於佛朗哥西班牙和維琪法國都抱持敵視態度，英國的情勢更加岌岌可危。這兩個國家儘管名義上是中立國，卻嚴重傾向與納粹德國合作。效忠維琪法國的殖民地控制了北非的西半邊，但英國成功地替自由法軍（戴高樂將軍的部隊，他們在法國陷落之後依然堅持待在同盟國陣營，對抗軸心國）取得了敘利亞。整體來說，英國成功保住了他們在中東的地位，取得了巴勒斯坦大部分猶太移民的支持，並在伊拉克和伊朗統治者的態度傾向軸心國時，把他們拉到了英國陣營。

同盟國不敗

整體來說，希特勒從未在西部沙漠戰役或地中海戰區投入足夠的資源，因此無法獲得決定性的結果。馬爾他距離義大利只有 80 公里，儘管德軍和義軍飛機密集轟炸，但卻從未入侵。這種無法取得明顯戰果的情況是軸心國政策缺乏堅定明確焦點的典型特色。另一方面，對英國而言，北非變得具有戰略重要性，因為這是唯一一個可以和敵人在陸地上交戰的地方。在 1942-43 年，地中海和北非的行動就盟軍戰略的核心。

▷ **克里特之戰**
1941年5月，德軍傘兵部隊對克里特島進行大規模空降突擊。儘管當地盟軍和地方武力強烈抵抗，德軍還是在經歷13天的戰鬥後占領了這座希臘島嶼。

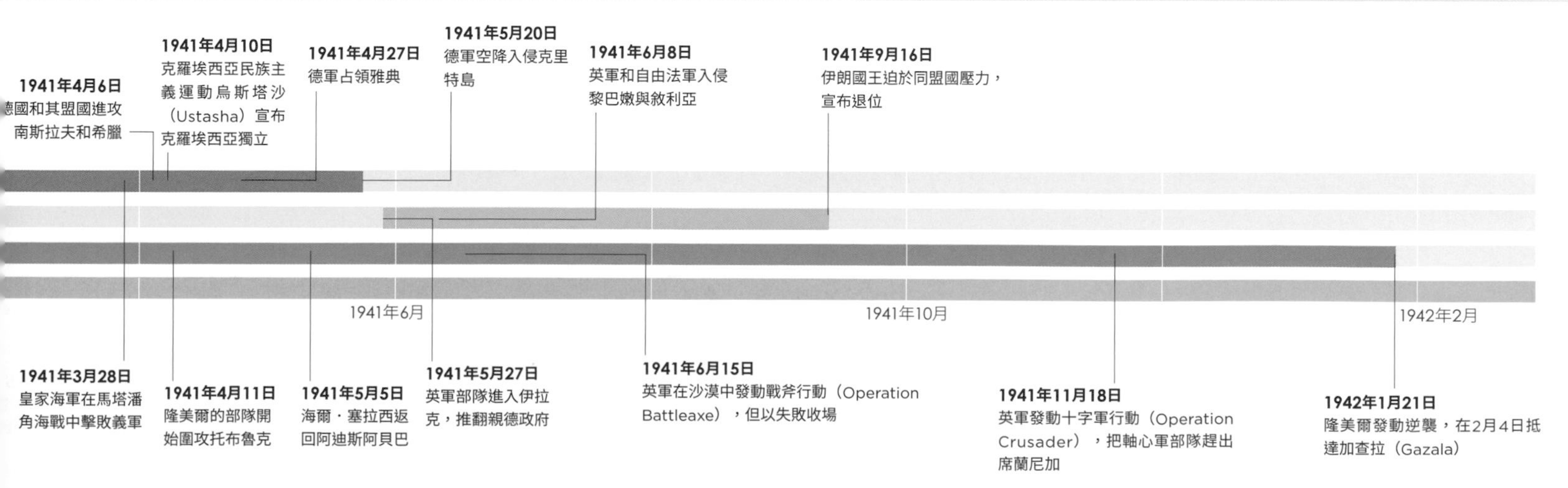
1941年4月6日
德國和其盟國進攻南斯拉夫和希臘
1941年4月10日
克羅埃西亞民族主義運動烏斯塔沙（Ustasha）宣布克羅埃西亞獨立
1941年4月27日
德軍占領雅典
1941年5月20日
德軍空降入侵克里特島
1941年6月8日
英軍和自由法軍入侵黎巴嫩與敘利亞
1941年9月16日
伊朗國王迫於同盟國壓力，宣布退位
1941年6月
1941年10月
1942年2月
1941年3月28日
皇家海軍在馬塔潘角海戰中擊敗義軍
1941年4月11日
隆美爾的部隊開始圍攻托布魯克
1941年5月5日
海爾・塞拉西返回阿迪斯阿貝巴
1941年5月27日
英軍部隊進入伊拉克，推翻親德政府
1941年6月15日
英軍在沙漠中發動戰斧行動（Operation Battleaxe），但以失敗收場
1941年11月18日
英軍發動十字軍行動（Operation Crusader），把軸心軍部隊趕出席蘭尼加
1942年1月21日
隆美爾發動逆襲，在2月4日抵達加查拉（Gazala）

1941年1月5日 地中海艦隊（Mediterranean Fleet）進行岸轟後，澳軍部隊占領巴第亞（Bardia）

1940年9月16日 義軍占領西迪巴爾拉尼

1941年1月27日 英軍第7裝甲師占領麥奇里

1940年6月14日 英軍從義軍手中奪下卡普佐堡，並開始巡邏埃及與利比亞邊界屬於義大利這一側的區域

1941年1月6-7日 貝達佛姆會戰中，人數不到3000的英軍俘虜了2萬名義軍，是英軍在陸上首度獲得的重大勝利

1940年12月10日 義軍放棄要塞化的營地

西部沙漠兵團／第13軍（1941年1月起）

1 北非戰役開打 1940年6月10日－1940年9月21日

義大利宣戰，盟軍迅速反應。6月14日，英軍部隊從埃及進入義大利的利比亞領土，攻占卡普佐堡（Fort Capuzzo）和馬達雷納堡（Maddalena），並派出巡邏隊深入到托布魯克（Tobruk）一帶。9月13日，義軍部隊終於進入埃及，不過只從邊界推進了大約80公里左右，他們就停下來，在西迪巴爾拉尼（Sidi Barrani）修建要塞化營地構成的防線。由於寡不敵眾，盟軍的西部沙漠兵團（Western Desert Force, WDF）因此後撤，駐紮位於梅爾莎馬特魯（Mersa Matruh）的防禦陣地。

義軍防線　9月13-16日義軍占領城鎮　義軍推進　義軍營地

2 羅盤行動：盟軍反攻 1940年12月9日－1941年2月7日

在海軍岸轟支援下，西部沙漠兵團於12月9日發動羅盤行動。他們三天之內就攻下西迪巴爾拉尼，旋即奪占托布魯克，取得重要的補給站。澳洲第6師沿著海岸追趕義軍，而第7裝甲師則朝麥奇里（Mechili）挺進，接著轉向西南方，以便切斷義軍的撤退路線。隨著貝達佛姆（Beda Fomm）被占領，義軍完全被趕出席蘭尼加北部。

1940年12月時英軍防線　西部沙漠兵團推進路線　英國海軍岸轟　義軍部隊撤退

北非的行動

從1940年6月到1941年2月，義軍非但無法深入英國管轄的埃及，還被逐出自1912年起就是義大利領土的利比亞席蘭尼加（Cyrenaica）北部。

義大利在非洲的戰役

義大利獨裁者墨索里尼把大戰爆發視為一個機會，可以在非洲實現他建立帝國的野心。他對埃及、英埃蘇丹（Anglo-Egyptian Sudan）和英屬索馬利蘭的英軍發動兩場堪稱災難的戰役，結果適得其反，導致義大利勢力被逐出利比亞北部與衣索比亞。

義大利沒有跟軸心國盟友德國一起在 1939 年 9 月加入戰局，但當墨索里尼在 1940 年 6 月推測同盟國很快就會戰敗時，他們就參戰了。他最初的目標是占領英國的版圖，以擴張義大利在利比亞、衣索比亞、厄利垂亞和義屬索馬利蘭的殖民地。由於義大利的陸空軍在數量上占優勢，因此對英國在英埃蘇丹、肯亞和非洲之角（Horn of Africa）的地位造成威脅，對埃及的英軍基地和至關重要的蘇伊士運河補給線來說也一樣。

義軍在 1940 年 7 月初入侵蘇丹，但沒有深入英國領域，接著又在 8 月轉而進攻英屬索馬利蘭，然後 9 月又進攻埃及邊界。不過到了 10 月底，義軍又在希臘開啟一條新戰線（參見第 78-79 頁），似乎沒有要在非洲進行下一步的打算。

12 月，英軍針對入侵埃及的義軍展開羅盤行動（Operation Compass），接著掃蕩利比亞北部，到了 1941 年 2 月初就已把義大利勢力逐出這個地區。此時的英軍也已在衣索比亞皇帝海爾・塞拉西號召的當地酋長的支援下，在東非發動攻勢。到了 5 月，義軍只剩少數幾個口袋陣地依然在頑抗。

義大利的帝國

義大利的帝國野心大受打擊，因為官兵無法擊退英軍進入埃及，反而喪失利比亞境內的重要領土。此外義軍也被趕出東非義屬索馬利蘭和厄利垂亞等殖民地，以及自1936年起占領的衣索比亞帝國。

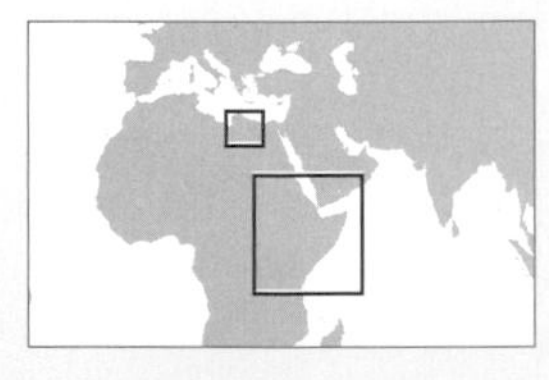

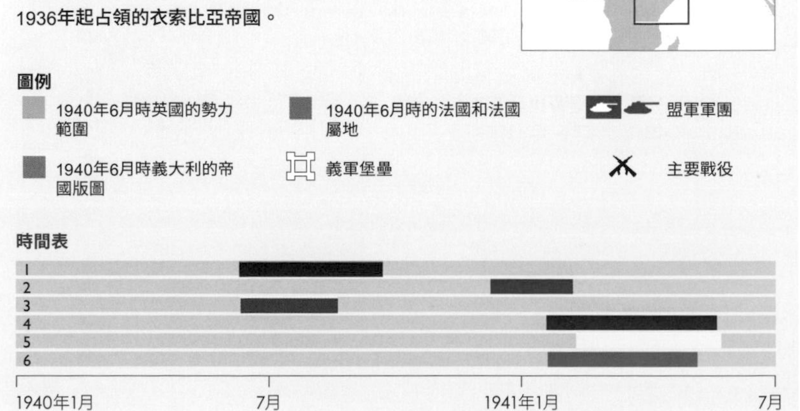
圖例
1940年6月時英國的勢力範圍
1940年6月時的法國和法國屬地
盟軍軍團
1940年6月時義大利的帝國版圖
義軍堡壘
主要戰役
時間表
1
2
3
4
5
6
1940年1月
7月
1941年1月
7月

Port Sudan
Red Sea
SAUDI ARABIA
YEMEN
ADEN PROTECTORATE
Gulf of Aden
ERITREA
Keren
Agordat
Massawa
Kassala
Barentu
Asmara
Tessenei
Khartoum
北部兵團
1941年1月19日 英軍部隊奪回卡沙拉
印度第4師
印度第5師
1941年4月2日 英國皇家海軍與皇家海軍航空隊擊沉或俘虜了義大利紅海戰隊的全部七艘驅逐艦
1940年8月19日 經過四天戰鬥後，英國駐軍從柏柏拉撤退
1941年3月16-20日 英軍登陸柏柏拉，奪回英屬索馬利蘭
1940年7月4日 義軍攻下卡沙拉和加拉巴特
White Nile
Blue Nile
Adowa
Amba Alagi
1941年5月19日 義軍在安巴阿拉吉戰敗，司令官投降
Gallabat
Metemma
Gondar
海爾·塞拉西與基甸部隊
Aden
FRENCH SOMALILAND
Djibouti
Zeila
Dessie
ANGLO-EGYPTIAN SUDAN
1941年11月27日 位於貢德爾（Gondar）的義軍終於投降
Debre Markos
Berbera
BRITISH SOMALILAND
Dire Dawa
Jijiga
Hargeisa
Addis Ababa
Awash
Harar
Dagabur
ETHIOPIA
Segag
Welwel
Soddu
Shashamanna
Danan
1941年5月22日 衣索比亞南部的義軍殘部投降
Neghelli
Mega
Dolo
Moyale
Lake Turkana
南非第1師
UGANDA
KENYA
ITALIAN SOMALILAND
Mogadishu
INDIAN OCEAN
Lake Victoria
南部兵團
Mt Kenya
南非第12師
Garissa
Nairobi
南非第11師
Bura
ADDIS ABEBA

東非的行動

經過長達五年的義大利占領時期，英軍把義軍逐出東非，把衣索比亞（包括現在的厄立垂亞）交還給流亡的海爾·塞拉西皇帝。

3 義軍入侵蘇丹和英屬索馬利蘭

1940年6月11日－1940年8月19日

義軍小心翼翼地展開他們的東非戰役，首先對英軍目標進行戰略轟炸。7月4日，義軍部隊跨越邊界，進入英國領域，攻占離英埃蘇丹邊界不遠的卡沙拉（Kassala）和加拉巴特（Gallabat），還有肯亞境內的摩亞雷（Moyale）。義軍在8月4日展開新一輪更持久的攻勢，入侵英屬索馬利蘭，最後迫使當地英國駐軍撤退。

1940年6月的義軍轟炸
英軍自索馬利蘭撤退路線
1940年6-8月的義軍進攻路線

4 攻占厄立垂亞

1941年1月19日－1941年5月19日

1月19日，盟軍北部兵團（Northern Force）跨越英埃蘇丹邊界，奪回卡沙拉。他們在厄利垂亞的山區前進，九天之後攻下駐軍城鎮阿科達特（Agordat），然後在3月奪取克倫（Keren）這個據點。首府阿斯瑪拉（Asmara）在4月1日投降，義軍司令阿梅迪奧親王（Prince Amadeo）遭盟軍部隊追擊，退往南邊位於安巴阿拉吉（Amba Alagi）的堡壘，最後在5月19日被擊敗。

1941年1月19日－5月19日北部兵團推進路線

5 南方的反攻 1941年2月10日－1941年5月22日

盟軍的南部兵團（Southern Force）主要是由肯亞的英國軍官指揮的非洲士兵。2月10日，兩個師的部隊進入義屬索馬利蘭，一個師進軍衣索比亞。盟軍在2月26日攻下摩加迪休（Mogadishu），並與另一支在柏柏拉（Berbera）登陸的盟軍部隊會合，接著奪回英屬索馬利蘭，然後在4月6日攻占阿迪斯阿貝巴（Addis Ababa）

1941年2月10日－5月22日南部兵團推進路線
義軍抵抗口袋陣地
1941年3月16日－3月20日柏柏拉部隊推進路線

6 海爾·塞拉西皇帝與基甸部隊

1941年1月20日－1941年5月5日

當英軍從北、東、南三面推進，穿越衣索比亞的時候，衣索比亞皇帝海爾·塞拉西和基甸部隊（Gideon Force，由英國和衣索比亞正規部隊與衣索比亞民兵組成）則從西邊朝阿迪斯阿貝巴挺進。這座城市落入盟軍手中一個月以後，他們在5月5日以凱旋之姿回到首都。

1941年1月20日－5月5日基甸部隊推進路線

▷ **解放阿迪斯阿貝巴**

1941年5月，英軍和大英國協士兵在進入衣索比亞首都阿迪斯阿貝巴之後合影留念。衣索比亞境內的義軍部隊最後在1941年11月27日投降。

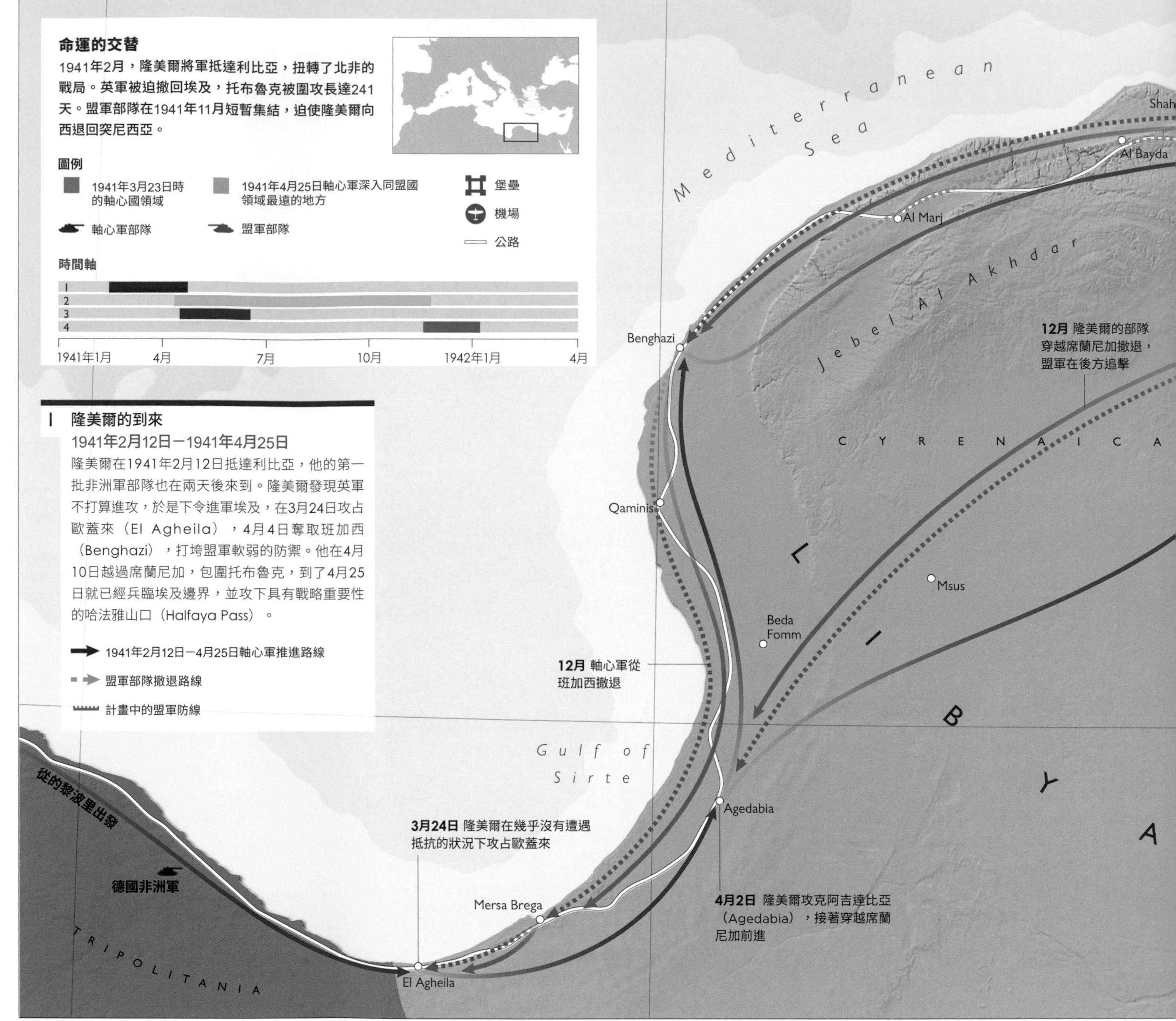

命運的交替
1941年2月，隆美爾將軍抵達利比亞，扭轉了北非的戰局。英軍被迫撤回埃及，托布魯克被圍攻長達241天。盟軍部隊在1941年11月短暫集結，迫使隆美爾向西退回突尼西亞。
圖例
1941年3月23日時的軸心國領域
1941年4月25日軸心軍深入同盟國領域最遠的地方
堡壘
機場
軸心軍部隊
盟軍部隊
公路
時間軸
1941年1月
4月
7月
10月
1942年1月
4月
1 隆美爾的到來
1941年2月12日–1941年4月25日
隆美爾在1941年2月12日抵達利比亞，他的第一批非洲軍部隊也在兩天後來到。隆美爾發現英軍不打算進攻，於是下令進軍埃及，在3月24日攻占歐蓋來（El Agheila），4月4日奪取班加西（Benghazi），打垮盟軍軟弱的防禦。他在4月10日越過席蘭尼加，包圍托布魯克，到了4月25日就已經兵臨埃及邊界，並攻下具有戰略重要性的哈法雅山口（Halfaya Pass）。
1941年2月12日–4月25日軸心軍推進路線
盟軍部隊撤退路線
計畫中的盟軍防線
Mediterranean Sea
Shah
Al Bayda
Al Marj
Jebel Al Akhdar
Benghazi
12月 隆美爾的部隊穿越席蘭尼加撤退，盟軍在後方追擊
CYRENAICA
Qaminis
LIBYA
Msus
Beda Fomm
12月 軸心軍從班加西撤退
Gulf of Sirte
Agedabia
3月24日 隆美爾在幾乎沒有遭遇抵抗的狀況下攻占歐蓋來
從的黎波里出發
德國非洲軍
Mersa Brega
4月2日 隆美爾攻克阿吉達比亞（Agedabia），接著穿越席蘭尼加前進
TRIPOLITANIA
El Agheila

隆美爾進軍沙漠

到了1941年2月，義軍在北非已經被盟軍打得節節敗退。他們入侵埃失敗，還被趕出利比亞北部的席蘭尼加。希特勒亟欲替義大利挽回敗局，因此派出手下愛將艾爾文．隆美爾和一支遠征裝甲部隊——非洲軍——去拯救這個局面。

抵達利比亞時，隆美爾收到的命令是堅守防線、防止義軍繼續後撤，但這位德國將軍（他已經在法國證明擁有戰車作戰的天賦）直覺認為應該發動攻擊。隆美爾明白，面前的英軍已經因為分兵前往希臘（參見第 80-81 頁）而被削弱了戰力，因此他在 3 月下旬發動試探性攻擊，結果發現他的戰車可以輕易擊敗英軍。

隆美爾很快就開始向東挺進，迫使盟軍從利比亞慌亂地撤回埃及。4月初，澳洲第9師發現自己孤立無援地被困在托布魯克港，被敵軍團團包圍，還深陷新戰線的大後方。隆美爾下令攻占托布魯克，但這裡的澳軍部隊透過海運取得補給，在接下來的六個月裡堅守周邊防衛陣地，對抗占優勢的德軍。英軍在 5 月和 6 月從埃及發動反攻，但無法突破托布魯克的包圍圈。到了 7 月，備感

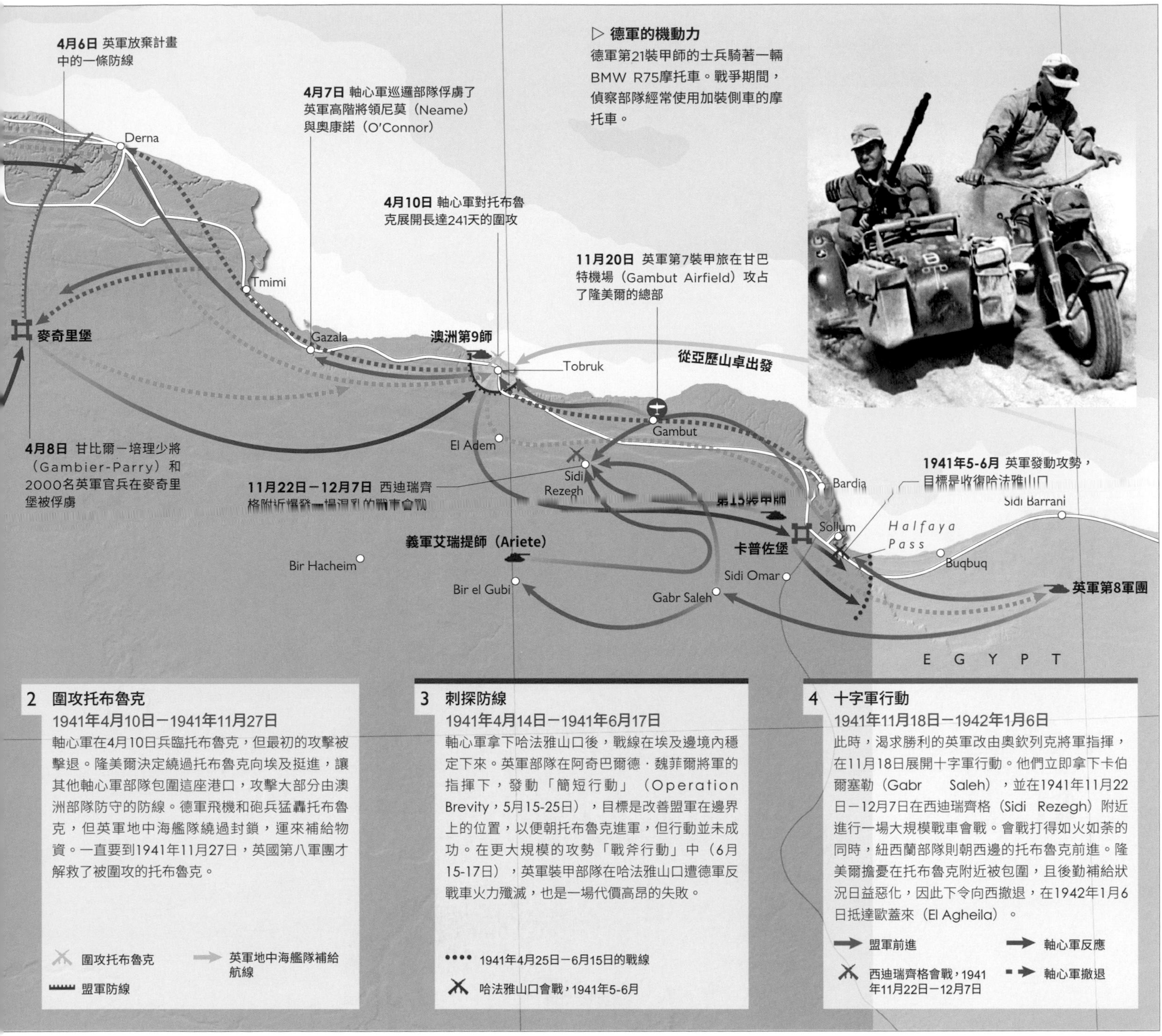

4月6日 英軍放棄計畫中的一條防線

4月7日 軸心軍巡邏部隊俘虜了英軍高階將領尼莫（Neame）與奧康諾（O'Connor）

4月10日 軸心軍對托布魯克展開長達241天的圍攻

11月20日 英軍第7裝甲旅在甘巴特機場（Gambut Airfield）攻占了隆美爾的總部

4月8日 甘比爾－培理少將（Gambier-Parry）和2000名英軍官兵在麥奇里堡被俘虜

11月22日－12月7日 西迪瑞齊格附近爆發一場混亂的戰車會戰

1941年5-6月 英軍發動攻勢，目標是收復哈法雅山口

Derna

Tmimi

麥奇里堡

Gazala

澳洲第9師

Tobruk

從亞歷山卓出發

Gambut

El Adem

Sidi Rezegh

第15裝甲師

Bardia

Sidi Barrani

Sollum

Halfaya Pass

Buqbuq

義軍艾瑞提師（Ariete）

卡普佐堡

Bir Hacheim

Sidi Omar

Bir el Gubi

Gabr Saleh

英軍第8軍團

EGYPT

2 圍攻托布魯克

1941年4月10日－1941年11月27日

軸心軍在4月10日兵臨托布魯克，但最初的攻擊被擊退。隆美爾決定繞過托布魯克向埃及挺進，讓其他軸心軍部隊包圍這座港口，攻擊大部分由澳洲部隊防守的防線。德軍飛機和砲兵猛轟托布魯克，但英軍地中海艦隊繞過封鎖，運來補給物資。一直要到1941年11月27日，英國第八軍團才解救了被圍攻的托布魯克。

圍攻托布魯克 | 英軍地中海艦隊補給航線 | 盟軍防線

3 刺探防線

1941年4月14日－1941年6月17日

軸心軍拿下哈法雅山口後，戰線在埃及邊境內穩定下來。英軍部隊在阿奇巴爾德．魏菲爾將軍的指揮下，發動「簡短行動」（Operation Brevity，5月15-25日），目標是改善盟軍在邊界上的位置，以便朝托布魯克進軍，但行動並未成功。在更大規模的攻勢「戰斧行動」中（6月15-17日），英軍裝甲部隊在哈法雅山口遭德軍反戰車火力殲滅，也是一場代價高昂的失敗。

1941年4月25日－6月15日的戰線 | 哈法雅山口會戰，1941年5-6月

4 十字軍行動

1941年11月18日－1942年1月6日

此時，渴求勝利的英軍改由奧欽列克將軍指揮，在11月18日展開十字軍行動。他們立即拿下卡伯爾塞勒（Gabr Saleh），並在1941年11月22日－12月7日在西迪瑞齊格（Sidi Rezegh）附近進行一場大規模戰車會戰。會戰打得如火如荼的同時，紐西蘭部隊則朝西邊的托布魯克前進。隆美爾擔憂在托布魯克附近被包圍，且後勤補給狀況日益惡化，因此下令向西撤退，在1942年1月6日抵達歐蓋來（El Agheila）。

盟軍前進 | 軸心軍反應 | 西迪瑞齊格會戰，1941年11月22日－12月7日 | 軸心軍撤退

▷ 德軍的機動力

德軍第21裝甲師的士兵騎著一輛BMW R75摩托車。戰爭期間，偵察部隊經常使用加裝側車的摩托車。

挫折的邱吉爾下令撤換原本的司令官阿奇巴爾德．魏菲爾將軍（Archibald Wavell），讓克勞德．奧欽列克（Claude Auchinleck）取而代之。新任司令官獲得大批援軍，尤其是戰車，而英軍在沙漠裡的部隊——包括來自澳洲、紐西蘭、波蘭、南非、印度和自由法國的部隊——也重新整編為第 8 軍團。

11 月 18 日，奧欽列克展開攻勢，實施十字軍行動。英軍裝甲部隊再度被隆美爾麾下經驗更老道的裝甲部隊擊潰，但隆美爾卻在關鍵時刻和敵人失去接觸，跑進空曠的沙漠裡，同時在更北邊的地方，第 8 軍團的步兵則朝托布魯克前進。托布魯克在 11 月 27 日解圍，隆美爾隨即下令全面撤退，最遠退到歐蓋拉，也就是 3 月他從英軍手中奪取的第一個陣地。

艾爾文．隆美爾元帥

陸軍元帥艾爾文．隆美爾（1891-1944年）是第二次世界大戰中最優秀的裝甲部隊指揮官之一，因為足智多謀而贏得了「沙漠之狐」（Wüstenfuchs／Desert Fox）的外號。他的英國對手十分敬重他的騎士精神，因此北非的戰爭被稱為「沒有憎恨的戰爭」。雖然隆美爾支持阿道夫．希特勒和納粹在1933年掌權，但他卻厭惡納粹。1944年，隆美爾被牽扯到7月20日暗殺希特勒的行動中（參見第196-97頁），但當局允許他自盡，而不是面對審判。

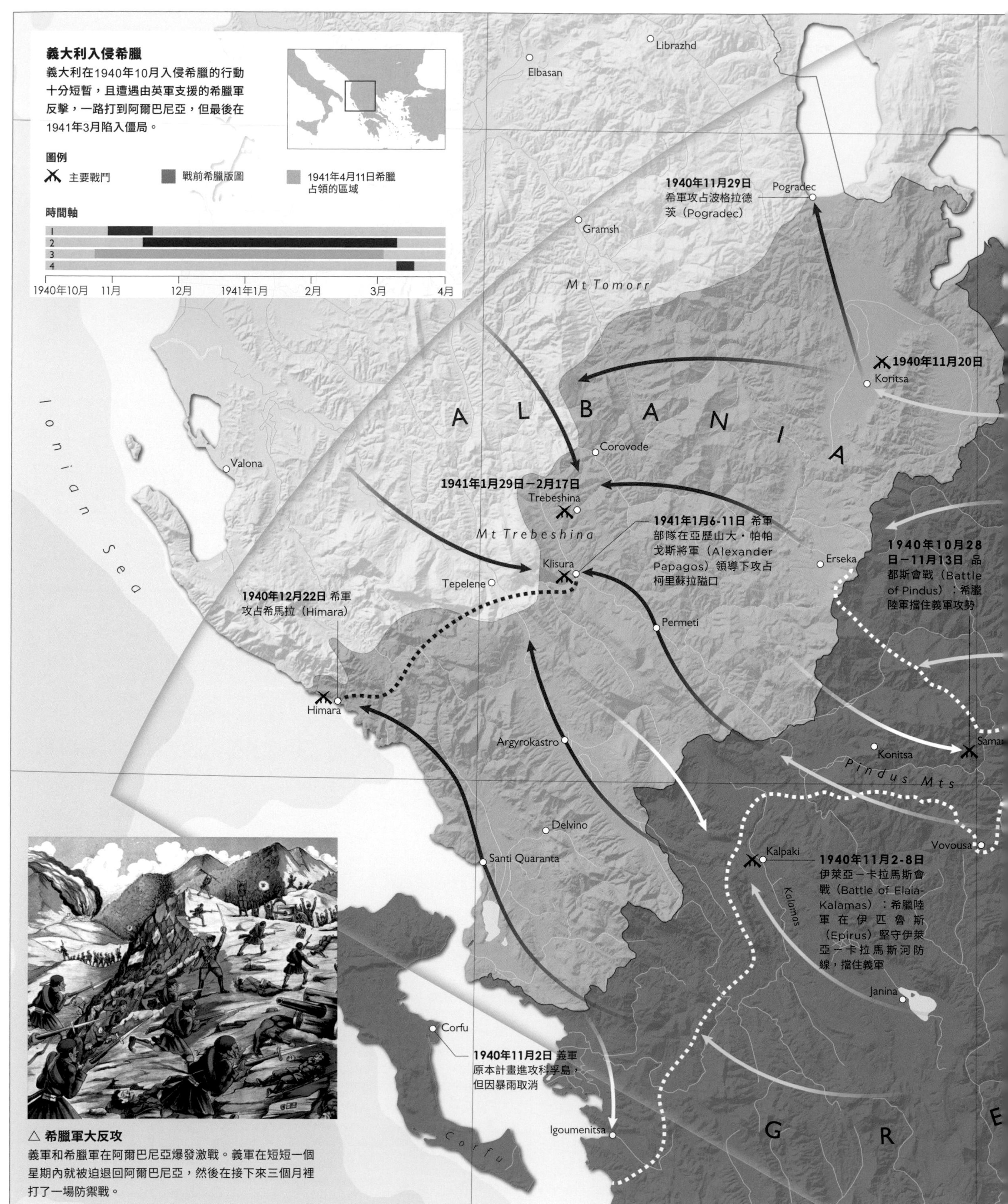
圖例
主要戰鬥
戰前希臘版圖
1941年4月11日希臘占領的區域
時間軸
1
2
3
4
1940年10月
11月
12月
1941年1月
2月
3月
4月
Librazhd
Elbasan
Gramsh
Mt Tomorr
1940年11月29日 希軍攻占波格拉德茨（Pogradec）
Pogradec
1940年11月20日
Koritsa
A L B A N I A
Ionian Sea
Valona
Corovode
1941年1月29日－2月17日
Trebeshina
Mt Trebeshina
1941年1月6-11日 希軍部隊在亞歷山大・帕帕戈斯將軍（Alexander Papagos）領導下攻占柯里蘇拉隘口
Klisura
Tepelene
Erseka
1940年10月28日－11月13日 品都斯會戰（Battle of Pindus）：希臘陸軍擋住義軍攻勢
1940年12月22日 希軍攻占希馬拉（Himara）
Permeti
Himara
Argyrokastro
Konitsa
Pindus Mts
Delvino
Vovousa
Santi Quaranta
Kalpaki
1940年11月2-8日 伊萊亞－卡拉馬斯會戰（Battle of Elaia-Kalamas）：希臘陸軍在伊匹魯斯（Epirus）堅守伊萊亞－卡拉馬斯河防線，擋住義軍
Kalamas
Janina
Corfu
1940年11月2日 義軍原本計畫進攻科孚島，但因暴雨取消
Igoumenitsa
Corfu
G R E

義大利入侵希臘

義大利在1940年10月入侵希臘的行動十分短暫，且遭遇由英軍支援的希臘軍反擊，一路打到阿爾巴尼亞，但最後在1941年3月陷入僵局。

△ **希臘軍大反攻**

義軍和希臘軍在阿爾巴尼亞爆發激戰。義軍在短短一個星期內就被迫退回阿爾巴尼亞，然後在接下來三個月裡打了一場防禦戰。

希義戰爭

義大利自1940年6月10日對同盟國宣戰後，就開始實現他們的帝國野心，入侵法國、英屬索馬利蘭和埃及。1940年10月，義大利又對希臘發動攻勢，但這次入侵卻是一場災難，除了考驗義大利和德國的關係之外，根本一無所獲。

在1940年10月，巴爾幹半島整體上是親德國的，而希臘的右翼獨裁者梅塔克薩斯將軍也確認了希臘的中立態度。這正合希特勒之意，因為這樣他就可以專注在入侵蘇聯的計畫上，不必分心。但墨索里尼對希臘另有盤算，而且他也亟欲四處征討，以拿出一張可以和德國盟友相提並論的成績單。

墨索里尼指控希臘人在地中海協助英國人，並在10月28日發出最後通牒，要求讓他的部隊自由通行，並占領希臘境內的戰略要地。梅塔克薩斯拒絕這張最後通牒，因此義大利就從阿爾巴尼亞發動入侵。義軍從邊界上三個不同的地點越界進攻，但隨即在阿爾巴尼亞和希臘交界處險峻的山區地形上和保家衛國意志強烈的頑強希臘部隊陷入激戰。

到了11月初，希臘的反攻部隊就已經把義軍逼回了阿爾巴尼亞境內，並且迅速推進深入。這場反攻在1941年1月停止，接著義軍又在3月發動最後一場攻勢。義軍在這場戰役中沒有多少收穫，但確實暴露出希臘軍隊的弱點，影響了日後希特勒派遣自己的部隊進入這個地區的決定。

> **「我們不和不同意我們的人爭論，我們直接消滅他們。」**
>
> 貝尼托・墨索里尼，1936年

YUGOSLAVIA

Bitola

rava Mts

Kastoria

Metsovo

E

C

1 義軍攻勢

1940年10月28日－1940年11月18日

10月28日，義軍部隊從阿爾巴尼亞兵分三路入侵希臘，靠海岸的那一路朝伊古梅尼查（Igoumenitsa）前進，並在11月6日攻陷這座城市。中路的部隊在卡爾帕基（Kalpaki）遭到阻擋，被迫退守防禦陣地。最北路的部隊進抵沃武薩（Vovousa），但當希臘部隊展開反攻時，他們很快就被擊潰。

⇨ 1940年10月28日－11月5日義軍入侵希臘路線

⇨ 1940年11月4-18日希臘軍展開反攻方向

□□□ 1940年11月4-5日義軍深入範圍

2 希臘軍的反攻

1940年11月14日－1941年3月9日

到了11月23日，希軍已經把入侵的義軍部隊趕出他們的領土。希軍推進到阿爾巴尼亞境內，攻占科爾察（Koritsa），他們可以從那裡往阿爾巴尼亞內陸前進。希軍受到已經取得的戰果激勵，決定繼續朝具有戰略重要性的港口瓦洛納（Valona）進軍。他們的反擊行動在1941年1月11日到達頂點，攻下了柯里蘇拉隘口（Klisura Pass），然後雙方就開始僵持不下。

➔ 1940年11月14日－1941年1月11日希軍反攻

▪▪▪ 1941年1月1日時的希臘前線

3 英軍干預

1940年10月22日－1941年3月2日

英國長久以來都支持希臘。1940年10月，得知義軍即將入侵希臘之後，皇家空軍立即調派幾個中隊前往希臘。希軍大舉反攻期間，皇家空軍提供了寶貴的空中掩護，並讓義大利空軍（Regia Aeronautica）損失慘重。希特勒對於義大利入侵希臘相當憤怒，因為這讓英軍有了在希臘建立基地的機會。

▬ 1940年11月3日起英軍空中掩護範圍

4 義軍的春季攻勢 1941年3月9-16日

義軍在3月進行最後一次嘗試，想單獨擊敗希軍部隊。墨索里尼在阿爾巴尼亞首都地拉那（Tirana）親自坐鎮指揮，這場稱為春季行動（Operation Spring）的攻勢先是轟炸柯里蘇拉周邊的希軍陣地，接著再派遣步兵突擊。希臘部隊抵抗激烈，到了3月14日就看得出來他們的士氣不會崩潰。這場攻勢最後失敗，但隨著戰線在接下來的幾個星期裡穩定下來，希軍開始長期缺乏武器裝備。

➔ 1941年3月9-16日義軍春季攻勢

義大利的帝國野心

義大利在19世紀中葉統一之後，建立了一個小帝國，版圖包括多德坎尼斯群島以及位於北非和東非的領土。自1920年代起，墨索里尼——他的法西斯黨名稱源自古羅馬時期象徵權力的木棍束（fasces）——就一心想要重振古羅馬時期的榮光。他逐漸加強義大利在利比亞的力量，並在1935年攻占衣索比亞。四年後，義大利併吞阿爾巴尼亞，接著又在1940年入侵希臘。從他想要主宰地中海的計畫來看，這是相當符合邏輯的下一步。

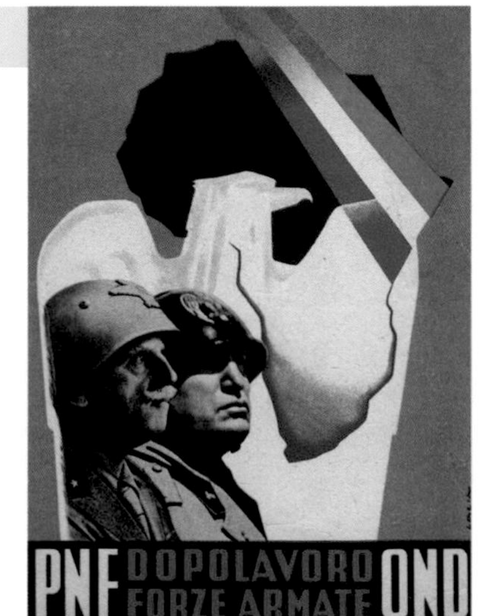
PNF
DOPOLAVORO
FORZE ARMATE
OND

義大利帝國的宣傳海報，墨索里尼和維托里奧・埃馬努埃萊三世（Vittorio Emanuele III）的肖像被疊加在義大利計畫中的非洲帝國圖像上。

德國南進

義大利入侵希臘失敗，迫使希特勒延後他入侵蘇聯的計畫，以便集中力量奪取巴爾幹半島。在區域盟友的幫助下，德軍在1941年4月入侵南斯拉夫和希臘，一個月之內就攻下了這兩個國家。

當義大利和希臘在打那場徒勞無功的戰爭時（閱第 78-79 頁），希特勒就已經對巴爾幹區域的國家軟硬兼施，要求他們加入名為《三國同盟條約》的防禦聯盟。到了 1941 年 3 月 1 日，除了南斯拉夫和希臘之外的所有國家都已經加入。1940 年 10 月，德軍開始進駐羅馬尼亞和匈牙利，而德軍的第 12 軍團也在 1941 年 3 月 2 日進駐保加利亞（此時義大利正準備在阿爾巴尼亞對希軍發動反攻）。

德軍抵達希臘邊界驚動了英國，他們立刻做出回應，派遣一支遠征軍（W 部隊，根據司令官亨利・梅特蘭・威爾遜中將〔Henry Maitland Wilson〕命名）從埃及趕赴希臘。3 月 25 日，南斯拉夫迫於壓力讓步，同意加入三國同盟條約，但卻在 3 月 27 日發生政變，由一群反對這份條約的空軍軍官掌權。他們和蘇聯簽署互不侵犯條約，並和英國就巴爾幹聯盟事宜展開會談，因此希特勒立刻開始計畫同時入侵南斯拉夫和希臘。南斯拉夫人被迫以低劣的裝備防守長達 1600 公里的國界，且師級部隊人數只有德國投入的 50 個師的一半。大部分希臘部隊都在阿爾巴尼亞，只有希臘第 2 軍團和 W 部隊可用來防衛通往希臘境內的東部路線。4 月 6 日，德軍再度展開閃電戰。4 月 28 日，南斯拉夫投降，盟軍被趕出希臘。

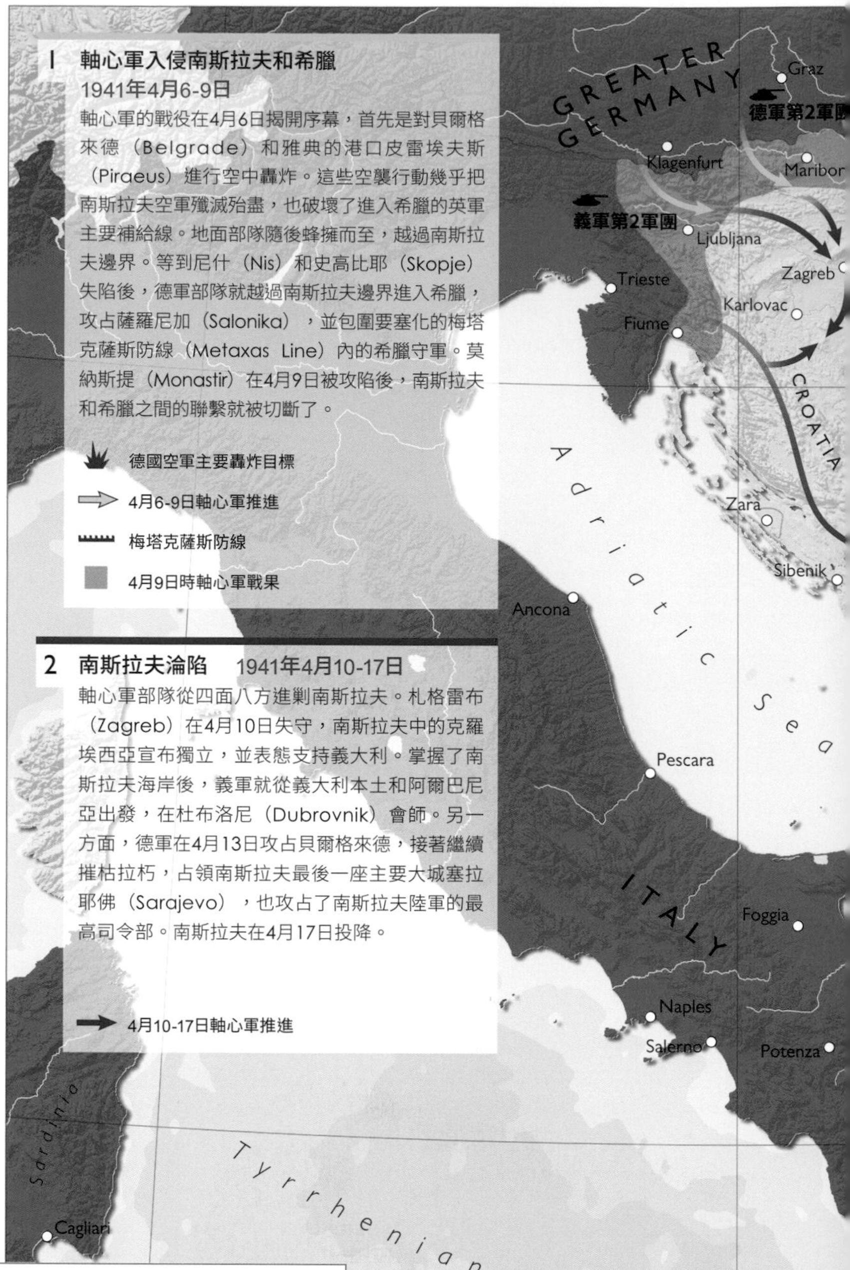

1 軸心軍入侵南斯拉夫和希臘
1941年4月6-9日

軸心軍的戰役在4月6日揭開序幕，首先是對貝爾格來德（Belgrade）和雅典的港口皮雷埃夫斯（Piraeus）進行空中轟炸。這些空襲行動幾乎把南斯拉夫空軍殲滅殆盡，也破壞了進入希臘的英軍主要補給線。地面部隊隨後蜂擁而至，越過南斯拉夫邊界。等到尼什（Nis）和史高比耶（Skopje）失陷後，德軍部隊就越過南斯拉夫邊界進入希臘，攻占薩羅尼加（Salonika），並包圍要塞化的梅塔克薩斯防線（Metaxas Line）內的希臘守軍。莫納斯提（Monastir）在4月9日被攻陷後，南斯拉夫和希臘之間的聯繫就被切斷了。

- 德國空軍主要轟炸目標
- 4月6-9日軸心軍推進
- 梅塔克薩斯防線
- 4月9日時軸心軍戰果

2 南斯拉夫淪陷 1941年4月10-17日

軸心軍部隊從四面八方進剿南斯拉夫。札格雷布（Zagreb）在4月10日失守，南斯拉夫中的克羅埃西亞宣布獨立，並表態支持義大利。掌握了南斯拉夫海岸後，義軍就從義大利本土和阿爾巴尼亞出發，在杜布洛尼（Dubrovnik）會師。另一方面，德軍在4月13日攻占貝爾格來德，接著繼續摧枯拉朽，占領南斯拉夫最後一座主要大城塞拉耶佛（Sarajevo），也攻占了南斯拉夫陸軍的最高司令部。南斯拉夫在4月17日投降。

- 4月10-17日軸心軍推進

GREATER GERMANY
德軍第2軍團
義軍第2軍團
Graz
Klagenfurt
Maribor
Ljubljana
Trieste
Zagreb
Karlovac
Fiume
CROATIA
Zara
Sibenik
Ancona
Adriatic Sea
Pescara
ITALY
Foggia
Naples
Salerno
Potenza
Sardinia
Cagliari
Tyrrhenian Sea
Vibo Valent
Palermo
Messina
Marsala
Sicily
German Fliegerkorps
Catania
Syracuse
Ragusa
Malta
Valletta

三國同盟條約的擴張

1940年9月27日，德國、義大利（包括阿爾巴尼亞）和日本簽署防衛聯盟條約，稱為三國同盟條約。希特勒不願被捲進極端複雜的巴爾幹半島上的任何戰爭，因此尋求透過外交途徑取得巴爾幹半島各國的支持。到了1940年11月底，匈牙利、羅馬尼亞和斯洛伐克都加入了三國同盟條約。保加利亞在1941年3月1日加入。由於受到德國、匈牙利和義大利陳兵邊界的威脅，南斯拉夫也在3月25日同意加入，但卻又在3月27日廢止，迫使德國擴大他們的入侵略計畫。

圖例

- 原始簽約國
- 1940年11月20日加入
- 1940年11月23日加入
- 1940年11月24日加入
- 1941年3月1日加入
- 1941年3月25日加入

Berlin
Danzig
EAST PRUSSIA
Warsaw
GREATER GERMANY
PROTECTORATE OF BOHEMIA AND MORAVIA
USSR
SLOVAKIA
Vienna
Budapest
HUNGARY
ROMANIA
Bucharest
Belgrade
YUGOSLAVIA
ITALY
BULGARIA
Sofia
Black Sea
Corsica
Rome
Sardinia
ALBANIA
Mediterranean Sea
Sicily
GREECE
TUNISIA
Malta
Dodecanese Is.
TURKEY

1923年7月24日 土耳其在洛桑條約中把羅得島（Rhodes）和多德坎尼斯群島割讓給義大利

HUNGARY
ROMANIA
YUGOSLAVIA
BULGARIA
ALBANIA
GREECE
TURKEY
Veszprem
Lake Balaton
Bekescsaba
Tirgu Mures
Arad
Pecs
Subotica
Sibiu
Timisoara
Drava
Muresul
Osijek
Novi Sad
Deta
Sava
Belgrade
Tuzla
Drina
Valjevo
Kragujevac
Uzice
Sarajevo
Mostar
Turnu-Severin
Pitesti
Jiul
Oltul
Alexandria
Danube
Razgrad
Pleven
Isker
Nis
Sofia
Stara Zagora
Urba
Krainitzi
Plovdiv
Maritsa
Adrianople
Niksic
Dubrovnik
Pec
Pristina
Podgorica
Scutari
Skopje
Veles
Belitza
Krumovo
Peshkopi
Tirana
Durazzo
Monastir
Seres
Kavala
Alexandroupoli
Thasos
Salonika
Samothrace
Florina
Koritsa
Brindisi
Taranto
Valona
Lecce
Polygyros
Katerina
Mount Olympus
Lemnos
Aegean Sea
Janina
Larissa
Corfu
Volos
Gulf of Taranto
Ionian Sea
Thermopylae
Chalcis
Khios
Agrinio
Euboea
Thebes
Patras
Athens
Megara
Piraeus
Corinth
Tinos
Pirgos
Nafplio
Ermoupoli
Peloponnese
Paros
Kalamata
Monemvasia
Cerigo
Maleme
Canea
Crete
匈軍第3軍團
4月11-12日 匈牙利陸軍攻占南斯拉夫北部部分地區，之後加以兼併
德軍第41裝甲軍團
4月6日 德軍第14裝甲軍從保加利亞入侵，在4月12日抵達貝爾格來德
德軍第14裝甲軍
德軍第12軍團
德軍第40摩托化軍
4月17日 南斯拉夫政府逃往雅典，之後再流亡倫敦
義軍第9軍團
義軍第11軍團
希軍第2軍團
希軍第1軍團
英軍W部隊
4月9日 由於薩羅尼加陷落，希軍第2軍團被包圍，最後投降
4月25日 德軍傘兵在科林斯空降
4月6-7日 皮雷埃夫斯遭德國空軍猛烈轟炸，加上英軍彈藥補給艦佛瑞瑟氏族號（Clan Fraser）爆炸，幾乎被摧毀
軸心國的巴爾幹戰役
1941年4月，軸心國部隊迅速征服南斯拉夫和希臘。英軍被迫撤退到克里特島，整個巴爾幹半島於是落入軸心國的掌控。
圖例
1941年4月6日時的軸心國版圖
軸心國軍團
同盟國軍團
時間軸
1
2
3
4
1941年4月1日
4月15日
5月1日
阿利亞克蒙防線
4月16日時W部隊陣地
4月10-27日軸心軍推進
4月22-28日英軍疏散路線
4月25日德軍傘兵空降突擊
主要疏散港口

△ **雅典陷落**

德軍士兵搭乘一輛三號突擊砲（Stug III）進入雅典，背景中可清楚看到雅典衛城的遺跡。第一批德軍部隊——摩托車部隊——在1941年4月27日進入雅典，裝甲和步兵部隊則緊隨其後。

3 征服希臘 1941年4月10-27日

由於德軍從莫納斯提威脅後方，英軍W部隊在4月10日開始從阿利亞克蒙防線（Aliakmon Line）後撤，並一路退回奧林帕斯峰（Mount Olympus）。在接下來的兩個星期裡，德軍更往南深入，如同楔子一般插進W部隊和位於阿爾巴尼亞的希軍第1軍團之間。此時，義軍也收復了阿爾巴尼亞的失地。希臘第1軍團在4月20日投降。

4 英軍撤退 1941年4月20-28日

面對德軍步步進逼，英軍開始制定疏散計畫。W部隊退往塞摩匹來山口（Thermopylae），司令官威爾遜中將計畫派出後衛部隊作戰，以保護撤退中的部隊。疏散到克里特島的行動於4月22日展開，而德軍傘兵在三天後空降科林斯運河（Corinth Canal），並渡河前往帕特拉斯（Patras），把最後一批盟軍部隊趕出伯羅奔尼薩（Peloponnese）。

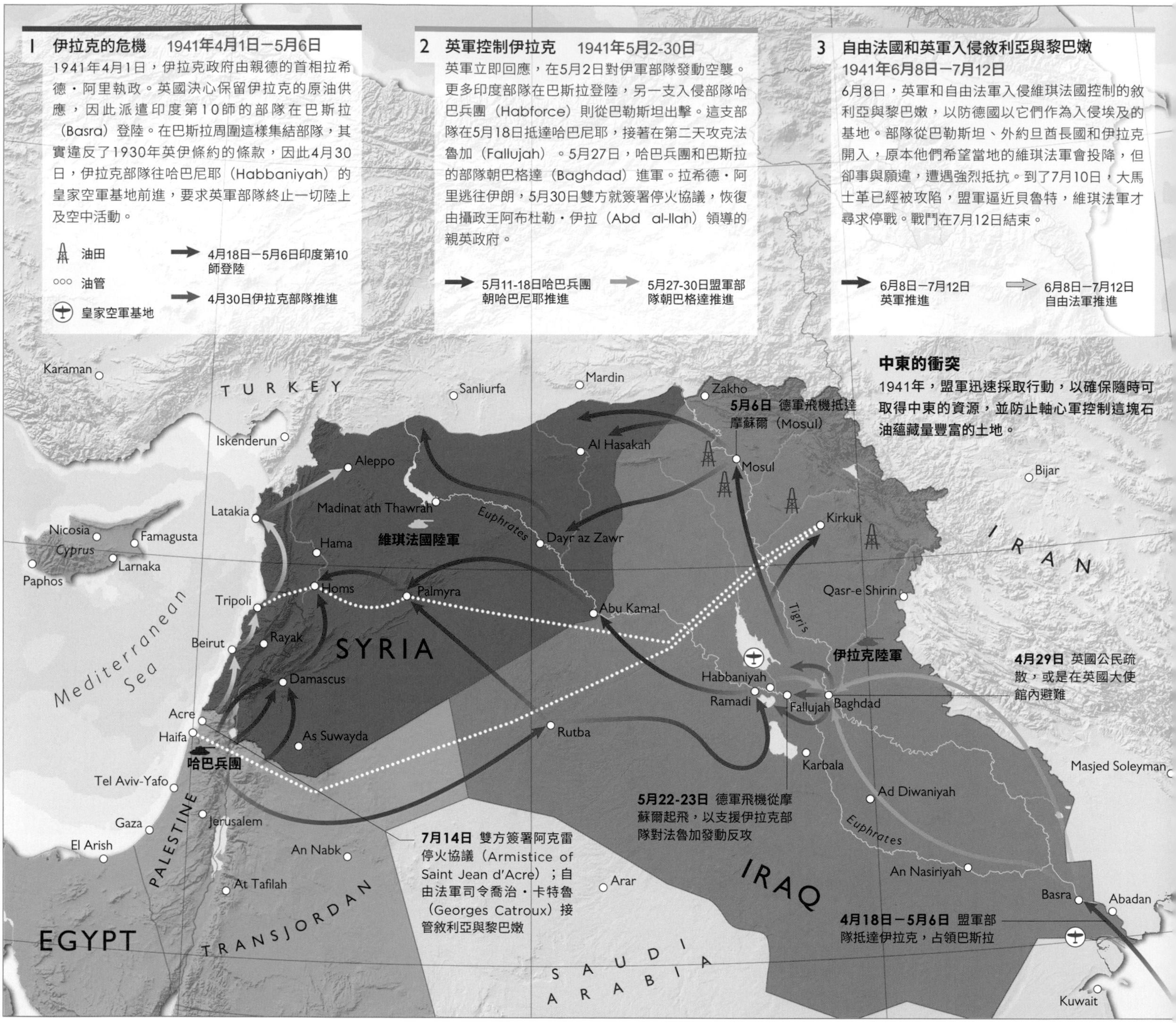

1 伊拉克的危機 1941年4月1日–5月6日

1941年4月1日，伊拉克政府由親德的首相拉希德・阿里執政。英國決心保留伊拉克的原油供應，因此派遣印度第10師的部隊在巴斯拉（Basra）登陸。在巴斯拉周圍這樣集結部隊，其實違反了1930年英伊條約的條款，因此4月30日，伊拉克部隊往哈巴尼耶（Habbaniyah）的皇家空軍基地前進，要求英軍部隊終止一切陸上及空中活動。

- 油田
- 油管
- 皇家空軍基地
- 4月18日–5月6日印度第10師登陸
- 4月30日伊拉克部隊推進

2 英軍控制伊拉克 1941年5月2-30日

英軍立即回應，在5月2日對伊軍部隊發動空襲。更多印度部隊在巴斯拉登陸，另一支入侵部隊哈巴兵團（Habforce）則從巴勒斯坦出擊。這支部隊在5月18日抵達哈巴尼耶，接著在第二天攻克法魯加（Fallujah）。5月27日，哈巴兵團和巴斯拉的部隊朝巴格達（Baghdad）進軍。拉希德・阿里逃往伊朗，5月30日雙方就簽署停火協議，恢復由攝政王阿布杜勒・伊拉（Abd al-Ilah）領導的親英政府。

- 5月11-18日哈巴兵團朝哈巴尼耶推進
- 5月27-30日盟軍部隊朝巴格達推進

3 自由法國和英軍入侵敘利亞與黎巴嫩 1941年6月8日–7月12日

6月8日，英軍和自由法軍入侵維琪法國控制的敘利亞與黎巴嫩，以防德國以它們作為入侵埃及的基地。部隊從巴勒斯坦、外約旦酋長國和伊拉克開入，原本他們希望當地的維琪法軍會投降，但卻事與願違，遭遇強烈抵抗。到了7月10日，大馬士革已經被攻陷，盟軍逼近貝魯特，維琪法軍才尋求停戰。戰鬥在7月12日結束。

- 6月8日–7月12日英軍推進
- 6月8日–7月12日自由法軍推進

中東的衝突

1941年，盟軍迅速採取行動，以確保隨時可取得中東的資源，並防止軸心軍控制這塊石油蘊藏量豐富的土地。

5月6日 德軍飛機抵達摩蘇爾（Mosul）

4月29日 英國公民疏散，或是在英國大使館內避難

5月22-23日 德軍飛機從摩蘇爾起飛，以支援伊拉克部隊對法魯加發動反攻

7月14日 雙方簽署阿克雷停火協議（Armistice of Saint Jean d'Acre）；自由法軍司令喬治・卡特魯（Georges Catroux）接管敘利亞與黎巴嫩

4月18日–5月6日 盟軍部隊抵達伊拉克，占領巴斯拉

維琪法國陸軍　伊拉克陸軍　哈巴兵團

TURKEY　SYRIA　IRAQ　IRAN　EGYPT　PALESTINE　TRANSJORDAN　SAUDI ARABIA　Mediterranean Sea

同盟國掌控中東

1941年4月到7月間，盟軍地面部隊——在皇家空軍和澳洲皇家空軍（Royal Australian Air Force）作戰中隊的支援下——控制了維琪敘利亞、黎巴嫩和伊拉克，創造出一個區域集團，為他們在這個地區的其他領土提供石油及保護。

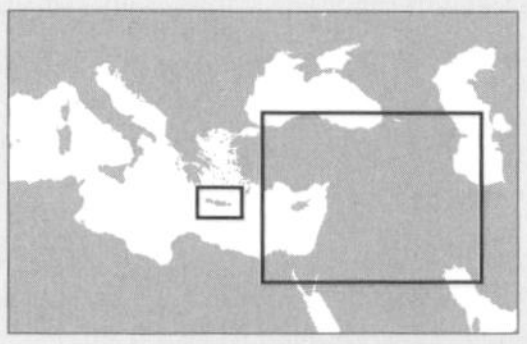

圖例

- 英國控制區
- 軸心國控制區
- 親軸心國領域
- 維琪法國陸軍
- 英軍及大英國協部隊
- 伊拉克陸軍

時間軸

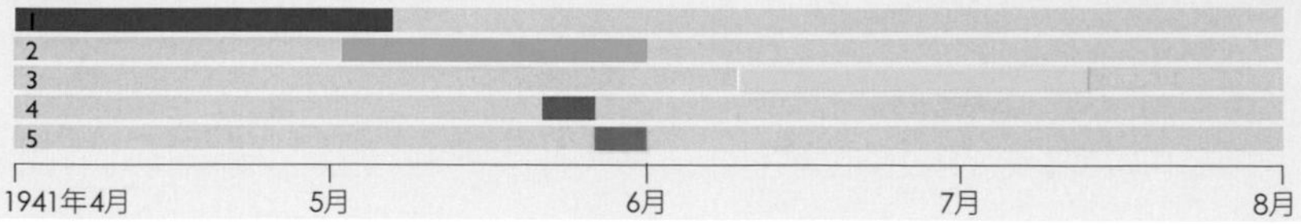

1 2 3 4 5

1941年4月　5月　6月　7月　8月

△ **英軍部隊被俘**

1941年5月德軍入侵克里特島時，英軍舉手投降。在這場代號「水星」（Operation Mercury）的行動中，德軍投入了大量傘兵。

中東與東地中海

1941年，同盟國面臨一連串挑戰，最後由軸心國主宰東地中海。但同盟國鞏固了他們在中東的地位，以確保原油供應以及從伊拉克到蘇聯的補給線安全無虞，而事實證明，這些東西在往後的幾個月裡都是無價的。

在 1941 年上半年裡，同盟國在中東和東地中海的遭遇可說是憂喜參半。他們在 4 月被德軍追擊，逃出希臘（參見第 80-81 頁），5 月又在克里特島蒙受屈辱。儘管他們知道德軍從 4 月起就計畫入侵克里特島，但還是在一場空降突擊行動中被攆了出去。失去克里特島讓盟軍損失大約 1 萬 6000 人——不是陣亡就是被俘，而皇家海軍也損失九艘艦艇，還有另外 13 艘受創。在這之後還有其他失敗，北非的英軍在 6 月試圖替托布魯克解圍，也是以災難告終。但希特勒未能好好利用軸心國征服巴爾幹半島和克里特島之後在地中海地區建立起的優勢以及他們在北非獲得的成功。反之，他們把注意力轉向了蘇聯。

同盟國因此得以開始整合他們在中東的戰果。到了 6 月中，同盟國就已經從伊拉克親德國的領導人拉希德・阿里（Rashid Ali）手中奪取了控制權，並成功入侵維琪法國統治的敘利亞。

德軍入侵克里特島
1941年5月，在世界第一場大規模空降入侵行動中，德軍雖然面臨激烈抵抗，還是克服萬難，奪下了克里特島。最後英軍撤離克里特島，不論在陸地上還是海上都損失慘重。
5月21-22日 一支德軍運輸船團被英軍艦隊驅散
5月22日 驅逐艦灰狗號（HMS Greyhound）
5月22日 巡洋艦格洛斯特號（HMS Gloucester）
Sea of Crete
Suda Bay
5月20日 掃雷艇威德尼斯號（HMS Widnes）
5月22日 巡洋艦約克號（HMS York）
5月29日 驅逐艦赫爾瓦德號（HMS Hereward）
5月29日 驅逐艦帝國號（HMS Imperial）
Maleme
Canea
Kandanos
Rethymnon
Heraklion
Sphakia
Sitia
Zakros
Tymbaki
Pirgos
Ierapetra
Cape Lithinon
CRETE
Mediterranean Sea
5月23日 驅逐艦凱利號（HMS Kelly）和喀什米爾號（HMS Kashmir）
5月22日 巡洋艦斐濟號（HMS Fiji）
4 入侵克里特島 1941年5月20-25日
5月20日上午8點，德軍展開二次大戰中最大膽的入侵行動，在猛烈轟炸克里特島的機場後，把大約2萬2000名官兵當中的第一批空投到島上。克里特島的守軍大約有5萬名，當中包括約2萬名希臘部隊，以及協同作戰的皇家海軍，他們的任務是防止更多德軍從海上登陸。
5月20日德軍空降部隊著陸
德軍部隊運輸船團被英軍艦隊驅散
機場
英國海軍船艦沉沒
5 攻占克里特島 1941年5月25-31日
德軍傘兵部隊儘管數量嚴重屈居劣勢，且在著陸的過程中失去大批官兵，但他們還是占領了馬勒美（Maleme）並奪取當地機場跑道，德軍因此可以派遣更多部隊並運送補給到島上。他們擊潰想要收復馬勒美的盟軍，並在島上迅速前進。5月28日，英軍開始撤退，到了5月31日，已安全救出1萬6500人。
1941年5月25-28日德軍推進
5月22-28日盟軍撤退
5月28日從馬勒美出發執行空降的德軍部隊
5月28-31日盟軍疏散

地中海之戰

自從義大利加入第二次世界大戰，直到1943年為止，盟軍和軸心軍為了爭奪地中海的制海權，多次在海上交戰。雙方都想全力摧毀對方的補給線，維持己方補給線暢通無阻，並盡一切可能打擊敵方從事海上作戰的能力。

義大利在1940年6月10日加入戰局時，擁有完全現代化的艦隊，裝備充足的新式快速戰鬥艦、巡洋艦和驅逐艦，英國皇家海軍在地中海的戰力可說完全不是對手。義大利對這個區域懷有雄心壯志，目標是把英國勢力從埃及趕出去（英國在埃及駐軍，以保護英國的金融和戰略利益），並把墨索里尼的「新羅馬帝國」擴展到尼斯（Nice）、科西嘉島（Corsica）、突尼西亞和巴爾幹等地。

在此期間，英國的目標則是要守住地中海區域的三個關鍵要地——直布羅陀、馬爾他和蘇伊士運河。如此一來，他們就能維持穿越地中海的補給線暢通，且萬一希臘和土耳其參戰，也可立即支援。這三個地方當中，馬爾他格外重要（參見第86-87頁）。馬爾他是通往東地中海的門戶，是盟軍運輸船團的中轉站，也可作為基地，用來攻擊軸心軍通往北非的補給線。

若要維持運輸船團的作業，空權至關重要，且雙方都可以妥善利用歐洲和北非距離近的基地，以及地中海上空的清晰視野。但義大利艦隊沒有海軍航空隊，而英軍則有幾艘航空母艦可以在地中海作業。

第一年的大部分時間裡，盟軍在地中海占了上風，但到了1941年12月，當義軍摧毀了幾艘盟軍的戰艦後，他們就喪失優勢了。

> 「這座小島（馬爾他）在捍衛我們的中東地位時扮演著舉足輕重的角色。」
>
> 英國將領黑斯廷斯・伊斯梅（HASTINGS ISMAY），1942年

潛艇戰

英國潛艇在擾亂軸心國橫渡地中海的補給線時扮演著關鍵角色，1941年1月到1942年12月間共擊沉40萬公噸軸心國的船舶。德國U艇在1941年9月加入義大利潛艇的行列，並在年底前擊沉12艘商船，還有皇家方舟號與巴漢號（HMS Barham）。不過U艇十分容易受到配備雷達的飛機攻擊，因此沒有任何一艘U艇在地中海存活到戰爭結束。

擊沉巴漢號

2 馬爾他運輸船團
1940年9月29日—1941年12月31日

自9月29日起，英國運輸船團開始為馬爾他運送食物、補給品、援軍和彈藥。運輸船團從東邊的蘇伊士運河出發，穿越地中海，然後再通過西邊的直布羅陀海峽，每個運輸船團都由地中海艦隊或H部隊的船艦護航。它們持續受到義大利海軍的威脅，自1941年起還要面對德軍的水面艦隊和U艇。

從英國出發經直布羅陀的運輸船團航線
經由好望角（Cape of Good Hope）和蘇伊士運河的運輸船團航線
1941年9月21日—12月31日被擊沉的U艇
1941年9月21日—12月31日U艇擊沉的英國商船
1941年9月21日—12月31日U艇擊沉的皇家海軍軍艦

FRANCE
VICHY FRANCE
ANDORRA
Perpignan
PORTUGAL
Madrid
SPAIN
Valencia
Balearic Islar
H部隊
Gibraltar
Tangier
SPANISH MOROCCO
Rabat
Oran
Algiers
ALGERIA

3 英軍襲擊塔蘭托 1940年11月11日

11月11日夜間，英軍對停泊在塔蘭托的義軍艦隊展開空襲，兩波打擊機群都從航空母艦卓越號（HMS Illustrious）上起飛，而行動中使用的飛機是1930年代的費里劍魚式，早已老舊過時。雖然如此，它們在塔蘭托投下的炸彈、魚雷和照明彈卻重創多達一半的義軍船艦。其餘船艦隨即撤退到義大利西部海岸，從而降低馬爾他運輸船團受到的壓力，直到1941年3月。

空襲塔蘭托
殘存的義大利艦隊

◁ **空中支援**
一架費里劍魚式雙翼機在空中轉向，準備降落在英國航空母艦皇家方舟號上。

1 地中海戰役揭開序幕
1940年6月11日－11月11日
義軍在6月11日轟炸馬爾他，揭開地中海戰役的序幕。而英軍首度創下戰果則是在6月28日，他們擊沉護航運輸船團到班加西的義大利驅逐艦埃斯培羅號（Espero）。義軍艦隊和英軍艦隊間的第一場大規模衝突是7月9日的卡拉布里亞海戰（Battle of Calabria），但沒有一方獲得決定性勝利，且在11月前，雙方都避免採取其他大規模行動。
1940年6月11日義軍轟炸馬爾他
英軍攻擊義軍運輸船團
海戰
除了太平洋戰場以外，地中海是這場戰爭中最大的傳統海戰戰區。英國皇家海軍和義大利海軍與德國海軍互相對抗，搶奪運輸船團航線控制權，以運送重要的補給和支援部隊前往北非。
圖例
1940年時的維琪法國控制區
1940年時的德國控制區
重大海戰
英軍艦隊
義軍艦隊
1940年時的義大利控制區
中立／尚未參戰
1940年12月月時的邊界
1940年時的英國影響力範圍
時間軸
1
2
3
4
5
6
1940年1月
7月
1941年1月
7月
1942年1月
GREATER GERMANY
Munich
SWITZERLAND
Milan
Venice
Genoa
La Spezia
Nice
ulon
YUGOSLAVIA
ITALY
Adriatic Sea
Sofia
BULGARIA
Istanbul
Ankara
Corsica
Rome
ALBANIA
Tirana
Bari
Naples
Taranto
義軍艦隊
Sardinia
Cagliari
Cape Spartivento
GREECE
Aegean Sea
TURKEY
Palermo
Messina
SICILY
Athens
Cape Bon
1941年7月9日
Calabria
Tunis
Duisberg
Convoy
1941年3月28-29日
Cape Matapan
Rhodes
Dodecanese Islands
Kastellorizo
Cyprus
SYRIA
Beirut
Damascus
Malta
Crete
Mediterranean Sea
1940年11月27日
斯巴提芬托角海戰（Battle of Cape Spartivento），義軍攻擊一個前往馬爾他的運輸船團
1941年11月8-9日 杜易斯堡船團海戰，皇家海軍把一個德軍運輸船團的七艘商船和一艘驅逐艦全數擊沉朋角
Amman
PALESTINE
TRANSJORDAN
地中海艦隊
TUNISIA
Tripoli
Benghazi
Tobruk
Sidi Barrani
Alexandria
Suez Canal
Cairo
1941年12月13日 朋角海戰，兩艘運送補給品給駐北非德國空軍的義軍巡洋艦被擊沉
1941年11月25日 巴漢號戰鬥艦被三枚魚雷擊沉，862人喪生，449人生還
SAUDI ARABIA
El Agheila
LIBYA
EGYPT
4 馬塔潘角海戰 1941年3月28-29日
3月28日，義軍派遣一支小型艦隊前往克里特島，攔截英軍載運部隊前往希臘的運輸船團。不過皇家空軍的飛機發現了這些義軍船艦，於是英軍地中海艦隊從亞歷山卓出港，並對敵艦開火。這場海戰持續到深夜，結果英軍擊沉義軍巡洋艦三艘、驅逐艦兩艘，並擊傷戰艦維托里奧・維內托號（Vittorio Veneto），獲得重大勝利。自此之後，義軍艦隊就避免在海上決戰。
前往希臘的盟軍運輸船團
5 打擊軸心軍運輸船團 1941年4-12月
在1941年5月保衛及疏散克里特島（參見第82-83頁）期間，皇家海軍共有九艘艦艇遭德國空軍擊沉，凸顯出皇家海軍在東地中海的窘境。但盟軍持續強化在中地中海的地位，對軸心軍的運輸船團進行了幾次成功的打擊——尤其是杜易斯堡船團海戰（Battle of the Duisburg Convoy）和朋角海戰（Battle of Cape Bon），使北非的軸心軍缺乏燃料。
軸心軍運輸船團航線
6 軸心軍漸居上風 1941年12月19-31日
12月19日，輪到盟軍受挫。他們的船艦返回亞歷山卓時，在的黎波里（Tripoli）外海闖進雷區，結果造成兩艘船艦沉沒、兩艘受到重創，削弱了盟軍威脅軸心軍運輸船團的能力。當天稍晚，義軍在亞歷山卓港破壞了兩艘戰艦和一艘驅逐艦。在皇家海軍恢復的時候，義大利艦隊主宰了地中海中部和東部。
1941年12月19日襲擊亞歷山卓港
義軍雷區

圍攻馬爾他

對同盟國來說，英國殖民地馬爾他具有無與倫比的戰略重要性。他們可以把這裡當作基地，用來攻擊中地中海軸心軍的補給線，因此壓制這座島嶼成為軸心國的當務之急。

△ **勇氣認證**
1942年4月，英國國王喬治六世（George VI）頒發喬治十字勳章（George Cross）給馬爾他，以表彰當地居民展現出大無畏的精神和勇氣。

墨索里尼在1940年6月10日對英國宣戰之後，義大利空軍就對馬爾他展開第一波攻擊。馬爾他首府法勒他（Valletta），包括它的港口（稱為大港）和哈爾法爾（Hal Far，馬爾他三座機場之一），隨即遭到閃電空襲。德國空軍也馬上加入打擊行動，對馬爾他發動更多空襲。

饑荒威脅

1942年春季，德國人決定要徹底轟炸這座島嶼，並加以封鎖，直到它因為缺乏物資而屈服，圍攻行動在此時達到高峰。由於企圖接近法勒他的任何運輸船團都蒙受重大損失，因此食物、燃料和其他基本物資都相當缺乏。面對幾乎不間斷的空襲，島上居民只能住在防空洞中，以協助他們在反覆的攻擊中生存下來。盟軍最後在1942年8月突破軸心軍封鎖線，成功運送物資到這座被圍攻的島嶼。在基座行動（Operation Pedestal）中，盟軍船團雖損失慘重，但馬爾他因此得救。等到圍攻行動在1942年11月底結束時，軸心國空軍總共已經對這座島嶼發動了3343次攻擊，馬爾他因此贏得一份沒人想要的「殊榮」：是地球上被轟炸過最多次的地方。

△ **義軍空襲馬爾他**
一架義大利空軍薩伏亞－馬齊提（Savoia-Marchetti）SM.81三引擎轟炸機在馬爾他的法勒他大港海軍基地上空進行轟炸。在距離這座島只要20分鐘分行時間的地方，義大利空軍擁有350架轟炸機可隨時投入作戰。

火線之下

輕巡洋艦佩內洛普號（HMS Penelope）停泊在法勒他的大港時，艦上海軍官兵在甲板上列隊。這艘船的右舷布滿炸彈破片造成的彈孔，因此船員把這艘船稱為胡椒罐號（HMS Pepperpot）。

德蘇戰爭

希特勒在1941年6月下令入侵蘇聯，改變了這場戰爭在歐洲的格局。儘管德軍投入了將近400萬官兵參戰，卻無法像他們期待的一樣火速取得勝利。

За Родину!

△ **蘇聯戰甲**
蘇聯T-34戰車在1941年首度投入服役，經實戰證明堪稱第二次世界大戰期間最有效的裝甲車輛，在戰爭期間總計生產超過6萬輛。

1939 年 8 月，史達林和希特勒簽署互不侵犯條約，此舉讓蘇聯可以向西拓展領土，和納粹德國瓜分波蘭，並占領愛沙尼亞、拉脫維亞和立陶宛，以及從德國的盟友羅馬尼亞手中亞取得的布柯維納（Bukovina）。雖然史達林對德國表現出友好中立的態度，並為德國提供戰爭所需的重要物資，但蘇聯經濟和紅軍卻已經開始動員，準備作戰。

籌畫巴巴羅莎行動

對希特勒而言，與蘇聯的任何協議都只會是暫時的。他長久以來都敵視馬克思主義，認為斯拉夫人是劣等人種，且立志要為德意志人民在東方找到「生存空間」，因此蘇聯自然會是個侵略的目標。1940 年 12 月，儘管還在跟英國打仗，希特勒卻決定入侵蘇聯，名為「巴巴羅莎行動」（Operation Barbarossa）。相關計畫清楚表明了納粹黨的意圖，就是透過行刑隊和斷糧來大規模屠戮平民。參與德軍行列的還有德國的友軍，例如羅馬尼亞、匈牙利和義大利，以及來自其他國家具備反共意識形態的志願人士，包括法國、西班牙和葡萄牙。

◁ **無情戰火**
1941年入侵蘇聯期間，德軍步兵以火焰噴射器肅清碉堡。德軍官兵奉命要以格外激烈的手段對抗紅軍部隊。

德國侵略東方

侵略蘇聯的時候，希特勒的軍隊企圖用一連串大規模的包圍戰殲滅史達林的紅軍。儘管德軍在斯摩稜斯克（Smolensk）和基輔（Kiev）大獲全勝，有數十萬蘇軍官兵淪為戰俘，但依然無法終結蘇聯的抵抗。12月，德軍在莫斯科城外受阻，之後又被蘇軍的反攻逐退，但他們依然控制著大片領土，從列寧格勒的大門前一路延伸到克里米亞（Crimea）。

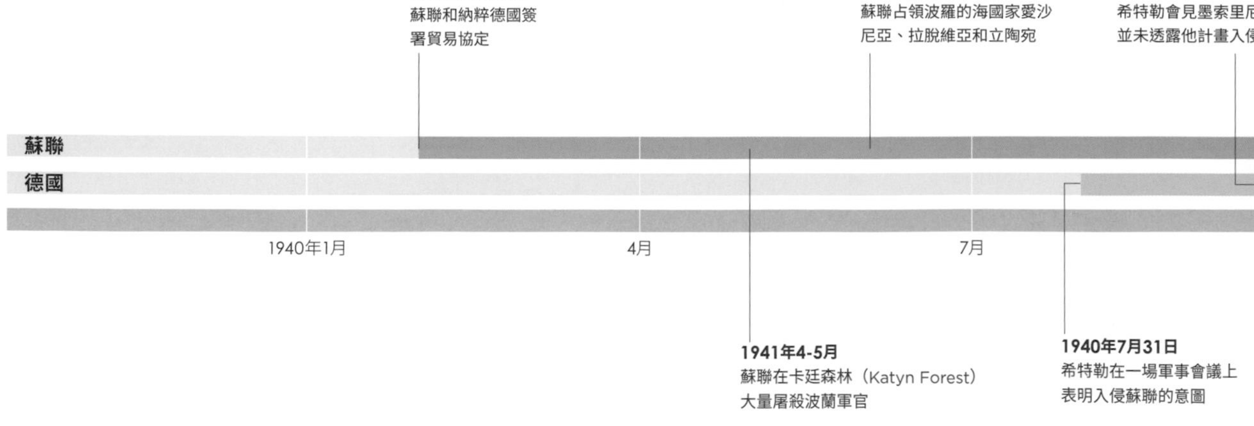
1940年2月11日
蘇聯和納粹德國簽署貿易協定
1940年6月
蘇聯占領波羅的海國家愛沙尼亞、拉脫維亞和立陶宛
1940年10月4日
希特勒會見墨索里尼，
並未透露他計畫入侵蘇
蘇聯
德國
1940年1月
4月
7月
1941年4-5月
蘇聯在卡廷森林（Katyn Forest）大量屠殺波蘭軍官
1940年7月31日
希特勒在一場軍事會議上表明入侵蘇聯的意圖

◁ **俄國的冬天**
應付蘇聯境內極度嚴苛的寒冬時，德意志國防軍面臨了很大的困難。1941年12月，一名德軍軍官在莫斯科郊區測到攝氏零下38度的低溫。

德國初戰告捷

1941 年，蘇聯的軍事地位說不上非常強大。這個世界第一個共產國家在獨裁者史達林的鐵腕統治下，已經達到快速工業化，但在 1937-38 年史達林的「大清洗」期間，有相當大比例的蘇聯軍官被控叛國，遭槍斃、監禁或免職。紅軍在 1939-40 年對付芬蘭的冬季戰爭中表現平庸，坐實了外界懷疑，也就是這支軍隊規模雖然龐大，卻士氣低落、統御不佳。史達林的殘暴統治也讓許多蘇聯人民疏離，尤其是在烏克蘭，當地在 1930 年代的饑荒中有數百萬人喪命。

儘管有充分的警訊顯示入侵迫在眉睫，但當德軍在 1941 年 6 月全力進擊時，史達林的部隊卻還未部署完備。在巴巴羅莎行動後的前幾個月裡，紅軍蒙受一連串災難性的慘敗，列寧格勒（Leningrad）也遭到包圍。在許多地方，例如立陶宛和烏克蘭西部，德軍原本因為被視為解放者而受到歡迎，但他們殘酷的虐待行為很快就讓他們失去了當地民心。

局勢逆轉

一開始的恐慌過後，蘇維埃政權團結起來，把重工業轉移到侵略者無法觸及的東邊，並運用各種無情手段驅策官兵在多場孤注一擲的反攻中拚死作戰。他們也獲得來自同盟國的軍援補給。紅軍在莫斯科擋住德軍，讓希特勒在四個月內拿下蘇聯首都的計畫淪為泡影。等到冬天來臨時，德軍的戰力已經大不如前，而且還極度缺乏對抗致命酷寒的裝備。蘇聯人民心中產生了一份堅定不移的決心。但同一時間在德國，隨著部隊傷亡人數不斷攀升，平民百姓的士氣卻首次顯現出動搖的跡象。

> 「共產主義對我們的未來而言是個巨大的危險……這是一場殲滅戰。」
>
> 阿道夫・希特勒對高階軍官演說，1941年3月30日

▽ **戰俘**
巴巴羅莎行動期間，有超過200萬名蘇軍士兵淪為戰俘，當中絕大部分都因為飢餓、虐待、風雨摧殘和疾病而喪生，只有少數生還。

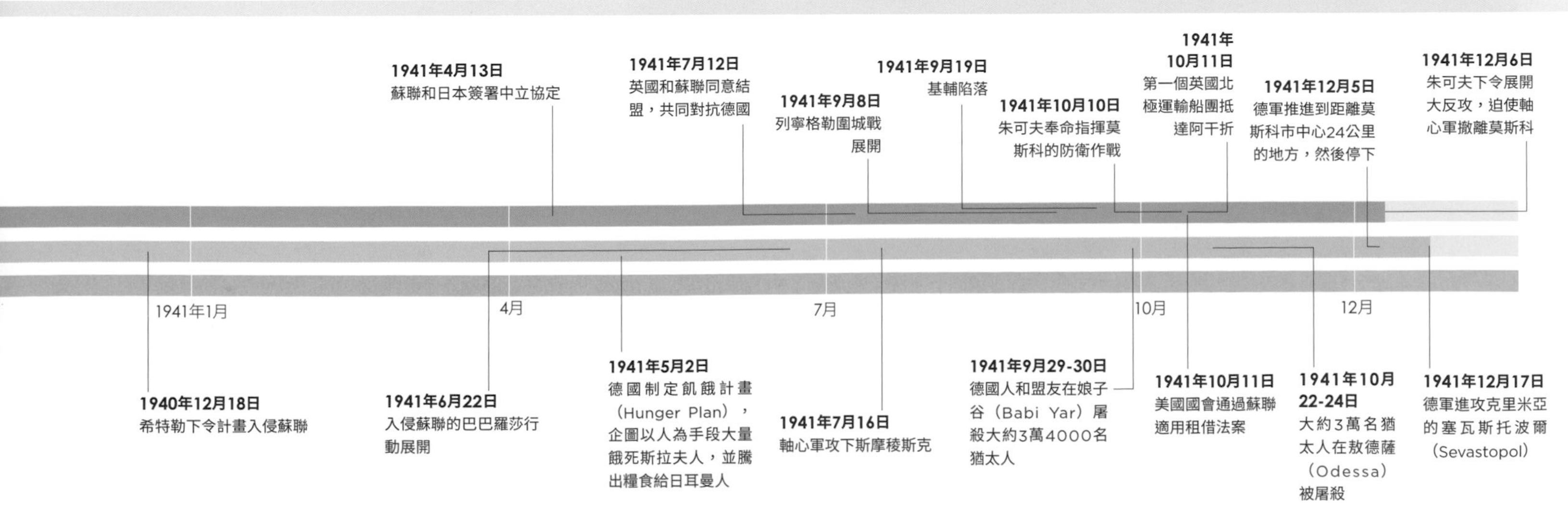
1941年4月13日
蘇聯和日本簽署中立協定
1941年7月12日
英國和蘇聯同意結盟，共同對抗德國
1941年9月8日
列寧格勒圍城戰展開
1941年9月19日
基輔陷落
1941年10月10日
朱可夫奉命指揮莫斯科的防衛作戰
1941年10月11日
第一個英國北極運輸船團抵達阿干折
1941年12月5日
德軍推進到距離莫斯科市中心24公里的地方，然後停下
1941年12月6日
朱可夫下令展開大反攻，迫使軸心軍撤離莫斯科
1941年1月
4月
7月
10月
12月
1940年12月18日
希特勒下令計畫入侵蘇聯
1941年6月22日
入侵蘇聯的巴巴羅莎行動展開
1941年5月2日
德國制定飢餓計畫（Hunger Plan），企圖以人為手段大量餓死斯拉夫人，並騰出糧食給日耳曼人
1941年7月16日
軸心軍攻下斯摩稜斯克
1941年9月29-30日
德國人和盟友在娘子谷（Babi Yar）屠殺大約3萬4000名猶太人
1941年10月11日
美國國會通過蘇聯適用租借法案
1941年10月22-24日
大約3萬名猶太人在敖德薩（Odessa）被屠殺
1941年12月17日
德軍進攻克里米亞的塞瓦斯托波爾（Sevastopol）

FINLAND
Lake Ladoga
Helsinki
Gulf of Finland
Leningrad
9月4日 芬軍推進到1941年之前與蘇聯的邊界位置
9月8日 列寧格勒圍城戰展開
7月27日 德軍攻占愛沙尼亞首都塔林（Tallinn）
Tallinn
Narva
ESTONIA
Luga
Novgorod
Baltic Sea
Tartu
Pskov
Staraya Russa
西北方面軍
Ventspils
SWEDEN
Riga
7月1日 德軍占領里加（Riga）
LATVIA
1920年代 史達林防線是一連串要塞化的區域，而非一道連續的防線
6月22日 德軍第4裝甲兵團深入蘇聯領土達80公里
Velikiye Luki
Rzhev
Nelidovo
Memel
LITHUANIA
Daugavpils
Polotsk
Tilsit
Kaunas
Vitebsk
Vyazma
北方集團軍
6月22日 德軍裝甲部隊突破，朝明斯克推進
Smolensk
Maladzyechna
Orsha
EAST PRUSSIA
Lyck
Grodno
Lida
Minsk
Mogilev
Kirov
Roslavl
中央集團軍
7月16日 德軍攻下斯摩稜斯克，但戰鬥持續到8月5日
Bialystok
Volkovysk
Babruysk
Bryansk
GREATER GERMANY
6月26日 蘇軍在前波蘭城市比亞維斯托克被包圍
Bug
Warsaw
Vistula
Brest-Litovsk
Novozybkov
BELORUSSIA
Mazyr
7月3日 德軍在明斯克以西包圍蘇軍
Pripet
GENERAL GOVERNMENT
Kovel
Chernobyl
Konotop
Nizhyn
Korosten
Sur
BOHEMIA AND MORAVIA
南方集團軍
Lutsk
Rivne
Kiev
Brovary
Zhytomyr
Przemysl
9月19日 基輔陷落，但基輔東方的戰鬥依然持續
Polta
Tarnopol
Khmelnytskyy
Cherkassy
Kremenchuk
6月26-30日 蘇軍發動反攻，但遭德軍擊退
Vinnytsya
SLOVAKIA
Uman
Dniester
Kirovograd
Kryvyy Rih
8月8日 烏曼口袋投降，10萬蘇軍官兵淪為戰俘
UKRAINE
Prut
Voznesensk
Bug
Nikop
HUNGARY
Iasi
Kishinev
Mykolayiv
Kherson
Odessa
BESSARABIA
8月8日－10月16日 軸心軍圍攻敖德薩
ROMANIA
Black Sea
Crimea

1 入侵開始 1941年6月22日

德軍的入侵行動在1941年6月22日清晨展開，以沿著幾乎整條戰線部署的砲兵對蘇軍防線開火，德國空軍則轟炸蘇軍機場。德軍的300萬大軍和3000輛戰車分成三個集團，聲勢浩大地開進蘇聯領土。北方集團軍穿越波羅的海地區，一路往列寧格勒打過去；中央集團軍往東挺進，直指斯摩稜斯克和莫斯科；南方集團軍則朝基輔與黑海進發，目標是確保通往高加索（Caucasus）油田的通道暢通。

德國關鍵目標

2 進軍列寧格勒 1941年6月22日－9月8日

德國陸軍的北方集團軍朝向列寧格勒，進展神速。蘇軍退往史達林防線（Stalin Line，一條由碉堡、堡壘和砲台組成的防線），到了7月8日，德軍就已經突破它，並且攻占了普斯科夫（Pskov）。隨著德軍對列寧格勒展開最後的推進，芬蘭部隊也對蘇聯發動攻擊。到了9月，這座城市已經被三面包圍，北邊是芬軍，南邊和西邊是德軍。

軸心軍朝列寧格勒及波羅的海地區推進

芬軍對蘇聯的攻勢

史達林防線

▽ 行動開始

1941年，德軍步兵及機械化部隊進軍蘇聯。德軍車輛都掛上卐字旗，以避免友軍飛機誤擊。

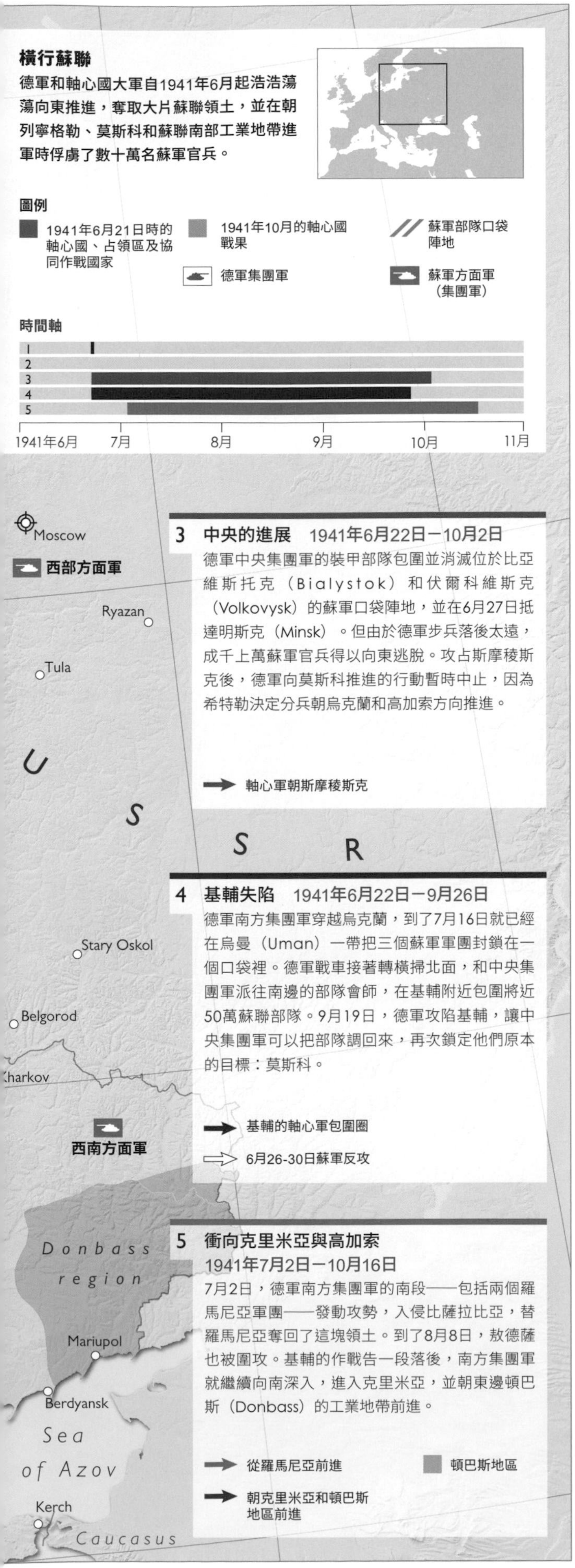

巴巴羅莎行動

1941年6月，希特勒展開巴巴羅莎行動，入侵蘇聯。在從波羅的海到黑海、綿延1600公里的遼闊戰線上，德軍和其他軸心國家部隊以驚人的步調前進，圍攻列寧格勒，10月初就兵臨莫斯科外圍地帶。

德國和蘇聯在 1939 年 8 月透過互不侵犯條約（參見第 32-33 頁）同意的和平相當短命。希特勒認為斯拉夫人是次等人（Untermenschen），因此想要把蘇聯的領土拿來當作德國人的「生存空間」。巴巴羅莎行動是根據神聖羅馬帝國的一位皇帝來命名的，此人曾力求讓日耳曼人主宰歐洲。依照計畫，希特勒將動員 300 萬德軍和軸心國匈牙利、羅馬尼亞、斯洛伐克和義大利的 100 萬人。芬蘭則配合參與戰鬥。

德軍的指揮高層相當有自信，巴巴羅莎行動會迅速結束。他們認為紅軍相當衰弱，且德軍的空權會提供優勢。這場戰役一開始時確實打得不錯，到了 7 月，德軍已經挺進了 640 公里，並在斯摩稜斯克和明斯克附近擊垮大批蘇軍。但史達林拒絕認清現實究竟有多危險，執意犧牲人命來保衛城市，紅軍因此蒙受巨大損失。

到了 10 月，基輔已經陷落，列寧格勒在芬軍的協助下被包圍（參見第 94-95 頁），而軸心軍也已經進抵克里米亞。不過德軍已經耗盡精力，補給線拉得太長，且當他們準備進軍莫斯科時，還要面對俄羅斯致命的嚴冬。

> 「我們的主流意識形態與蘇俄的徹底矛盾。」
>
> 阿道夫・希特勒，1935年5月

橫行蘇聯

德軍和軸心國大軍自1941年6月起浩浩蕩蕩向東推進，奪取大片蘇聯領土，並在朝列寧格勒、莫斯科和蘇聯南部工業地帶進軍時俘虜了數十萬名蘇軍官兵。

圖例

- 1941年6月21日時的軸心國、占領區及協同作戰國家
- 1941年10月的軸心國戰果
- 蘇軍部隊口袋陣地
- 德軍集團軍
- 蘇軍方面軍（集團軍）

時間軸

1、2、3、4、5（1941年6月、7月、8月、9月、10月、11月）

Moscow
西部方面軍
Ryazan
Tula
U S S R
Stary Oskol
Belgorod
Kharkov
西南方面軍
Donbass region
Mariupol
Berdyansk
Sea of Azov
Kerch
Caucasus

3 中央的進展 1941年6月22日－10月2日

德軍中央集團軍的裝甲部隊包圍並消滅位於比亞維斯托克（Bialystok）和伏爾科維斯克（Volkovysk）的蘇軍口袋陣地，並在6月27日抵達明斯克（Minsk）。但由於德軍步兵落後太遠，成千上萬蘇軍官兵得以向東逃脫。攻占斯摩稜斯克後，德軍向莫斯科推進的行動暫時中止，因為希特勒決定分兵朝烏克蘭和高加索方向推進。

→ 軸心軍朝斯摩稜斯克

4 基輔失陷 1941年6月22日－9月26日

德軍南方集團軍穿越烏克蘭，到了7月16日就已經在烏曼（Uman）一帶把三個蘇軍軍團封鎖在一個口袋裡。德軍戰車接著轉橫掃北面，和中央集團軍派往南邊的部隊會師，在基輔附近包圍將近50萬蘇聯部隊。9月19日，德軍攻陷基輔，讓中央集團軍可以把部隊調回來，再次鎖定他們原本的目標：莫斯科。

→ 基輔的軸心軍包圍圈
⇨ 6月26-30日蘇軍反攻

5 衝向克里米亞與高加索

1941年7月2日－10月16日

7月2日，德軍南方集團軍的南段——包括兩個羅馬尼亞軍團——發動攻勢，入侵比薩拉比亞，替羅馬尼亞奪回了這塊領土。到了8月8日，敖德薩也被圍攻。基輔的作戰告一段落後，南方集團軍就繼續向南深入，進入克里米亞，並朝東邊頓巴斯（Donbass）的工業地帶前進。

→ 從羅馬尼亞前進
→ 朝克里米亞和頓巴斯地區前進
頓巴斯地區

史達林的偏執與紅軍大清洗

1941年德軍入侵時，紅軍極度缺乏有經驗的人員。只有四分之一的軍官在當時的職位上任職超過一年。由於對政敵有嚴重的妄想症，史達林曾在1936年對共產黨發動大清洗（Great Purge）。到了1939年，五位蘇聯元帥（右）中的三位和數以百計的軍官都已經喪命。

德國和蘇聯的大後方

德國和蘇聯都對國內經濟進行調節，以符合總體戰的需求。蘇聯較有效率，生產的武器比德國的便宜，也較好製造。

DEUTSCHER VOLKSSTURM
WEHRMACHT

△ **為祖國而戰**
國民突擊隊（Volkssturm）是德國徵召的民兵組織，這樣的臂章會配發給它的成員。

蘇聯人民在打這場稱為「大衛國戰爭」（Great Patriotic War）的戰爭時付出了慘痛的代價。當局無情地把重點放在軍火生產，所以絕大部分人民都在挨餓，一週得工作 66 個小時，得到的配給還只有德國人的一半。他們至少死了 1800 萬人，但出於脅迫、對「法西斯敵人」的仇恨和俄羅斯愛國主義的混和，他們還是撐了下去。

德國雖然資源較充裕，但他們的生產速度卻比不上蘇聯，直到戰時工業在 1942 年重新改組調整（參見第 174-75 頁）。此後，德國的工業產出就急遽成長，女性也扮演愈來愈重要的角色。配給制度在 1939 年時施，但自 1943 年起，隨著盟軍轟炸日益增強，擾亂糧食供應，貧困狀況也跟著惡化。平民喪命人數提高，數百萬人從德國城市疏散。

戰爭中的獨裁

這兩個獨裁政權都強迫進行人口遷移。德國從被占領的國家引進超過 700 萬名平民和戰俘，強迫他們工作，而蘇聯則拆遷成百上千座工廠，連同工人運往烏拉山（Ural）以東的地方，以保護戰時工業生產不被從西邊攻過來的德軍干擾。這兩個政權也都會壓榨集中營和古拉格（蘇聯勞改營）的奴工。

▷ **生活如常**
在慕尼黑的街上，小女孩玩著洋娃娃，不受堆放在家門口的砲彈影響。隨著盟軍轟炸次數增多、強度提高，成千上萬兒童從德國都市疏散，以確保安全。

共青團工人大隊

在一座蘇聯兵工廠類，共青團（Komsomol）工人大隊的一位女領班監督槍械的組裝生產。德國和蘇聯的軍火產量都在1944年達到高峰。

列寧格勒圍城戰

列寧格勒圍城戰是史上最殘酷的封鎖行動之一。德軍和芬軍聯手包圍這座城市，連番砲轟並讓城內居民斷糧長達872天，有數十萬平民因此活活餓死。

1941 年 8 月，也就是德國入侵蘇聯兩個月以後，德軍就朝列寧格勒逼近。到了 9 月 8 日，南邊的德軍和北邊的芬軍開始包圍這座城市，切斷了所有鐵路和陸上運輸，掐死了這座城市的補給線。

到了 9 月下旬，希特勒改變戰術，下令圍攻列寧格勒，發動猛烈砲擊並讓城內居民斷糧，不接受投降，要把這座城市夷為平地。在超過兩年的時間裡，猛烈的重砲轟擊和空中轟炸摧毀了列寧格勒的基礎建設，據估計有 65 萬居民死於砲擊、空襲、飢餓、疾病和失溫。

劣勢求生

由於主要的補給線都被切斷，列寧格勒若要生存，只能完全依賴東北邊的拉多加湖，這是從蘇聯其他地方運來物資的唯一途徑。每年夏天，駁船都會載運食物、燃料和彈藥，穿越湖泊來到列寧格勒。每年冬天，當湖面冰凍時，給養就會經由湖面狹窄且危險的冰路運來。這條路線被稱為「生命之路」，也是超過 100 萬平民逃離這座飢餓城市時的主要疏散路線。蘇軍的高射砲和戰鬥機能保護這條路免於攻擊，但因為德軍持續攻擊運輸船隊或車隊，旅途依然危險重重。

蘇軍多次企圖突破封鎖。1942 年 8 月到 10 月，伏爾霍夫方面軍（Volkhov Front）和列寧格勒方面軍（Leningrad Front）的進攻最後陷入僵局。但在 1943 年 1 月的火花行動（Operation Iskra）裡，蘇軍終於突破德軍防線，在拉多加湖南岸建立了一條通往這座城市的走廊。他們在走廊裡修築了一條鐵路，以提供比拉多加湖船運更快的運輸。1944 年 1 月，蘇軍終於突破封鎖。他們擊退德軍，並在 1 月 27 日重新奪回莫斯科－列寧格勒鐵路，結束長達 872 天的圍城戰。1945 年，這座城市獲頒列寧勳章（Order of Lenin），1965 年獲頒蘇聯英雄城市（Hero City of the Soviet Union）。

◁ **進攻列寧格勒**
1941年底，德意志國防軍官兵在觀測對列寧格勒防線的攻擊。

1941年的列寧格勒地圖

在這張列寧格勒市區和西邊港口的地圖上，紅色箭頭代表圍城戰期間在芬蘭灣（Gulf of Finland）巡邏保衛列寧格勒的蘇聯艦艇。在城市的西北方，沿著海岸可以看到陸軍師級部隊和迫擊砲陣地的標示。

前進莫斯科

德軍在1941年秋天戰果豐碩，尤其是庫斯克（Kursk）和克里米亞。但他們往莫斯科前進時卻開始陷入膠著，因為紅軍鞏固了陣地，且蘇聯平民也加入反擊。

圖例

- 9月30日德軍占領區域
- 11月16日德軍占領區域
- 12月5日德軍占領區域
- 蘇聯方面軍（集團軍）
- 德國集團軍
- 主要會戰

時間軸

1941年9月　10月　11月　12月　1942年1月

1 德軍早期的成功

1941年9月30日－10月19日

德軍朝莫斯科的推進在9月30日捲土重來。大約有200萬名官兵投入這波攻勢，他們要面對的是沿著從維雅茲馬（Vyazma）到布揚斯克（Bryansk）的防線部署的蘇聯部隊。德軍一路向前，10月3日攻占奧瑞爾（Orel），並在布揚斯克包圍蘇軍三個軍團。另外還有四個軍團也在維雅茲馬被包圍，並在10月19日投降。通往莫斯科的道路更加暢通無阻。

- 9月30日－10月15日德軍挺進莫斯科
- 維雅茲馬－布揚斯克防線
- 蘇軍投降

2 進度漸漸停滯 1941年10月15-31日

10月15日，德軍進展到蘇軍倉促構築的莫札伊斯克防線（Mozhaisk Line）。他們往北前進，攻下卡里寧（Kalinin），之後這條防線就在德軍的持續攻擊下崩潰。但德軍未能拿下位於通往莫斯科路上的城鎮土拉（Tula），且此時他們已經極度缺乏油料、因大雨陷入泥淖，還穿著夏季制服凍得半死。德軍往莫斯科的進軍停止了。

- 10月15-31日德軍進軍莫斯科
- 莫札伊斯克防線
- 莫札伊斯克防線上的蘇軍陣地

3 朝向莫斯科的最後進擊

1941年11月15日－12月5日

氣溫下降讓地面結凍變硬之後，德軍就恢復前進。他們計畫從北邊的克林（Klin）還有南邊的土拉附近逼近莫斯科。德軍在激戰後攻占克林，但通過土拉後，卻因為蘇軍抵抗而進展變慢。此時氣溫已經降到攝氏零下35度，德軍的武器被凍到卡死，戰車無法發動，迫使他們撤往更容易防禦的陣地。

- 11月15日－12月5日德軍進軍莫斯科
- 德軍撤退
- 莫斯科周邊要塞化防線

10月27日 蘇聯守軍放棄沃洛科藍斯克（Volokolamsk），讓給德軍

11月23日 德軍攻占克林

1941年10月 陸軍元帥喬治・朱可夫（Georgy Zhukov）接管防衛作戰指揮，莫斯科的居民在城市四周挖掘壕溝和反戰車壕

10月15日 共產黨和政府官員疏散到庫伊比雪夫（Kuibyshev），但史達林留下來

10月19日 維雅茲馬口袋投降，大約67萬蘇軍官兵淪為戰俘

12月5日 蘇軍第49和第50軍團在卡西拉（Kashira）擋住德軍前進

10月26日 蘇軍第50軍團和自願參與作戰的平民把德軍戰車從土拉郊區逐退

10月15日 布揚斯克口袋投降，但只有5萬蘇軍官兵淪為戰俘，其餘都逃跑了

11月3日 德軍攻占庫斯克

10月24日 蘇聯最大工業中心之一卡爾可夫（Kharkov）被占領

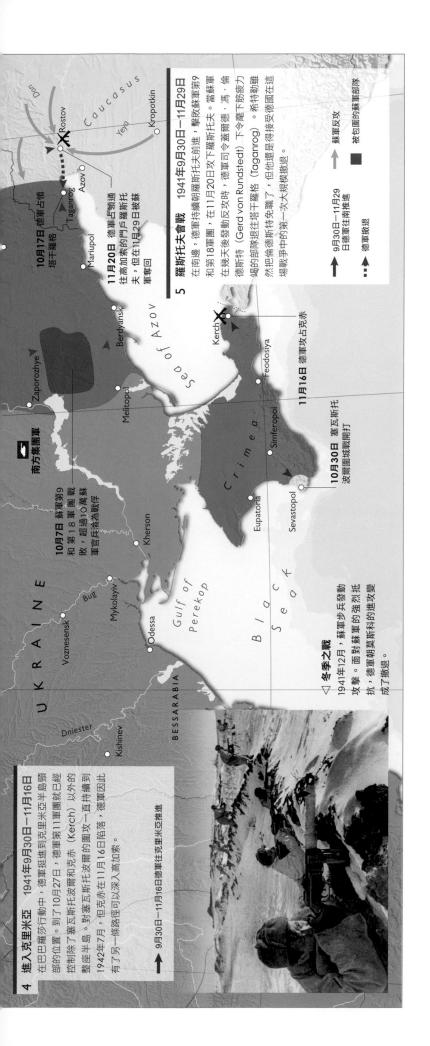

4 進入克里米亞 1941年9月30日－11月16日
在巴巴羅莎行動中，德軍挺進到克里米亞半島頸部的位置。到了10月27日，德軍第11軍團就已經控制除了塞瓦斯托波爾和克赤（Kerch）以外的整座半島。對塞瓦斯托波爾的圍攻一直持續到1942年7月，但克赤在11月16日陷落，德軍因此有了另一條路徑可以深入高加索。

→ 9月30日－11月16日德軍往克里米亞推進

UKRAINE
BESSARABIA
Dniester
Kishinev
Voznesensk
Bug
Mykolayiv
Odessa
Kherson
Gulf of Perekop
Black Sea
Crimea
Eupatoria
Simferopol
Sevastopol
Feodosiya
Kerch
Melitopol
Zaporozhye
Berdyansk
Sea of Azov
Mariupol
Taganrog
Azov
Rostov
Don
Caucasus
Yeya
Kropotkin

南方集團軍

10月7日 蘇軍第9和第18軍團戰敗，超過10萬蘇軍官兵淪為戰俘

10月17日 德軍占領塔干羅格

11月20日 德軍占領通往高加索的門戶羅斯托夫，但在11月29日被蘇軍奪回

11月16日 德軍攻占克赤

10月30日 塞瓦斯托波爾圍城戰開打

◁ **冬季之戰**
1941年12月，蘇軍步兵發動攻擊。面對蘇軍的強烈抵抗，德軍朝莫斯科的進攻變成了撤退。

5 羅斯托夫會戰 1941年9月30日－11月29日
在南邊，德軍持續朝羅斯托夫前進，擊敗蘇軍第9和第18軍團，在11月20日攻下羅斯托夫。當蘇軍在幾天後發動反攻時，德軍司令蓋爾德·馮·倫德斯特（Gerd von Rundstedt）下令麾下筋疲力竭的部隊退往塔干羅格（Taganrog）。希特勒雖然把倫德斯特免職了，但他還是得接受德國在這場戰爭中的第一次大規模撤退。

→ 9月30日－11月29日德軍往南推進
→ 蘇軍反攻
⇢ 德軍撤退
■ 被包圍的蘇軍部隊

德國進軍莫斯科

德國入侵蘇聯的巴巴羅莎行動一舉成功之後，希特勒下令發動颱風行動（Operation Typhoon），重新攻向莫斯科。他深信這會是「戰爭中最後、最偉大、也最具決定性的一場戰役」。但這場戰役卻以撤退告終，對希特勒消滅蘇聯的計畫造成嚴重打擊。

巴巴羅莎行動（參見第 90-91 頁）期間，德國認為莫斯科的重要性略遜於其他戰略目標。進軍首都的行動被延後了，到了 1941 年 9 月下旬才重新開始，因為他們先進軍烏克蘭奪取資源——這是希特勒和麾下將領爭議的一個根源。不過到了那個時候，暴雨已經把道路變得泥濘不堪，加上燃料短缺、受損的戰車也無從替換，德軍的進展被拖慢，士氣也崩潰了。此外更重要的是，德軍雖已俘虜了數百萬名紅軍部隊，但蘇聯還有數以百萬計的預備隊，紅軍可以定時補充，甚至有平民自願加入。1941 年 12 月 5 日，德軍還攻不下莫斯科，冬季卻已經來臨。德軍不但對酷寒毫無準備，面對堅定的紅軍時還嚴重消耗過度，因此傷亡人數開始攀升。到了那年的聖誕節，已有超過 10 萬德軍官兵凍傷，超過 25 萬人陣亡。

在此同時，南方的德軍成功拿下了克里米亞。但他們往高加索推進時卻舉步維艱，跟北方一樣都是因為補給線過度延伸、部隊消耗過度。當紅軍部隊在 11 月底收復羅斯托夫（Rostov）時，恰恰凸顯了德軍實際上有多麼脆弱。

蘇聯工業區疏散

德軍的推進威脅到關鍵的彈藥（上圖）和其他軍用物資的生產。1941年，蘇聯開始把工廠及勞工疏散到安全的西伯利亞及烏拉山以東地區，共有超過1500家大型工廠遷移。

東方的殺戮

1941年6月，德軍入侵蘇聯，又使數百萬猶太人落入希特勒的掌控。短短幾個星期內，德軍特種單位就已經開始屠殺俄國猶太人，五個月內就殺害了多達100萬人。

△ 黨衛軍首腦
海因里希・希姆萊（Heinrich Himmler）是特別行動部隊的負責人。1941年，他奉命執行希特勒的「最終解決方案」（Final Solution），目的是滅絕全歐洲的猶太人。

巴巴羅莎行動（參見第90-91頁）期間，入侵蘇聯的德軍部隊旁邊有一支特別行動部隊。這是個隸屬於黨衛軍的特種單位，任務是滅絕居住在德國占領區中的猶太人。共由大約4000人組成四支隊伍，分散在波羅的海國家、白俄羅斯和烏克蘭等地。1941年7月13日，殺戮在明斯克展開，有超過1000名猶太人遭槍斃，隨著夏天過去，速度也跟著加快。行刑隊經常利用大型市鎮邊緣的溝壑凹地，在那裡槍斃猶太人，之後直接把屍體推落掩埋。

9月26日，基輔的德軍司令部下令消滅所有猶太人。有超過3萬3000名猶太人原本以為是要離開基輔的猶太區前往其他地方，結果被帶到附近的娘子谷。在那裡，一支特別行動部隊在烏克蘭親納粹分子的幫助下用機槍掃射了這些猶太人。到這一年年底為止，總共已有大約80萬到100萬猶太人遭殺害，而這是當中最嚴重的單一一場屠殺。年底之後，槍決這個辦法就被機動毒氣車和使用一氧化碳或氰化氫（齊克隆B〔Zyklon B〕）的滅絕營取代了。

Jaguar

△ 巴巴羅莎行動
在入侵蘇聯的巴巴羅莎行動初期，一個德軍裝甲單位向前推進。德軍迅速挺進，讓納粹控制區中的數十萬猶太人無路可逃。

屠殺後的搜索
在克里米亞的克赤，大屠殺遇難者的家屬正在尋找親人的遺體。1941年的秋天和冬天，特別行動部隊在克赤及其周邊地區殘忍殺害了大約7000名猶太人。

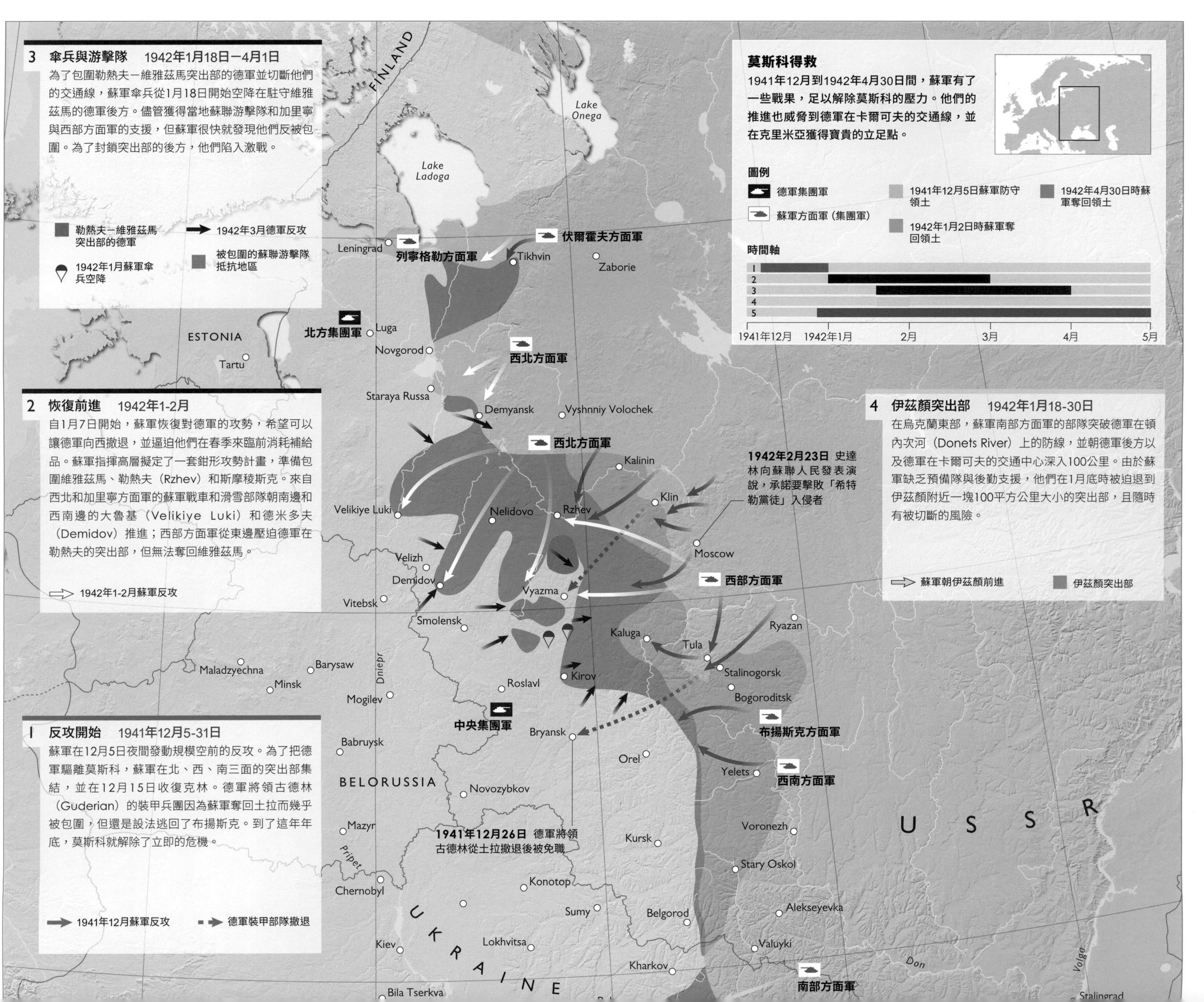

FINLAND
Lake Onega
Lake Ladoga
ESTONIA
Tartu
Leningrad
列寧格勒方面軍
伏爾霍夫方面軍
Tikhvin
Zaborie
北方集團軍
Luga
Novgorod
西北方面軍
Staraya Russa
Demyansk
Vyshnniy Volochek
西北方面軍
Kalinin
Klin
Velikiye Luki
Nelidovo
Rzhev
Moscow
Velizh
Demidov
西部方面軍
Vitebsk
Vyazma
Smolensk
Kaluga
Tula
Ryazan
Maladzyechna
Barysaw
Minsk
Dniepr
Roslavl
Kirov
Stalinogorsk
Bogoroditsk
Mogilev
中央集團軍
Bryansk
布揚斯克方面軍
Babruysk
Orel
Yelets
西南方面軍
BELORUSSIA
Novozybkov
Mazyr
Kursk
Voronezh
U S S R
Pripet
Stary Oskol
Chernobyl
Konotop
Alekseyevka
Sumy
Belgorod
UKRAINE
Kiev
Lokhvitsa
Valuyki
Don
Volga
Kharkov
南部方面軍
Bila Tserkva
Stalingrad
1942年2月23日 史達林向蘇聯人民發表演說，承諾要擊敗「希特勒黨徒」入侵者
1941年12月26日 德軍將領古德林從土拉撤退後被免職

莫斯科得救

1941年12月到1942年4月30日間，蘇軍有了一些戰果，足以解除莫斯科的壓力。他們的推進也威脅到德軍在卡爾可夫的交通線，並在克里米亞獲得寶貴的立足點。

圖例

- 德軍集團軍
- 蘇軍方面軍（集團軍）
- 1941年12月5日蘇軍防守領土
- 1942年1月2日時蘇軍奪回領土
- 1942年4月30日時蘇軍奪回領土

時間軸

1 2 3 4 5

1941年12月 1942年1月 2月 3月 4月 5月

3 傘兵與游擊隊 1942年1月18日—4月1日

為了包圍勒熱夫—維雅茲馬突出部的德軍並切斷他們的交通線，蘇軍傘兵從1月18日開始空降在駐守維雅茲馬的德軍後方。儘管獲得當地蘇聯游擊隊和加里寧與西部方面軍的支援，但蘇軍很快就發現他們反被包圍。為了封鎖突出部的後方，他們陷入激戰。

- 勒熱夫—維雅茲馬突出部的德軍
- 1942年1月蘇軍傘兵空降
- 1942年3月德軍反攻
- 被包圍的蘇聯游擊隊抵抗地區

2 恢復前進 1942年1-2月

自1月7日開始，蘇軍恢復對德軍的攻勢，希望可以讓德軍向西撤退，並逼迫他們在春季來臨前消耗補給品。蘇軍指揮高層擬定了一套鉗形攻勢計畫，準備包圍維雅茲馬、勒熱夫（Rzhev）和斯摩稜斯克。來自西北和加里寧方面軍的蘇軍戰車和滑雪部隊朝南邊和西南邊的大魯基（Velikiye Luki）和德米多夫（Demidov）推進；西部方面軍從東邊壓迫德軍在勒熱夫的突出部，但無法奪回維雅茲馬。

- 1942年1-2月蘇軍反攻

1 反攻開始 1941年12月5-31日

蘇軍在12月5日夜間發動規模空前的反攻。為了把德軍驅離莫斯科，蘇軍在北、西、南三面的突出部集結，並在12月15日收復克林。德軍將領古德林（Guderian）的裝甲兵團因為蘇軍奪回土拉而幾乎被包圍，但還是設法逃回了布揚斯克。到了這年年底，莫斯科就解除了立即的危機。

- 1941年12月蘇軍反攻
- 德軍裝甲部隊撤退

4 伊茲顏突出部 1942年1月18-30日

在烏克蘭東部，蘇軍南部方面軍的部隊突破德軍在頓內次河（Donets River）上的防線，並朝德軍後方以及德軍在卡爾可夫的交通中心深入100公里。由於蘇軍缺乏預備隊與後勤支援，他們在1月底時被迫退到伊茲顏附近一塊100平方公里大小的突出部，且隨時有被切斷的風險。

- 蘇軍朝伊茲顏前進
- 伊茲顏突出部

ПАРТИЗАНЫ
БЕЙТЕ ВРАГА
БЕЗ ПОЩАДЫ!

◁ **武裝起來**
數以千計蘇聯游擊隊戰士受到類似這樣的宣傳海報激勵，在蘇聯的德軍占領區打游擊戰。

南方集團軍
Kishinev
Voznesensk
Bug
Mykolayiv
Odessa
Kherson
Kryvyy Rih
Nikopol
Dniepr
Melitopol
Berdyansk
Mariupol
Taganrog
Donetsk
Rostov
亞速海分遣隊
Sea of Azov
Caucasus
Dzhankoy
CRIMEA
Eupatoria
Simferopol
Feodosiya
Kerch
克里米亞方面軍
Novorossiysk
Sevastopol
黑海艦隊
Black Sea

1942年1月5日 蘇軍在尤帕托里雅登陸，希望可以和在塞瓦斯托波爾被圍攻的友軍會合

5 反攻克里米亞
1941年12月26日－1942年4月30日
12月下旬，蘇軍在海軍支援下登陸克里米亞半島南岸上的克赤和非奧多西雅（Feodosiya）。更多蘇軍在尤帕托里雅（Eupatoria）登陸，加重了占領德軍的壓力。不過德軍發動反擊，經過兩天激戰後擊潰蘇軍，並處決超過1200名游擊隊員。儘管如此，他們還是無法趕走在克赤和尤帕托里雅掘壕固守的蘇軍。

蘇聯海軍部隊
蘇軍在克里米亞的反攻
蘇軍在克里米亞收復的領土

解救莫斯科

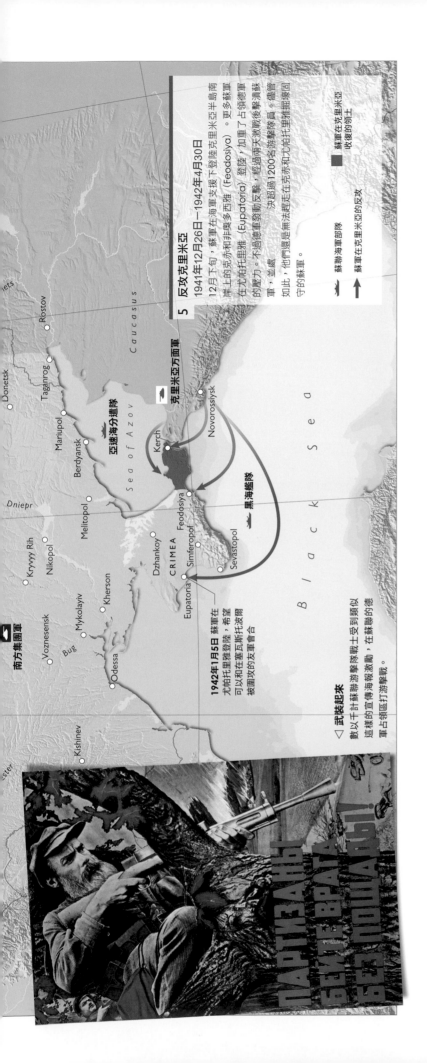

1941年12月，蘇軍對入侵的德軍發動大反攻，在漫長東線上的幾個地點有所斬獲，解除了莫斯科眼前的危機。但他們無法迫使德軍全面撤退，前線從1942年2月起就大抵維持不動，直到德軍在6月發動新一輪攻勢。

1941 年 9 月下旬，希特勒的目標是在俄國惡名昭彰的冬季來臨前就拿下莫斯科（參見第 96-97 頁）。儘管德軍在往莫斯科中途的維雅茲馬和布揚斯克打了勝仗，但蘇軍的反抗迫使德軍停止前進，蘇軍則在莫斯科周圍掘壕，準備過冬。德軍指揮階層以為紅軍也和他們一樣筋疲力竭，但史達林在西伯利亞還有大量預備隊，其中大部分都已被派到東線支援蘇軍。

從 12 月 5 日開始，蘇軍指揮官下令對德軍展開規模空前的反攻作戰，沿著整條戰線進行。在北方，伏爾霍夫方面軍成功奪回了具有戰略重要性的提赫文（Tikhvin），緩解了通往被圍攻的列寧格勒（參見第 94-95 頁）的補給線壓力。在莫斯科附近，克林和土拉附近的德軍突出部很快就被迫後退，但讓德軍轉移並遠離戰線中央需要更久的時間。在南方，紅軍光復克里米亞的克赤，並在伊茲顏（Izyum）形成一個明顯的突出部。德軍奉命堅守陣地，持續戰鬥，並在 3 月發動多次攻擊。到了 4 月，蘇軍的反攻幾乎停止，雙方都蒙受沉重傷亡。蘇軍在某些地方推進了超過 100 公里，但依舊無法迫使德軍全面撤退，也無法收復維雅茲馬和卡爾可夫的德軍交通中心。蘇軍的反攻無法堅持到底，最後讓德軍在南方發動成功的攻勢，也導致史達林格勒戰役（Battle of Stalingrad，參見第 148-53 頁）。

喬治・朱可夫元帥
1896-1974年

朱可夫是史達林麾下最有才幹的指揮官之一。他籌畫了列寧格勒和莫斯科的防禦，並於1941年12月在莫斯科指揮反攻。在史達林格勒，他的反擊消滅了堅守城中的德軍第6軍團。1945年，朱可夫在柏林接受德軍投降。他在1943年晉升蘇聯元帥，但戰爭結束後就被冷落，因為史達林把他視為威脅。

38
20
6
5

第三章

戰火擴大

1942年

美國參與了歐洲和太平洋的戰爭，而蘇聯在東方則遏制了德軍的前進。在此同時，納粹加強了對猶太人的迫害。

美國和日本走向戰爭

1941年12月，美國動手制壓日本在亞洲的帝國野心，因此日本對美國發動戰爭。日本在初期連戰皆捷，控制了亞洲和太平洋的大片區域，但卻受到美國的猛烈反擊。

△ 有影響力的人
日本海軍大將山本五十六精心策畫以航空母艦偷襲珍珠港，但他個人卻懷疑日本可以在戰爭中打贏美國。

整個 1930 年代，美國都沒有公然對抗日本在亞洲各地日益增長的軍國主義行為，例如日本在 1937 年侵略中國。但希特勒大軍在 1940 年連連告捷之後，日本也加速侵略，因為他們看出這是從歐洲殖民強權——戰敗的法國和荷蘭以及自顧不暇的英國——手中奪取東南亞殖民地的機會。

敵意上升

美國總統羅斯福愈來愈支持英國對抗納粹德國，所以承擔了抵抗日本在東南亞擴張的責任——因為英國已經無力勝任這項工作了。日本在 1940-41 年進占法屬印度支那（French Indochina），結果遭遇美國強烈反對，美國對日本實施經濟封鎖，並要求日本放棄在亞洲建立帝國的野心。

日本的回應是繼續執行他們征服東南亞的計畫。他們認為若是奇襲夏威夷珍珠港內的美國艦隊，就可以使美國暫時失勢，讓日本有足夠的時間在太平洋建立大範圍的防禦圈。日本人希望到了那時候，他們的地位就已經強大到可以嚇阻美國報復，讓日本可以安穩地控制他們的亞洲帝國。但這卻是一個災難性的誤判。事實上，日軍在 1941 年 12 月 7 日偷襲珍珠港，結果徹底激怒了美國輿論，認為美國一定要踏上戰爭這條路，不惜任何代價和人命損失也要和日本打到底。隔天，美國就對日本宣戰。

打從一開始，美國人看待太平洋戰爭的態度就有個特徵：對日本人的種族仇恨。而日軍虐待盟軍戰俘，更是為反日情緒火上加油。

MORE PRODUCTION
USA

德國宣戰

日軍偷襲珍珠港四天之後，希特勒對美國宣戰，把美國拉進了歐洲的衝突。羅斯福認為納粹德國對美國利益造成的威脅比日本侵略更大，因此他決定先把重點放在歐洲的德國，延緩了美國在太平洋的反攻。

◁ 促進戰時生產
一張美國海報把納粹的卐字標誌和日本軍旗結合在一起，顯示德國和日本是共同敵人。

日本的征服之路

在偷襲珍珠港之後的六個月裡，日軍橫掃太平洋，在東南亞大獲全勝。馬來西亞、新加坡、菲律賓、荷屬東印度（Dutch East Indies）和緬甸全都落入日本手中，而在新幾內亞（New Guinea）的登陸也威脅到澳洲。不過到了1942年底，太平洋上的中途島海戰（Battle of Midway）和瓜達卡納島（Guadalcanal）的慘烈戰鬥都顯示，美軍有能力在陸戰和海戰中擊敗日軍。

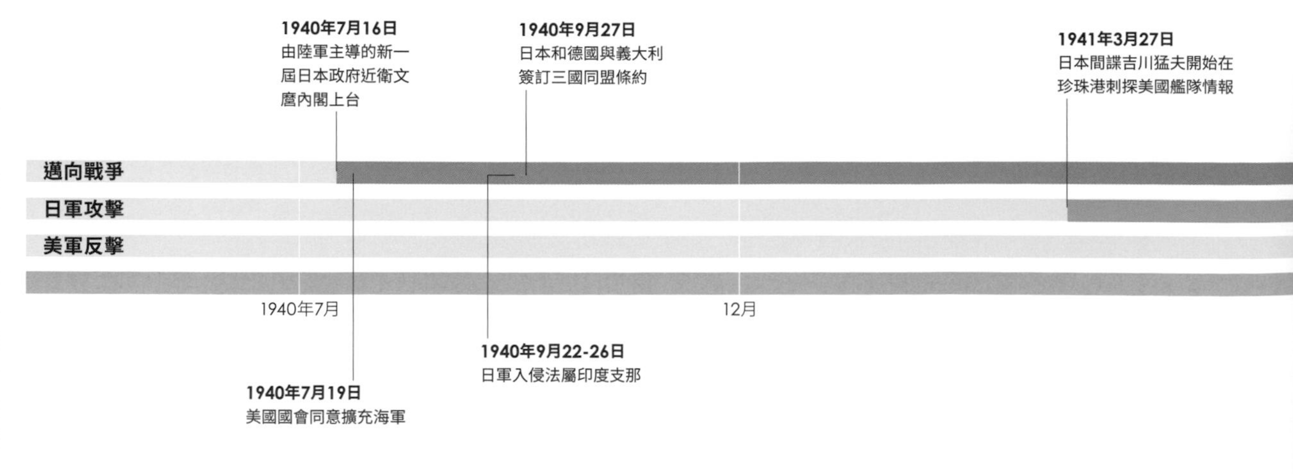
1940年7月16日
由陸軍主導的新一屆日本政府近衛文麿內閣上台
1940年9月27日
日本和德國與義大利簽訂三國同盟條約
1941年3月27日
日本間諜吉川猛夫開始在珍珠港刺探美國艦隊情報
邁向戰爭
日軍攻擊
美軍反擊
1940年7月
12月
1940年9月22-26日
日軍入侵法屬印度支那
1940年7月19日
美國國會同意擴充海軍

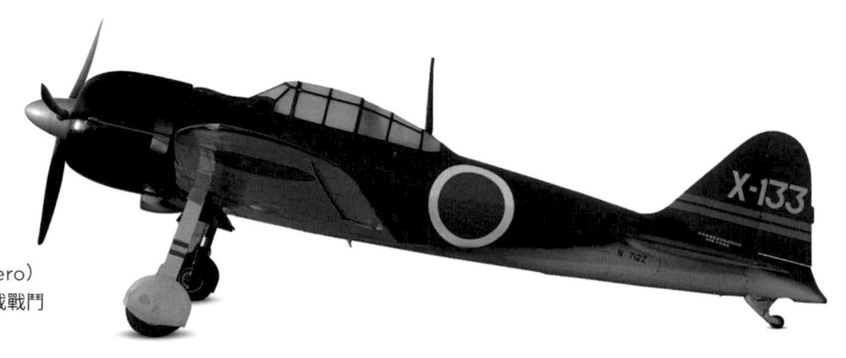
X-133

▷ **零式戰鬥機**
在1941年，日軍的A6M零式（Zero）戰鬥機應該是當時世上最好的艦載戰鬥機，勝過美國海軍的所有機型。

▽ **珍珠港的災難**
日軍偷襲珍珠港時，美軍戰艦西維吉尼亞號（West Virginia）燃起熊熊大火。共有四艘美軍戰艦在攻擊中沉沒。

「我們必定會贏得勝利——願上帝幫助我們。」

美國總統羅斯福，1941年12月8日

和建立聯合指揮部並擬定戰略的西方盟國相反，日本和德國是在打兩場完全獨立的戰爭。日本和德國的死敵蘇聯依然維持和平，直到 1945 年 8 月日本拒絕投降後，蘇聯才對日宣戰。

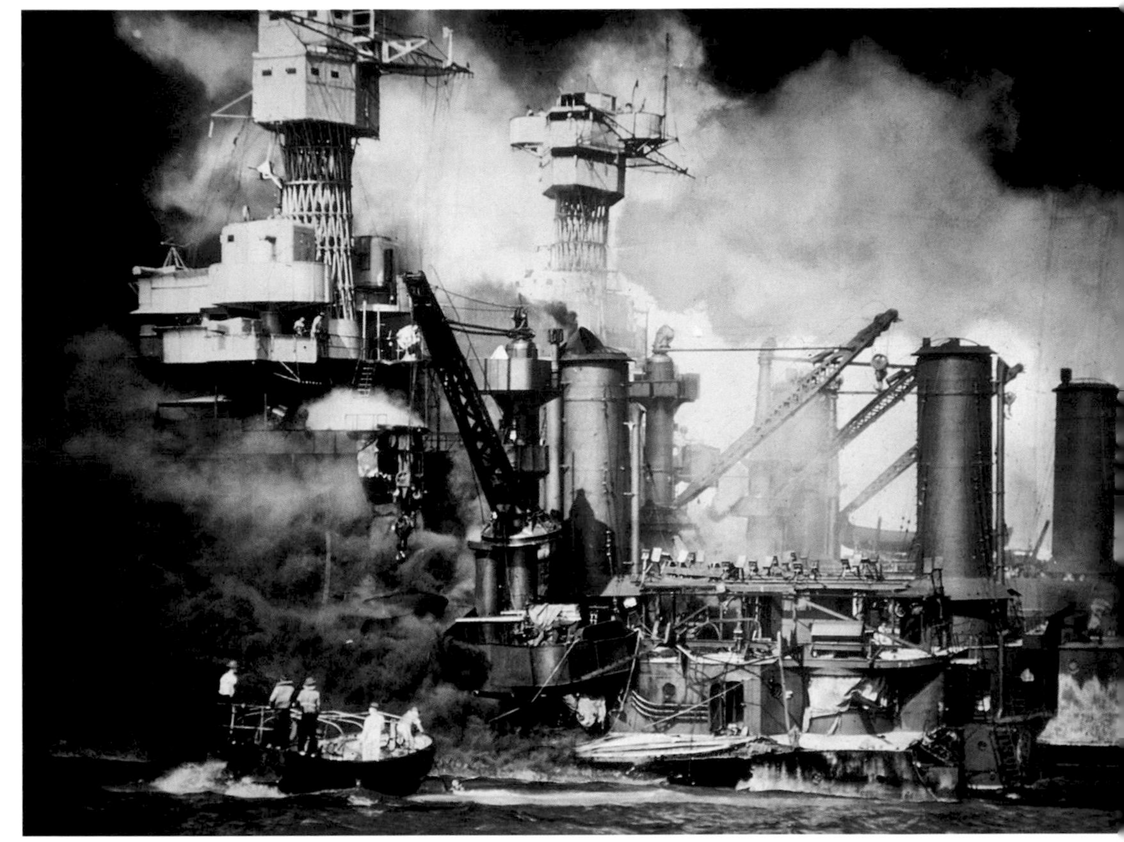

成功與失敗

剛開始，日軍在東南亞對士氣低落、軍事力量也不足的殖民帝國發動的攻勢大獲成功。英軍在新加坡投降的景象，尤其重重打擊了歐洲人的種族優越感。不過在英屬印度，卻只有少數民族獨立運動人士站在納粹德國與日本那一邊。整體而言，日本並未善用他們原本可能從亞洲同胞那裡取得的支持，反而證明了他們至少和他們所取代的歐洲殖民者一樣剝削與壓迫。

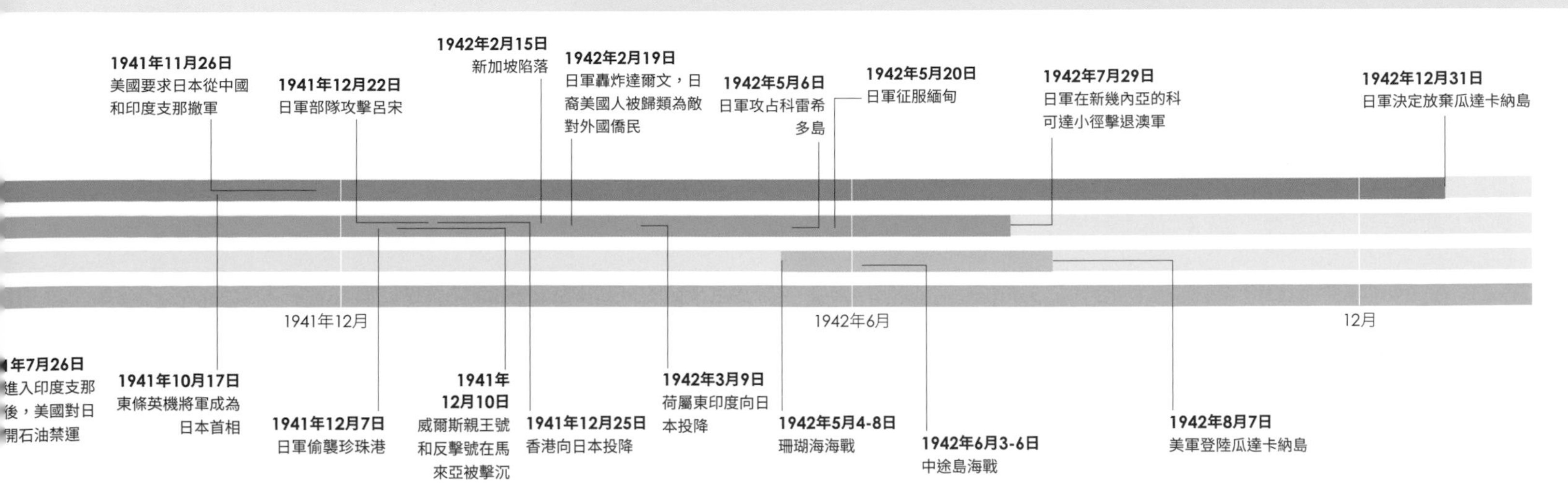
1941年11月26日
美國要求日本從中國和印度支那撤軍
1941年12月22日
日軍部隊攻擊呂宋
1942年2月15日
新加坡陷落
1942年2月19日
日軍轟炸達爾文，日裔美國人被歸類為敵對外國僑民
1942年5月6日
日軍攻占科雷希多島
1942年5月20日
日軍征服緬甸
1942年7月29日
日軍在新幾內亞的科可達小徑擊退澳軍
1942年12月31日
日軍決定放棄瓜達卡納島
1941年12月
1942年6月
12月
年7月26日
進入印度支那
後，美國對日
開石油禁運
1941年10月17日
東條英機將軍成為日本首相
1941年12月7日
日軍偷襲珍珠港
1941年12月10日
威爾斯親王號和反擊號在馬來亞被擊沉
1941年12月25日
香港向日本投降
1942年3月9日
荷屬東印度向日本投降
1942年5月4-8日
珊瑚海海戰
1942年6月3-6日
中途島海戰
1942年8月7日
美軍登陸瓜達卡納島

Sea of Okhotsk
USSR
TANNU-TUVA
蒙古
Khabarovsk
滿州國（滿州）
哈爾濱
Vladivostok
撫順
北京
CHINA
KOREA
日本海
Seoul
Kyoto
Pusan
Tokyo
JAPAN
Nagasaki
南京
上海
東海
重慶
AFGHANISTAN
IRAN
Delhi
NEPAL
拉薩
INDIA
BHUTAN
昆明
臺北州
臺灣
廣州
Calcutta
Mandalay
BURMA
河內
海防
FRENCH INDOCHINA
海南
Toungoo
Rangoon
THAILAND
Manila
PHILIPPINES
Mariana Island
Saipan
Guam (to US)
Bangkok
西貢
Yap
Truk Lagoon
Palau Islands
Caroline Islands
CEYLON
INDIAN OCEAN
BRITISH NORTH BORNEO
SARAWAK
MALAYA
Kuala Lumpur
Singapore
Borneo
Sumatra
Palembang
Celebes
Batavia
Java
DUTCH EAST INDIES
Bismarck Archipelago
New Guinea
Timor
Arafura Sea
Port Moresby
Coral Sea
AUSTRALIA
アサヒグラフ
ASAHIGRAPH
特輯 北支戰線寫眞 第六報

6 準備作戰 1941年

日本分別占領法屬印度支那的北部及南部後，美國和其他國家——尤其是石油蘊藏豐富的荷屬東印度——對日本進行經濟制裁。到了1941年9月，由於失去80%的石油供應，日本政府擬定對策，準備建立一個國防圈，以保護日本征服東南亞後很快就會取得的石油及其他原物料。

計畫中的日本國防圈

1940年 位於內蒙古的日本傀儡國蒙疆聯合自治政府加入大東亞共榮圈

1940年 日本在中國的占領區中扶植的傀儡政府加入大東亞共榮圈

1940年 日軍派兵進駐河內和海防，並接管印度支那北部的空軍基地和鐵路調車場

1930年代晚期 日本違反國際聯盟的託管規定，把塞班島（Saipan）和其他島嶼大幅要塞化

1941年 飛虎隊駐紮在仰光，他們可以從那裡攻擊中國境內的日軍目標

1939年 日本占領海南島，作為日後的前進基地

1945年3-8月 軸心國在法國戰敗後，日本控制印度支那，宣布越南、寮國和柬埔寨是大東亞共榮圈中的「獨立國家」

1941年 日本入侵印度支那南部

△ 前進中的帝國軍隊

日本的外交政策在國內獲得積極報導。這本日本新聞雜誌《朝日畫報》的封面採用華北日軍部隊的照片。

5 美國援助中國 1941年

隨著日本的勢力在亞洲增長，美國愈來愈關切。美國為國民政府提供軍火、物資和財政支援，此外也出資成立飛虎隊（Flying Tigers）——由大約100架美國飛行員駕駛的戰鬥機組成的飛行戰隊，由美國飛行家克萊爾・李・陳納德上校（Claire Lee Chennault）指揮。飛虎隊自1941年12月起開始在中國上空與日軍交戰。

1937年的國民政府控制區

1937年的中國軍閥控制區

緬甸的飛虎隊機場

日本的擴張
到了1941年12月，日本已經拿下中國華北和華東絕大部分領土，占領法屬印度支那，並與泰國結盟。他們的終極目標是打造出一個國防圈，保護日本本土。
圖例
1920年時的日本帝國
1940年時日本的控制範圍
1941年時的殖民地統治情形
美國
法國
荷蘭
葡萄牙
英國與大英國協
英國及法國行政管轄
時間軸
1940
1941
1942
1943
1944
1945
PACIFIC OCEAN
Midway Atoll
Wake Island
Marshall Islands
Kwajalein Atoll
Gilbert Islands
New Hebrides
Fiji
New Caledonia

1 資源需求 1940-1941年
1940年，日本已經取得中國的東北地區和絕大部分的華東海岸地帶，但在內陸仍遭遇堅強抵抗。日本的戰時經濟依然亟需荷屬東印度的石油和英屬馬來亞的錫與橡膠。由於預期會有軍事動作，日本已經在中太平洋的託管島嶼（參見第16-17頁）上建立了幾座前進基地。
日軍前進基地
東南亞的原物料
煤碳
鐵
錫
石油
橡膠

2 大東亞共榮圈 1940-1945年6月
1940年6月29日，日本表明意圖，希望建立一個自給自足、「由日本領導、不受西方強權束縛的亞洲國家集團」。這個計畫原本是要支持泛亞地區追求自由的理想，但後來卻變了質，淪為日本民族主義分子用來證明和其他亞洲人相比自以為高人一等的工具。
加入大東亞共榮圈的區域

3 泰國的收穫 1940年6月－1941年5月
和鄰近國家不同，泰國一直未受西方國家控制。在陸軍元帥鑾披汶・頌堪（Luang Phibunsongkhram）的軍事獨裁統治下，泰國在1940年6月和日本結盟。泰國利用德國征服法國（參見第54-55頁）的機會，在1940年10月對維琪法國宣戰，到了1941年5月就已經占領法屬印度支那的兩個地方。
1941年5月時泰國取得的領土

4 印度支那 1940年9月－1941年7月
法國陷落後，日本先是在1940年9月占領法屬印度支那北部。1941年7月28日，他們進一步占領印度支那南部，並派遣14萬部隊進駐，準備進攻荷屬東印度。維琪法國官員和法軍部隊獲得允許，可在日軍監督下留在印度支那。
日軍在印度支那建立的基地

日本的野心

入侵中國後，日本還想在別的地方繼續擴張帝國版圖。到了1941年，狀況已經很清楚：日本對東南亞懷有巨大的帝國與經濟野心，尤其是針對美國和歐洲的殖民地。

日本帝國雖然領域遼闊，但能取得原物料的途徑非常有限，推動經濟發展所需的石油、煤炭、鋼鐵和各種礦產全部都得進口。日本在1931年征服滿州後（參見第22-23頁），雖然取得了急需的煤碳，但對石油、錫和橡膠的需求仍有待滿足。日本在1930年代入侵西伯利亞東部，但被蘇聯擊敗，此後日本政府就看上了東南亞資源豐富的歐洲國家殖民地。

日本利用對殖民強權的普遍不滿，在1940年提出大東亞共榮圈（Greater East Asia Co-Prosperity Sphere）的構想，承諾創造一個「亞洲人的亞洲」，協助亞洲人推翻壓迫並獨立（參見第222-23頁）。日本也在1940年6月和獨立的泰國結盟，並在1941年4月到5月開始計畫戰爭。日本在1941年7月進占法屬印度支那，準備入侵東南亞，但此舉促使西方國家對日本進行經濟禁運。日本面對迫在眉睫的石油短缺和隨時可能發生的經濟崩潰，決心要打一場規模更大的戰爭，計畫四處征討、捍衛一個大幅擴張的帝國。

> 「如果我們只是坐著不動，恐怕不出兩三年我們就會變成三流國家。」
>
> 日本首相東條英機，1941年11月5日

對日經濟禁運

為了嚇阻日本在中國和東南亞的擴張，美國、英國和荷屬東印度先是限制、接著更是完全禁止了販賣石油、鐵礦和鋼鐵給日本。若沒有石油，日本的軍隊馬上就會動彈不得。日本人把這些禁運措施稱為ABCD包圍網（American-British-Chinese-Dutch，美英中荷）。1941年4月，日本人開始籌謀，準備奪取資源豐富的馬來亞（Malaya）和荷屬東印度。

荷蘭士兵摧毀爪哇的油田。

準備戰鬥
1941年9月，海軍兵學校的學員在廣島附近的江田島接受訓練。他們將來很可能會成為海軍特別陸戰隊的一員。

日本開戰

1941年7月，為了報復日本占領法屬印度支那，美國對日本進行經濟制裁，英國和荷屬東印度隨後跟進。但對日本來說，讓步絕不是一個選項。

面對即將威脅並扼殺日本經濟的貿易禁運，日本領導階層做出結論：發動戰爭是唯一可行的選項。如日本帝國海軍軍令部總長、海軍大將永野修身在 1941 年 9 月所說的：「不論是決定和美國作戰，還是屈服於美國的要求，日本都難逃面臨亡國的命運，所以無論如何一定要選擇打上一仗。」日本領導階層也認為時間對他們不利。動員作戰的過程拖得愈久，成功的機會也會愈渺茫。

△ 14年式南部手槍
這款手槍是1925年設計的，使用8公釐口徑的子彈，在第二次世界大戰期間配發給日本陸軍軍官使用。

日本的戰爭計畫

日本領導階層計畫攻擊東南亞，目標是要控制美國統治的菲律賓、盛產石油的荷屬東印度，以及英國的殖民地馬來亞和新加坡。日本人承認這樣的行動必定會挑起美軍部隊回應，所以決定採取預防動作，因此計畫在 1941 年 12 月 7 日奇襲夏威夷珍珠港內的美國海軍太平洋艦隊（Pacific Fleet）（參見第 110-11 頁）。日本人是這麼盤算的：如果把整個中太平洋和西南太平洋變成一個堅不可摧的軍事堡壘，就能逼迫美國打逐島消耗戰，一座接著一座，這樣的作戰代價會讓美國失去戰鬥意志。然而，實際狀況卻大不相同。

東條英機
1884–1948年

東條英機出生於東京一個前武士階級家庭，在1899年進入日本帝國陸軍服役，並晉升到將軍。他在1941到1944年間擔任日本首相，下令進行臭名昭著的珍珠港偷襲行動。戰爭結束時他自殺未遂，不久後遭到逮捕，並因戰爭罪受審，在1948年被處決。

珍珠港事件

美國總統羅斯福把日軍攻擊珍珠港的1941年12月7日稱為「一個恥辱的日子」。當時，美國和日本的談判正在進行，雙方並沒有宣戰。這場攻擊行動把戰爭從局限在歐洲的衝突轉變成全世界的大戰。

自從日本在 1931 年入侵滿州（參見第 22-23 頁），美國和日本的關係就愈來愈緊張。之後日本持續擴大區域勢力範圍，使美國提高警覺，並促使美國在 1940 年把太平洋艦隊前進部署到夏威夷的珍珠港，以作為嚇阻工具。日本在 1941 年中控制了法屬印度支那後，美國就對日本停止一切出口，因此日本把目光轉向石油蘊藏豐富的荷屬東印度。美國在當年夏天和日本展開談判，希望改善雙方關係，但沒有達成任何協議。日本首相近衛文麿在 10 月 16 日辭職下台，接著上台的是由東條英機將軍領導、更加鷹派的軍事政府。雙方最後的談判沒有任何成果，因此 12 月 1 日，日本裕仁天皇批准了「對美國、英國和荷蘭的戰爭。」

日本戰略家深知珍珠港的美軍基地易受攻擊，因此當年稍早時就已經擬定攻擊計畫。若是攻擊成功，就可以防止美國太平洋艦隊干預日軍征服荷屬東印度和馬來亞的行動，並為日本爭取提高區域實力的時間。日本希望這樣的攻擊可以削弱美國的士氣，迫使美國尋求和平妥協。受到襲擊時，美國人毫無準備，但產生的效應卻跟日本人設想的完全相反。美國大眾上下團結一心，決定進行一場絕不罷休的總體戰。

1 審判之日 1941年12月7日

美軍在珍珠港的損失相當巨大，但原本還有可能更慘。攻擊是發生在一個星期日的早晨，絕大部分的水兵都休假上岸，而太平洋艦隊的三艘航空母艦也全都不在港內：列克星頓號（USS Lexington）和企業號（USS Enterprise）以及其他31艘艦艇正前往中途島和威克島（Wake Island），而薩拉托加號（USS Saratoga）則是在整修過後的回港路上。日軍因為相當有自信在短期內可以獲勝，因此也沒有攻擊對長期作戰而言至關重要的目標，例如油槽或潛艇基地等。

● 油槽

⚓ 潛艇基地

2 第一波空襲

1941年12月7日上午7點53分－8點50分

日軍的第一波空襲由183架飛機分成三批進行。第一批包括40架中島（Nakajima）B5N 魚雷轟炸機，目標是停泊在福特島海軍航空站四周的美軍戰鬥艦。緊跟在後面的是59架、然後是另外51架愛知（Aichi）D3A 俯衝轟炸機，它們瞄準美軍戰鬥艦內華達號（USS Nevada），目標是封住港口的水道。第三批43架三菱A6M戰鬥機則攻擊港口設施。當地美軍司令部立即廣播發出訊息：「珍珠港遭到空襲，這不是演習」。

第一波空襲

內華達號航線

Waipio Peninsula

Middle Loch

黑恩姆號 (Helm)

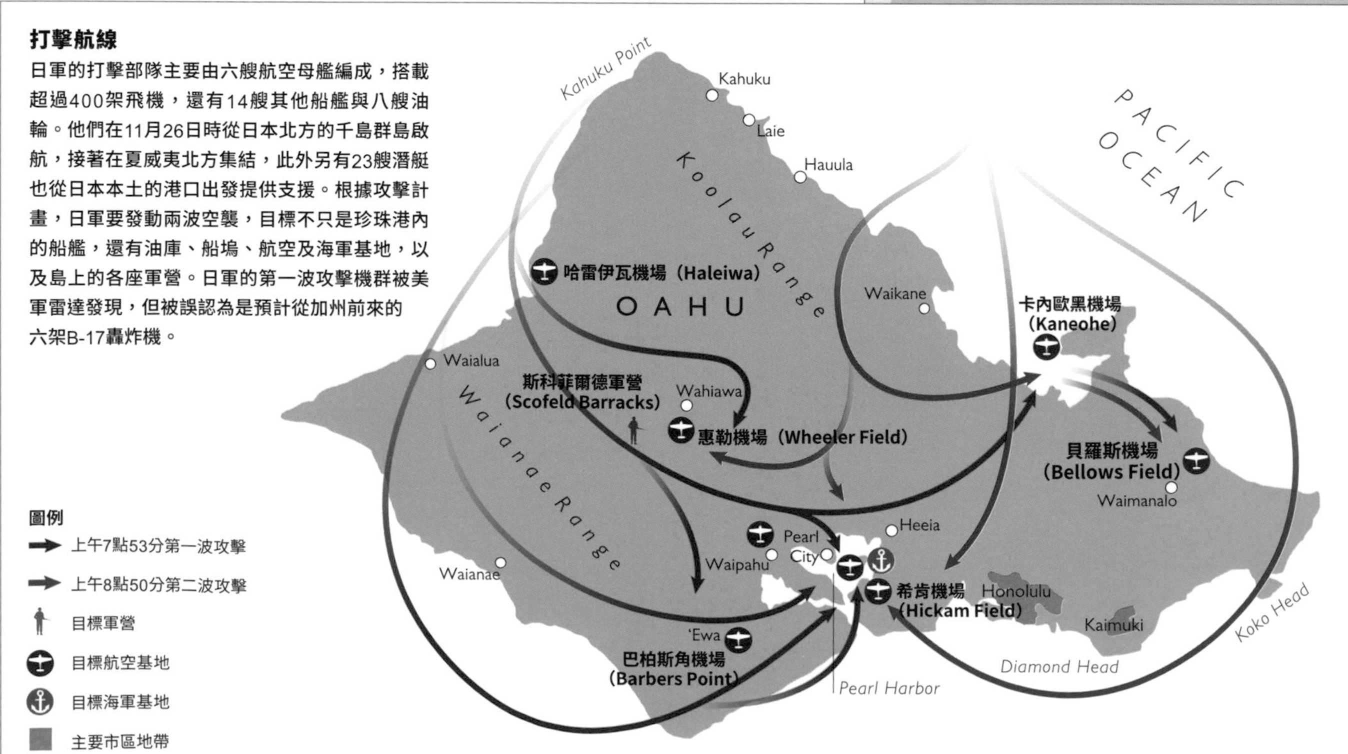

Kahuku Point
Kahuku
Laie
Hauula
Koolau Range
PACIFIC OCEAN
哈雷伊瓦機場（Haleiwa）
OAHU
Waikane
卡內歐黑機場 (Kaneohe)
Waialua
斯科菲爾德軍營 (Scofeld Barracks)
Wahiawa
惠勒機場（Wheeler Field）
貝羅斯機場 (Bellows Field)
Waimanalo
Waianae Range
Heeia
Pearl City
Waipahu
Waianae
希肯機場 (Hickam Field)
Honolulu
Kaimuki
Koko Head
'Ewa
巴柏斯角機場 (Barbers Point)
Diamond Head
Pearl Harbor
圖例
上午7點53分第一波攻擊
上午8點50分第二波攻擊
目標軍營
目標航空基地
目標海軍基地
主要市區地帶

打擊航線

日軍的打擊部隊主要由六艘航空母艦編成，搭載超過400架飛機，還有14艘其他船艦與八艘油輪。他們在11月26日時從日本北方的千島群島啟航，接著在夏威夷北方集結，此外另有23艘潛艇也從日本本土的港口出發提供支援。根據攻擊計畫，日軍要發動兩波空襲，目標不只是珍珠港內的船艦，還有油庫、船塢、航空及海軍基地，以及島上的各座軍營。日軍的第一波攻擊機群被美軍雷達發現，但被誤認為是預計從加州前來的六架B-17轟炸機。

3 第二波空襲
1941年12月7日上午8點50分－9點30分
日軍的第二波空襲由171架飛機分成三批進行。美軍戰鬥艦賓夕法尼亞號（USS Pennsylvania）受創，內華達號自行擱淺，但此時美軍的反抗力度已經加大。日軍的第三波空襲後來取消，因為日軍艦隊當時已經在美軍陸基轟炸機的航程範圍內。日軍並未完成原本的目標，而美國海軍從襲擊中恢復的速度也比對手想像中的快很多。
第二波空襲
賓夕法尼亞號受創
禍從天降
日軍攻擊部隊在11月26日離開日本，並在夏威夷北方集結。第一波攻擊在12月7日上午7點53分展開，第二波攻擊則在8點50分。美國在次日對日本宣戰。
下錨或繫泊的美軍艦艇
福特島（Ford Island）海軍及航空基地
時間軸
1
2
3
4
1941年12月7日
12月9日
12月11日
East Loch
7點53分 第一批40架魚雷機從北邊展開攻擊
赫爾號（Hull）
多賓號（Dobbin）
底特律號（Detroit）
羅利號（Raleigh）
猶他號（Utah）
吉爾號
ngier)
Ford Island
海軍航空站
PEARL HARBOR
'Aiea Bay
9點10分 在第一波空襲中受創的內華達號奪路逃出，之後自行擱淺
4 浩劫之後 1941年12月7-11日
美國海軍損失了五艘戰鬥艦和一艘港口用拖船，還有13艘其他船艦受創。美軍共有188架飛機被毀，159架受損，共2335人陣亡，1143人受傷。日軍的損失為四艘袖珍潛艇、29架飛機，共64人陣亡。第二天、也就是12月8日，美國總統羅斯福就對日本宣戰，而德國和義大利也在12月11日對美國宣戰。
被擊沉船艦
受創船艦
內華達號
亞歷桑那號
維絲塔號（Vestal）
田納西號（Tennessee）
馬里蘭號（Maryland）
西維吉尼亞號
奧克拉荷馬號
加利福尼亞號
Signal tower
海倫娜號（Helena）
歐格拉拉號（Oglala）
蕭號（Shaw）
賓夕法尼亞號
9點 賓夕法尼亞號遭炸，九人喪生
8點 49架水平轟炸機瞄準停泊在福特島四周的美軍戰鬥艦，擊沉亞歷桑那號（Arizona）、加利福尼亞號（California）、奧克拉荷馬號（Oklahoma）和西維吉尼亞號（West Virginia），並命中內華達號
Southern Loch
8點50分 第二批魚雷機從南邊展開攻擊
美國海軍造船廠

▷ **空襲機隊的鳥瞰圖**
這幅空拍照片是1941年12月7日上午日軍發動攻擊不久前，位於珍珠港的美國海軍基地和船艦情況。

4 香港淪陷 1941年12月8-25日

在偷襲珍珠港僅僅四個小時之後，日軍就進攻英國殖民地香港。經過激戰後，香港在12月25日投降。許多英軍和大英國協戰俘慘遭屠殺。日軍的這場勝利不是軍事性而是象徵性的，因為香港沒有什麼戰略價值。鄰近的葡萄牙殖民地澳門維持中立，但日本人還是在1943年9月強制把澳門納入保護對象。

日軍獲得勝利

5 進攻東印度群島 1941年12月15日—1942年1月31日

日軍兵分三路進攻東印度。西路的部隊在12月15日登陸英屬沙勞越（Sarawak），並對婆羅洲（Borneo）北部的汶萊發動攻擊，還進攻荷蘭統治的蘇門答臘（Sumatra）和爪哇（Java）。中路的部隊以達沃（Davao）為基地，前往荷屬婆羅洲。東路部隊也是從達沃啟程，進攻荷屬西里伯斯（Celebes）、安汶（Amboina）、帝汶（Timor）、峇里（Bali）和爪哇島東部。

日本海軍遭遇

日軍挺進東印度群島

日軍傘兵空降

1941年12月25日
駐香港英軍向日軍投降

1941年12月8日
日軍攻擊菲律賓呂宋（Luzon）以北的島嶼，接著再襲擊本島

1941年12月11日
日軍在兩天內就攻下關島

1942年1月2日
日軍奪占馬尼拉

1941年12月19-2
日軍登陸菲律賓的那峨島（Mindana

1941年12月8日 日軍第25軍的部隊登陸馬來亞的哥打峇魯（Kota Bharu），接著沿東海岸南下

1941年12月16日 英軍放棄檳城（Penang）

1942年1月7日 英軍在仕林河（Slim River）被擊敗

1942年1月11日
日軍進占吉隆坡

1941年12月15日
日軍部隊再英屬沙勞越的美里（Miri）登陸

1941年12月25日
日軍占領沙勞越西部

1942年1月24日
一支日軍運輸船團在卸下登陸部隊時，遭到四艘美國海軍驅逐艦攻擊

1942年1月24日
日軍拿下肯達里（Kendari）以及位於西里伯斯南部具有戰略重要性的機場

1942年1月31日
日軍攻克安汶

USSR
Sea of Okhotsk
MONGOLIA
MANCHUKUO (MANCHURIA)
Shenyang
Vladivostok
Sea of Japan (East Sea)
Beijing
Seoul
KOREA
Qingdao
JAPAN
Osaka
Tokyo
Hiroshima
Nagasaki
Kurile Islands
CHINA
TIBET
AFGHANISTAN
NEPAL
Lhasa
BHUTAN
INDIA
Calcutta
Mandalay
BURMA
Rangoon
INDIAN OCEAN
Shanghai
East China Sea
Ryukyu Islands
Okinawa
Bonin Islands
Iwo Jima
Taipei
Taiwan
Hong Kong
Macau
Hanoi
Hainan
FRENCH INDOCHINA
THAILAND
Bangkok
Gulf of Siam
Cam Ranh
Saigon
South China Sea
Luzon
Bataan
Manila
Mariana Islands
Saipan
Guam
PHILIPPINES
Mindanao
Davao
Yap
Palau Islands
Caroline Islands
Truk Lo
BRITISH NORTH BORNEO
BRUNEI
Kota Belud
Miri
SARAWAK
Tarakan
Kuching
Borneo
Balikpapan
Manado
Celebes
Kota Bharu
Slim River
Kuala Lumpur
Penang
MALAYA
Medan
Singapore
Sumatra
DUTCH EAST INDIES
Batavia
Java
Bali
Kendari
Amboina
Ceram
Timor
Koepang
Darwin
Katherine
NEW GUINEA
Bismarck Archipelago
Port Moresby
Coral Sea
AUSTRALIA

◁ **日軍歡慶勝利**
日軍士兵慶祝他們在菲律賓的勝利，驕傲地高舉旭日旗，並拔出軍刀在空中揮舞。

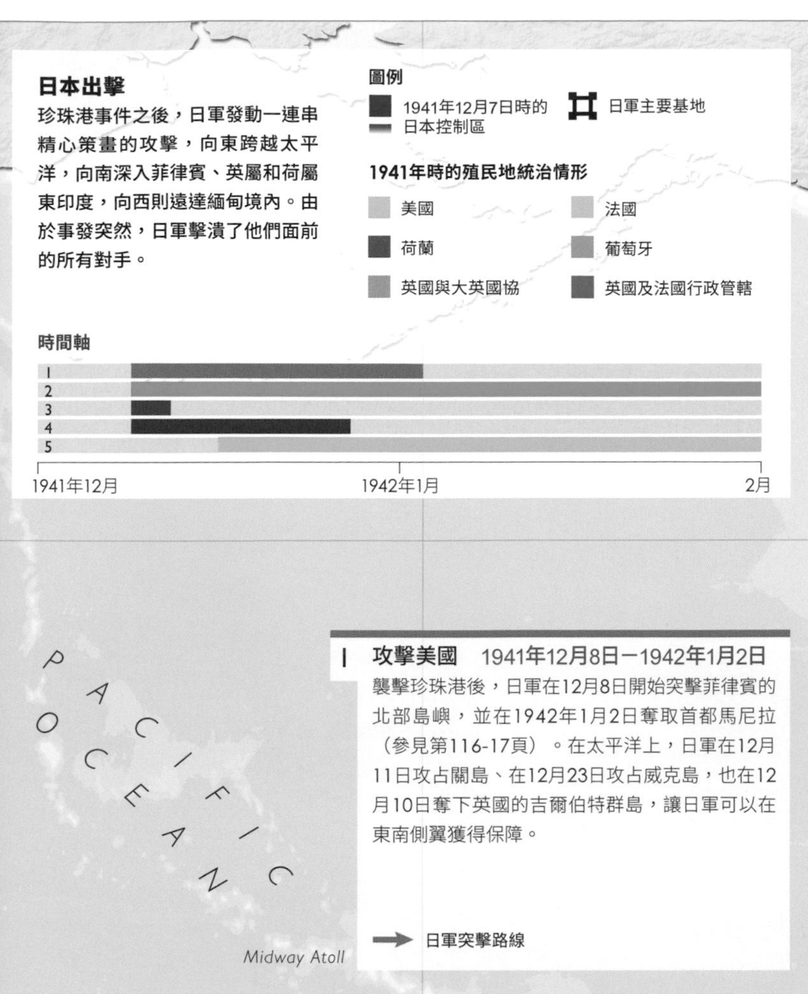
圖例
1941年12月7日時的日本控制區
日軍主要基地
1941年時的殖民地統治情形
美國
法國
荷蘭
葡萄牙
英國與大英國協
英國及法國行政管轄
時間軸
1
2
3
4
5
1941年12月
1942年1月
2月
PACIFIC OCEAN
Midway Atoll
Pearl Harbor
Hawaiian Islands
Kwajalein Atoll
shall Islands
Gilbert Islands
New Hebrides
Fiji
New Caledonia

日本出擊

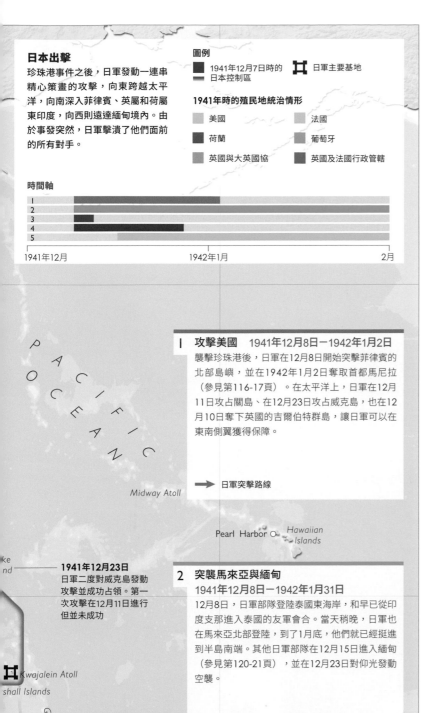

珍珠港事件之後，日軍發動一連串精心策畫的攻擊，向東跨越太平洋，向南深入菲律賓、英屬和荷屬東印度，向西則遠達緬甸境內。由於事發突然，日軍擊潰了他們面前的所有對手。

1 攻擊美國 1941年12月8日－1942年1月2日

襲擊珍珠港後，日軍在12月8日開始突擊菲律賓的北部島嶼，並在1942年1月2日奪取首都馬尼拉（參見第116-17頁）。在太平洋上，日軍在12月11日攻占關島、在12月23日攻占威克島，也在12月10日奪下英國的吉爾伯特群島，讓日軍可以在東南側翼獲得保障。

日軍突擊路線

1941年12月23日

日軍二度對威克島發動攻擊並成功占領。第一次攻擊在12月11日進行但並未成功

2 突襲馬來亞與緬甸
1941年12月8日－1942年1月31日

12月8日，日軍部隊登陸泰國東海岸，和早已從印度支那進入泰國的友軍會合。當天稍晚，日軍也在馬來亞北部登陸，到了1月底，他們就已經挺進到半島南端。其他日軍部隊在12月15日進入緬甸（參見第120-21頁），並在12月23日對仰光發動空襲。

日軍突襲馬來亞與緬甸　日軍空襲

3 威爾斯親王號和反擊號沉沒
1941年12月8-10日

英軍戰艦威爾斯親王號和戰鬥巡洋艦反擊號在1941年12月8日離開新加坡，並往南海航行，打算攻擊日軍的運輸船團。它們被一艘日軍潛艇發現，然後於12月10日在馬來半島東海岸外海被日軍轟炸機群攻擊。這兩艘船雙雙被擊沉，成為史上第一批在外海航行途中被空中力量獨力擊沉的主力艦（海軍中最大型的武裝艦艇）。

威爾斯親王號和反擊號航線

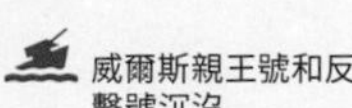
威爾斯親王號和反擊號沉沒

日本進軍

1941年12月7日，日軍襲擊珍珠港，代表日本想要把勢力範圍擴大到整個東南亞和西太平洋區域的戰役正式開打。在很短的時間內，他們就發動一連串大膽的兩棲登陸與空降突擊作戰。

在珍珠港事件（參見第 110-11 頁）爆發前幾天，日軍部隊就穿過泰國各就各位，準備依照計畫採取行動。12 月 7 日，部隊運輸船在暹羅灣集結，準備在第二天早晨突擊馬來亞。對菲律賓的第一波攻擊也是在當天進行，英屬東印度則在一個星期後遭到攻擊。此時，兩艘英軍主力艦已經在南海被擊沉，香港也遭遇打擊。美國控制的關島和威克島（Wake Island）馬上失守，而荷屬東印度則在 1942 年 1 月初遭到持續攻擊。到了 1 月底，日軍就已經占領了馬來亞本土。

美軍、英軍和荷軍遭受嚴重挫敗，許多官兵淪為日軍俘虜，或是被屠殺。日軍攻擊行動涵蓋的地理範圍非常廣，最西對緬甸仰光發動空襲，最東在太平洋上攻占吉爾伯特群島（Gilbert Islands）。日軍的計畫完美無瑕，搭配奇襲要素和過往的軍事經驗，使得他們在戰爭初期無往不利。

> 「日本太強了，我們不管在哪裡都只有挨打的份。」
>
> 溫斯頓・邱吉爾，《第二次世界大戰回憶錄》，1950年

戰爭中的泰國

親法西斯的鑾披汶・頌堪（右）於1938年出任泰國總理後，泰國就變得更加專制。他原本是親日的陸軍元帥，於1941年11月底被迫答應日軍借道泰國，但到了12月8日，日軍還是發出最後通牒並入侵。鑾披汶・頌堪下令停火，並和日本簽署協定，結為盟國，協助日本作戰。他也因此獲得緬甸的兩個地方作為獎勵。

戰時的美國

戰爭爆發後，美國的生活型態就大幅改變了。數百萬男性應召入伍，本土工業也上緊發條，提供各種作戰的必需物資，把整個國家變成美國總統羅斯福口中所說的「民主國家的兵工廠」。

become a Nurse
YOUR COUNTRY NEEDS YOU

△ 愛國的職責
一張招募海報疾呼女性自願擔任護士。第二次世界大戰期間，大約有7萬4000名女性護士在美國陸軍與海軍服務。

美國在 1941 年 12 月參戰後（參見第 110-11 頁），羅斯福透過一連串戰爭權力法案（War Power Act）來重新調配經濟與工業，準備打總體戰。美國的日常生活樣貌就此改變。肉品、糖、奶油、罐頭食品、汽油、燃料、衣物和其他日用品全部開始配給，平民可以自行開闢「勝利花園」來栽培自用的食物。當局也鼓勵人民回收廢金屬供兵工業使用，軍火產量因此大幅提升。為了替這場全球性戰爭的支出募集資金，各種宣傳也向大眾推廣戰爭債券以及勝利郵票。此外，基於反日情緒，美國當局也在西岸的拘留營關押了將近 12 萬日裔美國人。

職場變化

為了填補被徵召入伍的男性留下的空缺，有愈來愈多女性進入職場。許多女性對這樣的新機會充滿熱情，還有一則廣告告訴她們在兵工廠工作「比在家打蠟家具刺激多了」，有一些人因此受到鼓舞。戰爭也替成千上萬非裔美國人提供了更好的工作機會，他們離開南方的家園，前往北部、中西部和西部的工業城市工作，美國史上最大規模的國內移民潮就此展開。不過種族隔離的狀況依然存在，在有些城市還發生種族暴亂。

戰爭中的好萊塢

戰爭期間，好萊塢在提升國民士氣方面扮演重要角色。身兼電影明星與歌手的瑪雷娜・迪特里希（Marlene Dietrich，右）在1939年放棄德國國籍，入籍美國，經常為盟軍部隊勞軍。在美國本土，好萊塢明星的光環經常被用來為戰爭募集資金。

取代男性
一名女性正在組裝B-25轟炸機引擎的整流罩。到了1943年，飛機製造業的勞工大約有65%是女性。她們努力付出，協助美國在這場大戰期間生產超過30萬架飛機。

日軍入侵菲律賓

襲擊了夏威夷珍珠港的美國海軍基地後，日軍1941年12月8日也開始在美國統治的菲律賓群島北部登陸。如此一來，美國在太平洋的另一端也受到了攻擊。這一代的美國人開始面臨他們已知最嚴峻的軍事挑戰。

日軍首先以猛烈空襲揭開菲律賓戰役的序幕，目的是要徹底壓制美軍部署在菲律賓群島的航空戰力。他們的第一波登陸沒有遭遇太多抵抗，因此美國遠東軍司令道格拉斯．麥克阿瑟將軍（Douglas MacArthur）只得放棄首都馬尼拉，並命令部隊向西撤退，以鞏固巴丹半島（Bataan Peninsula）的防禦。美菲聯軍在這裡堅守超過四個月，最後在1942年4月9日被迫投降。美軍位在科雷希多島上的最後據點也在次月淪陷。這場失敗對美國民心士氣造成嚴重打擊，菲律賓群島自此落入日軍掌控，直到1944年10月（參見第248-49頁）才開始在緩慢但血腥的戰鬥中逐漸克復。

日本人成立一個國務委員會來統治菲律賓群島，直到1943年10月才宣布菲律賓獨立，由荷西．勞瑞爾（José Laurel）出任總統。絕大多數菲律賓菁英都為日本人服務，但各地隨即出現各種活躍的抵抗運動，尤其是在離馬尼拉最遠的民答那峨島。到了戰爭結束時，菲律賓總計有大約277支游擊隊活動，參與作戰的人數高達26萬人。由於他們的抵抗頗有成效，日本人只能控制菲律賓48個省分中的12個。

日軍入侵開始

日軍在1941年12月8日登陸菲律賓北部島嶼。他們在轟炸美軍航空隊基地後，於12月10日登陸呂宋島北部，兩天後又從東南方距離約1000公里的帛琉出發，在呂宋島南部登陸。日軍接著又在12月19日發動幾次攻擊，再度從帛琉出發進攻民答那峨島南部。12月22日，日軍在呂宋進行主要攻勢，在西海岸的仁牙因灣（Lingayen Gulf）大舉登陸，12月24日則在東海岸上的拉蒙灣（Lamon Bay）登陸。日軍對菲律賓中部較小島嶼的攻擊則持續到1942年5月。

圖例

日軍空襲美軍航空隊基地

日軍登陸

參閱主地圖

5 科雷希多之役 1942年5月5-6日

巴丹半島南邊的科雷希多島（Corregidor）負責防禦通往馬尼拉港的航道，而馬尼拉港則堪稱是全東亞最佳天然良港。巴丹半島淪陷後，這座蕞爾小島就是美軍在這個區域最後的據點。日軍對科雷希多進行長達四個星期的空中轟炸，之後在5月5日夜間從科雷希多島東北海岸登陸。美軍防線崩潰，最後在5月6日投降。

美軍在菲律賓的最後據點

日軍灘頭堡

主要戰鬥

4 巴丹死亡行軍（Bataan Death March） 1942年4月10-11日

日軍強迫8萬美菲聯軍戰俘從巴丹徒步行軍到位於北方卡帕斯（Capas）的奧唐諾營（Camp O' Donnell），距離長達112公里。總計大約有5500到1萬8650名戰俘在行軍過程中喪命，因此戰爭結束後，這場行軍被界定為戰爭罪。此外，大約有1萬2000人幸運逃出，在山區組成游擊隊繼續戰鬥。

巴丹死亡行軍路線

1942年1月23-26日 日軍部隊企圖從海上在美軍防線後方登陸，但被壓制在灘頭堡內

▽ 榮譽勳章（Medal of Honor）
這枚勳章頒發給菲律賓盟軍部隊司令、美軍將領強納森．梅修．溫萊特四世（Jonathan Mayhew Wainwright IV），他領導部隊在科雷希多上進行最後一戰。

VALOR
UNITED STATES OF AMERICA

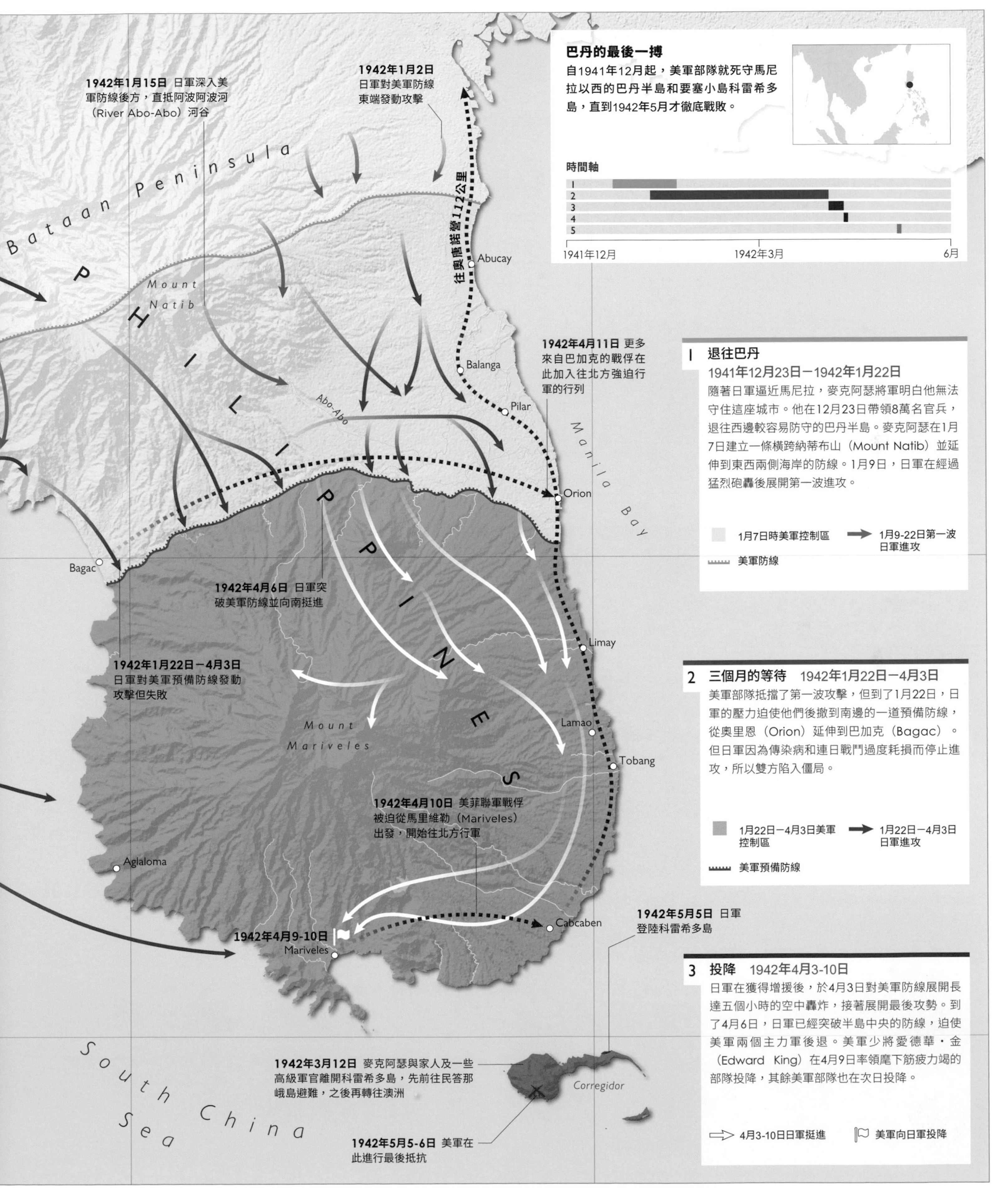

巴丹的最後一搏
自1941年12月起，美軍部隊就死守馬尼拉以西的巴丹半島和要塞小島科雷希多島，直到1942年5月才徹底戰敗。
時間軸
1
2
3
4
5
1941年12月
1942年3月
6月
1942年1月15日 日軍深入美軍防線後方，直抵阿波阿波河（River Abo-Abo）河谷
1942年1月2日 日軍對美軍防線東端發動攻擊
Bataan Peninsula
PHILIPPINES
往奧唐諾營112公里
Abucay
Mount Natib
Balanga
Pilar
Abo-Abo
Orion
Manila Bay
1942年4月11日 更多來自巴加克的戰俘在此加入往北方強迫行軍的行列
Bagac
1942年4月6日 日軍突破美軍防線並向南挺進
Limay
1942年1月22日－4月3日 日軍對美軍預備防線發動攻擊但失敗
Lamao
Mount Mariveles
Tobang
1942年4月10日 美菲聯軍戰俘被迫從馬里維勒（Mariveles）出發，開始往北方行軍
Aglaloma
Cabcaben
1942年5月5日 日軍登陸科雷希多島
1942年4月9-10日
Mariveles
1942年3月12日 麥克阿瑟與家人及一些高級軍官離開科雷希多島，先前往民答那峨島避難，之後再轉往澳洲
Corregidor
South China Sea
1942年5月5-6日 美軍在此進行最後抵抗

1 退往巴丹

1941年12月23日－1942年1月22日

隨著日軍逼近馬尼拉，麥克阿瑟將軍明白他無法守住這座城市。他在12月23日帶領8萬名官兵，退往西邊較容易防守的巴丹半島。麥克阿瑟在1月7日建立一條橫跨納蒂布山（Mount Natib）並延伸到東西兩側海岸的防線。1月9日，日軍在經過猛烈砲轟後展開第一波進攻。

1月7日時美軍控制區　1月9-22日第一波日軍進攻　美軍防線

2 三個月的等待 1942年1月22日－4月3日

美軍部隊抵擋了第一波攻擊，但到了1月22日，日軍的壓力迫使他們後撤到南邊的一道預備防線，從奧里恩（Orion）延伸到巴加克（Bagac）。但日軍因為傳染病和連日戰鬥過度耗損而停止進攻，所以雙方陷入僵局。

1月22日－4月3日美軍控制區　1月22日－4月3日日軍進攻　美軍預備防線

3 投降 1942年4月3-10日

日軍在獲得增援後，於4月3日對美軍防線展開長達五個小時的空中轟炸，接著展開最後攻勢。到了4月6日，日軍已經突破半島中央的防線，迫使美軍兩個主力軍後退。美軍少將愛德華・金（Edward King）在4月9日率領麾下筋疲力竭的部隊投降，其餘美軍部隊也在次日投降。

4月3-10日日軍挺進　美軍向日軍投降

新加坡投降

1942年2月，日軍攻占英國殖民地新加坡，導致英國軍事史上向敵人投降人數最多的一次投降。英國首相邱吉爾將這個事件形容成大戰期間降臨在英國身上的最悲慘災難。

由日軍將領山下奉文指揮的日軍部隊在 1941 年 12 月 8 日登陸英屬馬來亞（參見第 112-13 頁）。基於優越的戰術與機動力，他們擊潰英軍與大英國協部隊，1942 年 1 月 30 日就已經抵達馬來半島南端的柔佛海峽（Johore Strait）。潰不成軍的盟軍部隊經由堤道渡過海峽前往新加坡島，之後就把堤道破壞了一部分，希望可以延遲日軍進攻。但到了這個關頭，日軍已經掌握有關「新加坡要塞」虛弱狀況的可靠情報，因此在 2 月 9 日入侵。

> 「我攻擊新加坡時虛張了聲勢——結果奏效了。」
>
> 日軍將領山下奉文

儘管英軍與大英國協部隊人數超過日軍的兩倍，但他們火力無法與日軍匹敵，作戰計畫也不如日軍，加上缺乏適當空中支援，因此沒多久就被逼回新加坡市區，並在 2 月 15 日屈辱地投降。後來的情況表明，雖然英軍在戰鬥最後階段已經耗盡補給，但其實日軍也一樣，砲兵彈藥已經見底。不過就算當時的英軍司令白思華中將（Arthur Percival）決定繼續戰鬥，也不太可能獲勝。

英軍在新加坡的海軍基地

新加坡的海軍基地在1939年落成，耗費高達5億美金的驚人巨資，號稱擁有當時世界規模最大的乾塢、世界第三大的浮動船塢（下圖），儲備的燃料可供整支英國海軍使用六個月。這座基地有15英吋口徑海軍重砲把守，駐防在登加空軍基地（Tengah Air Base）的航空中隊也能隨時支援。英國首相邱吉爾曾自豪地表示，它是一座牢不可破的堡壘，「東方的直布羅陀」。

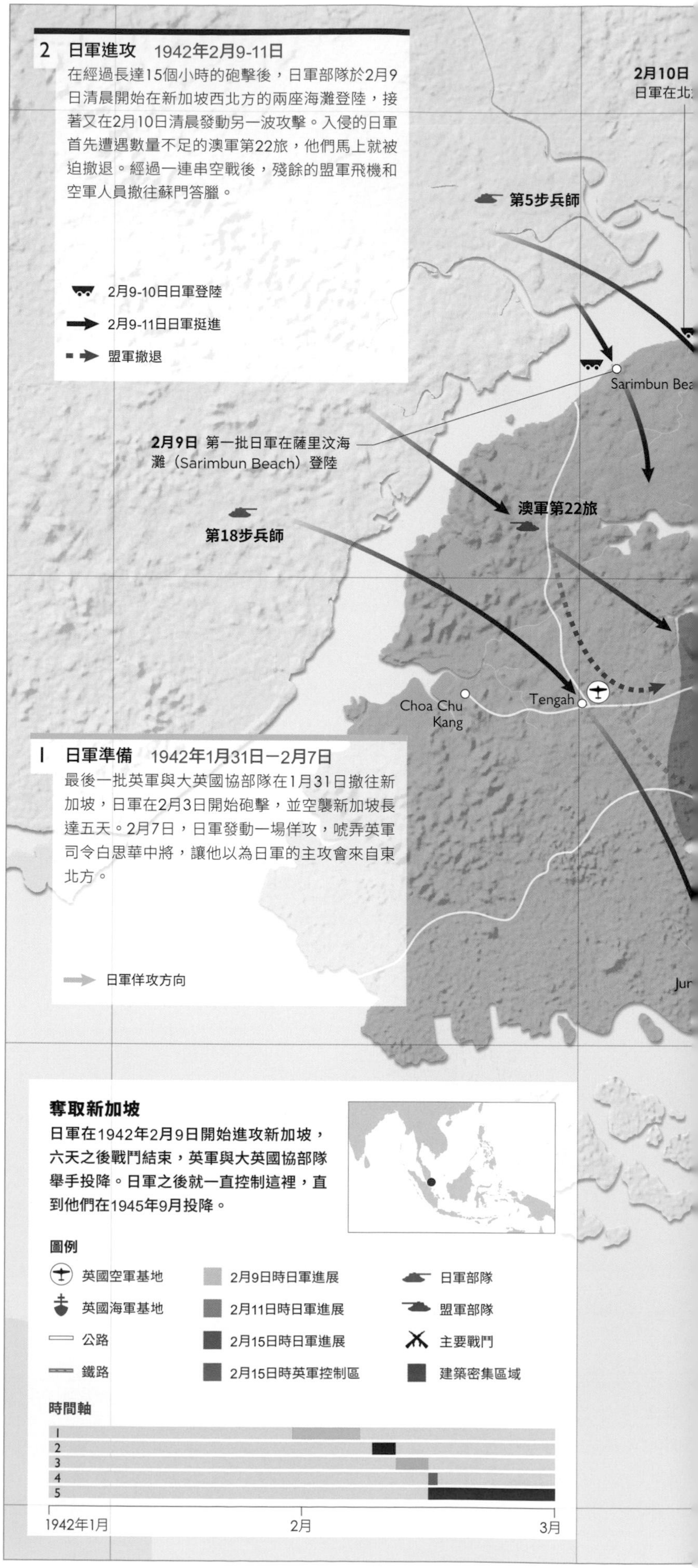

2 日軍進攻 1942年2月9-11日

在經過長達15個小時的砲擊後，日軍部隊於2月9日清晨開始在新加坡西北方的兩座海灘登陸，接著又在2月10日清晨發動另一波攻擊。入侵的日軍首先遭遇數量不足的澳軍第22旅，他們馬上就被迫撤退。經過一連串空戰後，殘餘的盟軍飛機和空軍人員撤往蘇門答臘。

- 2月9-10日日軍登陸
- 2月9-11日日軍挺進
- 盟軍撤退

2月10日 日軍在北

第5步兵師

Sarimbun Bea

2月9日 第一批日軍在薩里汶海灘（Sarimbun Beach）登陸

澳軍第22旅

第18步兵師

Choa Chu Kang

Tengah

Jur

1 日軍準備 1942年1月31日－2月7日

最後一批英軍與大英國協部隊在1月31日撤往新加坡，日軍在2月3日開始砲擊，並空襲新加坡長達五天。2月7日，日軍發動一場佯攻，唬弄英軍司令白思華中將，讓他以為日軍的主攻會來自東北方。

- 日軍佯攻方向

奪取新加坡

日軍在1942年2月9日開始進攻新加坡，六天之後戰鬥結束，英軍與大英國協部隊舉手投降。日軍之後就一直控制這裡，直到他們在1945年9月投降。

圖例

- 英國空軍基地
- 英國海軍基地
- 公路
- 鐵路
- 2月9日時日軍進展
- 2月11日時日軍進展
- 2月15日時日軍進展
- 2月15日時英軍控制區
- 日軍部隊
- 盟軍部隊
- 主要戰鬥
- 建築密集區域

時間軸

1 2 3 4 5

1942年1月 2月 3月

MALAYA
日本近衛師團
Johore Strait
hor Bahru
第28印度旅
1月31日 英軍把連接本土和新加坡島的堤道炸出缺口
英軍第53旅
Woodlands
Kranji
澳軍第27旅
Sembawang
Seletar
Mandai
Nee Soon
2月10日 日軍在克蘭芝河（River Kranji）河口附近的一場戰鬥中蒙受重大傷亡
2月7日 日軍在新加坡東北方發動佯攻
Pulau Ubin
英軍第54旅
Sa Ranggong
Changi
2月11日 日軍攻陷武吉知馬
Peirce reservoir
SINGAPORE ISLAND
2月15日 盟軍投降後，許多戰俘被關押在樟宜監獄
Paya Lebar
MacRitchie reservoir
Bukit Timah
Bedok
Kallang
Pasir Panjang
Singapore
Singapore Strait
第1馬來亞旅
2月12-15日 一個馬來亞步兵營、兩個英軍步兵營和一支皇家工兵部隊在此地進行一場激烈的防衛戰
2月14日 日軍占領位於新加坡市西邊的亞歷山大醫院（Alexandra Hospital），並當場屠殺多達50名官兵與大約200名病患
2月11-15日日軍挺進
2月13日英軍環形防線
柔佛－新加坡堤道
大屠殺
盟軍防禦陣地
盟軍戰俘
肅清大屠殺地點

3 攻下新加坡島 1942年2月11-15日

日軍往東南方朝新加坡市區迅速推進，在2月11日奪取武吉知馬（Bukit Timah）與那裡的盟軍糧食和燃料倉庫，然後又占領供應城市用水的水庫。2月13日，日軍工兵重建柔佛海峽的堤道，日軍戰車因此可以長驅直入新加坡島。2月12-13日英軍在新加坡市區外圍建立了長約45公里的環形防線，並退到環形防線後方。

4 英軍投降 1942年2月15日

在環形防線內側，飲水、汽油和彈藥供應都愈來愈少。日軍不斷壓迫防線，到了2月15日清晨，白思華明白再也不可能發動反攻，因此選擇投降。正式的投降儀式在下午5點15分展開，敵對狀態在下午8點30分正式終止。大約有11萬英軍、印度和澳洲官兵被俘，另外還有5000人陣亡或負傷，日軍蒙受的損失則是1714人陣亡、3378人受傷。

5 投降之後 1942年2月15日以後

絕大部分盟軍戰俘都被關押在樟宜監獄（Changi Prison），許多人就在那邊喪命，其他人則被送往別處，淪為奴工。新加坡的華裔、馬來裔和印度裔公民全都受到日本人迫害。在2月18日－3月4日的肅清大屠殺（Sook Ching massacre）期間，日軍專門針對華裔下手，殺害多達7萬人。之後，新加坡一直等到1945年9月日軍戰敗後才被英軍光復。

△ **高舉雙手投降**
1942年2月15日，面對幾乎可以確定的戰敗，身在新加坡的英軍和大英國協官兵別無選擇，只能向日軍投降。

占領緬甸

自1941年12月從緬甸的最南方進入時開始起算，一直到1942年5月把英帝國和國軍部隊逐出緬甸為止，日軍占領緬甸總共花了六個月的時間。

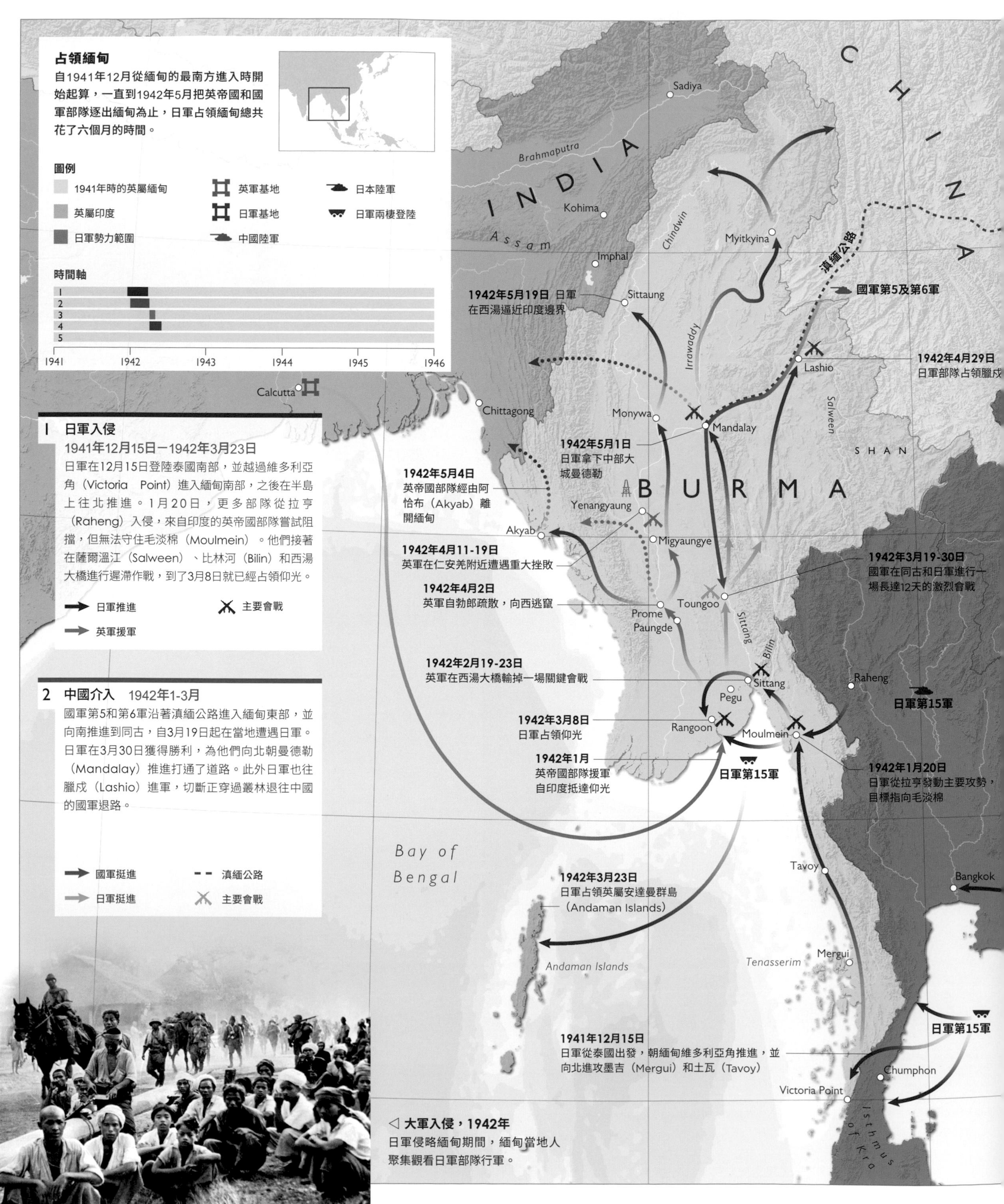
圖例
1941年時的英屬緬甸
英屬印度
日軍勢力範圍
英軍基地
日軍基地
中國陸軍
日本陸軍
日軍兩棲登陸
時間軸
1
2
3
4
5
1941
1942
1943
1944
1945
1946
INDIA
CHINA
BURMA
SHAN
Assam
Brahmaputra
Chindwin
Irrawaddy
Salween
Sittang
Bilin
Sadiya
Kohima
Imphal
Myitkyina
Sittaung
Calcutta
Chittagong
Monywa
Mandalay
Lashio
Yenangyaung
Akyab
Migyaungye
Prome
Paungde
Toungoo
Sittang
Pegu
Rangoon
Moulmein
Raheng
Tavoy
Bangkok
Mergui
Tenasserim
Chumphon
Victoria Point
Isthmus of Kra
Bay of Bengal
Andaman Islands
滇緬公路
國軍第5及第6軍
日軍第15軍
1942年5月19日 日軍在西湯逼近印度邊界
1942年4月29日 日軍部隊占領臘戍
1942年5月1日 日軍拿下中部大城曼德勒
1942年5月4日 英帝國部隊經由阿恰布（Akyab）離開緬甸
1942年4月11-19日 英軍在仁安羌附近遭遇重大挫敗
1942年3月19-30日 國軍在同古和日軍進行一場長達12天的激烈會戰
1942年4月2日 英軍自勃郎疏散，向西逃竄
1942年2月19-23日 英軍在西湯大橋輸掉一場關鍵會戰
1942年3月8日 日軍占領仰光
1942年1月 英帝國部隊援軍自印度抵達仰光
1942年1月20日 日軍從拉亨發動主要攻勢，目標指向毛淡棉
1942年3月23日 日軍占領英屬安達曼群島（Andaman Islands）
1941年12月15日 日軍從泰國出發，朝緬甸維多利亞角推進，並向北進攻墨吉（Mergui）和土瓦（Tavoy）

1 日軍入侵

1941年12月15日－1942年3月23日

日軍在12月15日登陸泰國南部，並越過維多利亞角（Victoria Point）進入緬甸南部，之後在半島上往北推進。1月20日，更多部隊從拉亨（Raheng）入侵，來自印度的英帝國部隊嘗試阻擋，但無法守住毛淡棉（Moulmein）。他們接著在薩爾溫江（Salween）、比林河（Bilin）和西湯大橋進行遲滯作戰，到了3月8日就已經占領仰光。

日軍推進　主要會戰
英軍援軍

2 中國介入 1942年1-3月

國軍第5和第6軍沿著滇緬公路進入緬甸東部，並向南推進到同古，自3月19日起在當地遭遇日軍。日軍在3月30日獲得勝利，為他們向北朝曼德勒（Mandalay）推進打通了道路。此外日軍也往臘戌（Lashio）進軍，切斷正穿過叢林退往中國的國軍退路。

國軍挺進　滇緬公路
日軍挺進　主要會戰

◁ **大軍入侵，1942年**
日軍侵略緬甸期間，緬甸當地人聚集觀看日軍部隊行軍。

日本占領緬甸

日軍征服英國殖民地緬甸，不但把日本的國防圈延伸到最西端，同時也切斷通往中國的盟軍補給線。緬甸的戰鬥既激烈又殘酷，代價高昂，最後結果是日軍在1942年5月取得決定性勝利，在新加坡失陷後再度對英國造成沉重打擊。

日本想要征服緬甸，以取得緬甸的石油、鈷和稻米等天然資源，並建立緩衝區來保護他們打算征服的馬來亞和新加坡。日本也想封鎖滇緬公路——這是替蔣介石的國民革命軍進行補給的一條管道，蔣介石自 1937 年起就在中國境內抵抗日本（參見第 26-27 頁）。許多想要結束英國統治的緬甸人支持日軍入侵。其中有一位是緬甸激進分子翁山（Aung San），還有接受日本人軍事訓練的三十志士（Thirty Comrades），他們在返回緬甸後組織了緬甸獨立軍（Burma Independence Army）。

日軍在 1941 年 12 月 15 日發動入侵行動。英帝國部隊根本不是久經戰陣的日本步兵的對手，他們的戰術相當卓越，且能妥善運用有限的空投物資。儘管英軍展開遲滯作戰，國民革命軍 3 月也在同古（Toungoo）和日軍進行了一場大規模作戰，但都無法遏止日軍繼續挺進。到了 5 月底，英軍被迫退出緬甸。由於害怕日軍繼續進攻錫蘭（Ceylon）並掌控印度洋，英軍在 1942 年 5 月占領維琪法國統治的馬達加斯加，以防止日軍在當地建立潛艇基地。

> 「兩個還在河東岸的旅拼死作戰，想突破西湯（Sittang）鐵路大橋，然後悲劇就發生了。」
>
> 英國緬甸軍（Burma Corps）司令威廉・斯林（William Slim），1956年

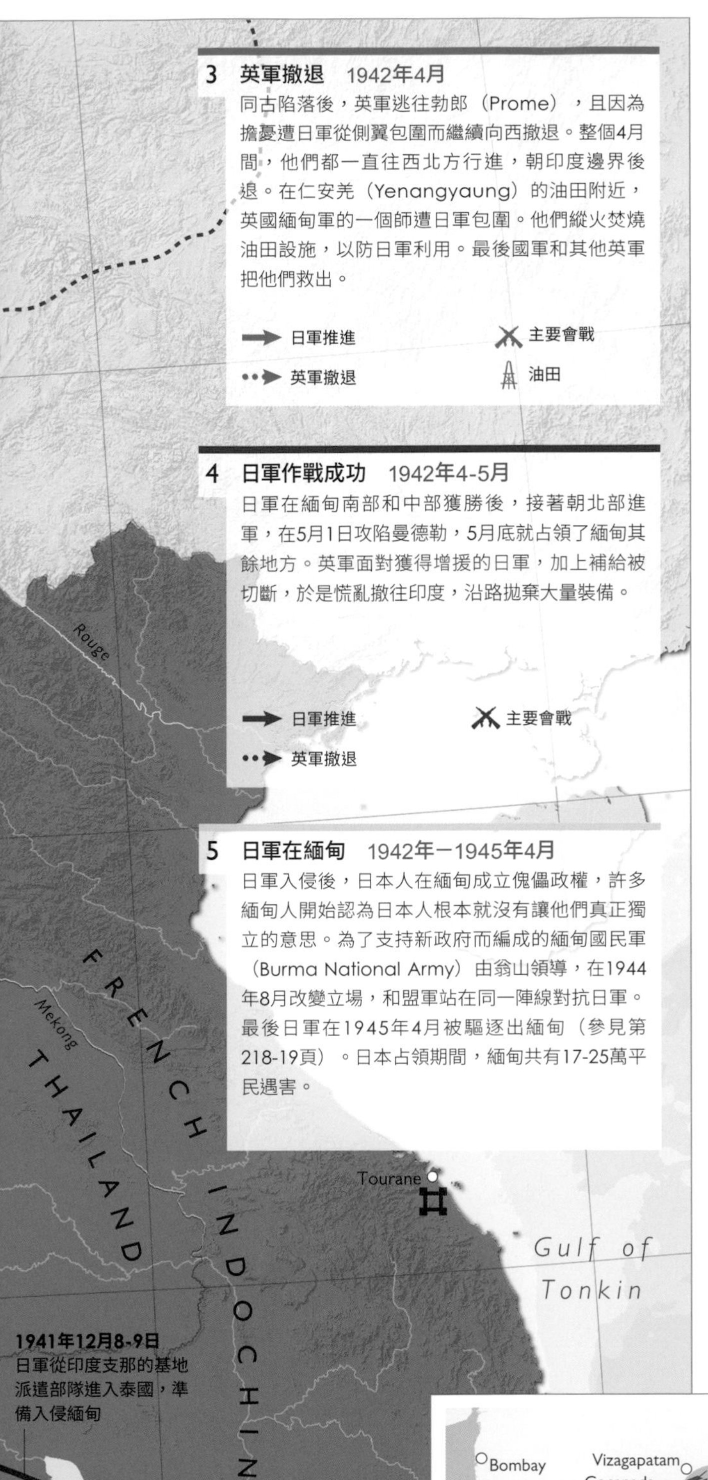
3 英軍撤退 1942年4月
同古陷落後，英軍逃往勃郎（Prome），且因為擔憂遭日軍從側翼包圍而繼續向西撤退。整個4月間，他們都一直往西北方行進，朝印度邊界後退。在仁安羌（Yenangyaung）的油田附近，英國緬甸軍的一個師遭日軍包圍。他們縱火焚燒油田設施，以防日軍利用。最後國軍和其他英軍把他們救出。
日軍推進
英軍撤退
主要會戰
油田
4 日軍作戰成功 1942年4-5月
日軍在緬甸南部和中部獲勝後，接著朝北部進軍，在5月1日攻陷曼德勒，5月底就占領了緬甸其餘地方。英軍面對獲得增援的日軍，加上補給被切斷，於是慌亂撤往印度，沿路拋棄大量裝備。
日軍推進
英軍撤退
主要會戰
5 日軍在緬甸 1942年—1945年4月
日軍入侵後，日本人在緬甸成立傀儡政權，許多緬甸人開始認為日本人根本就沒有讓他們真正獨立的意思。為了支持新政府而編成的緬甸國民軍（Burma National Army）由翁山領導，在1944年8月改變立場，和盟軍站在同一陣線對抗日軍。最後日軍在1945年4月被驅逐出緬甸（參見第218-19頁）。日本占領期間，緬甸共有17-25萬平民遇害。
Rouge
Mekong
THAILAND
FRENCH INDOCHINA
Tourane
Gulf of Tonkin
1941年12月8-9日
日軍從印度支那的基地派遣部隊進入泰國，準備入侵緬甸
Phnom Penh
Saigon
Gulf of Siam

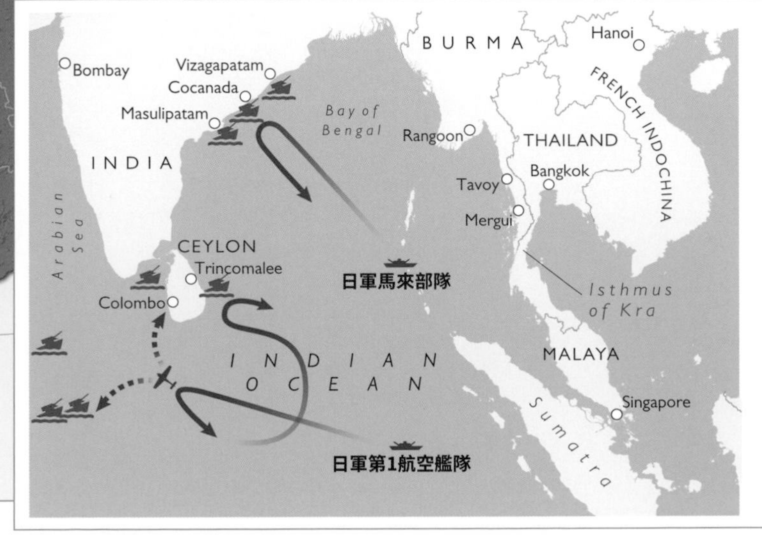
BURMA
Hanoi
FRENCH INDOCHINA
Bombay
Vizagapatam
Cocanada
Masulipatam
Bay of Bengal
Rangoon
THAILAND
Bangkok
INDIA
Tavoy
Mergui
Arabian Sea
CEYLON
Trincomalee
Colombo
日軍馬來部隊
Isthmus of Kra
MALAYA
INDIAN OCEAN
Singapore
Sumatra
日軍第1航空艦隊

印度洋上的戰火

1942年4月5日，日軍出動航空母艦，對錫蘭的可倫坡發動空襲，接著又在4月9日襲擊亭可馬里（Trincomalee）。英方共有八艘海軍船艦和五艘商船被擊沉，損失超過40架飛機，數以百計官兵和平民在地面被炸死，另外還有五艘商船在印度西岸外海被潛艇擊沉。此外印度東岸的三座港口也遭到攻擊，又損失23艘商船。

圖例

- 日軍艦隊動向
- 英軍軍艦和商船被擊沉位置
- 日軍航空母艦空襲

T151290

伊拉克的戰爭
在伊拉克，印度第31裝甲師的雪曼（Sherman）戰車乘組員正在學習如何操作白朗寧（Browning）機槍。他們在1941年被派往伊拉克，參與對抗親軸心的拉希德・阿里政府的作戰（參見第82-83頁）。

第二次世界大戰的印度

雖然印度為了保衛大英帝國而參戰，但國內的民族運動獲得支持，目標是擺脫英國統治。印度協助生產軍火，並徵召250萬志願人員服役，他們轉戰歐洲、北非和亞洲各地。

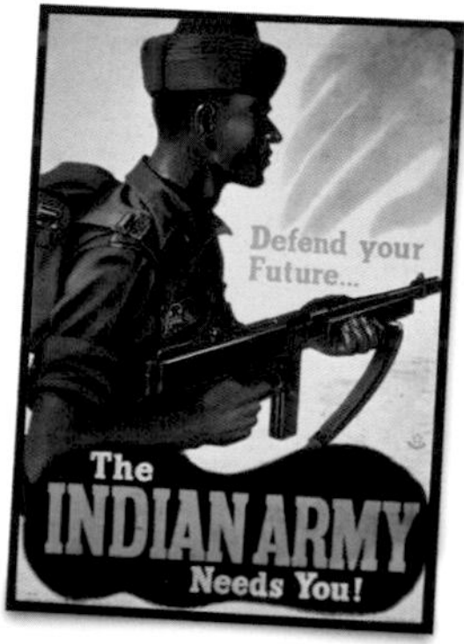
Defend your Future...
The INDIAN ARMY Needs You!

△ **募兵活動**
英國政府推動了一場極為成功的募兵活動，鼓勵印度人參軍，結果招募到史上人數最多的一支志願軍。

身為大英帝國的一部分，印度別無選擇，只能加入戰爭。但許多印度民族主義者反對此舉，因此不再支持英國於 1935 年成立的省級政府。此外還有「退出印度」（Quit India）的反對力量，這場運動由聖雄甘地（Mahatma Gandhi）在 1942 年發起，呼籲英國立即退出印度。由於日軍入侵緬甸，讓印度喪失來自這個前英國殖民地的進口稻米，加上印度政府無法改善糧食配給制度，導致孟加拉在 1943 年發生大饑荒，造成 300 萬人死亡。還有些印度人因為極度反對英國統治，因此甘心為軸心國而戰——主要是由蘇巴斯・錢德拉・鮑斯（Subhas Chandra Bose）率領的印度國民軍（Indian National Army），約有 1 萬 3000 人，是從戰俘中徵募而來的。

為英國而戰

儘管有這些反對力量，但印度人為軸心國作戰帶來的衝擊，還是遠遠比不上忠誠派的印度軍，他們擴充迅速，到了 1945 年就已經有 260 萬人。印度部隊被部署到許多地方——包括伊拉克、衣索比亞、北非和義大利——但他們的主要目標是防止日軍越境進入印度（1942-44 年），以及在緬甸防禦日軍入侵——這個企圖在 1942 年春季失敗，但在 1944-45 年卻成功了，他們和其他同盟軍並肩作戰，一起把日軍趕了出去（參見第 218-19 頁）。

反對的聲音

甘地（中）秉持非暴力理念，因此反對印度加入戰爭，而其他民族主義領導人則認為協助英國可以更快達成印度獨立的目標。1942年，他的「退出印度」運動發起抗議，鼓吹英國放棄統治，他為此坐了將近兩年的牢。

日本的挫敗

1942年初，日本想朝太平洋的東邊和南邊擴大國防圈，但這個計畫在珊瑚海（Coral Sea）一場沒有分出決定性勝負的海戰中受到挫敗，而日軍部隊接著也在新幾內亞戰敗。

日軍從 1942 年 1 月開始攻擊新幾內亞、索羅門群島（Solomon Islands）和澳洲，而美軍在 1942 年 4 月 18 日展開杜立德空襲（Doolittle Raid），轟炸東京和其他城市，更是堅定了日本擴展國防圈的決心。雖然這場空襲造成的損害並不大，但卻讓日方意識到日本本土面臨的潛在威脅。

為了達成目標，日軍計畫攻占東邊的中途島環礁（Midway Atoll）（參見第 126-27 頁），以防止美軍從那裡派遣轟炸機。往南則要拿下位於新幾內亞摩士比港（Port Moresby）的澳軍基地，並且把控制區延伸到索羅門群島。此舉將會孤立澳洲，使它無法和盟友美國聯繫，並讓當地的同盟國和殖民地更容易受到攻擊。

日軍一開始入侵新幾內亞和索羅門群島時占了上風，但突擊摩士比港時，先是因為 5 月長達兩天的珊瑚海海戰陷入僵局而不得不停頓，接著 7 月又因為無法經由陸上的科可達小徑（Kokoda Trail）進占而失敗。日軍用光補給，只能撤退。在新幾內亞及附近地區的挫敗，是日本在擴張行動中第一次遭受打擊。

> **「毫無疑問……珊瑚海是世界史上最讓人摸不著頭緒的作戰區域。」**
>
> 美國海軍中將達克沃斯（H. S. Duckworth），1972年

海軍大將山本五十六

1884-1943年

日本海軍大將山本五十六在太平洋上的日本海軍作戰中身居關鍵位置。他曾就讀哈佛大學（Harvard University），兩次奉派出使華盛頓擔任武官，因此反對對美開戰，也反對在1937年入侵中國。儘管如此，他還是在1940年晉升海軍上將，並策畫對珍珠港和中途島的襲擊。他也在珊瑚海海戰中扮演重要角色。

日本的動搖

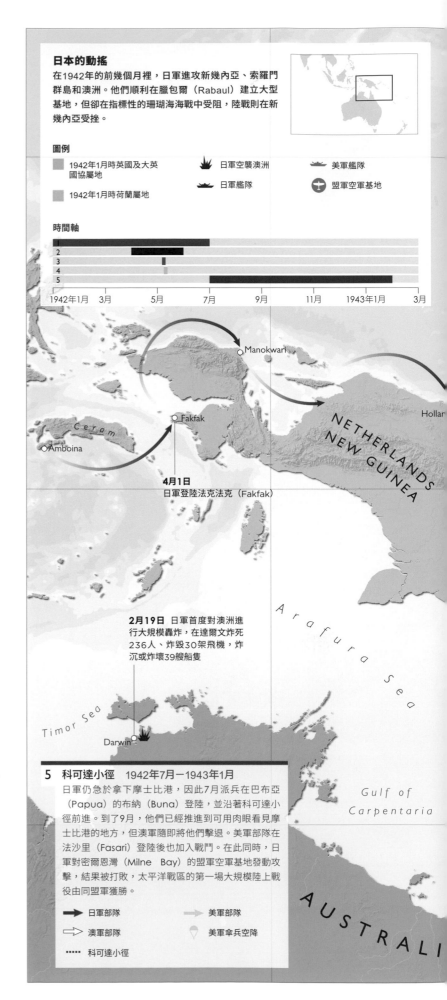

在1942年的前幾個月裡，日軍進攻新幾內亞、索羅門群島和澳洲。他們順利在臘包爾（Rabaul）建立大型基地，但卻在指標性的珊瑚海海戰中受阻，陸戰則在新幾內亞受挫。

圖例

- 1942年1月時英國及大英國協屬地
- 1942年1月時荷蘭屬地
- 日軍空襲澳洲
- 日軍艦隊
- 美軍艦隊
- 盟軍空軍基地

時間軸

1 2 3 4 5

1942年1月 3月 5月 7月 9月 11月 1943年1月 3月

Manokwari
Hollar
Fakfak
Ceram
Amboina
NETHERLANDS NEW GUINEA

4月1日 日軍登陸法克法克（Fakfak）

Arafura Sea

2月19日 日軍首度對澳洲進行大規模轟炸，在達爾文炸死236人、炸毀30架飛機，炸沉或炸壞39艘船隻

Timor Sea
Darwin
Gulf of Carpentaria
AUSTRALI

5 科可達小徑 1942年7月—1943年1月

日軍仍急於拿下摩士比港，因此7月派兵在巴布亞（Papua）的布納（Buna）登陸，並沿著科可達小徑前進。到了9月，他們已經推進到可用肉眼看見摩士比港的地方，但澳軍隨即將他們擊退。美軍部隊在法沙里（Fasari）登陸後也加入戰鬥。在此同時，日軍對密爾恩灣（Milne Bay）的盟軍空軍基地發動攻擊，結果被打敗，太平洋戰區的第一場大規模陸上戰役由同盟軍獲勝。

- 日軍部隊
- 美軍部隊
- 澳軍部隊
- 美軍傘兵空降
- 科可達小徑

1 日軍最初的攻擊 1942年1-6月
1942年1月，日軍擊潰臘包爾的澳洲駐軍，並在當地建立大型作戰基地。日軍從這裡出發，往南深入索羅門群島，5月抵達瓜達卡納島。日軍也突擊新幾內亞，3月登陸新幾內亞島東部、4月登陸西部，澳洲的達爾文（Darwin）也在2月遭到轟炸，緊接著澳洲北部和西部也遭受超過100次空襲。日軍潛艇還在1942年5月和6月襲擊雪梨港，擾亂塔斯曼海（Tasman Sea）的航運。
日軍推進
日軍建立基地
2 目標摩士比港 1942年4-5月
日軍計畫攻占新幾內亞的摩士比港，目標是要控制同盟軍補給線，並取得進一步進犯澳洲所需的基地。他們兵分多路發動攻擊：兩支特遣部隊被派往索羅門群島中的吐拉吉島（Tulagi Island）和路易息群島（Louisiade Archipelago）建立前進基地；入侵部隊在一艘輕型航空母艦的護衛下，載運部隊在摩士比港附近登陸；打擊部隊以兩艘大型航空母艦翔鶴號和瑞鶴號為核心，部署在當地海域，以攔截任何盟軍對入侵艦隊的攻擊。
日軍前進基地
對摩士比港的預備攻擊
3 珊瑚海海戰第一天 1942年5月7日
5月4日，日軍的入侵部隊從臘包爾啟航，航向摩士比港。盟軍透過情報得知這項行動。美軍和澳軍航空母艦及巡洋艦（第17特遣艦隊）被派往當地海域，搜索日軍的入侵及打擊部隊。雙方艦隊在5月7日遭遇，日軍損失航空母艦一艘，美軍損失一艘艦艇，還有其他艦艇受創。
日軍
入侵部隊
打擊部隊
空中攻擊
航空母艦沉沒
美軍
第17特遣艦隊
空中攻擊
艦艇沉沒
4 珊瑚海海戰第二天 1942年5月8日
雙方海軍艦隊在5月8日再度交手，成為世界史上第一場真正的航空母艦海戰：整場海戰都由艦載機進行對船艦的攻擊，雙方水面艦艇都沒有親眼看見敵方艦艇。這場海戰最後打成平手，日軍損失較多飛機、美軍損失較多艦艇，但日軍取消對摩士比港的海上突擊，首度在這場戰爭中採取守勢。
日軍
入侵部隊
打擊部隊
空中攻擊
航空母艦重創
美軍
第17特遣艦隊
空中攻擊
航空母艦重創
PACIFIC OCEAN
從帛琉出發
從土魯克（Truk）出發
1月23日
日軍進攻臘包爾，建立他們在這個區域的主要基地
Admiralty Islands
Lorengau
Bismarck Sea
3月8日
日軍登陸拉埃（Lae）
12月9日
澳軍奪回哥納（Gona）
NORTH-EAST NEW GUINEA
Rabaul
Talasea
New Britain
New Ireland
入侵艦隊
打擊部隊
Bougainville Island
Kieta
PAPUA
Lae
Wau
Morobe
7月21日
日軍登陸布納，轉向內陸朝摩士比港挺進
Solomon Sea
Choiseul
Solomon Islands
Santa Isabel
Malaita
Kerema
Gona
Yodda
Kokoda
Buna
Trobriand Islands
Tufi
5月7日
日軍航空母艦祥鳳號遭炸沉
Gulf of Papua
Port Moresby
Pongani
Fasari
Kalo
Woodlark Island
New Georgia
Tulagi
5月3日
日軍攻占吐拉吉島，建立一座水上飛機基地
5月3日
日軍抵達瓜達卡納島，並開始修築一條大型跑道
Guadalcanal
San Cristobal
Horn Island
5月6日
日軍轟炸摩士比港，準備發動突擊
Milne Bay
Louisiade Archipelago
Rennell
Coral Sea
11月8日
美軍部隊在法沙里空降，參加戰鬥
5月7日
日軍航空母艦翔鶴號遭到攻擊，失去作戰能力
第17特遣艦隊
8月25日－9月7日
盟軍在密爾恩灣建立空軍基地，並擊敗進攻當地的日軍
5月7日
美軍驅逐艦辛斯號（USS Sims）沉沒，油輪尼歐肖號（Neosho）受創
5月8日
美軍航空母艦列克星頓號遭到重創，隨後自沉
Mossman
Cairns
Townsville

▽ **入侵臘包爾，1942年1月**
日軍進入臘包爾，高舉日本帝國陸軍軍旗。臘包爾後來成為日軍在南方戰線上最重要的基地。

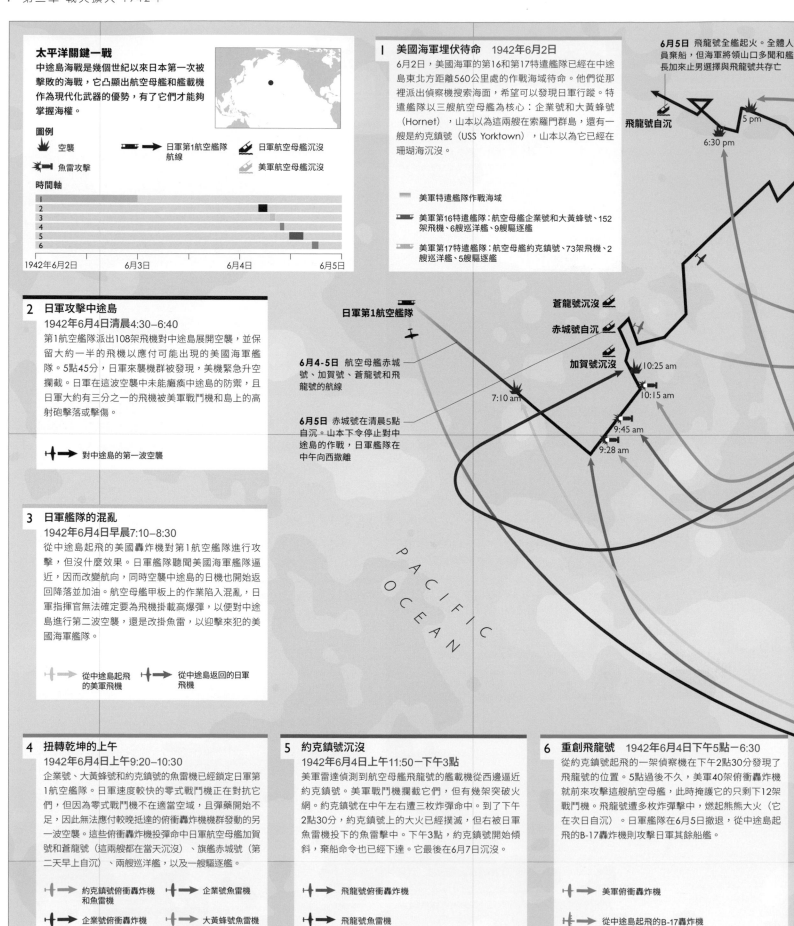

太平洋關鍵一戰

中途島海戰是幾個世紀以來日本第一次被擊敗的海戰，它凸顯出航空母艦和艦載機作為現代化武器的優勢，有了它們才能夠掌握海權。

圖例

空襲　魚雷攻擊　日軍第1航空艦隊航線　日軍航空母艦沉沒　美軍航空母艦沉沒

時間軸

1942年6月2日　6月3日　6月4日　6月5日

1 美國海軍埋伏待命 1942年6月2日

6月2日，美國海軍的第16和第17特遣艦隊已經在中途島東北方距離560公里處的作戰海域待命。他們從那裡派出偵察機搜索海面，希望可以發現日軍行蹤。特遣艦隊以三艘航空母艦為核心：企業號和大黃蜂號（Hornet），山本以為這兩艘在索羅門群島，還有一艘是約克鎮號（USS Yorktown），山本以為它已經在珊瑚海沉沒。

美軍特遣艦隊作戰海域

美軍第16特遣艦隊：航空母艦企業號和大黃蜂號、152架飛機、6艘巡洋艦、9艘驅逐艦

美軍第17特遣艦隊：航空母艦約克鎮號、73架飛機、2艘巡洋艦、5艘驅逐艦

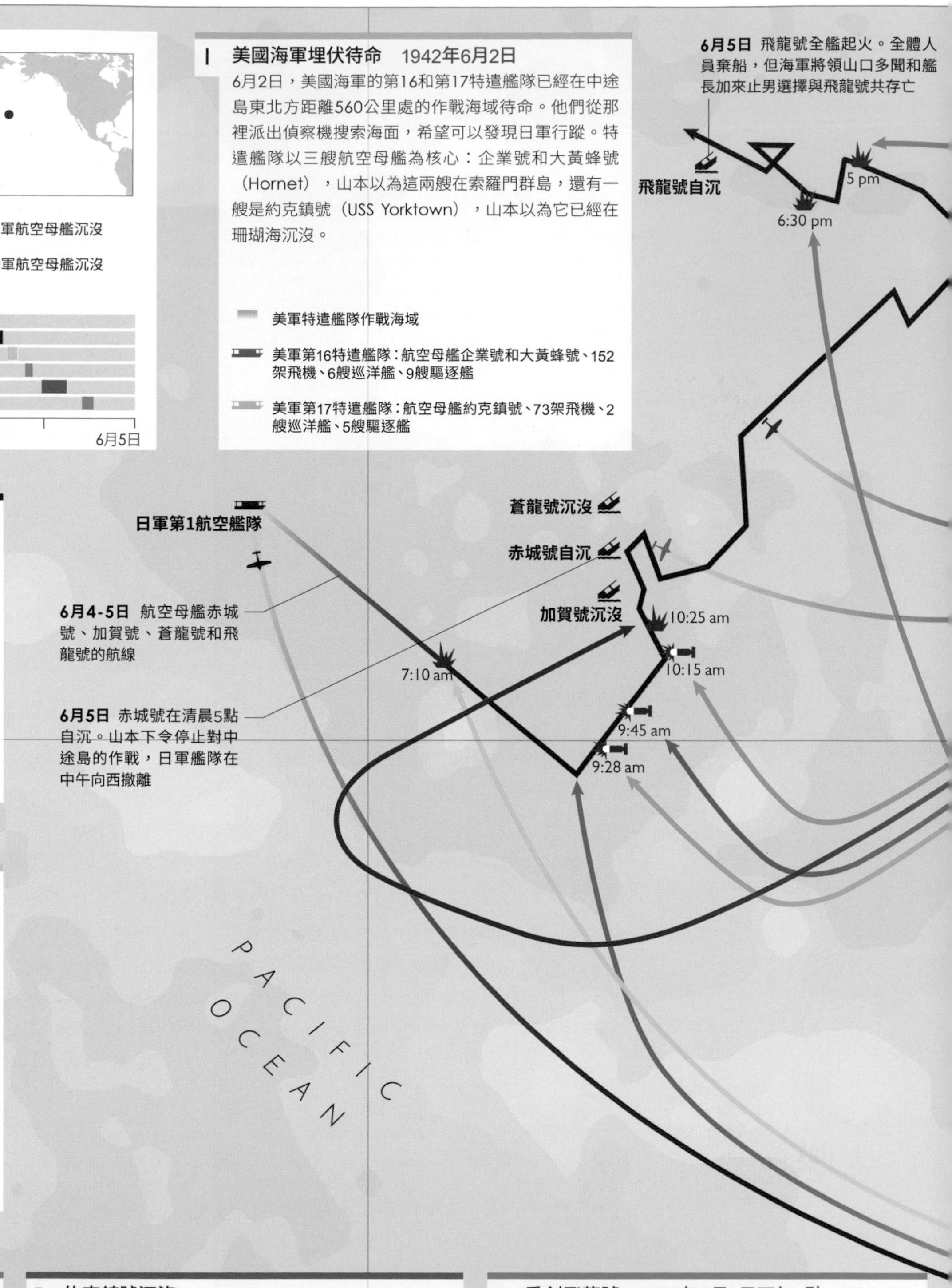

2 日軍攻擊中途島

1942年6月4日清晨4:30–6:40

第1航空艦隊派出108架飛機對中途島展開空襲，並保留大約一半的飛機以應付可能出現的美國海軍艦隊。5點45分，日軍來襲機群被發現，美機緊急升空攔截。日軍在這波空襲中未能癱瘓中途島的防禦，且日軍大約有三分之一的飛機被美軍戰鬥機和島上的高射砲擊落或擊傷。

對中途島的第一波空襲

3 日軍艦隊的混亂

1942年6月4日早晨7:10–8:30

從中途島起飛的美國轟炸機對第1航空艦隊進行攻擊，但沒什麼效果。日軍艦隊聽聞美國海軍艦隊逼近，因而改變航向，同時空襲中途島的日機也開始返回降落並加油。航空母艦甲板上的作業陷入混亂，日軍指揮官無法確定要為飛機掛載高爆彈，以便對中途島進行第二波空襲，還是改掛魚雷，以迎擊來犯的美國海軍艦隊。

從中途島起飛的美軍飛機　從中途島返回的日軍飛機

6月5日 飛龍號全艦起火。全體人員棄船，但海軍將領山口多聞和艦長加來止男選擇與飛龍號共存亡
飛龍號自沉
5 pm
6:30 pm
日軍第1航空艦隊
蒼龍號沉沒
赤城號自沉
加賀號沉沒
6月4-5日 航空母艦赤城號、加賀號、蒼龍號和飛龍號的航線
6月5日 赤城號在清晨5點自沉。山本下令停止對中途島的作戰，日軍艦隊在中午向西撤離
10:25 am
10:15 am
7:10 am
9:45 am
9:28 am
PACIFIC OCEAN

4 扭轉乾坤的上午

1942年6月4日上午9:20–10:30

企業號、大黃蜂號和約克鎮號的魚雷機已經鎖定日軍第1航空艦隊。日軍速度較快的零式戰鬥機正在對抗它們，但因為零式戰鬥機不在適當空域，且彈藥開始不足，因此無法應付較晚抵達的俯衝轟炸機機群發動的另一波空襲。這些俯衝轟炸機投彈命中日軍航空母艦加賀號和蒼龍號（這兩艘都在當天沉沒）、旗艦赤城號（第二天早上自沉）、兩艘巡洋艦，以及一艘驅逐艦。

約克鎮號俯衝轟炸機和魚雷機　企業號魚雷機　企業號俯衝轟炸機　大黃蜂號魚雷機

5 約克鎮號沉沒

1942年6月4日上午11:50–下午3點

美軍雷達偵測到航空母艦飛龍號的艦載機從西邊逼近約克鎮號。美軍戰鬥機攔截它們，但有幾架突破火網。約克鎮號在中午左右遭三枚炸彈命中。到了下午2點30分，約克鎮號上的大火已經撲滅，但右被日軍魚雷機投下的魚雷擊中。下午3點，約克鎮號開始傾斜，棄船命令也已經下達。它最後在6月7日沉沒。

飛龍號俯衝轟炸機　飛龍號魚雷機

6 重創飛龍號 1942年6月4日下午5點–6:30

從約克鎮號起飛的一架偵察機在下午2點30分發現了飛龍號的位置。5點過後不久，美軍40架俯衝轟炸機就前來攻擊這艘航空母艦，此時掩護它的只剩下12架戰鬥機。飛龍號遭多枚炸彈擊中，燃起熊熊大火（它在次日自沉）。日軍艦隊在6月5日撤退，從中途島起飛的B-17轟炸機則攻擊日軍其餘船艦。

美軍俯衝轟炸機　從中途島起飛的B-17轟炸機

6月6日 由友艦拖帶的約克鎮號被日軍潛艇發射的一枚魚雷擊中，在次日沉沒
美軍
第16特遣艦隊
美軍
第17特遣艦隊
6月4日 約克鎮號遭炸彈命中
12 pm
2:40 pm
約克鎮號被魚雷擊中
6月4日早晨6點20分
日軍艦載機轟炸中途島環礁上的美國海軍基地
Midway
Atoll

△ **還原激戰現場**
這是美國設計師諾曼・貝爾・紀迪斯（Norman Bel Geddes）創作的透視畫，描繪中途島海戰一景，前方的船是受到重創的日軍航空母艦赤城號。

中途島海戰

1942年6月，日軍企圖挑戰美國，打一場決定性的海戰，位置在夏威夷群島最西邊的中途島環礁（Midway Atoll），目標是消滅美國海軍在太平洋上的作戰能力。

襲擊珍珠港之後的幾個月裡，日本在東南亞和太平洋區域連連用兵，直到在 1942 年 5 月的珊瑚海海戰（參見第 124-125 頁）中奪取摩士比港失敗後，他們才被遏止。美軍空襲日本本土城市後，日本警覺起來，因此決定對位於跨太平洋航線中間的中途島發起攻擊。到了 1942 年年中，這處環礁已是美軍在中太平洋最西邊的基地，日軍認定這裡具備為美軍船艦和飛機加油的價值。

日本海軍聯合艦隊總司令山本五十六海軍大將認為，日本的國防圈應該往東擴大，所以要占領中途島和阿留申群島（Aleutians）西邊的美國島嶼。他的計畫主要包括佯攻阿留申群島來吸引美軍艦隊北上，然後兵分三路從西北和西南方進攻中途島。他推測這麼做可以把美軍航空母艦引誘出來，然後加以殲滅，但美國海軍早已對這套計畫瞭若指掌，因為密碼破譯專家約瑟夫・羅什福特（Joseph Rochefort）已經破解了日軍使用的 JN-25 密碼。如同山本所預測的，美日中途島的交手會是決定性的，但卻不是他所希望的結果：這場海戰象徵日軍在太平洋的優勢徹底畫下句點。

Bering
Sea
Kamchatka
Sakhalin
USSR
Kurile Islands
Attu
Kiska
Aleutian Islands
1942年6月3-4日
荷蘭港
PACIFIC
OCEAN
Sea of
Japan
(East Sea)
JAPAN
阿留申部隊
第1航空艦隊
主力部隊
中途島攻略部隊
Iwo Jima
Mariana Islands
中途島攻略部隊
Saipan
Guam
Midway
Atoll
第16特遣艦隊
第17特遣艦隊
Hawaiian
Islands
圖例
日軍艦隊
艦載機空襲
美軍艦隊
空襲
日本領土

日軍作戰計畫解說
依照海軍大將山本五十六的計畫，日軍將兵分多路。阿留申部隊的任務是攻擊北邊的阿留申群島，空襲荷蘭港（Dutch Harbor），並派出部隊在阿圖島（Attu）和基斯卡島（Kiska）登陸。此時，第1航空艦隊會從西北邊進攻中途島，而另一支負責占領的艦隊則從西南方而來。美國海軍太平洋艦隊司令切斯特・尼米茲（Chester Nimitz）明白日軍的真正目標是中途島，因此部署兩支特遣艦隊加以防禦。

SKETCHES AND DESCRIPTIONS FROM VARIOUS SOURCES INCLUDING
H O 2916 (USED AS BASE MAP)
O 165 PACIFIC ISLANDS SAILING DIRECTIONS
ZEALAND ARMY HQTRS. MAP 1.16 AUG. 1942
UNCONTROLLED MOSAIC OF GUADALCANCAL JULY 1942
CAPTURED JAPANESE MAPS
LOCAL INFORMATION
TURAL SCALE 1:217,500 (AT LATITUDE 9° 25')
SUB-SECTION C-2 1ST MARINE AMPHIBIOUS CORPS
DEC. 1942
CONFIDENTIAL
SAVO I
Good shelter S & S.W. Trades partially protected from West winds
Landing possible, with good anchorage S.E. Trade.
No safe anchorage in either monsoon from Cape Esperance to Kukum
Good to 2000 ton
Anchorage ½ Mile off coast
Small Boats can land at high water only
Good Anchorage
VATURANGA
GUADALCANAL
KAVO RANGE
VEURUA
TASIMBOKO
KOLINA
ISLAND
Henderson Field
Fighters Field
Bad Shoals
Anchorage 20 fathoms sand unsafe onshore winds
Some prominent points and corresponding indentations which afford anchorage in this stretch of coast
Anchorage 12 fathoms fine sand unsafe in onshore winds
Landing in calm weather only
Landing in fair weather only
South Coast nearly always rough during S.E. trades, but quiet during N.W. Monsoon except when wind backs to S.W.
SEALARK CHANNEL
NGGELA CHANNEL
LENGO CHANNEL
FLORIDA
NGGELA GROUP

1942年12月時的後勤地圖
這張地圖由美國海軍陸戰隊第1兩棲軍（Marine Amphibious Corps）繪製，標示了登陸地點、錨地和潮汐，北海岸中央偏左的地方可以看到韓德森機場。

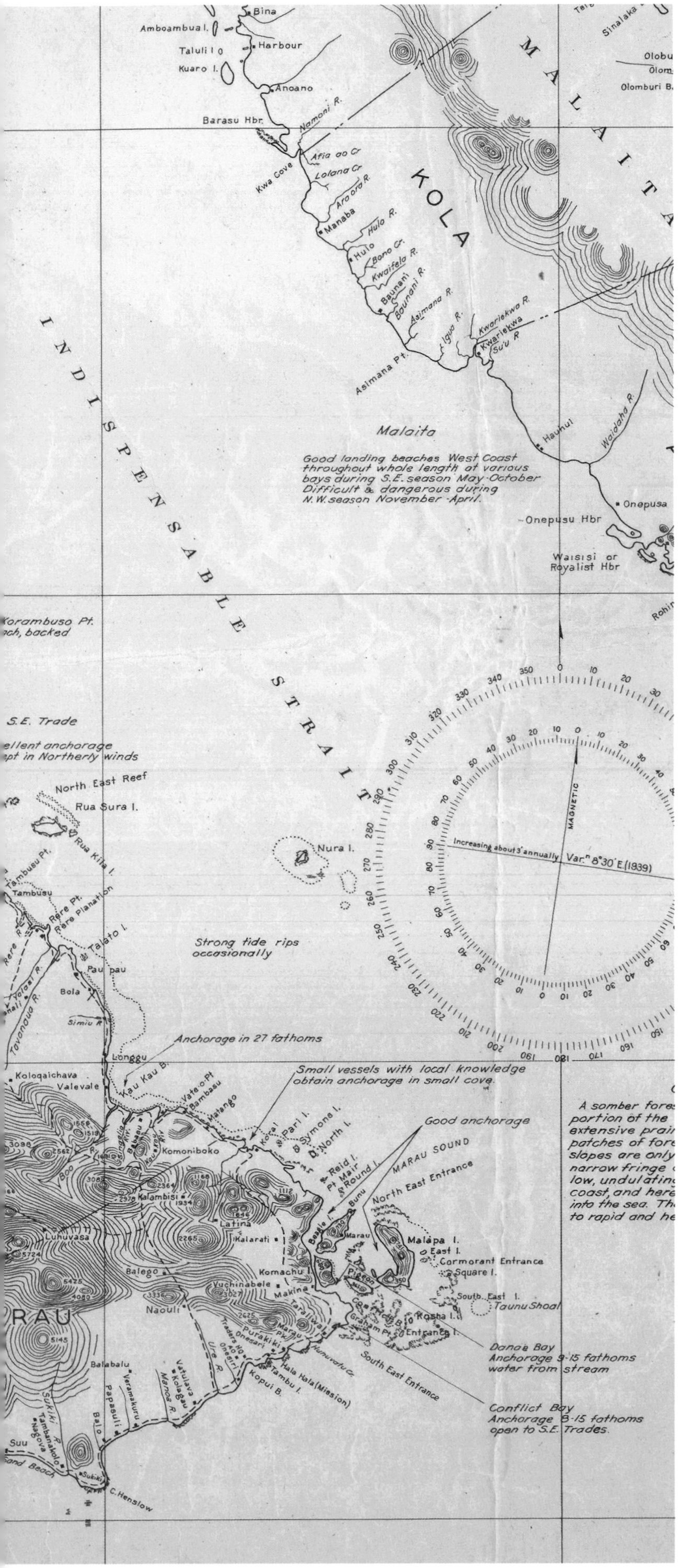

瓜達卡納島

1942年8月，盟軍在太平洋戰爭中開始展開攻勢，登陸索羅門群島中日軍占領的瓜達卡納島。雙方的海空激戰進行了六個月，直到日軍撤退才告終。

1942 年 5 月，日軍在索羅門群島南部建立海軍基地，7 月開始在瓜達卡納島上修築機場。盟軍把這一步視為對美國和澳洲之間交通線的威脅，因此編組了一支部隊，由美國海軍陸戰隊及美澳兩國海軍艦艇組成，在 8 月 7 日攻擊瓜達卡納島和北邊附近的吐拉吉島。日軍受到奇襲，1 萬 1000 名美國海軍陸戰隊員在幾乎未受抵抗的狀況下登陸瓜達卡納島。但到了 8 月 8-9 日夜間，日本海軍發動反擊，盟軍海軍艦隊損失慘重，共有四艘巡洋艦在薩沃島海戰（Battle of Savo Island）中被擊沉，超過 1000 名水兵陣亡。殘餘的盟軍艦隊慌忙撤退，只留下陸戰隊員死守，而當時他們的裝備甚至還沒送上岸。

韓德森機場保衛戰

就在日軍努力組織登陸部隊、準備奪回瓜達卡納島的同時，美軍建好了北海岸的飛機跑道，命名為韓德森機場（Henderson Field）。美軍飛機一旦在最初的登陸行動兩週之後進駐，就可以阻止日軍船艦在瓜島附近的日間活動。因此日軍在夜裡用快速驅逐艦把部隊從臘包爾的基地運到瓜島。透過這種「東京快車」（Tokyo Express），日軍自 9 月中旬起就在瓜達卡納島上集結了夠多的部隊，可以對機場周邊的美國海軍陸戰隊防禦陣地進行猛烈的攻擊。10 月間，美軍陸戰隊擊退多次近乎自殺式的日軍突擊，也派遣部隊進入可能有敵人埋伏的叢林進行掃蕩。

最後決戰

這場戰役的高潮發生在 11 月中。日軍艦隊計畫趁夜駛近，一面砲擊韓德森機場，一面卸下增援部隊。美國海軍全力阻止。有兩個晚上的時間，雙方在黑暗中進行殘酷又混亂的近距離戰鬥，結果日軍損失了兩艘戰鬥艦和四艘其他艦艇。美國海軍也損失慘重，但日軍停止了登陸。美軍從此得以增援瓜島上的部隊，達到 5 萬人。日軍發現勝利機會渺茫，於是認為把資源投入在其他地方更有效。他們開始撤出部隊，最後一批日軍在 1943 年 2 月初離開。

▷ **美軍登陸**
1942年8月7日，數千名美國海軍陸戰隊員在瓜達卡納島北海岸隆加岬（Lunga Point）和科利岬（Koli Point）之間登陸。

歐洲和非洲的戰爭

在1942年絕大部分的時間裡，對抗希特勒的戰爭都未能分出勝負。但到了年底，盟軍在東線和北非沙漠的勝利就已決定性地扭轉了局勢，納粹德國的征服時代已經結束。

1941 年，美國、蘇聯和英國團結起來對抗德國後，經濟資源和人口方面的增加都大大有利於盟軍。然而，把這些資源帶到戰場上運用絕非易事。

▽ **美軍來了**
英國員警為新來的美國大兵指路。到了1942年年底，已有超過20萬美軍人員駐防在英國。

德國的成功

就軍事上而言，德軍依然有能力擊敗敵人，造成慘重損失。在蘇聯，軸心軍擊退蘇聯攻勢，並繼續向東推進，抵達伏爾加河（Volga）和高加索。到了 1942 年夏末，希特勒似乎已經成功在望，可以奪取蘇聯的石油供應與軍火工業，以剝奪蘇聯的作戰能力。

與此同時，在埃及的西部沙漠裡，德國陸軍元帥艾爾文 · 隆美爾正在和英軍廝殺，7 月時已經前進到距離英軍重要海軍基地亞歷山卓不到 100 公里遠的阿來曼（El Alamein）。在大西洋上，德軍 U 艇襲擊美國海岸的航運及跨洋的運輸船團，隨時有可能切斷美國部隊與軍火運往歐洲戰區的交通，因為這些只能靠海運輸送。載運軍事物資前往蘇聯北極港口的運輸船團損失慘重。

◁ **合作的呼籲**
這張海報呼籲荷蘭人志願參與納粹的菁英部隊武裝黨衛軍（Waffen-SS）。當局從擁有「亞利安」種族人口的被占領國家招募新兵，包括荷蘭、丹麥和挪威。每個被占領的國家都有一些懷有熱忱的通敵分子，他們在意識形態上認同納粹的種族和反共信念。

支配而非合作

在這段期間，德國依然保有並統治著他們占領的歐洲大陸。沿海的襲擊行動和皇家空軍對城市的轟炸收效甚微，無法帶來重大衝擊。在被占領的國家，納粹透過武力粉碎所有反對力量，並把資源運用到極致。除了英國特種作戰團（Special Operations Executive, SOE）和蘇聯參戰後日漸成長的共產黨領導游擊作戰以外，抵抗活動的規模依然有限。

希特勒也計畫在歐洲打造種族階層分明的新秩序。1942 年，他屠殺所有猶太人的政策（代號「最終解決方案」〔Final Solution〕）已經被組織成一個明確的計畫，開此有系統地消滅歐洲的猶太人口。滅絕營把殺戮提升到一個工業化的層次，除了需要使用猶太人作為奴工之外，殺戮

轉捩點

1942年的上半年，軸心國繼續取得勝利。當德軍在8月抵達史達林格勒時，另一場重大勝利看似已經在望，但對希特勒的大軍而言，結果卻是一場災難。在北非，陸軍元帥隆美爾的裝甲軍團被包夾在第二次阿來曼戰役（Second Battle of El Alamein）中獲勝的英軍以及在火炬行動（Operation Torch）中登陸的美軍之間。此時，納粹統治下的歐洲百姓生活也愈來愈痛苦。

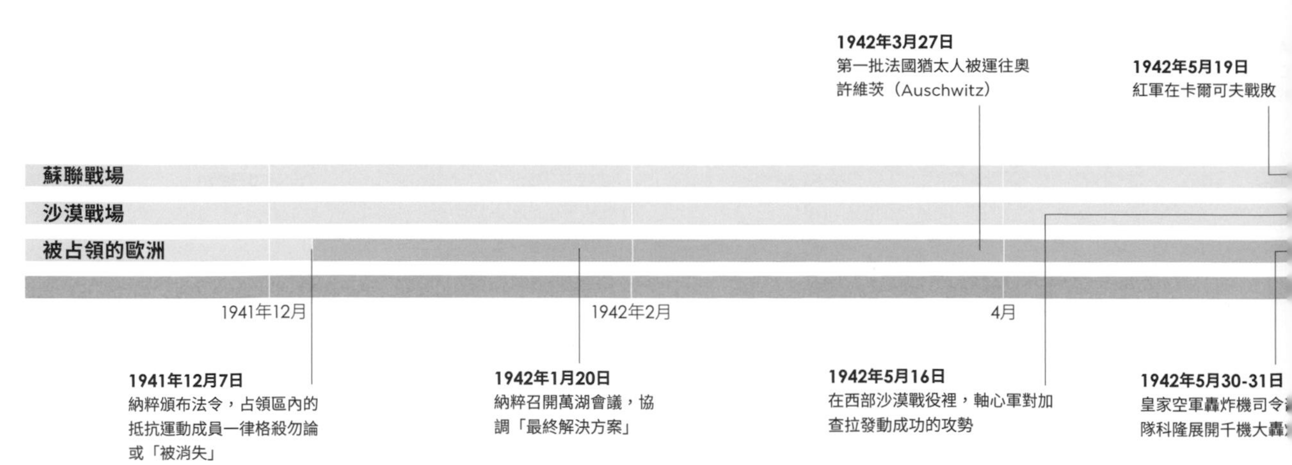

蘇聯戰場
沙漠戰場
被占領的歐洲
1941年12月
1942年2月
4月
1941年12月7日
納粹頒布法令，占領區內的抵抗運動成員一律格殺勿論或「被消失」
1942年1月20日
納粹召開萬湖會議，協調「最終解決方案」
1942年3月27日
第一批法國猶太人被運往奧許維茨（Auschwitz）
1942年5月16日
在西部沙漠戰役裡，軸心軍對加查拉發動成功的攻勢
1942年5月19日
紅軍在卡爾可夫戰敗
1942年5月30-31日

◁ **決定性會戰**
1943年，紅軍士兵在史達林格勒的斷垣殘壁間前進。爭奪這座蘇聯城市的會戰——第二次世界大戰中規模最大的衝突——以史達林大軍的輝煌勝利畫下句點，扭轉了東線的戰局。

規模沒有任何限制。此外滅絕營也屠殺蘇聯戰俘、納粹黨的政敵、吉普賽人與同性戀者。

盟軍的成功

希特勒軍事戰略的基礎在於：他盤算自己能夠擊敗蘇聯，在美國力量介入之前在歐洲取得不敗的地位。但蘇軍即使損失大量人員、裝備與領土，卻展現出可怕的恢復能力。1942-43 年的冬天，德軍有整整一個軍團在史達林格勒被包圍殲滅，就證明了蘇聯至少不會這麼快被擊敗。

史達林格勒之戰打得如火如荼的同時，英軍在北非沙漠裡的阿來曼擊敗了軸心軍，取得決定性勝利。英軍之所以能夠成功，大部分要歸功於伯納德・蒙哥馬利將軍（Bernard Montgomery）。這位指揮官深知如何有耐心地運用物資上的優勢，來贏過指揮技巧更精湛的對手。此時，美軍部隊在法屬北非登陸，給了他們第一次和軸心軍作戰的經驗。到了 1942 年底，美軍轟炸機陸續進駐位於英國的基地，同盟國領導人也開始討論未來全面反攻被占領的歐洲的計畫。對德國而言，勝利的時代已經過去，面對不利的局勢，他們漫長頑強的求生之戰才剛要開始。

▷ **英軍進攻**
在1942年10月的阿來曼戰役裡，英軍第8軍團的步兵朝防禦堅強的軸心軍陣地進攻。經過冗長的戰鬥後，隆美爾的部隊被迫頭也不回地撤退。

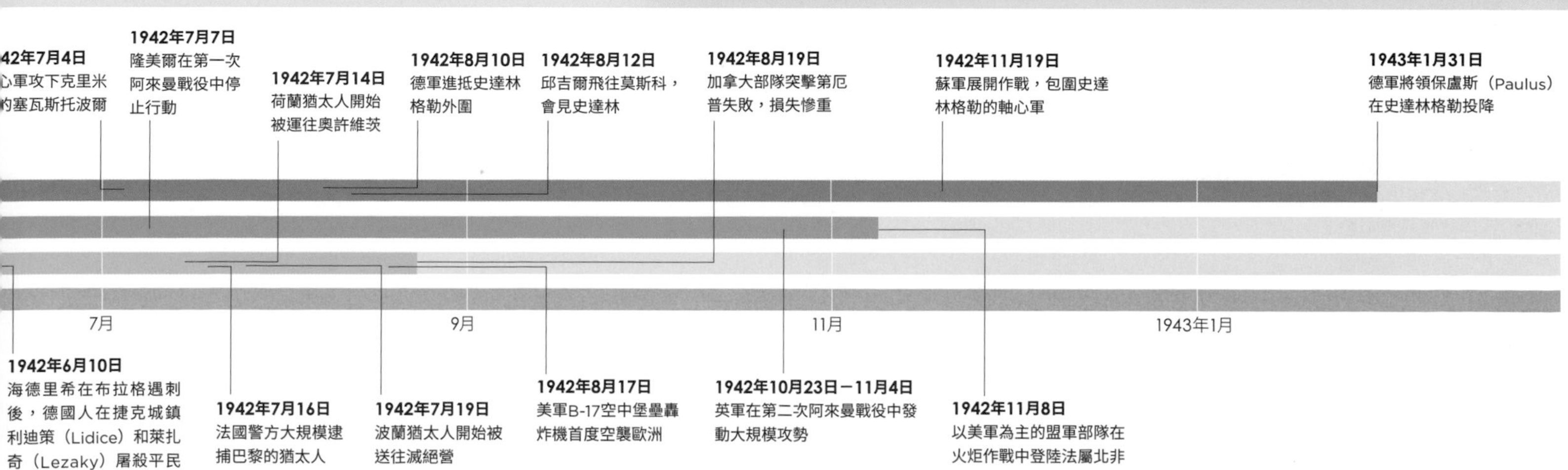
42年7月4日
心軍攻下克里米
的塞瓦斯托波爾
1942年7月7日
隆美爾在第一次阿來曼戰役中停止行動
1942年7月14日
荷蘭猶太人開始被運往奧許維茨
1942年8月10日
德軍進抵史達林格勒外圍
1942年8月12日
邱吉爾飛往莫斯科，會見史達林
1942年8月19日
加拿大部隊突擊第厄普失敗，損失慘重
1942年11月19日
蘇軍展開作戰，包圍史達林格勒的軸心軍
1943年1月31日
德軍將領保盧斯（Paulus）在史達林格勒投降
7月
9月
11月
1943年1月
1942年6月10日
海德里希在布拉格遇刺後，德國人在捷克城鎮利迪策（Lidice）和萊扎奇（Lezaky）屠殺平民做為報復
1942年7月16日
法國警方大規模逮捕巴黎的猶太人
1942年7月19日
波蘭猶太人開始被送往滅絕營
1942年8月17日
美軍B-17空中堡壘轟炸機首度空襲歐洲
1942年10月23日－11月4日
英軍在第二次阿來曼戰役中發動大規模攻勢
1942年11月8日
以美軍為主的盟軍部隊在火炬作戰中登陸法屬北非

4 為作戰出資 1942-1945年

被占領國被迫直接提供資金，以支撐德國繼續作戰。受到最嚴重影響的是法國，它得負擔占領軍的一切開銷，費用高達每天8000萬帝國馬克。此外納粹當局還掌握了相當大部分的法國糧食生產，導致發生嚴重的配給及普遍的飢餓現象，尤其是在城市。

貢獻給德國的資金（百萬帝國馬克）

5 維琪法國淪陷 1942年11月

德國在1940年入侵法國北部後，希特勒允許將法國南半部留給願意合作的法國人，成立維琪政權。但這個狀況在1942年11月起了變化，因為法國軍事指揮階層跟盟軍達成協議，讓盟軍登陸法屬北非。希特勒不再信任維琪政權，因此接管整個法國，由德國直接控制。

1942年的維琪法國與其疆域　　1942年11月起德國控制的法國

NORWAY
2,940
1941年6月 芬蘭和德國聯手，一起對付蘇聯
SWEDEN
FINLAND
KARELIA
Oslo
1942年2月1日 納粹政府正式承認挪，威通敵分子威德昆・奎斯林（Vidkun Quisling）為挪威政府首長，但實權不大
1943年8月29日 德國頒布戒嚴令，解散丹麥政府
ESTONIA
LATVIA
Riga
LITHUANIA
東方總督轄區
NORD
Smolensk
BELORUSSI
Minsk
IRELAND
Dublin
North Sea
DENMARK
Copenhagen
Baltic Sea
UNITED KINGDOM
London
Hamburg
Danzig
Königsberg
NETHERLANDS
10,078
254,000
POLAND
2,175
170萬
1942年8月30日 自1940年被占領的盧森堡被正式併入納粹德國
NORD
BELGIUM
5,840
199,000
Watenstedt-Salzgitter
Berlin
Heessen
大德國
Warsaw
VOLHYNIA-PODOLIA
Radom
Lublin
Rivne
烏克蘭總督轄區
OCCUPIED FRANCE
Paris
LUXEMBOURG
Kladno
Kattowitz
Brüx
Prague
Pilsen
Krakow
1942年9月4日 在德國的壓力下，維琪法國總理皮耶・拉瓦爾（Pierre Laval）下令，達工作年齡的男女均需義務勞動服務
FRANCE
34,200
646,000
ALSACE
Pegnitz
BOHEMIA AND MORAVIA
Ostrava
2,020
GENERAL GOVERNMENT
Zhytomyr
Kirc
Hayingen
Krompachy
GALICIA
AUSTRIA (OSTMARK)
Linz
SLOVAKIA
38,000
Vienna
Krieglach
SWITZERLAND
Judenburg
Vichy
Graz
HUNGARY
24,000
VICHY FRANCE
Milan
1941年8月29日 由於塞爾維亞爆發叛亂，德軍當局支持建立傀儡政權塞爾維亞救國政府
CROATIA
ROMANIA
YUGOSLAVIA
Belgrade
325,000
Bucharest
SERBIA
472
ITALY
1942年11月－1943年9月 義大利在維琪法國淪陷後占領科西嘉島（Corsica）
Corsica
MONTENEGRO
Sofia
BULGARIA
Rome
13,300
287,000
ALBANIA
DEMOTIKA
Istanbul
Sardinia
SALONIKA
GREECE
95
1943年9月 巴多格里歐（Badoglio）打算和盟軍停火，德國因此占領義大利
Sicily
Athens
FRENCH NORTH AFRICA
Mediterranean Sea
Dodecanese Islands
1941年12月 希臘爆發大規模飢荒
Crete
WAFFEN-SS
EINTRITT NACH VOLLENDETEM 17. LEBENSJAHR

▽ **執行納粹統治**
隨著德國版圖擴張，就必須靠黨衛軍來控制各地人口。他們在這個過程中犯下諸多暴行，尤其是在波蘭。

德國在歐洲，1942年

德國控制歐洲的方式包括直接占領、和其他軸心國與戰時盟國（例如芬蘭）結盟，還有透過那些尋求德國保護的衛星國家。

圖例
大德國
被德國占領
軸心衛星國
暫時的軸心衛星國
義大利及義大利占領區
芬蘭及芬蘭占領區
盟國領土
德國民事行政機關
德國軍事行政機關
1942年11月邊界
時間軸
1
2
3
4
5
1941
1942
1943
1944
1945
1946
USSR
217萬
Kramatorsk
Pavlograd
Voroshilovgrad
Stalingrad
Krasny Sulin
SÜD
Gorlovka
Grigorievka
Zaporozhe
Nikopol
Kerch
Black Sea
TURKEY
SYRIA
Cyprus

1 擄掠來的勞力 1941年6月－1945年

從1930年代徵用「不受歡迎分子」開始，隨著戰爭進行，納粹也使用愈來愈多奴工。當局自1938-39年開始徵用猶太奴工，日後逐漸擴及整個東歐，在被迫從被占領國前往德國的數百萬人當中，有三分之二來自中歐或東歐，甚至連兒童都被剝削：在乾草行動（Heuaktion）裡大約有5萬名10-14歲的波蘭兒童被迫離開家園，在工廠勞動。

到1944年德國境內被迫成為奴工的平民

2 控制東方 1941年7月－1942年

入侵蘇聯後的一個月內，希特勒就在被占領的東歐領土成立帝國行政機關。最高主管是種族理論學家阿爾佛列德・羅森貝爾格（Alfred Rosenberg），他畫出兩個民事行政區（總督轄區，Reichskommissariat），分別是東方（Ostland）及烏克蘭。他希望它們可以充當斯拉夫緩衝區，用以對抗東方的「亞洲」布爾什維克主義。在實際層面上，這些地區受到占領當局殘酷對待，任何合作的期待頓時煙消雲散。

東方總督轄區　烏克蘭總督轄區

3 工業擴大影響力 1942–1945年

受惠於奴工的德國企業包括許多知名工業公司，還有飛機製造商，像是梅塞希密特（Messerschmitt）和容克斯（Junkers）。此外國營的國家工廠（Reichswerke）則控制了許多被占領國家首屈一指的工業廠房。到了1942年，國家工廠成為歐洲最大雇主，管理超過50萬名勞工。

國家工廠奪取的工業廠房

歐洲新秩序

在巔峰時期，大德國（德國和他們兼併的領土）涵蓋了絕大部分的中歐地區，而歐洲大陸上絕大多數國家不是被德國占領，就是在它的勢力範圍內。希特勒已經開始實現他為德意志「優等民族」打造生存空間的夢想。

德國對待被占領國家的嚴厲程度，反映出那個國家的人口組成有多符合納粹的亞利安理想。挪威和丹麥都受到相對溫和的待遇。丹麥一直保有自己的國王和政府，直到在1943年中被德國軍事占領。

東歐的情況就大不相同了。納粹認為那裡的人民是劣等種族，因此以殘忍的方式對待他們。德國人在波蘭、蘇聯被占領的地區以及波羅的海三國施行最嚴厲的制度，所有社區居民都被驅逐，以便為德意志民族聚落創造生活空間。

被占領的國家不是受到以納粹官員為首的民事行政管理，就是受到軍事管理。不論是哪一種，這些國家都在財政、經濟和軍事上受到剝削，以便為德國的戰爭做出貢獻。被占領國被迫轉移大量資金給德國，也要為德國的工廠提供勞動力。若德國當局認為志願參與的人數不足，就會大量引進奴工。這類手段往往引起積極的反抗行動（參見第176-77頁），而占領當局就會以極其殘暴的手段鎮壓。

> **「我堅信，1941年這一年，將會是偉大歐洲新秩序歷史性的一年。」**
>
> 阿道夫・希特勒在柏林體育宮（Sportpalast）的演說，1941年

義大利與生存空間

就像「Lebensraum」（生存空間）是納粹的重要目標，義大利法西斯主義者也在尋找屬於他們的生存空間（Lo Spazio Vitale），辦法就是把疆土擴展到地中海地區、進入北非（參見第74-75頁）。在諸如義大利教育部長朱塞佩・博塔伊（Giuseppe Bottai）這樣的種族主義者的鼓吹下，他們辯稱義大利是古羅馬帝國繼承人。他們的目標是建立「一個嶄新的帝國，在這個國家裡，義大利人會透過藝術啟發全世界、用他們的知識以及……他們的行政管理技術與能力來教育全世界。」

第二次世界大戰期間的法西斯政治人物朱塞佩・博塔伊

迫害狂潮

對猶太人和其他少數族群的有組織系、有系統的迫害從德國開始，但在1940年到1942年之間隨著納粹進攻開始擴大。最殘忍的階段出現在1942到1943年之間。

圖例
1942年11月時的大德國
同盟國
軸心國控制區
時間軸
1
2
3
4
1930
1935
1940
1945
1950
NORWAY
SWEDEN
North Sea
Baltic Sea
DENMARK
Copenhagen
UNITED KINGDOM
London
NETHERLANDS
Amsterdam
Westerbork
'S-Hertogenbosch
Mechelen
Brussels
BELGIUM
FRANCE
Drancy
SWITZERLAND
ITALY
Fossoli
Bozen
GREATER GERMANY
Neuengamme
Ravensbrück
Bergen-Belsen
Sachsenhausen
Berlin
Sachsenburg
Mittelbau-Dora
Buchenwald
Theresienstadt
Prague
Flossenbürg
Nuremberg
Natzweiler
Dachau
Mauthausen
Vienna
OSTMARK
BOHEMIA AND MORAVIA
Stutthof
FORMER POLAND
Treblinka
Chelmno
Lodz
Warsaw
Lublin
Sobibor
Czestochowa
Majdanek
Gross-Rosen
Sosnowiec
Belzec
Auschwitz-Birkenau
Plaszow
Krakow
SLOVAKIA
Bratislava
Budapest
HUNGARY
Danica
Zagreb
Jasenovac
Stara Gradiska
Djakovo
Belgrade
Tasmajdan
Sajmiste
Jadovno
INDEPENDENT STATE OF CROATIA
SERBIA
REICHSKOMMISSARIAT OSTLAND
Riga
Kaiserwa
Jungfernhof
Kaunas
Ponary
Vilniu
Bialystok
1942年9月12日 納粹當局完成把26萬5000名猶太人從華沙猶太區運往特瑞布林卡的工作
1941年6月25-29日 德軍占領立陶宛考納斯（Kaunas）後，估計約有4000名猶太人遭屠殺
1945年1月25日 在疏散施圖霍夫（Stutthof）集中營期間，2萬5000名囚犯死於黨衛軍手中
1944年8月4日 安妮·法蘭克（Anne Frank）是被送往滅絕營的10萬名荷蘭猶太人之一
1945年4月15日 英軍部隊解放卑爾根－貝爾森滅絕營
1935年9月15日 德國國會通過反猶法律
1942年3月27日 法國占領當局開始經由德宏西（Drancy）驅逐法國猶太人
1939年10月18日 第一批被驅逐的猶太人被送往盧布令（Lublin）的保留營區

1 反猶主義與相關立法 1933-1938年

納粹黨在1933年上台後，希特勒就把他的反猶主義付諸實行。1933年4月，猶太人經營的商店和企業遭到杯葛，不久猶太人就被禁止出任公職，也無法從事法律相關工作，不能經營農場。1935年，新頒行的法律剝奪了猶太人公民權，猶太人和德意志民族發生性關係也被入罪。之後的1938年，納粹外交官被暗殺事件成為水晶之夜的藉口（參見第30-31頁），許多猶太人的店鋪和猶太教堂都在這起事件中遭到破壞。

第一座集中營　集中營

2 猶太區與殺戮 1939-1942年

猶太人的困境在戰爭爆發後日益惡化。在波蘭，許多猶太人都被送進猶太區，這是接下來要驅逐出境的集中點。猶太人在法國、比利時、荷蘭和前南斯拉夫（許多猶太人在這裡被屠殺）被集中看管。最惡劣的大規模殺戮發生在德軍入侵蘇聯期間，特別安排的特別行動部隊據統計共殺害將近50萬人。

特別行動部隊行動地點　猶太區　大屠殺位置

3 滅絕營 1942-1945年

納粹領導階層尋求「歐洲猶太人的最終解決方案」。1942年1月，納粹高階官員在柏林萬湖（Wannsee）召開會議，同意最終解決方案的內容。1942年春天，貨運列車把猶太人從猶太區運送到東方的集中營，當中最惡名昭彰的就是被占領的波蘭境內六座專門建造的滅絕營——亨姆諾（Chelmno）、奧許維茨－比克瑙（Auschwitz-Birkenau）、貝爾柴克（Belzec）、邁達內克（Majdanek）、索比堡（Sobibor）和特瑞布林卡（Treblinka）。

萬湖會議　滅絕營

Lindemannstadt
Mezhno
Kikerino
USSR
Novoselye
Pskov
Moscow
Smolensk
Minsk
Maly Trostinets
Starobilsk
Kharkov
Kiev
Poltava
Zhitomir
REICHSKOMMISSARIAT UKRAINE
Novoukrainka
Bar
Pervomaisk
Ananyiv
Balanivka
Edineti
Nikolayev
Jassy
Odessa
Piatra Neamț
ROMANIA
Bucharest
BULGARIA
Black Sea
TURKEY

△ **奧許維茨的兒童**
這張照片是1945年1月解放奧許維茨集中營的蘇軍部隊拍攝的。

1941年9月29-30日 德軍在烏克蘭基輔的娘子谷屠殺3萬4000名猶太人

1941年10月22-24日 3萬名猶太人在羅馬尼亞控制的黑海港口敖德薩被屠殺

4 解放集中營 1944-1945年
隨著戰爭的浪潮逼近德國，屠殺的步調也跟著加快。在1944年的兩個月裡，有將近50萬匈牙利猶太人被送往奧許維茨－比克瑙集中營。之後，隨著蘇軍挺進波蘭，這個時候仍存活的人就得在一連串的死亡行軍中從一座集中營前往另一座集中營。第一座解放的集中營是邁達內克，它在1944年7月解放，接著是1945年1月解放的奧許維茨。總計約有270萬波蘭猶太人遇害，此外還要加上210萬蘇聯猶太人以及130萬來自其他歐洲被占領國的猶太人。

大屠殺

希特勒和他的支持者把猶太人視為密謀暗中破壞德國的世界公敵。納粹政權展開後世所謂的大屠殺（Holocaust）——也就是有系統地迫害並謀殺大約600萬名歐洲猶太人。

納粹崛起掌權，對德國境內的猶太人產生立即的影響，他們打從一開始就被當成最下等的民族對待。自 1935 年起，猶太人被剝奪公民權，並禁止與「德意志血統」的人通婚或發生性關係。這項政策的目標就是要蓄意鼓勵猶太人離開這個國家，而到了 1938 年，就有大約一半的猶太人選擇離開。

戰爭爆發後，情勢繼續惡化。在東方的占領區，當局設立猶太區（Ghetto），以便讓被驅逐的猶太人定居並加以控管。在德軍朝東方挺進期間，有許多猶太族群被報復性屠殺，且常常只是因為個別的反抗行動。自 1941 年下半年起，當局興建新的滅絕中心——稱為萊茵哈德行動（Operation Reinhard）營區——這裡的猶太人會被送往毒氣室處決，或是被挑出來強迫擔任奴工，成千上萬的人就這樣工作到死。這樣的結果相當駭人：當解放的日子終於來臨時，全歐洲估計已有三分之二的猶太人被消滅。

> **「大屠殺不是專屬於猶太人的悲劇，而是全人類的悲劇。」**
>
> 大屠殺生還者西蒙・維森塔爾（Simon Wiesenthal）

其他被迫害的少數族群

猶太人不是唯一被納粹迫害的少數族群。其他還包括同性戀、身障人士、耶和華見證人（Jehovah's Witness）、共濟會（Freemason），以及天主教和基督教的異議分子。從數字上來說，種族族群的人命損失是最嚴重的。羅姆人（Romani）也面臨和猶太人一樣的種族屠殺威脅，而納粹對斯拉夫民族的迫害則導致大約1500萬蘇聯人和300萬波蘭人喪命。

卑爾根－貝爾森（Bergen-Belsen）集中營內的羅姆人和辛提人（Sinti）女性。

華沙猶太區

在1930年代，有37萬5000名猶太人生活在華沙——是世界第二大的猶太族群聚居地，僅次於紐約。隨著德國在1939年入侵波蘭，納粹對猶太人施加了許多限制措施，包括把他們強制遷移到猶太區。

△ **身分標誌**
太區的猶太人被迫在右臂上戴著白色臂章，上面有個藍色的大衛之星，以便輕鬆辨認。

1940 年 10 月 12 日，華沙和外圍地區所有的猶太居民都被迫遷入一塊位於華沙北邊僅僅 3.4 平方公里大的區域裡。整個猶太區被石塊堆砌成的高牆和鐵刺網封閉，並有武裝守衛看守，任何出現在牆外的猶太人都會被槍殺。在如此侷限的空間裡，長期過度擁擠和營養不良隨處可見。估計約有 40 萬人每天掙扎求生，平均每個房間都擠了八到十人。飢餓的威脅無所不在，因為配給的食物遠不足維生需求，斑疹傷寒和其他致命疾病也十分流行。

華沙猶太區起義

1942 年 7 月，統治當局開始大規模驅趕猶太人前往集中營和滅絕營。他們在 1943 年 1 月又再次驅趕，然後 4 月初又來一次。但這一次，猶太人選擇挺身對抗德國人，猶太抵抗戰士一連鏖戰了長達四星期。不過雙方眾寡懸殊，猶太區也化為灰燼，剩下一片瓦礫。等到戰鬥在 5 月 16 日平息以後，已有 7000 名猶太人在街道上被屠殺，另有 4 萬 2000 人被捕並遭驅逐。華沙集中營的設施則建在舊猶太區的位置上。

納粹集中營

這張圖是當時的地圖，可以看到第二次世界大戰期間集中營和滅絕營分布在第三帝國境內各地。波蘭的奧許維茨－比克瑙可說是當中最惡名昭彰的：大約有110萬到130萬名猶太人被送來此地，當中至少有96萬人在毒氣室中遭處決，此外估計約有75萬人死在同樣位於波蘭的特瑞布林卡。

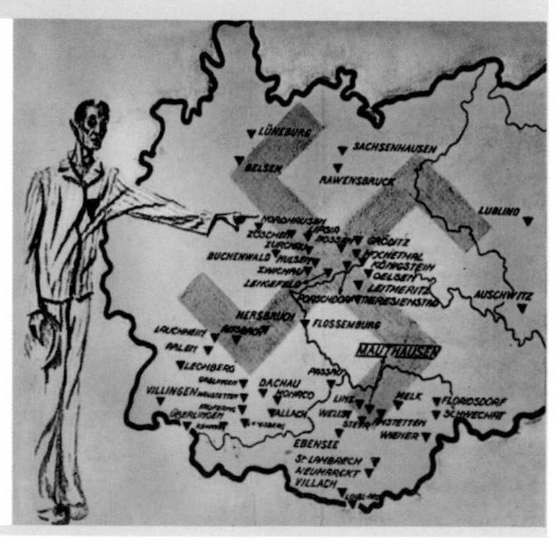
LÜNEBURG
SACHSENHAUSEN
BELSEN
RAWENSBRUCK
LUBLINO
BUCHENWALD
GRÖDITZ
KÖNIGSTEIN
LEITMERITZ
AUSCHWITZ
HERSBRUCH
FLOSSENBURG
MAUTHAUSEN
LEONBERG
DACHAU
VILLINGEN
PASSAU
MELK
FLORIDSDORF
SCHWECHAT
EBENSEE
VILLACH

納粹圍捕
納粹部隊在華沙猶太區圍捕面露驚恐的猶太家庭。他們接著就被驅逐，運往集中營和滅絕營。猶太區游擊隊反抗納粹的行動終究失敗。

地下戰爭

當希特勒的軍隊席捲歐陸時，被占領的地區也進行著另一場更隱密的戰爭。盟軍幹員執行奇襲行動，而當地的抵抗運動團體也在倫敦的支持下以各種方法對抗占領軍，例如宣傳、破壞和直接武裝衝突等。

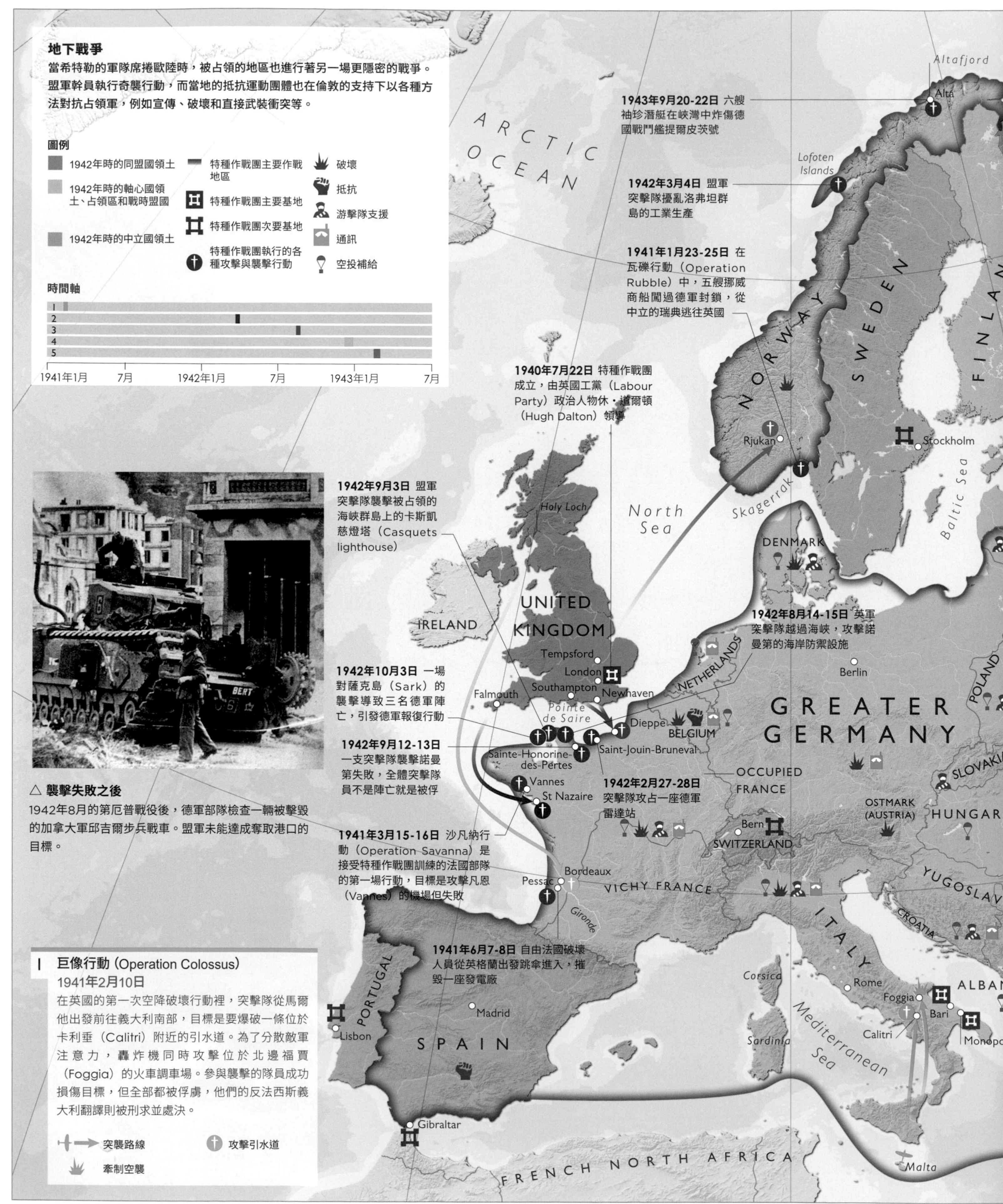

圖例
1942年時的同盟國領土
1942年時的軸心國領土、占領區和戰時盟國
1942年時的中立國領土
特種作戰團主要作戰地區
特種作戰團主要基地
特種作戰團次要基地
特種作戰團執行的各種攻擊與襲擊行動
破壞
抵抗
游擊隊支援
通訊
空投補給
時間軸
1
2
3
4
5
1941年1月
7月
1942年1月
7月
1943年1月
7月
1943年9月20-22日 六艘袖珍潛艇在峽灣中炸傷德國戰鬥艦提爾皮茨號
1942年3月4日 盟軍突擊隊擾亂洛弗坦群島的工業生產
1941年1月23-25日 在瓦礫行動（Operation Rubble）中，五艘挪威商船闖過德軍封鎖，從中立的瑞典逃往英國
1940年7月22日 特種作戰團成立，由英國工黨（Labour Party）政治人物休・道爾頓（Hugh Dalton）領導
1942年9月3日 盟軍突擊隊襲擊被占領的海峽群島上的卡斯凱慈燈塔（Casquets lighthouse）
1942年10月3日 一場對薩克島（Sark）的襲擊導致三名德軍陣亡，引發德軍報復行動
1942年9月12-13日 一支突擊隊襲擊諾曼第失敗，全體突擊隊員不是陣亡就是被俘
1942年8月14-15日 英軍突擊隊越過海峽，攻擊諾曼第的海岸防禦設施
1942年2月27-28日 突擊隊攻占一座德軍雷達站
1941年3月15-16日 沙凡納行動（Operation Savanna）是接受特種作戰團訓練的法國部隊的第一場行動，目標是攻擊凡恩（Vannes）的機場但失敗
1941年6月7-8日 自由法國破壞人員從英格蘭出發跳傘進入，摧毀一座發電廠
Altafjord
Alta
ARCTIC OCEAN
Lofoten Islands
NORWAY
SWEDEN
FINLAN
Rjukan
Stockholm
Skagerrak
Baltic Sea
North Sea
Holy Loch
DENMARK
UNITED KINGDOM
IRELAND
Tempsford
London
Southampton
Newhaven
Falmouth
Pointe de Saire
Dieppe
NETHERLANDS
BELGIUM
Berlin
POLAND
GREATER GERMANY
Saint-Jouin-Bruneval
Sainte-Honorine-des-Pertes
Vannes
St Nazaire
OCCUPIED FRANCE
SLOVAKIA
OSTMARK (AUSTRIA)
HUNGAR
Bern
SWITZERLAND
Bordeaux
Pessac
VICHY FRANCE
Gironde
YUGOSLAV
CROATIA
ITALY
Corsica
Rome
Foggia
Bari
ALBAN
Monopo
Calitri
Sardinia
Mediterranean Sea
PORTUGAL
Lisbon
Madrid
SPAIN
Gibraltar
FRENCH NORTH AFRICA
Malta
突襲路線
攻擊引水道
牽制空襲

△ **襲擊失敗之後**
1942年8月的第厄普戰役後，德軍部隊檢查一輛被擊毀的加拿大軍邱吉爾步兵戰車。盟軍未能達成奪取港口的目標。

1 巨像行動（Operation Colossus）
1941年2月10日
在英國的第一次空降破壞行動裡，突擊隊從馬爾他出發前往義大利南部，目標是要爆破一條位於卡利垂（Calitri）附近的引水道。為了分散敵軍注意力，轟炸機同時攻擊位於北邊福賈（Foggia）的火車調車場。參與襲擊的隊員成功損傷目標，但全部都被俘虜，他們的反法西斯義大利翻譯則被刑求並處決。

5 **岡納塞德行動（Operation Gunnerside）**
1937年5月－1939年4月
這是一次針對挪威泰羅馬克（Telemark）琉坎瀑布（Rjukan）的水電廠發動的突擊行動，摧毀了唯一有能力供應納粹試驗性核武計畫所需重水的生產設施，由特種作戰團協助挪威抵抗運動戰士執行。他們從英格蘭出發並跳傘進入，然後在鄉野間滑雪前進，最後在完成任務後成功逃脫。

突擊路線　攻擊重水工廠

U S S R

4 **弗蘭克頓行動（Operation Frankton）**
1942年12月7-12日
一隊皇家海軍陸戰隊員搭乘潛艇前往吉宏德河（River Gironde）河口，然後換乘折疊式小艇（稱為「扇貝」），向上游划了超過100公里，前往波爾多（Bordeaux）。這趟行程總共花了五個夜晚，然後把附著水雷安裝在船身上，共破壞了六艘船。在參加這場襲擊行動的十個人當中，共有八人在襲擊中陣亡、或是事後遭處決，他們因此在戰後被稱為「扇貝英雄」。

突擊路線　攻擊港口

3 **襲擊第厄普**　1942年8月19日
襲擊第厄普的行動是盟軍的武力展示，也是D日前對法國本土最大規模的突擊行動，共有超過6000人參加，當中5000人是加拿大官兵。最後共有超過一半的人陣亡、負傷或被俘。突擊展開後的10個小時內，生還的官兵在沒有達成主要目標的狀況下撤離，行動因此失敗。此外皇家空軍損失超過100架飛機，皇家海軍也有一艘驅逐艦自沉。

突擊路線　攻擊港口

MOLDAVIA

ROMANIA

1942年11月25日　一支和當地抵抗運動戰士一起作業的特種作戰團突擊隊炸毀了位於希臘中部的戈戈波塔莫斯大橋（Gorgopotamos Bridge）

BULGARIA

TURKEY

2 **戰車行動（Operation Chariot）**
1942年3月28日
這是盟軍的一場海軍突襲行動，目標是聖納濟荷的港口，最後他們成功爆破法國在大西洋海岸上唯一一座可容納大型戰鬥艦艇的乾塢。他們在一艘老舊的驅逐艦內裝滿高爆炸藥，然後直接衝撞乾塢閘門，突擊隊則在同一時間攻擊城內各處目標。他們付出的代價也很慘烈，參與襲擊的共有611人，當中169人陣亡，215人被俘。

突襲路線　攻擊港口

Gorgopotamos

GREECE

Crete

破壞與顛覆

由於納粹在1940年年中已掌握了歐陸大部分地區，英國因此採取非傳統手段來攻擊敵人。祕密單位「特種作戰團」對突擊隊員實施游擊戰術訓練，並派遣特種部隊在被占領的地方進行祕密作戰。

當希特勒的歐洲征服大計看似接近成功的時候，英國戰爭內閣認為應該要採取攻勢、在被占領地區發動出其不意的攻擊。這些行動有時需要以陸、海、空三軍聯合作戰的方式來進行。第一場這樣的襲擊行動於1941年3月在挪威的洛弗坦群島（Lofoten Islands）進行，結果相當順利。英國接著發動其他攻擊，目標是在海岸地帶製造恐慌。最有野心的突擊行動於1942年3月在聖納濟荷展開，十分成功，因此鼓舞了盟軍指揮階層在五個月後突襲第厄普（Dieppe），但卻以慘敗收場。

從1941年年初起，特種作戰團就已經在被占領區策畫協調諜報和破壞行動，也和歐洲大陸各地的抵抗運動聯絡（參見第176-77頁）。有些作戰行動是由特種作戰團的成員親自執行，有些則是把接受了特種作戰團訓練的抵抗運動戰士安插回各自原本的國家進行任務。

特種作戰團的行動有時備受爭議，因為有導致納粹對當地平民報復的風險，但靠著滲透進入被占領的歐洲內陸發動攻擊，他們維繫了抵抗的精神，並協助為D日（參見第186-187頁）做好準備。

> **「以前從來沒有哪一場戰爭……反抗軍與主要軍事力量有如此密切的配合。」**
>
> 美國將領德懷特・艾森豪（Dweight Eisenhower），1945年

科林・古賓斯少將
1896-1976年

特種作戰團也被稱為「邱吉爾的祕密軍團」，在1940年正式成立。這個單位由一位英國外交官之子科林・古賓斯（Colin Gubbins）一手打造並領導。古賓斯在第一次世界大戰服役時表現優越，曾因在火線下英勇搶救負傷同袍而獲得軍功十字勳章（Military Cross）。戰爭結束後不久，他先後在俄羅斯和愛爾蘭服役，並在這段期間培養出對非正規作戰的興趣。1940年，他參與了短暫的挪威戰役後，成為新成立的特種作戰團第二號人物，並在1943年成為領導人。他負責協調被占領區的抵抗活動，對盟軍的最後勝利做出了不一定為人所知但卻很重要的貢獻。

北極運輸船團

在1941-1945年間，同盟國民間船員冒著北冰洋的極端惡劣海象，還有德國海空軍及潛艇部隊無所不在的威脅，載運超過400萬公噸補給品到蘇聯的港口。為了維持蘇聯繼續作戰的能力，共有約3000名船員犧牲，損失超過100艘船。

德軍在1941年6月入侵蘇聯，促使史達林要求英國和盟國協助供應物資，以維持蘇聯的作戰能力。1941年8月起，運輸船團踏上了邱吉爾口中的「全世界最惡劣的旅程」，負責運輸對抗德國所需的物資。

運輸船團最直接的航線就是行經北極圈，前往蘇聯的港口莫曼斯克和阿干折（Archangel）。由於這條航線接近德國占領區，因此它們就在德國空軍和埋伏U艇的打擊範圍內，而挪威的峽灣裡還有德國海軍作戰艦艇——包括海軍艦隊的驕傲提爾皮茨號（Tirpitz）——伺機而動。

運輸船團在北冰洋要面對強風、暴風雪和濃霧。它們在夏天可以選擇離挪威較遠的航線，但會比較接近漂流到航道上的冰山。在冬天，黑暗能提供掩護，但海冰會迫使它們更靠近敵人，此外船身還會結上一層厚厚的冰，需要把冰敲掉，船隻才不會翻覆。

第一批運輸船團蒙受的損失不多，但德軍在1942年加強打擊。1942年7月，PQ-17的悲慘遭遇迫使盟軍將強運輸船團的護航措施。盟軍在1942年9-12月準備火炬行動（參見第146-47頁），決定暫時停止派出運輸船團。此舉造成與蘇聯之間的關係緊張，因為他們當時正在史達林格勒（參見第150-51頁）打一場孤注一擲的激戰。運輸船團之後恢復作業，並一直持續到戰爭結束，但東西方盟國之間的心結子卻沒有隨之而去。

前往蘇聯的航線

經由北冰洋前往蘇聯的航線最短，經統計有將近25%的援助是透過這條航線運往蘇聯，但從美國西岸出發的蘇聯船隻運送量達到50%。蘇聯也在白令海峽（Bering Strait）維持一條運輸船團航線，為從阿拉斯加到西伯利亞的租借法案飛機提供燃料。

PACIFIC OCEAN
Bering Strait
Anchorage
Magadan
Vladivostok
USA
CANADA
ARCTIC OCEAN
USSR
ASIA
Archangel
Murmansk
Scapa Flow
ATLANTIC OCEAN
EUROPE

圖例

- 夏季北極運輸船團航線
- 冬季北極運輸船團航線
- 蘇聯運輸船團航線
- 美國／蘇聯運輸船團航線

危機四伏

北冰洋航路被包夾在海冰和德國海軍、U艇和挪威沿岸的空軍基地之間，是通往蘇聯最危險的補給航線。

圖例

- 1942年底時的軸心國版圖、占領區和戰時盟國
- 1942年底時的同盟國版圖
- 冬季海冰分布範圍
- 德國空軍基地
- 德國海軍和U艇基地
- 盟國海軍基地

時間軸

1
2
3
4
5
1941
1942
1943
1944
1945
1946
Jan Mayen Island
Norwegian Sea
Reykjavík
ICELAND
Hvalfjörður
ATLANTIC OCEAN
Loch Ewe
Scapa Flow
Bergen
Oban
Glasgow
Firth of Clyde
IRELAND
UNITED KINGDOM
Liverpool

1941年8月－1942年6月 運輸船團在冰島雷克雅維克港和鯨魚峽灣集結，然後航向蘇聯

1941年8月－1945年5月 運輸船團從英國各地的海軍基地出發

1941年8月12日 第一個運輸船團「苦行僧」出發，經冰島航向阿干折

ARCTIC OCEAN
1942年7月6日 溫斯頓塞勒姆號（Winston Salem）的船長讓他的船在新地島擱淺
1943年12月26日 德國戰艦沙恩霍斯特號在北角海戰（Battle of the Northern Cape）中被擊沉
華盛頓號
博爾頓城堡號
保盧斯波特號
潘克羅夫特號
阿夫頓河號
厄爾斯頓號
奧爾德斯岱爾號
丹尼爾摩根號
卡爾頓號
帝國拜倫號
札法蘭號
霍諾穆號
費菲市號
哈特伯里號
彼得克爾號
溫斯頓塞勒姆號（擱淺）
奧洛帕納號
泛大西洋號
約翰威瑟斯彭號
美鋁遊俠號
Hopen
沙恩霍斯特號
Bear Island
瓦濟里斯坦號
1942年1月2日 英國在北冰洋裏失第一艘貨輪瓦濟里斯坦號
1942年12月31日 在德軍重巡洋艦遭盟軍驅逐艦逐退後，暴怒的希特勒威脅要解散德國的水面艦隊
Novaya Zemlya
Matochkin Strait
Kolguyev Island
Bugrino
胡爵號
埃爾卡皮坦號
Barents Sea
North Cape
Altafjord
Hammerfest
Vadsø
Alta
馬塔貝萊號
提爾皮茨號
Nikkeli
Murmansk
Tromsø
Shoyna
Kola Peninsula
Svolvær
Narvik
Mezen
Bodø
1941年8月—1945年5月 莫曼斯克是俄羅斯北海岸唯一的全年不凍港
1941年8月31日 第一個運輸船團「苦行僧」抵達
1942年3月6-9日 提爾皮茨號試圖攔截PQ-12船團但失敗
Mo i Rana
Archangel
Kem
Rørvik
Onega
Skellefteå
Segezha
Trondheim
Kokkola
NORWAY
SWEDEN
FINLAND
USSR
Joensuu
Gulf of Bothnia
Lake Ladoga
Leningrad
Luga
Pskov

1 最早的北極運輸船團
1941年8月12日—12月31日

第一個北極運輸船團代號「苦行僧」（Dervish），1941年8月12日從利物浦啟航。到了當年年底，已有六個運輸船團（去程代號PQ，回程代號QP）運送750輛戰車、800架戰鬥機、1400輛車輛以及超過10萬噸補給物資到蘇蘇聯，且尚未損失任何船隻。

夏季航線　冬季航線

2 威脅與日俱增　1942年1-6月

美國加入戰爭，流入蘇聯的補給因此增加。德國為了加以反制，把更多資源投入北極：戰鬥艦提爾皮茨號和謝爾海軍上將號（Admiral Scheer）進駐挪威，潛艇的數量也增加了。英國商船隊和英國海軍在1942年1月損失第一艘船，到了3月提爾皮茨號也首度出擊，突擊PQ-12船團。儘管突擊失敗，但總損失開始提高。

1942年1月2日英國貨輪瓦濟里斯坦號（Waziristan）被擊沉

1942年1月17日英國驅逐艦馬塔貝萊號（Matabele）被擊沉

1942年3月6-9日突擊PQ-12船團失敗

3 運輸船團散開　1941年6月27日—7月4日

PQ-17船團在6月27日離開冰島前往阿干折時，盟軍察覺到德軍正在計畫進行馬步行動（Operation Rösselsprung），也就是由水面艦隊、U艇和空軍聯手攻擊。PQ-17船團有充分的兵力護航，但由於被德國空軍炸毀了兩艘船，加上聽說提爾皮茨號和巡洋艦希培爾海軍上將號（Admiral Hipper）已經在7月4日進駐阿塔峽灣（Altafjord），因此英國海軍部命令船團散開。船團的護航船艦加速向西，希望可以攔截到提爾皮茨號，但沒有發現任何敵人。

1941年6月27日—7月4日PQ-17船團航線

1941年7月4日對PQ-17船團的第一波攻擊

護航船團的巡洋艦離開

4 船團死傷慘重　1941年7月5-24日

到了7月5日，PQ-17船團的船隻已分散到64平方公里大的區域內，全都企圖安全抵達。其中有一些向北航行進入浮冰區，接著再取道進入馬托奇金海峽（Matochkin Strait），其他的則以濃霧作為掩護，或是前往新地島（Novaya Zemlya），但全都被潛艇盯上擊沉。第一批倖存的船隻在7月9日抵達阿干折。到了7月24日，PQ-17船團的35艘船當中只有11艘安全抵達。經過這次悲劇後，皇家海軍改善對北極船團的掩護措施，在護航船艦上配置戰鬥機和偵察機。

PQ-17船團船隻沉沒

5 威脅降低　1942年12月—1945年5月

1942年的下半年，東線戰事愈演愈烈，迫使德國縮減北極地區的航空作戰規模。巴倫支海海戰（Battle of the Barents Sea）後，德國失去希培爾海軍上將號、沙恩霍斯特號和提爾皮茨號，更是削弱了他們的艦隊對運輸船團的威脅。在1942年12月到1945年5月之間的22個船團共550艘船當中，只有九艘被擊沉。

沙恩霍斯特號沉沒　1942年12月31日巴倫支海海戰

提爾皮茨號沉沒

▷ **與冰搏鬥**
皇家海軍錫拉號（一艘為北極運輸船團護航的巡洋艦）的船員使用蒸汽軟管來清除甲板上累積的冰。在北冰洋域巡航時，氣溫可能會低到攝氏零下50度。

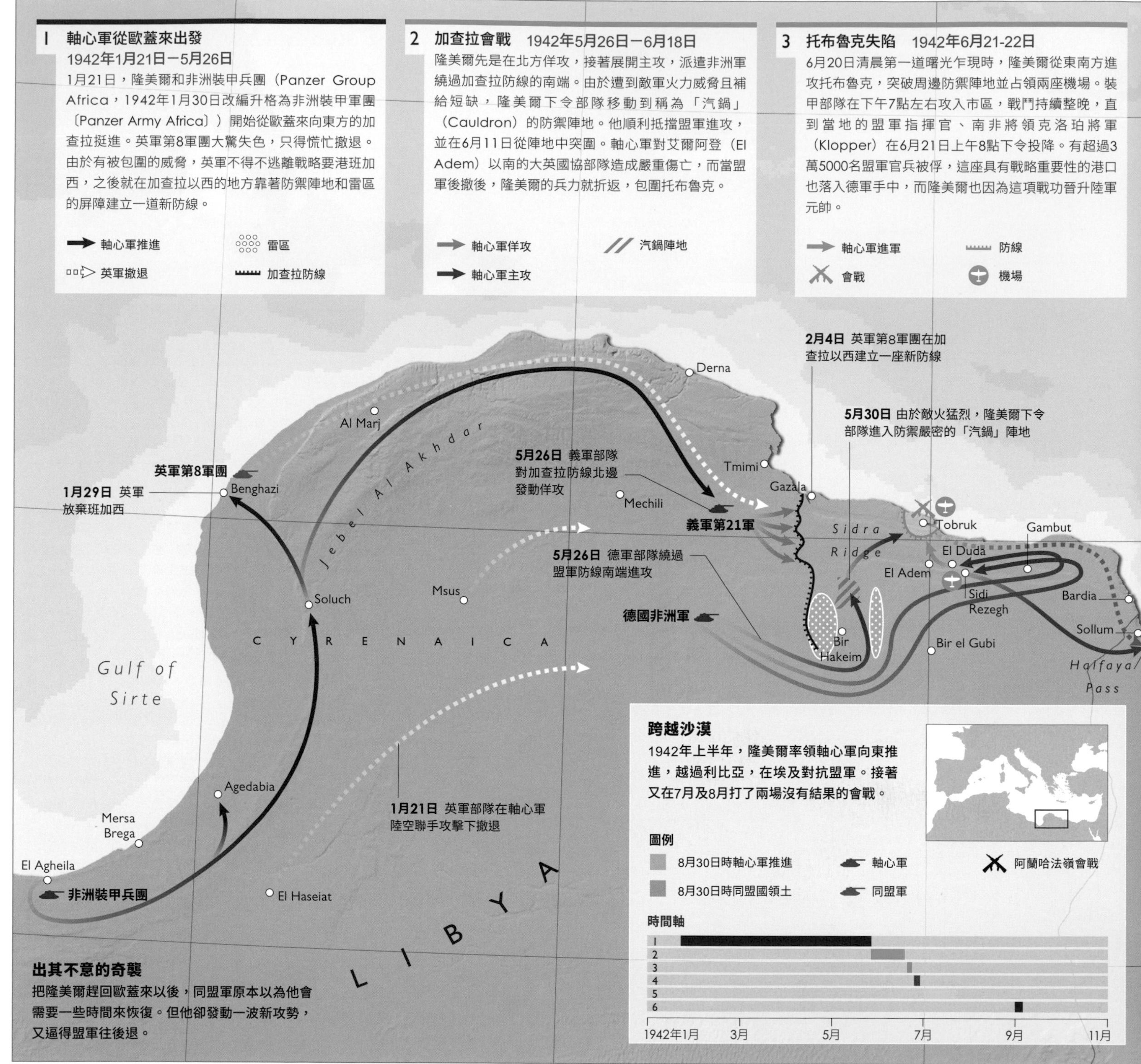
1 軸心軍從歐蓋來出發
1942年1月21日－5月26日
1月21日，隆美爾和非洲裝甲兵團（Panzer Group Africa，1942年1月30日改編升格為非洲裝甲軍團〔Panzer Army Africa〕）開始從歐蓋來向東方的加查拉挺進。英軍第8軍團大驚失色，只得慌忙撤退。由於有被包圍的威脅，英軍不得不逃離戰略要港班加西，之後就在加查拉以西的地方靠著防禦陣地和雷區的屏障建立一道新防線。
軸心軍推進
雷區
英軍撤退
加查拉防線
2 加查拉會戰 1942年5月26日－6月18日
隆美爾先是在北方佯攻，接著展開主攻，派遣非洲軍繞過加查拉防線的南端。由於遭到敵軍火力威脅且補給短缺，隆美爾下令部隊移動到稱為「汽鍋」（Cauldron）的防禦陣地。他順利抵擋盟軍進攻，並在6月11日從陣地中突圍。軸心軍對艾爾阿登（El Adem）以南的大英國協部隊造成嚴重傷亡，而當盟軍後撤後，隆美爾的兵力就折返，包圍托布魯克。
軸心軍佯攻
汽鍋陣地
軸心軍主攻
3 托布魯克失陷 1942年6月21-22日
6月20日清晨第一道曙光乍現時，隆美爾從東南方進攻托布魯克，突破周邊防禦陣地並占領兩座機場。裝甲部隊在下午7點左右攻入市區，戰鬥持續整晚，直到當地的盟軍指揮官、南非將領克洛珀將軍（Klopper）在6月21日上午8點下令投降。有超過3萬5000名盟軍官兵被俘，這座具有戰略重要性的港口也落入德軍手中，而隆美爾也因為這項戰功晉升陸軍元帥。
軸心軍進軍
防線
會戰
機場
2月4日 英軍第8軍團在加查拉以西建立一座新防線
Derna
Al Marj
Jebel Al Akhdar
5月30日 由於敵火猛烈，隆美爾下令部隊進入防禦嚴密的「汽鍋」陣地
英軍第8軍團
1月29日 英軍放棄班加西
Benghazi
5月26日 義軍部隊對加查拉防線北邊發動佯攻
Tmimi
Gazala
Mechili
義軍第21軍
Sidra Ridge
Tobruk
Gambut
El Duda
El Adem
5月26日 德軍部隊繞過盟軍防線南端進攻
Sidi Rezegh
Bardia
Soluch
Msus
德國非洲軍
Sollum
Bir Hakeim
Bir el Gubi
Halfaya Pass
CYRENAICA
Gulf of Sirte
跨越沙漠
1942年上半年，隆美爾率領軸心軍向東推進，越過利比亞，在埃及對抗盟軍。接著又在7月及8月打了兩場沒有結果的會戰。
Agedabia
1月21日 英軍部隊在軸心軍陸空聯手攻擊下撤退
Mersa Brega
圖例
8月30日時軸心軍推進
軸心軍
阿蘭哈法嶺會戰
El Agheila
8月30日時同盟國領土
同盟軍
非洲裝甲兵團
El Haseiat
時間軸
1
2
3
4
5
6
1942年1月
3月
5月
7月
9月
11月
LIBYA
出其不意的奇襲
把隆美爾趕回歐蓋來以後，同盟軍原本以為他會需要一些時間來恢復。但他卻發動一波新攻勢，又逼得盟軍往後退。

隆美爾的最後進擊

到了1942年年初，北非的戰局似乎已經對隆美爾相當不利，但這位被稱為「沙漠之狐」的人卻以一輪新的攻勢反擊。他逼迫盟軍退入埃及內陸，最後在阿來曼對峙。

1942 年 1 月初，盟軍的十字軍行動（參見第 76-77 頁）已經把隆美爾從埃及邊界一路逼回了利比亞瑟特灣（Gulf of Sirte）上的歐蓋來。這場大規模撤退讓軸心軍（由義大利和德國部隊組成）元氣大傷，補給線也被擾亂。英軍認為隆美爾可能會有一段時間都無法掌握主動權，因此就趁著這個機會整補裝備，並讓部隊休息一陣子。但隆美爾迅速把部隊恢復到可戰鬥狀態，並在 1 月 21 日開始向東方前進，在 1 月 28 日占領班加西，2 月初就攻下特米米（Tmimi）。盟軍在加查拉防線（Gazala Line）後方重新集結，這是一條以雷區搭配小型要塞化據點的防衛屏障，從海岸上的加查拉一路延伸到南邊 95 公里處的畢爾哈坎（Bir Hakeim）。儘管激

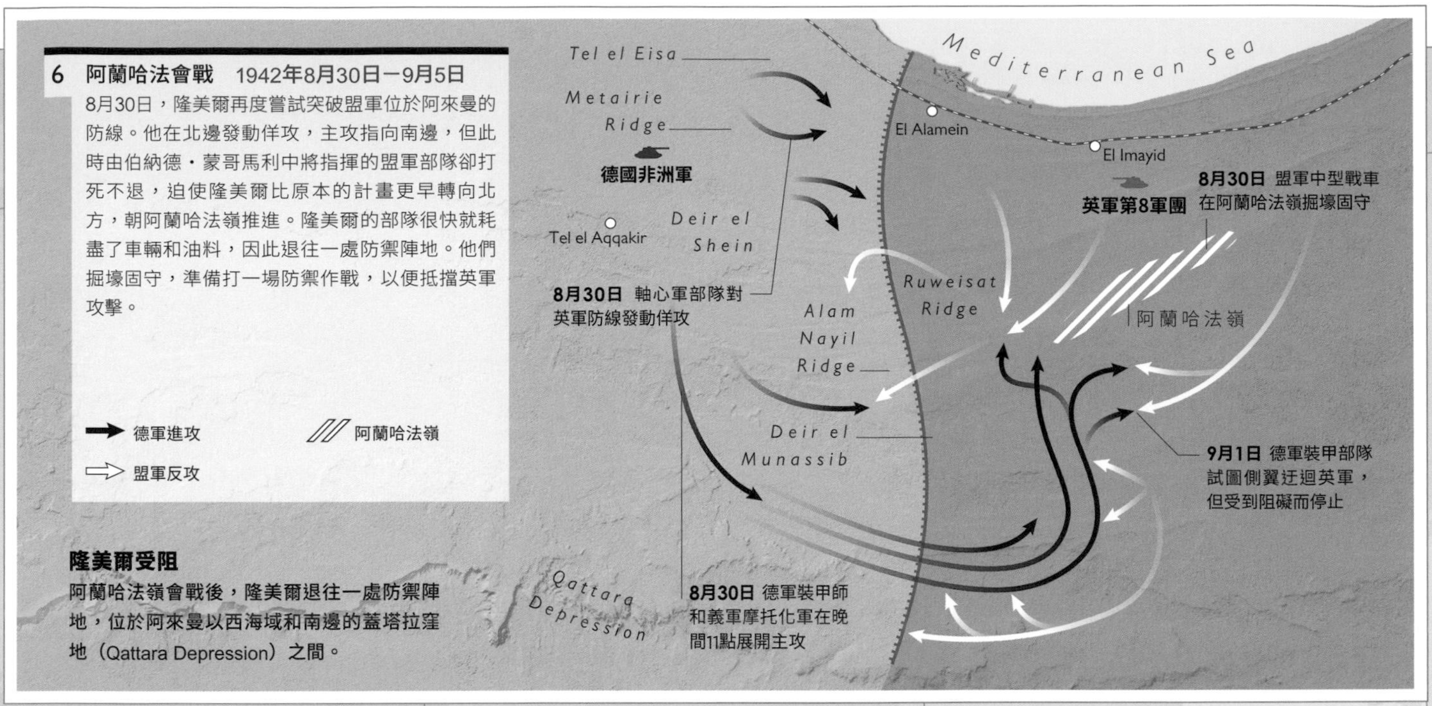

6 阿蘭哈法會戰 1942年8月30日－9月5日

8月30日，隆美爾再度嘗試突破盟軍位於阿來曼的防線。他在北邊發動佯攻，主攻指向南邊，但此時由伯納德・蒙哥馬利中將指揮的盟軍部隊卻打死不退，迫使隆美爾比原本的計畫更早轉向北方，朝阿蘭哈法嶺推進。隆美爾的部隊很快就耗盡了車輛和油料，因此退往一處防禦陣地。他們掘壕固守，準備打一場防禦作戰，以便抵擋英軍攻擊。

德軍進攻
阿蘭哈法嶺
盟軍反攻

Mediterranean Sea
Tel el Eisa
Metairie Ridge
德國非洲軍
Tel el Aqqakir
Deir el Shein
El Alamein
El Imayid
英軍第8軍團
8月30日 盟軍中型戰車在阿蘭哈法嶺掘壕固守
8月30日 軸心軍部隊對英軍防線發動佯攻
Alam Nayil Ridge
Ruweisat Ridge
阿蘭哈法嶺
Deir el Munassib
9月1日 德軍裝甲部隊試圖側翼迂迴英軍，但受到阻礙而停止
Qattara Depression
8月30日 德軍裝甲師和義軍摩托化軍在晚間11點展開主攻

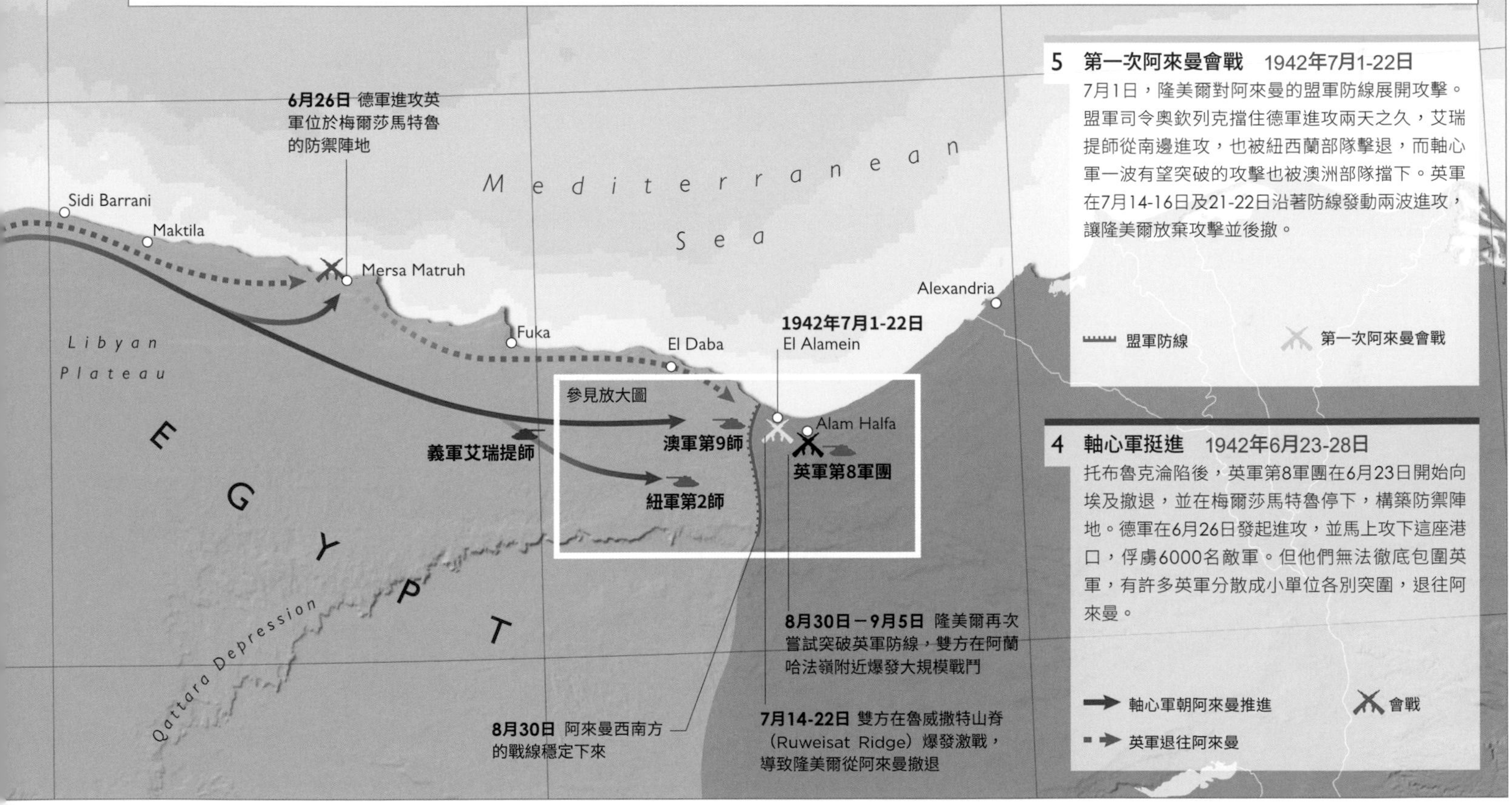

隆美爾受阻

阿蘭哈法嶺會戰後，隆美爾退往一處防禦陣地，位於阿來曼以西海域和南邊的蓋塔拉窪地（Qattara Depression）之間。

5 第一次阿來曼會戰 1942年7月1-22日

7月1日，隆美爾對阿來曼的盟軍防線展開攻擊。盟軍司令奧欽列克擋住德軍進攻兩天之久，艾瑞提師從南邊進攻，也被紐西蘭部隊擊退，而軸心軍一波有望突破的攻擊也被澳洲部隊擋下。英軍在7月14-16日及21-22日沿著防線發動兩波進攻，讓隆美爾放棄攻擊並後撤。

盟軍防線
第一次阿來曼會戰

6月26日 德軍進攻英軍位於梅爾莎馬特魯的防禦陣地
Mediterranean Sea
Sidi Barrani
Maktila
Mersa Matruh
Alexandria
Libyan Plateau
Fuka
El Daba
1942年7月1-22日 El Alamein
參見放大圖
Alam Halfa
澳軍第9師
義軍艾瑞提師
紐軍第2師
英軍第8軍團
EGYPT
Qattara Depression
8月30日－9月5日 隆美爾再次嘗試突破英軍防線，雙方在阿蘭哈法嶺附近爆發大規模戰鬥
8月30日 阿來曼西南方的戰線穩定下來
7月14-22日 雙方在魯威撒特山脊（Ruweisat Ridge）爆發激戰，導致隆美爾從阿來曼撤退

4 軸心軍挺進 1942年6月23-28日

托布魯克淪陷後，英軍第8軍團在6月23日開始向埃及撤退，並在梅爾莎馬特魯停下，構築防禦陣地。德軍在6月26日發起進攻，並馬上攻下這座港口，俘虜6000名敵軍。但他們無法徹底包圍英軍，有許多英軍分散成小單位各別突圍，退往阿來曼。

軸心軍朝阿來曼推進
會戰
英軍退往阿來曼

烈抵抗（尤其是駐守畢爾哈坎的自由法國軍隊），且雙方都蒙受慘重損失，但隆美爾還是打贏了這場加查拉會戰，迫使盟軍放棄防線，撤往埃及邊界。

到了6月中，軸心軍部隊已經攻占托布魯克，盟軍退回梅爾莎馬特魯（Mersa Matruh），但這個地方也在6月底淪陷。之後雙方又在埃及打了兩場不具決定性的會戰，分別是7月時在阿來曼，8月時在阿蘭哈法嶺（Alam Halfa）。雖然至此隆美爾已經在北非贏得他最輝煌的勝利，但他終究沒能突破盟軍防線。他的進擊到此為止。

◁ **戰場指揮**
北非德軍和義軍的總司令隆美爾（右）對部屬下達指示。

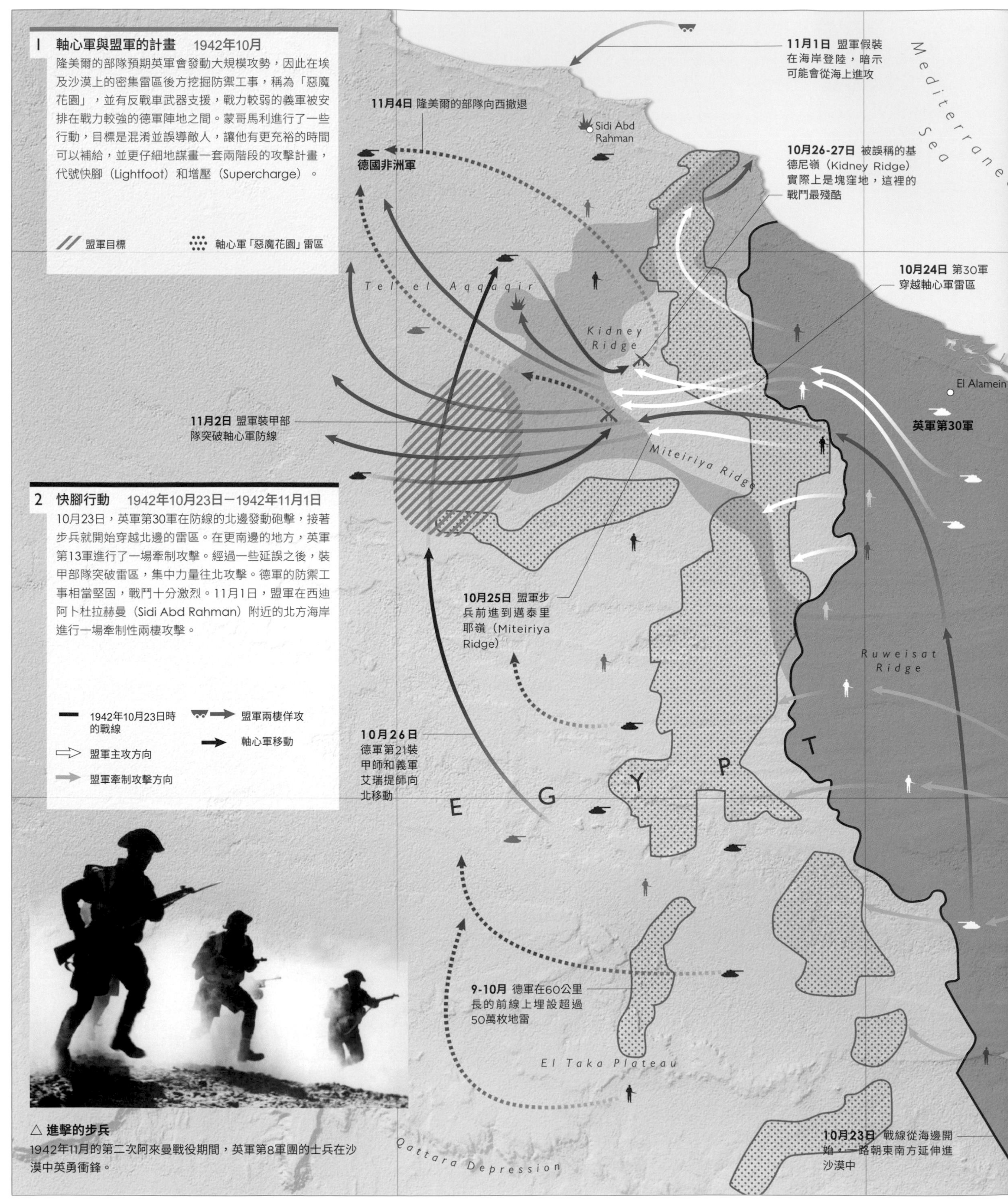
11月1日 盟軍假裝在海岸登陸，暗示可能會從海上進攻
Mediterranean Sea
11月4日 隆美爾的部隊向西撤退
Sidi Abd Rahman
德國非洲軍
10月26-27日 被誤稱的基德尼嶺（Kidney Ridge）實際上是塊窪地，這裡的戰鬥最殘酷
Tel el Aqqaqir
10月24日 第30軍穿越軸心軍雷區
Kidney Ridge
El Alamein
英軍第30軍
11月2日 盟軍裝甲部隊突破軸心軍防線
Miteiriya Ridge
10月25日 盟軍步兵前進到邁泰里耶嶺（Miteiriya Ridge）
Ruweisat Ridge
10月26日 德軍第21裝甲師和義軍艾瑞提師向北移動
E G Y P T
9-10月 德軍在60公里長的前線上埋設超過50萬枚地雷
El Taka Plateau
10月23日 戰線從海邊開始，一路朝東南方延伸進沙漠中
Qattara Depression
盟軍目標
軸心軍「惡魔花園」雷區
1942年10月23日時的戰線
盟軍主攻方向
盟軍牽制攻擊方向
盟軍兩棲佯攻
軸心軍移動

1 軸心軍與盟軍的計畫 1942年10月

隆美爾的部隊預期英軍會發動大規模攻勢，因此在埃及沙漠上的密集雷區後方挖掘防禦工事，稱為「惡魔花園」，並有反戰車武器支援，戰力較弱的義軍被安排在戰力較強的德軍陣地之間。蒙哥馬利進行了一些行動，目標是混淆並誤導敵人，讓他有更充裕的時間可以補給，並更仔細地謀畫一套兩階段的攻擊計畫，代號快腳（Lightfoot）和增壓（Supercharge）。

2 快腳行動 1942年10月23日－1942年11月1日

10月23日，英軍第30軍在防線的北邊發動砲擊，接著步兵就開始穿越北邊的雷區。在更南邊的地方，英軍第13軍進行了一場牽制攻擊。經過一些延誤之後，裝甲部隊突破雷區，集中力量往北攻擊。德軍的防禦工事相當堅固，戰鬥十分激烈。11月1日，盟軍在西迪阿卜杜拉赫曼（Sidi Abd Rahman）附近的北方海岸進行一場牽制性兩棲攻擊。

△ **進擊的步兵**

1942年11月的第二次阿來曼戰役期間，英軍第8軍團的士兵在沙漠中英勇衝鋒。

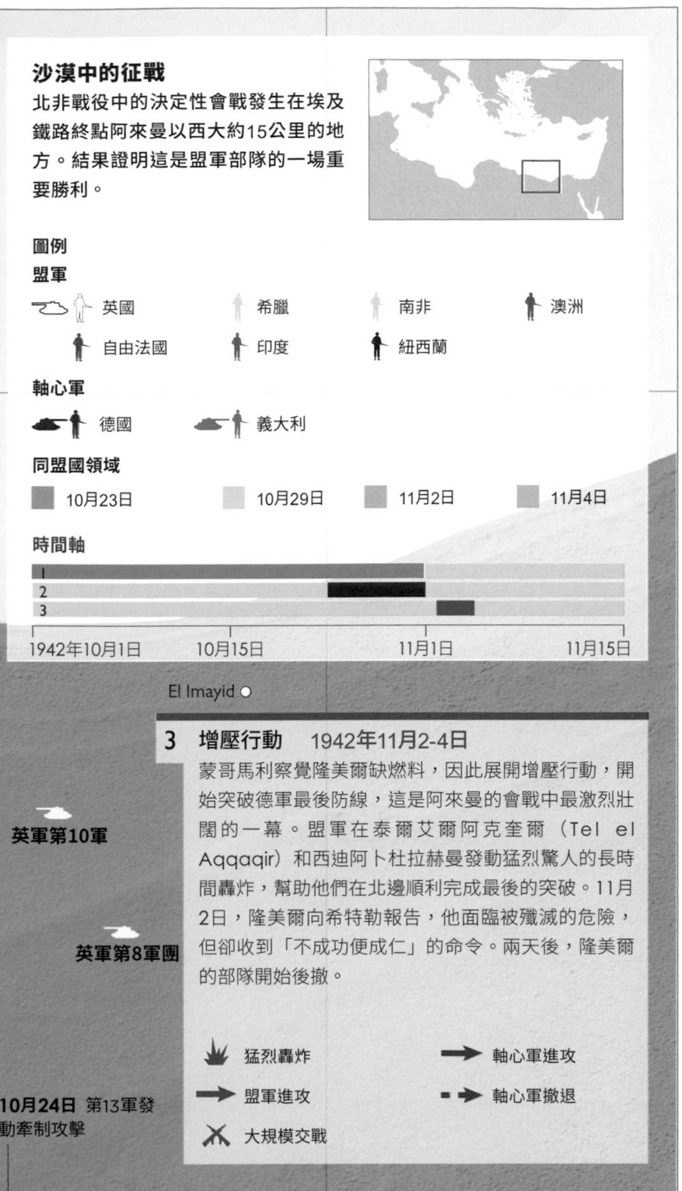
沙漠中的征戰
北非戰役中的決定性會戰發生在埃及鐵路終點阿來曼以西大約15公里的地方。結果證明這是盟軍部隊的一場重要勝利。
圖例
盟軍
英國
希臘
南非
澳洲
自由法國
印度
紐西蘭
軸心軍
德國
義大利
同盟國領域
10月23日
10月29日
11月2日
11月4日
時間軸
1
2
3
1942年10月1日
10月15日
11月1日
11月15日
El Imayid
3 增壓行動 1942年11月2-4日
蒙哥馬利察覺隆美爾缺燃料，因此展開增壓行動，開始突破德軍最後防線，這是阿來曼的會戰中最激烈壯闊的一幕。盟軍在泰爾艾爾阿克奎爾（Tel el Aqqaqir）和西迪阿卜杜拉赫曼發動猛烈驚人的長時間轟炸，幫助他們在北邊順利完成最後的突破。11月2日，隆美爾向希特勒報告，他面臨被殲滅的危險，但卻收到「不成功便成仁」的命令。兩天後，隆美爾的部隊開始後撤。
英軍第10軍
英軍第8軍團
猛烈轟炸
盟軍進攻
大規模交戰
軸心軍進攻
軸心軍撤退
10月24日 第13軍發動牽制攻擊

第二次阿來曼戰役

1942年10月到11月，西部沙漠戰役中的關鍵性會戰在埃及城鎮阿來曼周邊展開。這場會戰是一個轉折點，阻止軸心軍部隊進入埃及，解除蘇伊士運河的威脅，並逼迫隆美爾的部隊（包括令人聞風喪膽的非洲軍）退回突尼西亞。

1942 年 8 月，軸心軍企圖突破英軍在阿蘭哈法嶺的防線（參見第 142-43 頁）失敗，因此改採守勢，而且他們的補給線已經拉得太長。不過蒙哥馬利將軍卻沒有立即反攻，而是選擇集結部隊、蒐集情報、進一步阻斷軸心軍的補給線，之後才發動攻擊，希望能一舉拿下決定性的勝利。

到了 10 月，軸心軍的人數已經不如盟軍，火力方面也是。盟軍共投入 19 萬 5000 人、1029 輛戰車、435 輛裝甲車、900 門火砲、1451 門反戰車砲與 750 架飛機。另一方面，德國和義大利的聯軍則有 11 萬 6000 人，配備 547 輛戰車、192 輛裝甲車、552 門火砲、1060 門反戰車砲及 900 架飛機。無可避免的盟軍攻勢終於在 1942 年 10 月 23 日展開，但隆美爾當時卻遠在德國治病。他在 10 月 25 日返回非洲。軸心國部隊激烈抵抗，但到了 11 月 4 日，隆美爾就已經開始退往突尼西亞。盟軍打贏這一仗，而把軸心軍趕出非洲的計畫也隨之展開（參見第 146-47 頁）。

第二阿來曼戰役對西方的同盟國來說是個轉捩點，重振了原本低落的士氣，而英國也把這場會戰視為地面部隊自 1939 年以來的第一場重大成功。

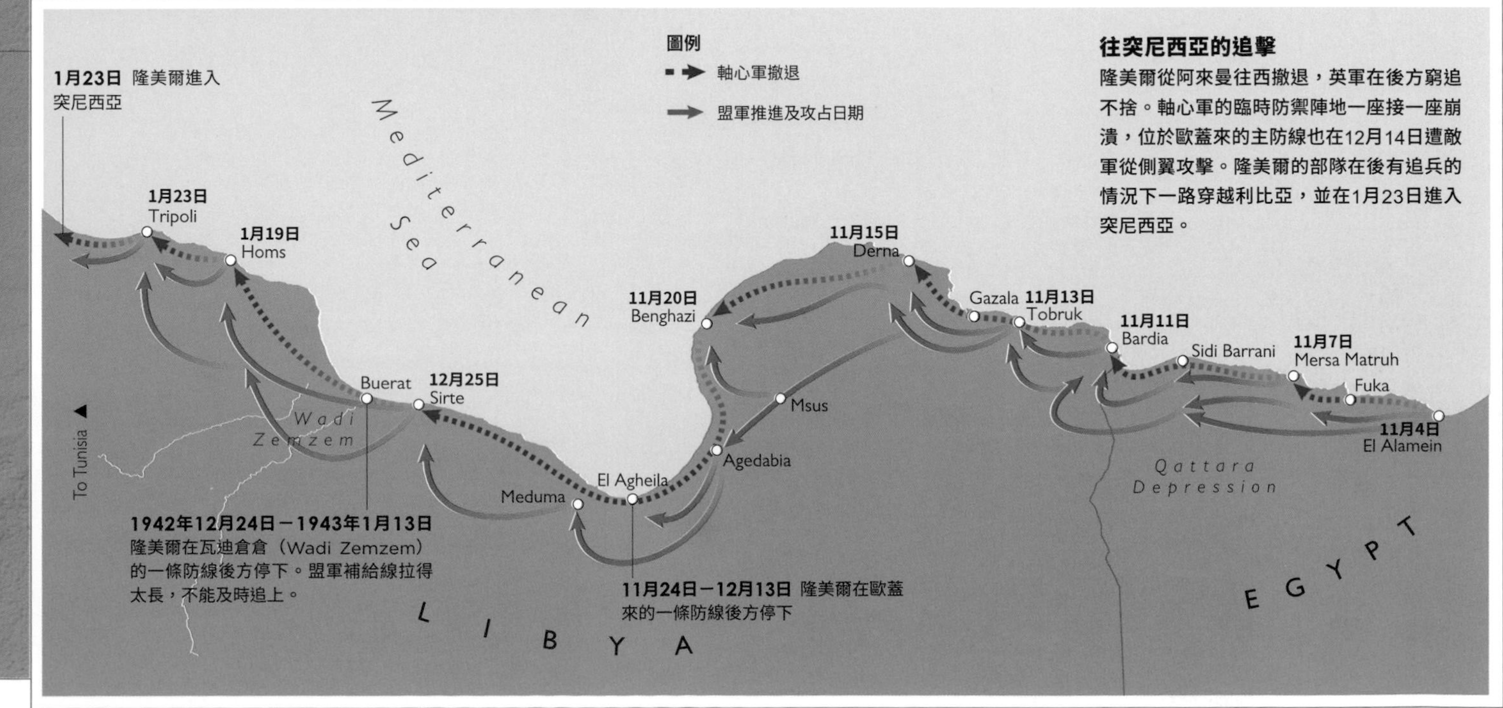
圖例
軸心軍撤退
盟軍推進及攻占日期
往突尼西亞的追擊
隆美爾從阿來曼往西撤退，英軍在後方窮追不捨。軸心軍的臨時防禦陣地一座接一座崩潰，位於歐蓋來的主防線也在12月14日遭敵軍從側翼攻擊。隆美爾的部隊在後有追兵的情況下一路穿越利比亞，並在1月23日進入突尼西亞。
1月23日 隆美爾進入突尼西亞
軍第13軍
Mediterranean Sea
1月23日 Tripoli
1月19日 Homs
Buerat
12月25日 Sirte
Wadi Zemzem
To Tunisia
Meduma
El Agheila
Agedabia
Msus
11月20日 Benghazi
11月15日 Derna
Gazala
11月13日 Tobruk
11月11日 Bardia
Sidi Barrani
11月7日 Mersa Matruh
Fuka
11月4日 El Alamein
Qattara Depression
1942年12月24日－1943年1月13日 隆美爾在瓦迪曾曾（Wadi Zemzem）的一條防線後方停下。盟軍補給線拉得太長，不能及時追上。
11月24日－12月13日 隆美爾在歐蓋來的一條防線後方停下
LIBYA
EGYPT

火炬行動

德國陸軍元帥隆美爾從埃及阿來曼撤退的四天之後，美國和英國軍隊開始在摩洛哥和阿爾及利亞登陸。這場戰役稱為火炬行動，目標是要把軸心軍趕出非洲，並為入侵義大利做好準備。

蘇聯希望西方盟國可以在歐洲開闢第二戰場，以緩解紅軍的壓力。美國支持直接進攻被占領的法國，但邱吉爾卻主張應該登陸非洲，如此不但可以減輕埃及的英軍和大英國協軍的壓力，也可以讓盟軍肅清北非的軸心軍。盟軍接著就可以把突尼西亞作為出發點，從那裡打擊軸心國最脆弱的成員義大利，藉此攻擊軸心國。此外這樣的登陸行動也可以保障行經地中海前往蘇伊士運河的盟國船隻的安全。美軍將領反對英國的計畫，希望兵分三路渡過英吉利海峽反攻，但美國總統羅斯福看出這場行動的必要性，因此下令盡快執行火炬行動，讓美國軍方和蘇聯十分惱火。

盟軍預計在北非登陸的地區由維琪法國統治，擁有數萬名士兵。同盟國不確定維琪法國領導當局對於入侵會做出什麼反應，於是派遣美軍

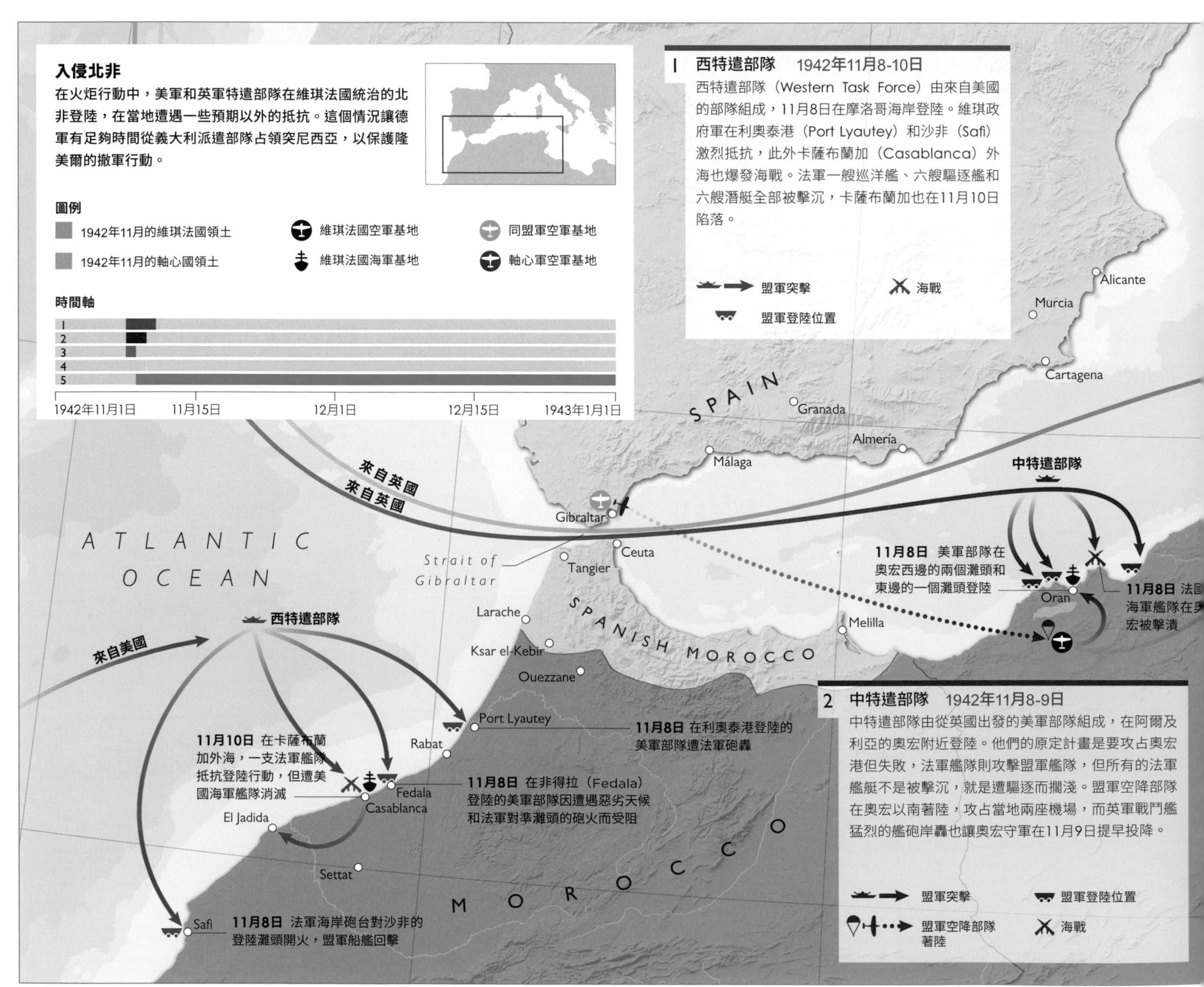
入侵北非
在火炬行動中，美軍和英軍特遣部隊在維琪法國統治的北非登陸，在當地遭遇一些預期以外的抵抗。這個情況讓德軍有足夠時間從義大利派遣部隊占領突尼西亞，以保護隆美爾的撤軍行動。
圖例
1942年11月的維琪法國領土
1942年11月的軸心國領土
維琪法國空軍基地
維琪法國海軍基地
同盟軍空軍基地
軸心軍空軍基地
時間軸
1
2
3
4
5
1942年11月1日
11月15日
12月1日
12月15日
1943年1月1日
1 西特遣部隊 1942年11月8-10日
西特遣部隊（Western Task Force）由來自美國的部隊組成，11月8日在摩洛哥海岸登陸。維琪政府軍在利奧泰港（Port Lyautey）和沙非（Safi）激烈抵抗，此外卡薩布蘭加（Casablanca）外海也爆發海戰。法軍一艘巡洋艦、六艘驅逐艦和六艘潛艇全部被擊沉，卡薩布蘭加也在11月10日陷落。
盟軍突擊
海戰
盟軍登陸位置
Alicante
Murcia
Cartagena
SPAIN
Granada
Almería
Málaga
中特遣部隊
來自英國
來自英國
Gibraltar
ATLANTIC
OCEAN
Strait of Gibraltar
Ceuta
Tangier
11月8日 美軍部隊在奧宏西邊的兩個灘頭和東邊的一個灘頭登陸
Oran
11月8日 法國
海軍艦隊在奧
宏被擊潰
SPANISH MOROCCO
Melilla
Larache
西特遣部隊
來自美國
Ksar el-Kebir
Ouezzane
Port Lyautey
11月8日 在利奧泰港登陸的美軍部隊遭法軍砲轟
Rabat
11月10日 在卡薩布蘭加外海，一支法軍艦隊抵抗登陸行動，但遭美國海軍艦隊消滅
Fedala
Casablanca
11月8日 在非得拉（Fedala）登陸的美軍部隊因遭遇惡劣天候和法軍對準灘頭的砲火而受阻
El Jadida
Settat
MOROCCO
Safi
11月8日 法軍海岸砲台對沙非的登陸灘頭開火，盟軍船艦回擊
2 中特遣部隊 1942年11月8-9日
中特遣部隊由從英國出發的美軍部隊組成，在阿爾及利亞的奧宏附近登陸。他們的原定計畫是要攻占奧宏港但失敗，法軍艦隊則攻擊盟軍艦隊，但所有的法軍艦艇不是被擊沉，就是遭驅逐而擱淺。盟軍空降部隊在奧宏以南著陸，攻占當地兩座機場，而英軍戰鬥艦猛烈的艦砲岸轟也讓奧宏守軍在11月9日提早投降。
盟軍突擊
盟軍登陸位置
盟軍空降部隊著陸
海戰

少將馬克・克拉克（Mark Clark）執行一項祕密任務，前往阿爾及爾評估對方的可能反應。雖然有幾位將領支持，但統治摩洛哥和阿爾及利亞的維琪政府卻反對登陸作戰，因此登陸遭遇強烈抵抗。在摩洛哥登陸的另一項缺點是當地距離盟軍的最終目標突尼西亞太過遙遠，因此德軍增援部隊得以從義大利進入突尼西亞，在隆美爾於阿拉曼戰敗（參見第 144-45 頁）撤退時保護他的後方。

> 「最棘手的部分現在就在你手裡，趕快把它搞定。」
>
> 艾森豪對巴頓所言，卡薩布蘭加，1943年

維琪法國的末日

維琪法國未能成功抵抗盟軍在北非登陸，德國人因此認為再也不能信任這個政權。11月11日，德軍和義軍部隊進占維琪法國，終結它的獨立狀態。德軍也發動里拉行動（Operation Lila），目標是接管土倫（Toulon）港內的法軍艦隊，防止它們逃跑並加入盟軍。但法國海軍卻在11月27日德軍抵達港內之前，讓土倫港內幾乎所有船艦自沉。

法軍艦隊自沉

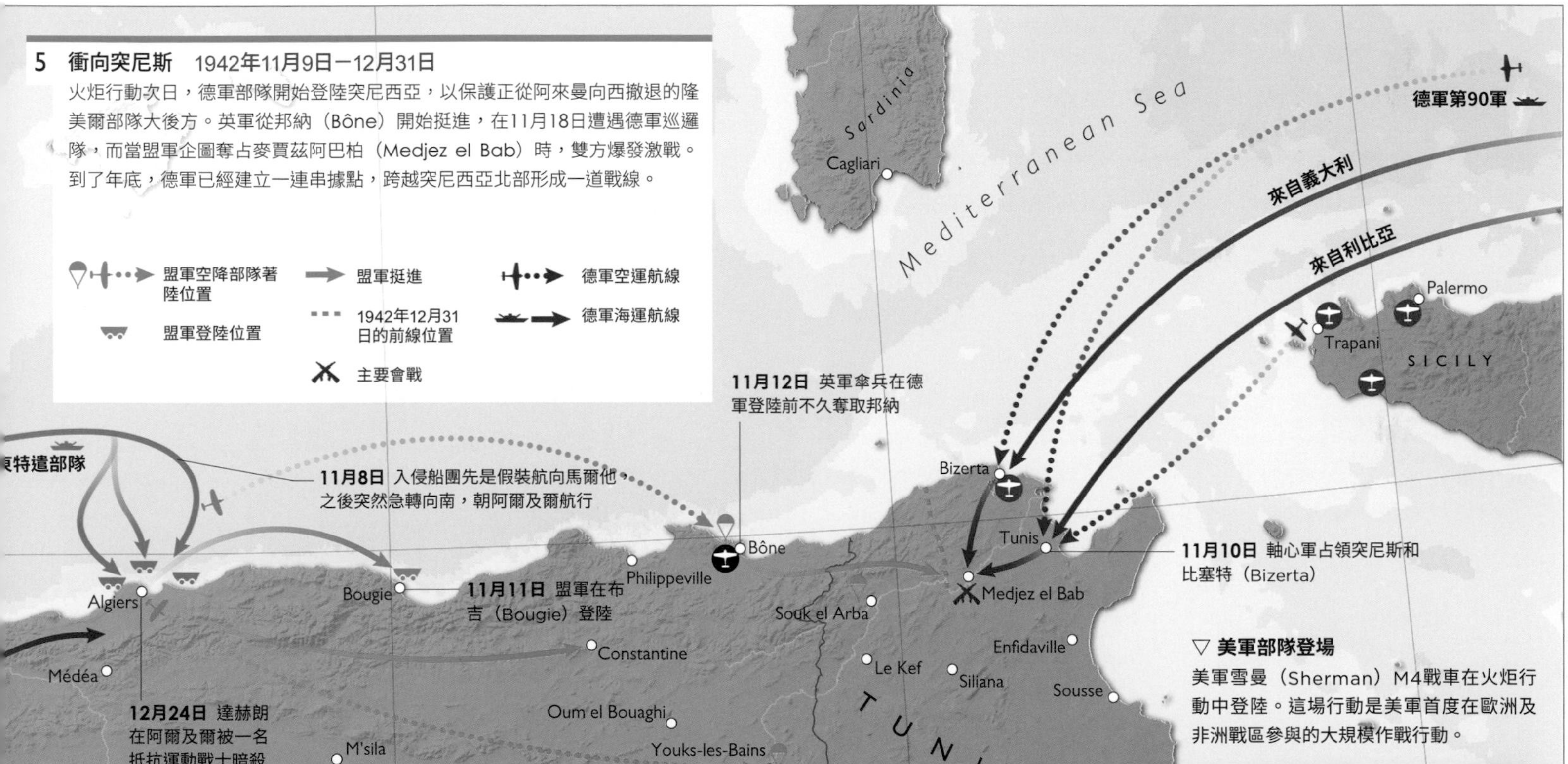

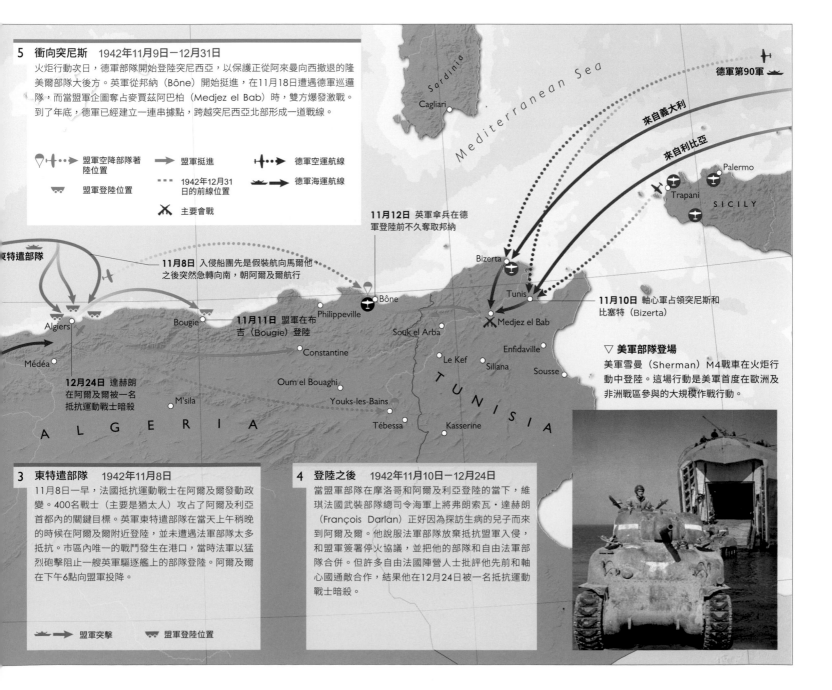

5 衝向突尼斯 1942年11月9日－12月31日

火炬行動次日，德軍部隊開始登陸突尼西亞，以保護正從阿來曼向西撤退的隆美爾部隊大後方。英軍從邦納（Bône）開始挺進，在11月18日遭遇德軍巡邏隊，而當盟軍企圖奪占麥賈茲阿巴柏（Medjez el Bab）時，雙方爆發激戰。到了年底，德軍已經建立一連串據點，跨越突尼西亞北部形成一道戰線。

盟軍空降部隊著陸位置
盟軍登陸位置
盟軍挺進
1942年12月31日的前線位置
主要會戰
德軍空運航線
德軍海運航線

Sardinia
Cagliari
Mediterranean Sea
德軍第90軍
來自義大利
來自利比亞
Palermo
Trapani
SICILY
11月12日 英軍傘兵在德軍登陸前不久奪取邦納
東特遣部隊
11月8日 入侵船團先是假裝航向馬爾他，之後突然急轉向南，朝阿爾及爾航行
Bizerta
Tunis
11月10日 軸心軍占領突尼斯和比塞特（Bizerta）
Bône
Philippeville
Algiers
Bougie
11月11日 盟軍在布吉（Bougie）登陸
Souk el Arba
Medjez el Bab
Constantine
Médéa
Le Kef
Siliana
Enfidaville
Sousse
12月24日 達赫朗在阿爾及爾被一名抵抗運動戰士暗殺
M'sila
Oum el Bouaghi
Youks-les-Bains
Tébessa
Kasserine
ALGERIA
TUNISIA

▽ **美軍部隊登場**

美軍雪曼（Sherman）M4戰車在火炬行動中登陸。這場行動是美軍首度在歐洲及非洲戰區參與的大規模作戰行動。

3 東特遣部隊 1942年11月8日

11月8日一早，法國抵抗運動戰士在阿爾及爾發動政變。400名戰士（主要是猶太人）攻占了阿爾及利亞首都內的關鍵目標。英軍東特遣部隊在當天上午稍晚的時候在阿爾及爾附近登陸，並未遭遇法軍部隊太多抵抗。市區內唯一的戰鬥發生在港口，當時法軍以猛烈砲擊阻止一艘英軍驅逐艦上的部隊登陸。阿爾及爾在下午6點向盟軍投降。

盟軍突擊
盟軍登陸位置

4 登陸之後 1942年11月10日－12月24日

當盟軍部隊在摩洛哥和阿爾及利亞登陸的當下，維琪法國武裝部隊總司令海軍上將弗朗索瓦・達赫朗（François Darlan）正好因為探訪生病的兒子而來到阿爾及爾。他說服法軍部隊放棄抵抗盟軍入侵，和盟軍簽署停火協議，並把他的部隊和自由法軍部隊合併。但許多自由法國陣營人士批評他先前和軸心國通敵合作，結果他在12月24日被一名抵抗運動戰士暗殺。

2 第二次卡爾可夫會戰 1942年5月12-28日
1942年5月，蘇軍試圖收復德軍在1941年10月占領的卡爾可夫。他們推進到德軍在卡爾可夫附近的防線，但德軍第6軍團發動反擊，並且在第1裝甲軍團的協助下迅速包圍蘇軍部隊。到了5月底，已有超過24萬名蘇軍官兵陣亡或被俘，紅軍因此暫時缺乏預備隊。
5月12-17日蘇軍攻勢
5月17-28日德軍反攻
6月28日－7月24日 德軍第4裝甲軍團向南推進時，第2軍團在弗羅涅日會戰中接手
1 肅清克里米亞 1942年5月8日－7月3日
5月8日，德軍第11軍團突擊克赤半島，這個地方堪稱是進攻高加索作戰行動的踏腳石。在攻陷克赤後，德國空軍自6月2日起對被圍攻的塞瓦斯托波爾展開猛烈轟炸。德軍步兵在6月7日攻進市區，但遭遇蘇軍非常頑強的抵抗，因此需要第17軍團派遣部隊支援。蘇軍最後在7月3日投降。
5月8日－6月30日德軍第11軍團推進
德軍空襲
Orel
Livny
德軍第2軍團
Kursk
德軍第4裝甲軍團
Voronezh
Gubkin
B集團軍
Belgorod
Volchansk
Valuyki
Rossosh
Novaya Kalitva
Kharkov
U K R A I N E
Dnieper
德軍第6軍團
Poltava
Kupiansk
Krasnograd
Chertkovo
8月23日 德軍第6軍團穿透史達林格勒的外圍郊區
Volga
1942年1-5月 蘇軍企圖進攻卡爾可夫但失敗，結果在伊茲顏地區形成一個巨大的突出部，內有大約34萬蘇軍部隊。
Izyum
Lysychansk
Millerovo
蘇軍第62軍團
Don
Stalingrad
Kalach
Slavyansk
德軍第1裝甲軍團
Donets
蘇軍第64軍團
3 藍色方案展開 1942年6月28日－7月22日
幾乎完全控制了克里米亞之後，德軍在6月28日啟動藍色方案。第4裝甲軍團疾速前進160公里，攻占弗羅涅日（Voronezh），而第2軍團稍後則建立防禦陣地以保護友軍推進。第4裝甲軍團接著向南移動，而第6軍團則開始向東朝史達林格勒挺進。
第4裝甲軍團推進
第6軍團推進
弗羅涅日會戰
A集團軍
Horlivka
Makiivka
Kamensk
R
S
S
U
Novoshakhtinsk
Don
Volgodonsk
Kotelnikovo
德軍第17軍團
Taganrog
Rostov
Mariupol
7月23日 德軍占領羅斯托夫
7月23日 希特勒改變主意，命令原本朝高加索前進的第4裝甲軍團轉往史達林格勒
Berdyansk
Yeysk
Proletarskaya
Elista
Manych
6月30日 塞瓦斯托波爾的蘇軍衛戍部隊開始疏散，其餘部隊在7月3日投降
Tikhoretsk
Kalmuk Steppe
CRIMEA
Kerch
Timashevsk
Eupatoria
Kerch Peninsula
Kropotkin
外高加索方面軍
Kuban
Armavir
Stavropol
Budyonnsk
德軍第11軍團
Sevastopol
Krasnodar
5月15日 經過八天戰鬥後，德軍占領克赤
Novorossiysk
Labinsk
Gelendzhik
Maikop
9月1日－11月2日 德軍的前進受到蘇軍縱火和騎兵攻擊干擾
Apsheronsk
Laba
Cherkessk
Pyatigorsk
Tuapse
Mozdok
9月6日 德軍第17軍團抵達新羅西斯克（Novorossiysk）
Nalchik
Sochi
Black Sea
Alagir
Ordzhoniki
Sukhumi
Caucasus Mountains
5-11月 巴統成為德軍入侵高加索的行動中最南邊的目標
11月2日 德軍裝甲部隊在奧中尼基哲（Ordzhonikidze）以西停止前進
Batumi

◁ **在卡爾可夫的德軍**
蘇軍進攻第6軍團時剛開始一切順利，但之後因為德軍空襲而戰況逆轉，蘇軍有三個野戰軍團被包圍殲滅。

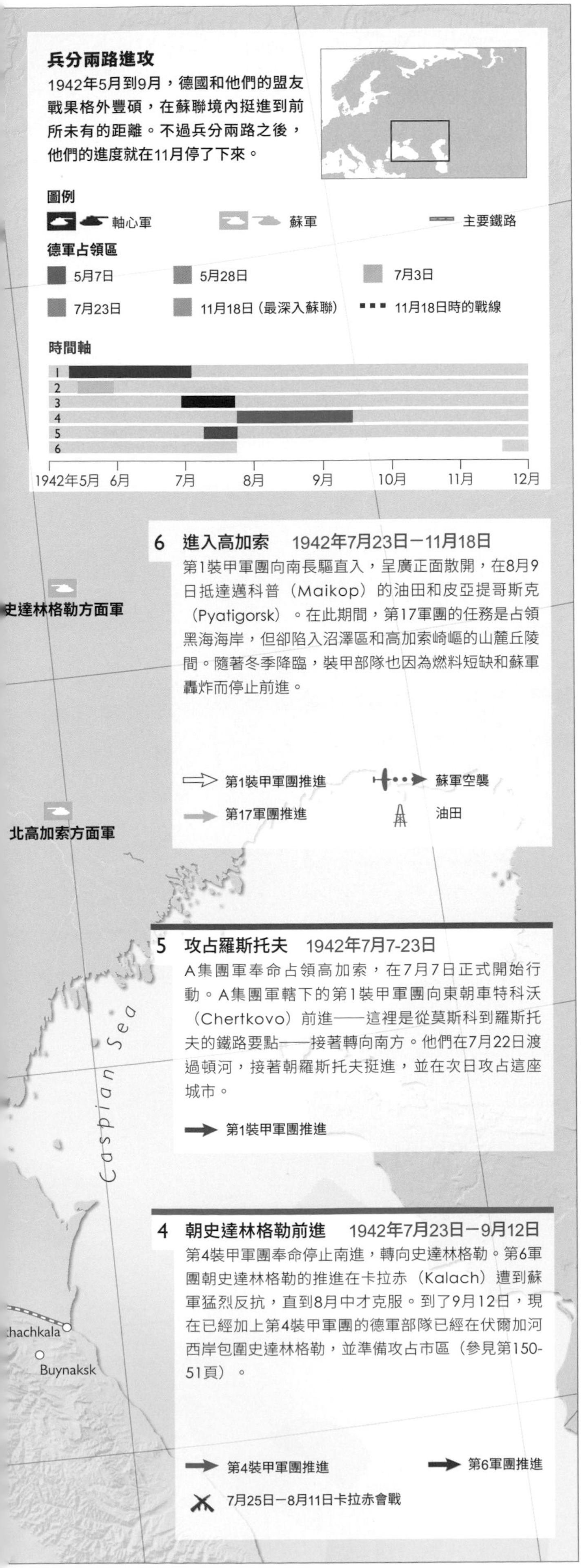

兵分兩路進攻

1942年5月到9月，德國和他們的盟友戰果格外豐碩，在蘇聯境內挺進到前所未有的距離。不過兵分兩路之後，他們的進度就在11月停了下來。

圖例

軸心軍　蘇軍　主要鐵路

德軍占領區

5月7日　5月28日　7月3日　7月23日　11月18日（最深入蘇聯）　11月18日時的戰線

時間軸

1 2 3 4 5 6

1942年5月 6月 7月 8月 9月 10月 11月 12月

史達林格勒方面軍

北高加索方面軍

Caspian Sea

Makhachkala

Buynaksk

6　進入高加索　1942年7月23日－11月18日

第1裝甲軍團向南長驅直入，呈廣正面散開，在8月9日抵達邁科普（Maikop）的油田和皮亞提哥斯克（Pyatigorsk）。在此期間，第17軍團的任務是占領黑海海岸，但卻陷入沼澤區和高加索崎嶇的山麓丘陵間。隨著冬季降臨，裝甲部隊也因為燃料短缺和蘇軍轟炸而停止前進。

第1裝甲軍團推進　蘇軍空襲　第17軍團推進　油田

5　攻占羅斯托夫　1942年7月7-23日

A集團軍奉命占領高加索，在7月7日正式開始行動。A集團軍轄下的第1裝甲軍團向東朝車特科沃（Chertkovo）前進——這裡是從莫斯科到羅斯托夫的鐵路要點——接著轉向南方。他們在7月22日渡過頓河，接著朝羅斯托夫挺進，並在次日攻占這座城市。

第1裝甲軍團推進

4　朝史達林格勒前進　1942年7月23日－9月12日

第4裝甲軍團奉命停止南進，轉向史達林格勒。第6軍團朝史達林格勒的推進在卡拉赤（Kalach）遭到蘇軍猛烈反抗，直到8月中才克服。到了9月12日，現在已經加上第4裝甲軍團的德軍部隊已經在伏爾加河西岸包圍史達林格勒，並準備攻占市區（參見第150-51頁）。

第4裝甲軍團推進　第6軍團推進　7月25日－8月11日卡拉赤會戰

德國進軍史達林格勒

1942年夏，德軍在蘇聯南部發動規模空前的攻勢，目標是盛產石油的高加索地區域。根據計畫，他們會先占領位於頓河盆地的蘇聯工業腹地內各城市，接著再奪取油田。德軍進兵神速，到了9月就已經逼近史達林格勒。

進攻莫斯科失敗後（參見第 100-101 頁），德軍就開始計畫繞過首都的新攻勢。藍色方案（Fall Blau/Operation Blue）的目標是朝東南方進攻，為德國奪取對紅軍而言至關重要的高加索油田，同時也要占領史達林格勒，以確保通往高加索的交通線，並保護德軍的側翼。希特勒也認為蘇軍已在崩潰邊緣，只要再一場大規模攻勢就可以讓他們戰敗。

首先，德軍必須肅清克里米亞和卡爾可夫地區的蘇軍部隊，這項任務在 7 月初完成。但藍色方案展開後，希特勒卻下令同時進攻史達林格勒和高加索。為了滿足這道命令，南方集團軍（包括義大利、匈牙利和羅馬尼亞部隊）在 1942 年 7 月 7 日再拆成兩支部隊，A 集團軍繼續前進，穿越高加索區域，占領黑海海岸，向南遠達巴統（Batumi），而 B 集團軍則朝史達林格勒挺進。

在接下來的幾個月裡，德軍的資源都在輪流支撐這兩場攻勢。到了 9 月中，德軍散布在一片非常遼闊的區域裡，但卻沒有任何一個集團軍達成原本的目標。在此同時，史達林則下令紅軍不惜一切代價保衛史達林格勒（參見第 150-51 頁）。

「如果我們無法拿下邁科普和格洛茲尼〔這兩座高加索地區的油田〕，那麼我就得結束這場戰爭。」

希特勒對麾下將領說話，1942年7月23日

高加索的石油

自20世紀開始，高加索就是重要的石油產地，到了1940年，這裡就供應了蘇聯大部分的石油。1939-40年，蘇聯供應石油給納粹德國，但兩國戰爭爆發後，供應就被切斷。在藍色方案裡，希特勒決心攻占油田，讓他的戰爭機器繼續運轉。

高加索的油井

圍攻史達林格勒

史達林格勒之戰是第二次世界大戰中最驚心動魄的衝突之一。平民和官兵並肩作戰，在每一條街上捍衛這座城市，它因此成為蘇維埃愛國主義的象徵。這場戰役擋住了德軍在東線的擴張，是整場戰爭的一個轉捩點。

1942 年 8 月下旬，德軍 B 集團軍兵臨工業重鎮史達林格勒。德國空軍先是對這座城市進行密集轟炸，接著地面部隊在 9 月開進市區。他們遭遇激烈抵抗，爭奪每一條街道、每一幢房舍，甚至深入下水道，德軍因此把這場戰鬥稱為「老鼠之戰」（Rattenkrieg）。蘇軍第 62 軍團司令瓦西里．崔可夫（Vasily Chuikov）要求麾下官兵「緊貼敵人」，盡一切可能拉近距離戰鬥，讓德軍無法發揮空權和砲兵火力的優勢。

蘇軍逐漸被壓縮，一步步朝伏爾加河岸後退。但史達林願意為了他的目標犧牲大量人命、持續投入增援部隊。在這場戰役中，蘇軍士兵的平均預期壽命只有 24 小時。總計大約有 110 萬人陣亡、負傷或失蹤。到了 11 月中旬，雙方都已經筋疲力竭，但這場會一路打到 1943 年 2 月的戰役已經來到轉折點。紅軍即將發動一場大反攻，開始扭轉整場戰爭的走向（參見第 152-53 頁）。

> 「現在是停止撤退的時候了。不准再退一步！」
>
> 約瑟夫．史達林，第227號命令，1942年7月28日

「帕夫洛夫之家」（Pavlov's House）——抵抗的象徵

在保衛史達林格勒的過程中，蘇軍官兵把一般的建築改裝成「堡壘」。面對德軍日復一日的進攻，有一個排的蘇軍士兵在亞科夫．帕夫洛夫中士（Yakov Pavlov）的領導下，堅守這座公寓長達兩個月。他們用雷區和鐵刺網把這座建築要塞化，挖掘壕溝作為補給之用，並在窗口架設機槍，還在屋頂擺了一門反戰車砲，以打擊來襲的德軍部隊。

蘇軍士兵從「帕夫洛夫之家」的窗口向外瞄準。

◁ 蘇聯英雄
史達林格勒戰役期間，紅軍狙擊手瓦希里．柴瑟夫（Vasily Zaytsev，左）在1942年11月10日到12月17日之間共狙殺了225名軸心軍官兵，其中包括11名狙擊手。

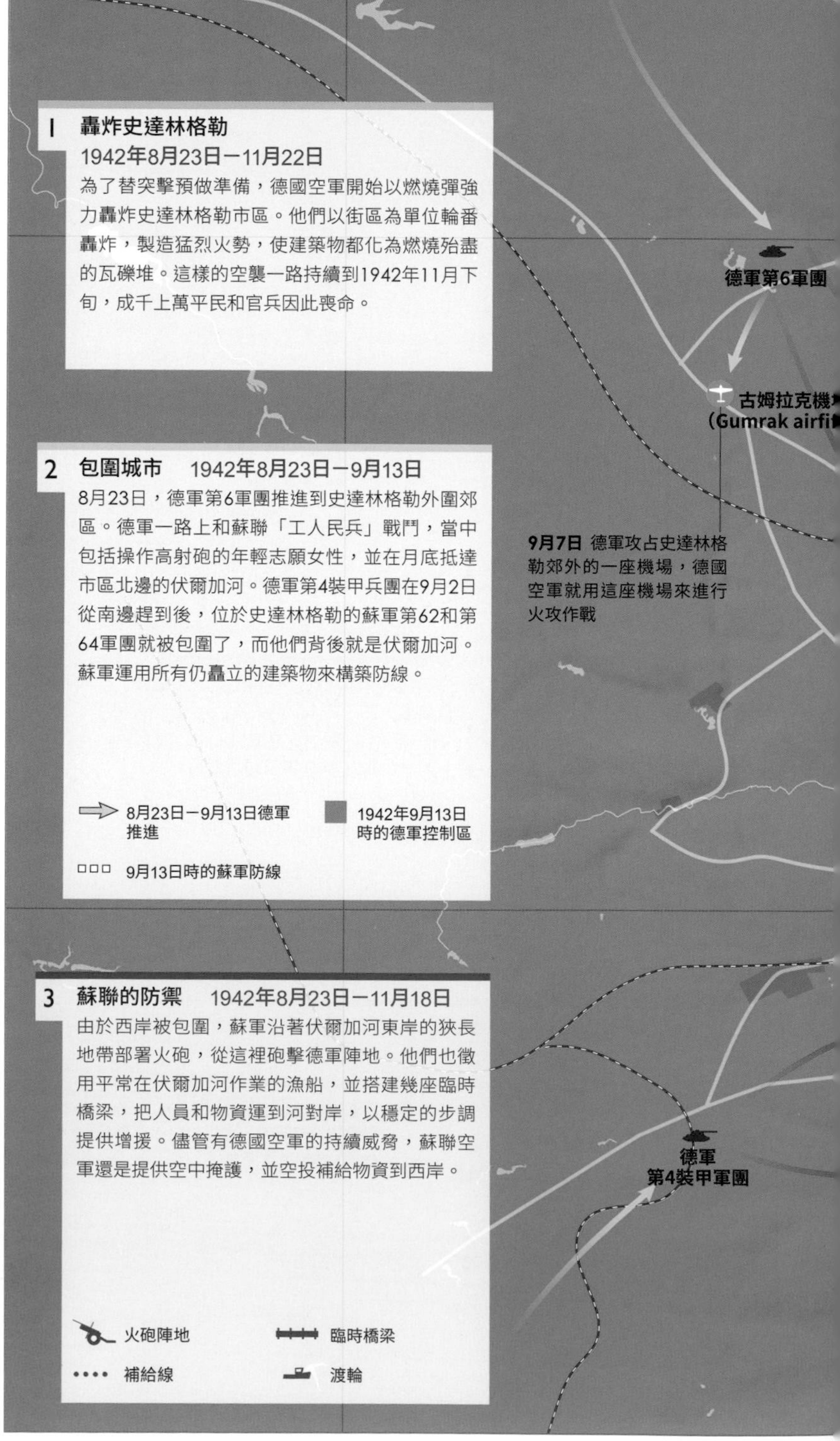

1 轟炸史達林格勒
1942年8月23日－11月22日
為了替突擊預做準備，德國空軍開始以燃燒彈強力轟炸史達林格勒市區。他們以街區為單位輪番轟炸，製造猛烈火勢，使建築物都化為燃燒殆盡的瓦礫堆。這樣的空襲一路持續到1942年11月下旬，成千上萬平民和官兵因此喪命。

2 包圍城市　1942年8月23日－9月13日
8月23日，德軍第6軍團推進到史達林格勒外圍郊區。德軍一路上和蘇聯「工人民兵」戰鬥，當中包括操作高射砲的年輕志願女性，並在月底抵達市區北邊的伏爾加河。德軍第4裝甲兵團在9月2日從南邊趕到後，位於史達林格勒的蘇軍第62和第64軍團就被包圍了，而他們背後就是伏爾加河。蘇軍運用所有仍矗立的建築物來構築防線。

8月23日－9月13日德軍推進
1942年9月13日時的德軍控制區
9月13日時的蘇軍防線

3 蘇聯的防禦　1942年8月23日－11月18日
由於西岸被包圍，蘇軍沿著伏爾加河東岸的狹長地帶部署火砲，從這裡砲擊德軍陣地。他們也徵用平常在伏爾加河作業的漁船，並搭建幾座臨時橋梁，把人員和物資運到河對岸，以穩定的步調提供增援。儘管有德國空軍的持續威脅，蘇聯空軍還是提供空中掩護，並空投補給物資到西岸。

火砲陣地
臨時橋梁
補給線
渡輪

德軍第6軍團
古姆拉克機
(Gumrak airfi
9月7日 德軍攻占史達林格勒郊外的一座機場，德國空軍就用這座機場來進行火攻作戰
德軍第4裝甲軍團

6 目標鎖定工廠 1942年9月27日－11月18日
此時蘇軍第62軍團的殘部在工廠區避難。德軍發動大規模突擊，雖然蘇軍強烈抵抗，甚至可以看到工廠工人直接在戰場上修理裝備，但到了10月29日，德軍還是占領了90%的市區。然而蘇軍還是在幾個小型口袋陣地內打死不退，為即將到來的反攻爭取時間（參見第152-53頁）。
工廠
10月3日蘇軍戰線
9月27日－11月18日德軍推進
11月12日蘇軍戰線
5 殲滅奧羅夫卡突出部 1942年9月24日－10月7日
9月下旬，德軍第6軍團突擊位於市區北端的奧羅夫卡區（Orlovka）。他們施展鉗形攻勢，包圍了500名蘇軍官兵。雖然遭受斯圖卡俯衝轟炸機、砲兵火力和地面部隊的輪番打擊，但蘇軍依然死守口袋陣地。最後，到了10月7日，僅存的120名生還蘇軍突破包圍圈，和位於河畔牽引機工廠內的紅軍會合。
9月24日－10月7日德軍進攻奧羅夫卡突出部
在奧羅夫卡被包圍的蘇軍
Orlovka salient
德軍第6軍團
ORLOVKA
RYNOK
USSR
11月15日 蘇軍第138步兵師被包圍在街壘工廠（Barricades factory）內，依靠空投補給取得食品和彈藥
9月27日 德國空軍和150輛德軍戰車開始進攻蘇軍把守的工廠區
STALINGRAD
牽引機工廠
10月14日 蘇軍第37近衛步兵師的8000名官兵中，有5000人在牽引機工廠一帶的慘烈戰鬥中捐軀
紅色十月工廠（Red October factory）
街壘工廠
蘇軍第62軍團
9月14日 德軍攻占馬馬耶夫山崗，但蘇軍在兩天後奪回
Mamayev Kurgan
4 市區街道上的戰鬥 1942年9月13-27日
9月13日，德軍進攻南邊的市區，馬上捲入與蘇軍部隊的血腥近距離肉搏戰，在每一棟建築物內都拚死戰鬥。幾個比較重要的地點，例如中央車站和市區內的小丘陵馬馬耶夫山崗（Mamayev Kurgan），在長達幾週的消耗戰中數度易主。
9月13-27日德軍推進
9月27日蘇軍防線
重要戰鬥地點
9月21日 史達林格勒的百貨公司（Univermag）一帶爆發激烈戰鬥，這座建築之後成為德軍將領保盧斯的司令部
史達林格勒中央車站
百貨公司
史達林格勒方面軍
林格勒2號車站
帕夫洛夫之家
9月22日 德軍占領中央碼頭，威脅到伏爾加河的渡船航運
KRASNAYA SLOBODA
穀倉塔
9月16-21日 大約50名紅軍士兵死守穀倉塔長達五天。這是一座類似保壘的大型穀物儲存設施，他們在耗盡彈藥和飲水之前共擊退德軍十次進攻
VOLGA
蘇軍第64軍團
9月20日－11月18日 第64軍團在伏爾加河西岸別克托夫卡（Beketovka）附近占領並守住一座長11公里的橋頭堡，並反覆發動進攻，希望能和第62軍團接觸
住民地戰鬥
史達林格勒市區建築和工廠沿著伏爾加河畔排列，綿延長達27公里。蘇軍被逐步逼退，直到被圍困在伏爾加河西岸一條狹長地帶上的幾處小型口袋陣地內。
圖例
關鍵建築
機場
德軍部隊
鐵路
公路
蘇軍部隊
時間軸
1
2
3
4
5
6
1942年8月
9月
10月
11月
12月

蘇聯在史達林格勒的勝利

1942年11月，蘇軍在史達林格勒發動一場意料之外的反攻，不是直接從市區內的防線突破，而是包圍這座城市，以切斷並殲滅包圍圈中的德軍。贏得這場勝利後，蘇軍開始把德軍逐出高加索及頓河盆地。

德軍有限的情資指出蘇軍即將發動一場大規模反攻，但他們選擇忽視，因為他們認為蘇軍不可能有人力和物力來發動這樣的攻擊。因此紅軍在1942年11月發動的反攻既迅速又成功，大大震撼了德軍。蘇軍的作戰計畫相當高明：他們把目標鎖定在德國的盟國身上，也就是戰力較差的羅馬尼亞、義大利和匈牙利部隊。他們負責保護位於史達林格勒的德軍第6軍團側翼，並防守頓河沿岸的前線。到了11月23日，第6軍團就已經和西邊與南邊更強大德軍部隊斷絕了聯繫，形同孤立。

蘇軍之後發動一連串作戰，肅清頓河盆地和高加索的敵軍。等到紅軍在1943年1月中旬對史達林格勒發動最後一擊時，他們早已經重創德軍的盟友，並奪回德軍在1942年順利推進時占領的絕大部分土地。希特勒允許A集團軍從高加索撤退，才避免了更嚴重的災難。德軍的撤退一度看似可能演變成潰逃，但到了2月，蘇軍也已經過度消耗。當他們在思考下一步攻擊行動時，德軍在卡爾可夫發動成功的反攻，提高了德軍的士氣（參見第178-79頁）。

> 「1萬8000名傷兵，沒有任何補給、衣物或藥品。再守下去沒有意義。一定會崩潰。」
>
> 保盧斯將軍致阿道夫·希特勒電文，1943年1月24日

史達林格勒的德國盟友

羅馬尼亞、義大利和匈牙利部隊在史達林格勒的任務是保護德軍的側翼並穩定戰線，但如同蘇軍將領朱可夫元帥提到的，他們之間距離拉得太遠，而且武器裝備較差、經驗也較不足，在防禦時也不像德軍那麼有戰鬥力。德國的盟友疏於強化頓河沿岸的防禦陣地，因此成為反攻蘇軍眼中的優先目標。

史達林格勒的羅馬尼亞戰俘

△ **紅軍的勝利**
一名紅軍士兵在史達林格勒的百貨公司屋頂上高舉蘇聯國旗。這棟建築物曾經是德軍將領保盧斯的參謀軍官作業的地方。

UKRAIN
Polta
Kremenchu
德軍南方集團軍
CRIME

2 嘗試救援 1942年12月13-23日
到了12月中旬，陸軍元帥馮·曼斯坦（von Manstein）展開作戰行動，目標是解救德軍第6軍團，代號冬季風暴（Winter Storm）。霍特將軍（Hoth）的第4裝甲軍團只有一部分部隊僥倖逃過包圍圈，企圖在科特尼可伏（Kotelnikovo）和史達林格勒之間建立一條走廊。蘇軍受到奇襲，但迅速在史達林格勒西南邊的地方進行防禦作戰。霍特無法突破蘇軍的防守，因此停止前進。

冬季風暴行動的德軍推進路線

1 德軍陷入包圍 1942年11月19-23日
11月19日，蘇軍展開天王星行動（Operation Uranus），目標是殲滅史達林格勒市區內和周邊地區的軸心軍。他們從城市的大後方展開攻擊，從北方和南方長驅直入，穿透守衛德軍第6軍團側翼的羅軍。當蘇軍西南方面軍和史達林格勒方面軍在卡拉赤會師時，羅軍第3軍團已經被殲滅，第4軍團正在撤退，超過29萬名軸心軍部隊被包圍在史達林格勒。

蘇軍推進　德軍被包圍

軸心國的撤退

1942年11月到1943年3月間，紅軍進行了一場計畫縝密的大規模反攻，收復了絕大部分在德軍的藍色方案（參見第148-49頁）中喪失的領土。

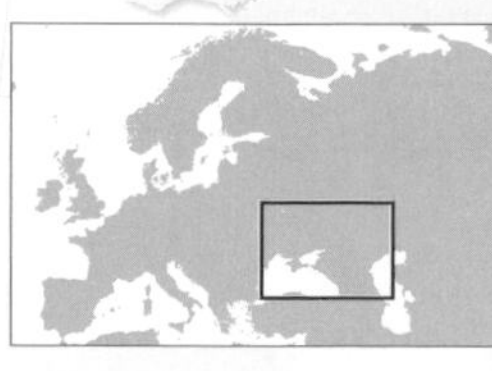

圖例

蘇軍部隊　軸心軍部隊

1942年11月18日時蘇聯領土　1943年3月31日時的戰線

1943年3月31日時蘇聯奪回的領土

時間軸

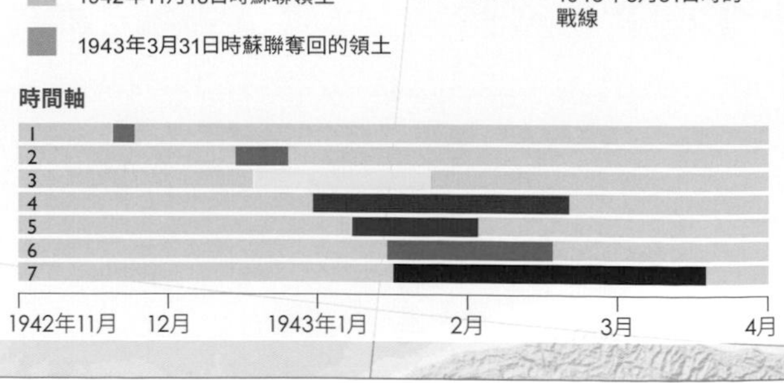

1
2
3
4
5
6
7
1942年11月
12月
1943年1月
2月
3月
4月

3 新一波的蘇軍增兵
1942年12月16日—1943年1月17日
蘇軍在12月16日發動新一波冬季攻勢，目標是擊潰從史達林格勒朝西北直到弗羅涅日沿著頓河防守戰線的軸心軍部隊，並奪回西邊的羅斯托夫，以便徹底包圍高加索的德軍。他們展開行動後，先攻擊史達林格勒外圍的霍特將軍第4裝甲軍團，迫使德軍後退以免被包圍。在契爾河（Chir）方面，蘇軍部隊打敗義軍第8軍團，然後朝密勒羅伏（Millerovo）前進。
1942年12月16日—1943年1月17日蘇軍推進
4 從高加索撤退
1942年12月29日—1943年2月20日
12月，蘇軍的外高加索方面軍和南部方面軍（先前的史達林格勒方面軍）大舉出動，準備包圍高加索地區的德軍。但德軍開始撤軍，奉命一路後退到庫班河（River Kuban）。在更北邊的地方，德軍退到了米烏斯河（River Mius）後方，蘇軍則在2月14日占領羅斯托夫。到了2月20日，只有少數德軍還留在高加索地區。
1942年12月29日—1943年2月20日蘇軍推進
1943年1月3日—2月20日德軍撤退
5 在史達林格勒投降 1943年1月7日—2月2日
1月7日，蘇軍要求困守史達林格勒的德軍第6軍團司令保盧斯將軍投降，但遭到拒絕。三天後，包圍史達林格勒的蘇軍展開指環行動（Operation Koltso），先轟炸德軍陣地，之後分批突入。被圍困的德軍逐漸被切斷，形成兩處較大的口袋陣地。保盧斯將軍所在的南口袋在1月31日投降，北口袋則撐到2月2日才投降。
德軍第6軍團投降
6 蘇軍肅清頓河地區 1943年1月13日—2月17日
蘇軍繼續沿著頓河打擊軸心軍。在北邊，紅軍在弗羅涅日以南包圍並殲滅匈軍第2軍團，讓德軍第2軍團岌岌可危。蘇軍實施另一次鉗形運動，準備收復這座城市並在頓河上奪取橋頭堡，德軍被包圍在城中。但他們及時撤退，因此僥倖逃過被消滅的命運。
1943年1月13-27日蘇軍推進
德軍撤退
1943年1月24日—2月17日蘇軍攻勢
7 德軍的回馬槍 1943年1月14日—3月19日
蘇軍在1月繼續前進時，德軍B集團軍在頓內次河（River Donets）後方撤退。但蘇軍拿下卡爾可夫、帕夫洛格勒（Pavlograd）和克拉斯諾格勒（Krasnograd）時，卻形成一個巨大但容易受攻擊的突出部。2月20日，德軍發動反擊，切斷蘇軍的前進，隨時可能孤立蘇軍部隊。德軍在3月15日奪回卡爾可夫，三天後又攻下貝哥羅（Belgorod），迫使蘇軍東退，越過頓內次河。
1943年1月14日—2月20日蘇軍推進
1943年2月20日—3月19日德軍反攻
蘇軍撤退
德軍撤退
1943年2月20日蘇軍突出部
1943年2月8日
蘇軍奪回庫斯克
1943年1月17日
義軍只有4萬5000人在蘇軍攻勢中存活下來，並退往車特科沃
1942年11月22日
蘇軍部隊攻占頓河上的橋梁，切斷德軍第6軍團的主要交通線
1943年2月16日
德軍撤出卡爾可夫
1943年2月3日 德軍在史達林格勒的最後口袋陣地投降，9萬1000名德軍淪為戰俘
1943年2月14日
蘇軍收復羅斯托夫
1943年2月4日
蘇軍部隊在新羅西斯克登陸，但未能攻占這座城市
蘇軍布揚斯克方面軍
蘇軍弗羅涅日方面軍
德軍第2軍團
德軍B集團軍
匈軍第2軍團
蘇軍西南方面軍
蘇軍頓河方面軍
義軍第8軍團
羅軍第3軍團
德軍第6軍團
羅軍第4軍團
德軍頓河集團軍
蘇軍史達林格勒方面軍（之後改編為南部方面軍）
德軍第4裝甲軍團
德軍A集團軍
德軍第17軍團
蘇軍北高加索方面軍
蘇軍外高加索方面軍
U S S R
Orel
Yelets
Livny
Kursk
Kastornoye
Voronezh
Don
Ostrogozhsk
Belgorod
Volchansk
Valuyki
Rossosh
Chertkovo
Izyum
Donets
Lysychansk
Millerovo
Slavyansk
Pavlograd
Horlivka
Kamensk
Mius
Makiivka
Novoshakhtinsk
Taganrog
Rostov
Mariupol
Berdyansk
Yeysk
Volgodonsk
Kotelnikovo
Kalach
Chir
Stalingrad
Volga
Proletarskaya
Elista
Manych
Kalmuk Steppe
Sea of Azov
Tikhoretsk
Timashevsk
Kerch
Kuban
Krasnodar
Stavropol
Budyonnovsk
Novorossiysk
Maikop
Labinsk
Nevinnomyssk
Laba
Cherkessk
Pyatigorsk
Tuapse
Mozdok
Caucasus Mountains
Sochi
Nalchik
Alagir
Black Sea
Sukhumi

戰俘

在第二次世界大戰期間，有數以百萬計的盟軍和軸心軍官兵淪為戰俘（prisoner-of-war, POW），被送進戰俘營裡。儘管根據國際協議，應該要保護這些被俘虜的人，但戰俘營內的狀況卻十分可怕。

德軍在戰爭初期進兵神速，因此在很短的時間內就俘虜了上百萬法軍和波軍，並開闢多座戰俘營來關押他們。入侵蘇聯的德軍也包圍了數量龐大的蘇聯官兵，到了 1941 年 12 月就已經擄獲 320 萬人。但在 1942 年，史達林格勒戰況逆轉，德軍首度經歷嚴重挫敗，大約有 150 萬德軍落入蘇聯手中。

204

△ **簡陋的物件**
戰俘沒有什麼私人物品，只能就地取材、製作自己的用品，例如這個手工雕造的湯匙和刻有戰俘編號的木盒。

情勢多變

1929 年的《日內瓦公約》（Geneva Convention）為戰俘訂立標準，但蘇聯並未簽署這項條約，日本則沒有批准，因此二次大戰期間蘇聯和日本戰俘營的狀況十分駭人。一般來說，德軍對待英國、法國、美國和其他西方盟國的戰俘時都會遵守《日內瓦公約》的規定，但對蘇軍就不是如此了。因此德軍關押的蘇軍戰俘有將近 60% 不幸喪命，通常是因為斑疹傷寒、痢疾、暴露或挨餓致死。

在西線上被抓的戰俘通常待遇較好：軍官不用勞動，一般士兵則需要做一些沒有軍事價值的工作，而紅十字會也發送了 3600 萬個食物包裹來補充他們的伙食。絕大部分戰俘在戰爭過後不久就被釋放，但蘇聯關押的最後一批德軍戰俘一直要到 1956 年才被送回祖國。

科爾迪次城堡

位於德國薩克森科爾迪次（Colditz）的一座文藝復興時期城堡，自1940年起就被德軍用來關押嘗試從其他戰俘營逃跑的戰俘。儘管這裡守衛森嚴，但仍發生多起脫逃事件，總計有30名戰俘成功逃脫，獲得自由。其中一個較知名的案例是用自製滑翔機逃出生天。

天寒地凍中

戰俘最脆弱的時候通常是他們剛被俘虜、送往戰俘營的這段期間。圖為1945年1月在阿爾薩斯被俘的德軍士兵，他們在離開前線途中遭遇了刺骨的嚴寒。

第四章

局勢逆轉

1943–1944年

盟軍入侵諾曼第，蘇軍從東方步步進逼，美軍在太平洋各地大舉反攻，軸心國開始面對他們最艱困的戰鬥。

△ **登陸西西里**
1943年7月，英軍在入侵西西里島的哈士奇行動（Operation Husky）中涉水登岸。這場入侵導致義大利法西斯獨裁者墨索里尼被推翻。

德國的頑抗

1943年，隨著時間流逝，納粹德國的敗相愈來愈明顯。但希特勒依舊不屈服，盟軍則一步步朝德國本土進逼，因此戰爭就在力度絲毫不減的狀況下一路打到1944年。

到了 1943 年，同盟國的人力和工業力量都已勝過敵手，因此面對德國時享有強大的優勢。但在戰爭的某些關鍵時刻，德國人還是差點取得重大的勝利。大西洋戰場上，在盟軍終於解除 U 艇的威脅之前，德軍的潛艇戰對盟國的航運造成了幾乎不可承受的損失。在東線，蘇軍部隊付出高昂的代價，才打贏庫斯克戰役。德國本土飽嚐英軍和美軍轟炸的衝擊，但盟軍的損失也不小。就算是義大利因為本土被侵略而尋求和談，德軍也還是能夠阻止盟軍北上。

然而，德軍部隊再怎麼堅決作戰，也終究是徒勞無功。同盟國做出明智的決策，大量生產相對簡單的軍備，而且具備人力和組織技巧，能夠有效運用它們。德軍配備最好的戰車和其他許多較優越的科技，還有大量奴工可以使用，但他們的工業產出依然無法和同盟國匹敵。

德國奮力支撐局面

由於食物短缺、大量男性被徵召到德國的工廠裡工作，納粹占領的歐洲情勢惡化，武裝抗暴行動因此蔓延開來。這意味著德國必須調動大批德軍來鎮壓破壞活動。此外，盟軍的轟炸也迫使德國投入大量資源來進行國土防衛，且阻礙了軍火生產和燃料供應。

西方盟國也了解到總體戰的殘酷，這點就反映在他們轟炸德國城市這件事情上。他們追求「無條件投降」，力求在不談判、不妥協的情況下在軍事上擊敗德國。希特勒希望同盟國會起內訌，但儘管在意識形態上有著重大的分歧，蘇聯、英國和美國還是團結在一起。希特勒也幻想依靠科技奇蹟——某種驚奇武器——來扭轉戰局。雖然德國引進飛行炸彈、火箭和噴射機，但這類武器數量太少、來得太晚，無法發揮任何決定性的作用。

◁ **虎王戰車**
德軍虎二式戰車在1944年採用，是第二次世界大戰中所使用最重的量產型戰車。它厚重的裝甲能提供非常好的防禦力，和盟軍戰車正面對抗時具有很大的優勢。

納粹德國的國運

1943年初，德軍雖在史達林格勒投降，但依然掌控歐洲大陸。不過盟軍在當年夏天入侵義大利，再加上蘇軍在庫斯克獲勝，德軍部隊承受的壓力與日俱增。1944年6月盟軍登陸諾曼第後，蘇軍也從東方迅速攻來，此時納粹的抵抗似乎即將崩潰，但盟軍進展到德國邊界後也開始停滯不前了。

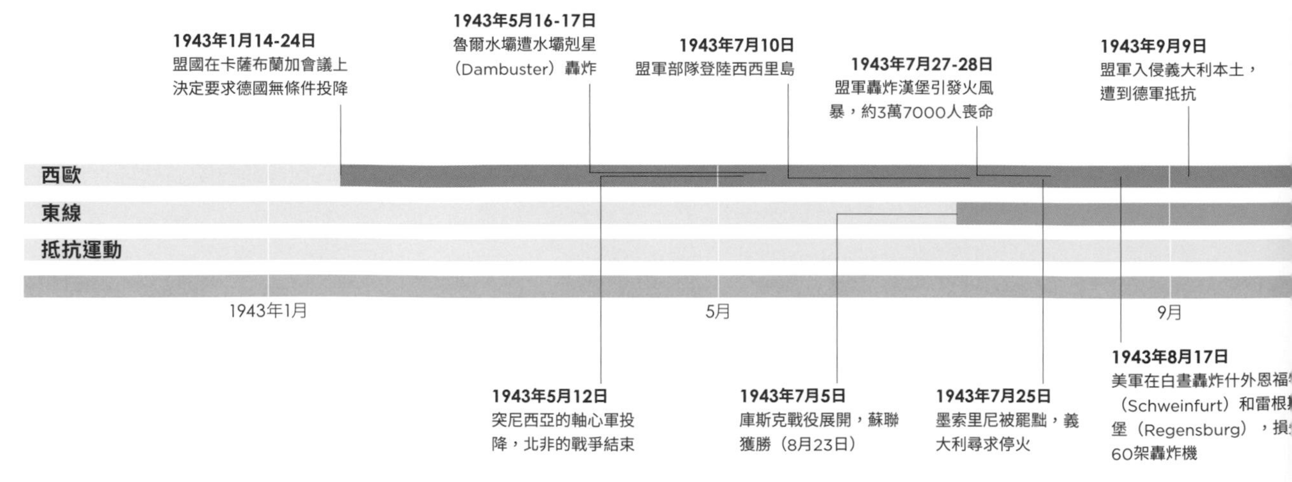
1943年1月14-24日
盟國在卡薩布蘭加會議上決定要求德國無條件投降
1943年5月16-17日
魯爾水壩遭水壩剋星（Dambuster）轟炸
1943年7月10日
盟軍部隊登陸西西里島
1943年7月27-28日
盟軍轟炸漢堡引發火風暴，約3萬7000人喪命
1943年9月9日
盟軍入侵義大利本土，遭到德軍抵抗
西歐
東線
抵抗運動
1943年1月
5月
9月
1943年5月12日
突尼西亞的軸心軍投降，北非的戰爭結束
1943年7月5日
庫斯克戰役展開，蘇聯獲勝（8月23日）
1943年7月25日
墨索里尼被罷黜，義大利尋求停火
1943年8月17日
美軍在白晝轟炸什外恩福
（Schweinfurt）和雷根
堡（Regensburg），損
60架轟炸機

◁ **華沙的廢墟**
德軍在1944年夏季鎮壓波蘭抵抗分子的起義行動，之後就有系統地摧毀華沙，五分之四的市區化為斷垣殘壁。

> 「全世界自由的人正在一起邁向勝利！」
>
> 艾森豪「反攻日訓令」（Order of the Day）聲明，1944年6月5日

最後階段

到了 1944 年夏季，蘇軍從東方向德國挺進，而西方盟軍也已經入侵諾曼第。盟軍部隊在當年 8 月橫掃法國和比利時，到處洋溢著解放的喜悅，但當他們在秋天停滯不前時，隨之而來的卻是挫折感。希特勒經歷流產政變後，權力更加穩固，而他也決心奮戰到底。政治衝突陸續浮現，共產黨領導的游擊隊反抗運動在南斯拉夫、希臘與義大利和民族主義及法西斯分子互相衝突。

在戰爭的後期階段，歐洲各地都蒙受極大的苦難。猶太人的滅絕行動持續進行，盟軍的空中轟炸作戰也對德國城市和其他地方的平民造成嚴重死傷。從納粹統治中獲得解放讓許多人歡欣鼓舞，但那些被認定是叛徒的人面臨的就是死亡或羞辱——從法國的通敵分子到蘇聯大量流放的克里米亞韃靼人（Tatar）。面對步步進逼的蘇聯大軍，數百萬生活在波羅的海和中歐的德裔平民只得倉皇向西逃難。在戰鬥逐漸達到高潮的同時，一個因為意識形態分歧、破壞和難民問題而傷痕累累的戰後歐洲已經在形成。

▽ **解放巴黎**
巴黎被德軍占領了四年後，在1944年8月獲得解放。美軍士兵和巴黎婦女一起在艾菲爾鐵塔前慶祝。

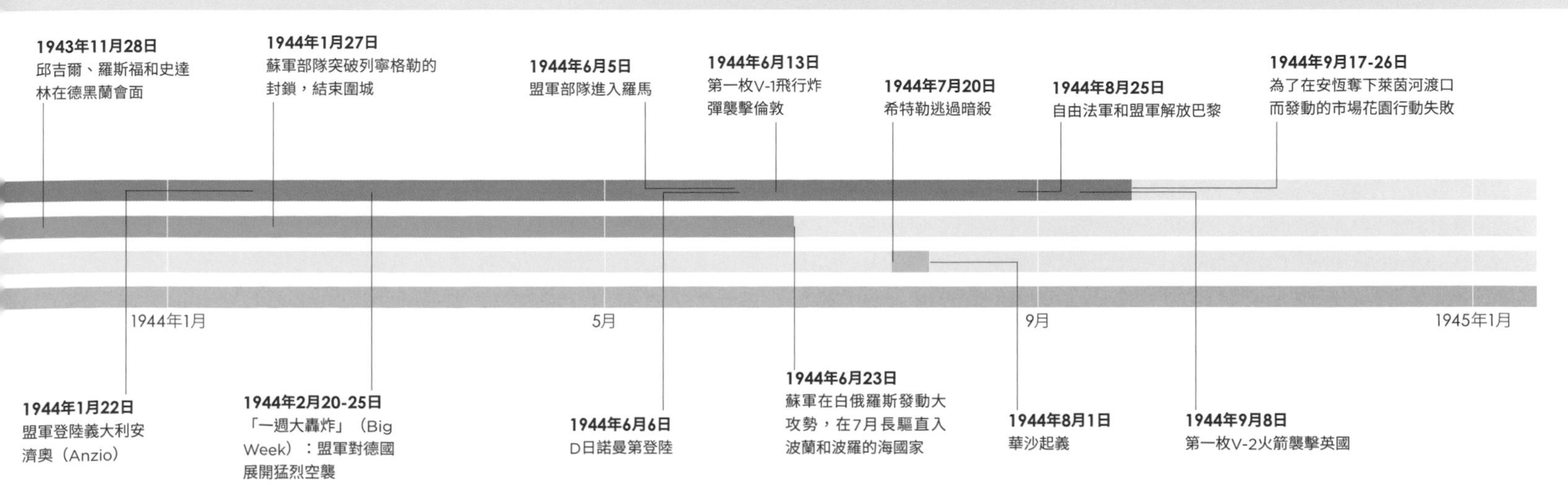

1943年11月28日
邱吉爾、羅斯福和史達林在德黑蘭會面
1944年1月22日
盟軍登陸義大利安濟奧（Anzio）
1944年1月27日
蘇軍部隊突破列寧格勒的封鎖，結束圍城
1944年2月20-25日
「一週大轟炸」（Big Week）：盟軍對德國展開猛烈空襲
1944年6月5日
盟軍部隊進入羅馬
1944年6月6日
D日諾曼第登陸
1944年6月13日
第一枚V-1飛行炸彈襲擊倫敦
1944年6月23日
蘇軍在白俄羅斯發動大攻勢，在7月長驅直入波蘭和波羅的海國家
1944年7月20日
希特勒逃過暗殺
1944年8月1日
華沙起義
1944年8月25日
自由法軍和盟軍解放巴黎
1944年9月8日
第一枚V-2火箭襲擊英國
1944年9月17-26日
為了在安恆奪下萊茵河渡口而發動的市場花園行動失敗
1944年1月
5月
9月
1945年1月

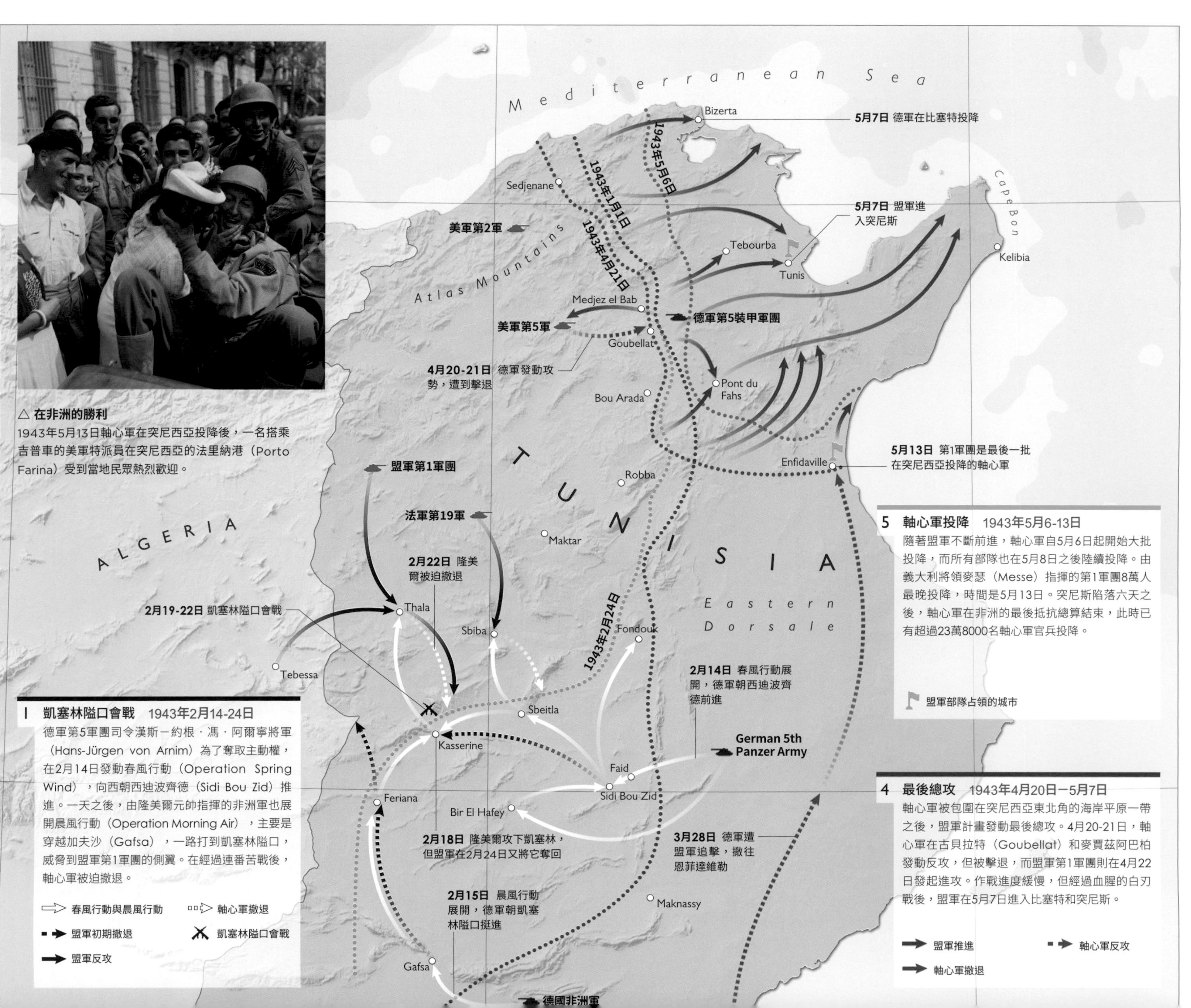
Mediterranean Sea
Bizerta
5月7日 德軍在比塞特投降
Sedjenane
1943年1月1日
1943年5月6日
1943年4月21日
5月7日 盟軍進入突尼斯
Cape Bon
Kelibia
Tebourba
Tunis
美軍第2軍
Atlas Mountains
Medjez el Bab
德軍第5裝甲軍團
美軍第5軍
Goubellat
4月20-21日 德軍發動攻勢，遭到擊退
Pont du Fahs
Bou Arada
盟軍第1軍團
Robba
Enfidaville
5月13日 第1軍團是最後一批在突尼西亞投降的軸心軍
TUNISIA
法軍第19軍
Maktar
ALGERIA
2月22日 隆美爾被迫撤退
2月19-22日 凱塞林隘口會戰
Thala
Sbiba
Eastern Dorsale
1943年2月24日
Fondouk
Tebessa
2月14日 春風行動展開，德軍朝西迪波齊德前進
Sbeitla
Kasserine
German 5th Panzer Army
Faid
Sidi Bou Zid
Feriana
Bir El Hafey
2月18日 隆美爾攻下凱塞林，但盟軍在2月24日又將它奪回
3月28日 德軍遭盟軍追擊，撤往恩菲達維勒
2月15日 晨風行動展開，德軍朝凱塞林隘口挺進
Maknassy
Gafsa
德國非洲軍

△ **在非洲的勝利**
1943年5月13日軸心軍在突尼西亞投降後，一名搭乘吉普車的美軍特派員在突尼西亞的法里納港（Porto Farina）受到當地民眾熱烈歡迎。

1 凱塞林隘口會戰 1943年2月14-24日

德軍第5軍團司令漢斯一約根．馮．阿爾寧將軍（Hans-Jürgen von Arnim）為了奪取主動權，在2月14日發動春風行動（Operation Spring Wind），向西朝西迪波齊德（Sidi Bou Zid）推進。一天之後，由隆美爾元帥指揮的非洲軍也展開晨風行動（Operation Morning Air），主要是穿越加夫沙（Gafsa），一路打到凱塞林隘口，威脅到盟軍第1軍團的側翼。在經過連番苦戰後，軸心軍被迫撤退。

- 春風行動與晨風行動
- 軸心軍撤退
- 盟軍初期撤退
- 凱塞林隘口會戰
- 盟軍反攻

5 軸心軍投降 1943年5月6-13日

隨著盟軍不斷前進，軸心軍自5月6日起開始大批投降，而所有部隊也在5月8日之後陸續投降。由義大利將領麥瑟（Messe）指揮的第1軍團8萬人最晚投降，時間是5月13日。突尼斯陷落六天之後，軸心軍在非洲的最後抵抗總算結束，此時已有超過23萬8000名軸心軍官兵投降。

- 盟軍部隊占領的城市

4 最後總攻 1943年4月20日—5月7日

軸心軍被包圍在突尼西亞東北角的海岸平原一帶之後，盟軍計畫發動最後總攻。4月20-21日，軸心軍在古貝拉特（Goubellat）和麥買茲阿巴柏發動反攻，但被擊退，而盟軍第1軍團則在4月22日發起進攻。作戰進度緩慢，但經過血腥的白刃戰後，盟軍在5月7日進入比塞特和突尼斯。

- 盟軍推進
- 軸心軍反攻
- 軸心軍撤退

Chott el Djerid
Djebel Tebaga
Kebili
El Hamma
Tebaga Gap
Gabes
Zarat
Mareth
Medenine
German Afrika Korps
British 8th Army
Matmata Hills

3月6日 隆美爾在卡普里行動失敗後被迫後撤

3月20-21日 盟軍在查拉特攻下橋頭堡

3月28日 第8軍團攻占哈邁
4月7日 在火炬行動中登陸的盟軍與第8軍團在哈邁會師

3月20日 蒙哥馬利發動拳擊手行動，進攻馬雷斯防線

盟軍在突尼西亞

盟軍攻占突尼西亞的行動從1943年2月中旬持續到5月初。戰鬥非常艱辛，因為軸心軍人數較多，且擁有空中優勢，但他們還是被迫在5月13日投降。

圖例

- 1943年時的突尼西亞
- 軸心軍
- 同盟軍
- 1月1日的前線
- 2月24日的前線
- 4月21日的前線
- 5月6日的前線
- 馬雷斯防線

時間軸

1 2 3 4 5

1943年2月 3月 4月 5月 6月

2 卡普里作戰 1943年2月17日—3月10日

自2月中旬開始，英軍第8軍團就已經計畫攻打馬雷斯防線。德軍透過情報得知這個計畫，因此在3月6日發動代號「卡普里」（Capri）的攻擊行動，目標是英軍據點美德寧（Medenine）。結果軸心軍被擊退，損失55輛戰車，並被迫退回馬雷斯防線。

卡普里行動　軸心軍撤退

3 突破馬雷斯防線 1943年3月20-28日

3月20日夜間，蒙哥馬利下令發動拳擊手行動（Operation Pugilist），也就是對馬雷斯防線發動正面攻擊，並搭配紐西蘭部隊及自由法軍對德軍防線側翼進行二次攻擊。對側翼的攻擊迫使德軍後撤。3月28日，第8軍團拿下哈邁（El Hamma），德軍一路往北逃到225公里以外的恩菲達維勒（Enfidaville）以西的丘陵地帶。

盟軍進攻　軸心軍撤退

沙漠中的勝利

東邊的英軍在阿來曼獲勝、西邊的盟軍也在火炬行動中成功登陸阿爾及利亞和摩洛哥之後，軸心軍被迫在突尼西亞打防禦戰。他們透過前往突尼斯的空運機隊和海運船團取得補給物資和支援部隊，在當地掘壕堅守，準備打一場持久戰。

火炬行動（參見第146-47頁）的一個關鍵目標，就是要提供一條穿越突尼西亞的路線，讓盟軍可以進攻義大利，以邱吉爾的話來說就是軸心國的「軟肋」。為了避免軸心軍空襲，參加火炬行動的部隊是在突尼斯以西大約800公里的地方登陸的。他們雖然一登陸就以最快速度向東橫越阿爾及利亞，但德軍也迅速反應，派遣增援部隊前往突尼西亞加強鞏固地位。突尼西亞的維琪法國總督尚－皮耶・艾斯特瓦（Jean-Pierre Esteva）允許德軍運輸機艦運來更多部隊、戰車（包括兩輛新式的虎式戰車）、火砲和其他補給品。到了1943年初，已有大約25萬軸心軍部隊開抵突尼西亞，形成不可忽視的武力，此外德軍還享有靠近西西里島友軍機場的優勢。隆美爾麾下由德軍和義軍組成的部隊，在第二次阿來曼會戰後撤退（參見第144-45頁），此時也在突尼西亞境內，已經在馬雷斯防線（Mareth Line）就作戰位置——這是前法國殖民時期修建的一條防線，長約35公里，從海岸一路延伸到山地。盟軍部隊自火炬行動在阿爾及利亞登陸後就開始一路推進，在抵達東多榭爾（Eastern Dorsale，亞特拉斯山脈向東延伸的部分）時終於停下，因此這個地區就成為突尼西亞衝突的前線。

> 「我要讓每一個人知道，壞日子已經過去，都結束了！」
>
> 伯納德・蒙哥馬利將軍，1942年

1943年1月，由於雙方部隊都亟需重新補給，因此只有在漫長的戰線上爆發零星戰鬥。1943年2月，盟軍擊退軸心軍指向凱塞林隘口（Kasserine）的大規模攻勢，而他們在3月進攻馬雷斯防線時，則徹底擊垮軸心守軍。軸心軍朝突尼西亞東北方撤退，最後在5月13日投降。二次大戰在非洲就此畫下句點。

第8軍團

英軍第8軍團是一支多國部隊。除了英國以外，還有來自澳洲、紐西蘭、印度、南非、羅德西亞（Rhodesia）、加拿大、希臘和波蘭的單位，以及一批人數頗多的自由法軍部隊——總兵力達22萬人。第8軍團在北非和義大利作戰的大部分時間都是由伯納德・蒙哥馬利將軍統帥。

TRIPOLI
TUNIS

高峰會議

為了對抗軸心強權，在1941年成形的全球同盟需要作出艱難的戰略決策，因此同盟國在1943年安排了一連串高峰會議，以協調各同盟國採行一致的路線。

各同盟國的優先事項會互相衝突。在 1941 年一場於莫斯科舉行的高峰會議上，他們討論租借法案，也就是美國透過賒帳或分期付款方式提供軍用物資或原物料來協助盟友的計畫（參見第 70-71 頁）當中的分配規則。在這之後的下一場高峰會議於 1943 年 1 月在摩洛哥舉辦，出席者有英國首相邱吉爾和美國總統羅斯福，這兩位領導人決定合作對德國展開轟炸攻勢，也通過了要求德國無條件投降的政策。他們也同意「地中海優先」的戰略，優先擊敗北非和義大利的軸心軍，而不是先在法國開闢新戰場。

СМЕРТЬ НЕМЕЦКИМ ОККУПАНТАМ!

△ 蘇聯反德宣傳海報
擊敗德國的這個共同目標鼓勵蘇聯和其他國家合作。

開羅與德黑蘭

1943 年 11 月，同盟國領袖在開羅與德黑蘭會面。在開羅，羅斯福、邱吉爾和中國領導人蔣介石商議擊敗日本的戰略，同意優先對中國境內的日軍展開攻勢，而不是先收復馬來西亞。在德黑蘭，史達林參與盟國領袖會談，討論波蘭、日本和其他多項議題。

△ 德黑蘭會議
1943年11月，同盟國領袖史達林、羅斯福和邱吉爾全都出席在德黑蘭的蘇聯公使館舉行的會議。他們就入侵被占領的法國達成共識，也討論如何分區占領德國。

摩洛哥的高峰會議
在1943年的卡薩布蘭加會議（Casablanca Conference，代號「象徵」）上，美國總統羅斯福和英國首相邱吉爾接受媒體記者採訪。由於德軍進攻史達林格勒，因此史達林不克出席這場會議。

入侵西西里和義大利

突尼西亞的軸心軍戰敗後，軸心國控制的南歐顯得岌岌可危。德國受到誤導，相信盟軍接下來的目標是薩丁尼亞島（Sardinia）或科西嘉島（Corsica），但同盟國在1943年1月決定入侵西西里島。六個月後，他們開始入侵（稱為「哈士奇行動」）。

1943 年，西西里島上的軸心軍是由阿爾弗雷多・古佐尼將軍（Alfredo Guzzoni）指揮，但他麾下的第 6 軍團裡頭唯一可靠的，只有漢斯・胡貝（Hans Hube）第 14 裝甲軍的兩個德國師。義大利自己的官兵反而意志薄弱。

盟軍負責執行入侵行動的部隊是巴頓將軍領導的美軍第 7 軍團，還有蒙哥馬利的英軍及大英國協軍第 8 軍團，這兩個軍團都由英軍將領哈洛德・亞歷山大（Harold Alexander）全權統籌指揮。最初的計畫是由英軍進攻東海岸，先攻占卡塔尼亞（Catania），之後是美西納（Messina），側翼及後方由美軍保護。8 月 5 日，英軍攻下卡塔尼亞，到了 8 月 17 日盟軍就已經控制西西里島。7 月下旬，墨索里尼被罷黜，佩特羅・巴多格里歐元帥（Pietro Badoglio）取代他出任義大利首相。9 月 8 日，巴多格里歐同意停火的消息傳出，德軍立即控制羅馬，並占領整個義大利。

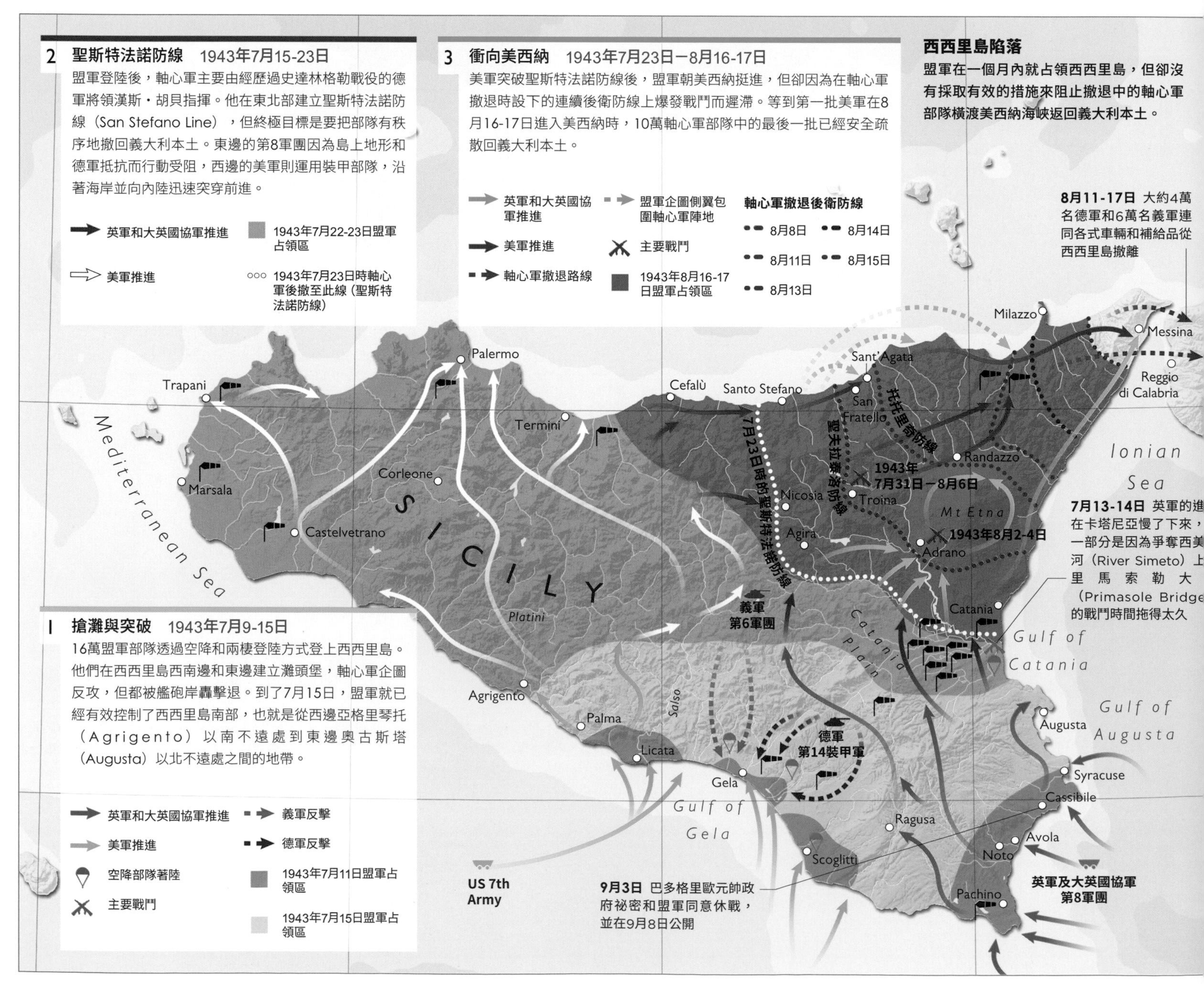

2 聖斯特法諾防線 1943年7月15-23日
盟軍登陸後，軸心軍主要由經歷過史達林格勒戰役的德軍將領漢斯・胡貝指揮。他在東北部建立聖斯特法諾防線（San Stefano Line），但終極目標是要把部隊有秩序地撤回義大利本土。東邊的第8軍團因為島上地形和德軍抵抗而行動受阻，西邊的美軍則運用裝甲部隊，沿著海岸並向內陸迅速突穿前進。
英軍和大英國協軍推進
1943年7月22-23日盟軍占領區
美軍推進
1943年7月23日時軸心軍後撤至此線（聖斯特法諾防線）
3 衝向美西納 1943年7月23日–8月16-17日
美軍突破聖斯特法諾防線後，盟軍朝美西納挺進，但卻因為在軸心軍撤退時設下的連續後衛防線上爆發戰鬥而遲滯。等到第一批美軍在8月16-17日進入美西納時，10萬軸心軍部隊中的最後一批已經安全疏散回義大利本土。
英軍和大英國協軍推進
盟軍企圖側翼包圍軸心軍陣地
美軍推進
主要戰鬥
軸心軍撤退路線
1943年8月16-17日盟軍占領區
軸心軍撤退後衛防線
8月8日
8月14日
8月11日
8月15日
8月13日
西西里島陷落
盟軍在一個月內就占領西西里島，但卻沒有採取有效的措施來阻止撤退中的軸心軍部隊橫渡美西納海峽返回義大利本土。
8月11-17日 大約4萬名德軍和6萬名義軍連同各式車輛和補給品從西西里島撤離
Milazzo
Messina
Reggio di Calabria
Sant'Agata
Santo Stefano
Cefalù
San Fratello
托托里奇防線
聖夫拉泰洛防線
7月23日時的聖斯特法諾防線
Randazzo
1943年7月31日–8月6日
Troina
Nicosia
Agira
Mt Etna
1943年8月2-4日
Adrano
Ionian Sea
7月13-14日 英軍的進在卡塔尼亞慢了下來，一部分是因為爭奪西美河（River Simeto）上里馬索勒大（Primasole Bridge的戰鬥時間拖得太久
Catania
Gulf of Catania
Catania Plain
Gulf of Augusta
Augusta
Syracuse
Cassibile
Avola
Noto
Pachino
英軍及大英國協軍第8軍團
Palermo
Trapani
Termini
Corleone
Marsala
Castelvetrano
Mediterranean Sea
SICILY
Platini
義軍第6軍團
Agrigento
Palma
Licata
Salso
Gela
Gulf of Gela
德軍第14裝甲軍
Ragusa
Scoglitti
US 7th Army
9月3日 巴多格里歐元帥政府祕密和盟軍同意休戰，並在9月8日公開
1 搶灘與突破 1943年7月9-15日
16萬盟軍部隊透過空降和兩棲登陸方式登上西西里島。他們在西西里島西南邊和東邊建立灘頭堡，軸心軍企圖反攻，但都被艦砲岸轟擊退。到了7月15日，盟軍就已經有效控制了西西里島南部，也就是從西邊亞格里琴托（Agrigento）以南不遠處到東邊奧古斯塔（Augusta）以北不遠處之間的地帶。
英軍和大英國協軍推進
義軍反擊
美軍推進
德軍反擊
空降部隊著陸
1943年7月11日盟軍占領區
主要戰鬥
1943年7月15日盟軍占領區

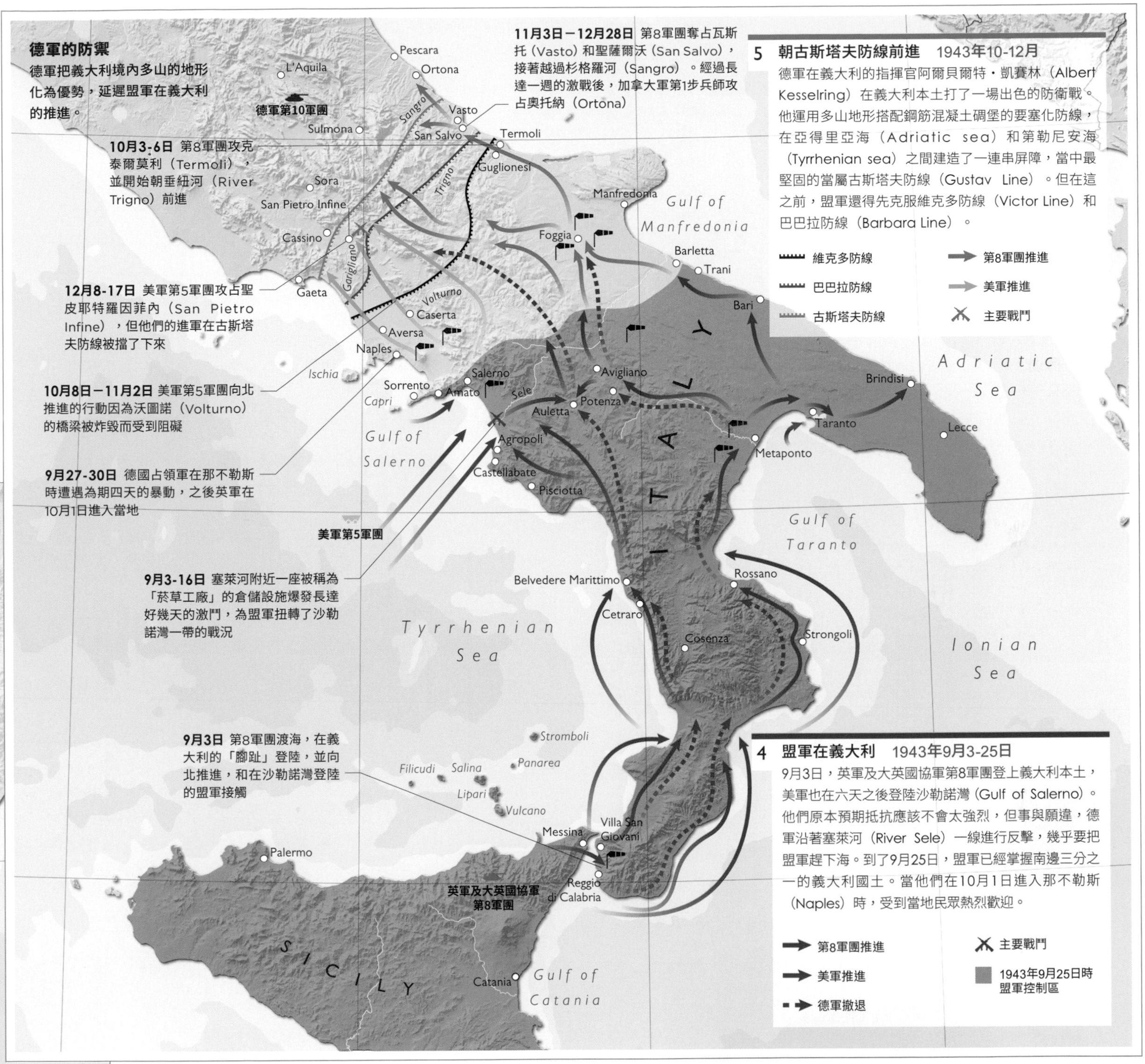

德軍的防禦
德軍把義大利境內多山的地形化為優勢，延遲盟軍在義大利的推進。

11月3日－12月28日 第8軍團奪占瓦斯托（Vasto）和聖薩爾沃（San Salvo），接著越過杉格羅河（Sangro）。經過長達一週的激戰後，加拿大軍第1步兵師攻占奧托納（Ortona）

10月3-6日 第8軍團攻克泰爾莫利（Termoli），並開始朝垂紐河（River Trigno）前進

12月8-17日 美軍第5軍團攻占聖皮耶特羅因菲內（San Pietro Infine），但他們的進軍在古斯塔夫防線被擋了下來

10月8日－11月2日 美軍第5軍團向北推進的行動因為沃爾圖諾（Volturno）的橋梁被炸毀而受到阻礙

9月27-30日 德國占領軍在那不勒斯時遭遇為期四天的暴動，之後英軍在10月1日進入當地

9月3-16日 塞萊河附近一座被稱為「菸草工廠」的倉儲設施爆發長達好幾天的激鬥，為盟軍扭轉了沙勒諾灣一帶的戰況

9月3日 第8軍團渡海，在義大利的「腳趾」登陸，並向北推進，和在沙勒諾灣登陸的盟軍接觸

德軍第10軍團
美軍第5軍團
英軍及大英國協軍第8軍團

Pescara, Ortona, L'Aquila, Vasto, Sangro, Sulmona, San Salvo, Termoli, Guglionesi, Trigno, Sora, San Pietro Infine, Manfredonia, Gulf of Manfredonia, Cassino, Garigliano, Foggia, Barletta, Trani, Gaeta, Volturno, Caserta, Bari, Aversa, Naples, Ischia, Salerno, Sorrento, Capri, Amato, Sele, Avigliano, Potenza, Auletta, Brindisi, Adriatic Sea, Taranto, Lecce, Gulf of Salerno, Agropoli, Metaponto, ITALY, Castellabate, Pisciotta, Gulf of Taranto, Rossano, Belvedere Marittimo, Cetraro, Tyrrhenian Sea, Cosenza, Strongoli, Ionian Sea, Stromboli, Panarea, Filicudi, Salina, Lipari, Vulcano, Messina, Villa San Giovani, Palermo, Reggio di Calabria, SICILY, Catania, Gulf of Catania

5 朝古斯塔夫防線前進 1943年10-12月

德軍在義大利的指揮官阿爾貝爾特・凱賽林（Albert Kesselring）在義大利本土打了一場出色的防衛戰。他運用多山地形搭配鋼筋混凝土碉堡的要塞化防線，在亞得里亞海（Adriatic sea）和第勒尼安海（Tyrrhenian sea）之間建造了一連串屏障，當中最堅固的當屬古斯塔夫防線（Gustav Line）。但在這之前，盟軍還得先克服維克多防線（Victor Line）和巴巴拉防線（Barbara Line）。

維克多防線
巴巴拉防線
古斯塔夫防線
第8軍團推進
美軍推進
主要戰鬥

4 盟軍在義大利 1943年9月3-25日

9月3日，英軍及大英國協軍第8軍團登上義大利本土，美軍也在六天之後登陸沙勒諾灣（Gulf of Salerno）。他們原本預期抵抗應該不太強烈，但事與願違，德軍沿著塞萊河（River Sele）一線進行反擊，幾乎要把盟軍趕下海。到了9月25日，盟軍已經掌握南邊三分之一的義大利國土。當他們在10月1日進入那不勒斯（Naples）時，受到當地民眾熱烈歡迎。

第8軍團推進
美軍推進
德軍撤退
主要戰鬥
1943年9月25日時盟軍控制區

摧毀軸心
藉由把地中海戰場從北非轉移到義大利，同盟國認為哈洛德・亞歷山大的第15集團軍可以在1944年結束戰爭。

圖例
英軍及大英國協部隊
美軍部隊
義軍部隊
德軍部隊
盟軍修建的機場

時間軸
1
2
3
4
5
1943年7月 8月 9月 10月 11月 12月 1944年1月

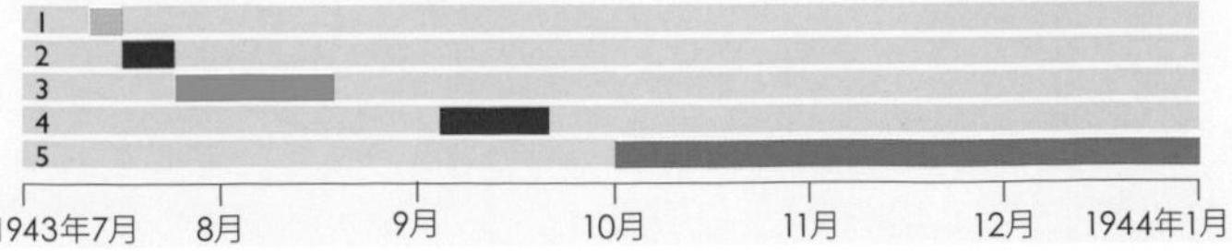

◁ **熱情歡迎**
1943年8月15日，盟軍進入西西里東北方的米洛（Milo）時受到熱烈歡迎，當地孩童爬到英軍的M4雪曼戰車上和英軍士兵一同慶祝。

從安濟奧到哥德防線

盟軍在義大利的作戰於1944年1月重新展開，長遠的目標就是解放羅馬。他們在羅馬南方的安濟奧登陸，但他們往北方推進的行動卻因為德軍元帥阿爾貝爾特・凱賽林精心布置的一連串防線而受阻。這些在義大利山區爆發的衝突，有些可躋身大戰中最艱困的戰鬥之列。

到了 1943 年底，德軍在義大利的部隊已經撤退到要塞化的古斯塔夫防線——又稱為冬季防線（Winter Line）。這條防線上有一座卡西諾山（Monte Cassino），是位於利里河（Liri）和拉皮多河河谷底部的戰略要衝，守護往北通向羅馬的六號公路。

盟軍對卡西諾山發動首次攻擊之前不久，他們在安濟奧登陸，就在古斯塔夫防線的背後，企圖迂迴德軍並切斷他們的交通線。美軍第 6 軍在距離羅馬 56 公里的朋廷沼澤（Pontine Marshes）以北進行兩棲登陸。不過在安濟奧，由於美軍指揮官猶豫不決，他的部隊因此被釘死在灘頭上動彈不得。在卡西諾山，盟軍於 1 月 24 日展開一連串血腥且代價高昂的突擊行動。儘管有先是以北非為基地、之後改以義大利南部為基地的轟炸機部隊帶來空中支援，但盟軍一直要到 5 月才攻破卡西諾山。

美軍第 5 軍團之後沿著海岸朝安濟奧進軍，英軍第 8 軍團則沿著利里河推進，德軍無法抵擋這樣的聯合攻勢。經過五個月的消耗戰，盟軍朝向羅馬——以及占領羅馬之後——的進兵速度才快了起來。但德軍撤退得相當有技巧，他們退回特拉希梅防線（Trasimene Line）和亞諾防線（Arno Line）後方，因此爭取到時間在更北邊的地方構築另一條完善的要塞化防線，也就是哥德防線（Gothic Line）。因此 1944 年 8 月時，盟軍在這裡又停下了。

解放與分離

當美軍第5軍團在1944年6月4日進入羅馬（下圖）時，羅馬成為第一座被解放的首都。但僅僅兩天後，盟軍就在諾曼第進行D日登陸（參見第186-87頁），而在接下來的兩個月之內，義大利境內的盟軍部隊就調整部署。美軍第6軍與法國遠征軍（French Expeditionary Corps）被調離美軍第5軍團，前往蔚藍海岸（French Riviera），準備執行龍騎兵行動（Operation Dragoon）（參見第194-95頁）。這些改變讓德軍有更充裕的時間後退。

△ **歡迎解放者**
一群義大利平民歡迎盟軍部隊。但在盟軍、德軍和游擊隊在義大利本土鏖戰的那將近兩年的時間裡，平民往往受害最深。

I 在安濟奧舉棋不定
1944年1月22日－5月24日
美軍第6軍的3萬6000名官兵在鵝卵石行動（Operation Shingle）中登陸安濟奧，讓德軍大感錯愕。不過第6軍非但沒有立即向羅馬挺進，反而選擇鞏固灘頭堡，讓德軍第14軍團有時間建立封鎖線遏止盟軍。安濟奧地區的戰鬥讓盟軍有足足四個月時間無法前進。

盟軍登陸
安濟奧會戰
1月31日時盟軍前進的界限

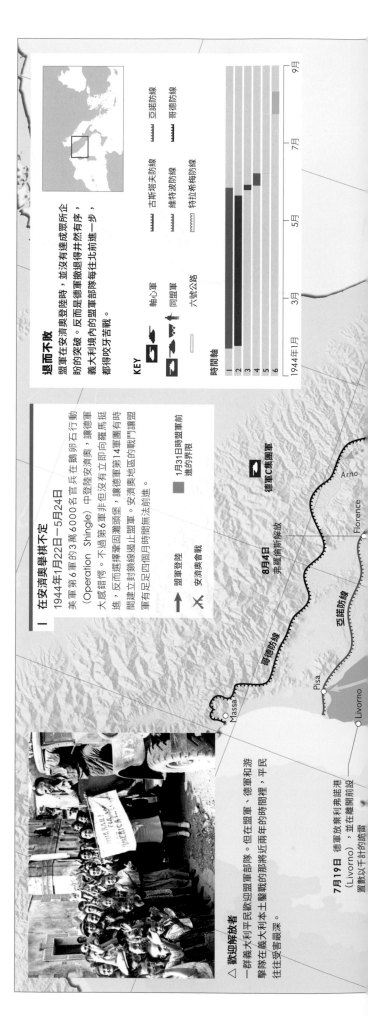

退而不敗
盟軍在安濟奧登陸時，並沒有達成眾所企盼的突破。反而是德軍撤退得井然有序，義大利境內的盟軍部隊每往北前進一步，都得咬牙苦戰。

KEY
軸心軍
同盟軍
六號公路
古斯塔夫防線
維特波防線
特拉希梅防線
亞諾防線
哥德防線

時間軸
1 2 3 4 5 6
1944年1月 3月 5月 7月 9月

Massa
哥德防線
8月4日 弗羅倫斯解放
德軍C集團軍
Pisa
亞諾防線
Livorno
Florence
Arno

7月19日 德軍放棄利弗諾港（Livorno），並在離開前設置數以千計的詭雷

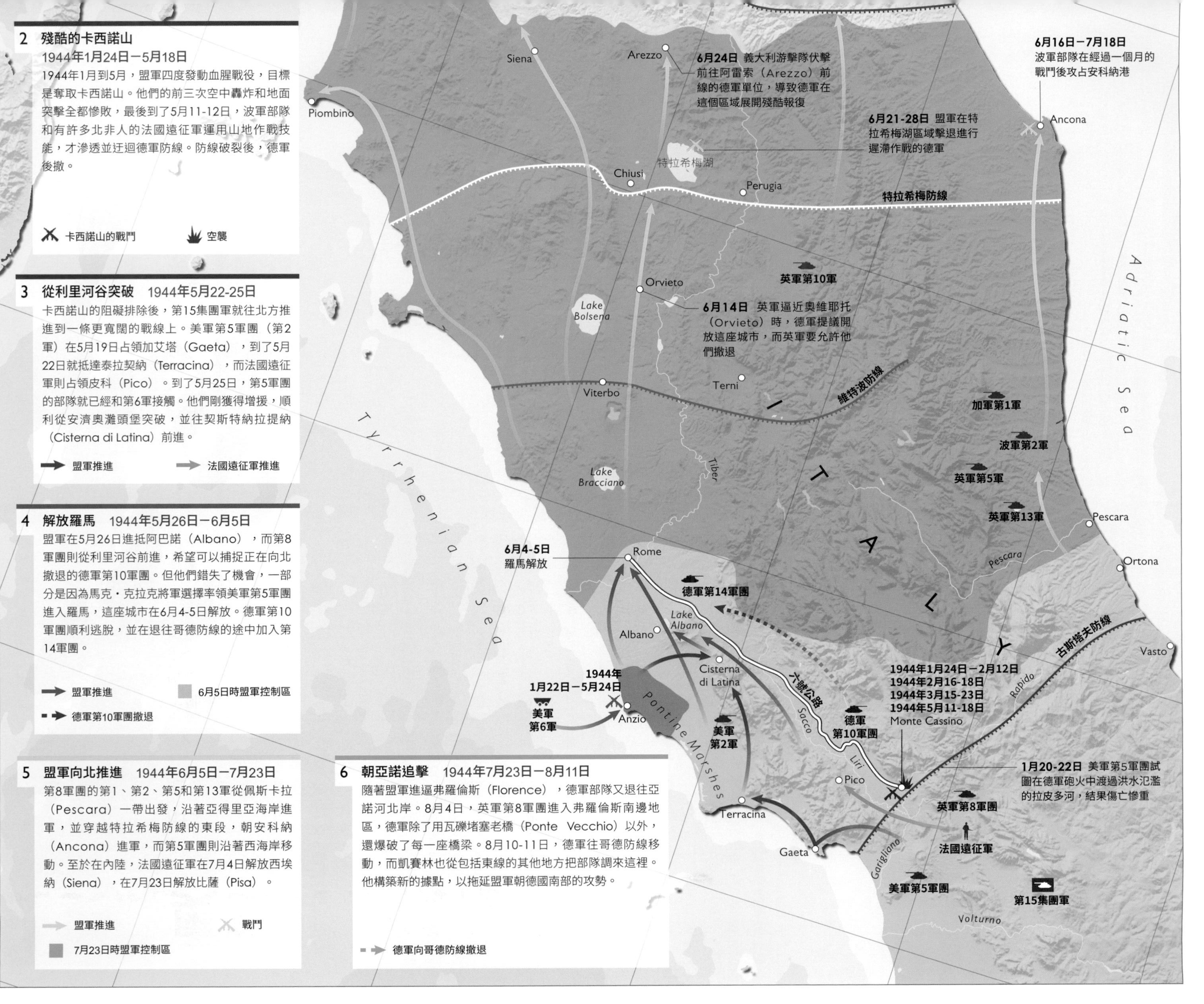
Siena
Arezzo
6月24日 義大利游擊隊伏擊前往阿雷索（Arezzo）前線的德軍單位，導致德軍在這個區域展開殘酷報復
6月16日－7月18日
波軍部隊在經過一個月的戰鬥後攻占安科納港
Piombino
6月21-28日 盟軍在特拉希梅湖區域擊退進行遲滯作戰的德軍
Ancona
特拉希梅湖
Chiusi
Perugia
特拉希梅防線
Adriatic Sea
Orvieto
英軍第10軍
Lake Bolsena
6月14日 英軍逼近奧維耶托（Orvieto）時，德軍提議開放這座城市，而英軍要允許他們撤退
Terni
維特波防線
Viterbo
加軍第1軍
ITALY
波軍第2軍
Tyrrhenian Sea
Lake Bracciano
Tiber
英軍第5軍
英軍第13軍
Pescara
6月4-5日
羅馬解放
Rome
Ortona
德軍第14軍團
Lake Albano
Albano
古斯塔夫防線
Vasto
1944年
1月22日－5月24日
Cisterna di Latina
六號公路
1944年1月24日－2月12日
1944年2月16-18日
1944年3月15-23日
1944年5月11-18日
Monte Cassino
Rapido
美軍
第6軍
Anzio
Pontine Marshes
美軍
第2軍
Sacco
德軍
第10軍團
Liri
1月20-22日 美軍第5軍團試圖在德軍砲火中渡過洪水氾濫的拉皮多河，結果傷亡慘重
Pico
Terracina
英軍第8軍團
Gaeta
法國遠征軍
Garigliano
美軍第5軍團
第15集團軍
Volturno

2 殘酷的卡西諾山

1944年1月24日－5月18日

1944年1月到5月，盟軍四度發動血腥戰役，目標是奪取卡西諾山。他們的前三次空中轟炸和地面突擊全都慘敗，最後到了5月11-12日，波軍部隊和有許多北非人的法國遠征軍運用山地作戰技能，才滲透並迂迴德軍防線。防線破裂後，德軍後撤。

卡西諾山的戰鬥　空襲

3 從利里河谷突破　1944年5月22-25日

卡西諾山的阻礙排除後，第15集團軍就往北方推進到一條更寬闊的戰線上。美軍第5軍團（第2軍）在5月19日占領加艾塔（Gaeta），到了5月22日就抵達泰拉契納（Terracina），而法國遠征軍則占領皮科（Pico）。到了5月25日，第5軍團的部隊就已經和第6軍接觸。他們剛獲得增援，順利從安濟奧灘頭堡突破，並往契斯特納拉提納（Cisterna di Latina）前進。

盟軍推進　法國遠征軍推進

4 解放羅馬　1944年5月26日－6月5日

盟軍在5月26日進抵阿巴諾（Albano），而第8軍團則從利里河谷前進，希望可以捕捉正在向北撤退的德軍第10軍團。但他們錯失了機會，一部分是因為馬克・克拉克將軍選擇率領美軍第5軍團進入羅馬，這座城市在6月4-5日解放。德軍第10軍團順利逃脫，並在退往哥德防線的途中加入第14軍團。

盟軍推進　6月5日時盟軍控制區

德軍第10軍團撤退

5 盟軍向北推進　1944年6月5日－7月23日

第8軍團的第1、第2、第5和第13軍從佩斯卡拉（Pescara）一帶出發，沿著亞得里亞海岸進軍，並穿越特拉希梅防線的東段，朝安科納（Ancona）進軍，而第5軍團則沿著西海岸移動。至於在內陸，法國遠征軍在7月4日解放西埃納（Siena），在7月23日解放比薩（Pisa）。

盟軍推進　戰鬥

7月23日時盟軍控制區

6 朝亞諾追擊　1944年7月23日－8月11日

隨著盟軍進逼弗羅倫斯（Florence），德軍部隊又退往亞諾河北岸。8月4日，英軍第8軍團進入弗羅倫斯南邊地區，德軍除了用瓦礫堵塞老橋（Ponte Vecchio）以外，還爆破了每一座橋梁。8月10-11日，德軍往哥德防線移動，而凱賽林也從包括東線的其他地方把部隊調來這裡。他構築新的據點，以拖延盟軍朝德國南部的攻勢。

德軍向哥德防線撤退

擊敗U艇

美國參戰在1942年導致新一波的U艇活動，主要是在美國東岸獵殺船隻。但由於反潛艇技術改進，U艇很快就被逼回了大西洋中部，到了1943年，它們更得面對愈來愈有效的反潛作戰。

1941 年 12 月德國對美國宣戰後，大西洋就成為這兩個國家首度交手的戰區。德軍潛艇部隊指揮官海軍上將卡爾・多尼茨（Karl Dönitz）下令發動擊鼓行動（Operation Drumbeat），騷擾沿著美國東海岸航行的商船。第一個犧牲者是一艘英國油輪，在 1942 年 1 月 14 日被擊沉。到了當年 6 月，盟國總計就損失了 492 艘船舶，儘管在這片海域內活動的德軍潛艇從來沒有超過 12 艘。

隨著美國改善沿海防禦，海戰的焦點就轉移到了中大西洋，此外還有更多攻擊行動持續在加勒比海進行。德國挹注愈來愈多的資源給潛艇部隊，到了 1942 年 11 月，在大西洋戰區活的 U 艇就已經超過 80 艘。這個月對同盟國來說堪稱有史以來最黑暗的時光，共損失超過 8 萬噸商船，而 1942 年的總損失數字則來到超過 540 萬噸。

1943 年春季，大西洋的戰局開始有利於盟軍。由於英國的石油供應受到了真正的威脅，盟軍因此部署備配改良型雷達的長程巡邏機，以及由反潛船隻組成的獵潛船隊，並由小型護航航空母艦負責護航。這個戰術奏效了。1943 年 5 月，41 艘 U 艇被擊沉，多尼茨迫不得已，只好把所有潛艇從北大西洋召回。儘管 U 艇之後又回到海上，但它們從此再也無法展現出如同戰爭剛開始時那麼致命的威脅。

海軍上將卡爾・多尼茨

1891-1980年

卡爾・多尼茨曾在第一次世界大戰期間擔任潛艇軍官。1930年代中期，他奉命執行在1919年被宣告禁止的德國U艇部隊祕密重建計畫。他在1939年晉升海軍少將，並展現出足智多謀戰略家的才華，所以他也在1943年1月出任德國海軍總司令。基於多尼茨的忠誠，希特勒選定他作為繼承人。因此元首在1945年自盡後，他曾短暫擔任德國的最高領導人。

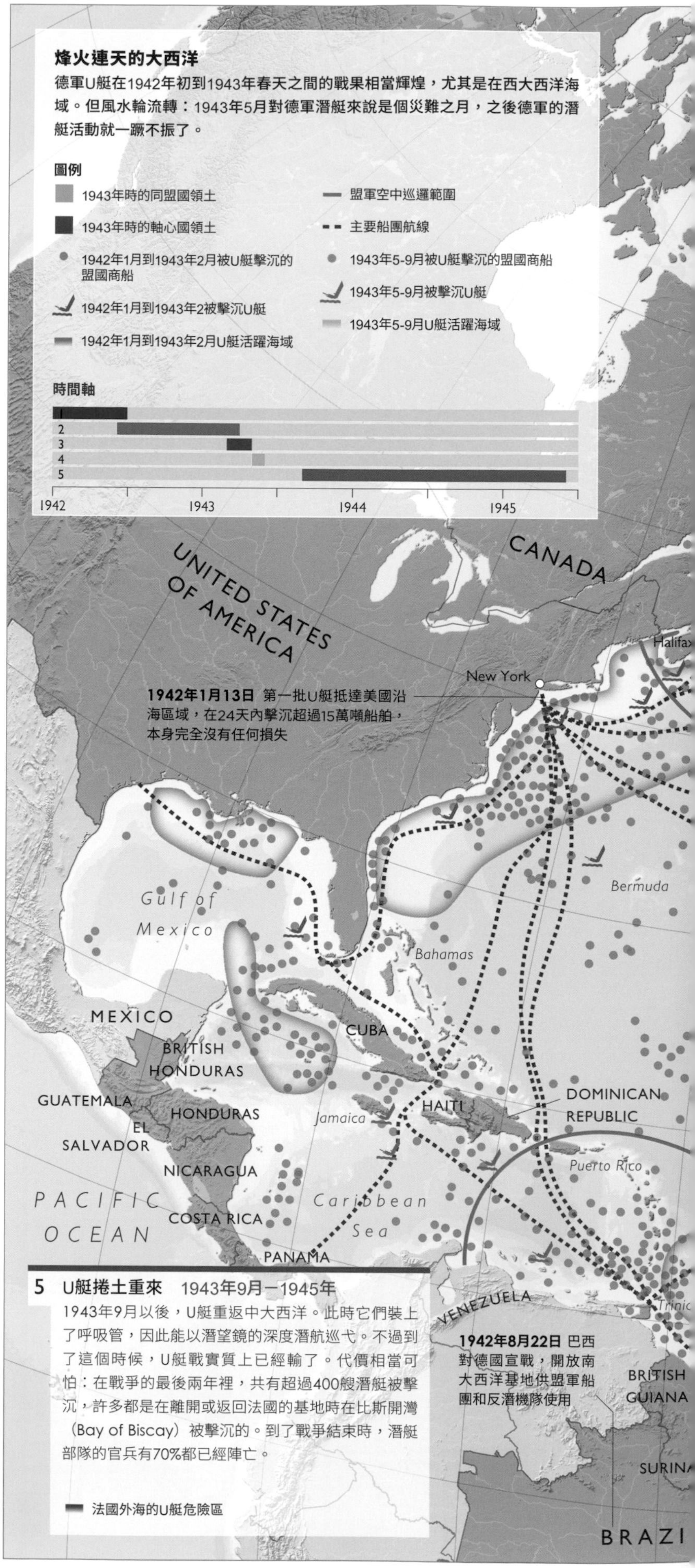

烽火連天的大西洋

德軍U艇在1942年初到1943年春天之間的戰果相當輝煌，尤其是在西大西洋海域。但風水輪流轉：1943年5月對德軍潛艇來說是個災難之月，之後德軍的潛艇活動就一蹶不振了。

圖例

- 1943年時的同盟國領土
- 1943年時的軸心國領土
- 1942年1月到1943年2月被U艇擊沉的盟國商船
- 1942年1月到1943年2被擊沉U艇
- 1942年1月到1943年2月U艇活躍海域
- 盟軍空中巡邏範圍
- 主要船團航線
- 1943年5-9月被U艇擊沉的盟國商船
- 1943年5-9月被擊沉U艇
- 1943年5-9月U艇活躍海域

時間軸

1 2 3 4 5

1942 1943 1944 1945

1942年1月13日 第一批U艇抵達美國沿海區域，在24天內擊沉超過15萬噸船舶，本身完全沒有任何損失

1942年8月22日 巴西對德國宣戰，開放南大西洋基地供盟軍船團和反潛機隊使用

5 U艇捲土重來 1943年9月－1945年

1943年9月以後，U艇重返中大西洋。此時它們裝上了呼吸管，因此能以潛望鏡的深度潛航巡弋。不過到了這個時候，U艇戰實質上已經輸了。代價相當可怕：在戰爭的最後兩年裡，共有超過400艘潛艇被擊沉，許多都是在離開或返回法國的基地時在比斯開灣（Bay of Biscay）被擊沉的。到了戰爭結束時，潛艇部隊的官兵有70%都已經陣亡。

- 法國外海的U艇危險區

CANADA
UNITED STATES OF AMERICA
Halifax
New York
Bermuda
Gulf of Mexico
Bahamas
MEXICO
CUBA
BRITISH HONDURAS
GUATEMALA
HONDURAS
EL SALVADOR
Jamaica
HAITI
DOMINICAN REPUBLIC
Puerto Rico
NICARAGUA
PACIFIC OCEAN
COSTA RICA
Caribbean Sea
PANAMA
VENEZUELA
BRITISH GUIANA
SURINA
BRAZI

Norwegian Sea
GREENLAND
1942年3月16-20日 SC-122船團中有九艘船在中大西洋被擊沉
ICELAND
1943年5月4-5日 超過40艘U艇攻擊ONS-5船團，結果雖然擊沉12艘商船，卻有六艘U艇被擊沉，另外七艘受創
FINLAND
NORWAY
SWEDEN
REICHSKOMMISSARIAT -OSTLAND
DENMARK
GREATER GERMANY
North Sea
UNITED KINGDOM
NETHERLANDS
BELGIUM
IRELAND
St Eval
SWITZERLAND
FRANCE
ITALY
VICHY FRANCE
ABRADOR
EWFOUNDLAND
Bay of Biscay
PORTUGAL
SPAIN
Mediterranean Sea
TUNISIA
Azores
Gibraltar
MOROCCO
ALGERIA
Madeira
1942年10月12-16日 兩組狼群擊沉SC-104船團48艘船當中的18艘
Canary Islands
RIO DE ORO
FRENCH WEST AFRICA
1943年8月 葡萄牙獨裁者安東尼奧・德・薩拉查允許盟軍部隊使用亞速巡島上的海軍及空軍基地
ATLANTIC OCEAN
Cape Verde Islands
Dakar
THE GAMBIA
PORTUGUESE GUINEA
SIERRA LEONE
Freetown
LIBERIA
GOLD COAST
NIGERIA
ENCH
UIANA

1 **擊鼓行動** 1942年1-6月

儘管其他戰區也有相當大的需求，但多尼茨盡一切可能調派手中可用的潛艇前往美國東岸海域。它們在那裡發現大批沒有護航的商船，因此有眾多目標可以挑選，尤其是夜間在燈火通明的海岸線映襯下，船隻輪廓更是明顯。由於距離本土相當遙遠，這些U艇需要依靠「乳牛」（Milchkuh）的支援，才能加油、補給伙食和魚雷。

2 **中大西洋戰場** 1942年6月－1943年3月

隨著美軍改善空中巡邏措施，商船也改採船團模式航行，U艇的戰果從1942年第一季的128艘，掉到第二季的區區21艘。因此多尼茨把作戰重點轉移到中大西洋，因為盟軍的空中巡邏在那裡出現缺口。結果德軍潛艇再度取得驚人戰果，在1942年6月到1943年3月下旬之間，共有超過1000艘船隻被擊沉，絕大部分都是在格陵蘭和亞速群島（Azores）之間的航線上。

3 **戰局逆轉** 1943年3-4月

盟軍反制U艇的手段包括改良深水炸彈、空射反潛火箭，以及可用來搭載這些武器的飛機，尤其是B-24解放者式（Liberator）轟炸機。解放者式轟炸機駐防在英格蘭的皇家空軍聖特瓦（St Eval）基地和法屬摩洛哥。情報資訊的改善也相當關鍵：在1943年2月1日到3月19日之間，盟國共損失215艘船舶，但在3月20日到4月30日之間卻只損失了25艘。大西洋上U艇可自由活動擊沉商船的範圍開始縮小了。

美軍解放者式反潛機基地

4 **U艇的黑色五月** 1943年5月

在這場漫長的海上消耗戰中，1943年5月是一個決定性的月分。這個月裡共有41艘U艇被擊沉，而盟軍的損失數字則不斷降低。5月23日，多尼茨終於接受這個躲不過的事實，下令所有潛艇暫時從中大西洋撤離，並做出結論：「敵人有了新式定位裝置……已經讓我們不可能再戰鬥下去。」

▷ **B-24解放者式轟炸機**
解放者式轟炸機由加州的團結飛機公司（Consolidated Aircraft）生產，攻擊在海面巡航的U艇時，表現格外傑出。

破解密碼

軸心國和同盟國都投入可觀的資源來破解對方政府及武裝部隊為隱匿通訊而使用的密碼。同盟國在這個領域尤其成功。

如果有任何一方可以攔截並破解敵方的無線電通訊，就可以穩穩掌握巨大的優勢。不過，蒐集信號情報是相當複雜而費力的過程，難度也因為機械加密裝置而提高，像是德國的奇謎、英國的 X 式（Typex）和日本的紫色（Purple）等等。

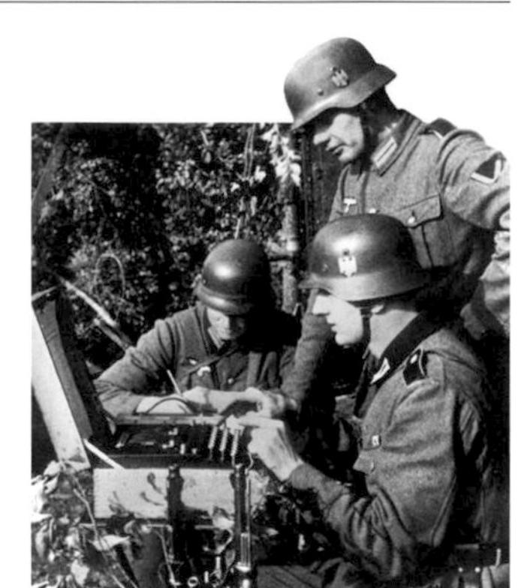

△ **訊息加密**
德軍士兵使用奇謎密碼機為訊息加密。操作人員在匆忙間打字錯誤和偷懶時常為破解密碼提供相關線索。

密碼戰爭

1939 年秋天，英國成立了一個專門的密碼部門，稱為極端小組，位於白金漢夏（Buckinghamshire）的布萊奇利園，人員包括民間和軍方的專家。到了 1941 年 4 月，這些密碼專家運用稱為「炸彈」的電動機械解碼裝置，已能解讀德國空軍的加密訊息，之後還有德國其他軍種使用的不同版本密碼。

這些資訊在戰略層級上至關重要，包括隆美爾在阿來曼之前的打算（參見第 76-77 頁）、德軍 U 艇在北大西洋的位置（參見第 64-65 頁），還有 D 日之前德軍在諾曼第的部署狀況（參見第 186-89 頁）。但這些資訊必須相當謹慎地使用，以防軸心國發現奇謎密碼已遭破解。此外，美國解密單位（代號魔術〔MAGIC〕）對日本外交密碼和海軍 JN-25 密碼的破譯工作，也為太平洋戰區提供了珍貴的資訊，但德軍對蘇聯的信號情報作業卻因為蘇聯加密工作完善而成效不彰。

奇謎密碼機

德國的奇謎密碼機將打字機鍵盤連接到一連串轉輪、內部線路和插接板，讓每個敲下的字母都能有數十億種變化。1938年，波蘭情報單位提供有關奇謎密碼機的內部結構資訊，成了破解奇謎密碼的關鍵。

布萊奇利園的解碼作業
密碼破譯人員可以靠著電子裝置——例如這張照片裡操作中的「巨像」（Colossus）——在很短的時間內運算多種破解奇謎訊息的方法。巨像每秒鐘可處理5000個字元。

日夜轟炸

自1942年起，皇家空軍就企圖透過戰略轟炸攻勢，反過來對德國進行閃電轟炸，也就是以削弱敵方士氣為目標的航空作戰。在當年稍晚時進駐英格蘭的美軍第8航空軍更是進一步提高了德國的壓力。

英國政治人物史坦利・鮑德溫（Stanley Baldwin）曾經在 1932 年表示，「轟炸機一定能達成目標」，而在第二次世界大戰剛爆發時，這依然是個廣被接受的看法。雖然德軍為了打擊英國士氣而發動的閃電轟炸失敗了，和這個理論相抵觸，但皇家空軍還是想靠轟炸機司令部（Bomber Command）把戰火帶到德國本土。剛開始，英國在夜間空襲中以軍事和工業設施為目標，但因為缺乏準確度而成效不彰，因此他們在 1942 年時改採較無差別的「區域轟炸」策略，目標是工業城市及其居民。

美軍第 8 航空軍的作戰單位在 1942 年下旬進駐英格蘭。他們偏愛另一種戰略，也就是日間的精準轟炸。不過事實證明這個辦法代價頗高，許多轟炸機都被德軍戰鬥機擊落。1943 年 1 月，同盟國在卡薩布蘭加同意採取聯合策略（參見第 162-63 頁），優先攻擊敵方的基礎設施。在接下來的幾個月裡，盟軍空襲的成效隨著新飛機的引進（尤其是艾夫洛的蘭開斯特轟炸機）、更好的導航措施，以及運用探路機（Pathfinder）來協助目標定位而改善。到了年底，盟軍就開始占上風，德國空軍被迫採取守勢。

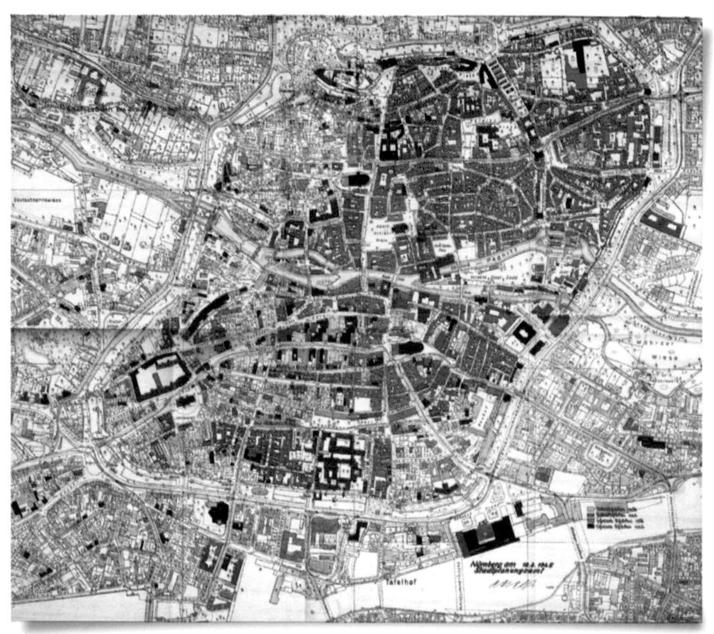

△ **紐倫堡的轟炸**
這張1945年的德國地圖顯示出1945年1月2日的盟軍大規模空襲對紐倫堡舊城區造成的新損害（暗紅色和黑色色塊）。亮紅色和藍色色塊是之前的空襲造成的破壞。

◁ **攻擊基礎設施**
盟軍轟炸機轟炸萊茵河的德國城市路德維希（Ludwigshafen），座城市在二次大戰期間有重要的石油化學工廠

1942年8月17日 美國陸軍航空軍對被占領的歐洲執行第一次空襲任務，目標是盧昂的鐵路調車場

天空上的戰爭
德國的閃電空襲失敗後，盟軍把戰火帶到了德國本土上空。美軍轟炸機自1942年下旬起陸續抵達，使戰爭的天秤開始傾向盟軍，德國在空防方面儘管有先進的卡姆胡伯線（Kammhuber Line），但還是無法阻擋盟軍空襲。

圖例
- 同盟國領土
- 軸心國領土、占領區和戰時盟國
- 卡姆胡伯線
- 德國主要工業地帶
- 德軍夜間戰鬥機基地
- 德國造船廠
- 皇家空軍主要轟炸機基地
- 皇家空軍轟炸目標
- 美國陸軍航空軍轟炸目標
- 皇家空軍與美國陸軍航空軍轟炸目標
- 美國陸軍航空軍主要轟炸機基地

時間軸
1 2 3 4 5 6
1942年1月 7月 1943年1月 7月 1944年1月 7月

1 區域轟炸指令 1942年2月起
英國空軍部在1942年2月頒布區域轟炸指令，指示皇家空軍轟炸機司令部「把攻擊重點擺在敵方平民的士氣，尤其是工業領域的勞工」。同一個月，外號「轟炸機」的亞瑟・哈里斯（Arthur Harris）被任命為轟炸機司令部司令，他興致勃勃地採用了這種總體戰的手段。
遭受區域轟炸的城市
2 千機大空襲 1942年3月28日－6月
區域轟炸策略導致一連串報復行動。皇家空軍摧毀呂貝克（Lübeck）之後，希特勒就下令展開所謂的「貝德克（Baedeker）空襲」，以歷史悠久的英國城市為目標。盟軍方面升級攻擊行動，發動三次所謂的「千架轟炸機」大空襲，當中最嚴重的當屬5月30-31日對科隆的空襲，造成469人喪生，4萬5000人無家可歸。
千機大空襲目標
貝德克空襲目標
3 魯爾之戰 1943年3月6日－7月10日
盟軍把目標鎖定在德國的工業和基礎建設，而德國沒有任何地方在經濟上比魯爾河谷更重要。1943年春季，魯爾地區成為持續攻擊的重點，當中最引人注目的一次是5月16-17日皇家空軍的水壩剋星空襲。他們在這趟空襲中採用特別設計的「彈跳炸彈」來破壞魯爾河支流上的水壩。
魯爾河谷地區
4 直射行動 1943年6月14日起
美國陸軍航空軍因為德軍戰鬥機的攻擊而損失慘重，盟軍因此發動直射行動（Operation Pointblank），以德國的飛機生產工業為優先打擊目標。這場行動並不完全成功：德國空軍手中可用的戰鬥機數量在1944年達到高峰。美軍一直要等到投入長程戰鬥機執行護航任務，才讓戰況變得有利。
航空工業目標區
5 轟炸柏林與「一週大轟炸」 1943年11月－1944年3月
在「轟炸機」哈里斯的指揮下，皇家空軍繼續空襲德國城市。在長達五個月的時間裡，柏林共遭受16次大規模空襲。在此期間，美軍的作戰強度也達到新的水準：在1944年2月20-25日的「一週大轟炸」裡，美軍轟炸機針對航空工業目標出擊超過3000架次，投擲炸彈1萬公噸。
空襲柏林
「一週大轟炸」目標
6 北山羊行動 1944年1月21日－5月29日
希特勒為了反制盟軍愈來愈激烈的轟炸，因此也發動轟炸作戰，代號北山羊行動（Operation Steinbock），目標鎖定倫敦以及具有戰略重要性的港口城市（後來這場行動被稱為「嬰兒閃電戰」〔Baby Blitz〕）。這場行動造成超過1500名平民喪生，但在戰略層次並不成功，因為它對同盟國作戰能力造成的損害相對輕微，而德國空軍本身卻損失超過300架飛機，打擊力量因此被削弱。
北山羊行動的主要目標
1943年7月22-29日 皇家空軍連續三波空襲在漢堡市中心引發火風暴，造成3萬7000名平民喪生
1942年8月28-29日 皇家空軍轟炸機司令部發動第一次區域轟炸，目標是呂貝克
1943年8月17-18日 德軍復仇武器研發設施遭到轟炸
1943年11月10-11日 皇家空軍轟炸機司令部首次對柏林發動大規模空襲，目標是打擊德國士氣，但並未成功
1943年10月14日 在「黑色星期四」，美國陸軍航空軍在空襲什外恩福特時損失77架轟炸機
1944年3月30-31日 皇家空軍轟炸機司令部對紐倫堡的空襲是戰爭中代價最高昂的一次，共損失106架飛機
1943年8月17日 美國陸軍航空軍出動376架轟炸機襲擊雷根斯堡的梅塞希密特工廠，結果損失超過60架飛機
Flensburg
Kiel Bay
Kiel
Warnemünde
Rostock
Peenemünde
Pomeranian Bay
Gdynia
Danzig
Frisian Islands
Cuxhaven
Wilhelmshaven
Lübeck
Hamburg
Harburg
Anklam
Tutow
Stettin
Emden
Vegesack
Bremen
Ems
Weser
Elbe
FORMER POLAND
NETHERLANDS
Diepholz
Berlin
Potsdam
Osnabrück
Hanover
Brunswick
Gelsenkirchen
Münster
Oberhausen
Hamm
Dortmund
Duisburg
Hagen
Krefeld
Essen
Düsseldorf
Bochum
Solingen
Cologne
Düren
Aachen
Bonn
Halberstadt
Bernburg
Aschersleben
Leipzig
Kassel
Gotha
Dresden
Chemnitz
GREATER GERMANY
Giessen
BOHEMIA AND MORAVIA
Moselle
Koblenz
Frankfurt-am-Main
Wiesbaden
Mainz
Trier
Schweinfurt
Mannheim-Ludwigshafen
Würzburg
Kaiserslautern
Saarbrücken
Fürth
Nuremberg
Karlsruhe
Pforzheim
Stuttgart
Regensburg
Rhine
FRANCE
Strasbourg
SLOVAKIA
Vienna
Bratislava
Ulm
Augsburg
Munich
Freiburg im Breisgau
Friedrichshafen
SWITZERLAND
OSTMARK
ITALY
SLOVENIA

史佩爾與軍需工業

自1942年起，德國的軍需工業生產就在阿爾貝爾特・史佩爾（Albert Speer）的領導下變得更有效率。作為軍備和彈藥部長，他在戰爭最後幾年的艱困時期提高了生產輸出。

△ **柏林的新都市計畫**
史佩爾審視他在1937年受希特勒委託而擬定的柏林重新發展方案，但絕大部分計畫都因為戰爭而放棄。

在戰爭初期，德國的經濟並未徹底動員來滿足武裝部隊的需求，資源並未完善分配，而軍方也干涉生產活動。負責監督德法邊界西牆（Westwall）要塞修建工程的民間工程師符利茨・托特（Fritz Todt）在 1940 年出任軍備與彈藥部長，他展開一連串改革，改善了德國工業生產，卻在 1942 年因飛機失事殞命。

簡化生產作業

接替托特的人選是建築師與都市計畫專家阿爾貝爾特・史佩爾，他曾負責設計紐倫堡供納粹集會使用的遊行場地。他把各軍火公司召集起來，建立一個中央計畫委員會，然後再針對各主要武器類型成立生產委員會，並把軍方人員排除在軍需生產決策圈之外。他也使用奴工來提高生產。因此，雖然盟軍自 1943 年起就展開轟炸攻勢，但史佩爾卻把德國的軍火產量提高了三倍，讓德國能作戰到 1945 年。他是唯一一位在紐倫堡大審中承認有罪的納粹黨員。

△ **合作無間**
史佩爾（最左）和希特勒發展出密切的工作關係，因此可以拿到所需的資源，重新組織工業生產時也能克服軍方的反對。如圖，他正和元首一起檢視一套新的武器系統。

NO GX
3259

漢克爾飛機製造廠
史佩爾在1944年主導飛機生產。在這之前，他和德國空軍的技術總監艾爾哈德・米爾希（Erhard Milch）密切合作，使德國飛機的年產量在1944年提高到將近四倍，達到3萬9000架。

△ **街道上的混戰**
1944年8月，抵抗運動成員在巴黎街道上臨時堆起的路障後方舉槍瞄準。據估計，這個時候法國境內大約有10萬名抵抗運動人士。

6 義大利的游擊戰 1943年9月－1945年5月

義大利抵抗運動的根源是戰前反對墨索里尼的反法西斯團體，但他們的活動在1943年盟軍登陸、德軍占領義大利後急遽增加。民族主義分子、共產黨分子和天主教團體齊心協力對抗入侵者，通常由前義大利軍官領導。1943年9月，國家解放委員會（National Liberation Committee）成立，負責協調反對納粹部隊的活動。

游擊隊與德軍的衝突

7 荷蘭的飢餓寒冬 1944年9月－1945年5月

在荷蘭，地下抵抗運動戰士協助盟軍蒐集情報並進行破壞。1944年，由於荷蘭南半部已經解放，鐵路工人因此發動罷工，導致納粹當局採取報復行動，切斷物資供應，結果造成1944-45年的「飢餓寒冬」（Hunger Winter）。在這段期間有多達2萬人餓死。

戰前荷蘭　主要逃亡路線
大規模報復

5 波蘭的抵抗 1939年11月－1945年5月

波蘭在納粹占領期間受到的傷害比任何其他國家都要多（參見第38-39頁）。波蘭抵抗運動主要以效忠倫敦波蘭流亡政府的波蘭本土軍（Polish Home Army）和親共產黨的人民軍（People's Army）為主。1944年8月，波蘭本土軍在華沙發動起義（參見第184-85頁），但遭到武裝黨衛軍部隊血腥鎮壓擊潰，而接近中的紅軍卻無法協助。等到起義結束後，華沙到處都是斷垣殘壁，超過15萬人遇難。

戰前波蘭　猶太區武裝起義
波蘭主要游擊隊出沒區　1941-42年間游擊隊與德軍的衝突

1944年5月9日 挪威反抗分子炸毀一列火車，車上載運準備運往德國的礦石

1942年5月27日 特種作戰團訓練的捷克抵抗戰士暗殺納粹的國家保護官（Reichsprotektor）萊因哈德・海德里希（Reinhard Heydrich），引發納粹報復

1943年3月26日 波蘭抵抗戰士從納粹囚車中救出25名囚犯

1944年7月20日 克勞斯・馮・史陶芬堡（Claus vo Stauffenberg）和其他德國軍官企圖刺殺希特勒失敗

1944年6月10日 為了報復法國中部的抵抗活動，武裝黨衛軍部隊殺光歐哈多蘇赫格朗（Oradour-sur-Glane）的所有村民

1943年2月18日 納粹當局破獲白玫瑰組織

1944年8月29日 斯洛伐克抵抗運動對占領該國的納粹軍隊發動武裝起義

1944年7月3日 抵抗運動宣布建立韋科爾自由共和國（Free Republic of Vercors），但這次起義遭到德軍強力鎮壓

1943年9月27-30日 城內軍民和抵抗戰士聯手驅逐占領軍

1943年3月6日 狄托元帥領導的南斯拉夫游擊隊在內雷特瓦河會戰（Battle of the Neretva River）中進行戰略撤退，迴避軸心軍打擊

4 希臘的國家解放 1941年5月－1944年10月

希臘的抵抗運動因為許多團體主張分歧而分裂。他們經常互相對抗，而且抗拒同盟國的撮合（參見第202-203頁）。其中最成功的是受到共產黨啟發的民族解放陣線（EAM），他們的游擊隊控制了希臘內陸大部分山區。1944年3月，民族解放陣線建立民族解放政治委員會（Political Committee of National Liberation），成為解放地區的實質政府。

戰前希臘　早期的抵抗中心

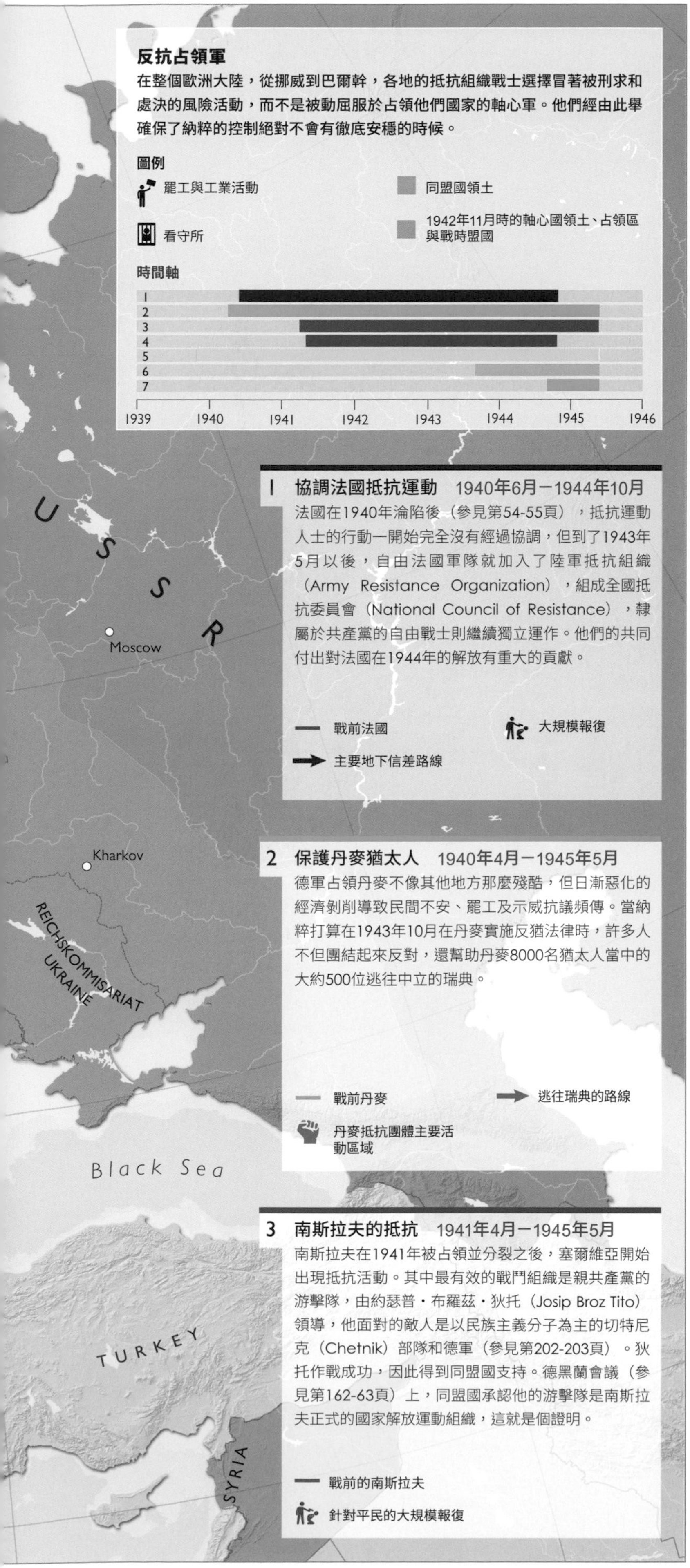

歐洲的反抗

納粹的殘暴統治導致每一個被占領國家境內都爆發抵抗運動。這些地方團體想盡辦法從任何可能的地方取得援助，例如英國的特種作戰團，而蘇聯也在東歐協助組織親共黨的游擊隊。

反抗占領軍

在整個歐洲大陸，從挪威到巴爾幹，各地的抵抗組織戰士選擇冒著被刑求和處決的風險活動，而不是被動屈服於占領他們國家的軸心軍。他們經由此舉確保了納粹的控制絕對不會有徹底安穩的時候。

圖例

- 罷工與工業活動
- 看守所
- 同盟國領土
- 1942年11月時的軸心國領土、占領區與戰時盟國

時間軸

1 2 3 4 5 6 7

1939 1940 1941 1942 1943 1944 1945 1946

U S S R

Moscow

Kharkov

REICHSKOMMISSARIAT UKRAINE

Black Sea

TURKEY

SYRIA

1 協調法國抵抗運動 1940年6月－1944年10月

法國在1940年淪陷後（參見第54-55頁），抵抗運動人士的行動一開始完全沒有經過協調，但到了1943年5月以後，自由法國軍隊就加入了陸軍抵抗組織（Army Resistance Organization），組成全國抵抗委員會（National Council of Resistance），隸屬於共產黨的自由戰士則繼續獨立運作。他們的共同付出對法國在1944年的解放有重大的貢獻。

- 戰前法國
- 主要地下信差路線
- 大規模報復

2 保護丹麥猶太人 1940年4月－1945年5月

德軍占領丹麥不像其他地方那麼殘酷，但日漸惡化的經濟剝削導致民間不安、罷工及示威抗議頻傳。當納粹打算在1943年10月在丹麥實施反猶法律時，許多人不但團結起來反對，還幫助丹麥8000名猶太人當中的大約500位逃往中立的瑞典。

- 戰前丹麥
- 逃往瑞典的路線
- 丹麥抵抗團體主要活動區域

3 南斯拉夫的抵抗 1941年4月－1945年5月

南斯拉夫在1941年被占領並分裂之後，塞爾維亞開始出現抵抗活動。其中最有效的戰鬥組織是親共產黨的游擊隊，由約瑟普・布羅茲・狄托（Josip Broz Tito）領導，他面對的敵人是以民族主義分子為主的切特尼克（Chetnik）部隊和德軍（參見第202-203頁）。狄托作戰成功，因此得到同盟國支持。德黑蘭會議（參見第162-63頁）上，同盟國承認他的游擊隊是南斯拉夫正式的國家解放運動組織，這就是個證明。

- 戰前的南斯拉夫
- 針對平民的大規模報復

抵抗組織常是自發出現的。他們的行動有多種模式，從被動反對，例如在德國發放反納粹傳單的白玫瑰（White Rose）運動分子，到大規模的軍事行動，例如地形崎嶇多山的巴爾幹半島格外適合大規模的軍事活動，所以南斯拉夫和希臘連續幾年都有游擊隊活動。

在其他地方，反抗活動從對軍事和工業設施的潛伏破壞到諜報活動與情資蒐集都有。有些當地人員會負責執行任務，但特種作戰團（參見第138-39頁）也會用小艇或空投方式祕密派遣幹員進入。若是這些人被德國當局或親德分子逮捕，通常要面對刑求甚至處死，但若是行動成功，往往也會有引發當局對當地居民殘忍報復的風險。但這類抵抗行動有助把軸心國寶貴的資源從兩個戰場上分散開來，也可以消磨占領軍的士氣。同樣重要的是，反抗納粹體制能在壓迫力量的面前維護人性尊嚴。

> 「法蘭西打輸了一場戰役，但卻還沒輸掉這場戰爭。」
>
> 戴高樂將軍，1940年

文字抵抗

在作戰期間，影響民間輿論是相當重要的部分。維琪法國當局運用宣傳手段，挑起大眾對抵抗運動及他們煽動的報復行為的敵意。為了反制，抵抗運動成員也發行地下報紙，維繫反抗精神不消滅。在法國有《解放報》（*Libération*）和《戰鬥報》（*Combat*）（由哲學家阿爾貝・卡繆〔Albert Camus〕編輯），在比利時則有《比利時自由報》（*La Libre Belgique*），至於在荷蘭則有超過1000種出版品。

COMBAT

Numéro spécial

VIVE LA FRANCE

Charles de Gaulle

A TOUS LES FRANCAIS

VIVE LA FRANCE !

SOMMAIRE

1944年5月29日的《戰鬥報》

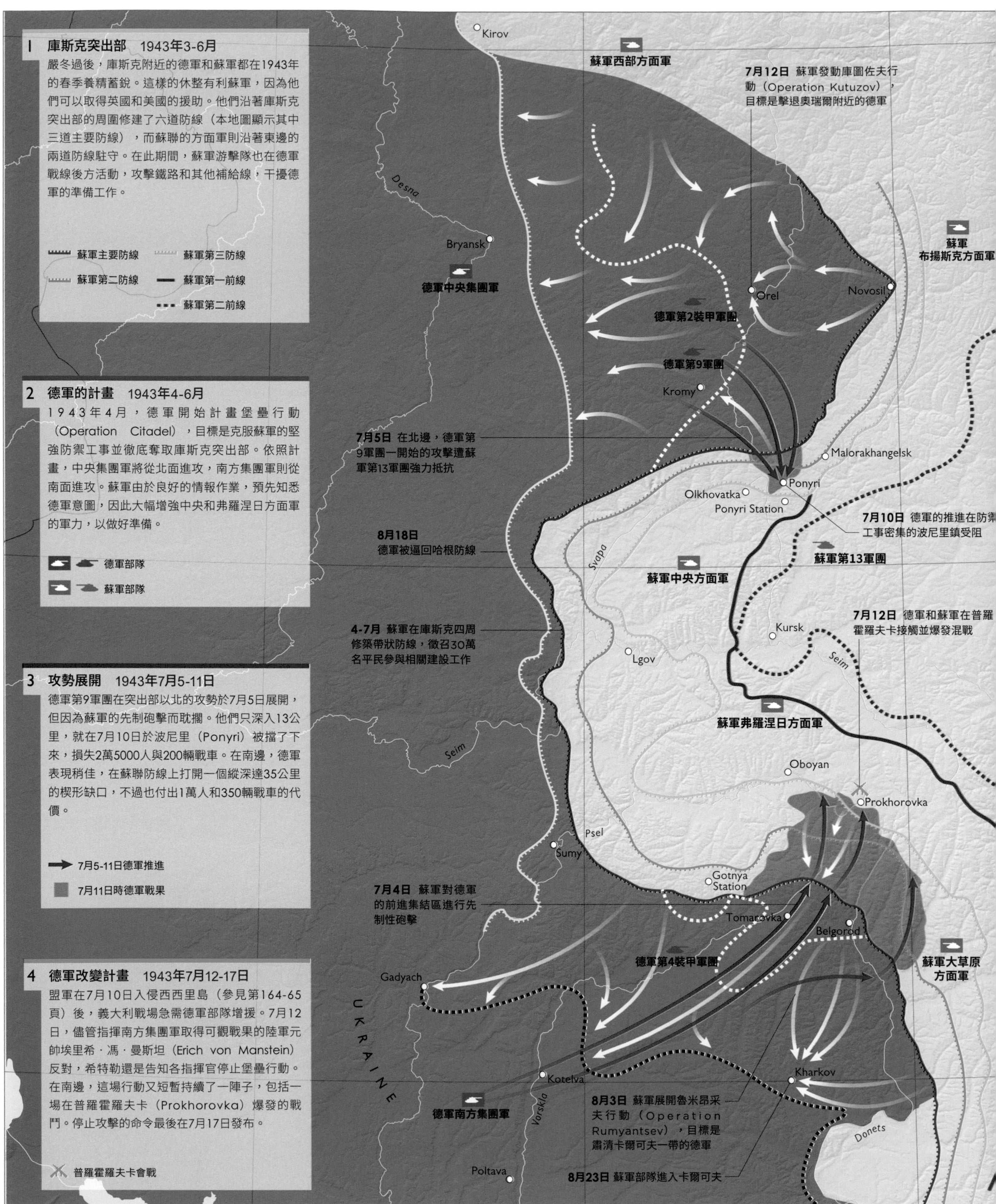
1 庫斯克突出部 1943年3-6月
嚴冬過後，庫斯克附近的德軍和蘇軍都在1943年的春季養精蓄銳。這樣的休整有利蘇軍，因為他們可以取得英國和美國的援助。他們沿著庫斯克突出部的周圍修建了六道防線（本地圖顯示其中三道主要防線），而蘇聯的方面軍則沿著東邊的兩道防線駐守。在此期間，蘇軍游擊隊也在德軍戰線後方活動，攻擊鐵路和其他補給線，干擾德軍的準備工作。
蘇軍主要防線
蘇軍第三防線
蘇軍第二防線
蘇軍第一前線
蘇軍第二前線
2 德軍的計畫 1943年4-6月
1943年4月，德軍開始計畫堡壘行動（Operation Citadel），目標是克服蘇軍的堅強防禦工事並徹底奪取庫斯克突出部。依照計畫，中央集團軍將從北面進攻，南方集團軍則從南面進攻。蘇軍由於良好的情報作業，預先知悉德軍意圖，因此大幅增強中央和弗羅涅日方面軍的軍力，以做好準備。
德軍部隊
蘇軍部隊
3 攻勢展開 1943年7月5-11日
德軍第9軍團在突出部以北的攻勢於7月5日展開，但因為蘇軍的先制砲擊而耽擱。他們只深入13公里，就在7月10日於波尼里（Ponyri）被擋了下來，損失2萬5000人與200輛戰車。在南邊，德軍表現稍佳，在蘇聯防線上打開一個縱深達35公里的楔形缺口，不過也付出1萬人和350輛戰車的代價。
7月5-11日德軍推進
7月11日時德軍戰果
4 德軍改變計畫 1943年7月12-17日
盟軍在7月10日入侵西西里島（參見第164-65頁）後，義大利戰場急需德軍部隊增援。7月12日，儘管指揮南方集團軍取得可觀戰果的陸軍元帥埃里希．馮．曼斯坦（Erich von Manstein）反對，希特勒還是告知各指揮官停止堡壘行動。在南邊，這場行動又短暫持續了一陣子，包括一場在普羅霍羅夫卡（Prokhorovka）爆發的戰鬥。停止攻擊的命令最後在7月17日發布。
普羅霍羅夫卡會戰
Kirov
蘇軍西部方面軍
7月12日 蘇軍發動庫圖佐夫行動（Operation Kutuzov），目標是擊退奧瑞爾附近的德軍
Desna
Bryansk
德軍中央集團軍
蘇軍布揚斯克方面軍
Orel
Novosil
德軍第2裝甲軍團
德軍第9軍團
Kromy
7月5日 在北邊，德軍第9軍團一開始的攻擊遭蘇軍第13軍團強力抵抗
Malorakhangelsk
Ponyri
Olkhovatka
Ponyri Station
7月10日 德軍的推進在防禦工事密集的波尼里鎮受阻
8月18日 德軍被逼回哈根防線
Svapa
蘇軍中央方面軍
蘇軍第13軍團
4-7月 蘇軍在庫斯克四周修築帶狀防線，徵召30萬名平民參與相關建設工作
Kursk
Lgov
Seim
7月12日 德軍和蘇軍在普羅霍羅夫卡接觸並爆發混戰
蘇軍弗羅涅日方面軍
Seim
Oboyan
Prokhorovka
Psel
Sumy
Gotnya Station
7月4日 蘇軍對德軍的前進集結區進行先制性砲擊
Tomarovka
Belgorod
德軍第4裝甲軍團
蘇軍大草原方面軍
Gadyach
UKRAINE
Kotelva
Kharkov
8月3日 蘇軍展開魯米昂采夫行動（Operation Rumyantsev），目標是肅清卡爾可夫一帶的德軍
德軍南方集團軍
Vorskla
Donets
Poltava
8月23日 蘇軍部隊進入卡爾可夫

堅不可摧的突出部

為了爭奪庫斯克突出部的控制權而進行的會戰在1943年7月5日展開，以德軍的大規模猛攻揭開序幕。但他們先是受阻於蘇軍縝密的防禦工事，之後則因為蘇軍的數量優勢而被迫撤退。

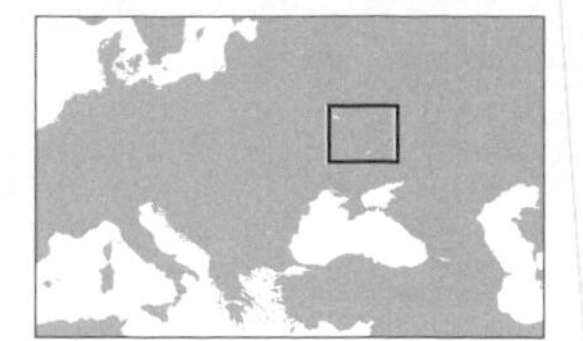

圖例

7月4日時的德軍控制區

時間軸

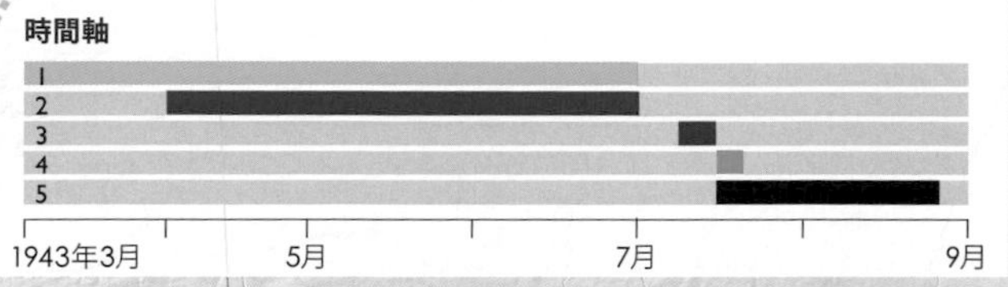
1
2
3
4
5
1943年3月
5月
7月
9月

△ 蘇軍的反攻

在庫斯克附近的一次反攻期間，蘇軍部隊跟在T-34戰車後方前進。蘇軍勇猛捍衛突出部，時常以肉身接近德軍戰車，企圖丟擲手榴彈來炸斷履帶。

U S S R

4-7月 蘇軍建立堅固的防線，由中央方面軍和弗羅涅日方面軍駐防

5 蘇軍挺進 1943年7月12日－8月23日

隨著德軍攻勢開始動搖，蘇軍在7月12日於庫斯克以北的奧瑞爾附近進攻中央集團軍。到了8月18日，德軍被迫退回哈根防線（Hagen Line）後方，並蒙受慘痛損失。在南邊，弗羅涅日和大草原方面軍於8月3日挺進，並往卡爾可夫集結，迫使德軍在8月23日撤出。

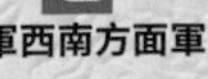

蘇軍西南方面軍

蘇軍推進　　8月5日前線位置

德軍哈根防線　　8月23日前線位置

庫斯克戰役

1943年夏季，蘇聯境內的德軍部隊發現庫斯克這座城市周圍出現一個巨大且有完善防禦工事的蘇軍突出部，大約在莫斯科以南450公里的地方。為了消滅這個突出部，他們展開一場會戰，成為史上最磅礡的裝甲部隊衝突，也是二次大戰中規模最大的戰車會戰之一。

1943年初，由於蘇軍前進加上德軍後撤並發動反攻（參見第152-53頁），庫斯克一帶產生了一個巨大的突出部。於是在接下來的夏天裡，為了爭奪這塊突出部——大約180公里寬、縱深達100公里，爆發了一場規模空前的關鍵會戰，雙方投入的兵力超過8000輛戰車和170萬名官兵。而且由於雙方都已經體認到空權的效果——例如德軍斯圖卡俯衝轟炸機對付戰車裝甲的致命威力，因此也有大約4000架飛機在這場會戰中扮演重要角色。

蘇軍在庫斯克的最後勝利是這場戰爭的轉捩點：這是德軍戰略層級的大攻勢第一次在突破敵軍防線之前就被遏制，也是德國在東線上的最後一次戰略攻勢，直到現在都保有標誌性的地位。從這個時間點以後，德意志國防軍就採取了守勢，不但喪失了裝甲部隊的優勢，制空權也拱手讓人。

蘇聯勝利的代價就是他們付出了高於德方三倍的傷亡，但雙方的損失都相當巨大。整體來看，這場會戰裡共有超過23萬人陣亡、負傷或失蹤，超過2000輛戰車和600架飛機被擊毀。

「庫斯克戰役……還有基輔的解放，讓希特勒的德國面臨災難。」

蘇聯將領瓦西里・崔可夫，1968年

德蘇戰車較量

蘇軍在庫斯克的主力戰車是T-34中型戰車，並有T-70輕型戰車和租借法案提供的美製與英製戰車支援。德軍使用的戰車主要是四號戰車，另外搭配數量較少但威力十足的虎式重型戰車與新式的豹式（Panther）戰車。這場會戰期間，豹式戰車頻頻傳出機械故障問題，且沒有充足的火力可對付敵軍步兵。反之，蘇軍的T-34戰車機動性好、堅固耐用，可以在戰場上快速維修。

Signal

戰力強大的虎式重型戰車是宣傳刊物的重點題材，因此成為德國力量的象徵。

ПО ВРАЖЬЕЙ ЗЕМЛЕ,
ВПЕРЕД К ПОБЕДЕ!
FINLAND
1944年3月1日
蘇軍抵達愛沙尼亞邊界
Lake Ladoga
1944年6月10日
蘇軍突破芬軍防線
1944年1月27日
列寧格勒通往莫斯科的鐵路恢復通行，漫長的圍城戰畫下句點
Helsinki
Leningrad
列寧格勒方面軍
Gulf of Finland
Volkhov
Baltic Sea
Narva
伏爾霍夫方面軍
ESTONIA
Lake Peipus
Luga
Tartu
Novgorod
Lake Ilmen
1944年1月19日
蘇軍奪回諾夫哥羅德
Staraya Russa
西北方面軍
Pskov
Valdai Hills
北方集團軍
Riga
LATVIA
Kalinin
卡里寧方面軍
Velikiye Luki
Rzhev
Memel
Dvina
LITHUANIA
1943年9月25日
蘇軍攻下斯摩稜斯克
Moscow
西部方面軍
1944年1月19日
德軍北方集團軍憂心遭到圍困，只好退往拉脫維亞
Vyazma
布揚斯克方面軍
EAST PRUSSIA
Orsha
Smolensk
Maladzyechna
Kirov
Tula
GREATER GERMANY
Grodno
中央集團軍
Białystok
Bryansk
Babruysk
Orel
Bug
Warsaw
BELORUSSIA
Brest-Litovsk
Novozybkov
中部方面軍
Vistula
Pripet
Mazyr
Kursk
GENERAL GOVERNMENT
弗羅涅日方面軍
Kovel
Chernobyl
Konotop
Korosten
Lutsk
Sumy
Belgorod
Donets
北烏克蘭集團軍
1943年11月6日
蘇軍攻占基輔
Zhytomyr
Kiev
Fastov
Lyutezh
Lubny
Kharkov
大草原方面軍
1949年9月25日
德軍退縮到豹—沃坦防線後方
Tarnopol
Cherkassy
Poltava
蘇軍進攻
蘇軍轟炸
德軍疏散路線
Dnieper
1944年4月17日
蘇軍占領塔爾諾波(Tarnopol)
UKRAINE
1943年9月3
蘇軍開始沿
800公里寬的
線橫渡聶伯河
Chernivtsi
HUNGARY
Dniester
Prut
Bug
1944年4月8日
蘇軍進入克里米亞北部
1944年3月15日
蘇軍進抵烏克蘭南部的布格河
Mariupo
Mykolaiv
ROMANIA
BESSARABIA
Odessa
Sea of Azov
Perekop
南烏克蘭集團軍
A集團軍
Kerch
被包圍的德軍部隊
1944年3月2日時的蘇軍控制區
1944年4月17日時的蘇軍控制區
1944年5月9日
塞瓦斯托波爾落入蘇軍手中，德軍衛戍部隊投降
CRIMEA
德軍第17軍團
Novorossi
1944年4-5月
羅馬尼亞和德國軍艦從克里米亞的塞瓦斯托波爾撤出11萬3000名軸心軍部隊
Sevastopol

△ **蘇軍的氣勢**
庫斯克戰役之後，紅軍發動好幾波新攻勢。這張在1943年7月發放的宣傳海報上寫著：「踏上敵人的領土，朝勝利前進！」。

5 解放克里米亞 1944年4-5月
蘇軍通過烏克蘭南部之後，德軍第17軍團被困在克里米亞。4月8日，蘇軍同時從北面和東面渡過亞速海進攻克里米亞。4月9日，塞瓦斯托波爾的德國守軍投降，其他殘餘的軸心軍部隊則在蘇軍轟炸機和潛艇的猛攻下逃往羅馬尼亞。

4 朝軸心國邊界進逼 1944年3-4月
到了1944年3月，蘇軍已經推進到愛沙尼亞邊界。在南邊更遠的地方，他們也在3月抵達布格河（River Bug），並在4月接近羅馬尼亞邊界，於4月10日攻占烏克蘭的敖德薩港。

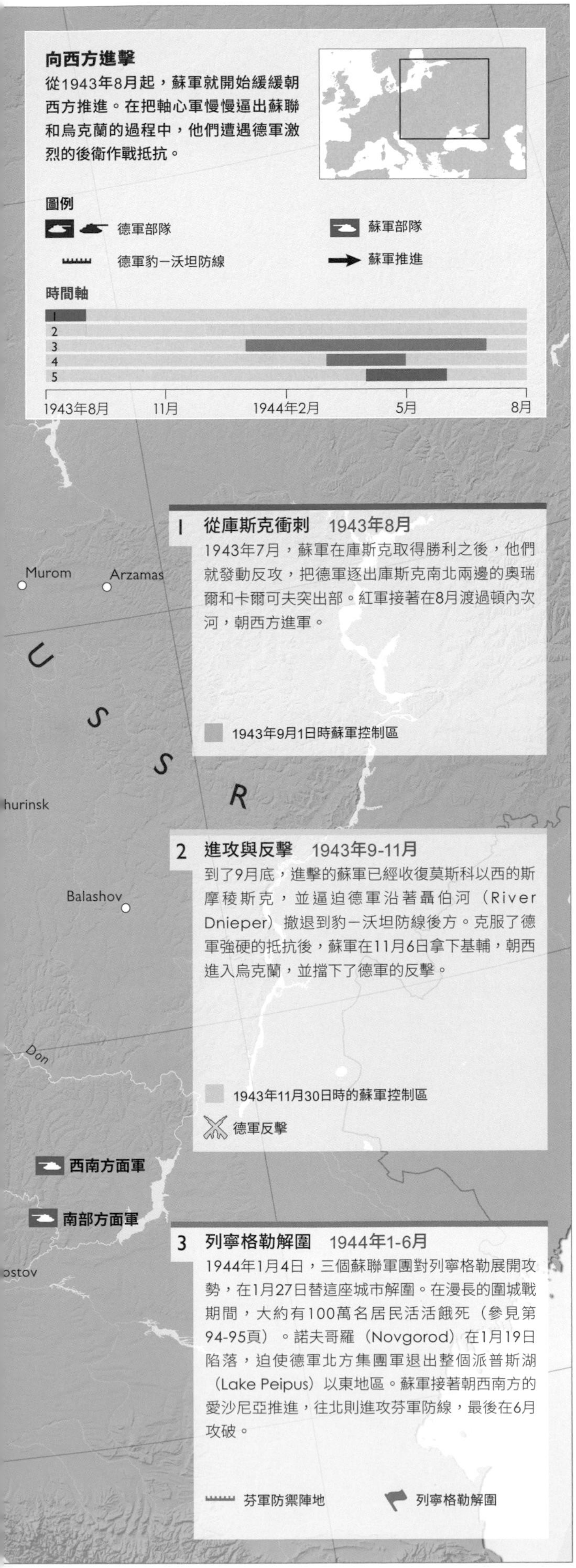

向西方進擊
從1943年8月起，蘇軍就開始緩緩朝西方推進。在把軸心軍慢慢逼出蘇聯和烏克蘭的過程中，他們遭遇德軍激烈的後衛作戰抵抗。
圖例
德軍部隊
蘇軍部隊
德軍豹－沃坦防線
蘇軍推進
時間軸
1
2
3
4
5
1943年8月
11月
1944年2月
5月
8月
1 從庫斯克衝刺 1943年8月
1943年7月，蘇軍在庫斯克取得勝利之後，他們就發動反攻，把德軍逐出庫斯克南北兩邊的奧瑞爾和卡爾可夫突出部。紅軍接著在8月渡過頓內次河，朝西方進軍。
1943年9月1日時蘇軍控制區
2 進攻與反擊 1943年9-11月
到了9月底，進擊的蘇軍已經收復莫斯科以西的斯摩稜斯克，並逼迫德軍沿著聶伯河（River Dnieper）撤退到豹－沃坦防線後方。克服了德軍強硬的抵抗後，蘇軍在11月6日拿下基輔，朝西進入烏克蘭，並擋下了德軍的反擊。
1943年11月30日時的蘇軍控制區
德軍反擊
3 列寧格勒解圍 1944年1-6月
1944年1月4日，三個蘇聯軍團對列寧格勒展開攻勢，在1月27日替這座城市解圍。在漫長的圍城戰期間，大約有100萬名居民活活餓死（參見第94-95頁）。諾夫哥羅（Novgorod）在1月19日陷落，迫使德軍北方集團軍退出整個派普斯湖（Lake Peipus）以東地區。蘇軍接著朝西南方的愛沙尼亞推進，往北則進攻芬軍防線，最後在6月攻破。
芬軍防禦陣地
列寧格勒解圍
Murom
Arzamas
U
S
S
R
hurinsk
Balashov
Don
西南方面軍
南部方面軍
ostov

勢如破竹的蘇軍

蘇聯在庫斯克戰役中獲勝，紅軍就此取得主動權。此時他們已經準備好在更寬闊的戰線上進攻德軍，把他們趕出蘇聯西部和烏克蘭。德軍在東線上的氣數已盡，希特特征服蘇聯的野心也就此粉碎。

規模空前的庫斯克戰役（參見第 178-79 頁）之後，德軍自認雖然損失慘重，但還是重創了蘇聯，使他們無力發動反攻。但蘇軍迅速重新集結整補，自 1943 年夏季開始，德軍就發現自己必須在一條從北方的列寧格勒延伸到南方的克里米亞的戰線上迎戰蘇軍的攻勢。

在一連串大規模的會戰裡，除了少數幾次挫折外，到了 1944 年 5 月，蘇軍就已一路打到蘇聯的西部邊界地帶。東線上的德軍已經過度損耗，因為盟軍在義大利登陸（參見第 164-65 頁），所以德軍必須調動部隊前往當地，造成軍力分散。但儘管如此，他們依然勇猛作戰，不到最後關頭絕不放棄土地，並讓敵軍付出巨大代價。他們進行各種戰術撤退，退到在庫斯克戰敗後修建的新防線後，尤其是豹－沃坦防線（Panther–Wotan Line）。

雙方都損失慘重，但蘇軍顯然較占優勢：列寧格勒長達 872 天的圍城戰終於解圍，他們也解放了基輔、斯摩稜斯克和敖德薩，並收復了克里米亞及其軍港塞瓦斯托波爾。此時紅軍面前已經毫無阻礙，可以放手發動巴格拉基昂行動（Operation Bagration）（參見第 182-83 頁），把德軍部隊趕出剩餘的蘇聯領土，並且可以開始朝東歐進軍。

> 「這真是特別的一天。整座城市都在等待……任何時候都有可能！」
>
> 薇拉・英柏（Vera Inber），列寧格勒市民，1944年1月16日

康士坦丁・羅科索夫斯基
1896–1968年

投身第一次世界大戰後，蘇聯與波蘭軍官康士坦丁・羅科索夫斯基（Konstantin Rokossovsky）在俄國內戰中為布爾什維克效力，隨即在紅軍中展露頭角。1930年代末，他因為史達林的大清洗而被監禁，但在1941年獲得釋放，因此蘇聯軍方還是可以運用他的軍事才能。1941-42年，羅科索夫斯基參與了莫斯科保衛戰。史達林格勒戰役時，他指揮頓河方面軍團困了德軍第6軍團（參見第152-53頁），因此聲名大噪，此外他也在庫斯克戰役和巴格拉基昂作戰中扮演重要角色。羅科索夫斯基指揮的部隊還終結了德國北部的戰爭（參見第242-43頁）。戰爭結束後，他成為波蘭共產政府的一員。

巴格拉基昂行動

「巴格拉基昂」（Bagration）是蘇聯全力進攻德軍占領的白俄羅斯的行動代號，在1944年6月22日到8月14日間進行。這場行動選在德國入侵蘇聯正好滿三年的日子發動，蘇軍投入數百萬官兵，為終結歐洲戰火做出了重大的貢獻。

巴格拉基昂行動的命名源自巴格拉基昂親王彼得·伊凡諾維奇（Pyotr Ivanovich，1765-1812），他是一位俄羅斯將領，在拿破崙戰爭中表現優異，以創新的戰術戰法聞名。而這場以他為名的新戰役也同樣大膽：它的目標是要徹底殲滅德軍中央集團軍，並把德軍部隊趕出蘇聯西部。

紅軍一連發動幾場高明但殘忍的突擊，在德軍最意料不到的地方展開打擊，橫掃面前一切阻礙，短短幾個月就前進了數百公里。

> 「現在德軍就像一頭負傷的野獸，正被迫爬回巢穴的邊緣……」
>
> 史達林，1944年5月1日

蘇軍部隊如洪水般灌進白俄羅斯的德軍占領區，向北進入拉脫維亞和立陶宛，向西進入波蘭。一場稍後在南方展開的作戰則一舉擊潰羅馬尼亞，並讓保加利亞退出戰爭。巴格拉基昂行動結束時，蘇軍已經出現在波蘭中部的維斯杜拉河（River Vistula），面對著河對岸的華沙，在北邊也逼近波羅的海海岸，在西南邊也已經立足在斯洛伐克和匈牙利的邊界上。對德國來說更具威脅的是，紅軍已經逼近德國東普魯士東部邊界和第三帝國本土。

蘇軍這場戰役是盟軍在整場戰爭中規模最大的作戰之一。蘇軍投入超過230萬名官兵，一舉消滅了德軍中央集團軍。雙方的損失都相當驚人，蘇軍有18萬人陣亡或失蹤，德軍損失大約40萬人左右，包括有九名將領陣亡、22名被俘，總計多達26萬德軍淪為戰俘。在史達林格勒（參見第148-53頁）和庫斯克（參見第178-79頁）失敗後，巴格拉基昂行動又讓德軍遭受另一次痛擊。

蘇軍的偽裝欺敵技術（Maskirovka）

在俄語中，「Maskirovka」意思是「偽裝」或「欺騙」，是巴格拉基昂行動中蘇軍廣泛運用且成效良好的一種技術。關於他們在寬闊戰線上的攻擊位置，他們不斷誤導德軍，部署假的部隊，替壕溝偽裝（見上圖），並製造假通訊，暗示他們會從烏克蘭進攻。但實際上，蘇軍卻在夜間祕密分批進入白俄羅斯，德軍因此受騙上當，把部隊派遣到東線上的錯誤位置。

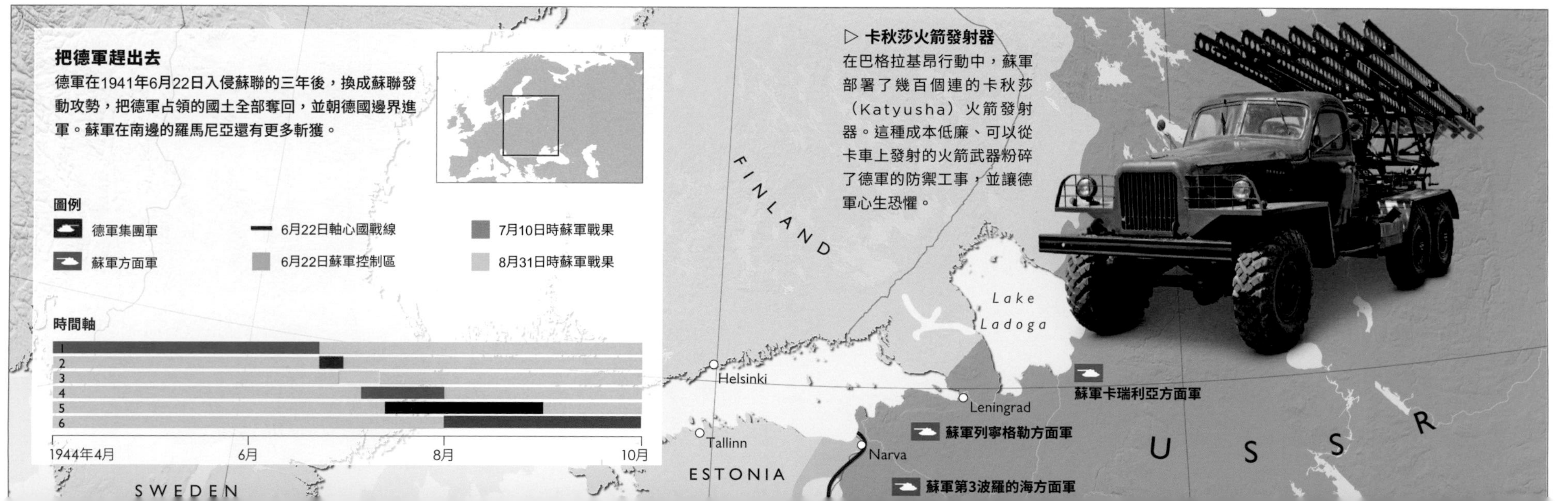
把德軍趕出去
德軍在1941年6月22日入侵蘇聯的三年後，換成蘇聯發動攻勢，把德軍占領的國土全部奪回，並朝德國邊界進軍。蘇軍在南邊的羅馬尼亞還有更多斬獲。
圖例
德軍集團軍
蘇軍方面軍
6月22日軸心國戰線
6月22日蘇軍控制區
7月10日時蘇軍戰果
8月31日時蘇軍戰果
時間軸
1
2
3
4
5
6
1944年4月
6月
8月
10月
SWEDEN
FINLAND
ESTONIA
Helsinki
Tallinn
Narva
Leningrad
Lake Ladoga
U S S R
蘇軍卡瑞利亞方面軍
蘇軍列寧格勒方面軍
蘇軍第3波羅的海方面軍

▷ 卡秋莎火箭發射器
在巴格拉基昂行動中，蘇軍部署了幾百個連的卡秋莎（Katyusha）火箭發射器。這種成本低廉、可以從卡車上發射的火箭武器粉碎了德軍的防禦工事，並讓德軍心生恐懼。

1 蘇聯的計畫 1944年4月－6月21日
蘇軍在1944年4月底擬定了巴格拉基昂行動計畫。他們排除朝羅馬尼亞、波羅的海海岸推進或進入烏克蘭西部的可能性，因為風險太高，或者敵軍已有周全準備。最後他們選擇對德軍占據的白俄羅斯發動攻勢，這樣可以讓他們在之後進入波蘭，往南可進入羅馬尼亞。規畫巴格拉基昂行動時，蘇軍頻繁採用大膽的偽裝欺敵技術（上圖）。
2 開場的突破 1944年6月22-29日
1944年6月22日，蘇軍由朱可夫元帥指揮的三個白俄羅斯方面軍在白俄羅斯沿著560公里寬的戰線對德軍中央集團軍發動攻擊，在維捷布斯克（Vitebsk）和奧爾沙（Orsha）附近突破。德軍被蘇軍無與倫比的可怕火力和空中力量壓倒。蘇軍在莫吉雷夫（Mogilev）渡過聶伯河，並朝巴布魯伊斯克（Babruysk）前進。
6月22-29日蘇軍推進
3 攻占明斯克 1944年6月28日－7月10日
6月28日，紅軍朝明斯克推進，並在7月4日占領這座城市，殲滅了德軍中央集團軍。德軍在戰鬥中損失了30萬人，接下來幾個星期裡又損失10萬人。在此期間，蘇軍也進攻波洛次克（Polotsk），協助確保了指向明斯克的主要攻勢北翼的安全。
6月28日－7月10日蘇軍推進
德軍中央集團軍撤退
4 北部攻勢 1944年7月5日－8月1日
明斯克陷落後，德軍的抵抗幾近崩潰。紅軍迅速朝波羅的海挺進，接連占領維爾紐斯（Vilnius）、斯奧萊（Šiauliai），最後則是在7月底占領立陶宛的考納斯（Kaunas），並把戰事帶到德國東普魯士的邊界上。
7月5日－8月1日蘇軍推進
5 前進維斯杜拉河
1944年7月13日－8月31日
在戰線中央，紅軍部隊繞過普里佩特（Pripet）沼澤地的北端的邊緣，攻占布里斯特－李托佛斯克和比亞維斯托克（Bia ystok），在沼澤以南則占領盧布令和利沃夫（Lwów）。蘇軍在這些攻擊行動中越過布格河、進入波蘭東部，並推進到維斯杜拉河畔。到了8月底，紅軍就已經出現在斯洛伐克和匈牙利邊界上。
7月13日－8月31日蘇軍推進
6 進入羅馬尼亞 1944年8-9月
在8月的南方攻勢裡，蘇軍渡過普魯特河（River Prut）進入羅馬尼亞，到了8月底就已經奪取布加勒斯特，並在9月底把殘餘的德軍逐出羅馬尼亞。8月23日，羅馬尼亞對德國宣戰，保加利亞則在8月26日退出軸心國。紅軍此時已能長驅直入巴爾幹西部和匈牙利。
8-9月蘇軍推進
7月27日 蘇軍攻占斯奧萊，切斷位於拉脫維亞的德軍北方集團軍和南邊的中央集團軍之間的聯繫
8月1日 蘇軍第3白俄羅斯方面軍攻占考納斯
8月6-14日 第2白俄羅斯方面軍奪取渡過納雷夫河（River Narew）的橋頭堡，準備深入東普魯士
8月16日 蘇軍進入被撤退的德軍破壞的特瑞布林卡死亡集中營的廢墟
7月24日 邁達內克是盟軍發現的第一座納粹死亡集中營
6月22日 蘇軍在白俄羅斯展開巴格拉基昂行動
8月20-29日 蘇軍進攻羅馬尼亞東部
8月20日 蘇軍兩棲部隊登陸多瑙河（Danube）河口
8月30日 蘇軍攻占重要的普洛什提（Ploe ti）油田
8月31日 紅軍進入布加勒斯特
9月8日 蘇軍在沒有遭遇抵抗的狀況下進入保加利亞。一天後，保加利亞對德國宣戰
德軍北方集團軍
德軍中央集團軍
德軍北烏克蘭集團軍
德軍南烏克蘭集團軍
蘇軍第2波羅的海方面軍
蘇軍第1波羅的海方面軍
蘇軍第3白俄羅斯方面軍
蘇軍第2白俄羅斯方面軍
蘇軍第1白俄羅斯方面軍
蘇軍第1烏克蘭方面軍
蘇軍第4烏克蘭方面軍
蘇軍第2烏克蘭方面軍
蘇軍第3烏克蘭方面軍
LATVIA
LITHUANIA
EAST PRUSSIA
BELORUSSIA
POLAND
GREATER GERMANY
UKRAINE
SLOVAKIA
HUNGARY
ROMANIA
BULGARIA
Baltic Sea
Black Sea
Pripet Marshes
Ostrov
Opochka
Riga
Šiauliai
Dvina
Daugavpils
Polotsk
Vitebsk
Smolensk
Kaunas
Vilnius
Orsha
Berezina
Minsk
Mogilev
Dnieper
Grodno
Niemen
Białystok
Babruysk
Rogachew
Narew
Treblinka
Brest-Litovsk
Gomel
Siedice
Warsaw
Pripet
Lublin
Majdanek
Chełm
Kovel
Korosten
Bug
Lutsk
Baranow
Vistula
Kiev
Brody
Lwów
San
Tarnopol
Podgaitsy
Cherkassy
Dniester
Kirovograd
Prut
Siretul
Kryvyy Rih
Jassy
Tiraspol
Kherson
Odessa
Galati
Danube
Ploeşti
Bucharest
Constanta

華沙起義

1944年，波蘭抵抗運動中的主力——波蘭本土軍——在蘇軍抵達前挺身起義，想解放他們的城市。抵抗運動戰士和強大得多的德軍激戰了長達九個星期。

△ **抵抗戰士的武器**
波蘭抵抗戰士在祕密工廠裡製造數以千計的武器，包括仿製英國司登（Sten）Mark II衝鋒槍。

當蘇軍在1944年7月把德軍打回波蘭境內時，波蘭本土軍司令波爾－科莫羅夫斯基（Bor-Komorowski）決定採取行動來解放華沙。就在紅軍於1944年8月1日接近維斯杜拉河之際，大約3萬7000名波蘭戰士突然對德國駐軍發動攻擊，讓他們猝不及防。儘管缺乏軍火——七個人當中只有一位擁有武器，但抵抗戰士很快就攻占了市區內的重要地點。

德軍守住了火車站之類的關鍵戰略要點，並在8月25日展開反擊。大約2萬名配備重火力的德軍在飛機的支援下和波蘭本土軍爆發慘烈巷戰。波蘭抵抗戰士經由臨時挖掘的地道移動，在被毀房舍的瓦礫堆間頑抗了五個星期，最後才在10月1日投降。整場戰鬥期間，蘇軍部隊都暫停推進，並未提供任何援助，甚至拒絕西方盟國利用機場為抵抗戰士提供補給。波蘭本土軍失去1萬7000名戰士，實際上形同解散，而希特勒也命令把華沙夷為平地。蘇軍在1945年1月占領華沙以後，前抵抗運動成員紛紛被逮捕、流放或殺害。

△ **戰俘**
鎮壓華沙起義的手段十分血腥殘酷。在剛開始的幾天裡，就有4萬平民遭屠殺，波蘭本土軍儘管寡不敵眾，卻仍抵抗激烈。圖中，波蘭抵抗戰士俘虜的德軍戰俘被迫穿上有卐字圖案的上衣。

為自由而戰
波蘭本土軍戰士在臨時路障後方掩蔽。在德軍奪回華沙的戰鬥期間，市區大約50%的房舍都被摧毀，30萬左右的居民無家可歸，淪為難民。

D日登陸

1944年6月6日，史上規模最大的海上入侵在諾曼第（Normandy）的灘頭上發生。這場行動的代號「海王星」（Operation Neptune），通常稱為D日，開啟了法國解放的序幕，並在歐洲開闢了另一個戰場。

在 1943 年 5 月的華盛頓會議（Washington Conference）上，同盟國領導人會商討論未來的歐洲戰略，並指定 1944 年 5 月為入侵法國的日期。他們考慮過很多個發動攻勢的地點，其中最顯而易見的選擇就是橫渡英吉利海峽最窄的部分，前往法國最北方的加來，但這個方案馬上被排除，因為那裡的防禦最嚴密。諾曼第受到青睞的原因則是它提供了直通法國中部的寬闊戰線。

海軍作業由英國海軍將領柏特倫・瑞姆齊領導，被歷史學家克瑞里・巴內特（Correlli Barnett）形容成「無法超越的計畫傑作」。入侵艦隊預計投入 6939 艘各型船艦，包括來自八個不同盟國海軍的 1213 艘軍艦、4126 艘登陸艇、736 艘輔助艦艇（包括掃雷艇）和 864 艘商船，總計載運 17 萬 6000 人。德軍的防禦則有 5 萬人和 170 門火砲。

盟軍計畫人員詳列出理想的登陸條件——低潮位、天空清朗、滿月，並建議在 6 月 5-7 日行動。由於 6 月 5 日氣象惡劣，因此延後一天登陸，但當登陸行動在 1944 年 6 月 6 日清晨展開時，海面依然波濤洶湧。登陸行動由海軍岸轟和空中轟炸打頭陣，接著是空降突擊和兩棲登陸，參與的部隊來自美國、英國和加拿大，由盟軍最高統帥、美國將領德懷特・艾森豪指揮。

欺敵計畫

盟軍運用各種手段，讓希特勒相信攻擊會以加來為中心。盟軍在英格蘭東南部成立一個假的美軍第1軍團，還搭配了假戰車。當真正的入侵艦隊朝諾曼第航行的時候，海軍派遣大型汽艇航向加來和布洛涅，拖曳著阻塞氣球，製造類似入侵艦隊的雷達回波。此外，盟軍也在登陸區投擲假人傘兵。

760

盟軍士兵舉起一輛充氣式的誘餌戰車。

海王星行動
五座灘頭全部都有代號，從西到東分別是猶他（Utah）、奧馬哈（Omaha）、黃金（Gold）、朱諾（Juno）和寶劍（Sword）。盟軍的目標是要把東邊的四個灘頭串聯起來，並在6月6日午夜之前在距離灘頭16公里遠的內陸地區建立一條戰線。

圖例
6月6日同盟國領土
6月6日軸心國領土
諾曼第灘頭
6月6日盟軍戰果
6月6日午夜12點時盟軍目標
德軍水雷區
德軍砲台
德軍步兵師
德軍裝甲師
時間軸
1
2
3
4
5
6
7
1944年6月5日
6月6日
6月7日
U部隊
達特茅斯（Dartm

▽ 戰鬥之後
奧馬哈灘頭上的美軍士兵為死者及瀕死的人蓋上毛毯。他們的登陸艇被德軍火砲擊沉，因此只能靠救生筏在奧馬哈灘頭登岸。

1 大軍集結
1944年6月5日下午5點－6月6日上午6點30分
入侵艦隊在英吉利海峽中集結，並在6月6日凌晨通過海峽中德軍水雷區之間稱為「壺嘴」（The Spout）的間隙。數以千計的盟軍飛機攻擊法國海岸上的目標，並在空中搜索敵機，而當船艦開始接近岸邊時，海軍岸轟於5點45分展開。美軍空降先頭探路部隊和傘兵在西邊著陸，英軍空降部隊則在入侵部隊的東邊著陸，以守護登陸灘頭的側翼。

入侵艦隊
後續梯隊
集結區
「壺嘴」
旗艦
空降部隊

Cherbourg
第91步兵師
第243步兵師

2 美軍登陸猶他灘頭
1944年6月6日早晨6點30分－當天結束
第一批美軍部隊在早晨6點30分登陸猶他灘頭。強勁的海流使他們的登陸艇往南偏移了1.8公里，但他們新的登陸地點卻比原本的預定地點條件更好，美軍在那裡建立灘頭堡，並和空降部隊接觸。到了當天結束時，已經有2萬1000名官兵登陸，傷亡僅197人。

美軍登陸艇
美軍推進

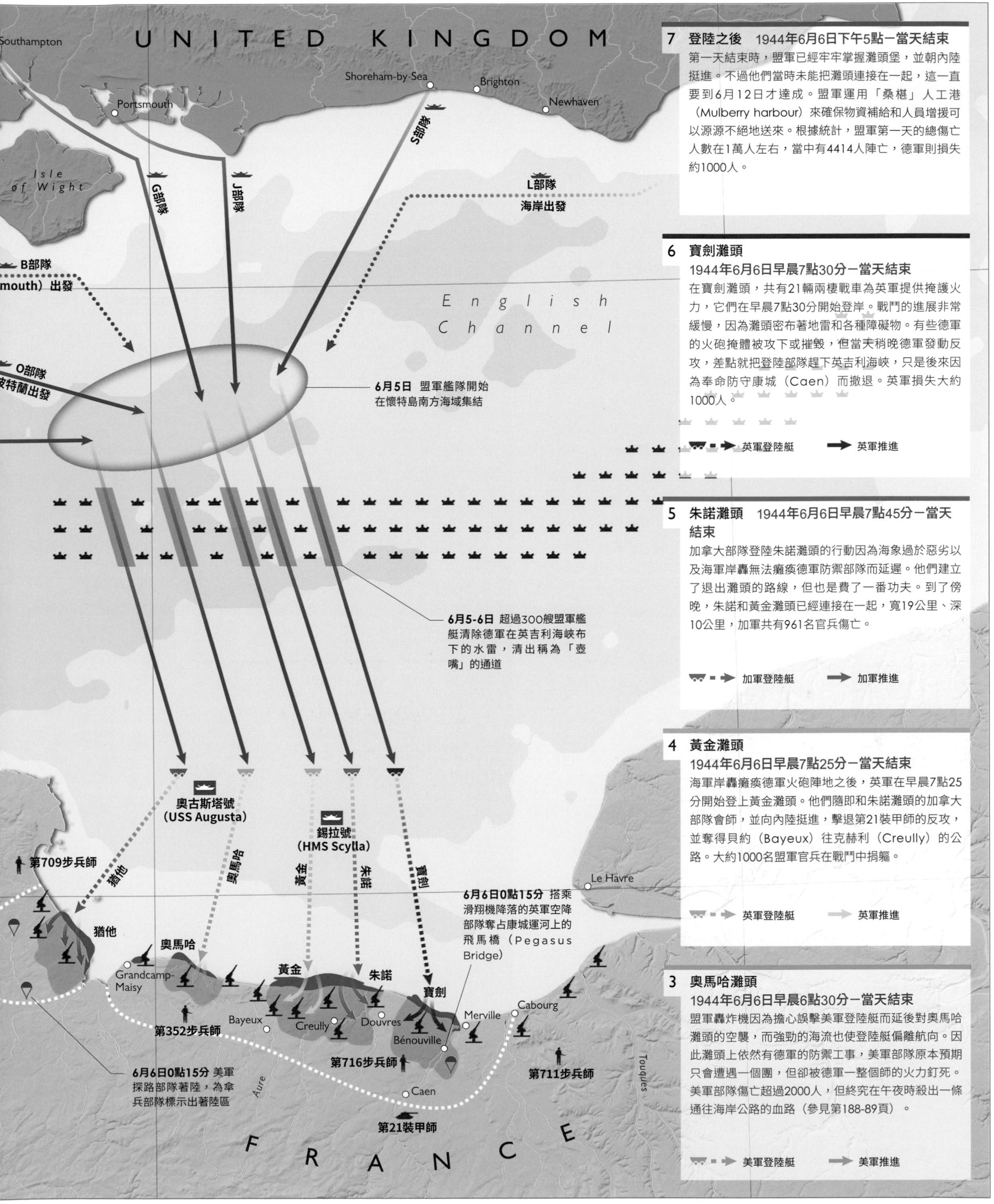

UNITED KINGDOM
Southampton
Portsmouth
Shoreham-by-Sea
Brighton
Newhaven
Isle of Wight
S部隊
G部隊
J部隊
L部隊
海岸出發
B部隊
lmouth）出發
O部隊
波特蘭出發
English Channel
6月5日 盟軍艦隊開始在懷特島南方海域集結
6月5-6日 超過300艘盟軍艦艇清除德軍在英吉利海峽布下的水雷，清出稱為「壺嘴」的通道
奧古斯塔號（USS Augusta）
錫拉號（HMS Scylla）
第709步兵師
猶他
奧馬哈
黃金
朱諾
寶劍
Le Havre
6月6日0點15分 搭乘滑翔機降落的英軍空降部隊奪占康城運河上的飛馬橋（Pegasus Bridge）
Grandcamp-Maisy
Bayeux
Creully
Douvres
Bénouville
Merville
Cabourg
第352步兵師
第716步兵師
第711步兵師
6月6日0點15分 美軍探路部隊著陸，為傘兵部隊標示出著陸區
Aure
Caen
Touques
第21裝甲師
FRANCE
7 登陸之後 1944年6月6日下午5點－當天結束
第一天結束時，盟軍已經牢牢掌握灘頭堡，並朝內陸挺進。不過他們當時未能把灘頭連接在一起，這一直要到6月12日才達成。盟軍運用「桑椹」人工港（Mulberry harbour）來確保物資補給和人員增援可以源源不絕地送來。根據統計，盟軍第一天的總傷亡人數在1萬人左右，當中有4414人陣亡，德軍則損失約1000人。
6 寶劍灘頭
1944年6月6日早晨7點30分－當天結束
在寶劍灘頭，共有21輛兩棲戰車為英軍提供掩護火力，它們在早晨7點30分開始登岸。戰鬥的進展非常緩慢，因為灘頭密布著地雷和各種障礙物。有些德軍的火砲掩體被攻下或摧毀，但當天稍晚德軍發動反攻，差點就把登陸部隊趕下英吉利海峽，只是後來因為奉命防守康城（Caen）而撤退。英軍損失大約1000人。
英軍登陸艇
英軍推進
5 朱諾灘頭 1944年6月6日早晨7點45分－當天結束
加拿大部隊登陸朱諾灘頭的行動因為海象過於惡劣以及海軍岸轟無法癱瘓德軍防禦部隊而延遲。他們建立了退出灘頭的路線，但也是費了一番功夫。到了傍晚，朱諾和黃金灘頭已經連接在一起，寬19公里、深10公里，加軍共有961名官兵傷亡。
加軍登陸艇
加軍推進
4 黃金灘頭
1944年6月6日早晨7點25分－當天結束
海軍岸轟癱瘓德軍火砲陣地之後，英軍在早晨7點25分開始登上黃金灘頭。他們隨即和朱諾灘頭的加拿大部隊會師，並向內陸挺進，擊退第21裝甲師的反攻，並奪得貝約（Bayeux）往克赫利（Creully）的公路。大約1000名盟軍官兵在戰鬥中捐軀。
英軍登陸艇
英軍推進
3 奧馬哈灘頭
1944年6月6日早晨6點30分－當天結束
盟軍轟炸機因為擔心誤擊美軍登陸艇而延後對奧馬哈灘頭的空襲，而強勁的海流也使登陸艇偏離航向。因此灘頭上依然有德軍的防禦工事，美軍部隊原本預期只會遭遇一個團，但卻被德軍一整個師的火力釘死。美軍部隊傷亡超過2000人，但終究在午夜時殺出一條通往海岸公路的血路（參見第188-89頁）。
美軍登陸艇
美軍推進

奧馬哈灘頭

1944年6月6日，盟軍在諾曼第的五個D日登陸灘頭中，就屬奧馬哈灘頭的戰況最慘烈。登陸部隊被深且高漲的海水阻礙，加上德軍從防禦良好的峭壁上射出鋪天蓋地的火力，大約有2400名美軍官兵在登陸現場陣亡或負傷。

△ **反戰車地雷**
諾曼第的海灘地雷密布，例如圖中這款德軍的T-42地雷。它被戰車壓過時就會爆炸。

美軍第 1 和第 29 步兵師的任務是在奧馬哈灘頭建立一個 10 公里長的灘頭堡，然後和其他的盟軍登陸灘頭連接，也就是西邊的猶他灘頭和東邊的黃金灘頭。

突擊行動在清晨 6 點 35 分展開，由美軍第 1 步兵師打頭任，但實際行動卻沒有按照計畫進行。提供空中掩護的盟軍轟炸機錯失目標，海軍岸轟火力也未能瞄準重點。登陸艇一靠岸，把守峭壁的德軍就在美軍企圖下船的同時發射如雨點般的砲彈、迫擊砲和機槍火力。絕大部分的兩棲戰車都因為高漲的海水灌入而沉沒，支援的火砲也一樣。在登陸的頭幾分鐘裡，突擊部隊有三分之一的人非死即傷。奧馬爾·布萊德雷中將（Omar N. Bradley）只能在極短時間內做出決策：是要繼續進攻，還是把部隊撤出，並把援軍轉移到猶他灘頭。他選擇了繼續。

取得立足點

美軍部隊獲得來自第29步兵師的第二波增援後，登陸戰況就改善了。他們設法緩慢地往灘頭上移動，並登上四周的峭壁。一支盟軍驅逐艦分遣隊靠近海岸，提供急需的艦砲火力支援。到了下午稍晚，戰車和其他車輛都已經開出灘頭。防守的德軍雖然堅強抵抗，但到了當天結束時，已有大約 3 萬 4000 名美軍登上奧馬哈灘頭，成功建立灘頭堡。

指揮衝突

德軍對這場入侵行動反應遲緩，原因在於權限相互衝突。隆美爾（中）主張在海灘上決戰，但他的上級蓋爾德·馮·倫德斯特卻計畫在盟軍登岸後再展開大規模反擊。不過由於事事都必須經過希特勒批准，所以倫德斯特的計畫一直耽擱到D日的下午。

涉水登岸
D日清晨6點40分左右，第16步兵團E連登上奧馬哈灘頭。兩個團的德國守軍從後方的峭壁上防守海灘，而水中也布滿各種用來破壞登陸艇的障礙物。

Verbleib unbekannt, jedoch in Großbritannien/Nordirland zu vermuten.
Gruppe Montgomery: (21. e. H. Gr.)
5 Inf. Div. +3 Grafsch. Div.
1 Pz. Div.
3 Pz. Brig.
Erläuterung:
= OKW. - Reserven
= Heeresgruppen- "
= Armee- "
= Korps- "
= engl.
= amerik.
= Festung
= Flakgeschützte Eisenbahnstrecken
= Flakgeschützte Straßen
Der Kanal
Gen. Bradley
12 a
Gen. Patton?
3 a
21.
Montgomery
Gen. Crerar
1. kan.
2.
Dempsey
Elakgruppe
Obstlt. Höhne
11 mittlere 13 leichte Battr.
LONDON
CARDIFF
BRISTOL
PLYMOUTH
EXETER
SOUTHAMPTON
PORTSMOUTH
BRIGHTON
EASTBOURNE
HASTINGS
OXFORD
READING
BOURNEMOUTH
CAEN
LE HAVRE
ROUEN
RENNES
NANTES
ANGERS
TOURS
St. Malo
LORIENT
Insel Wight

諾曼第橋頭堡

這張1944年8月1日的德軍形勢圖顯示盟軍（由沿著海岸的紅旗代表）至1944年7月31日為止的作戰進度。他們已經突破橋頭堡，但因為德軍的防禦作戰（由藍旗代表）發揮功效，因此前進速度緩慢。紅色陰影區域代表法國抵抗運動組織的活動區域。

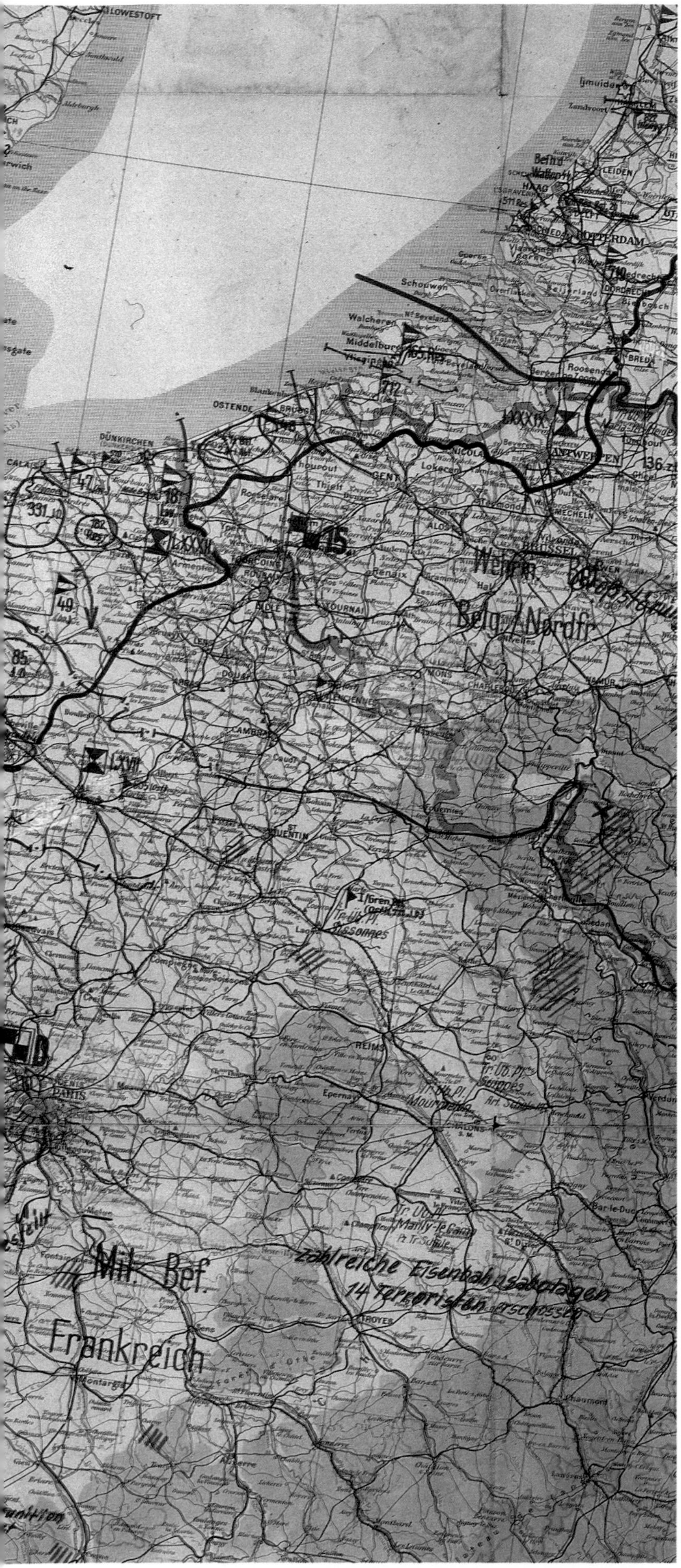

諾曼第戰役

二次大戰中某些最慘烈的戰鬥都是發生在D日登陸過後的兩個月裡。盟軍為了突破諾曼第的橋頭堡，經歷了一場令人身心俱疲的拉鋸戰，損失大約10萬人。

D 日登陸（參見第 186-87 頁）讓盟軍在諾曼第的海岸上有了立足點，但他們往內陸推進的行動卻不得不止步，因為德軍的精銳裝甲師兼程趕往諾曼第，封鎖了他們往橋頭堡以外地方的移動。當地地形有利守軍，而惡劣的天候更讓盟軍的空中力量打折扣。根據盟軍計畫，距離海岸大約 14 公里的康城應該要由第 2 軍團的英軍和加軍迅速拿下，而美軍第 1 軍團則向西朝葛唐丹半島（Cotentin Peninsula）進軍奪取瑟堡的港口。可是美軍部隊卻是一直等到登陸的三週後才占領瑟堡，而到了 6 月底，德軍依然牢牢掌握康城。負責指揮盟軍地面部隊的英軍將領蒙哥馬利因為作戰毫無進展而遭到部分美軍將領批評。不過德軍方面也出現危機：西線總司令（總部和 D 集團軍一起設於巴黎）蓋爾德．馮．倫德斯特元帥要求撤出諾曼第並結束戰爭，因此希特勒在 7 月 1 日把他革職。

盟軍的突破

7 月 18 日，盟軍的空軍展開地毯式轟炸，把康城化為一片瓦礫，周邊地區也被徹底夷平。接著登場的就是蒙哥馬利的佳林行動（Operation Goodwood），由三個裝甲師從康城東邊展開進攻。英軍在戰鬥中折損 300 輛戰車，卻沒能突破德軍防線，但此舉倒是把德軍最精銳的裝甲師從面對美軍第 1 軍團的地段引開了。7 月 25 日，美軍發動眼鏡蛇行動（Operation Cobra），擊潰了兵力大幅削弱的德國守軍，朝阿夫杭士（Avranches）方向突破。由喬治・巴頓將軍（George Patton）指揮的美軍第 3 軍團加入這場攻勢，從德軍防線上的缺口源源不絕地通過。德軍裝甲部隊在 8 月 7 日發動反擊，卻被盟軍對地攻擊機和美軍砲兵打垮。逃離諾曼第的德軍大多逃過了在法雷茲口袋（Falaise Pocket）被包圍（參見第 194-95 頁）的命運，但盟軍通往法國的道路已經暢通無阻。

▷ **重砲火力**
美軍砲兵在葛唐丹半島上的卡宏洞（Carentan）附近對德軍部隊開砲。

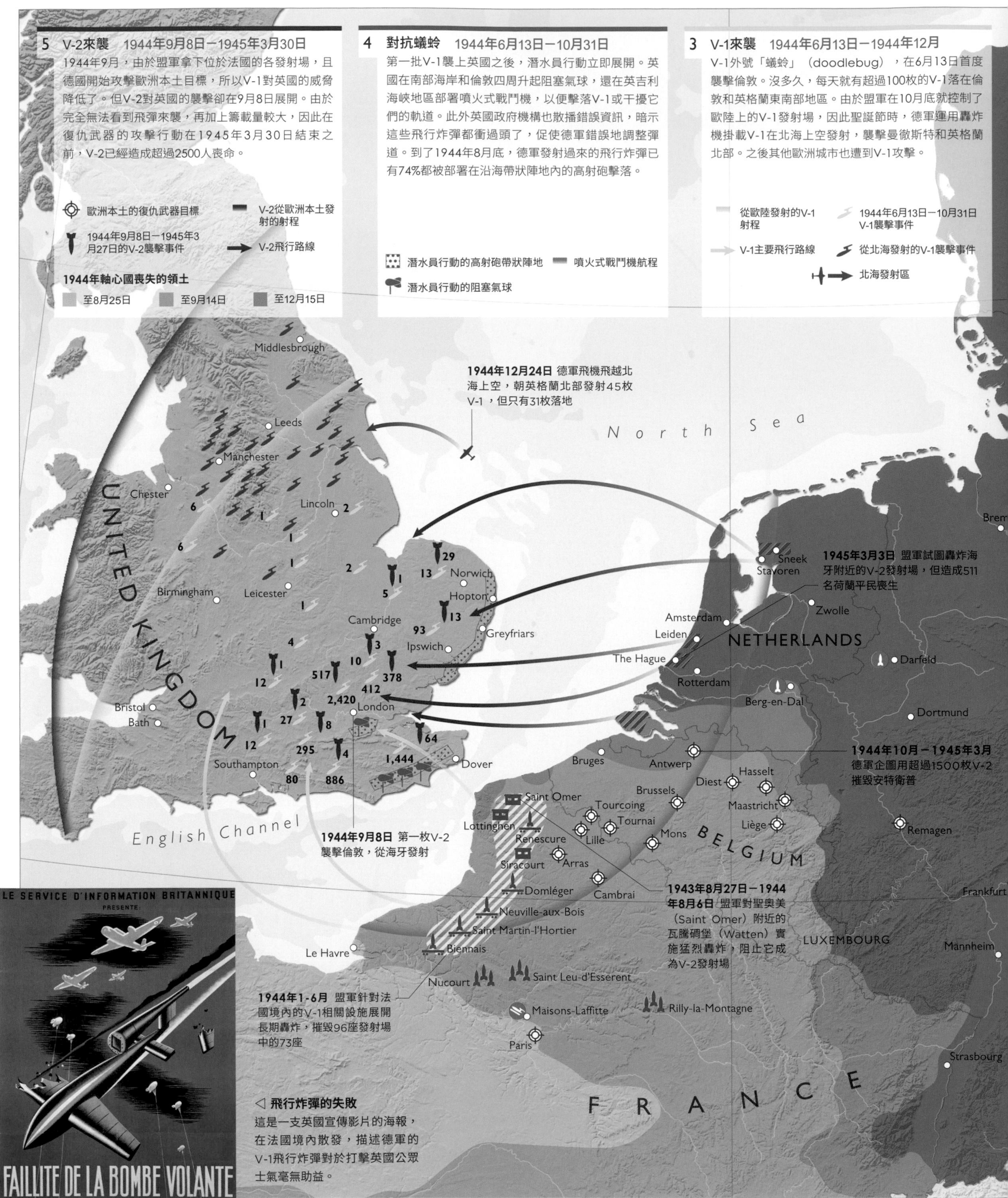

5 V-2來襲 1944年9月8日－1945年3月30日
1944年9月，由於盟軍拿下位於法國的各發射場，且德國開始攻擊歐洲本土目標，所以V-1對英國的威脅降低了。但V-2對英國的襲擊卻在9月8日展開。由於完全無法看到飛彈來襲，再加上籌載量較大，因此在復仇武器的攻擊行動在1945年3月30日結束之前，V-2已經造成超過2500人喪命。
歐洲本土的復仇武器目標
V-2從歐洲本土發射的射程
1944年9月8日－1945年3月27日的V-2襲擊事件
V-2飛行路線
1944年軸心國喪失的領土
至8月25日
至9月14日
至12月15日
4 對抗蟻蛉 1944年6月13日－10月31日
第一批V-1襲上英國之後，潛水員行動立即展開。英國在南部海岸和倫敦四周升起阻塞氣球，還在英吉利海峽地區部署噴火式戰鬥機，以便擊落V-1或干擾它們的軌道。此外英國政府機構也散播錯誤資訊，暗示這些飛行炸彈都衝過頭了，促使德軍錯誤地調整彈道。到了1944年8月底，德軍發射過來的飛行炸彈已有74%都被部署在沿海帶狀陣地內的高射砲擊落。
潛水員行動的高射砲帶狀陣地
噴火式戰鬥機航程
潛水員行動的阻塞氣球
3 V-1來襲 1944年6月13日－1944年12月
V-1外號「蟻蛉」（doodlebug），在6月13日首度襲擊倫敦。沒多久，每天就有超過100枚的V-1落在倫敦和英格蘭東南部地區。由於盟軍在10月底就控制了歐陸上的V-1發射場，因此聖誕節時，德軍運用轟炸機掛載V-1在北海上空發射，襲擊曼徹斯特和英格蘭北部。之後其他歐洲城市也遭到V-1攻擊。
從歐陸發射的V-1射程
1944年6月13日－10月31日V-1襲擊事件
V-1主要飛行路線
從北海發射的V-1襲擊事件
北海發射區
1944年12月24日 德軍飛機飛越北海上空，朝英格蘭北部發射45枚V-1，但只有31枚落地
1945年3月3日 盟軍試圖轟炸海牙附近的V-2發射場，但造成511名荷蘭平民喪生
1944年10月－1945年3月 德軍企圖用超過1500枚V-2摧毀安特衛普
1944年9月8日 第一枚V-2襲擊倫敦，從海牙發射
1943年8月27日－1944年8月6日 盟軍對聖奧美（Saint Omer）附近的瓦騰碉堡（Watten）實施猛烈轟炸，阻止它成為V-2發射場
1944年1-6月 盟軍針對法國境內的V-1相關設施展開長期轟炸，摧毀96座發射場中的73座
UNITED KINGDOM
NETHERLANDS
BELGIUM
LUXEMBOURG
FRANCE
North Sea
English Channel
Middlesbrough
Leeds
Manchester
Chester
Lincoln
Birmingham
Leicester
Norwich
Hopton
Cambridge
Greyfriars
Ipswich
London
Bristol
Bath
Southampton
Dover
Sneek
Stavoren
Zwolle
Amsterdam
Leiden
The Hague
Rotterdam
Darfeld
Berg-en-Dal
Dortmund
Bremen
Bruges
Antwerp
Hasselt
Diest
Brussels
Maastricht
Liège
Tourcoing
Tournai
Lille
Mons
Saint Omer
Lottinghen
Renescure
Siracourt
Arras
Cambrai
Domléger
Neuville-aux-Bois
Saint Martin-l'Hortier
Biennais
Le Havre
Nucourt
Saint Leu-d'Esserent
Maisons-Laffitte
Paris
Rilly-la-Montagne
Remagen
Frankfurt
Mannheim
Strasbourg
2,420
1,444
886
517
412
378
295
93
80
64
29
27
13
12
LE SERVICE D'INFORMATION BRITANNIQUE PRÉSENTE:
FAILLITE DE LA BOMBE VOLANTE

◁ **飛行炸彈的失敗**
這是一支英國宣傳影片的海報，在法國境內散發，描述德軍的V-1飛行炸彈對於打擊英國公眾士氣毫無助益。

恐怖新武器

1944年6月到1945年3月之間，有數千枚V-1和V-2飛彈從被占領的法國和荷蘭射向英國和歐洲本土的目標，倫敦、安特衛普（Antwerp）和布魯塞爾首當其衝。隨著戰爭結束，盟軍加緊腳步爭奪復仇武器的科技和生產設施。

圖例

V-1 headquarters　V-2 headquarters　1944年12月15日時的軸心國領土

時間軸

1 2 3 4 5

1930 1935 1940 1945 1950

Baltic Sea

Stralsund

Peenemünde

Rostock

übeck

1942年10月28日 V-1首度進行滑翔測試

1943年8月17-18日 盟軍在九頭蛇行動中出動將近600架轟炸機，轟炸佩內明德

1943年10月3日 V-2首度測試成功

1　復仇武器的發展　1933年－1944年9月

德國在1933年展開飛彈研究計畫，而到了1942年6月，德國空軍位於佩內明德的研究中心就已經在研發飛行炸彈。1942年10月，V-1的研發工作完成。同一時間，德國也成功測試了V-2，這是一款有導引的長程彈道飛彈，以乙醇和液態氧為燃料。

佩內明德研究中心

Berlin

Magdeburg

Nordhausen

Leipzig

1945年3-4月 盟軍轟炸中央製造廠的高強度要塞化生產廠房，卻意外炸死來自米特堡－朵拉（Mittelbau-Dora）的奴工

2　十字弓行動　1943年8月－1945年5月

十字弓行動的目標是要破壞德國的飛彈研發計畫。行動在1943年8月17-18日展開，盟軍先是襲擊了佩內明德，接著又對跟復仇武器相關的眾多目標展開轟炸，包括工廠、碉堡、發射場以及V-1使用的滑雪板狀儲放倉庫。但這些攻擊還不足以徹底破壞飛彈研發計畫。

關鍵復仇武器生產設施　V-1發射場　V-2發射場　儲放倉庫　補給站　碉堡

GREATER GERMANY

Nuremberg

Augsburg

Munich

Vienna

Wiener Neustadt

Salzburg

Friedrichshafen

復仇武器

1944年6月，德軍開始針對英國使用新式的V武器（Vergeltungswaffen，意指報復盟軍轟炸用的「復仇武器」）。它們（一開始）達成了目標，也就是使平民恐懼以及摧毀基礎設施。

德國正在研發長程飛彈的傳聞在 1943 年獲得了證實：波蘭情報單位的幹員把復仇武器的細節偷渡到了英國。這些「驚奇武器」不只要讓同盟國民眾感到恐懼，也要提升德國的士氣。盟軍因此展開十字弓行動（Operation Crossbow），目標是干擾這類武器的生產、運輸和使用。儘管如此，第一批 V-1 飛行炸彈還是在 1944 年 6 月首度襲擊倫敦，並在接下來的整個夏天裡肆虐英格蘭各地。這些構造簡單的飛彈是用鋼與膠合板製成，以脈衝噴射引擎為動力，運轉時會發出嗡嗡聲，當飛彈準備落下時就會熄火。成千上萬倫敦居民逃離市區，但等到當局展開潛水員行動（Operation Diver）、引進有效的防禦及反制措施後，他們就開始返回。1 萬 2000 枚發射的 V-1 當中，有將近一半都被癱瘓或擊落，而確實飛到英國的飛彈則造成 4 萬 5000 人死傷。

1944 年 9 月現身的 V-2（一種大型的火箭動力高速飛彈）更是把傷亡數字往上推升，包括英國及歐洲本土被瞄準的城市。盟軍穿越法國，並在 1945 年 3 月進入荷蘭之後，他們拔掉德軍的發射場，歐洲總算可以不再恐懼復仇武器。

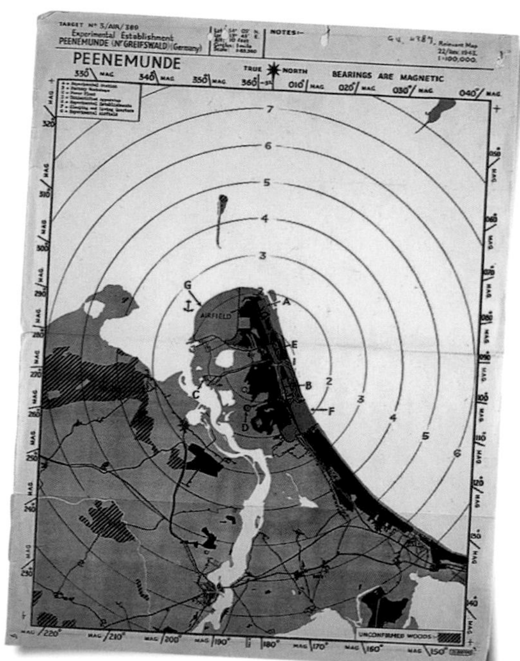
PEENEMUNDE

△ **空襲佩內明德**

這張1943年的英國地圖顯示九頭蛇行動（Operation Hydra）的目標，也就是1943年8月17-18日夜間對佩內明德（Peenemünde）進行的空襲。這場空襲行動迫使德國把V-2的生產工作轉移到中央製造廠（Mittelwerk）的廠房內。

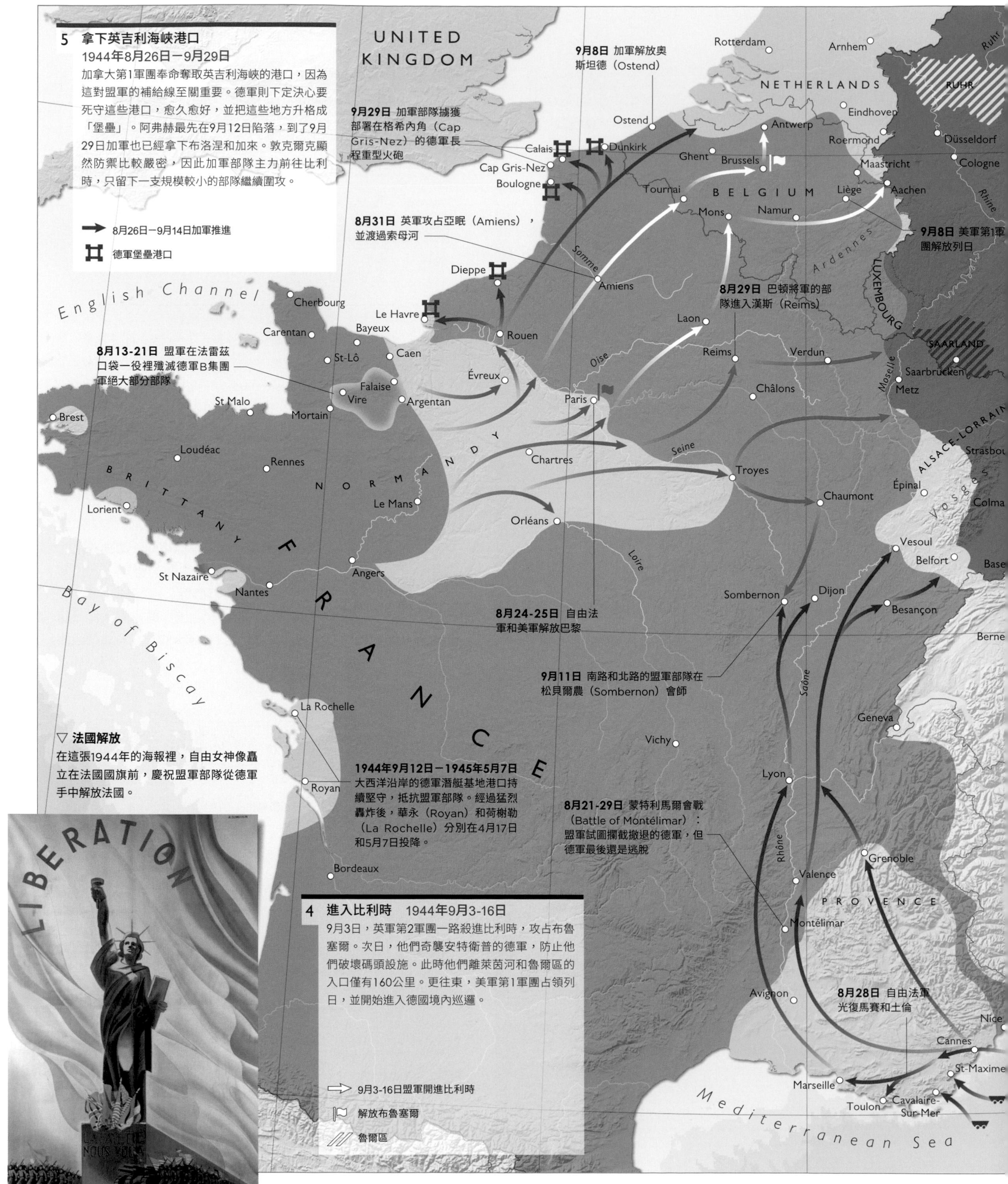

5 拿下英吉利海峽港口
1944年8月26日–9月29日
加拿大第1軍團奉命奪取英吉利海峽的港口，因為這對盟軍的補給線至關重要。德軍則下定決心要死守這些港口，愈久愈好，並把這些地方升格成「堡壘」。阿弗赫最先在9月12日陷落，到了9月29日加軍也已經拿下布洛涅和加來。敦克爾克顯然防禦比較嚴密，因此加軍部隊主力前往比利時，只留下一支規模較小的部隊繼續圍攻。
8月26日–9月14日加軍推進
德軍堡壘港口
4 進入比利時 1944年9月3-16日
9月3日，英軍第2軍團一路殺進比利時，攻占布魯塞爾。次日，他們奇襲安特衛普的德軍，防止他們破壞碼頭設施。此時他們離萊茵河和魯爾區的入口僅有160公里。更往東，美軍第1軍團占領列日，並開始進入德國境內巡邏。
9月3-16日盟軍開進比利時
解放布魯塞爾
魯爾區
9月8日 加軍解放奧斯坦德（Ostend）
9月29日 加軍部隊擄獲部署在格希內角（Cap Gris-Nez）的德軍長程重型火砲
8月31日 英軍攻占亞眠（Amiens），並渡過索母河
8月29日 巴頓將軍的部隊進入漢斯（Reims）
9月8日 美軍第1軍團解放列日
8月13-21日 盟軍在法雷茲口袋一役裡殲滅德軍B集團軍絕大部分部隊
8月24-25日 自由法軍和美軍解放巴黎
9月11日 南路和北路的盟軍部隊在松貝爾農（Sombernon）會師
1944年9月12日–1945年5月7日 大西洋沿岸的德軍潛艇基地港口持續堅守，抵抗盟軍部隊。經過猛烈轟炸後，華永（Royan）和荷榭勒（La Rochelle）分別在4月17日和5月7日投降。
8月21-29日 蒙特利馬爾會戰（Battle of Montélimar）：盟軍試圖攔截撤退的德軍，但德軍最後還是逃脫
8月28日 自由法軍光復馬賽和土倫
UNITED KINGDOM
NETHERLANDS
BELGIUM
LUXEMBOURG
FRANCE
BRITTANY
NORMANDY
PROVENCE
ALSACE-LORRAINE
RUHR
SAARLAND
English Channel
Bay of Biscay
Mediterranean Sea
Rotterdam
Arnhem
Eindhoven
Antwerp
Roermond
Düsseldorf
Cologne
Maastricht
Aachen
Liège
Namur
Brussels
Ghent
Ostend
Dunkirk
Calais
Cap Gris-Nez
Boulogne
Tournai
Mons
Ardennes
Somme
Amiens
Dieppe
Le Havre
Rouen
Cherbourg
Carentan
Bayeux
Caen
St-Lô
Falaise
Vire
Argentan
Mortain
Évreux
Paris
Oise
Laon
Reims
Verdun
Châlons
Moselle
Saarbrücken
Metz
Strasbou
Épinal
Vosges
Colma
Chaumont
Troyes
Seine
Chartres
Orléans
Loire
Le Mans
Angers
Rennes
Loudéac
Brest
St Malo
Lorient
St Nazaire
Nantes
La Rochelle
Royan
Bordeaux
Vichy
Sombernon
Dijon
Vesoul
Belfort
Base
Besançon
Berne
Geneva
Saône
Lyon
Rhône
Valence
Grenoble
Montélimar
Avignon
Marseille
Toulon
Cavalaire-Sur-Mer
St-Maxime
Cannes
Nice
Rhine
Ruhr
LIBERATION

▽ 法國解放
在這張1944年的海報裡，自由女神像矗立在法國國旗前，慶祝盟軍部隊從德軍手中解放法國。

奪回法國和比利時

艾森豪決定採廣正面推進，因此到了9月中旬，盟軍已經收復比利時與法國，但結果就是盟軍部隊散布在廣大地區，顯得相對薄弱。

圖例

- 8月13日時的盟軍控制區
- 8月26日時的盟軍控制區
- 9月14日時的盟軍控制區
- 9月14日時的軸心國領土

時間軸

1 2 3 4 5

1944年8月1日 9月1日 10月1日

GREATER GERMANY

SWITZERLAND

ITALY

1 巴黎解放　1944年8月13-26日

盟軍從諾曼第向東進軍，在8月16日抵達奧爾良（Orléans），接著在8月21日包圍並封閉有大批德軍部隊集結的法雷茲口袋。8月19日，隨著盟軍逼近巴黎，法國抵抗組織在首都起義暴動。五天之後，自由法軍和美軍進入巴黎，巴黎總督迪特里希・馮・侯提茲（Dietrich von Choltitz）忽視希特勒夷平巴黎的命令，向盟軍投降。

8月13-26日盟軍推進
法雷茲口袋
解放巴黎

2 龍騎兵作戰　1944年8月15日—9月14日

入侵法國南部的行動代號「龍騎兵」，在8月15日展開，美軍和法軍在土倫和坎城（Cannes）之間登陸。法軍占領土倫和馬賽，打通另一條銜接北方部隊的補給線，之後美軍加入，沿著隆河谷地（Rhône Valley）追擊德軍。德軍在9月14日撤出法國，逃往阿爾薩斯—洛林與弗日山脈（Vosges）。

8月15日盟軍登陸
9月14日盟軍推進

3 攻向薩爾蘭　1944年8月26日—9月14日

由巴頓將軍指揮的美軍第3軍團向東推進，在8月31日攻占凡爾登（Verdun）。美軍巡邏隊已經出現在梅茲（Metz）附近的莫瑟爾河（River Moselle）一帶，但軍團主力部隊直到9月5日才抵達。美軍部隊逼近薩爾蘭地區的工業中心，但德軍已經集結一支部隊，打算守住莫瑟爾河區域並保衛梅茲。

8月26日—9月14日盟軍朝德國邊界推進
薩爾蘭地區

突破諾曼第

在D日登陸後的三個月內，盟軍總算衝出諾曼第，解放法國和比利時絕大部分地區。他們一路向東長驅直入，到了9月中旬就已抵達德國邊界，但還有一場艱苦的戰鬥等著他們。

盟軍8月從諾曼第突圍以後，各路人馬就一路向東衝刺，在法國北部追擊德軍。到了8月底他們就已經肅清布列塔尼（Brittany），抵達羅亞爾河（Loire），向東最遠處則達到特華（Troyes）。自1940年6月起就被納粹控制的巴黎已經解放，戴高樂將軍也已經在此辦公。同時，一支法美聯軍也已登陸普羅旺斯（Provence），開始從南邊驅逐德軍。

關於最好的推進路線是什麼，盟軍的意見不一。英國陸軍元帥蒙哥馬利希望以較窄的正面推進，並朝東北方穿越比利時，抵達魯爾河谷。但擔任駐歐盟軍最高統帥的艾森豪將軍卻反對蒙哥馬利，他比較偏愛「廣正面」推進戰略，讓部隊沿著西線部署，接著再進軍德國。到了9月中旬，盟軍的戰線從北邊的安特衛普開始，一路延伸到南邊瑞士邊境的貝爾弗赫（Belfort）。英軍已經準備好要進行一次驚人的嘗試，從荷蘭入侵德國（參見第198-99頁），而對美軍來說，具有重要經濟地位的薩爾蘭和魯爾區也已近在咫尺。然而，他們面對的德軍抵抗卻愈來愈激烈。

> 「冷靜點，蒙提，你不能這樣對我說話。我是你的上司。」
>
> 艾森豪對蒙哥馬利，1944年9月10日

紅球快遞

從1944年8月25日到11月16日的83天裡，掛著紅球標誌的卡車車隊都載運糧食、燃料和彈藥，沿著公路從樹堡前往盟軍位於夏特（Chartres）的後勤基地，它們主要由非裔美軍士兵駕駛。在高峰期，紅球快遞（Red Ball Express）操作將近6000輛各式車輛，每天載運1萬1300公噸物資。安特衛普港重新開放、法國鐵路交通恢復運行並架設油管之後，這支車隊才功成身退。

RED BALL
HIGHWAY
STAY ON THE
BALL
KEEP 'EM
ROLLING!

站在紅球高速公路上的美軍士兵。

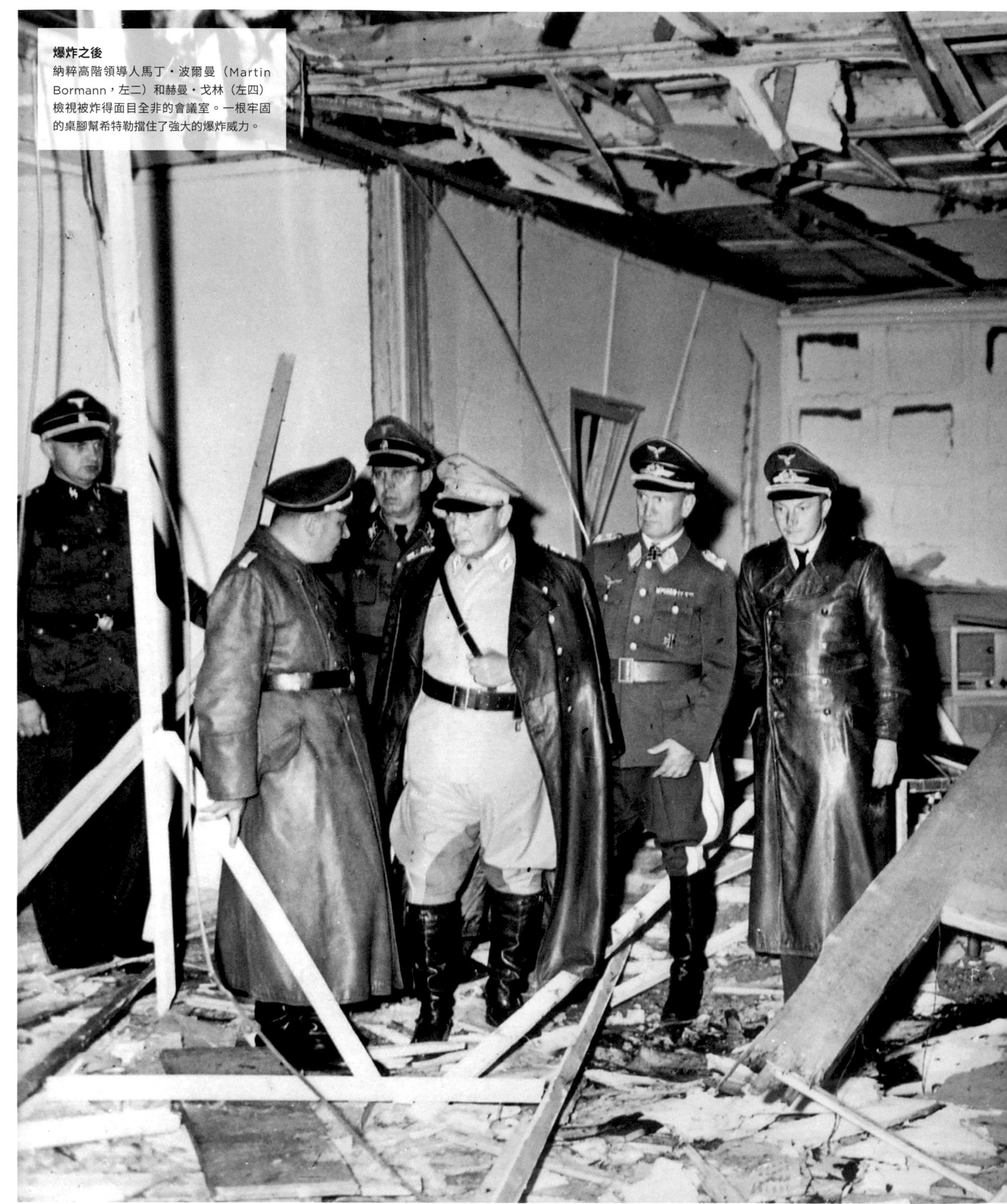

爆炸之後
納粹高階領導人馬丁・波爾曼（Martin Bormann，左二）和赫曼・戈林（左四）檢視被炸得面目全非的會議室。一根牢固的桌腳幫希特勒擋住了強大的爆炸威力。

刺殺希特勒

隨著盟軍從兩個戰場步步進逼，德國內部也出現祕密團體，密謀推翻希特勒並求和。1944年7月20日，一場暗殺行動只差那麼一點點就成功了。

七月政變是一群德國高階軍官策畫的。行動展開時，首先由克勞斯．馮．史陶芬堡上校（Claus von Stauffenberg）趁著開會的機會，把一個裝有炸彈的公事包安放在位於東普魯士的希特勒野戰總部「狼穴」（Wolf's Lair）。等到炸彈爆炸後，史陶芬堡就搭乘飛機返回柏林，宣稱黨衛軍已經暗殺希特勒，並命令德國後備軍（German Replacement Army）推翻希特勒政府。然而，雖然有三名官員當場被炸死，但希特勒居然逃過一劫，只受到輕傷。

△ **關鍵人物**
1943年，史陶芬堡在突尼西亞身受重傷後，就加入了政變者的行列，想要挽救德國免於毀滅。

政變失敗

由於不知道希特勒還活著，政變者繼續發號施令，指揮後備軍逮捕眾多官員。但就在此時，希特勒也下達反制命令。當奧圖．雷莫少校（Otto Remer）奉政變者的指示，準備逮捕宣傳部長約瑟夫．戈培爾時，戈培爾卻告訴他元首依然健在。為了證明所言不虛，戈培爾馬上和希特勒通電話。希特勒和雷莫講話，命令他立即鎮壓叛亂。雷莫的部隊立刻開往戰爭部，經過短暫交火後，政變者只得投降。這次政變的主謀都被判處死刑，而史陶芬堡當天晚間就被槍決。

▷ **逃過一劫**
希特勒在企圖暗殺他的炸彈事件發生後不過幾個小時，就和戈培爾會面。在這場流產政變之後，有超過7000人被控涉入政變而被逮捕，當中多達5000人最後喪命，不是被處決就是被迫自殺。

▽ **準備跳傘**
市場花園行動是二次大戰中規模最大的空降作戰。圖中，美軍傘兵在前往荷蘭跳傘前聽取最後簡報。

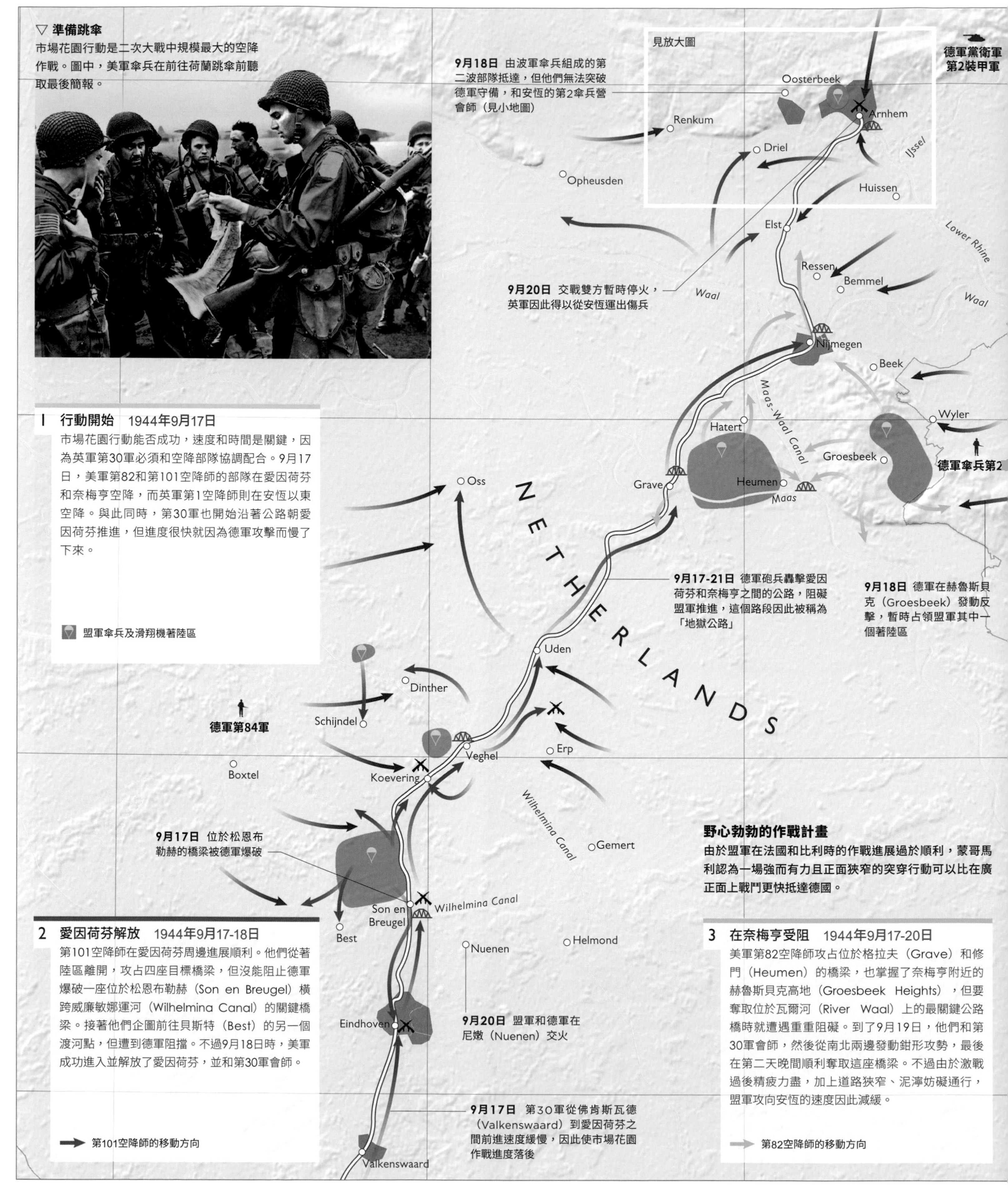
見放大圖
德軍黨衛軍第2裝甲軍
9月18日 由波軍傘兵組成的第二波部隊抵達，但他們無法突破德軍守備，和安恆的第2傘兵營會師（見小地圖）
Oosterbeek
Arnhem
Renkum
Driel
IJssel
Opheusden
Huissen
Elst
Lower Rhine
Ressen
Bemmel
9月20日 交戰雙方暫時停火，英軍因此得以從安恆運出傷兵
Waal
Waal
Nijmegen
Beek
Maas-Waal Canal
Hatert
Wyler
Groesbeek
德軍傘兵第2
Grave
Heumen
Maas
Oss
NETHERLANDS
9月17-21日 德軍砲兵轟擊愛因荷芬和奈梅亨之間的公路，阻礙盟軍推進，這個路段因此被稱為「地獄公路」
9月18日 德軍在赫魯斯貝克（Groesbeek）發動反擊，暫時占領盟軍其中一個著陸區
盟軍傘兵及滑翔機著陸區
Uden
Dinther
德軍第84軍
Schijndel
Erp
Veghel
Boxtel
Koevering
Wilhelmina Canal
9月17日 位於松恩布勒赫的橋梁被德軍爆破
Gemert
Son en Breugel
Wilhelmina Canal
Best
Nuenen
Helmond
Eindhoven
9月20日 盟軍和德軍在尼嫩（Nuenen）交火
9月17日 第30軍從佛肯斯瓦德（Valkenswaard）到愛因荷芬之間前進速度緩慢，因此使市場花園作戰進度落後
Valkenswaard
第101空降師的移動方向
第82空降師的移動方向

1 行動開始 1944年9月17日
市場花園行動能否成功，速度和時間是關鍵，因為英軍第30軍必須和空降部隊協調配合。9月17日，美軍第82和第101空降師的部隊在愛因荷芬和奈梅亨空降，而英軍第1空降師則在安恆以東空降。與此同時，第30軍也開始沿著公路朝愛因荷芬推進，但進度很快就因為德軍攻擊而慢了下來。

2 愛因荷芬解放 1944年9月17-18日
第101空降師在愛因荷芬周邊進展順利。他們從著陸區離開，攻占四座目標橋梁，但沒能阻止德軍爆破一座位於松恩布勒赫（Son en Breugel）橫跨威廉敏娜運河（Wilhelmina Canal）的關鍵橋梁。接著他們企圖前往貝斯特（Best）的另一個渡河點，但遭到德軍阻擋。不過9月18日時，美軍成功進入並解放了愛因荷芬，並和第30軍會師。

野心勃勃的作戰計畫
由於盟軍在法國和比利時的作戰進展過於順利，蒙哥馬利認為一場強而有力且正面狹窄的突穿行動可以比在廣正面上戰鬥更快抵達德國。

3 在奈梅亨受阻 1944年9月17-20日
美軍第82空降師攻占位於格拉夫（Grave）和修門（Heumen）的橋梁，也掌握了奈梅亨附近的赫魯斯貝克高地（Groesbeek Heights），但要奪取位於瓦爾河（River Waal）上的最關鍵公路橋時就遭遇重重阻礙。到了9月19日，他們和第30軍會師，然後從南北兩邊發動鉗形攻勢，最後在第二天晚間順利奪取這座橋梁。不過由於激戰過後精疲力盡，加上道路狹窄、泥濘妨礙通行，盟軍攻向安恆的速度因此減緩。

市場花園行動

這場行動堪是二次大戰中最大膽的行動之一，盟軍讓上萬名空降部隊在荷蘭靠近德國邊界的敵軍戰線後方著陸。這場作戰代號「市場花園」（Operation Market Garden），目標是為盟軍打通一條通往德國的路徑，但最後卻成了代價高昂的失敗。

1944 年 9 月中旬，盟軍感覺到敵人的抵抗愈來愈激烈，因此想要奮力一搏，突破並進入德國。蒙哥馬利元帥倉促擬定一份計畫，認為他可以繞過防禦堅強的西牆、或稱為齊格菲防線（Siegfried Line，參見第 200-201 頁），取道荷蘭進軍德國。在 9 月 17-18 日，3 萬 5000 名盟軍空降部隊搭乘滑翔機或跳傘進入奈梅亨（Nijmegen）、愛因荷芬（Eindhoven）和安恆（Arnhem）地區，任務是奪取串連這幾座城市的公路上的大橋。英軍第 30 軍接著會沿著這條公路前進，在安恆越過下萊茵（Lower Rhine）地區，之後盟軍就可以輕易進入位於魯爾的德國工業心臟地帶。

但盟軍奪取安恆跨越萊茵河的大橋失敗，且經過長達一週的苦戰後，有超過 1000 名盟軍陣亡，最後被迫撤退。市場花園行動失敗，浪費掉在接下來的幾個月裡盟軍在廣正面上對付德軍防務時本可用上的寶貴資源。

有瑕疵的計畫

蒙哥馬利計畫運用空降部隊奪占愛因荷芬到安恆之間公路上的各橋梁，形成一條安全走廊供地面部隊通過。他以為不會遭遇太多抵抗。

圖例

德軍主攻
德軍部隊
第30軍地面部隊推進
愛因荷芬到安恆的公路
關鍵橋梁
主要戰鬥
關鍵市區

時間軸

1
2
3
4
5

1944年9月15日　9月20日　9月25日　9月30日

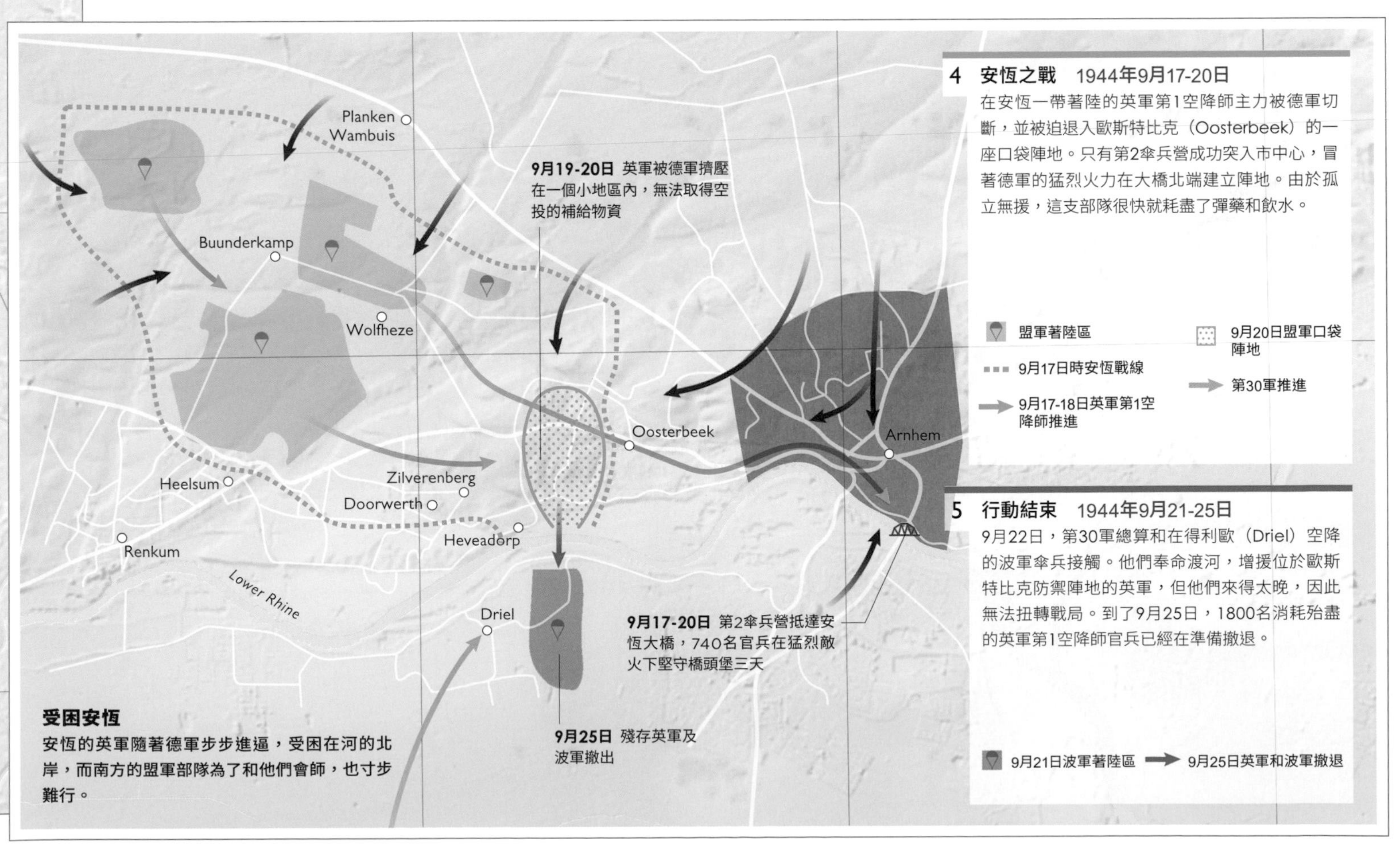
Planken Wambuis
Buunderkamp
Wolfheze
Oosterbeek
Arnhem
Heelsum
Zilverenberg
Doorwerth
Heveadorp
Renkum
Lower Rhine
Driel
9月19-20日 英軍被德軍擠壓在一個小地區內，無法取得空投的補給物資
9月17-20日 第2傘兵營抵達安恆大橋，740名官兵在猛烈敵火下堅守橋頭堡三天
9月25日 殘存英軍及波軍撤出
4 安恆之戰 1944年9月17-20日
在安恆一帶著陸的英軍第1空降師主力被德軍切斷，並被迫退入歐斯特比克（Oosterbeek）的一座口袋陣地。只有第2傘兵營成功突入市中心，冒著德軍的猛烈火力在大橋北端建立陣地。由於孤立無援，這支部隊很快就耗盡了彈藥和飲水。
盟軍著陸區
9月20日盟軍口袋陣地
9月17日時安恆戰線
第30軍推進
9月17-18日英軍第1空降師推進
5 行動結束 1944年9月21-25日
9月22日，第30軍總算和在得利歐（Driel）空降的波軍傘兵接觸。他們奉命渡河，增援位於歐斯特比克防禦陣地的英軍，但他們來得太晚，因此無法扭轉戰局。到了9月25日，1800名消耗殆盡的英軍第1空降師官兵已經在準備撤退。
9月21日波軍著陸區
9月25日英軍和波軍撤退
受困安恆
安恆的英軍隨著德軍步步進逼，受困在河的北岸，而南方的盟軍部隊為了和他們會師，也寸步難行。

德國家門口的戰火

經歷過諾曼第戰役、又橫越法國之後，盟軍陷入疲勞狀態，但當他們在1944年年底準備跨越德國邊界時，卻開始面臨德軍有組織的抵抗。儘管他們在阿爾薩斯－洛林及德國本土有所斬獲，但在經過須耳德河（Scheldt）和賀特根森林（Hürtgen Forest）的消耗戰後，軍力也衰竭了。

盟軍的市場花園行動（參見第198-99頁）一敗塗地，未能跨越萊茵河、打通一條通往德國的入侵途徑。這點再加上補給線過度延伸，盟軍喪失了自諾曼第突破（參見第194-95頁）以來一直掌握的主動權，因此在1944年結束戰爭的希望也跟著破滅。反之，他們在秋天和初冬季試圖沿著比利時、荷蘭和法國邊界突破德軍的防禦。

經過一番鑿戰後，盟軍肅清荷蘭須耳德河河口的防守德軍，並讓比利時的安特衛普港重新通航，以作為部隊補給使用。但此時若要前往萊茵河，盟軍必須對付兩個可怕的障礙：一個是西牆（或稱齊格菲防線），這是德軍一條600公里長的防線，由碉堡、反戰車陷阱和坑道組成，另一個則是愈來愈寒冷潮溼的天氣。

美軍第7軍團和法軍第1軍團在戰線南端取得戰果，朝位於薩爾蘭的德國工業地帶推進，並讓殘留在法國東部的德軍退守到科爾馬（Colmar）一帶的口袋陣地裡，加軍和英軍則成功讓安特衛普港恢復運作。但盟軍想要進軍對德國經濟最為重要的魯爾河谷區域時卻受到阻礙，因為美軍第1軍團在賀特根森林冗長的戰鬥中戰敗，且有過3萬3000人傷亡。

「在賀特根，他們根本整個凍僵了，而且凍到臉都紅通通的。」

厄尼斯特・海明威（Ernest Hemingway），《渡河入林》（Across The River And Into The Trees），1950年

▷ **被摧毀的碉堡**
這座位於德國西牆防線上的碉堡被盟軍的穿甲彈摧毀。1944年，希特勒下令大幅強化這條防線，但碉堡不敵盟軍新開發的武器。

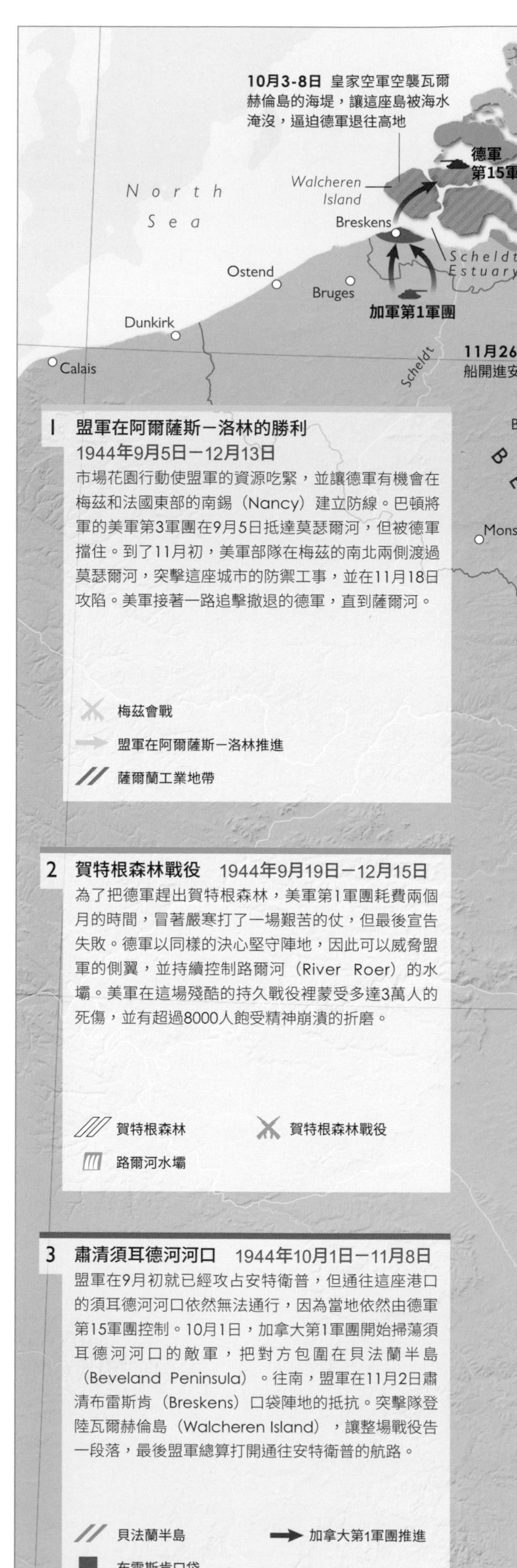

Rotterdam
10月3-8日 皇家空軍空襲瓦爾赫倫島的海堤，讓這座島被海水淹沒，逼迫德軍退往高地
德軍第15軍團
North Sea
Walcheren Island
Breskens
Scheldt Estuary
Ostend
Bruges
Antwerp
加軍第1軍團
Dunkirk
Calais
Scheldt
11月26日 同盟國
船開進安特衛普
Brussels
BELGIUM
Mons
FRANCE
1 盟軍在阿爾薩斯－洛林的勝利
1944年9月5日－12月13日
市場花園行動使盟軍的資源吃緊，並讓德軍有機會在梅茲和法國東部的南錫（Nancy）建立防線。巴頓將軍的美軍第3軍團在9月5日抵達莫瑟爾河，但被德軍擋住。到了11月初，美軍部隊在梅茲的南北兩側渡過莫瑟爾河，突擊這座城市的防禦工事，並在11月18日攻陷。美軍接著一路追擊撤退的德軍，直到薩爾河。
梅茲會戰
盟軍在阿爾薩斯－洛林推進
薩爾蘭工業地帶
2 賀特根森林戰役 1944年9月19日－12月15日
為了把德軍趕出賀特根森林，美軍第1軍團耗費兩個月的時間，冒著嚴寒打了一場艱苦的仗，但最後宣告失敗。德軍以同樣的決心堅守陣地，因此可以威脅盟軍的側翼，並持續控制路爾河（River Roer）的水壩。美軍在這場殘酷的持久戰役裡蒙受多達3萬人的死傷，並有超過8000人飽受精神崩潰的折磨。
賀特根森林
賀特根森林戰役
路爾河水壩
3 肅清須耳德河河口 1944年10月1日－11月8日
盟軍在9月初就已經攻占安特衛普，但通往這座港口的須耳德河河口依然無法通行，因為當地依然由德軍第15軍團控制。10月1日，加拿大第1軍團開始掃蕩須耳德河河口的敵軍，把對方包圍在貝法蘭半島（Beveland Peninsula）。往南，盟軍在11月2日肅清布雷斯肯（Breskens）口袋陣地的抵抗。突擊隊登陸瓦爾赫倫島（Walcheren Island），讓整場戰役告一段落，最後盟軍總算打開通往安特衛普的航路。
貝法蘭半島
加拿大第1軍團推進
布雷斯肯口袋

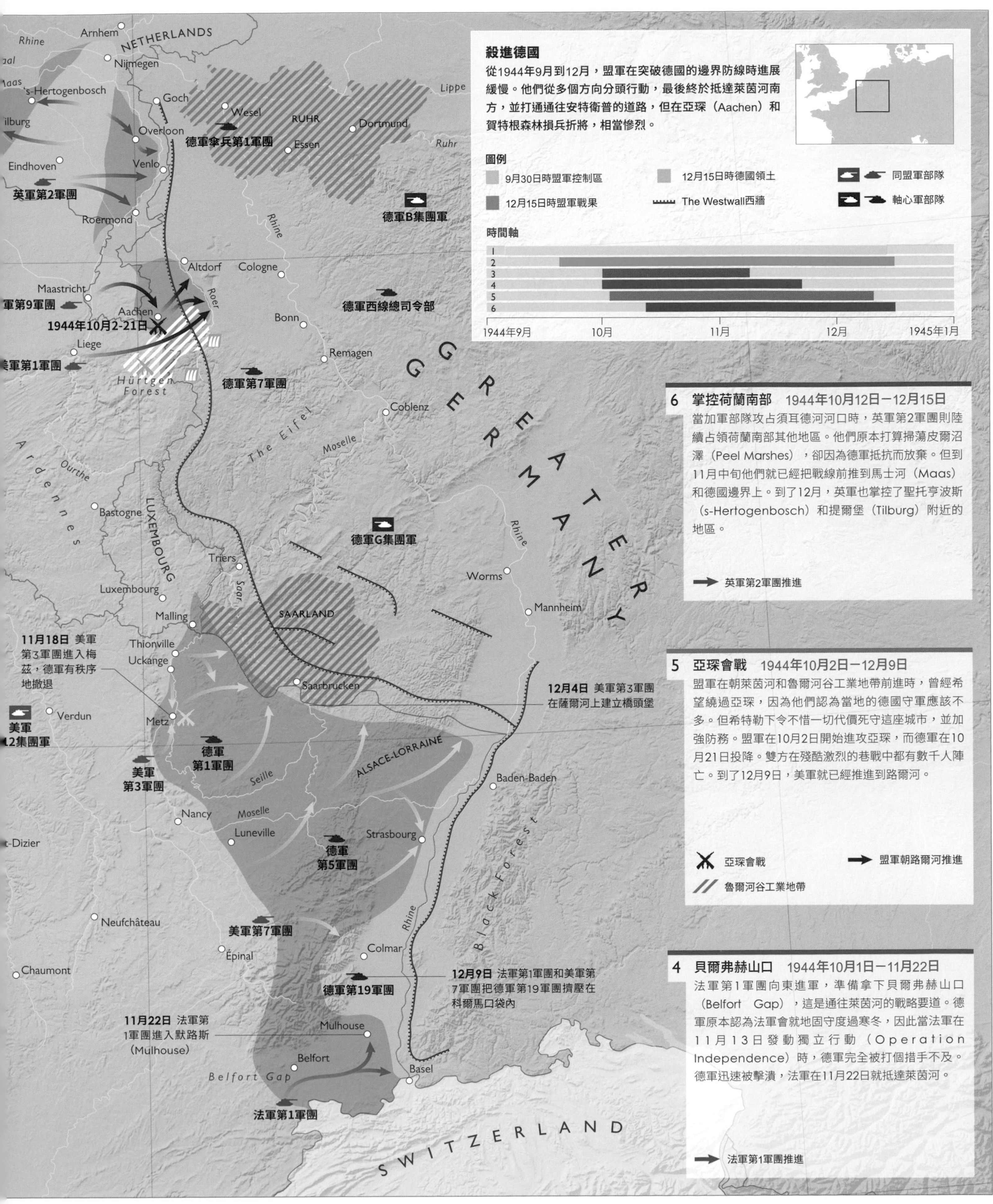

殺進德國
從1944年9月到12月，盟軍在突破德國的邊界防線時進展緩慢。他們從多個方向分頭行動，最後終於抵達萊茵河南方，並打通通往安特衛普的道路，但在亞琛（Aachen）和賀特根森林損兵折將，相當慘烈。
圖例
9月30日時盟軍控制區
12月15日時盟軍戰果
12月15日時德國領土
The Westwall西牆
同盟軍部隊
軸心軍部隊
時間軸
1944年9月
10月
11月
12月
1945年1月
6 掌控荷蘭南部 1944年10月12日－12月15日
當加軍部隊攻占須耳德河河口時，英軍第2軍團則陸續占領荷蘭南部其他地區。他們原本打算掃蕩皮爾沼澤（Peel Marshes），卻因為德軍抵抗而放棄。但到11月中旬他們就已經把戰線前推到馬士河（Maas）和德國邊界上。到了12月，英軍也掌控了聖托亨波斯（s-Hertogenbosch）和提爾堡（Tilburg）附近的地區。
英軍第2軍團推進
5 亞琛會戰 1944年10月2日－12月9日
盟軍在朝萊茵河和魯爾河谷工業地帶前進時，曾經希望繞過亞琛，因為他們認為當地的德國守軍應該不多。但希特勒下令不惜一切代價死守這座城市，並加強防務。盟軍在10月2日開始進攻亞琛，而德軍在10月21日投降。雙方在殘酷激烈的巷戰中都有數千人陣亡。到了12月9日，美軍就已經推進到路爾河。
亞琛會戰
盟軍朝路爾河推進
魯爾河谷工業地帶
4 貝爾弗赫山口 1944年10月1日－11月22日
法軍第1軍團向東進軍，準備拿下貝爾弗赫山口（Belfort Gap），這是通往萊茵河的戰略要道。德軍原本認為法軍會就地固守度過寒冬，因此當法軍在11月13日發動獨立行動（Operation Independence）時，德軍完全被打個措手不及。德軍迅速被擊潰，法軍在11月22日就抵達萊茵河。
法軍第1軍團推進
NETHERLANDS
Arnhem
Nijmegen
's-Hertogenbosch
Goch
Wesel
RUHR
Dortmund
Lippe
Essen
Ruhr
Overloon
Venlo
Eindhoven
Roermond
英軍第2軍團
德軍傘兵第1軍團
德軍B集團軍
Rhine
Altdorf
Cologne
Maastricht
Aachen
Roer
軍第9軍團
1944年10月2-21日
Bonn
德軍西線總司令部
Liege
Remagen
美軍第1軍團
Hürtgen Forest
德軍第7軍團
GREATER GERMANY
Coblenz
The Eifel
Moselle
Ardennes
Ourthe
Bastogne
LUXEMBOURG
德軍G集團軍
Triers
Saar
Worms
Luxembourg
Mannheim
Malling
SAARLAND
11月18日 美軍第3軍團進入梅茲，德軍有秩序地撤退
Thionville
Uckange
Saarbrucken
12月4日 美軍第3軍團在薩爾河上建立橋頭堡
Verdun
Metz
美軍
12集團軍
德軍第1軍團
美軍第3軍團
ALSACE-LORRAINE
Seille
Baden-Baden
Nancy
Moselle
Luneville
Strasbourg
德軍第5軍團
Black Forest
Neufchâteau
美軍第7軍團
Rhine
Épinal
Colmar
Chaumont
德軍第19軍團
12月9日 法軍第1軍團和美軍第7軍團把德軍第19軍團擠壓在科爾馬口袋內
11月22日 法軍第1軍團進入默路斯（Mulhouse）
Mulhouse
Belfort
Belfort Gap
Basel
法軍第1軍團
SWITZERLAND

HUNGARY
CROATIA
YUGOSLAVIA
SERBIA
MONTENEGRO
ALBANIA
GREECE
ITALY
Adriatic Sea
Lake Balaton
Klagenfurt
Maribor
Kranj
Kamnik
Celje
Ljubljana
Varaždin
Trieste
Zagreb
Fiume
Pula
Plaskio
Gospić
Bihać
Drvar
Zara
Sibenik
Split
Šolta
Brač
Hvar
Vis
Korčula
Mljet
Požega
Banja Luka
Jajce
Zenica
Sarajevo
Tuzla
Mostar
Gacko
Bileća
Dubrovnik
Žabljak
Šavnik
Kolašin
Andrijevica
Cetinje
Lake Skadar
Scutari
Pecs
Szeged
Arad
Subotica
Sombor
Osijek
Srbobran
Vinkovci
Novi Sad
Zrenjanin
Timisoara
Deta
Šabac
Belgrade
Obrenovac
Mihajlovac
Smederevo
Požarevac
Petrovac
Kragujevac
Paraćin
Bor
Vidin
Sokobanja
Nis
Bela Palanka
Leskovac
Vlasotince
Surdulica
Sofia
Pristina
Presevo
Prizren
Skopje
Veles
Durazzo
Tirana
Monastir
Koritsa
Florina
Salonika
Kavala
Janina
Corfu
Paxoi
Larissa
Trikala
Volos
Lamia
Thermopylae
Thebes
Distamo
Athens
Piraeus
Patras
Corinth
Pirgos
Peloponnese
Kalamata
Idhra
Cerigo
Lliodh
Skiathos
Bari
Brindisi
Taranto
Potenza
Drava
Sava
Una
Vrbas
Bosna
Drina
Tisza
Danube
Morava
Neretva
Vardar
Seman
Vijose
1941-45年 德國允許親法西斯的克羅埃西亞建立名義上的獨立國家
1941-45年 塞爾維亞屈服於德軍殘酷的軍事占領
1944年10月14-20日 狄托的游擊隊和蘇軍解放貝爾格來德
1941年10月19-21日 克拉古葉瓦次（Kragujevac）屠殺：德軍為了報復游擊隊襲擊，射殺2800名成年與未成年男性
1945年4月4日 軸心軍放棄塞拉耶佛
1945年2月22日 軸心軍離開摩斯塔（Mostar）
1944年9月24日－10月5日 游擊隊處決48名疑似勾結納粹的通敵分子
1941-45年 塞爾維亞屈服於德軍殘酷的軍事占領
1944年10月8日 德軍撤出科林斯

1 英軍開抵南斯拉夫 1944年1-6月

英國在一開始先是支持切特尼克，但1943年7月決定改為支持狄托。1944年1月，他們在先前被義大利占領的南斯拉夫維斯島（Vis）登陸，以防止這座島落入德軍手中。他們也從義大利南部發動攻擊，但一場在1944年復活節進行的地毯式轟炸行動卻引發爭議，因為有超過1000名平民在這場空襲中喪生，而絕大部分德軍目標卻完好無損。

- 盟軍／游擊隊聯合基地
- 盟軍／游擊隊襲擊亞得里亞海島嶼
- 義大利南部盟軍空軍基地
- 1944年4月16-17日盟軍復活節空襲

2 德軍打擊狄托 1944年4-6月

1944年4月，德軍展開馬步行動，這是自1941年起針對游擊隊的第六次大規模攻勢。德軍空降和地面部隊進攻南斯拉夫游擊隊總部所在地德瓦爾（Drvar），他們逐屋逐戶進行巷戰，最後才攻下這座城市，但卻因為游擊隊發動反攻而損失慘重。狄托毫髮無傷地逃脫，之後在維斯島重新設立總部。

- 德軍進攻德瓦爾

解放巴爾幹半島

盟軍在1944年抵達巴爾幹半島，協助游擊隊解放希臘與南斯拉夫，但共產黨、共和派和保皇派之間的不和威脅著希臘的和平。

圖例

- 希臘
- 南斯拉夫
- 克羅埃西亞（德國傀儡政權）
- 塞爾維亞（德國占領）
- 蒙特內哥羅（義大利保護國）

時間軸

1、2、3、4、5、6、7

1944年1月　4月　7月　10月　1945年1月　4月　7月

3 貝爾格來德攻勢 1944年9月1日－10月20日

為了解放南斯拉夫首都貝爾格來德，狄托和西方盟軍在拉特威克行動（Operation Ratweek）中透過轟炸公路和鐵路的手段切斷德軍交通線。但由於懷疑英國的意圖，加上需要和快速接近的蘇軍取得共識，狄托因此和史達林會面。南斯拉夫游擊隊加上蘇軍和保加利亞人民軍（Bulgarian People's Army）終於在10月20日解放貝爾格來德。

- 蘇軍推進
- 保軍推進
- 游擊隊推進
- 拉特威克作戰主要轟炸行動

希臘與南斯拉夫

軸心國軍隊在1941年占領希臘和南斯拉夫之後，游擊隊就和他們爆發激烈戰鬥，但游擊隊之間也有衝突。自從軸心國對巴爾幹半島的控制權自1943年瓦解之後，盟軍也開始被捲入當地錯綜複雜的政治紛爭。

軸心軍入侵巴爾幹半島之後（參見第 80-81 頁），義大利占領希臘大部分地區，而南斯拉夫（此時分裂成三個國家，其餘領土被周遭國家兼併）則由德國統治。1943 年 9 月義大利投降（參見第 164-65 頁）後，德軍進占整個地區，但隨著蘇軍在 1944 年 9 月進逼（參見第 182-83 頁），德軍面臨被包圍的危險，因此撤退。同一時間，邱吉爾和史達林達成協議，英國可以介入希臘，而蘇聯則可插手巴爾幹國家。

在這兩個國家裡，針對占領軍的抵抗運動形成互相競爭的團體。在南斯拉夫，德拉查・米哈伊洛維奇上校（Draža Mihailović）領導保皇派的切特尼克組織，而約瑟普・布羅茲——又名「狄托」（Tito）——則領導共產黨游擊隊。到了 1943 年，狄托領導的組織在對抗德軍時明顯表現較佳，而當切特尼克開始和納粹聯手對抗共產黨時，狄托又贏得盟軍支持。在希臘，共產黨和共和派游擊隊都不喜歡背後有英國支持的保皇派流亡政府。隨著解放的日子接近，英國警覺到共產黨主導的游擊隊團體民族解放陣線和它的武裝分支希臘人民解放軍（ELAS）權力與日俱增。他們企圖建立一個涵蓋國內所有派系的希臘政府，結果引發內戰。

△ 行軍中的希臘游擊隊
1944年10月，一群游擊隊員徒步加入盟軍部隊的行列。希臘與南斯拉夫的游擊組織對德軍構成重大的挑戰，讓德軍無法轉移到其他戰場。

7 不穩定的和平
1944年12月4日－1945年2月12日
隨著希臘人民解放軍的部隊朝雅典前進，邱吉爾下令英軍以武力對抗。希臘人民解放軍和英軍在雅典爆發衝突，長達一個月，稱為十二月事件（Dekemvriana）。英軍在1月為保皇派政府重新取得控制權，而希臘人民解放軍則在2月12日簽署停火協議後解散。但希臘該由誰來統治的問題一直懸而未決，因此內戰在1946年再度爆發。

十二月事件的衝突

6 內戰爆發 1944年10月16日－12月3日
英軍在10月16日護送流亡政府返國。希臘首相喬治奧斯・帕潘德里歐（Georgios Papandreou）在解除游擊隊武裝的壓力下，宣布編組全新希臘國家陸軍（Greek National Army），但最有力的游擊組織——共產黨掌握的希臘人民解放軍——拒絕解除武裝，並開始煽動反英情緒。12月3日，大批示威者在雅典街頭示威抗議，和警方爆發衝突，有28名平民喪生，進而引發內戰。

希臘人民解放軍有影響力的區域
共和派有影響力的區域
內戰爆發

1944年9月9日 保加利亞換邊站，對德國宣戰

ROMANIA
BULGARIA
TURKEY
Adrianople
Xanthi
Maritsa
Samothrace
Aegean Sea
Lesbos
Psara
Khios
Andros
Samos
Tinos
Mikonos
Nicaria
Naxos
Paros
Ios
Amorgos
Sikinos
Thira
Astipalaia

5 英軍登陸希臘 1944年9月17日－10月15日
英軍特種作戰團從1942年起就已經介入希臘（參見第138-39頁）。到了1944年9月，隨著德軍撤出，英軍開始派遣部隊登陸，目的是要讓德軍加速撤出，並防止希臘人民解放軍奪權。在曼那行動（Operation Manna）裡，更多部隊於10月4日在帕特拉斯登陸，並朝科林斯挺進。最後一批德軍在10月12日離開雅典，次日英軍奪取雅典附近的一座機場，並占領雅典的港口皮雷埃夫斯。

英軍空降著陸
1944年10月英軍曼那作戰
1944年10月1日－11月15日德軍撤退路線

4 解放南斯拉夫
1944年10月20日－1945年5月8日
失去貝爾格來德之後，德軍和親法西斯的克羅埃西亞部隊在塞拉耶佛周圍建立斯雷姆防線（Syrmian Front），他們冬天就在這裡打了一場血腥的消耗戰。狄托的游擊隊在蘇軍、保加利亞人和義大利人的協助下於4月突破這道防線，並把軸心軍部隊趕往西北方，經過塞爾維亞和克羅埃西亞，直到德軍在5月8日投降。

1944-45年游擊隊作戰
斯雷姆防線

We Can Do It!

△ **鉚釘女工**
「鉚釘女工」（Rosie the Riveter）一詞代表二次大戰期間在重工業領域辛勤工作的眾多美國女性。這張美國宣傳海報運用女性人物形象，鼓勵全民一起為戰爭的最後勝利而努力。

對抗日本

1943-44年，日軍地面部隊在對抗美國的過程中遭受一連串失敗。相較之下美國擁有人口數量上的優勢，工業能力也更加強大，而日本一度引以為傲的海軍也幾乎全軍覆沒。

美國從 1942 年起大舉增產軍火、船艦和飛機，各種組織發揮的力量功不可沒。企業、武裝部隊和聯邦政府官員通力合作，開發生產戰爭所需的各種硬體。美國政府的開支在 1941 到 1944 年間提高四倍，大蕭條的失業年代已經過去，勞力短缺來臨。這對美國社會有非常深遠的影響。女性進入重工業領域就業，而來自美國南方棉花州的非裔美國人也大批移居加州和北方城市工作——這樣的人口遷徙於 1943 年夏季在底特律（Detroit）激起了種族暴亂。羅斯福政府嘗試性地在就業領域解除種族隔離，但美軍依然實施種族隔離制。

日本的工業輸出比不上美國，武器的品質也如此。儘管日本也大量逼迫爪哇人、韓國人、中國人與盟軍戰俘擔任奴工，但依然無法滿足軍事和民間人力的需求。

美國的戰略

美軍在太平洋戰爭中的指揮系統分成陸軍上將道格拉斯・

▷ **兩棲登陸**
1943年12月，美國海軍陸戰隊登陸新幾內亞的新不列顛島（New Britain）。運用登陸艇和兩棲車輛是海軍陸戰隊的特點。

霸權之爭

美軍在1943年11月展開跨越太平洋的跳島作戰，從吉爾伯特群島出發，並在1944年7月抵達馬里亞納群島。美國在西南太平洋的攻勢則是一路打到1944年10月在菲律賓登陸，而日本海軍的挫敗則代表日本本土已有遭入侵的風險。在此期間，日本和中國的衝突又更上層樓，而英軍在逐退入侵印度的日軍後，也進軍日本占領的緬甸。

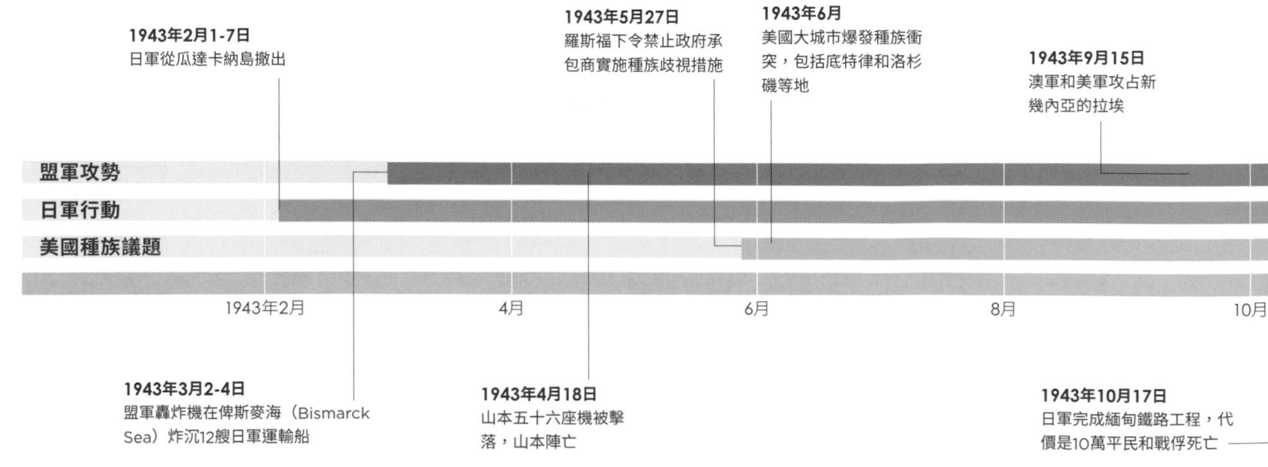
1943年2月1-7日
日軍從瓜達卡納島撤出
1943年3月2-4日
盟軍轟炸機在俾斯麥海（Bismarck Sea）炸沉12艘日軍運輸船
1943年4月18日
山本五十六座機被擊落，山本陣亡
1943年5月27日
羅斯福下令禁止政府承包商實施種族歧視措施
1943年6月
美國大城市爆發種族衝突，包括底特律和洛杉磯等地
1943年9月15日
澳軍和美軍攻占新幾內亞的拉埃
1943年10月17日
日軍完成緬甸鐵路工程，代價是10萬平民和戰俘死亡
盟軍攻勢
日軍行動
美國種族議題
1943年2月
4月
6月
8月
10月

◁ **中國境內的行動**
1944年在中國進行一號作戰期間，日軍士兵在97式中型戰車上拍照。這場行動顯示出日軍的戰鬥力依然健在。

麥克阿瑟將軍指揮的西南太平洋戰區，由美國陸軍主導，還有海軍上將切斯特·尼米茲指揮的中南太平洋戰區，由美國海軍陸戰隊與美國海軍掌控。尼米茲在跨越中太平洋時採用直指日本的跳島戰術，最具有決定性。美國海軍陸戰隊採用一系列新式兩棲裝備，在一連串日軍占領的島嶼登陸，島上寡不敵眾的日本守軍儘管都是戰鬥至死、絕不投降，這些島嶼還是接連陷落。當日本海軍企圖在1944年6月阻止美軍登陸塞班島（Saipan）時，才發現自己的艦載機和飛行員早已不是美軍的對手。

菲律賓戰役

與此同時，麥克阿瑟的部隊避開日軍防禦堅強的地點（例如新幾內亞的臘包爾），踏上收復菲律賓的征途。1944年10月登陸菲律賓期間，雙方在雷伊泰灣（Leyte Gulf）爆發海戰，日本帝國海軍經此一役可說是全面潰敗，不再是一支能夠發揮戰力的武裝部隊。

戰鬥精神

儘管軍事資源不足，但日軍的鬥志並未衰退。1944年春季，日軍從緬甸出發，進攻英屬印度，並同時集結50萬兵力在中國發動一波在這場漫長的戰爭裡規模數一數二的巨大攻勢。在太平洋各島上，美軍傷亡數字攀升，而在塞班島，美軍更因為日本平民和軍人集體自盡、寧死不降的行為感到震駭。到了1944年秋季，美軍已征服馬里亞納群島（Mariana Islands），可作為美軍新式B-29轟炸機在太平洋上的基地，前往轟炸日本本土。自此之後，在力量上原本就已經占優勢的美國和同盟國就變成壓倒性的勝利者了。

▽ **雷伊泰灣海戰**
在1944年10月的雷伊泰灣海戰中，美國海軍第38快速航空母艦特遣艦隊的船艦排列成縱隊航行。美軍共投入36艘各型航空母艦，收復了菲律賓。

> 「我回來了。靠著全能上帝的恩典，我們的部隊再次立足菲律賓的土地上……」
>
> 道格拉斯·麥克阿瑟將軍在菲律賓雷伊泰的演說，1944年10月17日

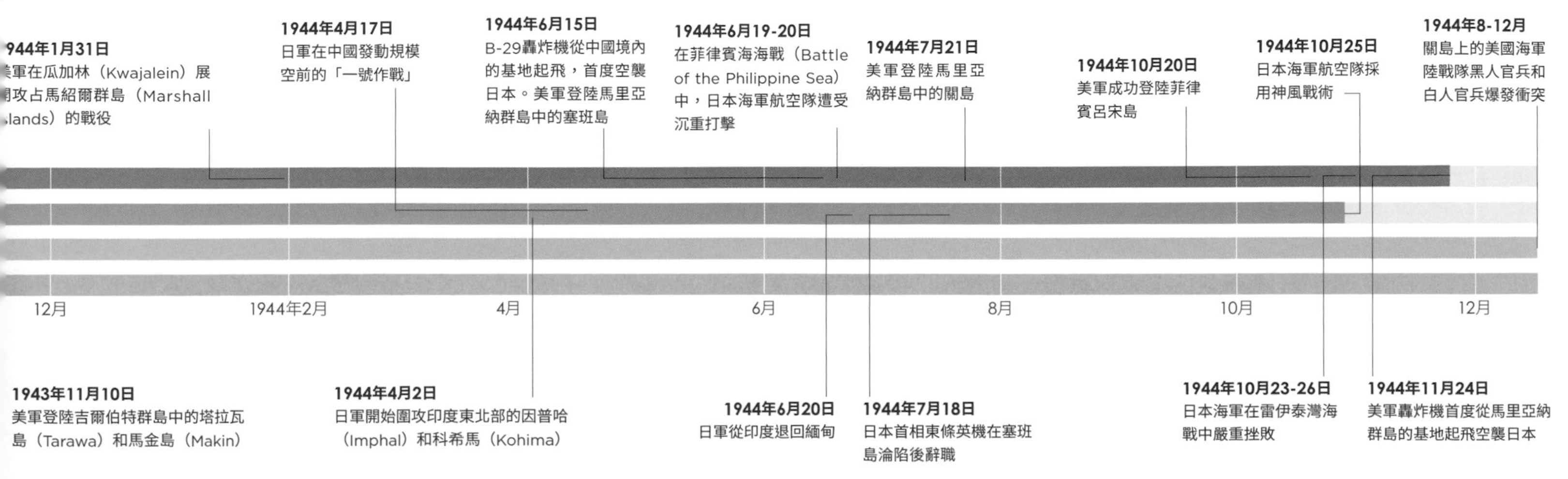

944年1月31日
美軍在瓜加林（Kwajalein）展開攻占馬紹爾群島（Marshall Islands）的戰役
1944年4月17日
日軍在中國發動規模空前的「一號作戰」
1944年6月15日
B-29轟炸機從中國境內的基地起飛，首度空襲日本。美軍登陸馬里亞納群島中的塞班島
1944年6月19-20日
在菲律賓海海戰（Battle of the Philippine Sea）中，日本海軍航空隊遭受沉重打擊
1944年7月21日
美軍登陸馬里亞納群島中的關島
1944年10月20日
美軍成功登陸菲律賓呂宋島
1944年10月25日
日本海軍航空隊採用神風戰術
1944年8-12月
關島上的美國海軍陸戰隊黑人官兵和白人官兵爆發衝突
12月
1944年2月
4月
6月
8月
10月
12月
1943年11月10日
美軍登陸吉爾伯特群島中的塔拉瓦島（Tarawa）和馬金島（Makin）
1944年4月2日
日軍開始圍攻印度東北部的因普哈（Imphal）和科希馬（Kohima）
1944年6月20日
日軍從印度退回緬甸
1944年7月18日
日本首相東條英機在塞班島淪陷後辭職
1944年10月23-26日
日本海軍在雷伊泰灣海戰中嚴重挫敗
1944年11月24日
美軍轟炸機首度從馬里亞納群島的基地起飛空襲日本

2 俾斯麥海海戰 1943年3月2-4日
3月2日，一支日軍運輸船團載運6900名官兵，從臘包爾啟程前往新幾內亞的拉埃，中途遭美軍和澳軍114架轟炸機、54架戰鬥機外加10艘魚雷艇攔截，結果有12艘日軍船艦被炸沉，2900名人員喪生。日軍無法增援新幾內亞的駐軍，因此之後無法抵擋盟軍的攻勢。
作戰位置
日軍運輸船團航線
1 進攻索羅門群島 1943年2月21日－10月6日
美軍從瓜達卡納島出發，向西北方穿越索羅門群島，在1943年2月21日登陸拉塞爾群島（Russell Islands），之後在8月25日拿下新幾內亞。日本在10月4日疏散科隆邦加拉島（Kolombangara）的駐軍之後，紐西蘭部隊在兩天後攻占維拉拉維拉島（Vella Lavella），南索羅門群島至此全部落入盟軍手中。
美軍和紐軍突擊
1944年3月20日 美軍部隊登陸聖穆紹群島，沒有遭遇抵抗
Emirau Island
St Matthias Group
Seeadler Harbor
Lorengau
Manus Island
Rambutyo Island
Admiralty Islands
New Hanover
Kav
Bismarck Archipelago
1944年2月29日 美軍部隊登陸阿得米拉提群島
Sarmi
Hollandia
Aitape
Wewak
Bismarck Sea
1944年3月 日軍在卡威恩的基地被切斷聯繫
NORTH-EAST NEW GUINEA
Sepik
Bogia
1943年3月2日 美軍和澳軍部隊襲擊日軍運輸船團，日軍2900名官兵陣亡
1944年3月6日 美國海軍陸戰隊開始在新不列顛島北岸登陸
3 山本大將殞落 1943年4月18日
日軍1943年2月在瓜達卡納島戰敗後（參見第128-29頁），海軍大將山本五十六決定前往南太平洋視察，以提振麾下部隊士氣。美軍情報部門偵知此事，於是美國總統羅斯福下令擊落他的座機。4月18日，一個中隊共16架洛克希德P-38閃電式戰鬥機在布干維爾島上空攔截到山本的機隊，並將他的座機擊落。
山本大將被擊落陣亡
Annanberg
Central Range
Alexishafen
Madang
Long Island
Rooke Island
Sag Sag
Nukuhu
Talasea
New Britain
Gasmata
Saidor
1943年9月22日 澳軍突擊芬什哈芬
Sio
Kikori
Finschhafen
1943年9月4日 澳軍開始突擊拉埃
Lae
Salamaua
Huon Gulf
PAPUA
Wau
Nassau Bay
1943年6月29日 盟軍在拿索灣登陸，恢復對新幾內亞的攻勢
Morobe
Owen Stanley Range
4 進攻新幾內亞 1943年6月－1944年7月30日
盟軍在科可達小徑擊敗日軍後（參見第124-25頁），就往北穿過新幾內亞。6月29日，一支美澳聯軍在拿索灣（Nassau Bay）登陸，接著澳軍在9月突擊拉埃和芬什哈芬（Finschhafen），塞多（Saidor）和馬當（Madang）也在1944年4月陷落。到了1944年7月底，盟軍其他登陸行動就已消滅了新幾內亞北海岸的其他日軍。
美軍和澳軍突擊
科可達小徑
5 布干維爾島之戰 1943年10月27日－11月1日
美軍準備奪取布干維爾島時，先在10月28日對舒瓦瑟爾島（Choiseul）發動佯攻，以隱藏主要意圖。同時，紐西蘭部隊則占領布干維爾島南邊的崔爵利群島（Treasury Islands）。11月1日，美軍在布干維爾島的奧古斯塔皇后灣（Empress Augusta Bay）建立灘頭堡，但朝內陸挺進時，又花了幾個月苦戰。
美軍和紐軍突擊
奧古斯塔皇后灣灘頭堡
1943年1月 盟軍在布納建立一座前進基地，以支援日後在新幾內亞的作戰
Gona
Buna
Kokoda
Kokoda Trail
Tufi
D'Entrecasteaux Islands
Wanigela
Port Moresby

側翻行動

1943年初，美軍擬定了一系列計畫，要挑戰西南太平洋戰區的日軍，這些計畫統稱側翻行動（Operation Cartwheel）。這次行動的目標相當大膽：先穿過東邊的索羅門群島，然後沿著西邊的新幾內亞推進，以包圍並制壓新不列顛島上的日軍主要基地臘包爾。

側翻行動由美國總統羅斯福和英國首相邱吉爾在 1943 年 1 月的卡薩布蘭加會議（參見第 162-63 頁）上批准。這場行動由美國將領麥克阿瑟全權指揮，包含 13 個子計畫，其中有十個實施，三個因為被認為代價太高而放棄。在側翻行動中，盟軍會沿著兩個巨大的側翼走，一邊沿著新幾內亞的海岸，另一邊則沿著索羅門群島。這場鉗形攻勢的目標是要包圍臘包爾。這座日軍基地有大批日軍飛機駐防，因此能夠控制西南太平洋海域的航運，所以是盟軍收復菲律賓這個終極目標的強大阻礙。

盟軍的作戰重點是要迴避集結的日軍，切斷他們的交通線和補給線，並建立機場和基地以支援盟軍後動。但儘管如此，這場行動中的戰鬥依然十分激烈，日軍不但抵抗了每一場海上登陸行

▷ **進攻布干維爾**
1944年3月，布干維爾島（Bougainville）上的美軍第37步兵師第129步兵團士兵在戰車掩護下，於陣地周邊推進。

LUCKY LEGS II

壓迫日本

在西南太平洋戰區長達兩年的一連串作戰裡，美軍、澳軍和紐軍慢慢地把日軍趕出索羅門群島和新幾內亞。

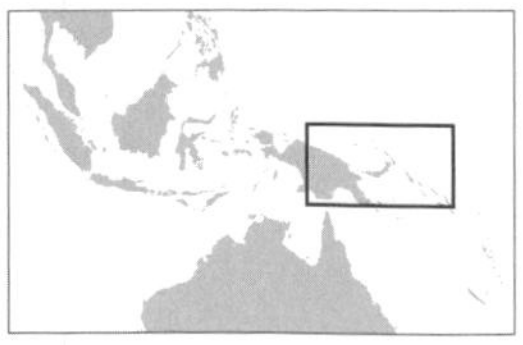

圖例

日軍基地　1943年2月20日的日軍控制區　1943年2月20日的盟軍控制區

時間軸

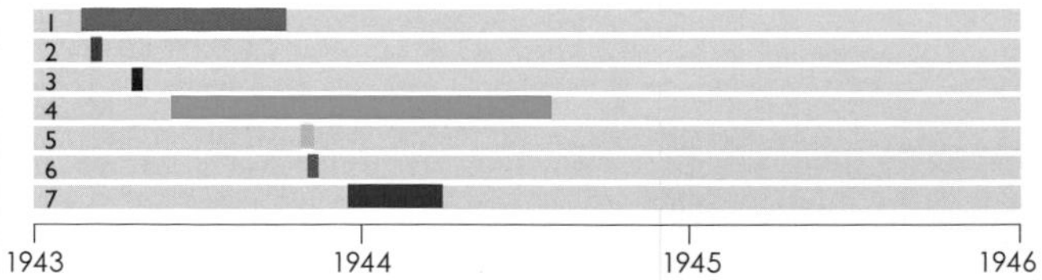

1 2 3 4 5 6 7

1943 1944 1945 1946

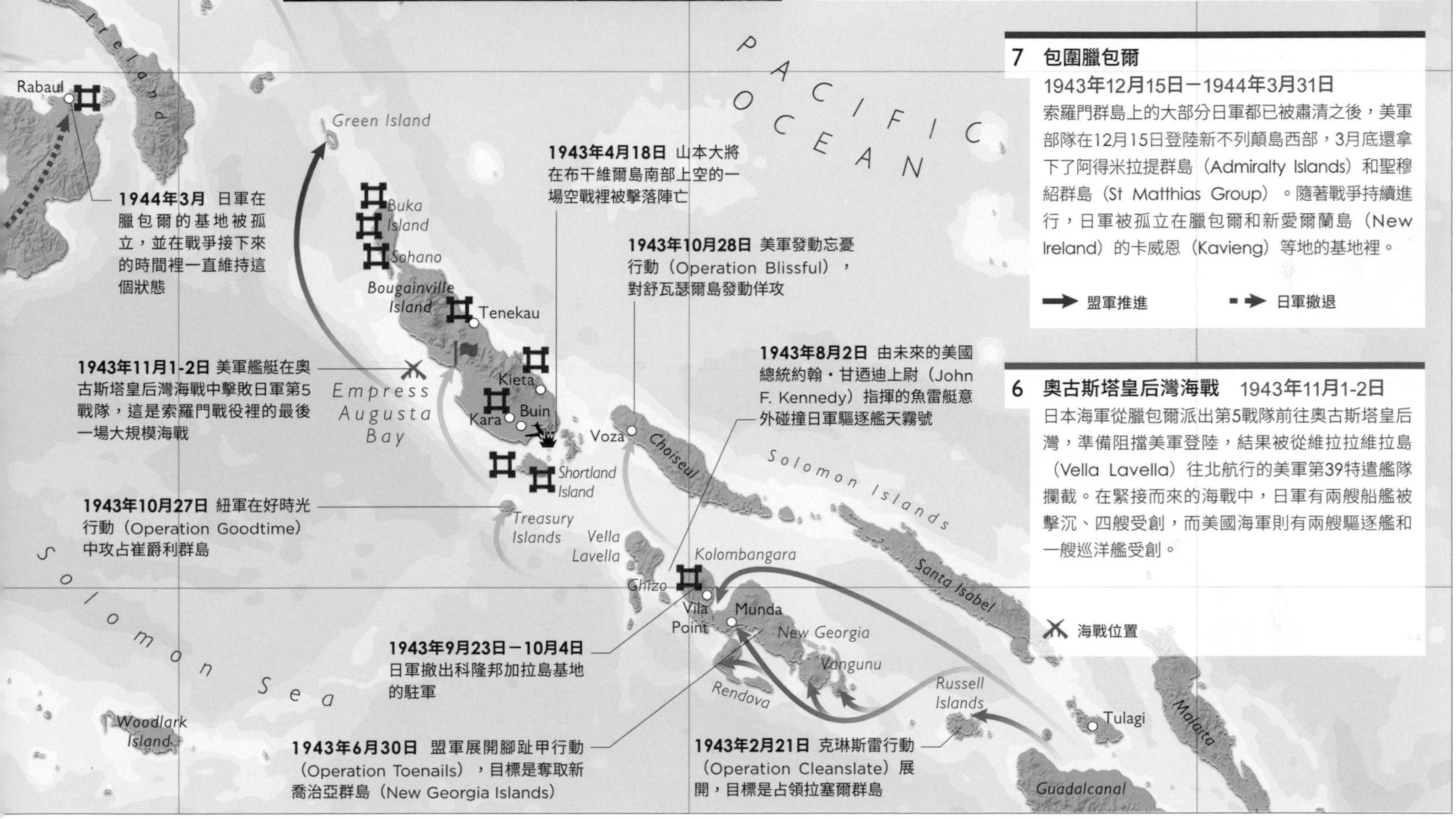

7 包圍臘包爾
1943年12月15日－1944年3月31日
索羅門群島上的大部分日軍都已被肅清之後，美軍部隊在12月15日登陸新不列顛島西部，3月底還拿下了阿得米拉提群島（Admiralty Islands）和聖穆紹群島（St Matthias Group）。隨著戰爭持續進行，日軍被孤立在臘包爾和新愛爾蘭島（New Ireland）的卡威恩（Kavieng）等地的基地裡。

盟軍推進　日軍撤退

6 奧古斯塔皇后灣海戰 1943年11月1-2日
日本海軍從臘包爾派出第5戰隊前往奧古斯塔皇后灣，準備阻擋美軍登陸，結果被從維拉拉維拉島（Vella Lavella）往北航行的美軍第39特遣艦隊攔截。在緊接而來的海戰中，日軍有兩艘船艦被擊沉、四艘受創，而美國海軍則有兩艘驅逐艦和一艘巡洋艦受創。

海戰位置

New Ireland
Rabaul
Green Island
PACIFIC OCEAN
Buka Island
Sohano
Bougainville Island
Tenekau
Kieta
Buin
Kara
Empress Augusta Bay
Shortland Island
Treasury Islands
Vella Lavella
Voza
Choiseul
Solomon Islands
Kolombangara
Santa Isabel
Ghizo
Vila Point
Munda
New Georgia
Vangunu
Rendova
Russell Islands
Tulagi
Malaita
Guadalcanal
Solomon Sea
Woodlark Island

1944年3月 日軍在臘包爾的基地被孤立，並在戰爭接下來的時間裡一直維持這個狀態

1943年4月18日 山本大將在布干維爾島南部上空的一場空戰裡被擊落陣亡

1943年10月28日 美軍發動忘憂行動（Operation Blissful），對舒瓦瑟爾島發動佯攻

1943年11月1-2日 美軍艦艇在奧古斯塔皇后灣海戰中擊敗日軍第5戰隊，這是索羅門戰役裡的最後一場大規模海戰

1943年8月2日 由未來的美國總統約翰・甘迺迪上尉（John F. Kennedy）指揮的魚雷艇意外碰撞日軍驅逐艦天霧號

1943年10月27日 紐軍在好時光行動（Operation Goodtime）中攻占崔爵利群島

1943年9月23日－10月4日 日軍撤出科隆邦加拉島基地的駐軍

1943年6月30日 盟軍展開腳趾甲行動（Operation Toenails），目標是奪取新喬治亞群島（New Georgia Islands）

1943年2月21日 克琳斯雷行動（Operation Cleanslate）展開，目標是占領拉塞爾群島

動，還在許多島嶼上進行後衛作戰。

在 1943 年 3 月的俾斯麥海海戰（Battle of the Bismarck Sea）期間，盟軍干擾了日軍部隊的調動，並擊斃日本海軍聯合艦隊總司令、海軍大將山本五十六（參見第 124 頁），嚴重打擊了日本軍民士氣。抵達臘包爾後，儘管麥克阿瑟將軍不以為然，但盟軍為了避免不必要的人員傷亡，還是選擇不進攻，改採包圍並孤立這座基地的策略，因此這裡一直到戰爭結束都在日軍手裡。

側翻行動花了超過一年才達成，但最後的成功讓日軍徹底退出西南太平洋，並讓盟軍可以在北邊的太平洋各島嶼發動新的戰役來對付日軍（參見第 210-11 頁）。

洛克希德P-38閃電式戰鬥機

洛克希德（Lockheed）P-38閃電式（Lightning）戰鬥機是二次大戰期間美國大量生產的關鍵戰鬥機型——就是這款戰機擊落了日本山本大將的座機。它可用於轟炸、夜戰、攔截、護航和偵察等任務，在二次大戰期間擊落的日軍飛機比其他任何機型都要多，雙引擎莢艙設計讓它可以比競爭對手掛載更多武裝。

美國的兩棲作戰

在太平洋，戰事經常發生在四散的群島上。美國海軍陸戰隊因此發展出兩棲登陸的特殊技能，可以把日軍從島嶼據點中驅逐出來。

BLOODY
BEACHES
Delano Stagg

△ **戰爭故事**
陸戰隊在太平洋經歷的戰役與締造的事蹟成為出版業的熱門題材，例如這本在1961年出版的書。

日軍於 1941 年 12 月襲擊美國海軍在夏威夷珍珠港的基地，美國因此加入了第二次世界大戰。情況打從一開始就很清楚：要保衛與收復太平洋上一連串日軍占領的島嶼，就必定需要美國海軍陸戰隊（成立於美國獨立戰爭期間，是海軍的陸上戰鬥部隊）。

陸戰隊登艦

雖然陸戰隊在戰爭初期主要進行防禦作戰，但到了 1942 年 8 月，他們也開始轉守為攻，當時陸戰隊的特種部隊突擊兵（Raider）在瓜達卡納島戰役期間（參見第 128-29 頁）進行了幾次相當有成效的突襲行動。在 1943 年進攻馬紹爾群島和吉爾伯特群島的跳島作戰期間，陸戰隊發展出真正的兩棲突擊能力、登陸戰車和其他突擊車輛。到了 1945 年，陸戰隊已經擴編到六個師，包括傘兵營和衛戍營等。他們參與了絕大多數的主要戰役，包括硫磺島（參見第 250-51 頁）和沖繩（參見第 254-55 頁）等殘暴激烈的殊死戰。日軍在沖繩的頑強抵抗造成陸戰隊 3440 名官兵陣亡，1 萬 5487 人受傷。

特種登陸車輛

美國海軍陸戰隊自1943年中開始使用配備可開啟艦艏登陸門的戰車登陸艦，讓戰車和其他車輛可以直接開上灘頭。在它們載運的眾多車輛中，有一種是鼬鼠式（Weasel）裝甲人員運輸車，它有時會載運武器，且因為採用履帶設計，可防止陷入潮溼的沙地中。

NAM

M29C鼬鼠式裝甲人員運輸車

登上灘頭
1943年12月，美國海軍陸戰隊員在巴布亞新幾內亞的新不列顛島的格洛斯特角（Cape Gloucester）把步槍高舉過水面，涉水登岸。這場行動的目標是要奪取控制這座島嶼的日軍機場。

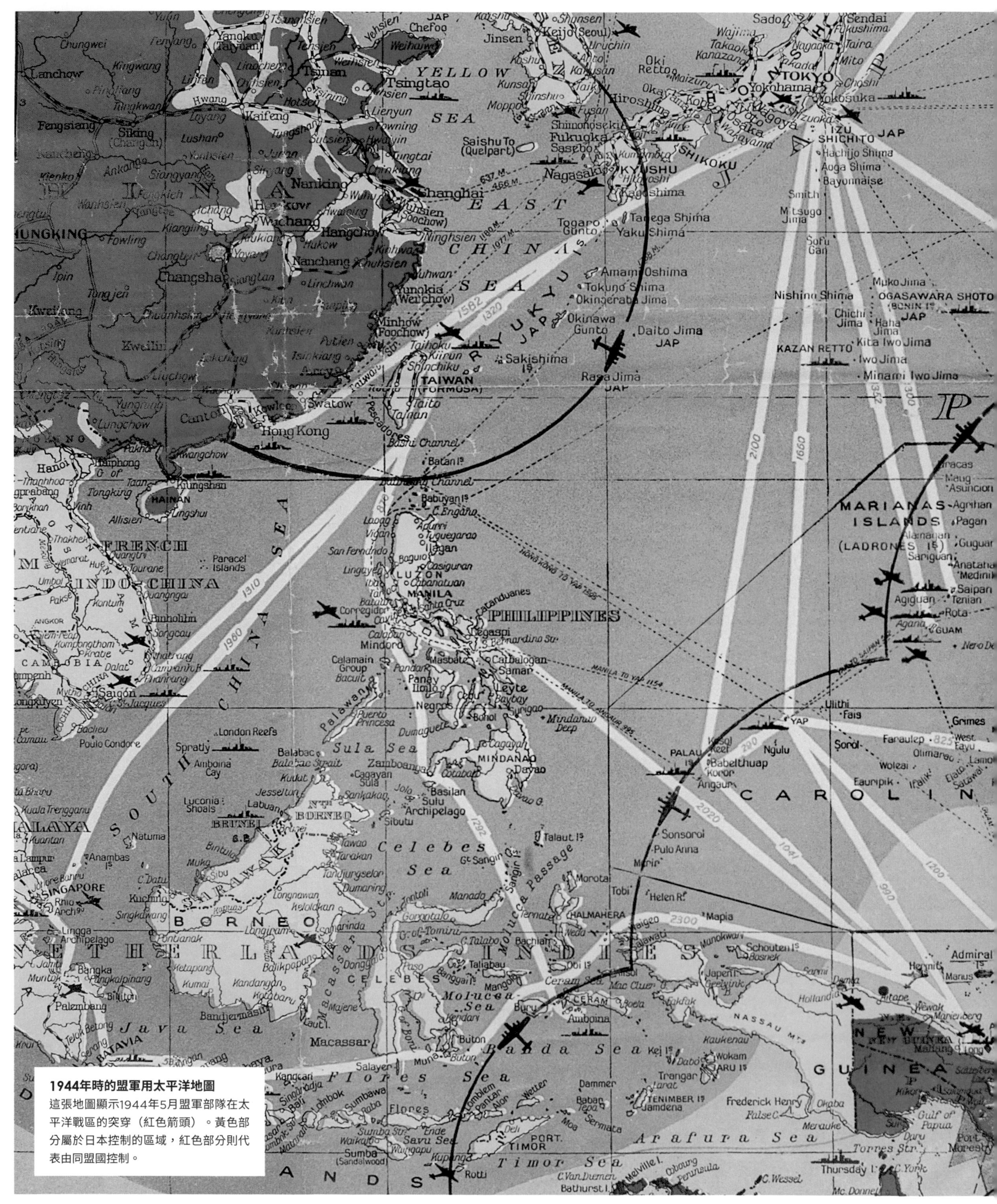
YELLOW SEA
EAST CHINA SEA
SOUTH CHINA SEA
Sula Sea
Celebes Sea
Molucca Sea
Banda Sea
Flores Sea
Java Sea
Timor Sea
Arafura Sea
TOKYO
Yokohama
Yokosuka
Nagoya
Osaka
Kobe
Hiroshima
Nagasaki
Sasebo
Fukuoka
Shimonoseki
KYUSHU
SHIKOKU
Sendai
Keijo (Seoul)
Jinsen
Tsingtao
Chefoo
Tsinan
Kaifeng
Nanking
Shanghai
Hangchow
Wuchang
Nanchang
Changsha
CHUNGKING
Kweilin
Kweiyang
Lanchow
Canton
Kowloon
Hong Kong
Swatow
Minhow (Foochow)
TAIWAN (FORMOSA)
Taihoku
Kiirun
Shinchiku
Tainan
Pescadores
Bashi Channel
Babuyan Channel
HAINAN
Hanoi
Haiphong
Tongking
FRENCH INDO-CHINA
Tourane
Paracel Islands
CAMBODIA
ANGKOR
Saigon
Dalat
Poulo Condore
Spratly
London Reefs
PHILIPPINES
LUZON
MANILA
Corregidor
Mindoro
Palawan
Negros
Leyte
Samar
MINDANAO
Davao
Zamboanga
Sulu Archipelago
Jolo
Basilan
BORNEO
Nth BORNEO
BRUNEI
Labuan
Jesselton
SARAWAK
Kuching
SINGAPORE
MALAYA
Natuna
Anambas
Palembang
BATAVIA
Macassar
CELEBES
Manado
Balikpapan
Bandjermasin
Halmahera
Ternate
Morotai
Amboina
CERAM
Buru
Timor
PORT. TIMOR
Sumba
Sumbawa
Lombok
Bali
Flores
Kupang
NEW GUINEA
Hollandia
Aitape
Wewak
Madang
Gulf of Papua
Port Moresby
Torres Str.
Thursday I.
Frederick Henry
Merauke
Dammer
TENIMBER Is
ARU Is
Kei Is
Mapia
Tobi
Helen R.
Sonsorol
Pulo Anna
PALAU Is
Babelthuap
Koror
Angaur
Ngulu
YAP
Ulithi
Fais
Sorol
Woleai
Eauripik
Faraulep
Grimes
CAROLIN
Admiral
Manus
MARIANAS ISLANDS (LADRONES Is)
Saipan
Tenian
Rota
GUAM
Agiguan
Pagan
Agrihan
Asuncion
Guguan
Anatahan
Sarigan
IZU SHICHITO JAP
Hachijo Shima
Aoga Shima
Bayonnaise
Smith
Sofu Gan
Nishino Shima
OGASAWARA SHOTO (BONIN Is) JAP
Chichi Jima
Haha Jima
Muko Jima
KAZAN RETTO
Kita Iwo Jima
Iwo Jima
Minami Iwo Jima
RYUKYU Is JAP
Amami Oshima
Tokuno Shima
Okinoerabu Jima
Okinawa Gunto
Daito Jima JAP
Sakishima Is
Rasa Jima JAP
Tanega Shima
Yaku Shima
Kagoshima
Saishu To (Quelpart)
Oki Retto
HONG KONG TO YAP 1585
MANILA TO YAP 1154
MANILA TO ANGAUR 995
2100
1650
1352
1300
2020
1041
990
1200
2300
1582
1320
1310
1960
1292

1944年時的盟軍用太平洋地圖

這張地圖顯示1944年5月盟軍部隊在太平洋戰區的突穿（紅色箭頭）。黃色部分屬於日本控制的區域，紅色部分則代表由同盟國控制。

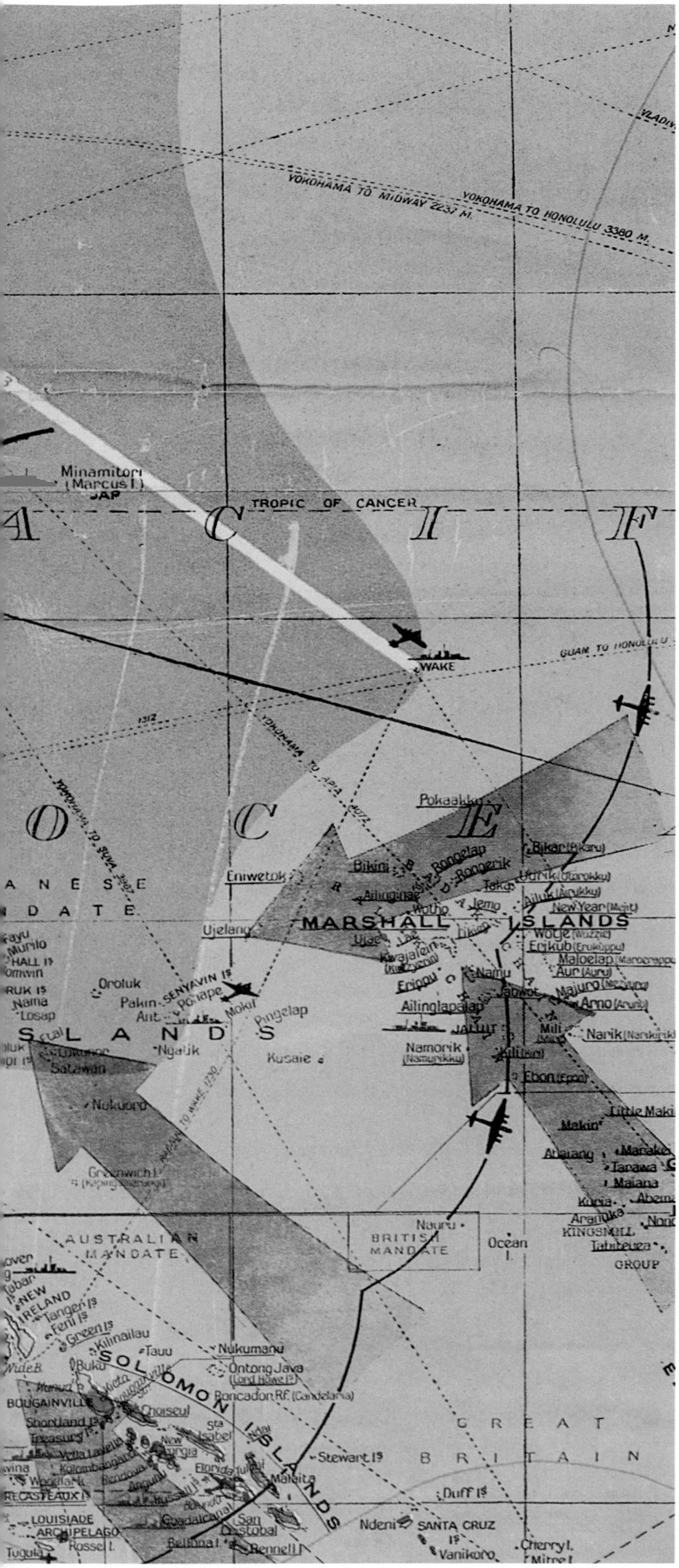

太平洋跳島作戰

1943年秋季，美國海軍和海軍陸戰隊展開行動，在中太平洋朝馬里亞納群島的方向深入。他們占領一座又一座島嶼，逐步把戰火延燒到日本本土，但也付出龐大的人命代價。

在戰爭爆發將近兩年之後，日本依然保有絕大部分他們在太平洋上建立的巨大國防圈（參見第 106-07 頁），最遠處延伸到偏遠的吉爾伯特群島和馬紹爾群島（地圖最右邊）。美國反攻這些島嶼的行動剛開始因為缺乏資源而延遲，但到了 1943 年 11 月，美國海軍上將尼米茲已經準備好展開攻勢。側翻行動（參見第 206-07 頁）已經在索羅門群島和新幾內亞等地（地圖右下方）展開。尼米茲的首要目標是塔拉瓦島和馬金島，它們是吉爾伯特群島中的小型珊瑚環礁。他可以部署 17 艘航空母艦和 12 艘戰鬥艦，對付日本帝國海軍任何大規模介入行動綽綽有餘，突擊部隊則配備了各式各樣專為太平洋作戰而開發出來的登陸艦艇與兩棲車輛。

誓死抵抗

塔拉瓦島的日本守軍不超過 3000 名，但他們的司令官海軍少將柴崎惠次已經強化了島上的防務。1 萬 8000 名美國海軍陸戰隊官兵花了四天時間才攻下塔拉瓦島，代價是超過 1000 人陣亡和 2000 人負傷。塔拉瓦島的日軍自殺式地戰鬥到最後，只有 17 人生還。此外還有 66 名美國陸軍士兵在同一時間進行的馬金島突擊行動中陣亡，而海軍則因為一艘護航航空母艦被日軍潛艇擊沉而損失 644 名官兵。對美方而言，為了拿下這麼小的目標而付出如此高的傷亡比例，十分令人震撼。

下一個目標是馬紹爾群島。這裡從 1920 年開始就是日本的託管地，主要的戰鬥發生在恩尼維托克環礁（Eniwetok Atoll）和瓜加林環礁。美軍從塔拉瓦島學到教訓，但仍蒙受超過 1000 人傷亡。在更西邊的地方，日本海軍在加羅林群島（Caroline Islands）土魯克潟湖（Truk Lagoon）的主要海軍基地則被美國軍機轟炸，破壞嚴重。日本的國防圈開始解體，通往馬里亞納群島的道路已經打開（參見第 212-13 頁）——而美國的終極目標則是朝日本本土步步進逼。

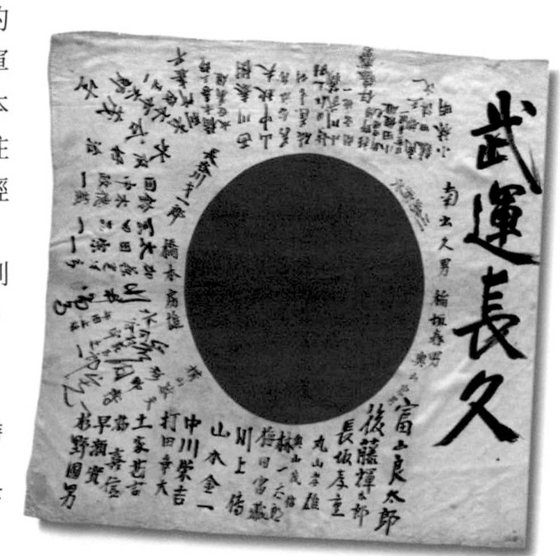
武運長久

▷ **簽名日章旗**
二次大戰期間的日軍官兵有時會綁上或隨身攜帶這種國旗，上面有他們的親人或伴侶寫下的文字，祈求能夠帶來好運。

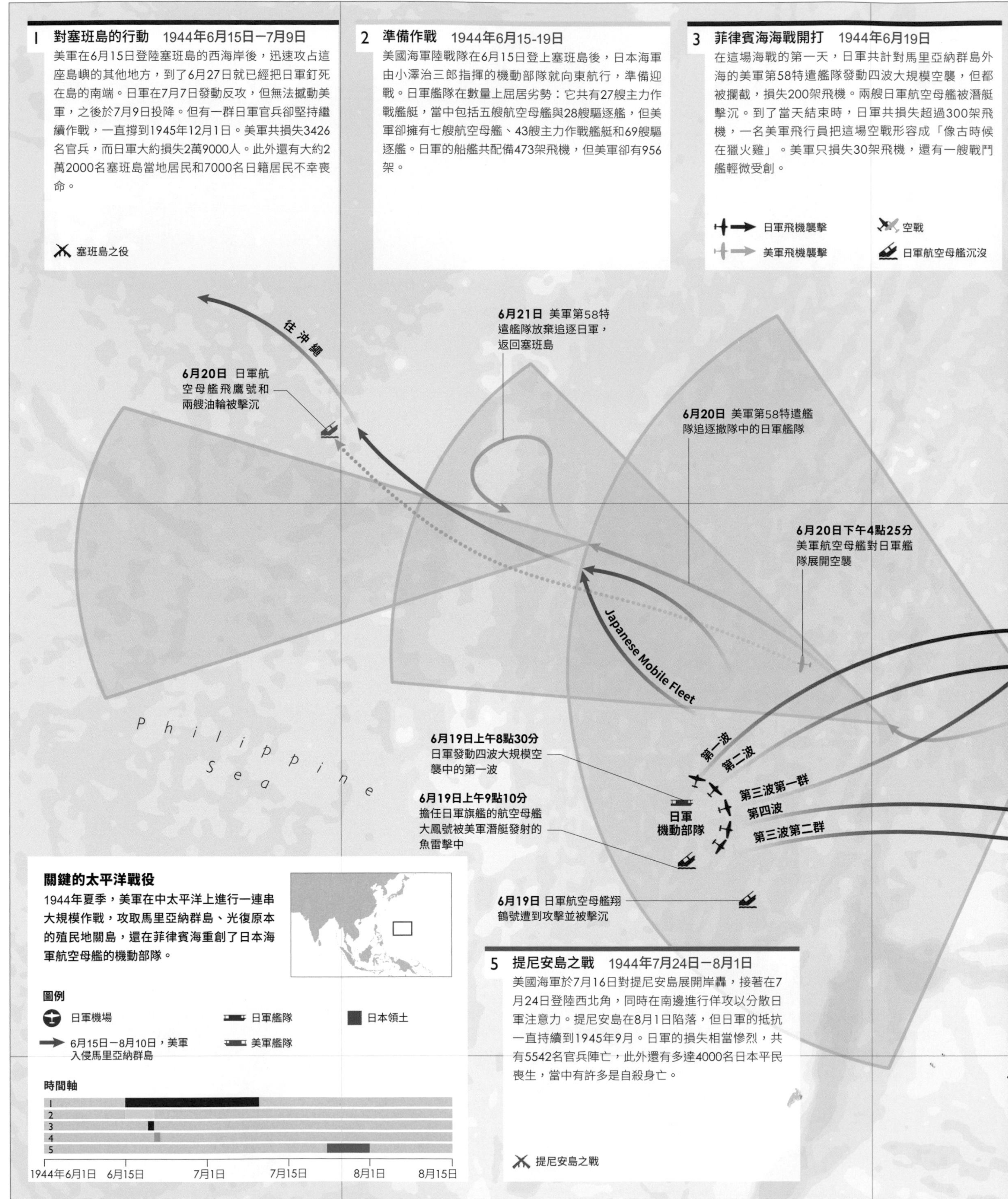

1 對塞班島的行動 1944年6月15日–7月9日
美軍在6月15日登陸塞班島的西海岸後，迅速攻占這座島嶼的其他地方，到了6月27日就已經把日軍釘死在島的南端。日軍在7月7日發動反攻，但無法撼動美軍，之後於7月9日投降。但有一群日軍官兵卻堅持繼續作戰，一直撐到1945年12月1日。美軍共損失3426名官兵，而日軍大約損失2萬9000人。此外還有大約2萬2000名塞班島當地居民和7000名日籍居民不幸喪命。
塞班島之役
2 準備作戰 1944年6月15-19日
美國海軍陸戰隊在6月15日登上塞班島後，日本海軍由小澤治三郎指揮的機動部隊就向東航行，準備迎戰。日軍艦隊在數量上屈居劣勢：它共有27艘主力作戰艦艇，當中包括五艘航空母艦與28艘驅逐艦，但美軍卻擁有七艘航空母艦、43艘主力作戰艦艇和69艘驅逐艦。日軍的船艦共配備473架飛機，但美軍卻有956架。
3 菲律賓海海戰開打 1944年6月19日
在這場海戰的第一天，日軍共計對馬里亞納群島外海的美軍第58特遣艦隊發動四波大規模空襲，但都被攔截，損失200架飛機。兩艘日軍航空母艦被潛艇擊沉。到了當天結束時，日軍共損失超過300架飛機，一名美軍飛行員把這場空戰形容成「像古時候在獵火雞」。美軍只損失30架飛機，還有一艘戰鬥艦輕微受創。
日軍飛機襲擊
美軍飛機襲擊
空戰
日軍航空母艦沉沒
往沖繩
6月20日 日軍航空母艦飛鷹號和兩艘油輪被擊沉
6月21日 美軍第58特遣艦隊放棄追逐日軍，返回塞班島
6月20日 美軍第58特遣艦隊追逐撤隊中的日軍艦隊
6月20日下午4點25分 美軍航空母艦對日軍艦隊展開空襲
Japanese Mobile Fleet
Philippine Sea
6月19日上午8點30分 日軍發動四波大規模空襲中的第一波
6月19日上午9點10分 擔任日軍旗艦的航空母艦大鳳號被美軍潛艇發射的魚雷擊中
第一波
第二波
第三波第一群
第四波
第三波第二群
日軍機動部隊
6月19日 日軍航空母艦翔鶴號遭到攻擊並被擊沉
關鍵的太平洋戰役
1944年夏季，美軍在中太平洋上進行一連串大規模作戰，攻取馬里亞納群島、光復原本的殖民地關島，還在菲律賓海重創了日本海軍航空母艦的機動部隊。
圖例
日軍機場
日軍艦隊
日本領土
6月15日–8月10日，美軍入侵馬里亞納群島
美軍艦隊
時間軸
1
2
3
4
5
1944年6月1日
6月15日
7月1日
7月15日
8月1日
8月15日
5 提尼安島之戰 1944年7月24日–8月1日
美國海軍於7月16日對提尼安島展開岸轟，接著在7月24日登陸西北角，同時在南邊進行佯攻以分散日軍注意力。提尼安島在8月1日陷落，但日軍的抵抗一直持續到1945年9月。日軍的損失相當慘烈，共有5542名官兵陣亡，此外還有多達4000名日本平民喪生，當中有許多是自殺身亡。
提尼安島之戰

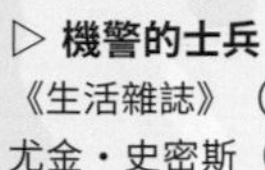

▷ **機警的士兵**
《生活雜誌》（*Life*）攝影師尤金・史密斯（W. Eugene Smith）拍攝的經典照片，主角是從日軍手中奪取塞班島作戰期間的美國陸軍中士安吉洛・克洛尼斯（Angelo Klonis）。

LIFE
WORLD WAR II

決戰馬里亞納

1944年6月，二次大戰中規模最大的航空母艦戰鬥在中太平洋的菲律賓海海戰中發生。日軍在這場海戰中被美國海軍徹底擊潰，喪失航空母艦部隊的大部分力量，也輸掉具有戰略重要性的馬里亞納群島控制權，而美國則進入可對日本本土發動打擊的距離內。

到了1944年2月，美軍已經確保吉爾伯特群島和馬紹爾群島（參見第210-11頁），並摧毀日軍位在加羅林群島土魯克潟湖的基地。美軍的下一個目標是要攻占馬里亞納群島，尤其是日軍在塞班島、提尼安島（Tinian）和關島的主要基地。若是奪得這些島嶼，美軍就有了能夠對日本本土發動轟炸的基地，也能夠切斷日本本土和菲律賓與其他東南亞占領區的聯繫——日本絕對不可能容許這樣的事情發生。

美軍在1944年6月發動攻勢，在第5艦隊的支援下登陸馬里亞納群島中的塞班島。日軍的機動部隊由海軍將領小澤治三郎指揮，對美國海軍展開攻擊，但由於戰術、情報和科技都不如美軍，因此在長達兩天的菲律賓海海戰中遭擊敗。

日軍遭到慘重打擊，損失三艘航空母艦和445架艦載機，而駐防在馬里亞納群島的飛機也損失超過200架。在殘餘的航空母艦上，艦載機和空勤人員的數量也大幅減少。

這場發生在菲律賓海長達兩天的海戰，是太平洋戰爭中五場主要航空母艦對決戰役中的最後一場，也是史上規模最大的航空母艦海戰。

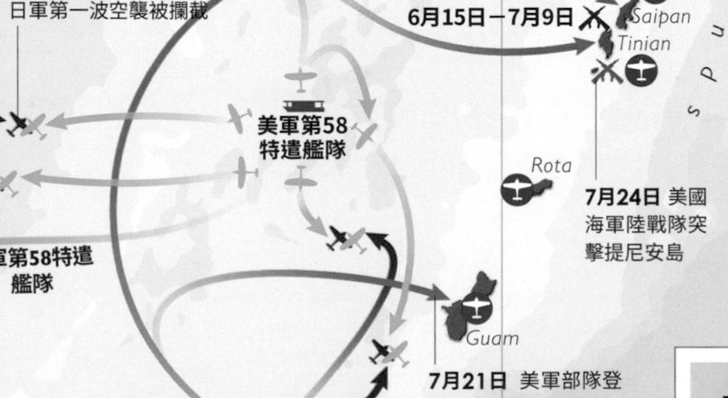
Pagan
Alamagan
Guguan
Sarigan
Mariana Islands
6月15日 美國海軍陸戰隊對塞班島西北海岸發動佯攻，主力部隊接著在南岸登陸
6月19日上午10點39分 日軍第一波空襲被攔截
6月15日－7月9日
Saipan
Tinian
美軍第58特遣艦隊
Rota
7月24日 美國海軍陸戰隊突擊提尼安島
美軍第58特遣艦隊
Guam
7月21日 美軍部隊登陸關島（見放大圖）
美軍第5艦隊
6月19日 日軍空襲機群遭到攔截，當中大部分飛機返回所屬艦隊

4 戰鬥結束 1944年6月20日
到了次日，隨著美軍艦隊追擊日軍艦隊，戰鬥開始遠離馬里亞納群島，向西跨過太平洋。下午，美軍飛機攻擊並擊沉日軍航空母艦飛鷹號和兩艘油輪。小澤治三郎明白大勢已去，下令艦隊撤回沖繩。

美軍飛機搜索範圍
美軍艦隊航向
美軍空襲
日軍艦隊航向
日軍航空母艦沉沒

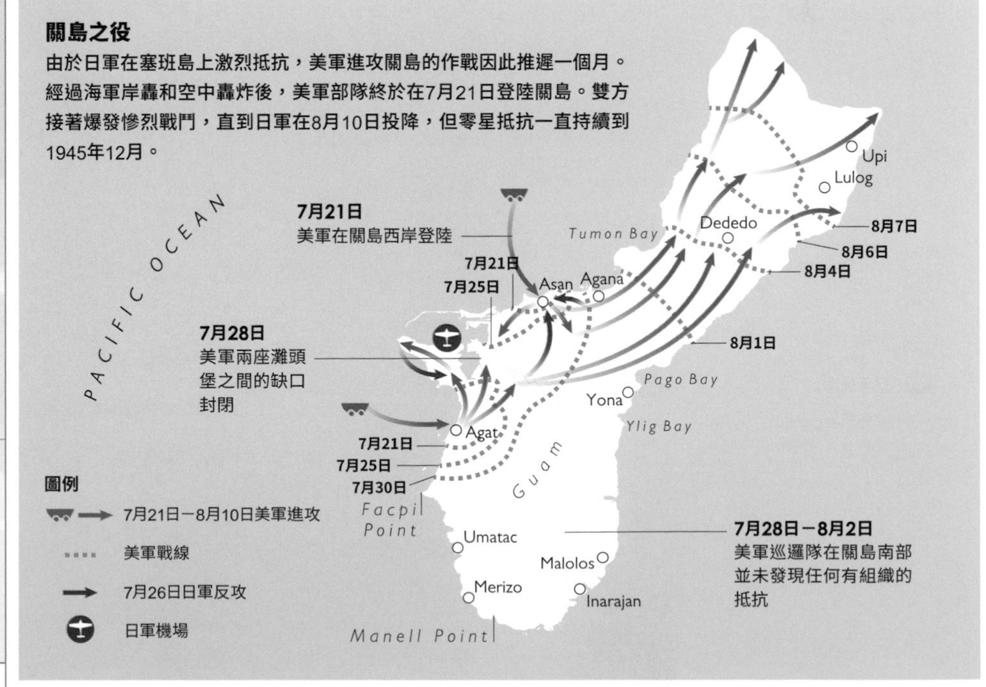
PACIFIC OCEAN
7月21日
美軍在關島西岸登陸
7月21日
7月25日
Tumon Bay
Asan
Agana
Dededo
Upi
Lulog
8月7日
8月6日
8月4日
8月1日
7月28日
美軍兩座灘頭堡之間的缺口封閉
Pago Bay
Yona
Ylig Bay
Agat
7月21日
7月25日
7月30日
Guam
Facpi Point
Umatac
Malolos
Merizo
Inarajan
Manell Point
7月28日－8月2日
美軍巡邏隊在關島南部並未發現任何有組織的抵抗
圖例
7月21日－8月10日美軍進攻
美軍戰線
7月26日日軍反攻
日軍機場

關島之役
由於日軍在塞班島上激烈抵抗，美軍進攻關島的作戰因此推遲一個月。經過海軍岸轟和空中轟炸後，美軍部隊終於在7月21日登陸關島。雙方接著爆發慘烈戰鬥，直到日軍在8月10日投降，但零星抵抗一直持續到1945年12月。

雷伊泰灣海戰

1942年3月11日，麾下部隊被日軍包圍後，美軍將領麥克阿瑟和他的家人離開了菲律賓。他留下一句名言：「我熬過了這一切，我一定會回來」。1944年10月20日，他履行了誓言：美軍部隊在菲律賓東部的雷伊泰島登陸。

奪取了馬里亞納群島絕大部分島嶼後，美國參謀首長聯席會議（Joint Chiefs of Staff）就開始討論下一步該怎麼走。有些人主張進攻臺灣——日本帝國的一部分，或是把額外的資源投注在中國戰場，但最後麥克阿瑟將軍主張的攻擊菲律賓順利出線。他即將為個人受到的羞辱復仇。

10月20日，美軍部隊在菲律賓的雷伊泰灣登陸，迫使日本軍方把剩餘的大部分海軍艦艇都集結起來對抗入侵。接下來的三天裡，盟軍艦隊就和日軍艦隊在菲律賓爆發一連串海上攻防，因此到最後，這些海上戰鬥就累積形成二次大戰中規模最龐大的海戰。70艘日軍軍艦和210艘美軍及澳軍船艦參與其中，結果對日本的海上力量又是一次嚴重打擊。日軍損失28艘船艦和超過300架飛機，而他們把石油和其他關鍵資源從東南亞運回本土的能量也被摧殘殆盡。相比之下，美軍的損失輕微許多，只有六艘船艦沉沒，損失大約200架飛機。

美軍確保了雷伊泰島的灘頭堡，並為之後光復整個菲律賓群島的作戰揭開序幕（參見第248-49頁）。

「失去雷伊泰等同於失去菲律賓……我覺得一切都結束了。」

日本海軍大臣、海軍大將米內光政，1946年

道格拉斯・麥克阿瑟將軍

道格拉斯・麥克阿瑟（1880-1964年）在1930到1935年之間擔任美國陸軍參謀長，並在1937年退出現役，之後擔任菲律賓政府的軍事顧問。他在1941年奉命恢復現役，出任美國遠東陸軍（US Army Forces in the Far East）的司令官。1942年，他被日軍趕出菲律賓，但在1944年返回，並且在1945年9月接受日本投降。他在二次大戰中締造豐功偉業，因此成為美國國內家喻戶曉的公眾人物。

麥克阿瑟將軍和他的招牌玉米芯菸斗

△ 解放雷伊泰島
美軍士兵和美國海岸防衛隊（US Coast Guard）隊員手持一面日軍軍旗拍照留念。這面軍旗是他們攻下雷伊泰島的灘頭時擄獲的。

日軍第2游擊部隊（志摩艦隊）

South China Sea

5 恩加諾角海戰（Battle Of Cape Engaño）
1944年10月24-25日
日軍派出一支誘餌航空母艦艦隊前往菲律賓東北方海域，以吸引美軍艦隊遠離雷伊泰灣。三支美軍特遣艦隊往北航行，迎戰這支航空母艦艦隊。雖然他們在10月24日因為陸基飛機的空襲而損失輕型航空母艦普林斯頓號（USS Princeton），但這幾支美軍艦隊還是擊沉了四艘日軍航空母艦和其他五艘艦隻。

- 日軍誘餌航空母艦艦隊航向
- 1944年10月25日恩加諾角海戰
- 美軍特遣艦隊航向
- 美軍航艦特遣艦隊艦載機空襲
- 美軍航空母艦沉沒
- 日軍航空母艦沉沒

10月23日 美潛艇在巴拉望道以西擊沉了巡洋艦愛宕號摩耶號

4 蘇里高海峽海戰 1944年10月24-25日
日軍第3部隊（西村艦隊）從汶萊出發向東航行，進入蘇里高海峽（Surigao Strait），緊跟在後的是從北邊的臺灣出發的第2游擊部隊（志摩艦隊）。日軍船艦在10月25日凌晨遭遇美軍和澳軍的巡洋艦、驅逐艦和魚雷艇。日軍第3部隊的七艘船當中，除了一艘僥倖逃出之外，其他的都被擊沉，大部分都是之後在雷伊泰島附近爆發的戰鬥中損失的。

- 日軍第3部隊（西村艦隊）
- 1944年10月25日蘇里高海峽海戰
- 日軍第2游擊部隊（志摩艦隊）

Palawan Passag
Palawa
日軍第2艦隊
日軍第3部隊（西村艦隊）
North Borneo
Brunei Bay
Brunei

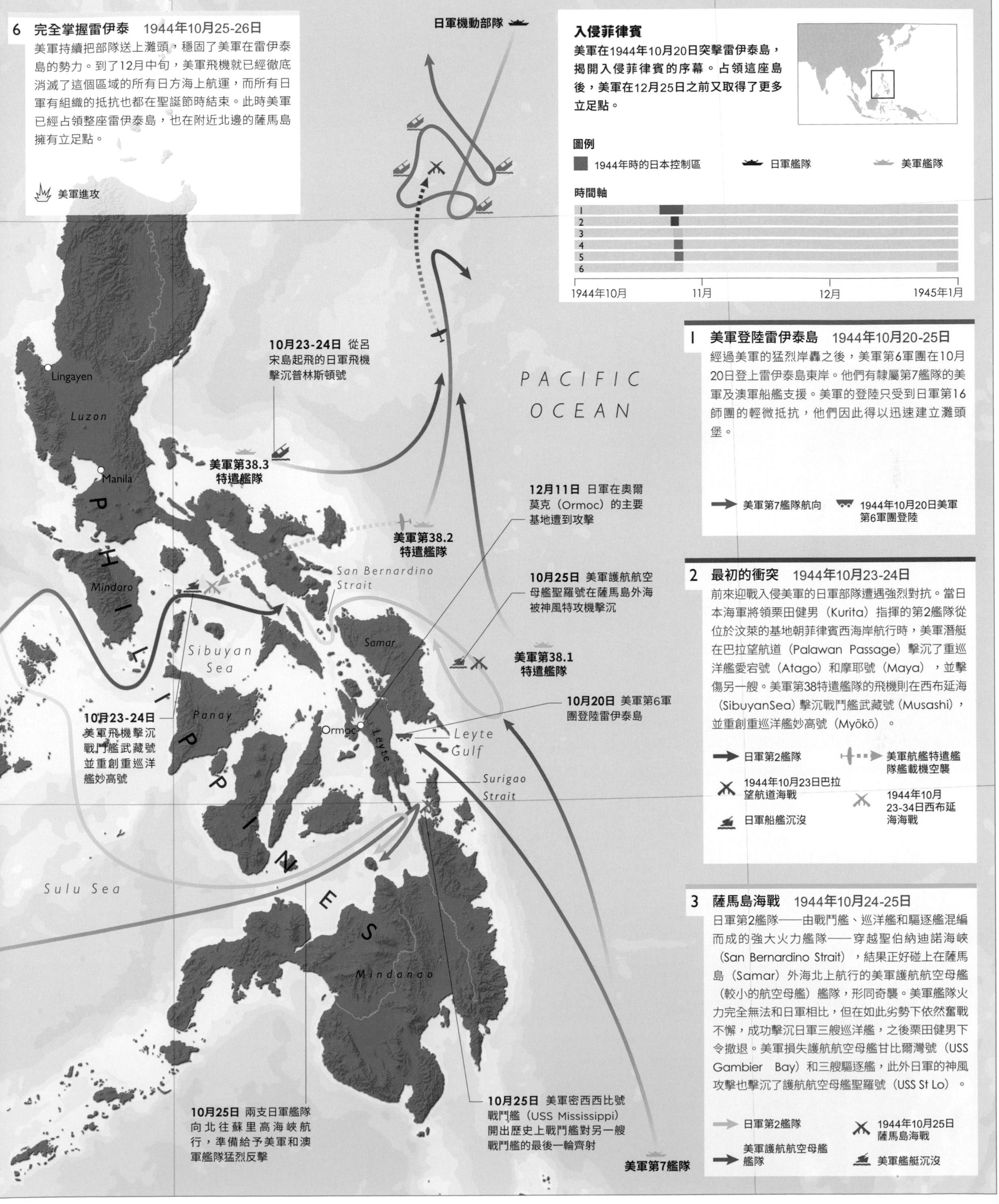
6 完全掌握雷伊泰 1944年10月25-26日
美軍持續把部隊送上灘頭，穩固了美軍在雷伊泰島的勢力。到了12月中旬，美軍飛機就已經徹底消滅了這個區域的所有日方海上航運，而所有日軍有組織的抵抗也都在聖誕節時結束。此時美軍已經占領整座雷伊泰島，也在附近北邊的薩馬島擁有立足點。
美軍進攻
入侵菲律賓
美軍在1944年10月20日突擊雷伊泰島，揭開入侵菲律賓的序幕。占領這座島後，美軍在12月25日之前又取得了更多立足點。
圖例
1944年時的日本控制區
日軍艦隊
美軍艦隊
時間軸
1
2
3
4
5
6
1944年10月
11月
12月
1945年1月
1 美軍登陸雷伊泰島 1944年10月20-25日
經過美軍的猛烈岸轟之後，美軍第6軍團在10月20日登上雷伊泰島東岸。他們有隸屬第7艦隊的美軍及澳軍船艦支援。美軍的登陸只受到日軍第16師團的輕微抵抗，他們因此得以迅速建立灘頭堡。
美軍第7艦隊航向
1944年10月20日美軍第6軍團登陸
2 最初的衝突 1944年10月23-24日
前來迎戰入侵美軍的日軍部隊遭遇強烈對抗。當日本海軍將領栗田健男（Kurita）指揮的第2艦隊從位於汶萊的基地朝菲律賓西海岸航行時，美軍潛艇在巴拉望航道（Palawan Passage）擊沉了重巡洋艦愛宕號（Atago）和摩耶號（Maya），並擊傷另一艘。美軍第38特遣艦隊的飛機則在西布延海（SibuyanSea）擊沉戰鬥艦武藏號（Musashi），並重創重巡洋艦妙高號（Myōkō）。
日軍第2艦隊
美軍航艦特遣艦隊艦載機空襲
1944年10月23日巴拉望航道海戰
1944年10月23-34日西布延海海戰
日軍船艦沉沒
3 薩馬島海戰 1944年10月24-25日
日軍第2艦隊——由戰鬥艦、巡洋艦和驅逐艦混編而成的強大火力艦隊——穿越聖伯納迪諾海峽（San Bernardino Strait），結果正好碰上在薩馬島（Samar）外海北上航行的美軍護航航空母艦（較小的航空母艦）艦隊，形同奇襲。美軍艦隊火力完全無法和日軍相比，但在如此劣勢下依然奮戰不懈，成功擊沉日軍三艘巡洋艦，之後栗田健男下令撤退。美軍損失護航航空母艦甘比爾灣號（USS Gambier Bay）和三艘驅逐艦，此外日軍的神風攻擊也擊沉了護航航空母艦聖羅號（USS St Lo）。
日軍第2艦隊
1944年10月25日薩馬島海戰
美軍護航航空母艦艦隊
美軍艦艇沉沒
日軍機動部隊
10月23-24日 從呂宋島起飛的日軍飛機擊沉普林斯頓號
PACIFIC OCEAN
Lingayen
Luzon
Manila
美軍第38.3特遣艦隊
美軍第38.2特遣艦隊
12月11日 日軍在奧爾莫克（Ormoc）的主要基地遭到攻擊
10月25日 美軍護航航空母艦聖羅號在薩馬島外海被神風特攻機擊沉
San Bernardino Strait
Mindoro
Sibuyan Sea
Samar
美軍第38.1特遣艦隊
10月20日 美軍第6軍團登陸雷伊泰島
10月23-24日 美軍飛機擊沉戰鬥艦武藏號並重創重巡洋艦妙高號
Panay
Ormoc
Leyte
Leyte Gulf
Surigao Strait
PHILIPPINES
Sulu Sea
Mindanao
10月25日 兩支日軍艦隊向北往蘇里高海峽航行，準備給予美軍和澳軍艦隊猛烈反擊
10月25日 美軍密西西比號戰鬥艦（USS Mississippi）開出歷史上戰鬥艦對另一艘戰鬥艦的最後一輪齊射
美軍第7艦隊

神風特攻隊

1944年，日本軍方下令自殺式戰鬥機飛行員投入作戰，稱為「神風」（kamikaze），企圖以這種鋌而走險、不顧一切的方式來力挽狂瀾。數以千計的志願者加入這個行列，駕駛飛機直接衝撞攻擊，情願日本犧牲自己的性命。

△ 宣傳海報
像這樣的日本宣傳海報將神風任務描繪得十分光榮。很多日本年輕人自願加入，其中很多都是學生。

到了 1944 年年底，日本已處於危急存亡關頭。他們不僅經歷了多場災難性的軍事慘敗，海軍和航空部隊都失去發動攻勢的能力，而經濟萎縮也意味著資源有限。日本的平民都被動員起來，擔任各種防禦工作，但因為缺乏經費，有些人只能配備竹槍。

日軍指揮高層明白傳統的轟炸手段根本無法阻擋進擊的美軍，因此企圖發動大規模自殺式攻擊來殺傷美軍艦隊。這樣的行動稱為「神風」——也就是日本傳說中在 1274 年瓦解蒙古入侵艦隊的神風。至於神風自殺機的整體構想，則是出自海軍中將大西瀧治郎。志願參與的飛行員奉命操控裝有高爆炸彈、魚雷和加滿油箱的飛機，對準盟軍船艦俯衝、加以撞擊。這場行動代號「菊水」（Floating Chrysanthemum），宣揚日本軍事傳統中強調死亡比戰敗、被俘或投降更光榮、也更不羞恥的精神。

1944 年 10 月 25 日，史上第一次神風攻擊在雷伊泰灣海戰（參見第 214-15 頁）中針對美軍艦隊展開，之後類似的攻擊一直持續到戰爭結束。神風特攻總計造成美軍損失 34 艘船艦，並有 368 艘受到重創。

神風飛行員

神風飛行員的平均年齡介於17到20歲之間，當中有些人在真正上戰場執行自殺任務之前只有短短40小時的飛行經驗。到了二次大戰結束時，共有超過2500名神風飛行員獻出性命，他們的成功率估計在19%左右。

邦克山號遇上神風
1945年5月11日，美軍航空母艦邦克山號（Bunker Hill）在沖繩外海遭遇兩架神風特攻機襲擊。這兩架飛機撞上邦克山號的飛行甲板，使它受到重創，不得不退出戰鬥進行修復。

反攻緬甸

緬甸自1942年春季起就被日軍占領，但到了戰爭結束時又被大英帝國軍隊收復。這場戰役的特點不但有戰術上的創新，還有激烈的叢林戰。

日軍在 1942 年入侵緬甸。他們到英屬印度的邊界才停下，達成了切斷從仰光（右圖）的港口通往中國國民政府的補給線的目標。若是要從印度東北部開始前進並收復緬甸，就要越過滿是山區和叢林的險惡地形並一路戰鬥。要發動這樣的攻勢，難度相當高，因此盟軍開始建置長程滲透（Long Range Penetration）部隊——也就是經過特別訓練的步兵，透過降落傘或滑翔機部署在叢林中。這些部隊包括由歐德・溫格特將軍（Orde Wingate）領導的英國欽迪特支隊（Chindits），以及美軍的類似隊伍——由法蘭克・麥瑞爾將軍（FrankMerrill）指揮的麥支隊（Merrill's Marauders）。1943-44 年，他們在日軍戰線後方的叢林中作戰了幾個月，對敵軍及其交通線發動游擊戰。

為了反制，日軍越過印度邊境發動攻勢，進攻阿薩姆（Assam）。日軍第 15 軍團司令牟田口廉也在 1944 年 3 月迅速朝北方推進，在因普哈包圍人數超過 10 萬的英屬印度軍（British Indian Army）。他們也攻擊因普哈以北公路上的科希馬，當地一支為數 1500 人的駐軍於 4 月 4 日遭到圍攻。等到營養不良、百病叢生的日軍在 7 月被迫退回緬甸時，他們已經蒙受超過 5 萬人傷亡。

進軍仰光

日軍入侵阿薩姆失敗，讓他們容易受到盟軍反攻的打擊。由威廉・斯林將軍（William Slim）指揮的英軍和印軍部隊從因普哈開始向南挺進，在 1945 年 2 月渡過曼德勒以南的伊洛瓦底江（Irrawaddy River）。在此期間，國軍也肅清了緬甸東北部的日軍。斯林的部隊奪回曼德勒和重要的公路交會處密鐵拉（Meiktila）後，遭遇日軍強大反攻，但此時的局面已對日軍不利。在 1942 年曾經張開雙臂歡迎日軍的緬甸反殖民人士此時也轉換立場，緬甸國民軍加入英軍朝仰光挺進。英軍在 5 月實施兩棲登陸，收復這座港市。

◁ **緬甸巡邏隊**
盟軍士兵搜索日軍蹤跡。1945年5月以後，日軍部隊依然留在緬甸，但他們的行動已經無關緊要。

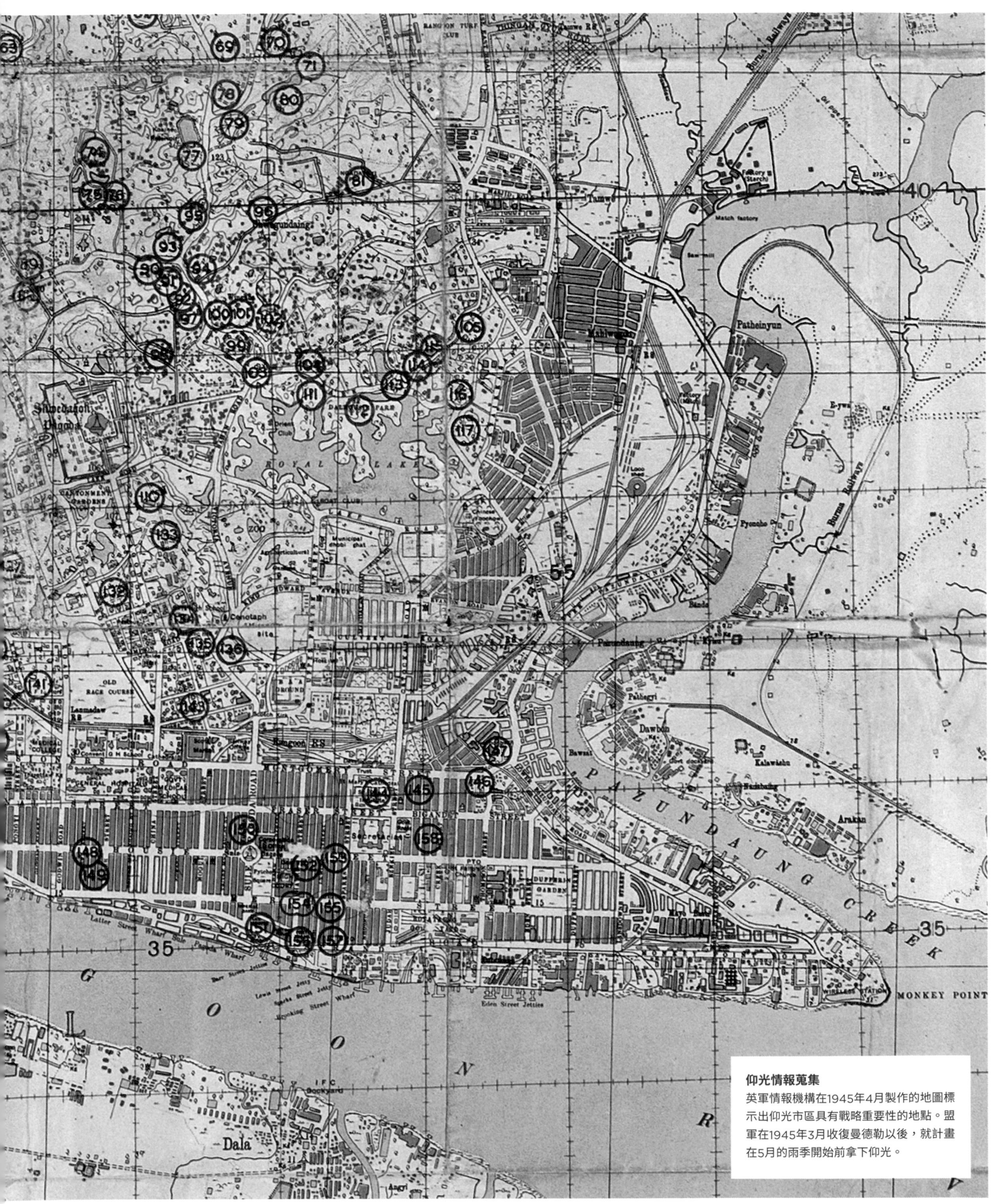
Burma Railways
Match factory
Patheinyun
Shwedagon Pagoda
ROYAL LAKE
CANTONMENT GARDENS
Cenotaph
OLD RACE COURSE
Rangoon RS
Secretariat
DUFFERIN GARDEN
Pazundaung
Dawbon
Arakan
E-ywa
PAZUNDAUNG CREEK
MONKEY POINT
Eden Street Jetties
Latter Street Wharf
Dala
35
40
55

仰光情報蒐集
英軍情報機構在1945年4月製作的地圖標示出仰光市區具有戰略重要性的地點。盟軍在1945年3月收復曼德勒以後，就計畫在5月的雨季開始前拿下仰光。

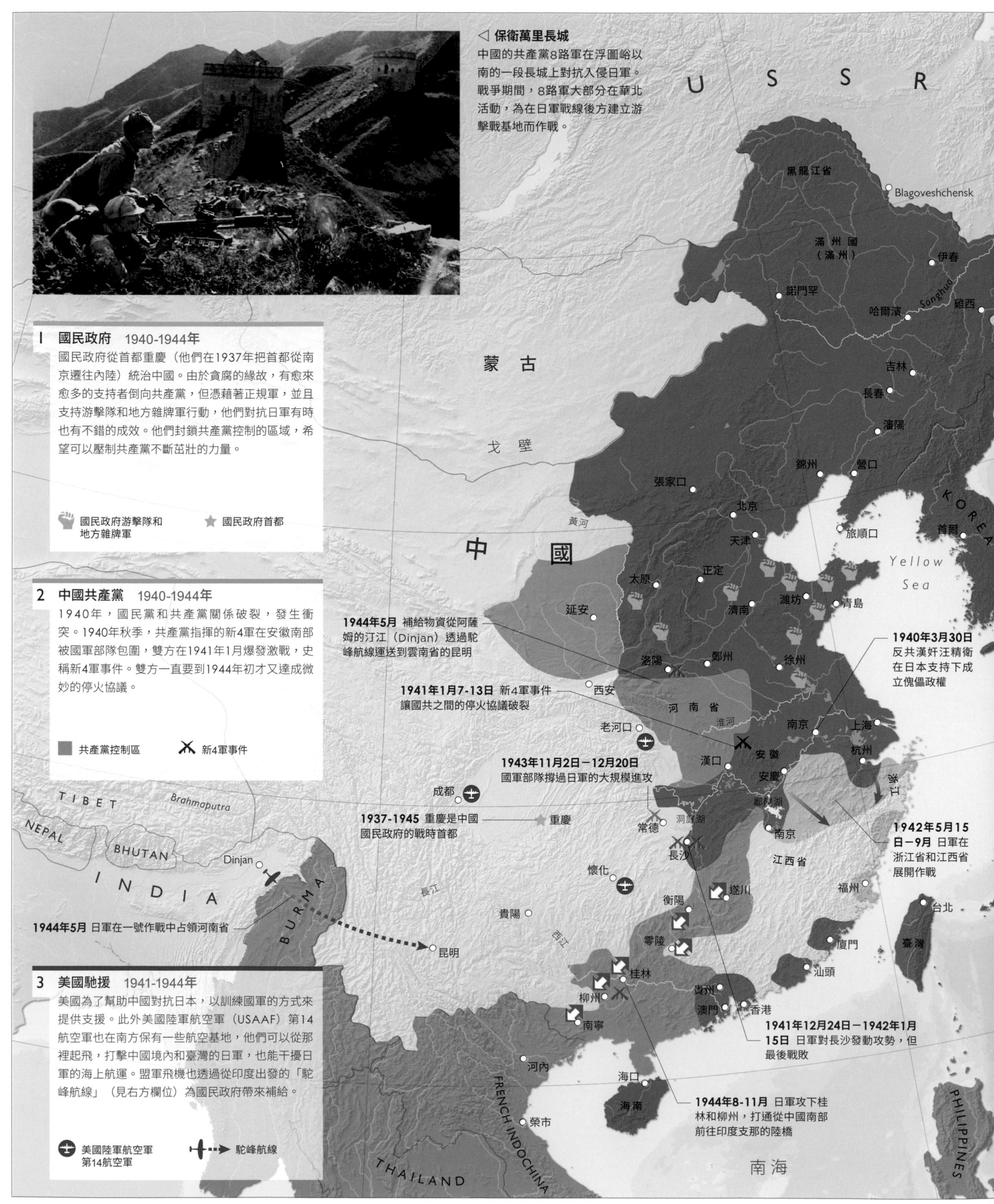
1 國民政府 1940-1944年
國民政府從首都重慶（他們在1937年把首都從南京遷往內陸）統治中國。由於貪腐的緣故，有愈來愈多的支持者倒向共產黨，但憑藉著正規軍，並且支持游擊隊和地方雜牌軍行動，他們對抗日軍有時也有不錯的成效。他們封鎖共產黨控制的區域，希望可以壓制共產黨不斷茁壯的力量。
國民政府游擊隊和地方雜牌軍
國民政府首都
2 中國共產黨 1940-1944年
1940年，國民黨和共產黨關係破裂，發生衝突。1940年秋季，共產黨指揮的新4軍在安徽南部被國軍部隊包圍，雙方在1941年1月爆發激戰，史稱新4軍事件。雙方一直要到1944年初才又達成微妙的停火協議。
共產黨控制區
新4軍事件
3 美國馳援 1941-1944年
美國為了幫助中國對抗日本，以訓練國軍的方式來提供支援。此外美國陸軍航空軍（USAAF）第14航空軍也在南方保有一些航空基地，他們可以從那裡起飛，打擊中國境內和臺灣的日軍，也能干擾日軍的海上航運。盟軍飛機也透過從印度出發的「駝峰航線」（見右方欄位）為國民政府帶來補給。
美國陸軍航空軍第14航空軍
駝峰航線
U S S R
蒙古
戈壁
中國
黑龍江省
Blagoveshchensk
滿州國（滿州）
伊春
諾門罕
哈爾濱
Songhua
雞西
吉林
長春
瀋陽
錦州
營口
張家口
北京
天津
旅順口
KOREA
首爾
Yellow Sea
黃河
太原
正定
延安
濟南
濰坊
青島
洛陽
鄭州
徐州
西安
河南省
淮河
老河口
南京
上海
安徽
杭州
漢口
安慶
浙江
成都
重慶
常德
洞庭湖
鄱陽湖
南京
長沙
江西省
懷化
遂川
福州
台北
衡陽
貴陽
昆明
零陵
廈門
臺灣
汕頭
桂林
柳州
貴州
澳門
香港
南寧
河內
海口
海南
榮市
南海
PHILIPPINES
FRENCH INDOCHINA
THAILAND
BURMA
INDIA
Dinjan
BHUTAN
NEPAL
TIBET
Brahmaputra
長江
西江
1944年5月 補給物資從阿薩姆的汀江（Dinjan）透過駝峰航線運送到雲南省的昆明
1941年1月7-13日 新4軍事件讓國共之間的停火協議破裂
1943年11月2日－12月20日 國軍部隊撐過日軍的大規模進攻
1937-1945 重慶是中國國民政府的戰時首都
1944年5月 日軍在一號作戰中占領河南省
1940年3月30日 反共漢奸汪精衛在日本支持下成立傀儡政權
1942年5月15日－9月 日軍在浙江省和江西省展開作戰
1941年12月24日－1942年1月15日 日軍對長沙發動攻勢，但最後戰敗
1944年8-11月 日軍攻下桂林和柳州，打通從中國南部前往印度支那的陸橋

◁ **保衛萬里長城**
中國的共產黨8路軍在浮圖峪以南的一段長城上對抗入侵日軍。戰爭期間，8路軍大部分在華北活動，為在日軍戰線後方建立游擊戰基地而作戰。

中日戰爭

儘管中國的國民黨和共產黨因為日軍在1937年入侵而同意停火，但戰時的中國依然四分五裂。日本亟欲利用這種情勢，投入大量資源到中國，發動一場長達八年的擴張之戰。

雖然國軍和日軍自 1937 年起就爆發慘烈的殊死戰鬥，但 1941 年 12 月日軍襲擊珍珠港之後，這場衝突自然而然就成為太平洋上更大規模的戰爭架構下的一部分。美軍從印度對國民政府提供航空和軍事援助，而國軍也締造過幾次擊敗日軍的紀錄，但他們得到的援助從來就不足以把戰局扭轉到對國軍有利的狀態。偷襲珍珠港後的幾個月裡，日軍只發動過幾場零星攻勢，進攻中國南部的美軍航空基地，此外還使用霍亂和傷寒等生物戰劑殘殺 25 萬平民。日軍在 1943 年又發動了更多場攻勢，也有使用化學武器。但日軍一直等到 1944 年，才發動一場規模巨大的攻勢，代號「一號作戰」，動員 50 萬兵力，企圖打通一條能夠通往日本控制的印度支那的通道，並消除用來轟炸日本城市的美軍航空基地造成的威脅。這場行動頗為成功，日本也一直保有一號作戰的大部分戰果，直到戰爭結束。

「大東亞戰爭充滿正義和公理。」

前日本首相東條英機，1946年

4 初期的日軍攻勢 1941年12月－1942年9月

珍珠港事件後，日軍在中國進行的第一場大規模攻擊行動於1941年12月展開，結果卻是在長沙敗給國軍。1942年5月，日軍在浙江省和江西省展開攻勢，目標是消滅美軍航空基地，並懲罰支援美軍活動的中國人。結果有超過25萬中國平民被日軍的生物武器攻擊而喪生。

- 1941年時的日本領土及其占領區
- 1941-42年日本在中國的戰果
- 1941-42年的其他日本控制區
- 戰場
- 日軍進攻浙江和江西

5 僵局 1942年6月－1943年12月

1942年年中以後，日軍把目標放在太平洋其他地方，所以在中國戰場沒有採取什麼行動。1943年，他們展開一連串「稻米攻勢」——目標是讓新兵可以熟悉戰鬥行動，同時奪取糧食，讓中國民眾挨餓。但在美國的幫助下，國軍還是在常德跟日軍打成了平手，而日軍在這場會戰中依然繼續使用包括芥子氣在內的化學武器。

- 戰場

6 一號作戰 1944年4月19日－12月31日

1944年，日軍在中國發動規模最大的一場戰役，目標是打通一條陸橋，把他們在華東的占領區和印度支那的控制區連接起來，並徹底掃蕩支援B-29超級堡壘式（Superfortress）轟炸機的美軍航空基地。日軍和國軍爆發三場大規模會戰，損失十分巨大，國軍傷亡多達70萬人。

- 戰場
- 被攻占的美軍航空基地
- 一號作戰後的日軍占領區

日本海　日本　札幌　東京　神戶　大阪　廣島　PACIFIC OCEAN

日本鐵蹄下的中國

到了1941年，日本已經控制了中國華北和華東大部分地區。和國軍零星交手過幾次之後，日軍在1944年的一號作戰中於華中和華南地區頗有斬獲，但雙方都傷亡慘重。

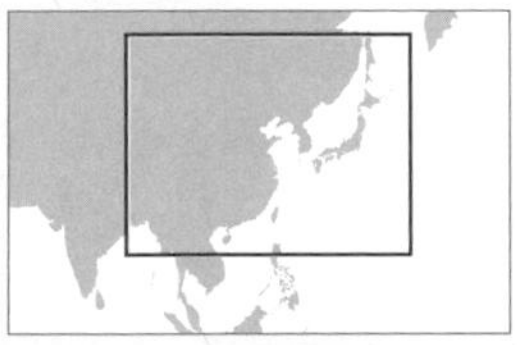

時間軸

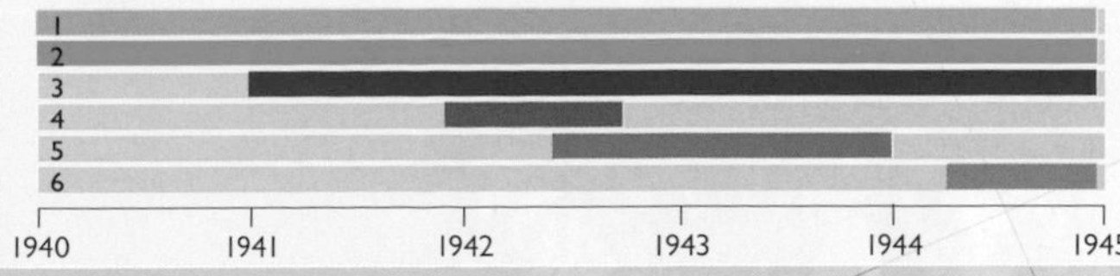

1　2　3　4　5　6

1940　1941　1942　1943　1944　1945

飛越駝峰

1942年，美軍建立一條從印度的阿薩姆起飛、為國軍運補的空中航線。這條航線被飛行員稱為「駝峰航線」（The Hump），穿過喜馬拉雅山脈的東端，極度危險，因為天氣條件一直很惡劣，又缺乏相關飛行圖表和無線電導航的協助。到1945年8月為止，共有超過66萬噸物資經由這條航線送往中國，但盟軍也因此損失大批飛機。

一架美國陸軍運輸機飛越喜馬拉雅山脈

通往西貢的大橋
1940年，日軍進入法屬支那的西貢（Saigon）。日軍透過這類行動，在1941年控制法國的殖民地。法國殖民當局對印度支那的治理持續到1945年3月，之後日軍就接管，直到戰爭結束。

日本在東亞的統治

在二次大戰前和戰爭期間，日本掌握了廣大的殖民帝國，有一部分是為了確保經濟發展所需的原物料穩定供應。在日本的殖民帝國裡，政治上沒有太多自由，生活條件相當嚴酷。

第一次世界大戰前，日本就已兼併臺灣和朝鮮，而一次大戰後，德國先前在太平洋上的島嶼也成為日本的託管地。1930 年代，日本入侵滿州和中國華東大部分地方，從 1940 年開始又入侵東南亞（參見第 106-107 頁）。只要有任何可能，這些地方的經濟發展都會根據日本的戰爭需求而轉型，因此滿州的鋼鐵產量擴大、臺灣的農業輸出增長、朝鮮的發電量也跟著提高。

日華滿協助天下太平

△ 泛亞大團結
日本大肆宣揚泛亞團結的好處，如這張海報所示，目的是促進滿州、日本和中國的合作。

當地人民的需求經常被忽視，因此糧食短缺的狀況相當普遍，成千上萬名婦女被迫充當軍隊的性奴隸，稱為「慰安婦」。日本當局也嚴厲打壓異議人士。盟軍戰俘的處境相當悲慘，其中包括 1942 年 2 月新加坡淪陷時被俘的 8 萬人。日軍的態度一般而言相當瞧不起投降的人，所以盟軍戰俘的配給經常是少到不能再少，被毆打是家常便飯，還得從事粗重勞動，像是穿越 420 公里的崎嶇原始叢林修築緬甸鐵路等等，所以死亡數字相當高——在 3 萬 6000 名淪為日軍戰俘的美軍部隊當中，有將近 40% 的人不幸喪生。

大東亞會議（Greater East Asia Conference）

1940年，日本政府宣布建立大東亞共榮圈。這項政策表面上是要促進亞洲國家的繁榮發展和政治自由，但實際上完全由日本操控。在1943年於東京舉行的會議上，許多親日領袖出席，像是緬甸的巴莫（Ba Maw，最左）以及菲律賓的荷西·勞瑞爾（José P. Laurel）。

第五章

結局和餘波

1944–1955年

隨著戰事在歐洲步入尾聲，美國和日本在太平洋上的廝殺卻愈來愈激烈。原子彈的投擲則迎來了一個不可捉摸的新時代。

△ **戰爭的面孔**
在1944-45年冬季的突出部之役期間，一名黨衛軍裝甲師的士兵在戰鬥後露出疲倦的表情。

盟國在歐洲的勝利

希特勒決心戰到最後一刻，使德國注定在歐戰的最後階段面臨徹底毀滅的命運。但必須等到蘇軍在柏林的廢墟上升起鐮刀鐵槌旗，盟軍才算真正勝利。

1944 年 12 月，盟軍近逼德國。希特勒想要扭轉戰局，決定孤注一擲，在亞耳丁內斯地區、比利時、盧森堡和法國東北部發動奇襲攻勢。這場行動因為德軍衝破盟軍戰線時形成了突出陣形而被稱為突出部之役（Battle of the Bulge），剛開始的成功可說是展現了德軍非凡的韌性，但希特勒計畫中的決定性突穿還是失敗了。美軍部隊死守關鍵陣地，而等到惡劣的天候好轉後，盟軍就繼續發動空中攻擊，帶來決定性的影響。而與此同時，德軍的燃料則是逐漸耗盡。

虛假的希望

到了 1945 年 1 月，由於亞耳丁內斯攻勢失敗、蘇軍還準備從東方入侵，德國似乎大勢已去。但納粹政權依然鬥志昂揚，許多人民也還是忠貞不二。就在元首幻想奇蹟出現的同時，老老少少都受到徵召，準備在最後關頭打一場奮不顧身的本土防禦戰。希特勒仍然希望西方盟國和蘇聯之間會發生內鬨，但沒有成真。同盟國領袖在 2 月舉行雅爾達會議（Yalta conference），對戰時聯盟當前實際關切的議題達成了一致共識，例如軍事占領德國，迴避了更棘手的未來政治議題。沒有人要「搶攻柏林」。反之，西方盟國樂於讓蘇聯享受攻占這座城市的榮耀——並蒙受傷亡。

史無前例的血戰

在戰爭的最後幾個月裡，各地崩壞瓦解的程度讓人震撼。蘇軍在 1945 年 1 月再度開始推進，迫使大批德國平民從東普魯士和波羅的海地區逃難。在付出高昂代價贏得德國上空的制空權之後，盟國空軍繼續進行沒有明確軍事目標的攻擊，毀滅德國的城鎮。

當蘇軍在 4 月下旬殺進柏林時，美軍和蘇軍在易北河（Elbe River）會師，深入的盟軍因為發現納粹死亡集中營而深感震驚。德國最後的屈服從義大利開始，墨

▷ **在托爾高會師**
1945年4月，盟軍從東西兩個方向夾擊德國。美軍與蘇軍在易北河上的托爾高會師，氣氛和樂。

第三帝國的最後一戰

亞耳丁內斯行動在1944年12月16日展開，是德國陸軍最後的攻勢。蘇軍在1945年1月開始朝德國挺進，把戰火帶到德國內陸，西方盟國則在3月渡過萊茵河。羅斯福在4月12日逝世，給了希特勒一線希望，但戰爭的進行方式卻毫無差異。希特勒自盡後，敵對狀態持續了一星期，之後才在不同的戰線上安排投降事宜。

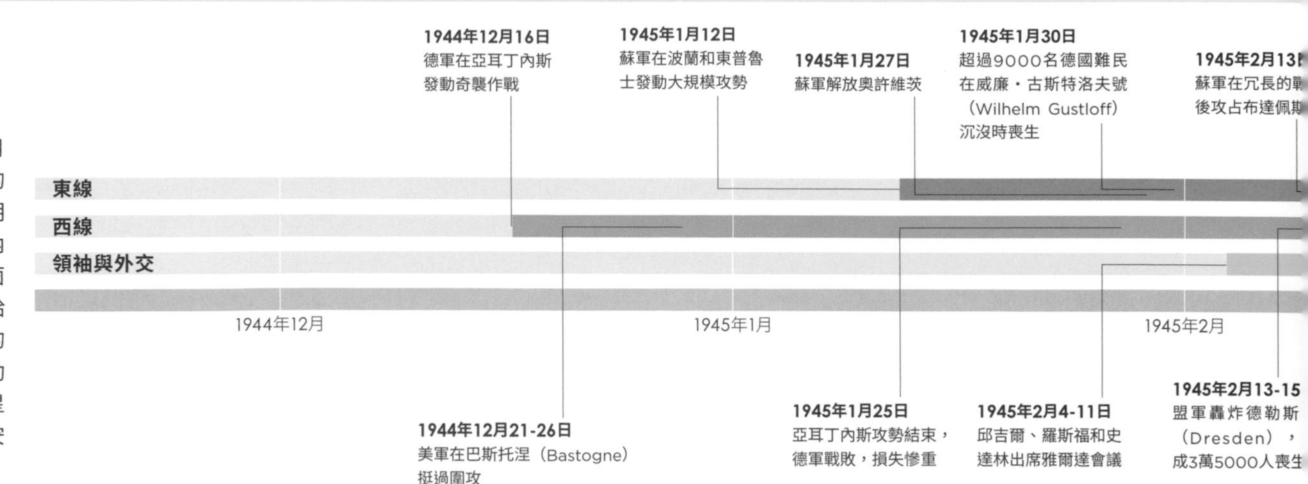
1944年12月16日
德軍在亞耳丁內斯發動奇襲攻勢
1945年1月12日
蘇軍在波蘭和東普魯士發動大規模攻勢
1945年1月27日
蘇軍解放奧許維茨
1945年1月30日
超過9000名德國難民在威廉・古斯特洛夫號（Wilhelm Gustloff）沉沒時喪生
1945年2月13日
蘇軍在冗長的戰後攻占布達佩斯
東線
西線
領袖與外交
1944年12月
1945年1月
1945年2月
1944年12月21-26日
美軍在巴斯托涅（Bastogne）挺過圍攻
1945年1月25日
亞耳丁內斯攻勢結束，德軍戰敗，損失慘重
1945年2月4-11日
邱吉爾、羅斯福和史達林出席雅爾達會議
1945年2月13-15
盟軍轟炸德勒斯登（Dresden），成3萬5000人喪生

VF B
413317

◁ **野馬式戰鬥機**
北美佬公司（North American）的P-51野馬式（Mustang）戰鬥機是戰爭末期的重要機種，主要扮演保護轟炸機的長程護航戰鬥機角色，也可掛載炸彈和火箭，成為對地攻擊機。

索里尼於 4 月 28 日死在義大利游擊隊手中。兩天後，希特勒譴責德國軍隊和人民不配接受他的領導，在柏林的地下碉堡內自盡。之後，歐洲的戰爭在 5 月 8 日宣告結束。

盟軍占領的德國

二次大戰的勝利者掌管著形同廢墟的歐洲大陸。早在戰爭結束前，共產黨和其敵人的政治衝突就已經浮上檯面──例如在希臘，英軍的介入就讓共產黨領導的游擊隊無法掌權。但在德國本土，也就是這個大家原本預期也擔憂納粹會堅持抵抗下去的地方，奮鬥反而只是為了求生，或者對知名納粹分子來說，只是為了躲避報復。盟軍實現了四方分割德國（包括柏林）的計畫，使它成為軍事占領區，而法國也贏得均分其中一部分的權利。至於蘇聯的占領對許許多多中歐和東歐國家的人而言，至少可以說是一種模稜兩可的「解放」。但儘管接下來還是有苦日子要過，此時的歐洲至少可以期待開始邁向光明的未來。

> 「這是你們的勝利！在每一個國家，這都是自由的勝利。」
>
> 溫斯頓・邱吉爾，1945年5月8日的演說

▽ **紅旗升起**
1945年5月2日，蘇軍士兵在四周化為一片廢墟的德國國會大廈頂樓高舉紅旗，象徵蘇聯的勝利。

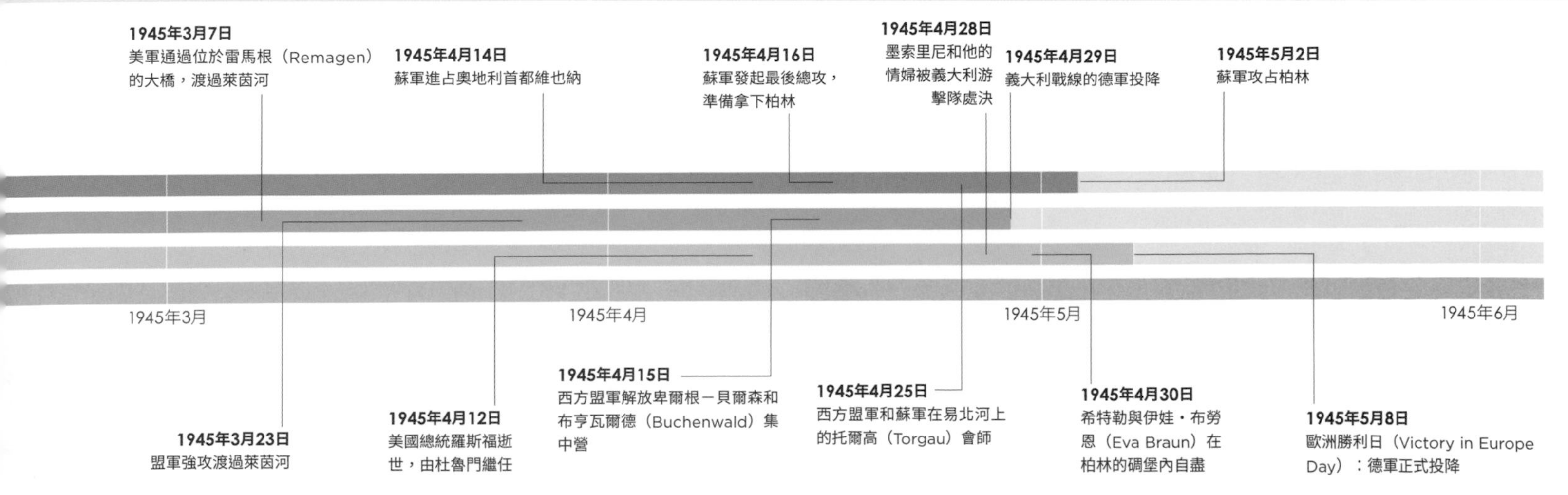
1945年3月7日
美軍通過位於雷馬根（Remagen）的大橋，渡過萊茵河
1945年4月14日
蘇軍進占奧地利首都維也納
1945年4月16日
蘇軍發起最後總攻，準備拿下柏林
1945年4月28日
墨索里尼和他的情婦被義大利游擊隊處決
1945年4月29日
義大利戰線的德軍投降
1945年5月2日
蘇軍攻占柏林
1945年3月
1945年4月
1945年5月
1945年6月
1945年3月23日
盟軍強攻渡過萊茵河
1945年4月12日
美國總統羅斯福逝世，由杜魯門繼任
1945年4月15日
西方盟軍解放卑爾根－貝爾森和布亨瓦爾德（Buchenwald）集中營
1945年4月25日
西方盟軍和蘇軍在易北河上的托爾高（Torgau）會師
1945年4月30日
希特勒與伊娃・布勞恩（Eva Braun）在柏林的碉堡內自盡
1945年5月8日
歐洲勝利日（Victory in Europe Day）：德軍正式投降

2 德軍挺進 1944年12月17-20日

德軍在接下來的四天裡持續向西挺進，並企圖在美軍戰線後方空降傘兵。德軍計畫在12月20日控制安特衛普，但因為美軍抵抗而不得不停止前進，尤其是在中央地段的聖維特（St Vith）和南邊的巴斯托涅。這兩個地方都是關鍵要道。

1944年12月17-20日德軍推進
德軍傘兵空降區
1944年12月20日的戰線

3 推進的極限 1944年12月21-24日

德軍在12月24日拿下塞勒（Celles），是他們在這次攻勢中所能到達最遠的地方，但離安特衛普還有100公里。德軍部隊無法橫渡馬士河，且被盟軍部隊擋下。德軍先頭部隊只能先占據一塊狹長的瓶頸地段，盟軍從南北兩邊帶來的威脅壓力不斷升高。

1944年12月21-24日德軍推進
1944年12月24日起美軍進攻

初期的推進

德軍進展最神速的部分在於突出部的中央位置。克勒弗（Clervaux）在三天之內就失陷了。

1944年12月17日 德軍計畫在盟軍戰線後方空投1300名傘兵但失敗

1944年12月24日 德軍部隊從拉格萊茲（La Gleize）撤回，攻勢陷入停頓

1944年12月16-26日

1944年12月17日 超過80名投降的美軍被武裝黨衛軍殺害

1944年12月23日 美軍在抵擋德軍挺進長達四天後，終於從聖維特疏散

1944年12月16-18日

1944年12月20日 巴斯托涅被包圍。德軍要求美軍投降，結果美軍准將安東尼·麥考利夫（Anthony McAuliffe）回了一句「神經病！」，十分出名

To Antwerp
BELGIUM
GREATER GERMANY
LUXEMBOURG
Roer Dams
Monschau
第6裝甲軍團
Elsenborn Ridge
Malmédy
La Gleize
Stoumont
Werbomont
Büllingen
Stavelot
Trois-Ponts
Manhay
St Vith
Vielsalm
Hotton
Dinant
Ciney
Celles
Marche-en-Famenne
Meuse
Ourthe
Dochamps
Oudler
Prüm
Schnee Eifel
第5裝甲軍團
Ciergnon
Rochefort
La Roche-en-Ardenne
Houffalize
Gouvy
Lesse
Ardennes
Our
Pronsfeld
Beauraing
Wellin
Ortheuville
Clervaux
裝甲教導師
St Hubert
Amberloup
Bastogne
Harzy
Dasburg
Wiltz
Bitburg
第7軍團
Sûre
Martelange
Echternach
Triers

1 閃電戰 1944年12月16日

德軍砲兵沿著蒙紹（Monschau）到厄克特納赫（Echternach）之間長達130公里的正面開火轟擊，盟軍部隊沒有重兵防守的亞耳丁內斯地區就位於這兩地之間。第6裝甲軍團和第7軍團分成南北兩路進攻，但遭遇激烈抵抗。在中路，第5裝甲軍團進度較佳，在漫長的盟軍防線上打出一個缺口。

德軍軍團
1944年12月16日德軍推進

△ 德軍不再前進

1945年1月，德軍士兵被俘，向美軍投降，高舉雙手放在頭的背後。由於天氣惡劣，加上美軍在關鍵交通要衝頑強抵抗，德軍無法達成目標。

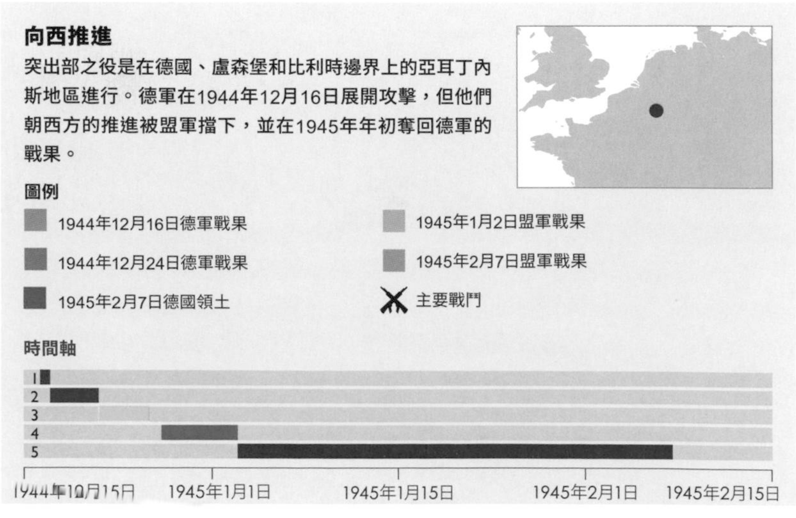

向西推進

突出部之役是在德國、盧森堡和比利時邊界上的亞耳丁內斯地區進行。德軍在1944年12月16日展開攻擊，但他們朝西方的推進被盟軍擋下，並在1945年年初奪回德軍的戰果。

圖例
1944年12月16日德軍戰果
1944年12月24日德軍戰果
1945年2月7日德國領土
1945年1月2日盟軍戰果
1945年2月7日盟軍戰果
主要戰鬥
時間軸
1
2
3
4
5
1944年12月15日
1945年1月1日
1945年1月15日
1945年2月1日
1945年2月15日

突出部之役

希特勒因為盟軍開始朝德國進軍而感到震驚，決定在1944年冬季進行一場終極豪賭。他這場大反攻在盟軍的戰線上如同楔子一般深深刺進盟軍戰線，因此這場戰役被西方媒體稱為突出部之役。這是德軍在大戰期間的最後一場大規模攻勢，也是西線上規模最大的一次。

希特勒亟欲在歐洲的戰事中重新掌握主動權，因此選擇了連他麾下的將領都感到不可思議的一步：發動攻勢穿越德國邊境丘陵起伏、森林密布的亞耳丁內斯地區，目標直指比利時的安特衛普，移動距離長達 180 公里。這場行動的目的是要把盟軍部隊一分為二，並擾亂他們的補給。盟軍指揮高層認為不可能有這樣的攻擊，所以這場行動堪稱徹徹底底的奇襲。然而，德軍很快就遇到了軍事參謀早已預見的那些問題。路況不良造成運輸瓶頸，而冬季的惡劣天氣也讓戰況更加艱辛。希特勒的計畫想要成功，就得依照一套幾乎不可能達成的緊密時程來進行，但他的部隊很快就因為地形艱險而寸步難行，也因為美軍堅強抵抗而動彈不得。

三個星期後，局勢愈來愈明顯：他們無法達成計畫中的突破。希特勒只得下令班師回朝。這場作戰是慘痛的失敗，雙方的傷亡數字逼近 10 萬人，而更關鍵的是，德軍還損失超過 500 輛戰車和 1000 架飛機。

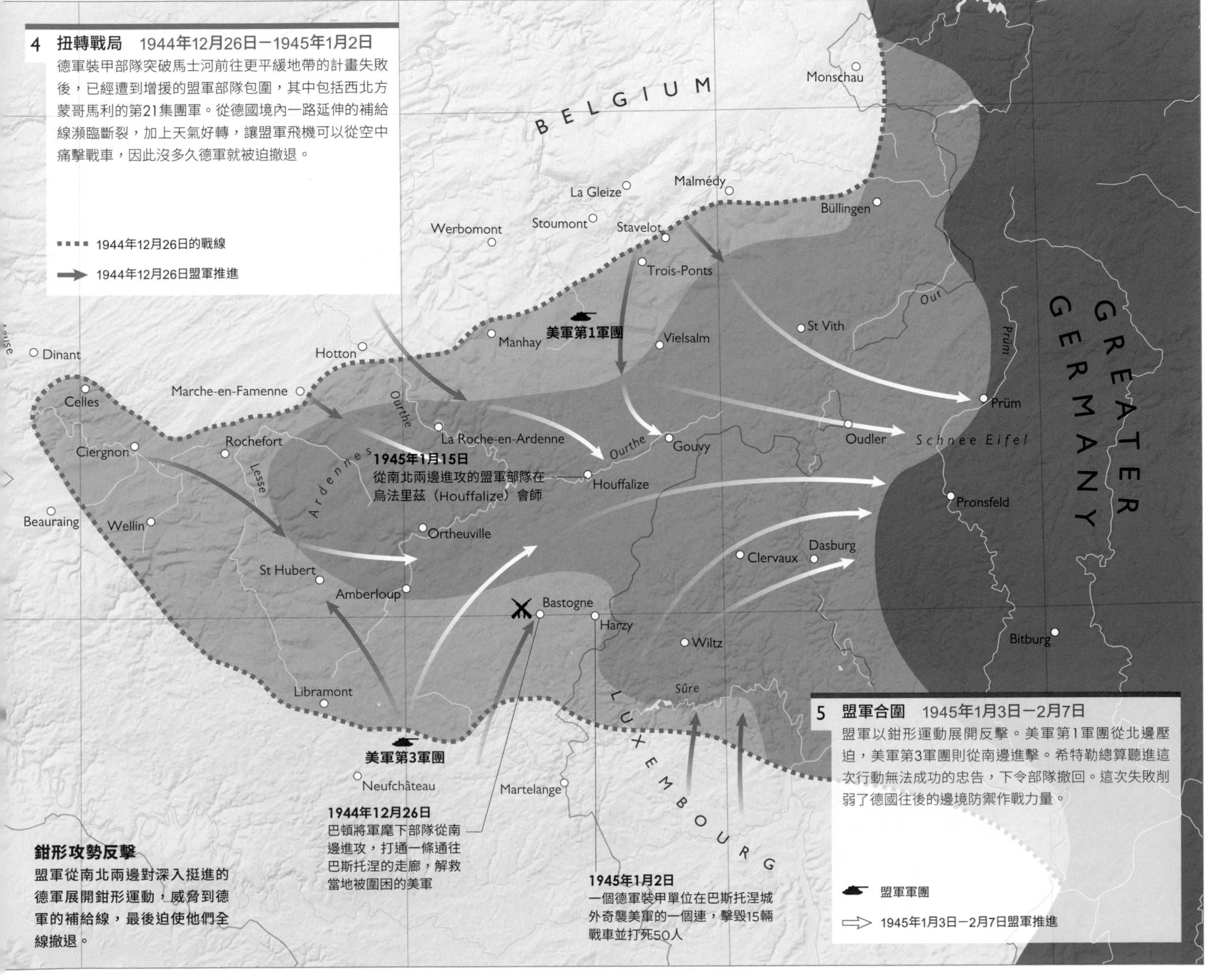
4 扭轉戰局 1944年12月26日－1945年1月2日
德軍裝甲部隊突破馬士河前往更平緩地帶的計畫失敗後，已經遭到增援的盟軍部隊包圍，其中包括西北方蒙哥馬利的第21集團軍。從德國境內一路延伸的補給線瀕臨斷裂，加上天氣好轉，讓盟軍飛機可以從空中痛擊戰車，因此沒多久德軍就被迫撤退。
1944年12月26日的戰線
1944年12月26日盟軍推進
BELGIUM
GREATER GERMANY
LUXEMBOURG
Monschau
La Gleize
Malmédy
Büllingen
Werbomont
Stoumont
Stavelot
Trois-Ponts
Our
St Vith
Prüm
Manhay
美軍第1軍團
Vielsalm
Dinant
Hotton
Celles
Marche-en-Famenne
Ourthe
La Roche-en-Ardenne
Gouvy
Oudler
Schnee Eifel
Rochefort
Ciergnon
Lesse
Ardennes
1945年1月15日
從南北兩邊進攻的盟軍部隊在烏法里茲（Houffalize）會師
Houffalize
Pronsfeld
Beauraing
Wellin
Ortheuville
Dasburg
Clervaux
St Hubert
Amberloup
Bastogne
Harzy
Wiltz
Bitburg
Sûre
Libramont
美軍第3軍團
Neufchâteau
Martelange
1944年12月26日
巴頓將軍麾下部隊從南邊進攻，打通一條通往巴斯托涅的走廊，解救當地被圍困的美軍
1945年1月2日
一個德軍裝甲單位在巴斯托涅城外奇襲美軍的一個連，擊毀15輛戰車並打死50人
鉗形攻勢反擊
盟軍從南北兩邊對深入挺進的德軍展開鉗形運動，威脅到德軍的補給線，最後迫使他們全線撤退。
5 盟軍合圍 1945年1月3日－2月7日
盟軍以鉗形運動展開反擊。美軍第1軍團從北邊壓迫，美軍第3軍團則從南邊進擊。希特勒總算聽進這次行動無法成功的忠告，下令部隊撤回。這次失敗削弱了德國往後的邊境防禦作戰力量。
盟軍軍團
1945年1月3日－2月7日盟軍推進

雅爾達與波茨坦

1945年2月，同盟國三位領導人——羅斯福、邱吉爾和史達林——在克里米亞的雅爾達召開會議，決定戰後世界的命運。五個月之後，這三國的領袖又在柏林附近的波茨坦（Potsdam）會面。

DE WINSTON CHURCHILL
EN MEMOIRE
POSTES
REPUBLIQUE TOGOLAISE 10F

△ **永懷領袖**
1945年的雅爾達會議是歷史上的一個里程碑，法國前殖民地多哥這張在1965年為紀念邱吉爾逝世而發行的郵票就是明證。

雅爾達會議的主要目標之一就是要決定如何處置戰後的德國。大家所謂的三巨頭，也就是羅斯福、邱吉爾和史達林，同意把德國劃分成四塊占領區，分別由美國、英國、蘇聯和法國管理，而柏林的控制權也會分別授予這四國。他們同意在波蘭建立臨時政府，為舉行大選做準備。同樣地，其他被解放的東歐民族也都會獲得協助，建立民主政體。此外史達林也同意，德國一旦投降，他們就加入對日本的作戰，並且加入聯合國。

變調的承諾

雅爾達會上達成的協議剛開始被視為一項成功，但這樣的氛圍沒有維持太久。等到他們在7月2日到8月2日之間在波次坦再度會面的時候，羅斯福與邱吉爾已分別被哈利・杜魯門（Harry S. Truman）和克萊曼・艾德禮（Clement Attlee）取代，此時西方盟國和蘇聯之間的緊張氣氛相當明顯。雖然德國會被分割並解除武裝這件事是確認的，但德國應該負擔多少賠款，各方卻意見不一。由於德國和波蘭的邊界以有利波蘭的方式調整，因此來自東邊的難民源源不斷地湧入西邊。此外大家也都很清楚，史達林雖然做出承諾，但他絕對不會允許在他的軍隊解放的土地上進行自由選舉。

波茨坦宣言

在波茨坦會議上，美國、英國和中國呼籲日本無條件投降，並威脅若不遵循，將會遭遇「立即而徹底的毀滅」。雖然史達林也出席這場會議，但蘇聯和日本簽訂的互不侵犯條約在當時依然有效，因此他並未簽署這份宣言。

三巨頭
1945年2月出席雅爾達會議的富蘭克林・羅斯福、溫斯頓・邱吉爾和約瑟夫・史達林。在舉行這場會議舉行的時候，羅斯福的健康就已經惡化，並於4月12日在美國喬治亞州逝世。

橫渡萊茵河

盟軍部隊擊退德軍在亞耳丁內斯地區發動的反攻後，下一個重大挑戰就是打出一條可以渡過萊茵河的路。後來他們花費一個月時間，橫越德國朝易北河前進，以便和由東邊推進的蘇軍會師。

萊茵河在某些地方的寬度超過 400 公尺，再加上德軍在東岸嚴密布防，因此對進入德國作戰的盟軍而言是一道可怕的屏障。盟軍最高統帥艾森豪將軍擬定了縝密的計畫，想透過協同攻擊的方式展開突擊，達成渡河的目標。但最後，盟軍首度渡過萊茵河幾乎全憑機緣巧合，因為德國守軍爆破雷馬根的一座橋梁失敗，讓盟軍得以通過。接著這場戰役就依照艾森豪的計畫進行，到了 3 月 24 日盟軍部隊就已經在河的對岸建立三座堅實的橋頭堡。

「戰爭中偶然出現的罕見、稍縱即逝的機會之一。」

艾森豪將軍評論攻占雷馬根

此時德國已經門戶洞開，但基於政治上的考量，盟軍還是必須謹慎行動。在雅爾達會議上（參見第 230-31 頁）上，同盟國已經同意從東邊進軍，而柏林屬於蘇聯的權力範圍，因此在不能快馬加鞭朝柏林推進的狀況下，西方盟軍的推進速度又變得更加遲緩了。英軍在 4 月中旬解放卑爾根－貝爾森集中營，揭發了駭人聽聞的恐怖真相。美軍則在兩個星期後抵達達豪（Dachau）集中營。

喬治・巴頓將軍

1885-1945年

喬治・巴頓將軍出生於美國加州一個富裕的家庭，於1909年從西點軍校畢業。他曾在1912年代表美國參加斯德哥爾摩奧運會的現代五項競技，並在第一次世界大戰期間成為美國裝甲部隊的先驅。他在1944年初接掌美軍第3軍團指揮權之前，就已經在北非和西西里島立下戰功，令敵人聞風喪膽。他指揮的部隊也因為作戰風格積極主動而聞名。

穿越德國之路

渡過萊茵河之後，盟軍穿越德國中部、和蘇軍在易北河會師的道路可說是暢行無阻。

圖例

德軍集團軍
德軍軍團
盟德軍集團軍
盟軍軍團
1944年12月15日盟軍戰果
1945年3月21日盟軍戰果
1945年4月18日盟軍戰果
集中營
空投補給

時間軸

1 2 3 4 5 6 7

1945年1月 1945年2月 1945年3月 1945年4月 1945年5月 1945年6月

UNITED KINGDOM

4月29日－5月8日 盟軍轟炸機空投食物，協助緩解了在1944-45年的「飢餓冬天」之後面臨饑荒的荷蘭平民的苦難。

Amsterd
Rotterdam
英軍第21集團軍
Brussels
BELGIUM
Lille
Seine
Reims
Loire
Troyes
FRANCE

1 往萊茵河進軍 1945年1月－3月5日

在渡過萊茵河之前，盟軍部隊必須先肅清河岸附近區域。加軍第1軍團從荷蘭南部進軍，美軍第9軍團則穿過蒙興格拉巴赫（München-Gladbach），但他們的進展卻因為德軍放水淹沒路爾河谷而延誤。美軍第1軍團則在1945年3月5日進入位於萊茵河西岸的科隆。

盟軍作戰　盟軍推進

2 雷馬根大橋 1945年3月7-21日

3月7日，美軍第1軍團的部隊無意間發現雷馬根的魯登道夫（Ludendorff）鐵路橋依然完好無損。他們冒著敵軍的密集火力衝過大橋，並在萊茵河東岸建立盟軍第一座橋頭堡。美軍工兵在現場搭建其他浮橋，到了3月21日就已有超過2萬5000名士兵渡河。希特勒對未能防止盟軍突破這件事暴怒不已，下令處決四名軍官。

雷馬根之戰　雷馬根大橋

3 渡過萊茵河 1945年3月22-25日

盟軍在雷馬根渡過萊茵河的行動，相當於提早執行預計在3月23日夜間展開的突擊渡河計畫。由蒙哥馬利元帥指揮的英軍第21集團軍在德國北部進行了一連串渡河行動，此時巴頓將軍的部隊也已經在南邊的奧彭海姆（Oppenheim）渡河。到了3月25日，他們已經建立了另外兩座大型橋頭堡。

3月23-25日建立的橋頭堡

Baltic Sea
德軍
維斯杜拉集團軍
Hamburg
Bremen
Bergen-Belsen
Elbe
Berlin
NETHERLANDS
4月4日
英軍部隊占領奧斯納布律克
德軍第1
傘兵軍團
Osnabrück
4月15日 英軍解放卑爾根－貝爾森集中營，發現6萬名瀕臨餓死的囚犯及1萬3000具尚未焚化的屍體
4月16日 蘇軍部隊對柏林展開最後攻勢（參見第242-43頁）
4月11日 美軍部隊奪取生產V-1和V-2火箭的地下化工廠
4月17-26日 經過一番激戰後，英軍攻占北部港市不來梅
Elbe
Arnhem
Nijmegen
Wesel
Torgau
Nordhausen
Strehla
2月23日 美軍第9軍團的部隊在手榴彈行動（Operation Grenade）中渡過被蓄意淹沒的路爾河
Roer
Düsseldorf
Roermond
Kassel
Leipzig
德軍B集團軍
德軍第15軍團
München Gladbach
Cologne
美軍第9軍團
Bonn
德軍A集團軍（中央）
Aachen
Remagen
德軍第5軍團
7-21 Mar 1945
G E R M A N Y
1月14-24日 英軍第2軍團在黑松雞行動（Operation Blackcock）中肅清路爾河一帶的敵軍
美軍第1軍團
Frankfurt
Rhine
LUXEMBOURG
Oppenheim
Pilsen
美軍第3軍團
Mannheim
4月29日 美軍解放達豪集中營
美軍第7軍團
Nuremberg
4月30日 美軍拿下慕尼黑，接著進入奧地利，然後通過布里納山口（Brenner Pass）進入義大利
Germersheim
德軍第1軍團
Stuttgart
Strasbourg
法軍第1軍團
Ulm
Dachau
Rhine
德軍
第19軍團
Munich
Rhône

7 與蘇軍會師 1945年4月25日

蘇軍從東方殺進德國，並和美軍部隊在易北河畔托爾高附近的施特雷拉（Strehla）村外會師。雙方人馬和樂融融，親如手足，蘇軍也設宴招待美軍。德國終於一分為二，對於入侵部隊幾乎毫無招架之力。

→ 至4月25日時蘇軍推進　美蘇部隊會師

△ **浮橋**

1945年3月，兩名美軍士兵在雷馬根附近橫跨萊茵河的羅齊許－布拉克本－湯普金森橋（Rozisch-Blackburn-Thompkins bridge）橋頭站崗。架設浮橋的目的是要讓盟軍部隊可以更快越過萊茵河，繼續深入德國。

4 從萊茵河到易北河 1945年3月24日－5月1日

渡過萊茵河以後，盟軍繼續朝東推進。第21集團軍先是攻占奧斯納布律克（Osnabrück）和不來梅（Bremen），接著在5月1日兵不血刃地進入漢堡。巴頓將軍麾下部隊先是攻占法蘭克福（Frankfurt），接著在卡瑟爾（Kassel）和瀕臨崩潰的德軍爆發戰鬥。美軍從紐倫堡朝慕尼黑一路長驅直入，目的是防止德軍在奧地利的阿爾卑斯山脈立足。

→ 盟軍推進　盟軍攻占的主要目標

5 魯爾之戰 1945年4月1－21日

渡過萊茵河以後，盟軍的目標就是奪取位於魯爾河谷的德國工業心臟地帶。美軍在4月1日包圍了這個區域，希特勒則下令守衛魯爾的B集團軍戰到最後一兵一卒，但事實證明抵抗毫無效果，司令官最後也自盡。盟軍在三週內攻占魯爾區，並俘虜了32萬5000名戰俘。

德軍包圍魯爾區口袋

6 前進阿爾卑斯山 1945年4月19日－5月7日

由於害怕德軍會在所謂的「阿爾卑斯堡壘」（Alpine Redoubt）做最後抵抗，艾森豪將軍下令第3和第7軍團的部隊轉向南方，朝奧地利而不是柏林前進。第一批單位在4月26日越過奧地利邊界。他們在路上遭遇的抵抗相對輕微，最後的發現也顯示，傳說中的堡壘只不過是德方的宣傳而已。

→ 美軍穿越巴伐利亞（Bavaria）前進

空戰敗北的德國

歐洲空戰的本質因為盟軍登陸諾曼第而起了變化。德國空軍愈來愈被迫採取守勢，而到了1944年末，由於燃料短缺加上人員和物資的損失，已成強弩之末。

自 1944 年中起，同盟國已經在歐洲的空戰中占了決定性的優勢。這有很大一部分是因為 P-51B 野馬式戰鬥機開始出現在歐洲戰場——這款戰鬥機不但速度快，航程也夠遠，足以為 B-17 和 B-24 轟炸機提供充分的掩護。在二次大戰中最好的幾種戰鬥機裡，P-51B 的表現勝過德國空軍用來對付美軍轟炸機的重型戰鬥機，所以盟軍的空襲能夠愈來愈有效地打斷德國的飛機生產，並干擾新機型的發展。

盟軍轟炸機選擇性地打擊德國的石油生產設施，造成燃料長期不足，德國空軍的活動也因此受限。到了 1944 年 9 月，德國空軍每個月能獲得的辛烷已經只剩 1 萬公噸，而不是維持作戰所需的 16 萬公噸。美國陸軍航空軍主要負責對石油生產設施的精準轟炸，而由「轟炸機」哈里斯指揮的皇家空軍轟炸機部隊則把注意力轉向對都市的區域轟炸。

把所有合法的戰略目標和工業目標都炸完以後，盟軍開始把炸彈扔在任何可以給敵人造成最大混亂的地方。總計有超過 35 萬德國平民在盟軍的空襲行動中喪生，而從 1944 年 7 月到 1945 年 1 月，死亡率更是提高到每月 1 萬 3000 人。盟軍在漢堡、德勒斯登、萊比錫、肯尼茲（Chemnitz）和其他人口密集區造成的大規模平民傷亡在當時就已經引發議論，且從那時起就招致了愈來愈多的批評。

P-51野馬式戰鬥機

野馬式戰鬥機是一款單座長程戰鬥機，由北美佬航空公司（North American Aviation）在1940年設計，在導入配備勞斯萊斯（Rolls-Royce）引擎的B型後，性能表現大幅躍進。自1943年年底起，P-51B加上之後陸續引進的C型和D型（如圖）都用來為長程轟炸任務護航，並打擊德軍戰鬥機，協助盟軍確保制空權。

413410

天空中的勝利

當盟軍穿越法國和低地國挺進時，空戰的重點也向東轉移，進入德國的心臟地帶，給德國平民帶來致命的後果。

圖例
- 1944年4月時的同盟國領土
- 1944年4月時的軸心國領土
- 航空工業分布地帶
- 卡姆胡伯線（德國防空區）
- 皇家空軍大隊隊部
- 美國陸軍航空軍指揮部
- 德國以外的美國陸軍航空軍打擊目標
- 德軍戰鬥機基地
- 德軍夜間戰鬥機基地
- 德國空軍指揮部

時間軸：1 2 3 4 5；1944年3月 6月 9月 12月 1945年3月 6月

1944年9月8日 第一枚V-2火箭擊中倫敦，之後更在長達六個月的作戰中造成9000人喪命

1944年9月5-11日 盟軍轟炸阿弗赫，造成超過5000人死亡，其中大部分是法國平民

1944年6月6日 超過2200架英軍、美軍和加軍轟炸機攻擊諾曼第海岸上的目標，為D日登陸做準備

UNITED KINGDOM　North Sea　NORMANDY　FRANCE

Hull, Bawtry, Swinderby, Birmingham, Bylaugh Hall, Ketteringham Hall, Brampton Grange, Elveden Hall, Exning, High Wycombe, Sawston, Cheddington, Saffron Walden, Winslow, Bushey Hall, Abingdon, Bushey Park, London, Dover, Calais, Brighton, Dunkirk, Maldegem, St Omer, Abbeville, Dieppe, Amiens, Le Havre, Poix-de-Picardie, Rouen, Caen, Paris, Chartres, Le Mans, Nantes, Tours

1 十字弓行動 1944年4月－1945年4月
盟軍的情資顯示，V-1火箭發射場（參見第192-93頁）早在1943年5月就已經存在。針對德軍長程V-1和V-2火箭的第一波空襲行動（十字弓行動的一部分）在當年稍晚時展開，並在1944年4月加強打擊。德軍朝英國發射的6380枚V-1 當中，共有4380枚被戰鬥機或高射砲擊落。
V-1發射場分布區
V-2發射場分布區
2 空中轟炸 至1945年4月
在整場空戰中，皇家空軍的「轟炸機」哈里斯都力求透過空襲城市來打擊德國的民心士氣。他最具毀滅性的行動之一就是轟炸先前毫髮未傷的歷史古都德勒斯登（參見第236-37頁）。在1945年2月13及14日兩個晚上共四波空襲裡，轟炸引發的火風暴估計造成2萬5000人喪命。
在1944-45年間遭受50-100%破壞的德國城市
3 瞄準石油與運輸 1944年5月－1945年4月
除了打擊德國的航空工業之外，盟軍也把注意力轉向切斷德國空軍的石油供應。盟軍飛機從已經解放的義大利南部起飛，空襲位於羅馬尼亞普洛什提的煉油廠。盟軍也對德國本土和占領區內的燃料設施和交通基礎建設進行空襲，將燃油生產降低了95%。
成為目標的石油生產設施
交通類目標分布區
4 擴大打擊範圍 1944年6月－1945年4月4日
隨著戰爭接近尾聲，盟軍開始轟炸更東邊的目標。有了改良的轟炸機——例如美軍B-24解放者式轟炸機，加上盟軍（在D日登陸之後）取得位於歐洲大陸和義大利南部的機場，盟軍就可以到達更遠的地方。1944年，史達林允許美軍在烏克蘭建立基地，但美蘇之間的猜疑很快就侷限了此舉的成效。
盟軍轟炸機作戰範圍
5 德國空軍的最後攻勢 1945年1月1日
到了1945年，德國空軍幾乎消耗殆盡，但還是發動了最後一場突襲作戰，也就是地板行動（Operation Bodenplatte）。它主要配合突出部之役（參見第228-29頁）進行，目標是消滅低地國家的盟軍空中力量。這場作戰總共擊毀超過300架盟軍飛機，但德軍的損失也同樣慘重，且沒有帶來持久性的效益。
1945年1月1日盟軍空軍基地遭空襲
1945年4月9日 英軍轟炸機在基爾港內炸沉巡洋艦謝爾海軍上將號（Admiral Scheer），這是對付德國海軍殘餘船艦的幾項行動之一
1945年3月2日 皇家空軍轟炸機在轟炸一處V-2陣地時，誤炸海牙附近的郊區貝祖伊登豪特（Bezuidenhout），炸死500名荷蘭百姓
1945年3月12日 超過1100架飛機轟炸多特蒙德（Dortmund），市區大部分被毀
1944-45年 德軍的防空系統堪稱全世界最精密複雜，但依然無法阻止盟軍空襲
1944年9月11日 厄爾士山脈（Ore Mountains）上空爆發空戰，造成德軍29人及美軍50人陣亡
1945年2月14日 當時仍由德軍占領的布拉格意外遭到美軍轟炸
1945年2月23-24日 皇家空軍對中世紀古城普弗茲海姆（Pforzheim）發動空襲。全市三分之一人口死於非命，超過80%建築被毀
從義大利起飛
從英國起飛
從蘇聯起飛
DENMARK
NETHERLANDS
GREATER GERMANY
SWITZERLAND
SLOVAKIA
HUNGARY
Baltic Sea
Ore Mountains
Kiel
Rostock
Schwerin
Stettin
Hamburg
Bremerhaven
Wilhelmshaven
Emden
Bremen
Sneek
Leiden
The Hague
Heesch
Gilze en Rijen
Volkel
Eindhoven
Ophoven
Asch
Sint-Truiden
Le Culot
Osnabrück
Hanover
Hildesheim
Berlin
Dessau
Essen
Dortmund
Hagen
München Gladbach
Cologne
Bonn
Kassel
Leipzig
Dresden
Chemnitz
Brüx
Prague
Giessen
Koblenz
Wiesbaden
Mainz
Frankfurt
Hanau
Schweinfurt
Würzburg
Darmstadt
Mannheim
Trier
Saarbrücken
Metz
Nancy
Karlsruhe
Pforzheim
Heilbronn
Stuttgart
Nuremberg
Regensburg
Ulm
Augsburg
Munich
Lagerlechfeld
Friedrichshafen
Vienna
Graz
Dijon

轟炸德勒斯登

從1945年2月13日晚間10點起到次日中午，德國東部的歷史名城德勒斯登遭遇了這場戰爭中最猛烈的空襲之一。這場殘酷的轟炸行動在毫無預期的狀況下猛然降臨，造成毀滅性的打擊。

這場攻擊稱為雷鳴行動（Operation Thunderclap），由 244 架皇家空軍蘭開斯特式轟炸機對德勒斯登市中心和近郊投下 810 公噸的高爆彈和燃燒彈。經過 25 分鐘的空檔後，另外 529 架轟炸機又飛臨上空，投下超過 1800 公噸的炸彈，助長了第一波空襲時引發的火風暴。第二波空襲持續了 40 分鐘。等到空襲結束後，整個德勒斯登已經化為一片焦土。次日清晨，當存活的居民蹣跚上街查看損害狀況時，刺耳的空襲警報聲再度響起。大約 311 架美國陸軍航空軍飛行堡壘式（Flying Fortress）轟炸機又對這塊早已毀滅的土地扔下 780 公噸重的炸彈。總計約有 2 萬 5000 名德勒斯登居民不幸死亡。

△ **空襲警報器**
當年在德勒斯登使用的手搖式空襲警報器。第一波空襲時，德勒斯登的居民幾乎沒有收到任何警告。

宣揚武力

像德勒斯登這般駭人的毀滅性攻擊是否符合正義公理，自那時起就引發各方爭論。盟軍轟炸德國東部城市，是為了協助蘇軍推進，並防止德軍撤往阿爾卑斯堡壘。但皇家空軍轟炸機司令部的哈里斯司令卻要求機組員轟炸人口密集的住宅區，因此造成大量平民死亡。

△ **第二次空襲**
在皇家空軍蘭開斯特式轟炸機首次轟炸德勒斯登的兩個月後，美軍第8航空軍的B-17飛行堡壘式轟炸機在1945年4月17日的白天再度轟炸這座城市。這趟任務的主要目標是切斷這座城市東南方的鐵路線，也是對德勒斯登的最後一次攻擊。德勒斯登是一座擁有古色古香大教堂的城市，被德國人稱為「易北河上的佛羅倫斯」。

德勒斯登的斷垣殘壁
這張照片是在德勒斯登市議會的高塔上往市區南邊拍攝的，呈現出盟軍區域轟炸帶來的毀滅性威力。就算到了1950年代，德勒斯登市中心絕大部分地區依然是一片廢墟。

蘇維埃的最後攻勢

在歐戰的最後階段，一連串得來不易的勝利讓蘇軍得以深入歐洲中部和巴爾幹半島，為戰爭和這塊大陸都帶來了決定性的結果。

紅軍在 1944 年夏季推進，除了把德軍部隊趕出蘇聯領土以外，還侵入了波蘭、羅馬尼亞和波羅的海國家。但當德軍強力鎮壓波蘭本土軍的起義（參見第 184-85 頁）時，他們卻在華沙城外止步不前。在南邊，蘇軍入侵保加利亞，接著和約瑟普・布羅茲・狄托手下的游擊隊一起攻下南斯拉夫首都貝爾格來德。在匈牙利，紅軍於 12 月打出一條通往布達佩斯的通道，但卻花了將近兩個月才攻克這座由德軍和匈軍部隊聯手防禦的城市。

壓倒性的軍力

朝向德國的最後一擊於 1945 年 1 月 12 日揭開序幕，由朱可夫元帥的第 1 烏克蘭方面軍展開攻勢，兩天後科涅夫元帥（Konev）的第 1 白俄羅斯方面軍也跟著加入（右圖）。蘇軍兵力共計超過 200 萬人和 4000 輛。這支大軍到 2 月初已浩浩蕩蕩前進了將近 500 公里，朱可夫的部隊穿過了西利西亞（Silesia）的工業地帶，科涅夫則進抵柏林東方不到 70 公里的奧得河（River Oder）。前進的蘇軍在 1 月 27 日解放了奧許維茨集中營。大批德國平民聽聞蘇軍的暴行，一窩蜂往西逃難。朱可夫下令部隊在奧得河停下，以便重新補給。至於北邊的蘇軍則控制了東普魯士和波羅的海國家，在 4 月 16 日發動最後突擊（參見第242-43頁）。經過四天的激戰後，朱可夫突破德軍防線，4 月 20 日柏林就已陷入包圍。4 月 25 日，美軍和蘇軍部隊在易北河畔的托爾高凱旋會師。

△ **盟友相會**

1945年4月在德國托爾高，美軍第69步兵師的一名少尉（戴鋼盔者）和蘇軍第58近衛師的士兵一起合影留念。這個地方後來變成軍事占領區的邊界。

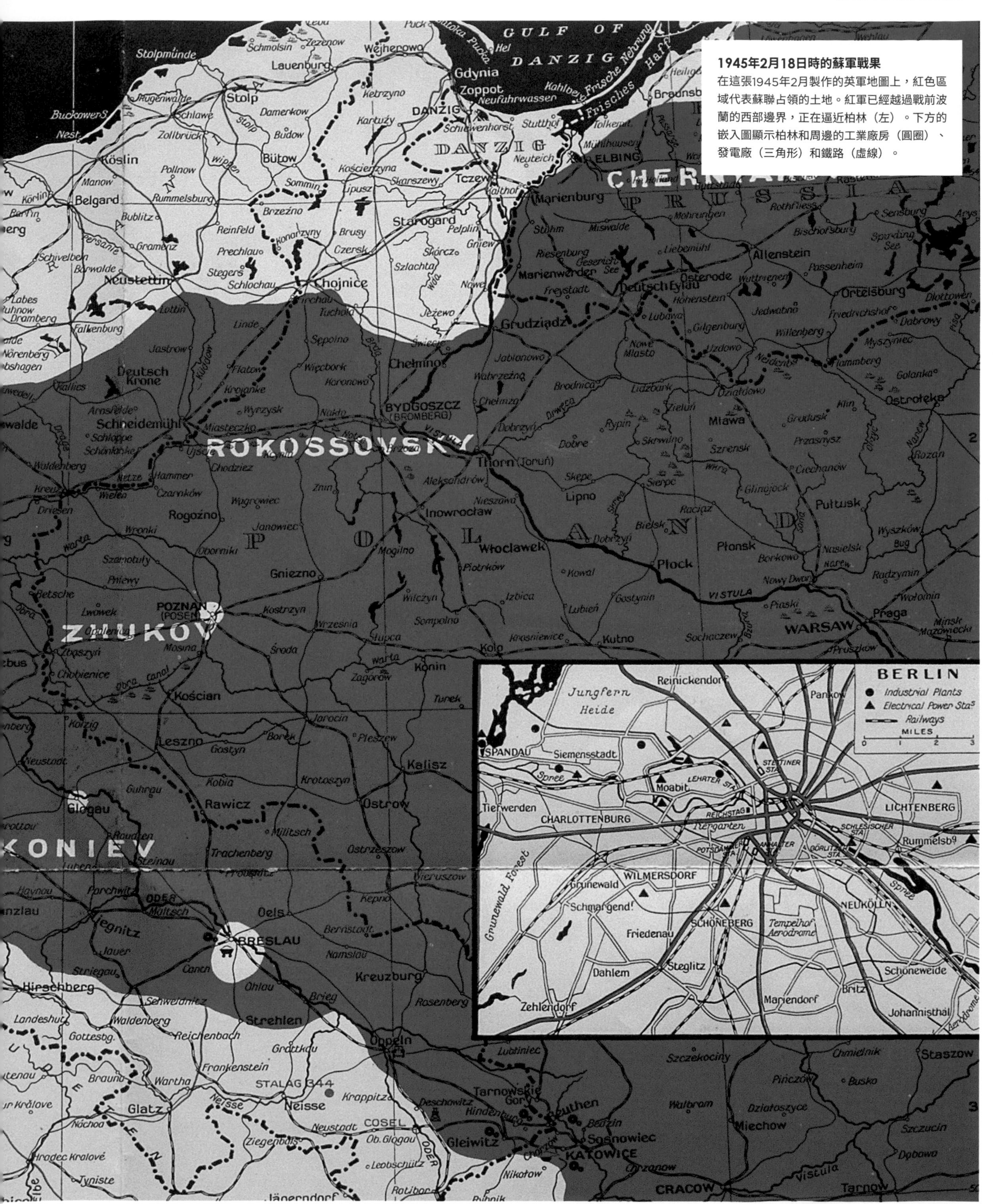
GULF OF
DANZIG
Frisches Haff
Frische Nehrung
Gdynia
Zoppot
Neufahrwasser
DANZIG
Stolpmünde
Lauenburg
Stolp
Wejherowo
Köslin
Belgard
Bütow
Tczew
Marienburg
ELBING
Starogard
Neustettin
Chojnice
Allenstein
Deutsch Eylau
Grudziadz
Ortelsburg
PRUSSIA
Deutsch Krone
Schneidemühl
Chelmno
BYDGOSZCZ
(BROMBERG)
ROKOSSOVSKY
Thorn (Toruń)
Mlawa
Dzialdowo
Ostrołęka
Inowrocław
Lipno
Pultusk
Rogoźno
Wloclawek
Płock
Płonsk
Gniezno
POLAND
POZNAN
(POSEN)
ZHUKOV
VISTULA
WARSAW
Praga
Kutno
Kolo
Konin
Kościan
Leszno
Kalisz
Rawicz
Ostrow
Glogau
KONIEV
Oels
BRESLAU
Kreuzburg
Hirschberg
Strehlen
Oppeln
Glatz
Neisse
STALAG 344
COSEL
Gleiwitz
Beuthen
Sosnowiec
KATOWICE
CRACOW
Tarnow
Miechow
Staszow
BERLIN
Industrial Plants
Electrical Power Sta^s
Railways
MILES
Jungfern Heide
Reinickendorf
Pankow
SPANDAU
Siemensstadt
Moabit
STETTINER STA.
LEHRTER STA.
Tiefwerden
CHARLOTTENBURG
REICHSTAG
Tiergarten
LICHTENBERG
SCHLESISCHER STA.
Rummelsbg
WILMERSDORF
Grunewald
Grunewald Forest
Schmargendf.
NEUKÖLLN
SCHÖNEBERG
Tempelhof Aerodrome
Friedenau
Dahlem
Steglitz
Schöneweide
Britz
Zehlendorf
Mariendorf
Johannisthal

1945年2月18日時的蘇軍戰果

在這張1945年2月製作的英軍地圖上，紅色區域代表蘇聯占領的土地。紅軍已經越過戰前波蘭的西部邊界，正在逼近柏林（左）。下方的嵌入圖顯示柏林和周邊的工業廠房（圓圈）、發電廠（三角形）和鐵路（虛線）。

在義大利的最後掙扎

1944年，盟軍自南向北穿越義大利，最後把德軍逼退到哥德線後方——這是一條橫貫義大利的強大防線。僵持了一整個冬季之後，盟軍終於在1945年春季達成決定性的突破，讓義大利的戰事告一段落。

德軍元帥阿爾貝爾特・凱賽林指揮部隊進行一連串巧妙的防禦性撤退，連連挫敗追擊的盟軍。在他的命令下，1 萬 5000 名奴工修建了哥德防線（也稱為綠線），由許多碉堡、反戰車壕、機槍陣地、雷區和其他防禦措施構成。哥德防線位於亞平寧山脈（Apennine Mountains），這意味著盟軍最適合發動攻擊的地方就是兩側的海岸以及山區的少數隘口，但這些地方都有德軍重兵把守。1944 年 9 月，有一些盟軍部隊突破防線的東端，但整條防線還是撐到了春天，也就是盟軍發動決定性攻勢的時候。進攻哥德防線之戰投入的兵力超過 120 萬人，是大戰期間規模最大的會戰之一。

盟軍在 D 日（參見第 186-87 頁）把重點轉移到西線之後，義大利的戰事就變成了某種餘興節目。但對真正投入這個戰場的人來說，這卻是一場冗長又痛苦的奮鬥，有大約 25 萬官兵和 15 萬非戰鬥人員喪生。在凱賽林的命令下，德軍殘酷地鎮壓任何反抗力量，殺害數以千計的平民以報復游擊隊的攻擊或不服從命令的行動。

> 「當兵的首要之務就是服從，不然就不要當兵。」
>
> 阿爾貝爾特・凱賽林元帥，1946年

義大利游擊隊

1944年6月羅馬陷落後（參見第166-67頁），部分親法西斯的義大利部隊繼續和德軍並肩作戰，但卻遭遇數量龐大的游擊隊。這些游擊隊不但對抗占領軍，也反抗墨索里尼領導的薩羅共和國（Republic of Salò，參見右圖說明5）。義大利游擊隊搶在盟軍抵達前解放了許多城市，包括米蘭、熱那亞（Genoa）和杜林（Turin）。德軍部隊被驅逐後，游擊隊處決了數以千計的通敵分子。

義大利游擊隊在1945年4月25日進入被解放的米蘭。

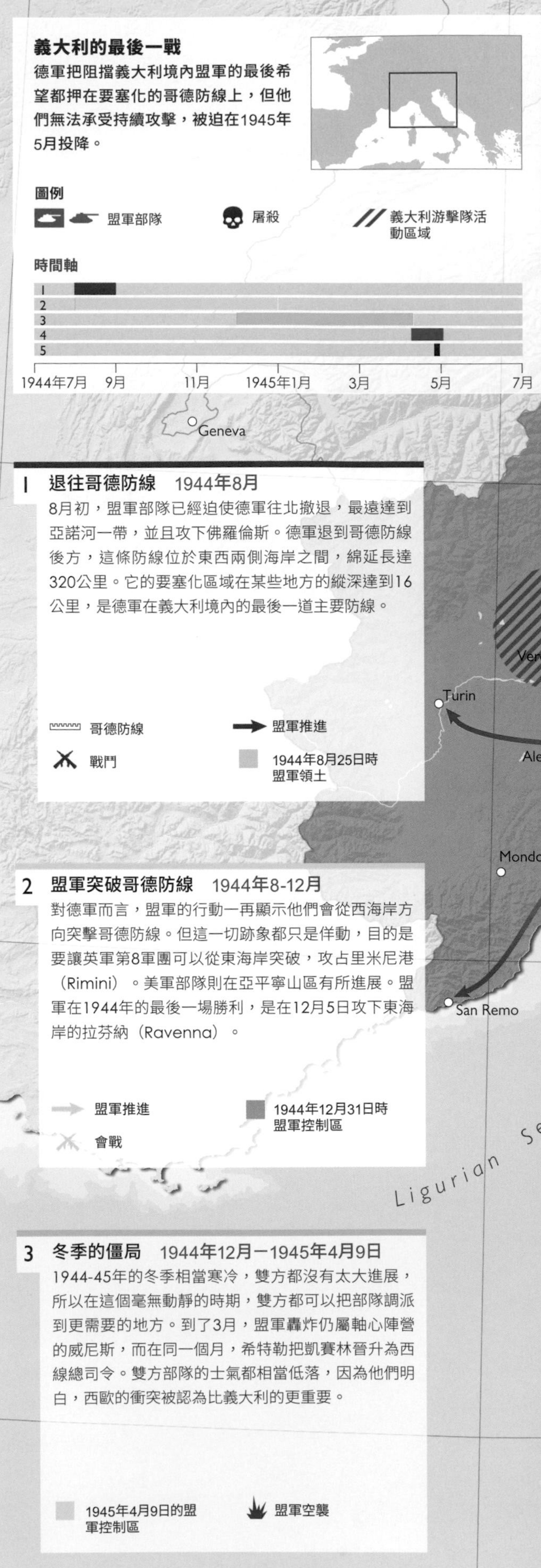
義大利的最後一戰
德軍把阻擋義大利境內盟軍的最後希望都押在要塞化的哥德防線上，但他們無法承受持續攻擊，被迫在1945年5月投降。
圖例
盟軍部隊
屠殺
義大利游擊隊活動區域
時間軸
1
2
3
4
5
1944年7月
9月
11月
1945年1月
3月
5月
7月
Geneva
1 退往哥德防線 1944年8月
8月初，盟軍部隊已經迫使德軍往北撤退，最遠達到亞諾河一帶，並且攻下佛羅倫斯。德軍退到哥德防線後方，這條防線位於東西兩側海岸之間，綿延長達320公里。它的要塞化區域在某些地方的縱深達到16公里，是德軍在義大利境內的最後一道主要防線。
哥德防線
盟軍推進
戰鬥
1944年8月25日時盟軍領土
Vercelli
Turin
Mondovì
San Remo
2 盟軍突破哥德防線 1944年8-12月
對德軍而言，盟軍的行動一再顯示他們會從西海岸方向突擊哥德防線。但這一切跡象都只是佯動，目的是要讓英軍第8軍團可以從東海岸突破，攻占里米尼港（Rimini）。美軍部隊則在亞平寧山區有所進展。盟軍在1944年的最後一場勝利，是在12月5日攻下東海岸的拉芬納（Ravenna）。
盟軍推進
會戰
1944年12月31日時盟軍控制區
Ligurian Sea
3 冬季的僵局 1944年12月–1945年4月9日
1944-45年的冬季相當寒冷，雙方都沒有太大進展，所以在這個毫無動靜的時期，雙方都可以把部隊調派到更需要的地方。到了3月，盟軍轟炸仍屬軸心陣營的威尼斯，而在同一個月，希特勒把凱賽林晉升為西線總司令。雙方部隊的士氣都相當低落，因為他們明白，西歐的衝突被認為比義大利的更重要。
1945年4月9日的盟軍控制區
盟軍空襲

Salzburg
1945年4月27日
盟軍部隊開始占領奧地利
Kempten
Bregenz
GREATER GERMANY
Innsbruck
Vaduz
LIECHTENSTEIN
Brenner Pass
SWITZERLAND
Alps
Villach
1945年3月21日
盟軍飛機展開投球手行動（Operation Bowler），攻擊威尼斯港的軸心國航運船隻
Udine
Trento
Lake Como
Mezzegra
Salò
Lake Garda
Brescia
Milan
Verona
1945年4月21日
波軍協助攻占波隆納
Treviso
Trieste
Padua
Venice
Fiume
YUGOSLAVIA
Gulf of Venice
Rovigo
Ostiglia
Po
Piacenza
Parma
Ferrara
Pula
Argenta Gap
Argenta
Modena
1944年9月29日－10月5日 納粹部隊在馬爾扎博托村（Marzabotto）以協助游擊隊為理由，屠殺大約770名村民
1944年12月26-28日
軸心軍暫時控制山城巴加（Barga）
Bologna
Marzabotto
Imola
Lugo
Ravenna
1944年12月5日
Forlì
La Spezia
Carrara
Barga
Sant'Anna di Stazzema
Apennines
1944年9月13-24日
Rimini
San Marino
Pesaro
Fano
Pistoia
Adriatic Sea
Pisa
Arno
Florence
1944年8月4日
Ancona
1944年8月12日 納粹部隊在一場反游擊作戰中於聖安娜迪斯塔澤馬村（Sant'Anna di Stazzema）屠殺560人
Livorno
美軍第5軍團
英軍第8軍團
Arezzo
1944年9月26日 和美軍部隊並肩作戰的義大利游擊隊短暫奪取哥德防線以北的巴塔里亞山（Monte Battaglia）
Volterra
Siena
第15集團軍
Cecina
Fermo
Perugia
ITALY
Piombino
Grosseto
Terni
Bastia
1944年11月25日 參與盟軍陣營的巴西部隊展開長達三個月的戰役，目標是攻下亞平寧山脈北部的德軍據點卡斯特洛山（Monte Castello）
Pescara
Viterbo
Corsica
Civitavecchia
Rome
Tyrrhenian Sea
Anzio
Cassino

△ **美軍部隊在波隆納**

1945年4月21日，波軍和其他盟軍部隊解放波隆納（Bologna）後，一輛隸屬美軍第1裝甲師的M24查飛（Chaffee）輕型戰車沿著波隆納附近一條滿目瘡痍的街道行駛。

1945年4月25日 在經過長達數年的地下反抗後，義大利反抗游擊組織民族解放委員會（Committee of National Liberation）宣布在納粹占領區全面起義

5 墨索里尼的命運 1945年4月25-28日

墨索里尼在1943年被推翻、被逮捕、接著又被德軍突擊隊救出之後，依照希特勒的指示在軸心軍控制的義大利北部成立傀儡政權，稱為薩羅共和國。由於盟軍不斷前進，墨索里尼被迫逃亡，假扮成德軍士兵前往瑞士，但失敗被抓。最後和他的情婦克拉拉・貝塔奇（Clara Petacci）一起被游擊隊處決。

- 1945年4月9日時薩羅共和國剩餘的領土
- 傀儡政權薩羅共和國所在地
- 1945年4月28日墨索里尼被處決地點

4 最後攻勢 1945年4月9日－5月2日

4月9日，盟軍部隊在東邊發起強大攻勢，從拉芬納出發經阿亨塔峽（Argenta Gap）朝非拉拉（Ferrara）推進。4月21日，美軍和波軍攻下波隆納。被趕到波河（River Po）以北後，德軍指揮階層認為他們已經無法繼續堅守下去，因此尋求停火。他們在4月29日簽署投降協議，並在三天後生效。漫長的義大利戰役就此畫下句點。

- 1945年4-5月盟軍推進
- 會戰

4月18日－5月7日第2白俄羅斯方面軍推進
4月16-19日第1烏克蘭方面軍推進
塞羅高地會戰
4月16-19日第1白俄羅斯方面軍推進
柏林被圍
三個蘇軍方面軍打穿德軍的防線，橫掃德國，迅速包圍柏林並切斷他們的對外聯繫。
5月2日 英軍攻占威斯馬（Wismar），羅科索夫斯基在五天後抵達這座城市
英軍第2軍團
Ribnitz
Stralsund
Rostock
Greifswald
Wismar
Güstrow
Demmin
Swinemünde
Friedland
Waren
Mecklenburg
Neubrandenburg
Stettin
Oder
4月26日 羅科索夫斯基占領斯泰丁（Stettin）
4月26日 德軍第3裝甲軍團被困在梅克倫堡
德國第3裝甲軍團
Prenzlau
第2白俄羅斯方面軍
Pritzwalk
GREATER GERMANY
Wittenberge
Schwedt
Oranienburg
4月16-19日 塞羅高地會戰，大約100萬名蘇軍官兵攻擊這條被稱為「柏林大門」的防線
美軍第9軍團
4月25日 蘇軍在凱欽會師
Elbe
Küstrin
第1白俄羅斯方面軍
Ketzin
Berlin
Potsdam
Brandenburg
Frankfurt-an-der-Oder
Beelitz
4月24日－5月1日 哈爾貝之戰奪走雙方多達6萬名官兵的性命，此外還造成大約1萬名平民喪生
German 12th Army
German 9th Army
Dessau
Wittenberg
Spree
Neisse
美軍第1軍團
Luckau
Herzberg
Torgau
第1烏克蘭方面軍
Elsterwerda
Halle
Elbe
Kamenz
Spree
4月25日 美軍和蘇軍在托爾高會師（參見第238頁）
Dresden
德軍口袋陣地
德軍第12軍團推進
德軍第9軍團突圍
德軍第12軍團撤退
4月20-25日蘇軍聯手推進
哈爾貝會戰
美軍往托爾高推進

1 塞羅高地會戰 1945年4月16-19日

以柏林為目標的最後一擊在4月16日展開，首先登場的是對柏林東邊的德軍陣地進行猛烈砲擊和空中轟炸。朱可夫的第1白俄羅斯方面軍從東邊進攻，但隨即陷入塞羅高地（Seelow Heights）的防禦火網，損失慘重。他們在4月19日突破塞羅高地的最後防線，從這裡到柏林市區再也沒有阻礙。

2 南邊的進展 1945年4月16-19日

當朱可夫陷入塞羅高地的血戰，損失大約3萬士兵及數百輛戰車的同時，由柯涅夫指揮的第1烏克蘭方面軍在柏林東南方有所收穫。到了4月18日，柯涅夫的部隊已經渡過斯普雷河（River Spree），並且轉向西北朝柏林挺進，想搶在朱可夫抵達之前攻占這座城市。

3 北邊的進攻 1945年4月18日－5月7日

在柏林以北，由康士坦丁・羅科索夫斯基將軍指揮的第2白俄羅斯方面軍展開了第三波攻擊。穿越奧得河四周的沼澤地帶後，這支部隊就開始呈扇形散開，朝西北方的德國波羅的海海岸推進。由於被前進的蘇軍擋住去路，德軍第3裝甲軍團被困在梅克倫堡（Mecklenburg），在這場戰役接下來的時間裡都無法馳援柏林。

4 包圍柏林 1945年4月20-28日

朱可夫的部隊向西橫掃柏林北部，而科涅夫的部隊則朝南邊推進，幾乎包圍了德軍第9軍團。科涅夫還派出一支前鋒部隊前往托爾高和美軍第1軍團會師。4月25日，當這兩支蘇軍部隊在凱欽（Ketzin）會合時，柏林就陷入了包圍。希特勒下令第12軍團往波茨坦前進，加入撤退中的第9軍團，並對蘇軍發動反攻。但這個計畫最後變成一場災難，第9軍團被切斷，在哈爾貝（Halbe）附近的森林裡遭圍剿，殘部和第12軍團會合後也只能往西邊的易北河撤退。

◁ **攻克柏林**
蘇聯紅旗在德國國會大廈上升起。這張照片由葉夫根尼・哈爾岱（Yevgeny Khaldei）在5月2日拍攝，已成為二次大戰的經典圖像。

柏林陷落

1945年4月，已經被盟軍轟炸摧殘了兩年之久的柏林面對著壓倒性的紅軍，即將迎來歐戰的血腥終章。復仇心切的蘇軍部隊猛攻德國首都，雙方付出的人命代價多到無法估算。

1945 年 4 月中旬，紅軍已經沿著奧得河和奈塞河（Neisse）集結了 250 萬部隊、6000 輛戰車和超過 4 萬門火砲，準備對柏林發起最後總攻。被西邊的英軍和美軍與東邊 200 個師的紅軍部隊夾在中間的，是大約 100 萬德軍部隊和 1500 輛戰車。許多德軍官兵雖然已經負傷、飢餓或患病，卻依然願意挺身戰鬥，因為他們害怕紅軍為了替在這場戰爭中陣亡的百萬蘇軍官兵報仇，不知會對他們做出什麼事。

由於想避免美蘇軍隊爆發衝突，艾森豪告訴史達林美軍不會前往柏林。但史達林並不信這一套，所以加速實施他的計畫，讓兩位將領——科涅夫和朱可夫——在這場朝柏林進擊的行動中互相競爭。紅軍對柏林發動猛烈砲擊後，在 4 月 25 日包圍柏林。躲在碉堡中的希特勒則把希望寄託在第 9 與第 12 軍團的反攻計畫上，但這場反攻從未發生。反之，紅軍步步進逼，慢慢朝市中心挺進，最後希特勒和戈培爾雙雙自盡。柏林在 5 月 2 日向蘇軍投降，而歐戰也在五天後結束。

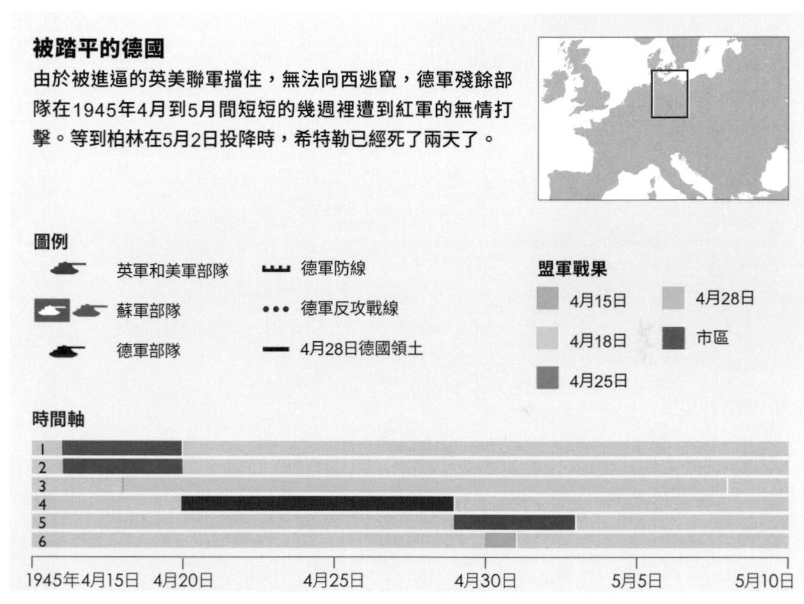
被踏平的德國
由於被進逼的英美聯軍擋住，無法向西逃竄，德軍殘餘部隊在1945年4月到5月間短短的幾週裡遭到紅軍的無情打擊。等到柏林在5月2日投降時，希特勒已經死了兩天了。
圖例
英軍和美軍部隊
蘇軍部隊
德軍部隊
德軍防線
德軍反攻戰線
4月28日德國領土
盟軍戰果
4月15日
4月18日
4月25日
4月28日
市區
時間軸
1
2
3
4
5
6
1945年4月15日
4月20日
4月25日
4月30日
5月5日
5月10日

柏林末日
在柏林戰役的最後幾天裡，蘇軍突擊納粹政府的中心，而希特勒人生的最後大戲則在市區的街道底下上演。

Humboldt Basin
萊爾特車站（Lehrter Station）
第3突擊軍團
第8近衛軍團
4月28日 第3突擊軍團越過毛奇橋（Moltke bridge）
4月30日－5月1日 蘇軍殺進德國國會大廈
BERLIN
River Spree
國會大廈
4月29日 蘇軍攻占一座納粹政府機關建築，但之後被武裝黨衛軍發動的反攻擊退
4月29日－5月2日 兩軍在蒂爾加滕（Tiergarten）爆發激戰
Tiergarten
第1烏克蘭方面軍
4月30日 希特勒和伊娃・布勞恩在地下碉堡內雙雙自盡，遺體被抬到地面上火化
布蘭登堡門（Brandenburg Gate）
帝國總理府
希特勒地下碉堡
第18裝甲擲彈兵師

5 市區的混戰 1945年4月29日－5月2日
此時柏林的守軍只剩大約10萬名男人和男孩組成的雜牌軍，由賀爾穆特・魏德林將軍（Helmuth Weidling）指揮。他們無法阻擋蘇軍在4月29日渡過斯普雷河並占領內政部及蓋世太保（Gestapo）總部。到了4月30日，蘇軍已經控制了德國國會大廈，魏德林手中的彈藥也開始耗盡。柏林守軍殘部開始想辦法逃離市區向美軍投降，但只有少部分人成功。5月2日，蘇軍攻占帝國總理府，柏林投降。

蘇軍進攻

6 希特勒的命運 1945年4月30日
隨著蘇軍進逼位於帝國總理府的地下碉堡，希特勒大發雷霆，咒罵麾下將領帶來失敗。4月29日剛過午夜，他就娶了他的情婦伊娃・布勞恩，並敲定遺囑。次日，他舉槍自盡，布勞恩也服用氰化物自殺。此時戈培爾接任帝國總理，但到了5月1日他也跟著自盡。由於德軍指揮高層非死即逃，再不然就是被俘，魏德林只好出面和蘇軍談判。

希特勒自盡的地下碉堡位置

歐洲勝利日

德國在1945年5月7日投降，西方各國都在次日大肆慶祝。希特勒已經在八天前自盡身亡，歐洲的戰爭終於畫下句點。

PICTURE
POST
HULTON'S NATIONAL WEEKLY
VICTORY SPECIAL 4D

△ **特刊號外**
英國雜誌《圖片郵報》（*Picture Post*）為慶祝歐洲勝利日而推出紀念特刊。這本雜誌之前曾大力批判納粹政權。

1945 年 5 月 7 日，同盟國最高統帥艾森豪將軍在他位於法國北部漢斯的總部接受德國陸、海、空三軍部隊的無條件投降。在英國，英國國家廣播公司（BBC）在當天晚上播出簽署投降文書的消息，因此第二天就被稱為歐洲勝利日（Victory in Europe Day，通常簡稱為 VE Day），並且成為國定假日。

歡慶勝利

在官方的正式慶祝儀式開始之前，慶祝活動就已經展開。在倫敦，超過 100 萬民眾湧上街頭，全國各地都燃起歡慶的篝火，還有許多人在篝火上焚燒希特勒的肖像。在美國，慶祝活動則稍微低調了些，主要是因為美國總統羅斯福不到一個月前才病逝，美國仍在國喪期間。但政府還是動員了 1 萬 5000 名員警，在大批群眾聚集的紐約時代廣場上維持秩序。巴黎也有大型慶祝活動，香榭麗舍大道（Champs-Élysées）上有遊行，而 5 月 8 日在法國也成了國定假日。不過在蘇聯，由於史達林拒絕承認在漢斯進行的簽署儀式，堅持要於 5 月 8 日在柏林舉行正式的投降儀式，所以慶祝活動要到 5 月 9 日才展開。

△ **納粹倒台**
美軍第7軍團的士兵登上紐倫堡路易特珀爾德集會場希特勒使用的觀禮台上，揮舞星條旗慶祝勝利。納粹黨聞名遐邇的黨大會就是在這裡舉行。

手舞足蹈
歐戰結束，全民上街狂歡，英國少女和美國大兵在倫敦街頭起舞。成千上萬名群眾湧向白金漢宮（Buckingham Palace），英國首相邱吉爾和王室家族在那裡歡迎欣喜若狂的人群。

擊敗日本

到了1945年，對日本的戰爭似乎無論如何都得有個結果。但卻沒有人清楚究竟怎樣才能讓日本的領導者承認戰敗。最後事實證明，入侵日本本土的計畫根本沒必要，因為盟軍對廣島和長崎投下原子彈所造成的破壞，幾天之後就讓日本投降。

戰線へ彈丸を！
支那事變國債

△ **宣揚空權**
一張誇耀日本空中力量的宣傳海報。事實上，到了1945年時，日軍的飛機不論質與量都已不如對手。

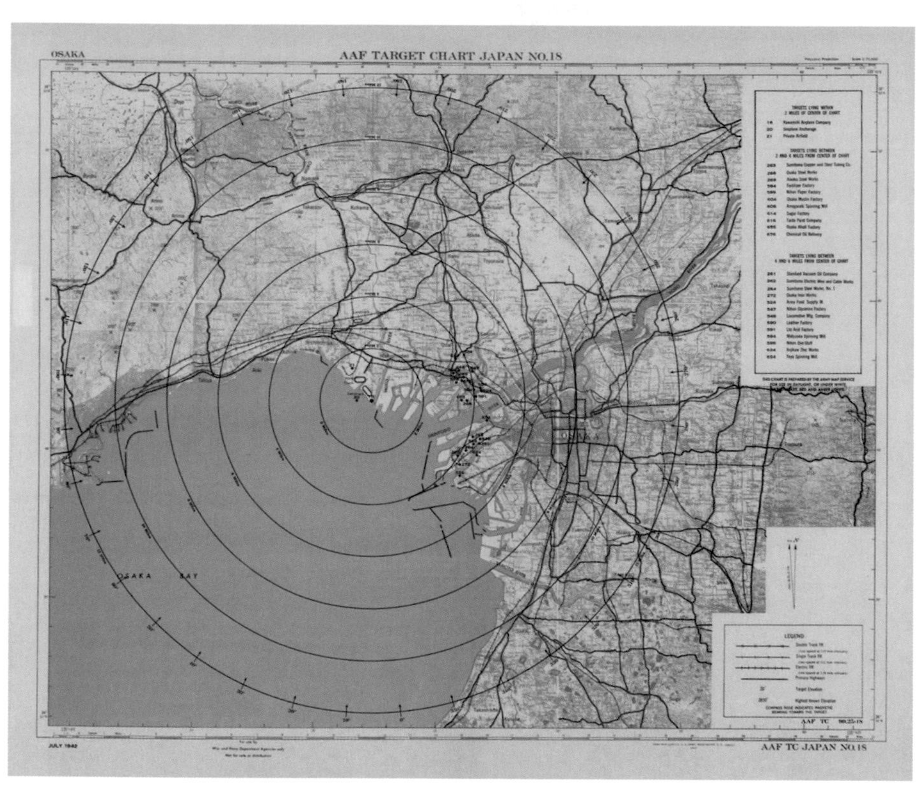
OSAKA
AAF TARGET CHART JAPAN NO.18
AAF TC JAPAN NO.18

△ **瞄準城市**
一張美國陸軍航空軍的地圖指出位於日本大阪的一個關鍵工業目標。超過20萬日本民眾在戰略轟炸中喪生，且這個數字還不包含在原子彈轟炸中喪生者。

不論以哪一種客觀標準來衡量，日本在1945年春季都已經輸掉了戰爭。以太平洋島嶼為基地的美軍飛機對日本城市反覆展開大規模空襲，海軍的封鎖不但讓日本民眾挨餓，日本當局也因為缺乏燃料和其他補給而難以繼續堅持作戰。日本部署在海外的部隊也紛紛放棄他們在緬甸、菲律賓和新幾內亞征服來的土地。

德國在1945年5月投降後，同盟國的軍事資源就可以轉移到太平洋戰區。然而，日本卻持續展現堅決戰到最後一兵一卒的意志，如硫磺島和沖繩的戰役所示。美國當時的確相信對日戰爭會持續到1946年。1945年6月，美國陸軍計畫在11月登陸日本，然後在1946年3月再進行其他登陸行動。他們也預期會在冗長的戰鬥中蒙受慘重傷亡。

日本面對戰敗現實

沖繩在6月失陷後，日本領導階層總算開始面對必敗的戰局。明白大勢已去之後，日本戰爭指導會議分裂成「主戰派」和「主和派」。主和派尋求可以結束戰爭但又能夠讓日本保持獨立且不會被占領的辦法，但可以預期，

太平洋戰爭的結局

在1945年上半年，美軍面對堅決抵抗的日軍，傷亡人數節節攀升。在硫磺島這座小島上，美軍大約有2萬6000名官兵在血戰中陣亡或負傷，而在接下來的征服沖繩之戰中，更有超過5萬美軍官兵死傷。不過到了8月，美軍在日本城市投下兩顆原子彈，加上蘇聯入侵滿州，促使日本政府在最後關頭舉手投降。

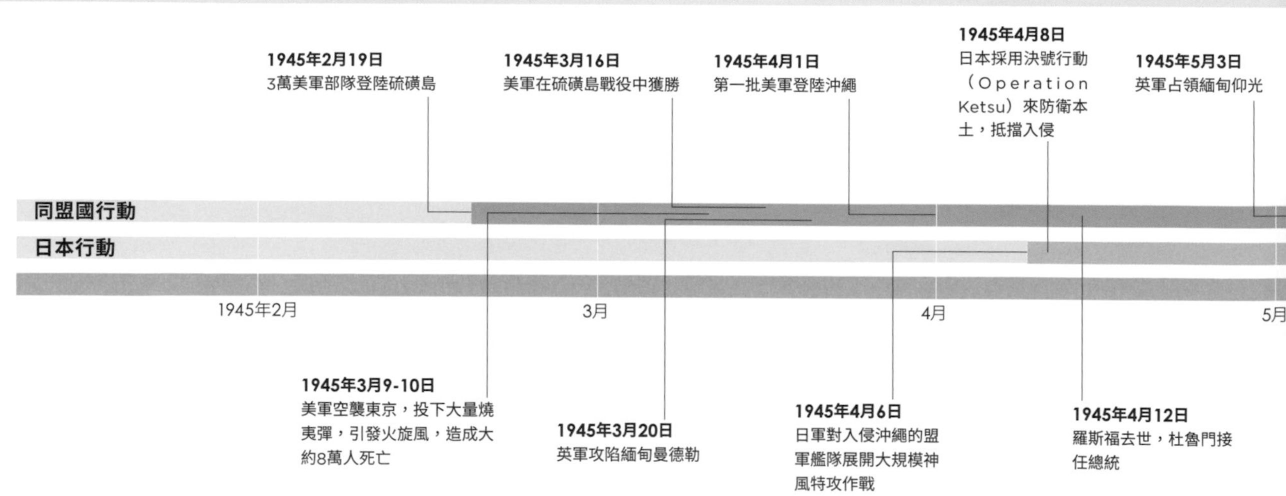
同盟國行動
日本行動
1945年2月
3月
4月
5月
1945年2月19日
3萬美軍部隊登陸硫磺島
1945年3月9-10日
美軍空襲東京，投下大量燒夷彈，引發火旋風，造成大約8萬人死亡
1945年3月16日
美軍在硫磺島戰役中獲勝
1945年3月20日
英軍攻陷緬甸曼德勒
1945年4月1日
第一批美軍登陸沖繩
1945年4月6日
日軍對入侵沖繩的盟軍艦隊展開大規模神風特攻作戰
1945年4月8日
日本採用決號行動（Operation Ketsu）來防衛本土，抵擋入侵
1945年4月12日
羅斯福去世，杜魯門接任總統
1945年5月3日
英軍占領緬甸仰光

◁ **蘇聯攻勢**
1945年8月，蘇軍的摩托化步兵部隊進入日軍占領的滿州。蘇軍入侵滿州是迫使日本認清必須投降這個事實的重大因素。

同盟國方面絕對不會接受這樣的提議。主戰派則支持戰鬥到底，並擬定計畫，想動員全體國民以自殺性抵抗方式來捍衛本土，並提出「一億總玉碎」的口號。裕仁天皇傾向支持主和派，但在這個時間點上並沒有做出任何決定。主和派和同盟國達成妥協的希望並不實際，而主戰派則依然固執己見。

投下原子彈

當時，即便是在同盟國的政治與軍事領導階層，也只有極少數人知道這件事：曼哈頓計畫（Manhattan Project）一直在研發原子彈，原本是打算用來對付德國。這個新武器在同盟國於德國波茨坦召開會議的前一天測試成功，而這場會議的目標之一就是要鼓勵蘇聯對日本宣戰。雖然背後有一些質疑的聲音，但他們從來不曾認真考慮過要反對用原子彈轟炸日本城市。雖然在轟炸之前，波茨坦宣言就已經先呼籲日本：不是投降就是面對毀滅，但它的威脅卻過於模糊，無法影響日本的政策。1945年8月初，美軍在廣島和長崎投下原子彈，而蘇聯則對日本宣戰。裕仁天皇和主和派終於決定投降，但即便到了那個時候，也還是有日本軍官企圖阻止公告發出。

> 「朕陸海將兵之勇戰、朕百僚有司之勵精、朕一億眾庶之奉公，各不拘於盡最善；而戰局未必好轉，世界大勢亦不利我。」
>
> 裕仁天皇，玉音放送，1945年8月15日

▽ **豎起星條旗**
這張著名的照片呈現1945年3月美國海軍陸戰隊隊員在硫磺島的摺缽山頂豎起星條旗的景象。美軍經過長達五個星期的激戰才攻陷這座太平洋上的島嶼，是二次大戰期間對抗日軍最血腥的戰鬥之一。

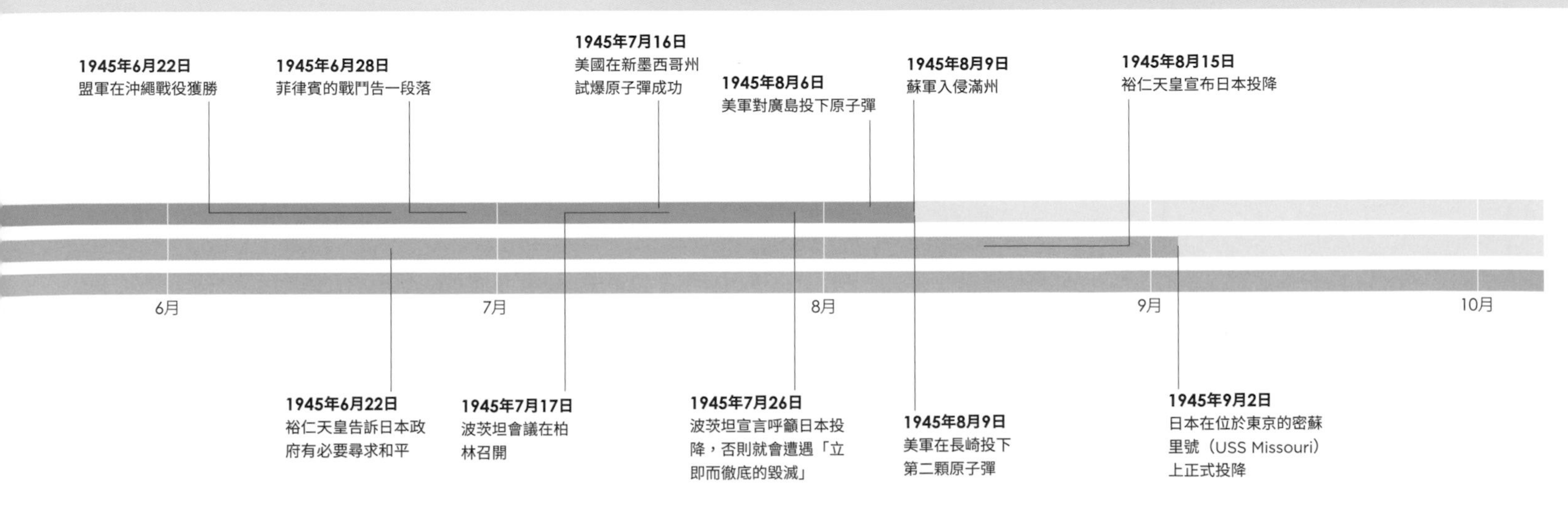

1945年6月22日
盟軍在沖繩戰役獲勝
1945年6月28日
菲律賓的戰鬥告一段落
1945年7月16日
美國在新墨西哥州試爆原子彈成功
1945年8月6日
美軍對廣島投下原子彈
1945年8月9日
蘇軍入侵滿州
1945年8月15日
裕仁天皇宣布日本投降
6月
7月
8月
9月
10月
1945年6月22日
裕仁天皇告訴日本政府有必要尋求和平
1945年7月17日
波茨坦會議在柏林召開
1945年7月26日
波茨坦宣言呼籲日本投降，否則就會遭遇「立即而徹底的毀滅」
1945年8月9日
美軍在長崎投下第二顆原子彈
1945年9月2日
日本在位於東京的密蘇里號（USS Missouri）上正式投降

麥克阿瑟歸來

麥克阿瑟將軍為了實現重返菲律賓的承諾，投入成千上萬美軍部隊，在菲律賓游擊隊的支援下和占領菲律賓群島的日軍打了一場曠日廢時的血戰，花了超過六個月。

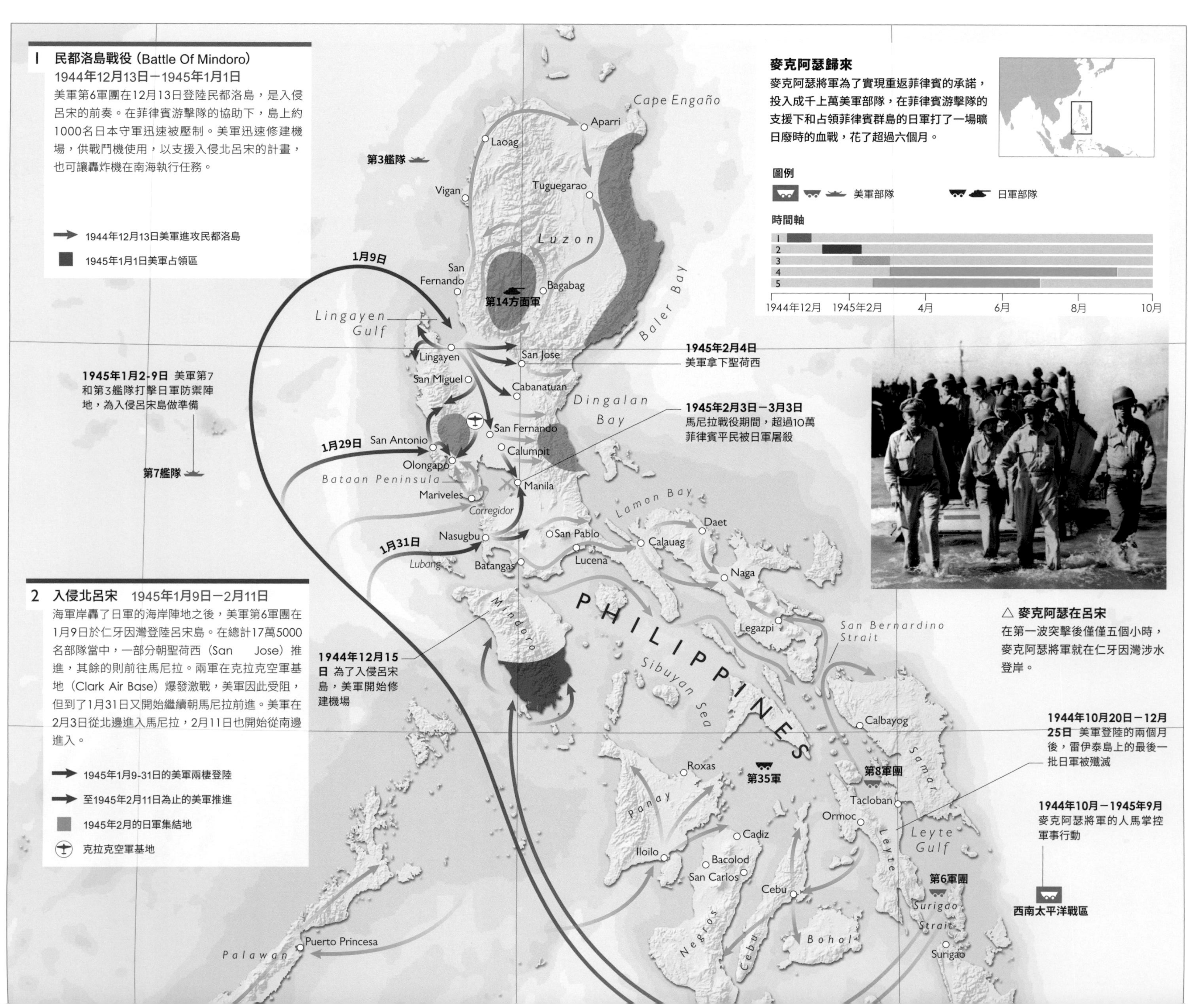

圖例
美軍部隊
日軍部隊
時間軸
1
2
3
4
5
1944年12月
1945年2月
4月
6月
8月
10月
Cape Engaño
Aparri
Laoag
第3艦隊
Vigan
Tuguegarao
Luzon
San Fernando
Bagabag
第14方面軍
Baler Bay
Lingayen Gulf
Lingayen
San Jose
1945年2月4日 美軍拿下聖荷西
San Miguel
Cabanatuan
Dingalan Bay
1945年1月2-9日 美軍第7和第3艦隊打擊日軍防禦陣地，為入侵呂宋島做準備
1945年2月3日－3月3日 馬尼拉戰役期間，超過10萬菲律賓平民被日軍屠殺
San Fernando
San Antonio
1月9日
1月29日
Calumpit
Olongapo
第7艦隊
Bataan Peninsula
Manila
Mariveles
Corregidor
Lamon Bay
Daet
Nasugbu
San Pablo
Calauag
1月31日
Lubang
Batangas
Lucena
Naga
Mindoro
PHILIPPINES
Legazpi
San Bernardino Strait
1944年12月15日 為了入侵呂宋島，美軍開始修建機場
Sibuyan Sea
Calbayog
Samar
1944年10月20日－12月25日 美軍登陸的兩個月後，雷伊泰島上的最後一批日軍被殲滅
Roxas
第35軍
第8軍團
Panay
Tacloban
1944年10月－1945年9月 麥克阿瑟將軍的人馬掌控軍事行動
Ormoc
Cadiz
Leyte
Leyte Gulf
Iloilo
Bacolod
San Carlos
Cebu
第6軍團
西南太平洋戰區
Surigao Strait
Negros
Cebu
Bohol
Puerto Princesa
Palawan
Surigao

△ 麥克阿瑟在呂宋
在第一波突擊後僅僅五個小時，麥克阿瑟將軍就在仁牙因灣涉水登岸。

1 民都洛島戰役（Battle Of Mindoro）
1944年12月13日－1945年1月1日

美軍第6軍團在12月13日登陸民都洛島，是入侵呂宋的前奏。在菲律賓游擊隊的協助下，島上約1000名日本守軍迅速被壓制。美軍迅速修建機場，供戰鬥機使用，以支援入侵北呂宋的計畫，也可讓轟炸機在南海執行任務。

- 1944年12月13日美軍進攻民都洛島
- 1945年1月1日美軍占領區

2 入侵北呂宋 1945年1月9日－2月11日

海軍岸轟了日軍的海岸陣地之後，美軍第6軍團在1月9日於仁牙因灣登陸呂宋島。在總計17萬5000名部隊當中，一部分朝聖荷西（San Jose）推進，其餘的則前往馬尼拉。兩軍在克拉克空軍基地（Clark Air Base）爆發激戰，美軍因此受阻，但到了1月31日又開始繼續朝馬尼拉前進。美軍在2月3日從北邊進入馬尼拉，2月11日也開始從南邊進入。

- 1945年1月9-31日的美軍兩棲登陸
- 至1945年2月11日為止的美軍推進
- 1945年2月的日軍集結地
- 克拉克空軍基地

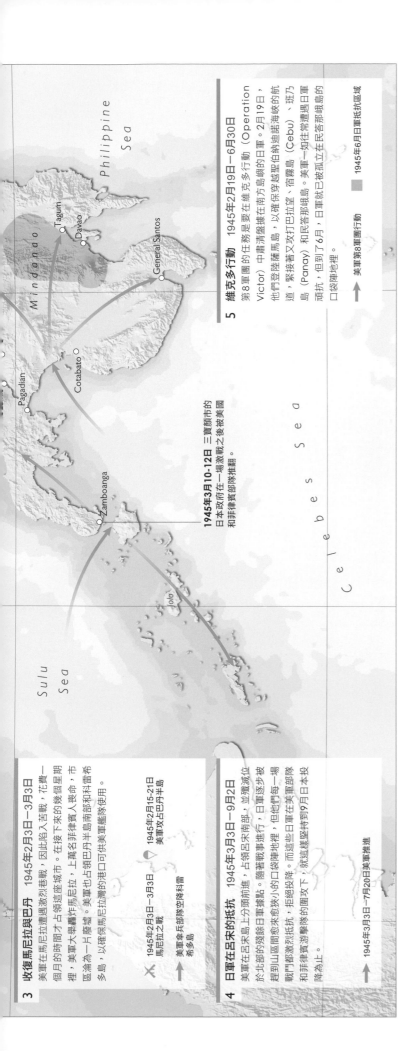

3 **收復馬尼拉與巴丹** 1945年2月3日–3月3日
美軍在馬尼拉遭遇激烈巷戰，因此陷入苦戰，花費一個月的時間才占領這座城市。在接下來的幾個星期裡，美軍大舉轟炸馬尼拉，上萬名菲律賓人喪命，市區淪為一片廢墟。美軍也占領巴丹半島南部和科雷希多島，以確保馬尼拉灣的港口可供美軍艦隊使用。

1945年2月3日–3月3日 馬尼拉之戰
1945年2月15-21日 美軍攻占巴丹半島
美軍傘兵部隊空降科雷希多島

4 **日軍在呂宋的抵抗** 1945年3月3日–9月2日
美軍在呂宋島上分頭前進，占領呂宋南部，並殲滅位於北部的殘餘日軍據點。隨著戰事進行，日軍逐步被趕到山區間愈來愈狹小的口袋陣地裡，但他們每一場戰鬥都激烈抵抗，拒絕投降。而這些日軍在美軍部隊和菲律賓游擊隊的圍攻下，就這樣堅持到9月日本投降為止。

1945年3月3日–7月20日美軍推進

Sulu
Sea
Pagadian
Mindanao
Tagum
Davao
Cotabato
Zamboanga
Philippine
Sea
General Santos
Jolo
Celebes Sea

1945年3月10-12日 三寶顏市的日本政府在一場激戰之後被美國和菲律賓部隊推翻。

5 **維克多行動** 1945年2月19日–6月30日
第8軍團的任務是要在維克多行動（Operation Victor）中肅清盤據在南方島嶼的日軍。2月19日，他們登陸薩馬島，以確保穿越聖伯納迪諾海峽的航道，緊接著又攻打巴拉望、宿霧島（Cebu）、班乃島（Panay）和民答那峨島。美軍一如往常遭遇日軍頑抗，但到了6月，日軍就已被孤立在民答那峨島的口袋陣地裡。

美軍第8軍團行動
1945年6月日軍抵抗區域

奪回菲律賓

1944年10月，美國海軍在雷伊泰灣海戰中獲勝。緊接著從1945年1月起，美軍在菲律賓群島展開一場艱苦的血戰，共有超過1萬美軍官兵、20萬日軍官兵和12萬平民喪生。這場戰役花的時間比麥克阿瑟將軍預估的還要久，而且在戰略上沒什麼必要性。

在雷伊泰灣海戰（參見第 214-15 頁）中擊潰日本海軍艦隊之後，美國海軍認為肅清菲律賓的日軍沒有太大好處，有些將領則打算直接打擊日本本土。但麥克阿瑟將軍在 1942 年戰敗之後曾經承諾要重返，所以他決定收復菲律賓。1945 年 1 月，他開始入侵呂宋島，當時島上的日軍主力為第 14 方面軍，由山下奉文指揮，官兵大約有 25 萬人，集結在北部的馬尼拉四周和通向巴丹半島一帶的高地上。

「讓部隊把國旗帶到山頂，從此再也不能讓敵人把它拆下。」

麥克阿瑟將軍，1945年於菲律賓

入侵呂宋島的主要行動以美軍第 6 軍團部隊在仁牙因灣登陸展開。經歷過日本人的殘暴統治後，菲律賓游擊隊也急於奪回控制權，因此他們攻擊日軍、執行偵察行動，支援美軍部隊。但因為日軍堅決不降，戰鬥進展得緩慢而血腥。馬尼拉最後在 1945 年 3 月 3 日被攻陷，此時美軍第 8 軍團已經開始往南邊的島嶼挺進。不論在北邊還是南邊，美軍都一直忙到戰爭結束。

絕不投降

小野田寬郎（1922–2014年）是一直躲在菲律賓叢林裡的幾個日軍官兵之一，他們渾然不知（或者拒絕相信）戰爭已經結束。1945年，小野田寬郎在盧邦島（Lubang Island）和他的單位失去聯繫。他一直拒絕投降，直到他從前的直屬長官在1974年前往菲律賓，解除了他的職務（下）。

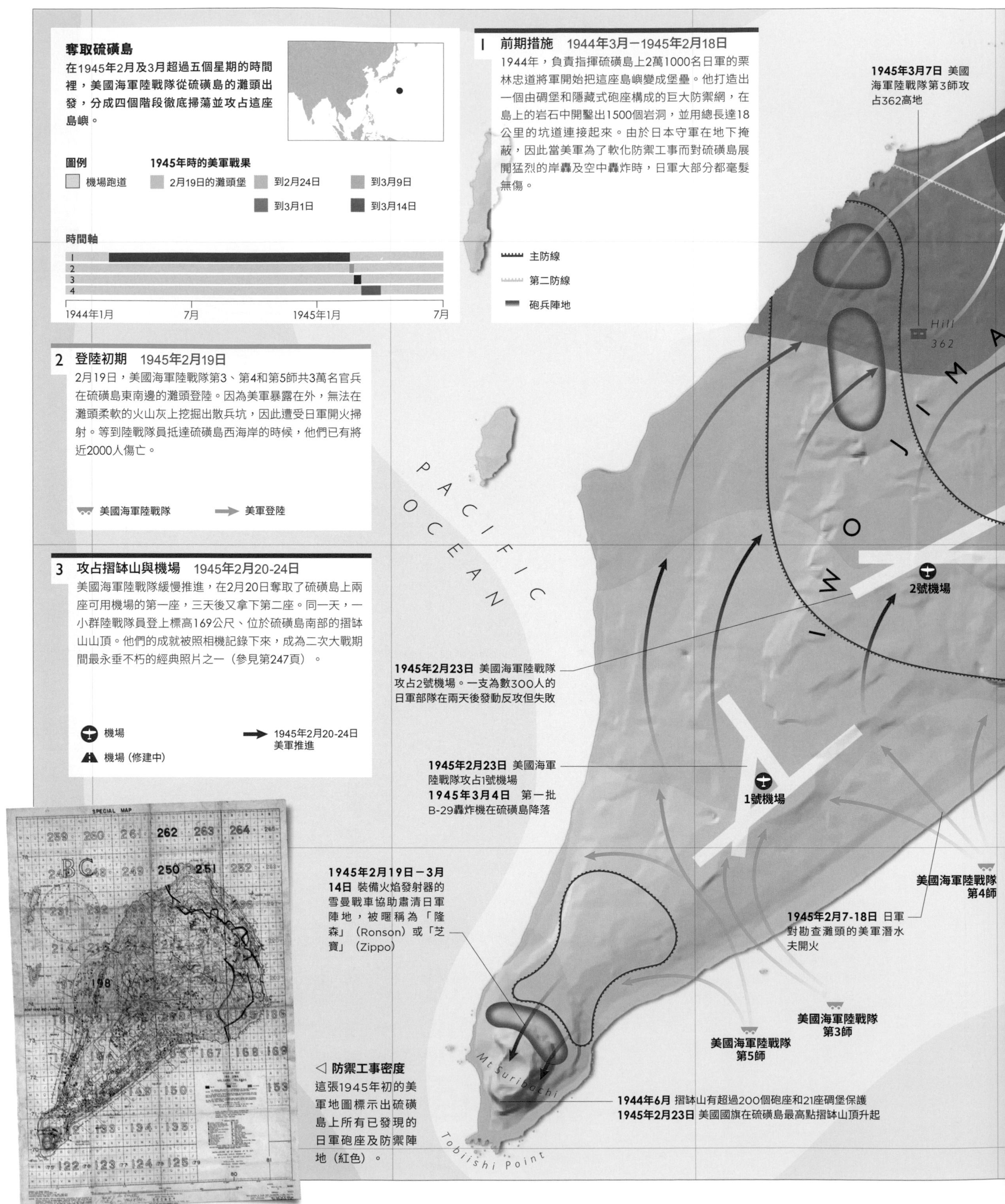

奪取硫磺島
在1945年2月及3月超過五個星期的時間裡，美國海軍陸戰隊從硫磺島的灘頭出發，分成四個階段徹底掃蕩並攻占這座島嶼。
圖例
機場跑道
1945年時的美軍戰果
2月19日的灘頭堡
到2月24日
到3月1日
到3月9日
到3月14日
時間軸
1
2
3
4
1944年1月
7月
1945年1月
7月
1 前期措施 1944年3月—1945年2月18日
1944年，負責指揮硫磺島上2萬1000名日軍的栗林忠道將軍開始把這座島嶼變成堡壘。他打造出一個由碉堡和隱藏式砲座構成的巨大防禦網，在島上的岩石中開鑿出1500個岩洞，並用總長達18公里的坑道連接起來。由於日本守軍在地下掩蔽，因此當美軍為了軟化防禦工事而對硫磺島展開猛烈的岸轟及空中轟炸時，日軍大部分都毫髮無傷。
主防線
第二防線
砲兵陣地
1945年3月7日 美國海軍陸戰隊第3師攻占362高地
Hill 362
2 登陸初期 1945年2月19日
2月19日，美國海軍陸戰隊第3、第4和第5師共3萬名官兵在硫磺島東南邊的灘頭登陸。因為美軍暴露在外，無法在灘頭柔軟的火山灰上挖掘出散兵坑，因此遭受日軍開火掃射。等到陸戰隊員抵達硫磺島西海岸的時候，他們已有將近2000人傷亡。
美國海軍陸戰隊
美軍登陸
PACIFIC OCEAN
IWO JIMA
3 攻占摺缽山與機場 1945年2月20-24日
美國海軍陸戰隊緩慢推進，在2月20日奪取了硫磺島上兩座可用機場的第一座，三天後又拿下第二座。同一天，一小群陸戰隊員登上標高169公尺、位於硫磺島南部的摺缽山山頂。他們的成就被照相機記錄下來，成為二次大戰期間最永垂不朽的經典照片之一（參見第247頁）。
機場
機場（修建中）
1945年2月20-24日 美軍推進
2號機場
1945年2月23日 美國海軍陸戰隊攻占2號機場。一支為數300人的日軍部隊在兩天後發動反攻但失敗
1945年2月23日 美國海軍陸戰隊攻占1號機場
1945年3月4日 第一批B-29轟炸機在硫磺島降落
1號機場
1945年2月19日－3月14日 裝備火焰發射器的雪曼戰車協助肅清日軍陣地，被暱稱為「隆森」（Ronson）或「芝寶」（Zippo）
美國海軍陸戰隊第4師
1945年2月7-18日 日軍對勘查灘頭的美軍潛水夫開火
美國海軍陸戰隊第3師
美國海軍陸戰隊第5師
Mt Suribachi
Tobiishi Point
1944年6月 摺缽山有超過200個砲座和21座碉堡保護
1945年2月23日 美國國旗在硫磺島最高點摺缽山頂升起
SPECIAL MAP

◁ 防禦工事密度
這張1945年初的美軍地圖標示出硫磺島上所有已發現的日軍砲座及防禦陣地（紅色）。

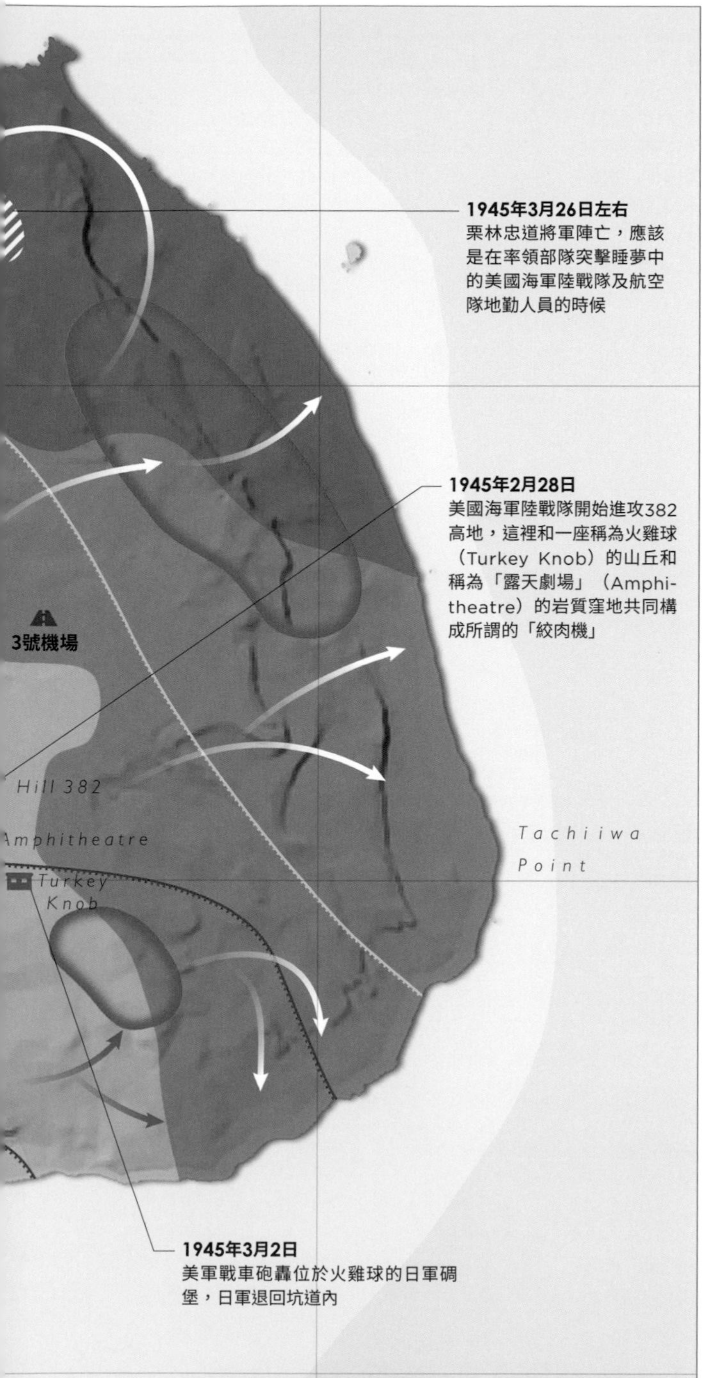

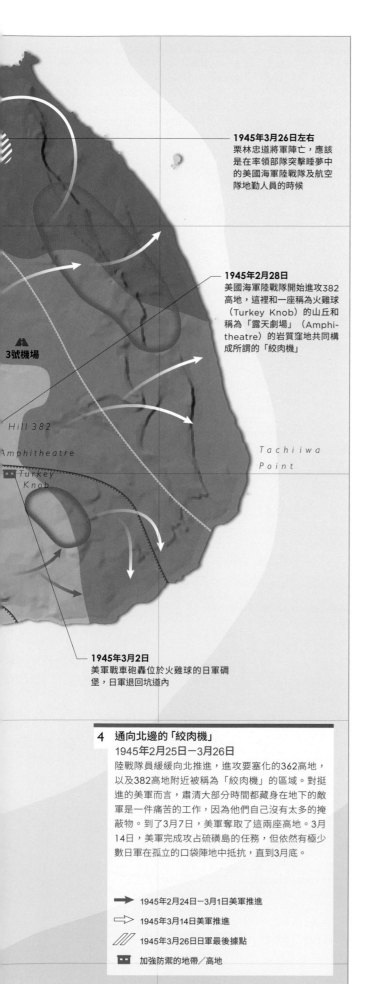

1945年3月26日左右
栗林忠道將軍陣亡，應該是在率領部隊突擊睡夢中的美國海軍陸戰隊及航空隊地勤人員的時候

1945年2月28日
美國海軍陸戰隊開始進攻382高地，這裡和一座稱為火雞球（Turkey Knob）的山丘和稱為「露天劇場」（Amphitheatre）的岩質窪地共同構成所謂的「絞肉機」

3號機場

Hill 382

Amphitheatre

Turkey Knob

Tachiiwa Point

1945年3月2日
美軍戰車砲轟位於火雞球的日軍碉堡，日軍退回坑道內

4 通向北邊的「絞肉機」
1945年2月25日—3月26日
陸戰隊員緩緩向北推進，進攻要塞化的362高地，以及382高地附近被稱為「絞肉機」的區域。對挺進的美軍而言，肅清大部分時間都藏身在地下的敵軍是一件痛苦的工作，因為他們自己沒有太多的掩蔽物。到了3月7日，美軍奪取了這兩座高地。3月14日，美軍完成攻占硫磺島的任務，但依然有極少數日軍在孤立的口袋陣地中抵抗，直到3月底。

➡ 1945年2月24日—3月1日美軍推進
⇨ 1945年3月14日美軍推進
/// 1945年3月26日日軍最後據點
▬ 加強防禦的地帶／高地

硫磺島

由日本統治的硫磺島距離日本本土約1300公里遠，是美國的戰略目標。1945年初，美國海軍陸戰隊進攻這座由少數日軍部隊據守的小島時，經歷了一些堪稱太平洋戰爭中最血腥無情的戰鬥。

1945 年初，美軍部隊就已經向西越過太平洋，抵達菲律賓的雷伊泰島和呂宋島，並且在這個過程中重重打擊了日本帝國海軍和航空部隊。1945 年 2 月，美國海軍陸戰隊入侵太平洋上的蕞爾小島硫磺島，島上有日軍基地。他們的目標具有戰略重要性：要攻占島上的機場，如此一來當地就有基地可供盟軍戰鬥機使用，它們可以為從馬里亞納群島起飛轟炸日本（參見第 252-53 頁）的轟炸機護航，此外也可供 B-29 轟炸機使用。

日軍知道危險進逼，因此做了準備：派遣援軍前往硫磺島、疏散當地居民，並把島上的防禦交給日軍最傑出也最有作戰經驗的一位將領——栗林忠道。

由於缺乏海軍或航空部隊支援，且部隊人數較少，栗林忠道知道美軍幾乎是一定會獲勝的。但他下定決心要盡可能讓美軍付出代價，並拖延他們的進展。他決定不在島上的登陸灘頭設防，並下令在硫磺島的內陸修築由大量洞穴、坑道和碉堡組成的防禦網。入侵的美軍在地面上通常沒有掩蔽，而守軍可以突然從地下碉堡裡現身並發動攻擊，如此一來攻方就會任守方宰割。最後雙方的傷亡數字都非常高。

> 「日本已經和一個可怕的敵人開戰，所以我們也要做好相應的準備。」
>
> 栗林忠道將軍，1944年

戰鬥至死

在硫磺島上的2萬1000名日軍當中，有超過2萬人戰死。這些人遵循栗林忠道將軍下達的六道「英勇戰鬥誓言」，包括要盡一切力量保衛硫磺島、以自殺式的勇氣攻擊敵人、在殺死至少十名敵人之前不要死去，並且要戰到最後一兵一卒。

美國海軍陸戰隊員摧毀硫磺島上的一座碉堡

1 從中國出發的初期空襲 1944年6月15日–1945年1月6日
美軍對日本的空中攻勢在1944年6月展開，由從中國成都起飛的B-29轟炸機執行，共進行九趟精準轟炸空襲行動。這些攻擊行動成效不彰，只投下大約800公噸的炸彈，且因為基地距離遙遠，只能飛到日本的第三大島九州。
從中國起飛進行的空襲
2 從馬里亞納群島出發的空襲 1944年10月12日–1945年3月8日
1944年10月，美軍已經在日本東南方的馬里亞納群島修建好第一座新的航空基地。他們總共準備興建五座，每一座基地都可容納80架B-29轟炸機，第一批在10月12日抵達。美軍隨後展開長達三個月的精準轟炸作戰，但效果不佳。由於天候惡劣，美軍難以進行精準轟炸，而轟炸機的損傷率到1945年2月時已達到將近6%。
從馬里亞納群島起飛進行的空襲
3 改變戰術 1945年3月9日–8月15日
3月時，負責指揮馬里亞納群島地區航空部隊的寇帝斯・李梅將軍決定改變戰術，從日間轟炸改為夜間轟炸，並且把重點放在對日本主要城市進行大規模燃燒彈轟炸。3月9日夜裡，東京市區41平方公里的區域化為灰燼，而在接下來的九天裡，大阪、神戶和名古屋也都相繼陷入火海。
主要的燃燒彈轟炸目標
次要的燃燒彈轟炸目標
△ B-29超級堡壘式轟炸機
B-29超級堡壘式轟炸機是二次大戰期間最先進的武器之一，開發預算超過30億美金，防禦機槍配備由類比式計算機控制的火控系統。
Sea of Japan (East Sea)
1945年2月24日 B-29從馬里亞納群島的塞班島起飛，空襲東京
1945年3月9-10日 在禮拜堂行動中，美軍以燃燒彈狂炸東京，四分之一的市區徹底毀滅
1945年1月14日 美軍對名古屋的三菱飛機製造廠進行精準轟炸，結果失敗
1945年3月16-17日 大阪市中心遭美軍燃燒彈轟炸，化為灰燼
1944年6月15日 超過50架B-29從中國的基地起飛，轟炸八幡市的官營八幡製鐵所
1945年5月29-30日 橫濱市市區有三分之一遭燃燒彈轟炸摧毀
KOREA
JAPAN
Honshu
Shikoku
Kyushu
Tsushima Strait
Sado
Ulsan
Pusan
Yeosu
Goheung
Koje-do
Sakata
Niigata
Nagaoka
Takaoka
Toyama
Kanazawa
Fukui
Tsuruga
Matsue
Tottori
Utsunom
Hitachinaka
Mito
Maebashi
Isesaki
Kumagaya
Kawaguchi
Hachioji
Tokyo
Chosh
Chiba
Kawasaki
Yokohama
Kofu
Shimizu
Numazu
Shizuoka
Hamamatsu
Hiratsuka
Fujisawa
Toyohashi
Okazaki
Gifu
Ichinomiya
Ogaki
Kuwana
Nagoya
Yokkaichi
Tsu
Uji-Yamada
Kyoto
Himeji
Akashi
Osaka
Sakai
Kobe
Wakayama
Okayama
Takamatsu
Tokushima
Hiroshima
Fukuyama
Kure
Imabari
Matsuyama
Kochi
Aki
Uwajima
Shimonoseki
Ube
Moji
Yahata
Kita-Kyushu
Fukuoka
Sasebo
Saga
Omuta
Nagasaki
Kumamoto
Oita
Nobeoka
Kagoshima
從中國成都起飛
從第38特遣艦隊起飛
從沖繩起飛
從馬里亞納群島起飛
從硫磺島起飛

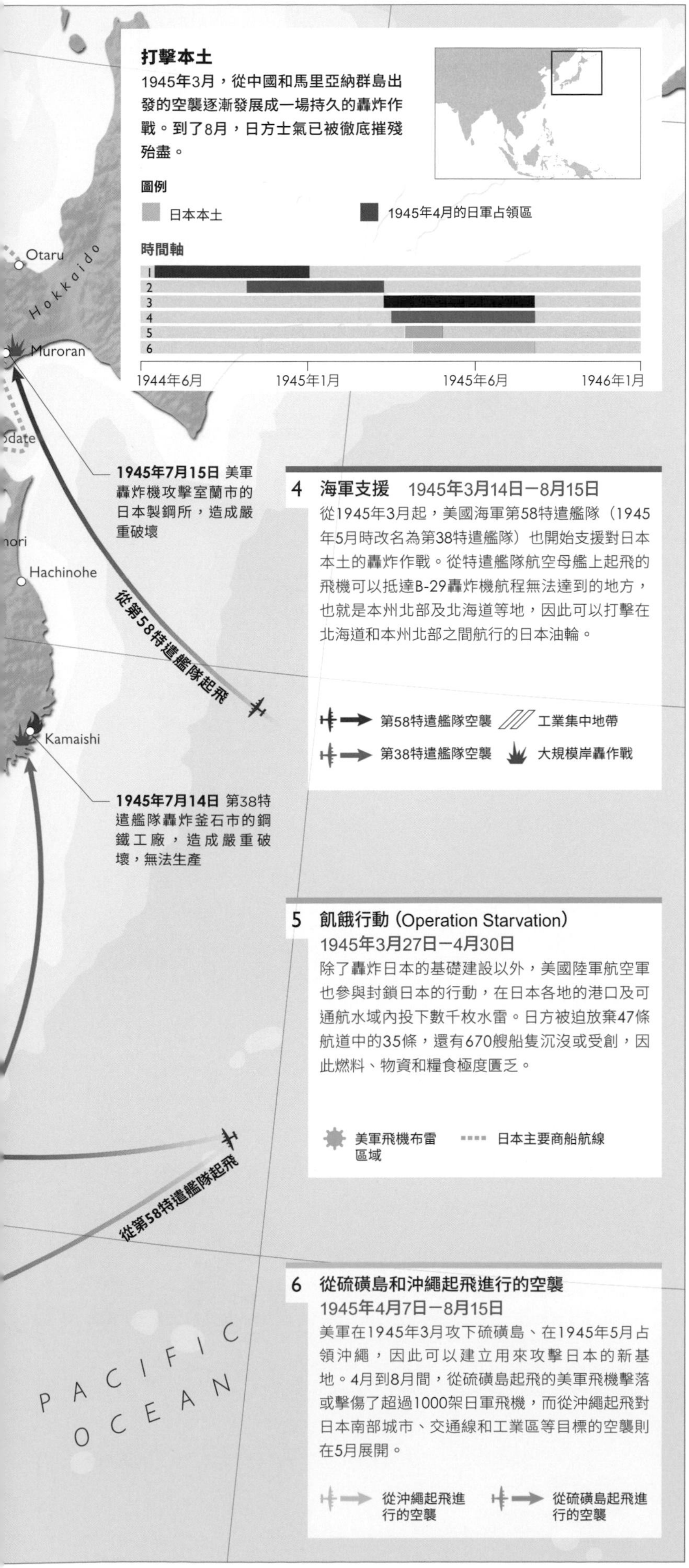

打擊本土

1945年3月，從中國和馬里亞納群島出發的空襲逐漸發展成一場持久的轟炸作戰。到了8月，日方士氣已被徹底摧殘殆盡。

圖例

日本本土　1945年4月的日軍占領區

時間軸

1 2 3 4 5 6

1944年6月　1945年1月　1945年6月　1946年1月

Otaru　Hokkaido　Muroran　(Hako)date　(Ao)mori　Hachinohe　Kamaishi

1945年7月15日 美軍轟炸機攻擊室蘭市的日本製鋼所，造成嚴重破壞

從第58特遣艦隊起飛

1945年7月14日 第38特遣艦隊轟炸釜石市的鋼鐵工廠，造成嚴重破壞，無法生產

從第58特遣艦隊起飛

PACIFIC OCEAN

4 海軍支援 1945年3月14日－8月15日

從1945年3月起，美國海軍第58特遣艦隊（1945年5月時改名為第38特遣艦隊）也開始支援對日本本土的轟炸作戰。從特遣艦隊航空母艦上起飛的飛機可以抵達B-29轟炸機航程無法達到的地方，也就是本州北部及北海道等地，因此可以打擊在北海道和本州北部之間航行的日本油輪。

第58特遣艦隊空襲　工業集中地帶

第38特遣艦隊空襲　大規模岸轟作戰

5 飢餓行動（Operation Starvation）

1945年3月27日－4月30日

除了轟炸日本的基礎建設以外，美國陸軍航空軍也參與封鎖日本的行動，在日本各地的港口及可通航水域內投下數千枚水雷。日方被迫放棄47條航道中的35條，還有670艘船隻沉沒或受創，因此燃料、物資和糧食極度匱乏。

美軍飛機布雷區域　日本主要商船航線

6 從硫磺島和沖繩起飛進行的空襲

1945年4月7日－8月15日

美軍在1945年3月攻下硫磺島、在1945年5月占領沖繩，因此可以建立用來攻擊日本的新基地。4月到8月間，從硫磺島起飛的美軍飛機擊落或擊傷了超過1000架日軍飛機，而從沖繩起飛對日本南部城市、交通線和工業區等目標的空襲則在5月展開。

從沖繩起飛進行的空襲　從硫磺島起飛進行的空襲

轟炸日本

1944年6月，盟軍開始對日本進行空中轟炸。盟軍剛開始的目標是迫使日本的工業停止生產，以削弱日軍的作戰能力，並切斷日本的補給線，不過到後來卻演變成針對日本城市的毀滅性打擊。

同盟國早已明白，對日本帝國進行空中轟炸是迫使他們屈服的必要步驟。在太平洋戰爭初期，美國曾經派出航空母艦對日本發動一場大部分都沒成功的空襲—— 1942 年 4 月 18 日的杜立特空襲（Doolittle Raid），但自此之後就再也沒有空襲過日本。

1944 年初，美軍開始在太平洋戰區部署先進的 B-29 超級堡壘式轟炸機。這款轟炸機可掛載 9 公噸彈藥進行遠距離飛行，自 1944 年 6 月起開始對日本本土進行長期轟炸，直到戰爭結束。這場戰役一開始戰果不如預期，因為從中國起飛進行的空襲成效不佳，而精準轟炸對擾亂日本工業生產也沒有太大效果。不過隨著戰事進行，美國陸軍航空軍改變戰術，以凝固汽油彈和燃燒彈對日本城市進行地毯式轟炸，結果戰果驚人。到了 8 月，日本已經有三分之一的建築和超過 600 間工廠被炸毀，數十萬日本平民喪命，數百萬人無家可歸，日方士氣跌落谷底。

> 「這場大火所到之處，只留下扭曲的斷垣殘壁。」
>
> 寇帝斯・李梅將軍（Curtis LeMay）評論轟炸東京

東京火風暴

1945年3月9-10日，美國陸軍航空軍對東京發動禮拜堂行動（Operation Meetinghouse）。在這場毀滅性的空襲裡，279架B-29轟炸機在東京投下1510公噸的炸彈。這些凝固汽油彈和白磷燃燒彈會在觸地時引爆點燃，引發市區的大範圍街區火災，包括人口稠密的碼頭區。東京建築有四分之一被毀，超過100萬人無家可歸，更有至少8萬人命喪火窟。

燃燒中的東京市區

沖繩之役

歐洲的衝突即將畫下句點，但此時的美國依然在太平洋經歷腥風血雨的苦戰。美軍計畫征服孤立的沖繩島，結果引發太平洋戰爭中最血腥戰役的戰役之一，人稱「鋼鐵風暴」（Typhoon of Steel）。

硫磺島的戰役還在進行（參見第 250-51 頁），美軍指揮高層就開始準備冰山行動（Operation Iceberg），也就是突擊琉球群島最大島沖繩島的行動。沖繩島只有 96 公里長，最寬處達 32 公里，距離臺灣、日本和中國都一樣遠，因此美方認為這裡會是對日本本土進行最後突擊的理想基地。和硫磺島一樣，沖繩島也高度要塞化，日軍把火砲部署在洞穴內，駐軍多達 10 萬人，由牛島滿中將軍指揮。

由於熟悉日本軍隊激烈抵抗的決心，也認為在這場戰役中的傷亡數字很可能會超過硫磺島，因此美軍在戰役開打時就先瘋狂砲轟以軟化島上防禦，接著再展開美軍在太平洋戰爭中最大規模的兩棲登陸。儘管如此，美軍攻占全島還是花了超過兩個月的時間。最後，共有 1 萬 2000 名美軍、10 萬名日軍和 10 萬平民在這場戰役中喪命。但不久之後，這個數字又被廣島和長崎的事件超越（參見第 258-59 頁）。

> **「日軍的刺刀是固定的，我們的不是。我們用刀子……」**
>
> 前美國海軍陸戰隊員威廉・曼徹斯特（William Manchester），1987年

陷入火網

在這場戰役裡，日軍和美軍都對平民犯下暴行。日軍還沒收了沖繩平民的糧食，造成集體挨餓。當美軍勝利在望時，有數千名沖繩平民迫於政府壓力而自殺。在沖繩島上死亡的平民還包括那些被迫加入日軍服役的人。

一名在沖繩島上的美國海軍陸戰隊員把自己的口糧分給當地兒童

奪取沖繩

在4月1日到6月21日之間，美軍分成四個主要階段逐步控制沖繩島。爭奪沖繩島的戰役在陸地與海洋上同時展開。

圖例

盟軍部隊　日軍機場

1945年時美軍控制區

3月31日　4月21日　6月21日　4月4日　5月12日

時間軸

1　2　3　4　5　6

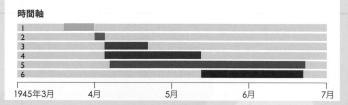

1945年3月　4月　5月　6月　7月

1 盟軍準備 1945年3月18-31日

在入侵之前，從第58特遣艦隊的航空母艦上起飛的盟軍飛機就對日本本土最西南方的九州島展開空襲。他們擊毀數百架日軍飛機，削弱對入侵沖繩行動的威脅。3月26日，美軍部隊登陸沖繩以西的慶良間群島，可當作艦隊泊地，而慶伊瀨島則可供砲兵使用，為沖繩南部的美軍部隊提供火力支援。

美軍初步登陸行動

2 入侵沖繩 1945年4月1-4日

美軍第10軍團在4月1日登陸度具知海灘。到了當天晚上，已經有5萬美軍登上沖繩島，並攻占包括機場在內的關鍵目標，最後共有17萬美軍登陸。他們一開始向內陸推進時，遭遇的抵抗並不多，到了4月4日就已把沖繩島一分為二。

美軍登陸並在沖繩島上推進

4月1日時的日軍部隊

3 征服沖繩島北部 1945年4月4-21日

在攻下沖繩島中南部後，美軍第10軍團司令巴克納將軍（Buckner）把部隊派往北邊。他們在本部半島八重岳附近的崎嶇森林地形中遭遇躲藏日軍的激烈抵抗。到了4月20日，美軍占領了沖繩島北部，還攻占了伊江島。

美軍向北推進

八重岳附近的抵抗

Aguni Shima

East China Sea

3-4月 由超過18萬人員組成的美軍第10軍團準備展開入侵行動

美軍第10軍團

Kerama Islands
第51特遣艦隊

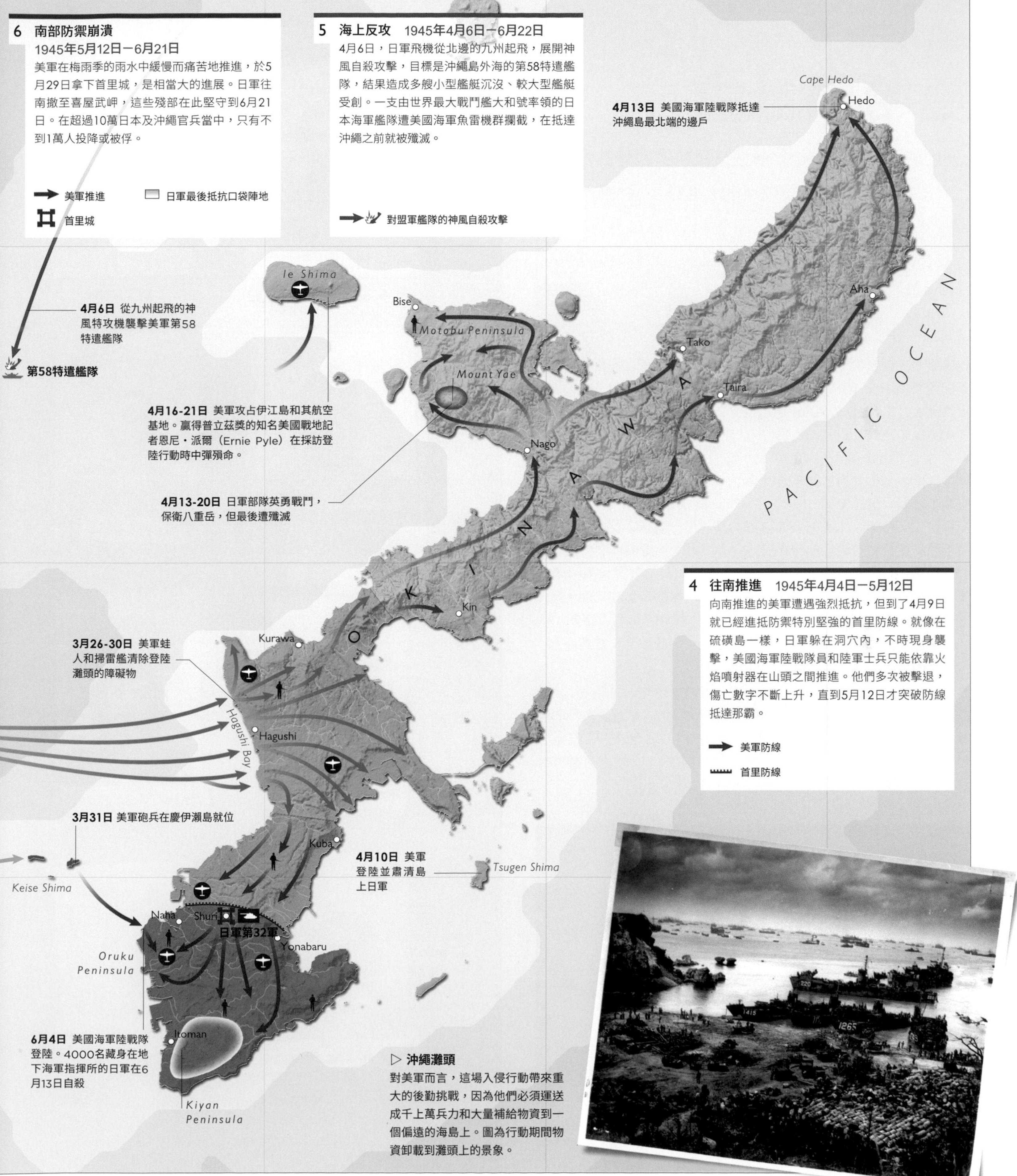
6 南部防禦崩潰
1945年5月12日－6月21日
美軍在梅雨季的雨水中緩慢而痛苦地推進，於5月29日拿下首里城，是相當大的進展。日軍往南撤至喜屋武岬，這些殘部在此堅守到6月21日。在超過10萬日本及沖繩官兵當中，只有不到1萬人投降或被俘。
美軍推進
日軍最後抵抗口袋陣地
首里城
5 海上反攻 1945年4月6日－6月22日
4月6日，日軍飛機從北邊的九州起飛，展開神風自殺攻擊，目標是沖繩島外海的第58特遣艦隊，結果造成多艘小型艦艇沉沒、較大型艦艇受創。一支由世界最大戰鬥艦大和號率領的日本海軍艦隊遭美國海軍魚雷機群攔截，在抵達沖繩之前就被殲滅。
對盟軍艦隊的神風自殺攻擊
Cape Hedo
Hedo
4月13日 美國海軍陸戰隊抵達沖繩島最北端的邊戶
Ie Shima
Bise
Motobu Peninsula
Mount Yae
Aha
Tako
Taira
Nago
Kin
PACIFIC OCEAN
OKINAWA
4月6日 從九州起飛的神風特攻機襲擊美軍第58特遣艦隊
第58特遣艦隊
4月16-21日 美軍攻占伊江島和其航空基地。贏得普立茲獎的知名美國戰地記者恩尼・派爾（Ernie Pyle）在採訪登陸行動時中彈殞命。
4月13-20日 日軍部隊英勇戰鬥，保衛八重岳，但最後遭殲滅
4 往南推進 1945年4月4日－5月12日
向南推進的美軍遭遇強烈抵抗，但到了4月9日就已經進抵防禦特別堅強的首里防線。就像在硫磺島一樣，日軍躲在洞穴內，不時現身襲擊，美國海軍陸戰隊員和陸軍士兵只能依靠火焰噴射器在山頭之間推進。他們多次被擊退，傷亡數字不斷上升，直到5月12日才突破防線抵達那霸。
美軍防線
首里防線
Kurawa
3月26-30日 美軍蛙人和掃雷艦清除登陸灘頭的障礙物
Hagushi Bay
Hagushi
3月31日 美軍砲兵在慶伊瀨島就位
Kuba
4月10日 美軍登陸並肅清島上日軍
Tsugen Shima
Keise Shima
Naha
Shuri
日軍第32軍
Yonabaru
Oruku Peninsula
6月4日 美國海軍陸戰隊登陸。4000名藏身在地下海軍指揮所的日軍在6月13日自殺
Itoman
Kiyan Peninsula

▷ **沖繩灘頭**
對美軍而言，這場入侵行動帶來重大的後勤挑戰，因為他們必須運送成千上萬兵力和大量補給物資到一個偏遠的海島上。圖為行動期間物資卸載到灘頭上的景象。

曼哈頓計畫

曼哈頓計畫是1940年代幾個研發核子武器的計畫之一，也是當中最成功的。1945年7月，計畫團隊試爆了世界第一枚原子彈。

關於原子物理學的知識發展十分迅速。1896年，法國物理學家亨利・貝克勒（Henri Becquerel）發現放射線。1920年，紐西蘭出生的物理學家厄尼斯特・拉塞福（Ernest Rutherford）分裂了原子，而丹麥物理學家尼爾斯・波耳（Niels Bohr）則完成他的原子理論。德國科學家奧圖・哈恩（Otto Hahn）和符利茨・史特拉斯曼（Fritz Strassman）在1938年發現核分裂之後，開發原子武器的競賽就展開了。美國的曼哈頓計畫在1941年啟動，進度很快就超越了英國的計畫。1943年，英國的合金管（Tube Alloys）計畫和曼哈頓計畫合併，同時盟軍也攻擊位於魏摩克（Vemork）的重水工廠（參見第138-39頁），成功破壞了德國的原子彈計畫。

△ **「大胖子」複製品**
1945年8月投在日本長崎的原子彈代號「大胖子」（Fat Man），它的威力甚至比投在廣島的還強。

原子彈的誕生

1945年7月16日，美國陸軍成功地在新墨西哥州（New Mexico）的阿拉莫戈多（Almagordo）引爆一枚原子彈。在波茨坦會議上，邱吉爾收到一張紙條，上面寫著：「寶寶順利誕生了」，因而得知此事。原子彈已然成為現實，並且在同年8月被投到日本的廣島和長崎（參見第258-59頁），造成了毀滅性的結果。

△ **終結的開端**
在一場代號為「三位一體」（Trinity）的行動裡，世界第一枚原子彈在1945年7月16日清晨5點29分於新墨西哥州引爆。

▷ **研發團隊群像**
曼哈頓計畫的團隊中有許多科學家是在戰爭前或戰爭期間逃離歐洲或離開英國而加入的。

C 2
arold M. Agnew
I 22
Luis Alvarez
Y 34
Athena V. Berry
I 11
Richard P. Feynman
Y 76
Al Clark
K 6
. Oppenheimer
C 5
Katherine Oppenheimer
Y 47
Elinor Hempelmann
Y 8
Marion L. Arnold
X 21
Leandro S. Ortiz
Y 317
iola M. Vigil
Y 446
Elmer L. Hilton
Y 50
John R. Von Neumann
Y 118
Gladys Grinsel
S 14
Seth H. Neddermeyer
X 162
l R. Greenbaker
Y 103
Amadon Garcia
Y 24
Sara Lea Peddicord
Bethe, Hans
K 3
Y 48
Gilbert J. Gutierrez

廣島與長崎

1945年8月6日，一架B-29轟炸機對廣島投下一枚原子彈。大約有8萬人當場喪命，而這座城市也有70%的建築物徹底被毀。三天後，第二枚原子彈在長崎落下，又造成另外4萬人死亡。有了這兩枚原子彈相助，太平洋戰爭才得以告一段落，但背後的代價卻十分駭人。

隨著西方世界的戰爭在 1945 年 5 月畫下休止符，盟軍也開始擬定入侵日本的計畫。但日軍擁有大批部隊，還有人數眾多的民兵，美軍指揮高層擔心入侵將會導致長期消耗衝突，對雙方都造成嚴重人命損失。他們考慮過使用化學和生物武器，但儘管有部分人反對，美國總統杜魯門還是決定用核子武器（參見第 256-57 頁）對付日本。

美方製造了三枚原子彈。第一枚原型在 1945 年 7 月 16 日於美國新墨西哥州的沙漠裡成功試爆，另外兩枚原本預計投擲在廣島和小倉，因為這兩地在工業及軍事上都具有重要性。但由於攻擊當天天候惡劣，原本要在小倉投擲原子彈的轟炸機改道飛往長崎。這兩枚原子彈爆炸所造成的傷亡規模達到了另一個層次，而它們帶來的衝擊也引發核子武器的道德爭論，並且持續至今。

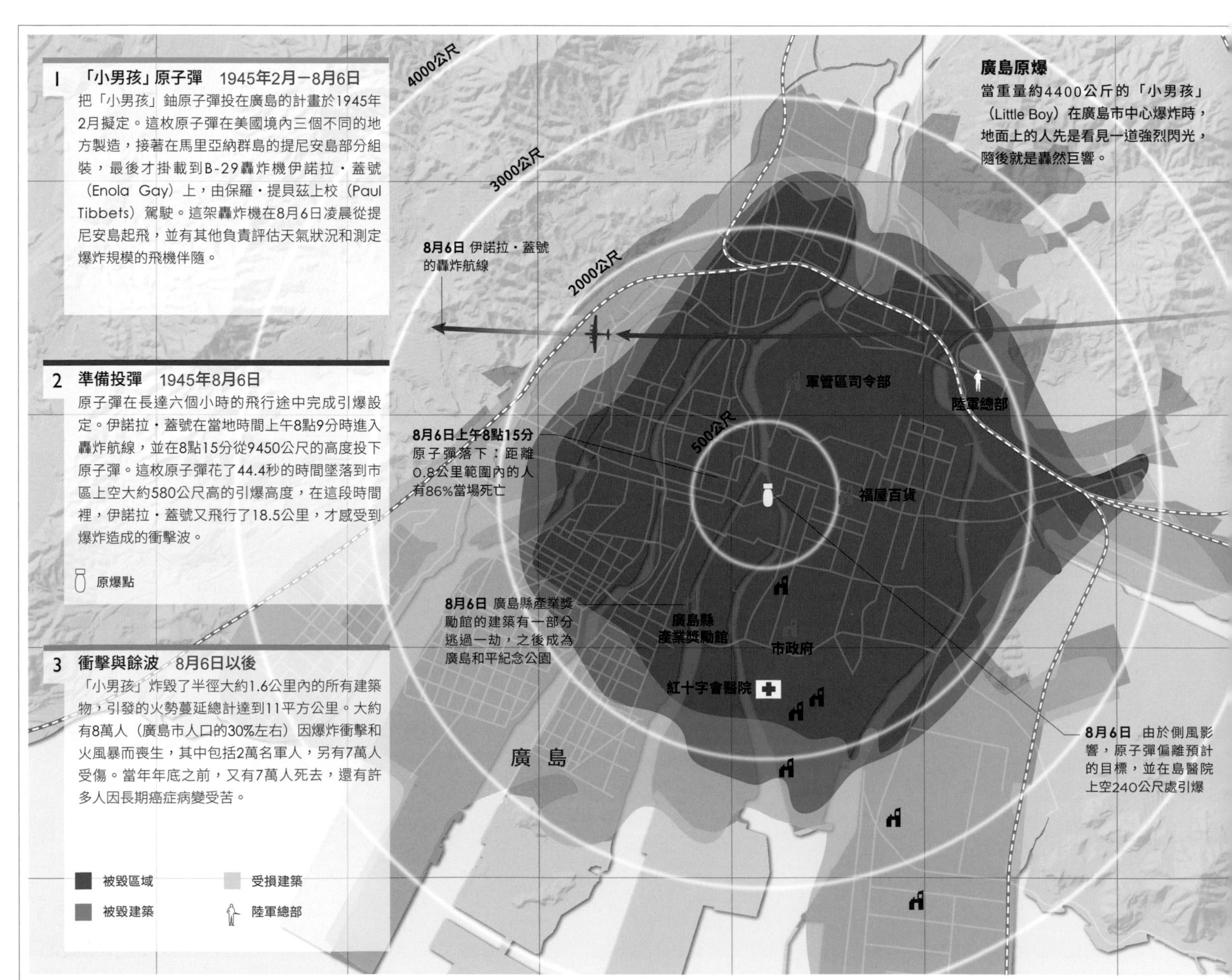
1 「小男孩」原子彈 1945年2月—8月6日
把「小男孩」鈾原子彈投在廣島的計畫於1945年2月擬定。這枚原子彈在美國境內三個不同的地方製造，接著在馬里亞納群島的提尼安島部分組裝，最後才掛載到B-29轟炸機伊諾拉・蓋號（Enola Gay）上，由保羅・提貝茲上校（Paul Tibbets）駕駛。這架轟炸機在8月6日凌晨從提尼安島起飛，並有其他負責評估天氣狀況和測定爆炸規模的飛機伴隨。
2 準備投彈 1945年8月6日
原子彈在長達六個小時的飛行途中完成引爆設定。伊諾拉・蓋號在當地時間上午8點9分時進入轟炸航線，並在8點15分從9450公尺的高度投下原子彈。這枚原子彈花了44.4秒的時間墜落到市區上空大約580公尺高的引爆高度，在這段時間裡，伊諾拉・蓋號又飛行了18.5公里，才感受到爆炸造成的衝擊波。
原爆點
3 衝擊與餘波 8月6日以後
「小男孩」炸毀了半徑大約1.6公里內的所有建築物，引發的火勢蔓延總計達到11平方公里。大約有8萬人（廣島市人口的30%左右）因爆炸衝擊和火風暴而喪生，其中包括2萬名軍人，另有7萬人受傷。當年年底之前，又有7萬人死去，還有許多人因長期癌症病變受苦。
被毀區域
受損建築
被毀建築
陸軍總部
4000公尺
3000公尺
2000公尺
500公尺
8月6日 伊諾拉・蓋號的轟炸航線
8月6日上午8點15分 原子彈落下：距離0.8公里範圍內的人有86%當場死亡
8月6日 廣島縣產業獎勵館的建築有一部分逃過一劫，之後成為廣島和平紀念公園
廣島原爆
當重量約4400公斤的「小男孩」（Little Boy）在廣島市中心爆炸時，地面上的人先是看見一道強烈閃光，隨後就是轟然巨響。
軍管區司令部
陸軍總部
福屋百貨
廣島縣產業獎勵館
市政府
紅十字會醫院
廣島
8月6日 由於側風影響，原子彈偏離預計的目標，並在島醫院上空240公尺處引爆

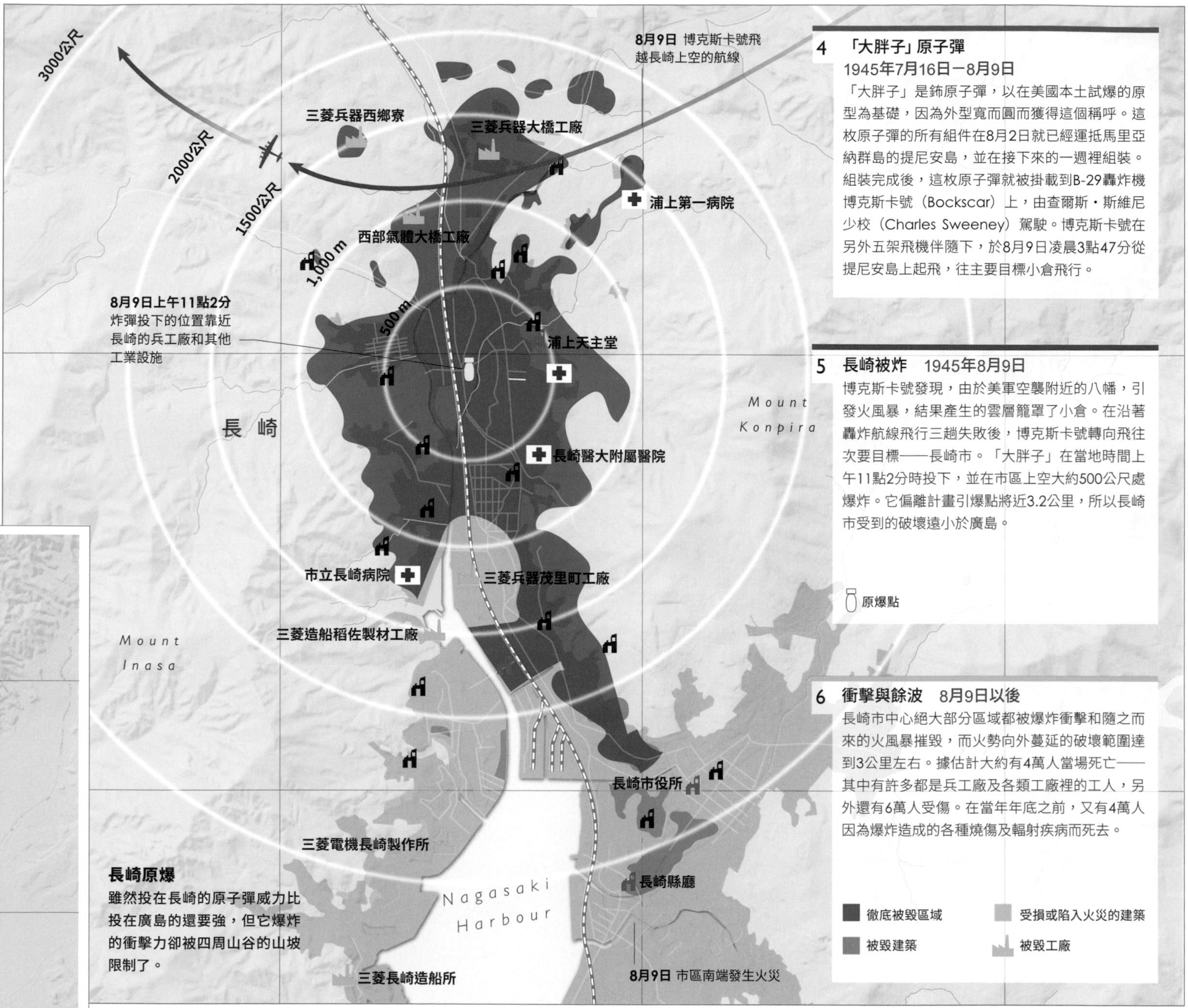

4 「大胖子」原子彈
1945年7月16日－8月9日

「大胖子」是鈽原子彈，以在美國本土試爆的原型為基礎，因為外型寬而圓而獲得這個稱呼。這枚原子彈的所有組件在8月2日就已經運抵馬里亞納群島的提尼安島，並在接下來的一週裡組裝。組裝完成後，這枚原子彈就被掛載到B-29轟炸機博克斯卡號（Bockscar）上，由查爾斯・斯維尼少校（Charles Sweeney）駕駛。博克斯卡號在另外五架飛機伴隨下，於8月9日凌晨3點47分從提尼安島上起飛，往主要目標小倉飛行。

5 長崎被炸 1945年8月9日

博克斯卡號發現，由於美軍空襲附近的八幡，引發火風暴，結果產生的雲層籠罩了小倉。在沿著轟炸航線飛行三趟失敗後，博克斯卡號轉向飛往次要目標——長崎市。「大胖子」在當地時間上午11點2分時投下，並在市區上空大約500公尺處爆炸。它偏離計畫引爆點將近3.2公里，所以長崎市受到的破壞遠小於廣島。

原爆點

6 衝擊與餘波 8月9日以後

長崎市中心絕大部分區域都被爆炸衝擊和隨之而來的火風暴摧毀，而火勢向外蔓延的破壞範圍達到3公里左右。據估計大約有4萬人當場死亡——其中有許多都是兵工廠及各類工廠裡的工人，另外還有6萬人受傷。在當年年底之前，又有4萬人因為爆炸造成的各種燒傷及輻射疾病而死去。

徹底被毀區域　受損或陷入火災的建築
被毀建築　被毀工廠

長崎原爆

雖然投在長崎的原子彈威力比投在廣島的還要強，但它爆炸的衝擊力卻被四周山谷的山坡限制了。

兩座城市的毀滅

把廣島和長崎夷為平地的原子彈是目前為止最早的兩枚也是最後兩枚實際運用在戰爭中的原子武器。原子彈的爆炸衝擊波在一瞬間就殺死成千上萬人，到當年年底為止還有更多人不斷死去，而它們的使用也揭開了核子時代的序幕。

圖例
公路　破壞半徑　轟炸航線
鐵路　被摧毀的醫院　建築密集區
被摧毀的學校　被摧毀的建築

時間軸

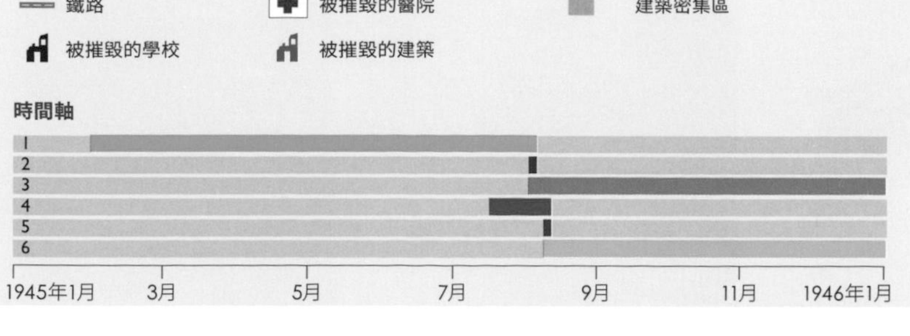
1
2
3
4
5
6
1945年1月
3月
5月
7月
9月
11月
1946年1月

△ 原爆後的廣島

廣島被原子彈轟炸過後，一位男子站在廢墟上。由於對這場襲擊渾然不覺，日本軍方還因為這座城市接下來的無線電靜默感到困惑。

太平洋的和平

在歐洲的軸心國軍隊投降的大約三個月之後，日本也在1945年8月15日向同盟國投降。此舉為第二次世界大戰畫下句點，也讓美國不必入侵日本本土、造成更多人命傷亡。

THE STARS AND STRIPES
MEDITERRANEAN
PEACE AT LAST

△ **頭條新聞**
美國軍事報紙《星條旗》報導日本無條件投降與戰爭結束的消息。

雖然日本投降常被歸因於廣島和長崎的兩顆原子彈（參見第 258-59 頁），但其實還有其他因素發揮作用。同盟國已經在波茨坦宣言（參見第 230-31 頁）中要求日本無條件投降，而日本的最高戰爭指導會議（又稱「六巨頭」）也曾請求蘇聯（暗中）協助談判更有利的投降條件，只是不成功。8 月 6 日，美國在廣島投下第一枚原子彈，幾天後又在長崎投下另一枚。8 月 8 日，蘇聯對日本宣戰，第二天就開始入侵滿州。

隨著戰況對日本愈來愈不利，裕仁天皇下令「六巨頭」接受同盟國的投降條件。主戰派得知此事，隨即發動政變但失敗，裕仁天皇則在 8 月 15 日透過廣播宣布投降。這則消息對所有日本人來說都是沉痛的打擊。還有極少數軍人拒絕接受現實，繼續戰鬥了幾個月、甚至好幾年。美軍部隊在 8 月 28 日開始進占日本，投降儀式則在 9 月 2 日舉行。

△ **放下武器**
在馬來亞的吉隆坡，日軍軍官投降，並把隨身佩帶的武士刀上繳給第25印度師士兵。裕仁天皇在投降演說中強調，如果日本堅持繼續戰鬥，「不僅會導致日本民族最終滅絕，也會導致人類文明的徹底消亡。」

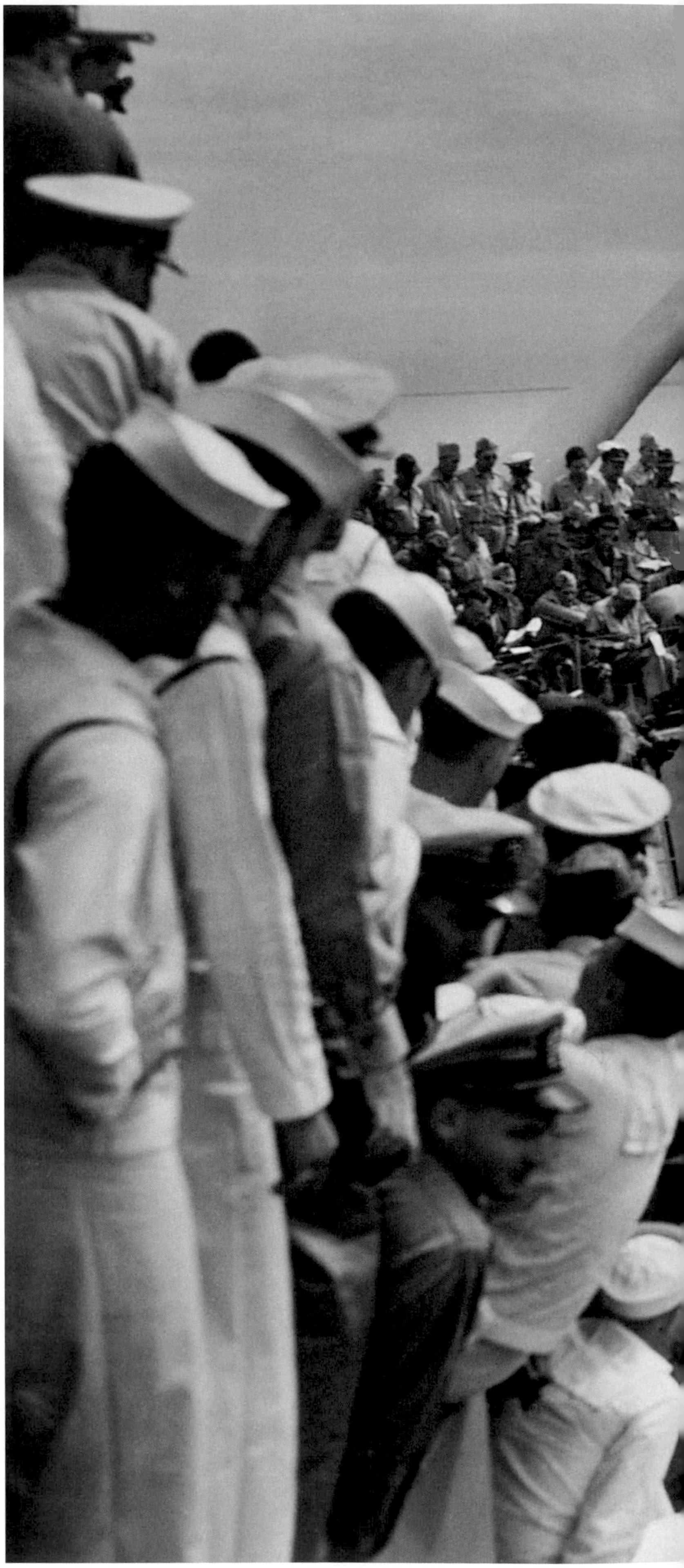

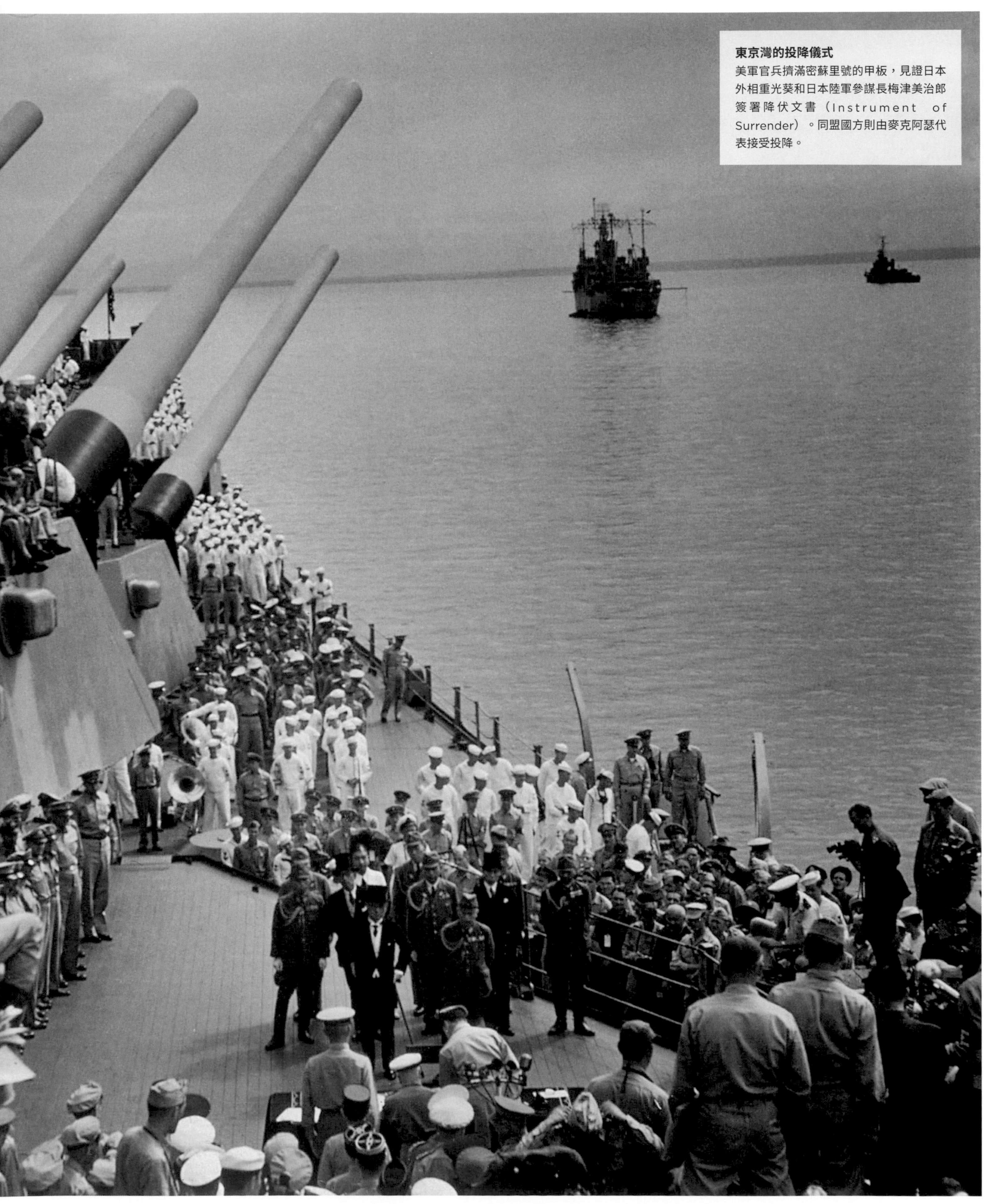

東京灣的投降儀式
美軍官兵擠滿密蘇里號的甲板，見證日本外相重光葵和日本陸軍參謀長梅津美治郎簽署降伏文書（Instrument of Surrender）。同盟國方則由麥克阿瑟代表接受投降。

△ **人口遷徙**
二次大戰結束後，全歐洲至少有1100萬難民亟需找到新的安身之處。

戰爭的餘波

第二次世界大戰是有史以來造成最大破壞的戰爭。結束後，接踵而來的就是美國和蘇聯之間的核武競賽，將集體毀滅的潛在危險帶到了一個史無前例、難以想像的規模。從戰爭的物質損害當中復原相對快，但真正的和平卻是個困難的目標。

在歐亞大陸，第二次世界大戰留下了滿目瘡痍的城市和流離失所的人。反之，美國不論在經濟上還是軍事上都因為戰爭變得更加強大，而且成為全球霸主。蘇聯的領土已經大幅擴張，還坐擁龐大的軍力，但他們在這場戰爭中受到的傷害與破壞也是數一數二的慘烈，且經濟力量無法與美國相比。而英法兩國雖然是戰勝國，但這場戰爭還是讓大大挫了他們的銳氣，帝國威望也從此無法恢復。到了 1955 年，南亞和東南亞的大部分國家都已經從殖民地狀態獨立。

◁ **核武競賽**
1952年，世界第一枚氫彈在太平洋的恩尼維托克環礁（Eniwetok Atoll）引爆，進一步提高了核武的毀滅威力。

冷戰開始

戰勝國在二次大戰期間宣揚的崇高理想透過聯合國（United Nations）的成立而具體化，並且成為納粹與日本領導人的戰爭罪審判的基礎。但蘇聯和西方國家之間的聯盟關係不久就分崩離析，而歐洲也被所謂的「鐵幕」（Iron Curtain）隔開，蘇聯主導的共產主義東歐和美國掌控的資本主義西歐就此分道揚鑣。到了 1950 年，毛澤東在中國內戰中獲勝後，共產主義勢力從中歐一路延伸到太平洋，而美國則開始扮演「自由世界」領導者的角色。隨著美國和蘇聯（所謂

歐洲與亞洲

由於無法對德國的未來達成協議，同盟國把他們暫時性的軍事占領區變成獨立的國家，蘇聯的占領區成為東德，而西方盟國的占領區則成為西德。柏林雖然全部位於東德境內，但仍由四國分別管理。之後，西德加入北約組織（NATO），東德則加入華沙公約組織（Warsaw Pact）。日本只被美軍占領，並改制為君主立憲國家。

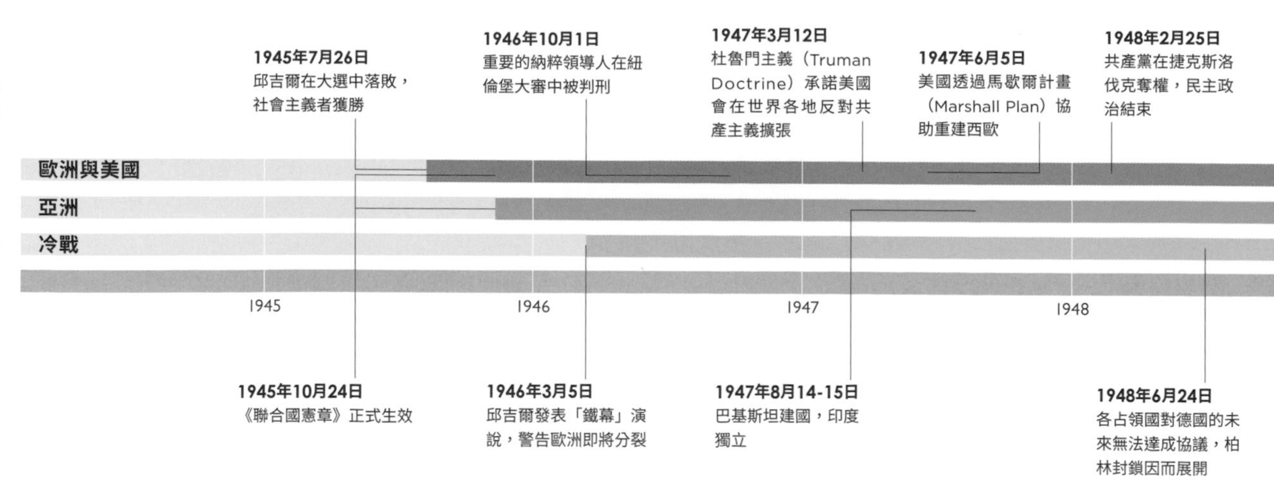
1945年7月26日
邱吉爾在大選中落敗，社會主義者獲勝
1946年10月1日
重要的納粹領導人在紐倫堡大審中被判刑
1947年3月12日
杜魯門主義（Truman Doctrine）承諾美國會在世界各地反對共產主義擴張
1947年6月5日
美國透過馬歇爾計畫（Marshall Plan）協助重建西歐
1948年2月25日
共產黨在捷克斯洛伐克奪權，民主政治結束
歐洲與美國
亞洲
冷戰
1945
1946
1947
1948
1945年10月24日
《聯合國憲章》正式生效
1946年3月5日
邱吉爾發表「鐵幕」演說，警告歐洲即將分裂
1947年8月14-15日
巴基斯坦建國，印度獨立
1948年6月24日
各占領國對德國的未來無法達成協議，柏林封鎖因而展開

◁ **回歸正軌**
在1950年代，國民車（Volkswagen）的量產成為西德政治和經濟復甦的重要象徵。

「我們應該消滅人類，還是人類應該消滅戰爭？」

伯特蘭・羅素，《羅素－愛因斯坦宣言》，1955年

的「超級強權」）展開核武競賽、美軍在韓國和中國共產黨部隊正面交鋒，對更具毀滅性的第三次世界大戰的恐懼，只會變得愈來愈真實。

經濟復甦

在世界各地，政治重建和經濟復原都成功得令人吃驚。全球經濟恢復之後（共產國家除外），就不可能再回到大蕭條時代集體失業的日子，且在許多國家，消費者的需求也帶動經濟迅速成長。日本和德國已經看過太多戰爭帶來的恐怖，且跟一次大戰過後不同的是，這次再也沒有為戰敗復仇的呼聲。日本經過重建，成為君主立憲政體，而廣島和長崎也成功重建，搖身變成繁榮的城市。在西德，民主制度生根，工業成長相當迅速。在大部分西歐國家，社會主義民主與混和經濟的形式成為標準。此外還有各種漸進式的革新，包括法國的女性投票權與英國的國民保健署。

戰後的世界

戰勝國距離實現他們在戰爭期間宣揚的理想還相當遙遠。在蘇聯的勢力範圍——包括阿爾巴尼亞、保加利亞、捷克斯洛伐克、匈牙利、東德、波蘭、羅馬尼亞和南斯拉夫，勞改營的設立和個人自由的剝奪等於否定了解放時的承諾。在此期間，美國做好準備，隨時支援倡言反共的右翼獨裁者，例如在佛朗哥的西班牙和大部分拉丁美洲國家。數十年以來，殖民強權依然和當地人進行著局部戰爭，而在中東地區，以色列建國也在那個地區造成長期不穩定的局勢。各國不但沒有裁軍，反而是一股腦地擴充核子和傳統武力，進行軍備競賽。但在這些衝突和不確定之中，許多人還是抓住適當機會，在瞬息萬變的社會中建立新生活。戰後的世界並不保證帶來正義、和平與安全，但確實帶來了希望。

证照中国
1949-1966
共和国特殊年代的纸上历史
华文出版社

△ **毛澤東的中國**
這是一張慶賀由毛主席領導的共產中國建國週年紀念的海報。在1960年代，全世界大概有三分之一的人口生活在共產黨統治之下。

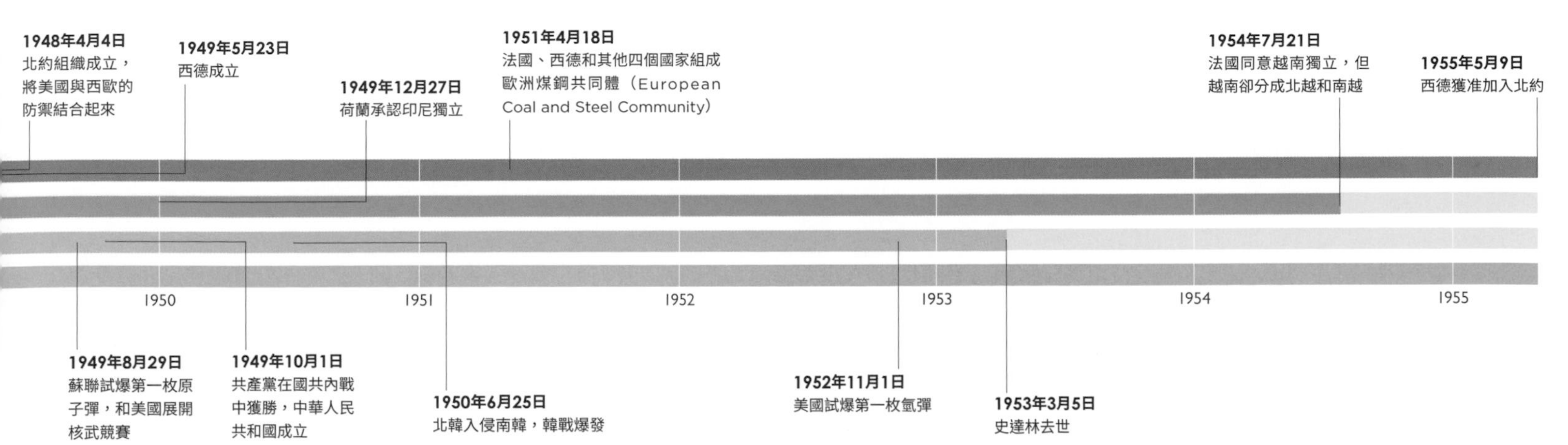
1948年4月4日
北約組織成立，將美國與西歐的防禦結合起來
1949年5月23日
西德成立
1949年12月27日
荷蘭承認印尼獨立
1951年4月18日
法國、西德和其他四個國家組成歐洲煤鋼共同體（European Coal and Steel Community）
1954年7月21日
法國同意越南獨立，但越南卻分成北越和南越
1955年5月9日
西德獲准加入北約
1950
1951
1952
1953
1954
1955
1949年8月29日
蘇聯試爆第一枚原子彈，和美國展開核武競賽
1949年10月1日
共產黨在國共內戰中獲勝，中華人民共和國成立
1950年6月25日
北韓入侵南韓，韓戰爆發
1952年11月1日
美國試爆第一枚氫彈
1953年3月5日
史達林去世

ICELAND
ATLANTIC OCEAN
NORWAY
SWEDEN
FINLAND
Helsinki
Porkkala
Baltic Sea
ESTONIA
LATVIA
LITHUANIA
Kaliningrad
EAST PRUSSIA
Minsk
DENMARK
North Sea
UNITED KINGDOM
London
NETHERLANDS
BELGIUM
Bremen
WEST GERMANY
Bonn
Berlin
Potsdam
EAST GERMANY
Leipzig
Warsaw
POLAND
1947
Prague
1948
CZECHOSLOVAKIA
SAAR
Paris
FRANCE
Munich
Vienna
AUSTRIA
SWITZERLAND
Budapest
1947
HUNGARY
1947
ROMANIA
Bucharest
Trieste
Belgrade
1945
YUGOSLAVIA
Sofia
ALBANIA
1946
GREECE
Athens
Crete (Greece)
SPAIN
PORTUGAL
ITALY
Corsica (France)
Rome
Sardinia (Italy)
Mediterranean Sea
TUNISIA
Malta (Britain)
1955年5月14日 華沙公約承諾蘇聯和同一陣營的共產主義國家互相合作、共同防禦
1945年 由於取得了東普魯士和波羅的海國家的領土，蘇聯和波蘭成為一個不容忽視的集團
1948-52年 在馬歇爾計畫中，英國收到的援助最多，大約占總額的26%
1945年 波蘭取得奧得河－奈塞河線以東的德國領土
1948年2月 捷克斯洛伐克落入共產黨控制，「鐵幕」完整落下
1945年 維也納被劃分為四個占領區和一個聯合管制區
1948年 南斯拉夫的狄托元帥不滿蘇聯干預，斷絕與史達林的關係
1946-49年 希臘內戰：英國和美國支持政府軍戰鬥，擊敗共產黨部隊

4 柏林封鎖與空運

1948年6月24日－1949年5月12日

1948年，西方盟國在他們的柏林占領區導入新貨幣，並結束糧食配給制度，作為成立西德自治區的預備步驟，結果引發了冷戰期間的第一場主要危機。蘇聯下令封鎖柏林，想透過切斷西柏林的糧食供應來迫使對方退出。不過在接下來的十個月裡，西方盟國透過空運輸送了大批物資進入他們的占領區。蘇聯在1949年5月12日結束封鎖。

柏林封鎖

5 北約與華約

1949年4月4日－1955年5月14日

由於發生柏林危機，加上意識到蘇聯很可能正在研發第一枚原子彈，西歐各國和美國在1949年4月簽訂了一紙多邊防禦條約，也就是北大西洋公約，此外還把他們的部隊交由多國聯合的北約盟軍司令部負責指揮。西德在1955年5月加入北約後，蘇聯和他們的衛星國也簽署了自己的防禦條約，也就是華沙公約。

1949年北約創始會員國（還有加拿大及美國）

1955年華沙公約締約國

▷ **柏林空運**
1949年，一架飛機運送補給品前往被封鎖的西柏林。在空運的尖峰期，每分鐘都會有一架飛機在柏林的坦普霍夫（Tempelhof）機場降落。

3 杜魯門主義與馬歇爾計畫 1947-1949年

1947年3月，美國總統杜魯門宣誓要支援「自由的人進行抵抗，不被武裝的少數分子或外來壓力征服」。希臘內戰中的反共部隊隨即獲得軍火支援。根據馬歇爾計畫，美國共提供了130億美金給歐洲，以阻止共產主義取得立足點。蘇聯的回應則是建立經濟互助委員會（Council for Mutual Economic Assistance, COMECON），以協調東歐共產國家的經濟政策。

- 1946-49年希臘內戰
- 馬歇爾計畫中接受援助的國家
- 經濟互助委員會成員國

2 鐵幕落下 1946-1949年

1946年3月15日，邱吉爾在美國密蘇里州福頓（Fulton）的一所學院裡發表演說。在美國總統杜魯門的陪伴下，邱吉爾談到英國和美國間的「特殊關係」，但也警告西方和蘇聯之間的關係正在惡化。他用「鐵幕」這個隱喻來描述蘇聯擴張主義的威脅。邱吉爾還懇求組成一個聯盟，來因應共產主義進一步擴張而迅速高漲的威脅。

- 共產黨徹底掌權的年分
- 1948年起的「鐵幕」
- 1949年時的共產國家

1 歐洲分裂：雅爾達與波茨坦會議 1945年2-8月

1945年2月，史達林、羅斯福和邱吉爾在克里米亞半島的雅爾達會面，討論歐洲的未來。德國和奧地利將由蘇軍、美軍和英軍占領，首都也會分區由盟軍占領。但等到7月，同盟國領袖在德國波茨坦再度會面時，蘇聯已經掌控了波蘭，還兼併了奧得河－奈塞河線以東的德國領土。

- 蘇聯占領區
- 英國占領區
- 法國占領區
- 美國占領區
- 蘇聯取得領土
- 波蘭取得領土
- 奧得河－奈塞河線
- 分割成四國占領區的城市

Vologda
Moscow
USSR
Kursk
Yalta
Black Sea
TURKEY

歐洲的裂痕

在二次大戰過後的幾年裡，大量的財政投資、經濟合作、各種協定和多邊防衛條約把整個歐洲劃分成兩個政治上互相對立的集團。德國成了冷戰的最前線。

時間軸

1
2
3
4
5

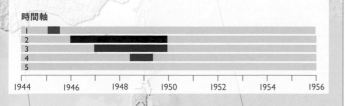

1944 1946 1948 1950 1952 1954 1956

鐵幕

第二次世界大戰結束後，東歐的共產國家和西歐的民主國家被一個意識形態的「鐵幕」隔開，歐洲因此分裂。隔閡逐漸加深，直到形成兩個經濟和軍事集團，在接下來的40年裡一直處於緊張的對峙狀態。

大戰接近尾聲時，蘇聯和西方盟國之間的善意逐漸消逝。1945年2月，當同盟國領袖在雅爾達會面並商討歐洲的重組時，列強之間的緊張歷史又開始浮上檯面（參見第230-31頁）。

隨著東歐絕大部分區域在接下來的幾年裡逐步被共產勢力掌控，美國才慢慢開始正視邱吉爾的警告——也就是有一片「鐵幕」正在歐洲落下，西方國家必須防止共產主義的擴張。而這一開始還被當成是在蓄意挑起戰爭。原本的同盟國之間的競爭與敵意在冷戰期間迅速攀升，而「冷戰」這個詞原本是英國作家喬治・歐威爾（George Orwell）創造的。這種戰爭並非透過直接的武力衝突來表現，而是透過不合作、宣傳和經濟手段來進行，因此創造出兩個對立的經濟集團。一邊是西歐和北美，另一邊是蘇聯和他們的衛星國。

在1948年的柏林危機中，冷戰幾乎要變成武裝衝突，之後雙方都動手打造多邊防禦條約——北大西洋公約（North Atlantic Treaty）和華沙公約（Warsaw Pact）。儘管之後還是經歷了幾次危機，例如1962年的古巴飛彈危機，但還是成功避免了戰爭。隨著蘇聯在米海・戈巴契夫（Mikhail Gorbachev）主政下逐步自由化，兩集團之間的關係終於在1980年代解凍。

GERMANY: MAP OF THE OCCUPATION AREAS
KARTE DER BESATZUNGS-ZONEN
HOLLAND
BELGIUM
BELGIEN
FRANCE
FRANKREICH
SWITZERLAND
AUSTRIA
OESTERREICH
HUNGARIA
CZECHOSLOVAKIA
TSCHECHOSLOWAKEI
POLEN
LEGEND-ERKLÄRUNG
BOUNDARIES-GRENZEN:
ZONES-ZONEN:

△ **分裂的德國**

這張地圖是1945年在法蘭克福印製的，標出德國境內占領區的劃分方式。柏林的標誌顯示這座城市也被劃分成四個區域。

國共內戰

蔣介石領導的中國國民黨和毛澤東為首的中國共產黨在戰時勉強結盟，但等到日本在1945年戰敗後，他們就分道揚鑣了。為了統一全中國而進行的漫長戰爭進入最後階段。

1945年9月9日，也就是日本投降、第二次世界大戰結束的一週之後，日本在中國（滿州除外）的部隊向中國國民黨投降，結束了長達八年的殘酷衝突（參見第220-21頁）。然而，揮之不去的政治競爭還是分裂了中國，很快就讓中國陷入一場艱苦的內戰。

國民黨政府還都戰前的首都南京，但基於明顯的弱點和腐敗，他們的支持度下降了。在此同時，毛澤東領導的中國共產黨承諾土地改革，倒是吸引了大批農民強力支持。毛澤東和蔣介石在重慶會談，試圖透過談判方式，以和平手段達成中國統一。但儘管美國介入，戰爭還是爆發了。國民黨部隊雖然在人數上占優勢，但已因為連年征戰而耗弱。而他們所要面對的共產黨，在經過戰時占領期間的休生養息後，好好整補了手上的部隊，並且更名為人民解放軍。

人民解放軍能夠獲勝，有三場戰役發揮關鍵作用：在遼西會戰中，國民黨部隊被逐出東北地區。在徐蚌會戰中，國民黨的據點徐州被摧毀。而平津會戰的結果則是讓毛澤東在1949年1月21日進入北京（當時稱為北平）。國民黨政府當時的首都南京在4月淪陷，到了12月他們就逃往台灣。這場戰爭的其中一個深遠影響，就是共產中國崛起，成為現代世界的強權。

毛澤東

毛澤東（1893-1976年）生於中國湖南省一個富裕的農民家庭。他曾經參與1911年的革命，也曾經在北京大學圖書館擔任館員，並在1921年成為中國共產黨創始黨員之一。後來他返回湖南組織工會。他相信若能使農民而不是都市的勞工階層激進化，革命運動就能在中國贏得大眾支持。

紅色中國的崛起

毛澤東的戰爭哲學就是保存自我實力同時摧毀敵人的戰鬥意志。他在華南的鄉村地區運用「時而集中、時而分散」的游擊隊戰術，是他戰略的一部分，且逐漸為共產黨贏得了主動權。

圖例

共產黨控制區

- 1946年時
- 1948年6月時
- 1949年6月時
- 1950年時
- 1950年的國民黨控制區
- 國民黨勝利
- 主要鐵路
- 1945-49年共黨游擊隊作戰
- 解放軍勝利

時間軸

1 2 3 4 5 6 7

1946 1947 1948 1949 1950

董存瑞舍身炸碉堡

△ **共黨宣傳**
這張中國共產黨發行的海報描述國共內戰期間共黨士兵董存瑞犧牲性命炸毀敵人碉堡的事蹟。中共經常利用真實人物的死亡來爭取大眾的支持。

中國

西藏

Brahmaputra

INDIA

BURMA

7 從南京到上海 1949年1月－1949年12月
人民解放軍推進到長江北岸。到了1月20日，國民黨政府開始和毛澤東的政治局談判。談判破裂後，人民解放軍渡過長江，南京在4月23日投降。到了5月，人民解放軍進入杭州、蕪湖和上海，並向西邊和南邊繼續進軍。1949年末，中國絕大部分地區都已被共產黨控制，國民黨的領導階層則逃往台灣。

→ 人民解放軍行動
✈→ 國民黨政府飛行航線

1 國民黨的虛假勝利 1946年6月－1947年3月

1946年6月，國民黨部隊對陝西省的人民解放軍根據地發動一場大規模攻勢，並在1947年3月19日攻下紅色中國自1936年起的首都延安。蔣介石貿然宣布打贏這場戰爭，但人民解放軍的部隊隨即收復這座城市，並開始憑藉優越的機動力逐一消滅過度延伸、只防衛固定據點的國民黨部隊。

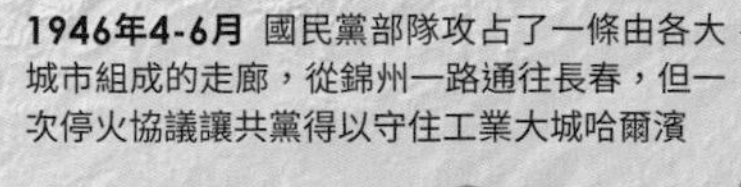

2 人民解放軍的攻勢 1947年6-8月

1947年6月30日，由鄧小平共同指揮的大批共產黨部隊突破國民黨部隊在開封東北方沿著黃河布下的防線。人民解放軍採用更積極的戰略——「躍進」——來對付國民黨部隊。他們往南方行軍約480公里，在漢口（現在的武漢）以北的大別山區建立據點。

人民解放軍行動　人民解放軍根據地

3 東北的地下工作 1947年9月－1948年3月

到了1946年夏天，國民黨部隊已經在東北的錦州、營口、瀋陽和長春等城市以及一些偏遠的城鎮駐防。人民解放軍控制了北方的領域，包括哈爾濱。自1947年9月起，人民解放軍展開游擊戰攻擊，孤立國民黨的守軍，並為一系列摧枯拉朽的攻勢打下基礎。這些行動把戰局扭轉到了對他們有利的局面。

人民解放軍根據地　國民黨守軍

4 遼西會戰 1948年9-11月

1948年9月，人民解放軍進攻錦州，也就是東北的國民黨部隊儲存補給物資的地方。在接下來的一個月裡，當地的國民黨官兵開始叛變，投奔人民解放軍。被圍攻的長春在10月19日陷落後，這個地區的國民黨部隊就開始瓦解。瀋陽在11月2日陷落，營口也在三天後淪陷。數十萬名國民黨官兵成為戰俘。

人民解放軍行動　國民黨部隊乘船撤出

5 徐蚌會戰 1948年9月－1949年1月

東北淪陷後，人民解放軍向南推進，逼近長江和南京，並在9月24日攻占山東省會濟南。其餘的國民黨部隊有許多集結在淮河以北的鐵路交會點徐州，不久就被機動性更高的人民解放軍包圍，而位於陳官莊和雙堆集的其他國民黨部隊也被包圍。到了1月10日，已有32萬國民黨官兵投降。

人民解放軍行動

6 平津會戰 1948年11月－1949年1月

取得優勢後，人民解放軍在12月展開突擊，攻下張家口和新保安，接著在1949年1月14日進攻天津，大約13萬守軍在次日投降。由於知道其他被包圍國民黨部隊蒙受了什麼損失，北京的指揮官率領麾下20萬官兵投降。此舉讓國民黨喪失最後一批位於長江以北的主力部隊，也讓人民解放軍得以集中實力進軍南京。

人民解放軍行動

1946年4-6月 國民黨部隊攻占了一條由各大城市組成的走廊，從錦州一路通往長春，但一次停火協議讓共黨得以守住工業大城哈爾濱

1948年9月14-24日 一名國民黨軍官和麾下8000名官兵一起叛變

1948年4月 人民解放軍發動突擊，攻占洛陽

1947年2月28日 島上居民和國民黨政府關係緊張，最終導致大規模暴力鎮壓，在此期間有數千人喪命

1949年10月25-27日 國民黨在金門作戰獲勝，確保了臺灣安全。國民黨政府在1949年12月遷往臺灣，中華民國得以繼續生存

亞洲的解放
1941年8月的《大西洋憲章》擘畫了自由與主權獨立的戰後世界（參見第68頁）。但亞洲的去殖民化還是持續了很長一段時間。
圖例
— 戰後邊界
從殖民統治獨立
前殖民宗主國
英國
美國
日本
法國
葡萄牙
荷蘭
澳洲
時間軸
1
2
3
4
5
6
1945
1950
1955
1960
1 荷屬東印度的終結
1945年8月17日－1949年12月27日
1945年8月17日，印尼民族運動領導人蘇卡諾（Sukarno）和穆罕默德・哈達（Mohammad Hatta）宣布印尼獨立，開啟了長達四年的外交奮鬥與血戰。荷蘭當局共發動兩次大規模掃蕩行動，但都宣告失敗，無法遏止增加的游擊戰。在國際壓力之下，荷蘭終於在1949年12月讓步，承認印尼獨立。
1950年10月19日
聯合國部隊攻占平壤，接著再往中國邊界挺進
NORTH KOREA
Pyongyang
Panmunjom
Inchon
Seoul
SOUTH KOREA
1950年9月15-25日
聯合國和南韓部隊在仁川發動兩棲登陸，接著收復漢城，然後往北方進軍
中國
1949年7月 聯合國畫定停火線，以控制印度和巴基斯坦為爭奪喀什米爾領土而爆發的紛爭
Srinagar
1948年1月30日 聖雄甘地在新德里遭印度教民族主義分子暗殺
1947
WEST PAKISTAN
TIBET
NEPAL
BHUTAN
Qamdo
New Delhi
INDIA
1947
Karachi
1954年5月7日
在奠邊府陷入包圍的法軍部隊向武元甲將軍投降，將近1萬名法軍官兵被俘。
東海
臺灣
Chandernagore
1961
Dhaka
1947
BURMA
1948
Dien Bien Phu
Hanoi
Haiphong
澳門
1998
香港
1997
1954年9月8日
東南亞公約組織（Southeast Asia Treaty Organization, SEATO）在馬尼拉成立，目的是對抗共產主義擴張
Diu
1961
Daman
1961
EAST PAKISTAN
1954
1954年7月21日
越南的非軍事區建立
Arabian Sea
Yanam
1954
Rangoon
THAILAND
LAOS
Goa
1961
1948年1月4日
緬甸脫離英國獨立，成立緬甸聯邦
VIETNAM
1954
Manila
Mahé
1954
Pondicherry
1954
Karaikal
1954
Andaman Sea
CAMBODIA
1953
Saigon
1946年7月4日
菲律賓成為獨立共和國
1946
PHILIPPINES
1948年2月4日
前英國殖民地錫蘭獨立
CEYLON
1948
Colombo
Sulu Sea
MALAYSIA
NORTH BORNEO (SABAH)
1963
BRUNEI
1984
Celebes Sea
▽ 防衛南韓
1950年10月9日，北韓入侵南韓還不到四個月，美軍部隊往邊境快速進軍，居住在首爾以北的民眾夾道歡呼。
Maldives
1965
MALAYA
1957
SARAWAK
1963
Moluccas
Sumatra
SINGAPORE
1963
Borneo
Celebes
6 朝鮮──戰火瀰漫的半島
1950年6月25日－1953年7月27日
日本在1945年戰敗後，朝鮮半島被劃分成蘇聯撐腰的北韓和美國支持的南韓，兩個國家都無法就統一問題達成協議。1950年，由金日成領導的北韓部隊入侵南韓，引發韓戰，並先後吸引美國、聯合國和中國干預。1953年，雙方簽訂停火協議，韓戰結束，並根據協議在南北韓中間畫出一塊非軍事區。
1950年9月15日北韓部隊推進範圍
非軍事區，1953年7月27日
Bandung
Java
INDONESIA
1949
EAST TIMOR
2002
Timor
1955年4月18-24日
剛獨立的亞洲和非洲國家在印尼萬隆（Bandung）召開會議，成為不結盟運動國家，以避免和世界主要強權簽訂任何條約
AUSTRALIA

2 法國重返越南
1946年11月20日－1954年7月21日

二次大戰後，法國派出3萬5000士兵前往越南南部，想恢復對先前領土的統治，但遭到主要由共產黨領導的越南民族運動（越盟Viet Minh）的反抗。1946年，法國試圖控制北方，派出海軍艦隊岸轟海防（Haiphong），結果造成6000名越南人死傷，並和越南民族主義分子展開一場長達八年的戰爭。1954年，越南被劃分為共產黨統治的北越，以及與西方結盟的南方政權，首都設於西貢（Saigon）。

- 法國海軍岸轟
- 非軍事區，1954年7月21日
- 越盟決定性勝利

Tokyo

1952年4月28日
日本恢復主權，盟軍占領正式結束

3 印度分裂
1947年8月14/15日－1949年7月27日

印度境內占大多數的印度教徒和占少數的伊斯蘭教徒之間關係逐漸緊張，促成兩個獨立的國家誕生，也就是印度和巴基斯坦，在1947年8月14日的午夜生效，英屬印度政府解散。伊斯蘭教徒前往新成立的東巴基斯坦和西巴基斯坦，而印度教徒、錫克教徒和其他人則前往印度。之後當地發生大規模暴力事件，有數百萬人淪為難民，而領土分裂的暴力本質導致兩國之間的長期敵意。

- 獨立前的英屬印度
- 分割後的印度領土
- 由印度控制的爭議領土
- 由巴基斯坦控制的爭議領土
- 聯合國畫定停火線，1949年7月27日

4 馬來亞獨立 1948年2月1日－1957年8月31日

英國在1945年重新占領馬來亞。英國認同當地人想要自治的願望，因此和民族主義團體合作，在1948年2月成立馬來亞聯邦（Federation of Malaya）。此舉受到馬來亞共產黨反對，他們在當地少數華裔族群的支持下發動游擊戰武裝暴動，史稱「緊急狀態」（The Emergency）。大英國協部隊鎮壓武裝叛亂，馬來亞在1957年獨立，但緊急狀態一直要到1960年才宣告結束。

PAPUA NEW GUINEA 1975

Coral Sea

5 柬埔寨與寮國
1946年1月4日－1954年12月24日

1946年，法國重新把柬埔寨與寮國收為保護國。在柬埔寨，當局導入一部憲法，允許部分政治自由：法國支持受歡迎的國王施亞努（Sihanouk），他透過出色的談判手腕，在1953年為國家爭取獨立。1950年，寮國獲准半自治，並成為法蘭西聯盟（French Union）的聯繫邦，接著在四年之後完全獨立。

亞洲去殖民化

日本的亞洲殖民地解放之後，又有更多亞洲國家挺身為獨立而戰。反帝國主義運動開始被廣泛民眾接受，因此許多占領國被迫重新評估他們的舊時代殖民前哨。

第二次世界大戰期間，日軍在東南亞大獲全勝，結果暴露出西方國家對殖民地的掌控力有多麼弱。即使同盟國在 1945 年獲勝，他們卻大多不願意或者根本無力恢復他們的殖民體制。

國力大不如前的英國不願意繼續捍衛他們的帝國。自從印度國民大會黨（Indian National Congress）在 1885 年成立後，要求自治的壓力就不斷升高，而在許多人看來，英國離開這塊次大陸已經是無法避免的事。英國的目標在於透過授予自治權的方式來避免衝突，而荷蘭和法國則企圖復興他們在東印度群島和印度支那的帝國。結果這樣的做法讓這兩國都陷入打不贏的戰爭中，也警惕了所有想要把自身意志強加在這個地區的外來強權。

亞洲去殖民化的模式不只被參與其中的各國影響，也受到意識形態轉變的影響。在大半個 20 世紀，資本主義和共產主義的社會願景在戰後世界裡競爭，助長了冷戰（參見第 264-265 頁）。對共產擴張主義的恐懼點燃了 1950 年朝鮮半島上的戰火，也成為這個年代亞洲的一個特點。

> **「午夜鐘聲響起、全世界尚在沉睡的時候，印度即將甦醒，迎接生命與自由。」**
>
> 賈瓦哈拉爾．尼赫魯（Jawaharlal Nehru），1947年

印度獨立

印度國民大會黨是印度追求獨立的過程中最有影響力的團體，由聖雄甘地和尼赫魯領導，他們都曾在倫敦攻讀法律。從1921年到1930年代中期，在聖雄甘地的領導下，印度國民大會黨從菁英組織轉型成為倡導非暴力公民不服從理念的群眾運動。尼赫魯在1929年繼聖雄甘地之後擔任黨魁，他拒絕自治領的狀態，要求完全獨立。他在1947年成為印度首任總理。

尼赫魯（左）與甘地在印度孟買（Bombay）會面

新住民到來
1949年初夏，來自東歐、土耳其和突尼西亞的難民準備在海法（Haifa）上岸。以色列的回歸法（Law of Return）在1950年通過，賦予任何猶太人移居以色列的權利。

以色列建國

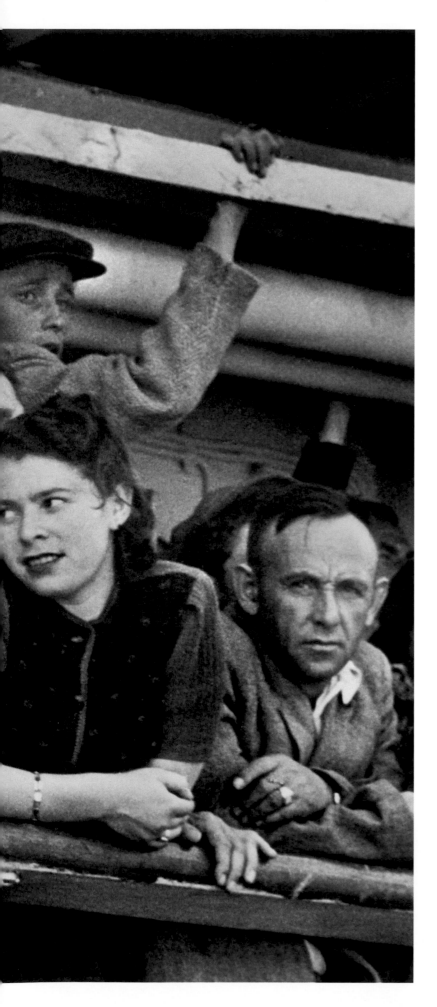

1917年，英國曾經在一個現稱《貝爾福宣言》（Balfour Declaration）的聲明中宣示支持在巴勒斯坦成立一個「猶太人的民族家園」。不過必須等到第二次世界大戰結束後，以色列才成為一個國家。

一次大戰結束後，英國根據國際聯盟的託管地條款控制了巴勒斯坦，目標是要為猶太人在當地建立家園。由於阿拉伯人占了當地人口 90%，許多人都反對這個提議。1930 及 1940 年代，許多猶太人為了逃避納粹迫害，前往巴勒斯坦尋求庇護，雙方關係日益緊張。

英國捲入阿拉伯人和猶太人之間的紛爭，因此對猶太移民實施嚴格配額。成千上萬猶太移民被拘留在英方的集中營裡，暴力衝突因此升級。1947 年，英國政府把控制權移交給聯合國。聯合國計畫分割巴勒斯坦，成立一個阿拉伯人的國家和一個猶太人的國家。但阿拉伯人反對這項方案。

40
ISRAEL
ישראל

△ **紀念郵票**
這張1949年的郵票描繪現代特拉維夫（Tel Aviv）建城。這座城市是在1909年由60個猶太家庭攜手建立的，位於耶路撒冷（Jerusalem）西北方24公里處。

第一次以阿戰爭

1948 年 5 月 14 日，英國託管結束，一個猶太復國組織宣告以色列獨立建國。阿拉伯國家組成軍事聯盟，立即發動攻擊，意圖奪取控制權，但等到 1949 年雙方同意停火時，以色列人不但已經控制了所有聯合國承諾分配給他們的領土，還占領了一些周邊阿拉伯人的領土。成千上萬的巴勒斯坦阿拉伯人被迫逃離家園，淪為沒有國籍的難民，而以色列則在當年稍晚時舉行第一次大選。

出埃及記號的旅程

1947年7月，在當時仍屬於巴勒斯坦的海法，數千名猶太移民擠在難民船出埃及記號（SS Exodus）的甲板上。這艘船在企圖非法靠岸的時候被英國攔截。之後船上的乘客被迫下船，並經由地中海送回法國。

戰爭的代價

第二次世界大戰的影響幾乎遍及全球，造成超過5000萬人喪命。許多軍人在東線戰場陣亡，而大屠殺、轟炸和陸戰也導致數以百萬計的平民喪生。在歐洲，許多倖存者只能絕望地在新環境中尋找棲身之所。

二次大戰造成的人命代價在歷史上是空前的。1944-45 年間，光是西北歐的軍人傷亡率就相當於——有時甚至超越——第一次世界大戰，而東線上艱苦的消耗戰又造成另外數百萬人喪生。在所有死於這場戰爭的人之中，平民所占的比例是前所未有的高。有 600 萬猶太人、13-20 萬羅姆人和大約 25 萬名身心障礙人士死於納粹大屠殺，而蘇聯、納粹和日本政權的殘暴行徑也造成大量死亡。此外盟軍轟炸德國城市也帶來同樣可怕的後果，破壞力最強的轟炸則是發生在日本。到了戰爭結束時，波蘭喪失了 1939 年時人口的 16%，蘇聯則大約損失 15%。

但人的苦難並沒有因為戰爭落幕而結束。數百萬原本居住在東歐的德國人在 1944 年因為紅軍逐步進逼而被迫逃離，當中有數十萬人死於暴力、營養不良或疾病。歐洲各國的邊界也重新畫過，戰火下的生還者則要在一片滿目瘡痍的廢墟中扛起重建國家、城市和生活的重責大任。

人命代價

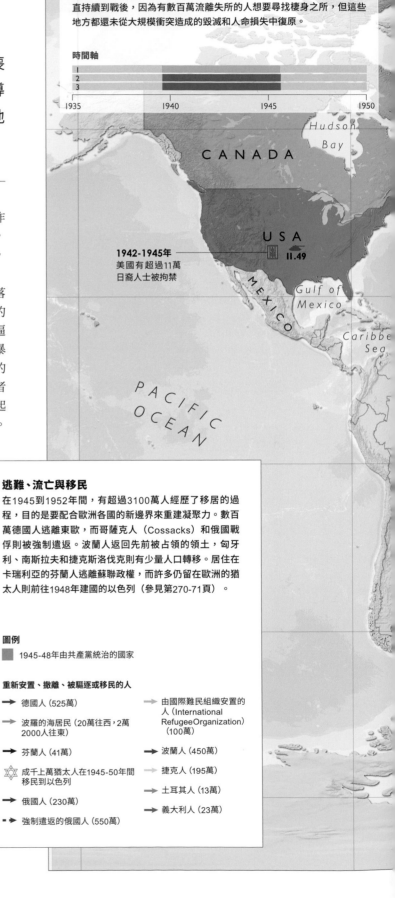

有數以百萬計的平民死於世界各地被轟炸和被圍攻的城市，或是死在勞改營或死亡集中營裡，跟軍隊人員的傷亡人數不相上下。這樣的創傷一直持續到戰後，因為有數百萬流離失所的人想要尋找棲身之所，但這些地方都還未從大規模衝突造成的毀滅和人命損失中復原。

時間軸

1 2 3

1935 1940 1945 1950

1942-1945年
美國有超過11萬日裔人士被拘禁

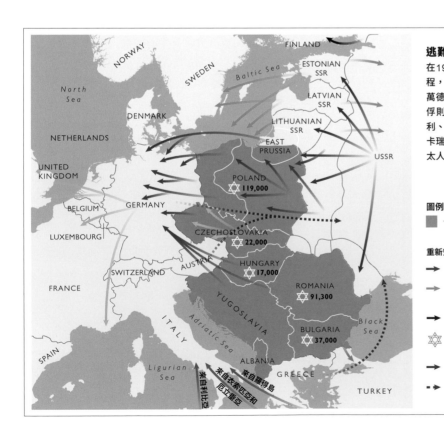

逃難、流亡與移民

在1945到1952年間，有超過3100萬人經歷了移居的過程，目的是要配合歐洲各國的新邊界來重建凝聚力。數百萬德國人逃離東歐，而哥薩克人（Cossacks）和俄國戰俘則被強制遣返。波蘭人返回先前被占領的領土，匈牙利、南斯拉夫和捷克斯洛伐克則有少量人口轉移。居住在卡瑞利亞的芬蘭人逃離蘇聯政權，而許多仍留在歐洲的猶太人則前往1948年建國的以色列（參見第270-71頁）。

圖例

- 1945-48年由共產黨統治的國家

重新安置、撤離、被驅逐或移民的人

- 德國人（525萬）
- 波羅的海居民（20萬往西，2萬2000人往東）
- 芬蘭人（41萬）
- 成千上萬猶太人在1945-50年間移民到以色列
- 俄國人（230萬）
- 強制遣返的俄國人（550萬）
- 由國際難民組織安置的人（International RefugeeOrganization）（100萬）
- 波蘭人（450萬）
- 捷克人（195萬）
- 土耳其人（13萬）
- 義大利人（23萬）

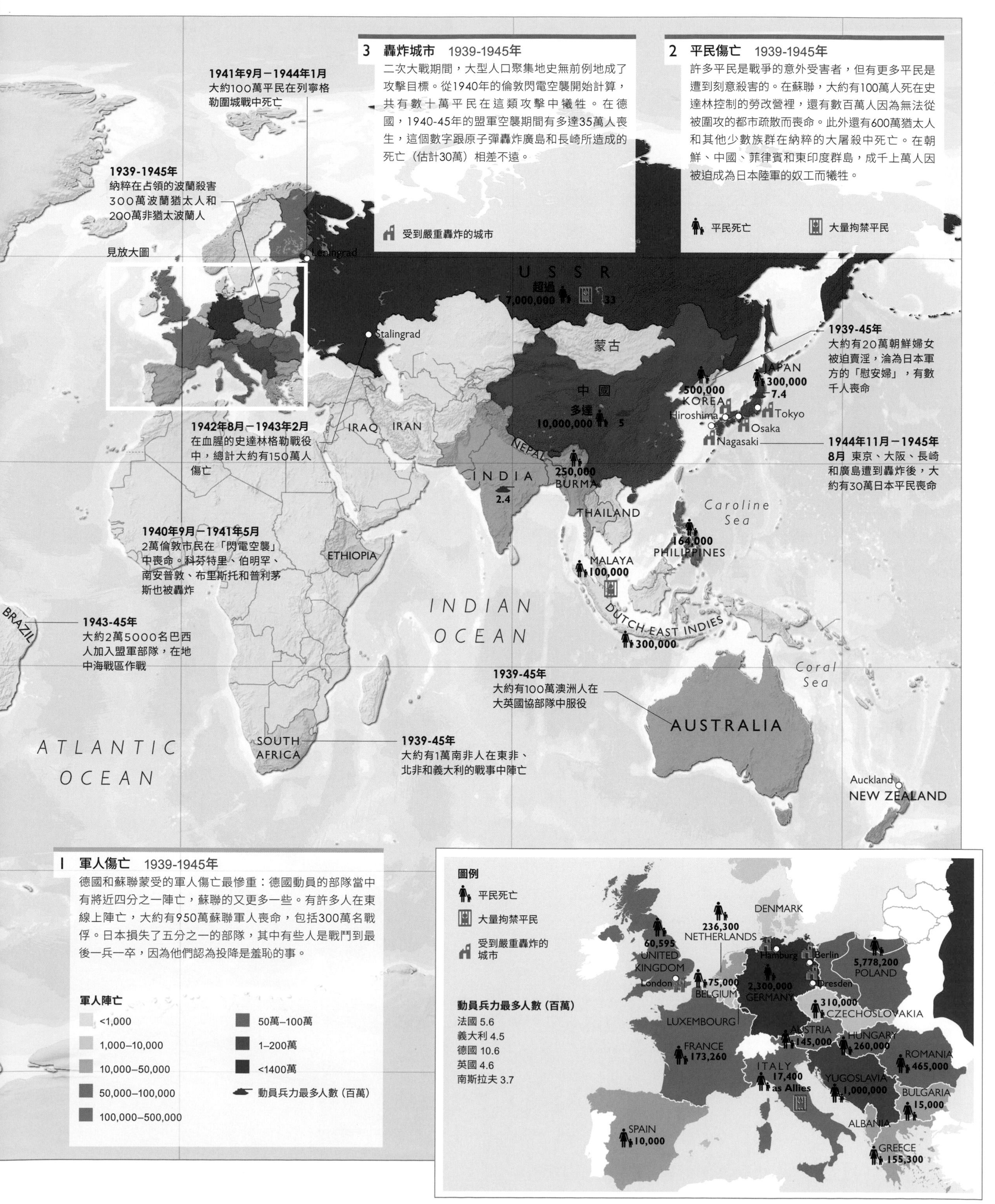
1941年9月－1944年1月
大約100萬平民在列寧格勒圍城戰中死亡
1939-1945年
納粹在占領的波蘭殺害300萬波蘭猶太人和200萬非猶太波蘭人
見放大圖
Leningrad
U S S R
超過 7,000,000
33
Stalingrad
蒙古
中國
多達 10,000,000
5
IRAQ
IRAN
NEPAL
INDIA
2.4
250,000
BURMA
THAILAND
1942年8月－1943年2月
在血腥的史達林格勒戰役中，總計大約有150萬人傷亡
1940年9月－1941年5月
2萬倫敦市民在「閃電空襲」中喪命。科芬特里、伯明罕、南安普敦、布里斯托和普利茅斯也被轟炸
ETHIOPIA
BRAZIL
1943-45年
大約2萬5000名巴西人加入盟軍部隊，在地中海戰區作戰
INDIAN OCEAN
ATLANTIC OCEAN
SOUTH AFRICA
1939-45年
大約有1萬南非人在東非、北非和義大利的戰事中陣亡
1939-45年
大約有100萬澳洲人在大英國協部隊中服役
AUSTRALIA
Coral Sea
Caroline Sea
164,000
PHILIPPINES
MALAYA
100,000
DUTCH EAST INDIES
300,000
500,000
KOREA
JAPAN
300,000
7.4
Hiroshima
Osaka
Tokyo
Nagasaki
1939-45年
大約有20萬朝鮮婦女被迫賣淫，淪為日本軍方的「慰安婦」，有數千人喪命
1944年11月－1945年8月 東京、大阪、長崎和廣島遭到轟炸後，大約有30萬日本平民喪命
Auckland
NEW ZEALAND
受到嚴重轟炸的城市
平民死亡
大量拘禁平民
圖例
平民死亡
大量拘禁平民
受到嚴重轟炸的城市
動員兵力最多人數（百萬）
法國 5.6
義大利 4.5
德國 10.6
英國 4.6
南斯拉夫 3.7
DENMARK
236,300
NETHERLANDS
60,595
UNITED KINGDOM
London
75,000
BELGIUM
Hamburg
Berlin
Dresden
2,300,000
GERMANY
5,778,200
POLAND
310,000
CZECHOSLOVAKIA
LUXEMBOURG
AUSTRIA
145,000
HUNGARY
260,000
FRANCE
173,260
ITALY
17,400
as Allies
ROMANIA
465,000
YUGOSLAVIA
1,000,000
BULGARIA
15,000
ALBANIA
SPAIN
10,000
GREECE
155,300
軍人陣亡
<1,000
1,000–10,000
10,000–50,000
50,000–100,000
100,000–500,000
50萬–100萬
1–200萬
<1400萬
動員兵力最多人數（百萬）

3 轟炸城市 1939-1945年

二次大戰期間，大型人口聚集地史無前例地成了攻擊目標。從1940年的倫敦閃電空襲開始計算，共有數十萬平民在這類攻擊中犧牲。在德國，1940-45年的盟軍空襲期間有多達35萬人喪生，這個數字跟原子彈轟炸廣島和長崎所造成的死亡（估計30萬）相差不遠。

2 平民傷亡 1939-1945年

許多平民是戰爭的意外受害者，但有更多平民是遭到刻意殺害的。在蘇聯，大約有100萬人死在史達林控制的勞改營裡，還有數百萬人因為無法從被圍攻的都市疏散而喪命。此外還有600萬猶太人和其他少數族群在納粹的大屠殺中死亡。在朝鮮、中國、菲律賓和東印度群島，成千上萬人因被迫成為日本陸軍的奴工而犧牲。

1 軍人傷亡 1939-1945年

德國和蘇聯蒙受的軍人傷亡最慘重：德國動員的部隊當中有將近四分之一陣亡，蘇聯的又更多一些。有許多人在東線上陣亡，大約有950萬蘇聯軍人喪命，包括300萬名戰俘。日本損失了五分之一的部隊，其中有些人是戰鬥到最後一兵一卒，因為他們認為投降是羞恥的事。

前事不忘，後事之師

大部分參戰國都保存了第二次世界大戰的記憶，不只以各種紀念儀式和紀念碑呈現，也以每個國家看待戰爭、看待戰鬥人員及平民犧牲奉獻的獨特視角展現。

△ 臨時紀念碑
這個在諾曼第海灘上倉促豎立的記號，標示出1944年D日登陸時一位陣亡美軍的墳墓。

大部分的同盟國都有一年一度的紀念節日，包括美國的陣亡將士紀念日（Veterans Day）、澳洲和紐西蘭的紐澳軍團日（Anzac day）、法國和捷克的勝利日（Victory Day），還有荷蘭和挪威的解放日（Liberation Day）。

每年的 5 月 9 日，俄國都會用遊行和相關儀式來紀念戰爭勝利。這場戰爭，尤其是 1941-45 年這一段時期，被稱為「偉大愛國戰爭」（Great Patriotic War），它的紀念承認了這個國家在當時做出的巨大人命犧牲。在各種慶祝活動中，不朽軍團遊行（March of the Immortal Regiment）可說是最別開生面的。數百萬平民集結在一起，手執二次大戰時期老兵、受害者和生存者的肖像與照片步行。許多國家也有個別的紀念活動。美國將珍珠港事件（參見第 110-11 頁）的日期訂為珍珠港紀念日（Pearl Harbor Remembrance Day），每年都會舉行紀念儀式。至於在英國，不列顛之役紀念日（Battle of Britain Day）則紀念 1940 年戰鬥機司令部擊敗德國空軍（參見第 58-59 頁）。

軸心國的紀念

在日本，戰爭依然是個爭議話題。儘管如此，廣島原子彈轟炸（參見第 258-59 頁）的位置現在已經成為廣島和平紀念公園。在德國，對戰爭的紀念則是以嚴肅的反思為主。有些當時的集中營被保存下來，成為博物館，而柏林的大屠殺紀念碑（右圖）則是個有力的提醒。近年來，大環境也鼓勵人對戰爭進行更公開的討論。

獻給列寧格勒的樂章

作曲家德米特里・蕭士塔高維奇（Dmitri Shostakovich）是土生土長的列寧格勒人，在1941年列寧格勒被德軍圍攻時譜寫了不朽的第七號交響曲前兩個樂章。他平安逃出圍城之後，把這部作品命名為列寧格勒交響曲（Leningrad Symphony），以紀念這座城市的英勇抵抗，於1942年首度公演。

柏林的大屠殺紀念碑
這座紀念碑由美國建築師彼得・埃森曼（Peter Eisenman）設計，由2711個混凝土塊組成。這座「歐洲被謀殺的猶太人的紀念碑」時常被詮釋成一套與理性失去聯繫的有序系統。

名詞解釋

非洲軍 Afrika Korps
德軍的遠征部隊，由艾爾文・隆美爾將軍指揮，在 1941 年春季奉命前往北非，支援接連被英軍擊敗的義軍。之後編制擴充，升格成非洲裝甲軍團（Panzerarmee Afrika）。

航空母艦 aircraft carrier
一種大型海軍船艦，能讓飛機起降，包括魚雷轟炸機、俯衝轟炸機和護衛用的戰鬥機等等。

德奧兼併 Anschluss
1938 年 3 月 13 日奧地利與德國合併，也就是希特勒的部隊以恢復秩序為藉口進軍奧地利的次日。

區域轟炸 area bombing
對大面積城市區域進行地毯式的空中轟炸。

休戰 armistice
交戰各方暫時停止敵對行為，以便進行關於正式和平協議的談判。

集團軍 army group
第二次世界大戰期間使用的最大規模陸上武力編制，由兩個以上的軍團組成，並由一位司令官指揮。

大西洋長城 Atlantic Wall
德軍為抵禦盟軍入侵西歐而興建的龐大海岸防禦工事。

羅馬－柏林軸心 Axis, Rome–Berlin
德國和義大利在 1936 年 11 月相互同意的友誼條約，接著是 1939 年 5 月的正式軍事聯盟鋼鐵條約，其後是德國、義大利和日本在 1940 年 9 月簽訂的三國同盟條約。其他軸心國家包括匈牙利、羅馬尼亞、斯洛伐克、保加利亞和克羅埃西亞。

營 battalion
一種軍隊編制單位，通常由 300 到 800 名官兵組成，可以再細分為連和排。營通常由中校軍官指揮，並由少校軍官擔任副手。一般來說會由三個以上的營集結組成一個團。

戰鬥艦 battleship
一種龐大且重裝甲的船艦，主要配備安裝在可旋轉砲塔中的大口徑艦砲。儘管這種船艦對同盟國和軸心國而言都極為重要，但經過實戰證明戰鬥艦格外容易受到航空母艦艦載機的打擊。

灘頭堡 beachhead
灘頭堡指的是靠近海洋或河川的區域，一旦被進攻的部隊占領，就可做為根據地，以便隨後展開深入敵軍領域的行動。

六巨頭“Big Six”
日本大本營政府聯絡會議（之後的最高戰爭指導會議）當中的六名成員：首相、外務大臣、陸軍大臣、海軍大臣、參謀總長、軍令部長

布萊奇利園 Bletchley Park
英國的政府密碼學校（Government Code & Cypher School）總部所在地，任務是破解敵方通訊的密碼。

閃電空襲 Blitz
1940 年 9 月到 1941 年 5 月，德國空軍對英國城市、港口和城鎮的大規模轟炸。

閃電戰 Blitzkrieg
德軍運用的一種戰法，主要是大規模戰車編隊在俯衝轟炸機和摩托化砲兵的支援下，在狹窄正面上向前突穿的行動。

轟炸機司令部 Bomber Command
1936 到 1968 年間，英國皇家空軍轄下的一個兵種，專門負責轟炸機作戰。

彈跳轟炸 bouncing bomb
由英國工程師巴恩斯・沃利斯（Barnes Wallis）發明的一種旋轉圓柱形炸彈，用來摧毀魯爾區的水力發電水壩。

橋頭堡 bridgehead
泛指進攻時的據點。也可參見「灘頭堡」。

旅 brigade
一種軍隊編制單位，通常由三到六個營加上支援的偵察、砲兵、工兵、補給和運輸單位組成。

英國遠征軍 BEF
英軍在 1939 年派遣到法國的部隊。

主力艦 capital ship
海軍最重要的船艦，傳統上是戰鬥艦或戰鬥巡洋艦，自 1942 年起則是航空母艦。

地毯轟炸 carpet bombing
參見「區域轟炸」。

軍 corps
一種軍隊單位，由兩個以上的師組成，通常由中將指揮。

沙漠之鼠 Desert Rats
1940-43 年的北非戰役中英軍第 7 裝甲師官兵的綽號，之後套用到整個第 8 軍團身上。

師 division
一種軍隊單位，由維持獨立作戰所需的全部兵種和勤務隊伍組成。一個軍團可以有四到十個師。

東線 Eastern Front
第二次世界大戰期間，軸心國和共同交戰國芬蘭合作對抗蘇聯的戰爭戰區。這場戰爭發生在中歐和東歐、波羅的海和巴爾幹半島。前蘇聯稱這場戰爭為偉大愛國戰爭。

特別行動部隊 Einsatzgruppen
四個營級規模的機動處決隊伍，目標是德軍占領區中的猶太人和政治異議分子。

縱射 enfiladed
火力從側翼的位置上對準敵人的整條戰線射擊。

護航航空母艦 escort carrier
護航航空母艦比航空母艦小、速度也較慢，大部分是用商船改裝以載運飛機，主要任務是護衛載運補給物資的運輸船團。

戰鬥機司令部 Fighter Command
英國皇家空軍轄下的一個兵種，成立於 1936 年，專門負責戰鬥機作戰，在 1940 年的不列顛之役裡擊敗德國空軍功不可沒。

自由法國 Free French
法國在 1940 年 6 月投降後，一群法國公民響應戴高樂將軍繼續作戰的號召，集結在他的麾下。

方面軍（蘇聯）front
蘇聯的軍隊編制單位，相當於西方國家的集團軍。一個方面軍通常由三到五個軍團組成，搭配一個軍團級的航空聯隊，以便為地面部隊提供空中支援。

元首 Führer
德語詞彙，意思是領袖。希特勒在 1921 年把它拿來當作頭銜，以表明他身為納粹黨領導人的地位。

日內瓦公約 Geneva Conventions
四份政治性條約加上一份議定書，規範了戰爭法以及戰爭進行期間對戰俘和平民的保護措施。日內瓦公約最早是在 1864 年獲得批准，之後在 1906、1929 和 1949 年修正並延長。

最高統帥部 Oberkommando der Wehrmacht
德國的軍事領導機構，由希特勒在 1938 年成立，以協助他建立對武裝部隊的絕對控制權。

古拉格 gulag
自 1920 年代開始在蘇聯境內運作的勞改營系統。雖然管理古拉格的政府機關在 1960 年解散，但勞改制度依然在蘇聯留存了數十年之久。

哈巴兵團 Habforce
1941 年 4 月在巴勒斯坦組成的英軍部隊，奉命在叛亂的伊拉克部隊展開圍攻前，前往解救哈巴尼耶的皇家空軍基地。

榴彈砲 howitzer
一種大口徑火砲，通常擁有相對較短的砲管，能以較大的仰角發射砲彈，砲彈因此以較大的角度落下。榴彈砲的射程一般來說介於 8 至 30 公里之間，視榴彈砲的類型而定。

日本帝國海軍 Imperial Japanese Navy
1868 到 1945 年間日本帝國的海軍

神風 kamikaze
第二次世界大戰期間，從 1944 年 10 月起以盟軍船艦為目標展開大規模自殺攻擊的日軍飛行員。

卡瑞利亞地峽 Karelian Isthmus
介於芬蘭灣和拉多加湖之間的帶狀陸地，芬軍在此處修築要塞化的曼納漢防線。

德國海軍 Kriegsmarine
德國海軍自 1935 年起直到戰爭結束所使用的名稱。

國際聯盟 League of Nations
第一次世界大戰後成立的國際組織，提供解決國際紛爭的平台。

生存空間 Lebensraum
德文詞彙，對生存空間的需求構成了納粹德國信奉領土擴張的基礎。

租借法案 Lend-Lease
美國政府在 1941 年 3 月啟動的援助計畫，確保武器、彈藥、糧食和其他基本物資（尤其是燃料）可以自由供應給英國和後來的其他同盟國。

公使館 legation
一群在外國代表本國政府的外交官和其他官員的總稱，但地位稍低於大使館。公使館由公使領銜，而非大使。

自由輪 Liberty ship
第二次世界大戰期間美國大量建造的貨船，通常成本低廉且容易建造。自由輪共計建造 2711 艘，200 艘被敵方擊沉。

生存空間 Lo Spazio Vitale
義大利文的生存空間。法西斯義大利的目標是要在北非和地中海區域建立霸權。

低地國 Low Countries
指比利時、荷蘭和盧森堡這三個國家，也因為國名的開頭字母而被稱為比荷盧（Benelux）。

德國空軍 Luftwaffe
德國空軍於 1935 年正式成立，當戰爭在 1939 年爆發時，是世界上最現代化的航空部隊。

物資 materiel
武器、彈藥、軍事裝備和補給的統稱。

莫洛托夫－李賓特洛普條約 Molotov–Ribbentrop Pact
第二次世界大戰前由蘇聯和德國的外交部長簽訂的互不侵犯條約，內容包括瓜分波蘭的安排。

浬 nautical mile
一種測量單位，比陸地上使用的哩稍長，相當於緯度一分的長度。

納粹黨 Nazi party
國家社會主義德意志工人黨（National sozialistische Deutsche Arbeiterpartei）的縮寫。

游擊隊 partisan
戰爭期間在納粹占領區出現的武裝抵抗團體分子。

公民投票 plebiscite
一種投票制度，一個國家的人民可以針對特定提案表達贊成或反對的態度。在第一次世界大戰後到第二次世界大戰爆發前，歐洲一些國家透過公民投票來解決流離失所的民眾造成的問題。

袖珍戰艦 pocket battleship
納粹德國在 1930 年代建造的一種火力強大的重型巡洋艦，共計有三艘：德意志號（Deutschland，之後改名盧佐號 Lutzow）、謝爾海軍上將號和史佩海軍上將號，主要武裝為六門 11 吋口徑主砲。

戰俘 POW
戰爭中的俘虜，也就是指在武裝衝突中被抓的囚犯，通常是戰鬥人員。

政變 putsch
透過武力推翻政府的非法企圖。1923 年 11 月，希特勒在慕尼黑對巴伐利亞政府發動所謂的啤酒館政變（Beer Hall Putsch），雖然最後失敗，卻是他政治之路上非常重要的一步。

（英國）皇家空軍 RAF
皇家空軍是英國的空軍，在 1918 年 4 月建立，是世界上歷史最悠久的獨立航空軍種。

紅軍 Red Army
1917 年布爾什維克革命之後蘇聯政府的武裝部隊，1946 年之後不再使用。

（義大利）皇家空軍 Regia Aeronautica
義大利皇家空軍創建於 1923 年，儘管數量龐大，但許多都是過時老舊機種，且義大利航空工業組織不良，生產進度趕不上作戰損失。

團 regiment
請參見「營」。

總督轄區 Reichskommissariat
由帝國總督（Reichskommissar）領導的行政治理單位，任務是統治德國在歐洲的占領區，包括荷蘭、挪威、比利時和法國北部。為了瓦解蘇聯，德國當局也在東方建立另外五個總督轄區。

帝國議會 Reichstag
第三帝國的國會。它的角色大部分是儀式性的，只會無異議地批准希特勒的決定。

萊茵蘭 Rhineland
萊茵河沿岸的德國西部地區。第一次世界大戰後，根據 1925 年的羅加諾公約（Locarno Treaty），這裡成為非軍事區。

皇家海軍 Royal Navy
英國的海軍，在第二次世界大戰爆發時是世界上最強大的，配備 15 艘戰鬥艦和戰鬥巡洋艦、七艘航空母艦、66 艘巡洋艦、184 艘驅逐艦和 60 艘潛艇。

皇家防空觀測團 ROC
皇家防空觀測團（Royal Observer Corps）是第二次世界大戰期間的民防組織，任務是偵察英國上空的敵方飛機動向。

薩爾蘭 Saarland
德國西南部的一個邦，在 1920 到 1935 年間由國際聯盟管理。

突出部 salient
戰場上的凸出地，多個方向被敵人包圍，防守的部隊因此容易受到打擊。

特種作戰團 SOE
英軍的祕密情報組織，任務是協助敵軍占領區內的抵抗運動，並執行間諜及破壞活動。

黨衛軍 SS
SS 為 Schutzstaffel 的縮寫。這是納粹黨的精銳半軍事化部隊，自 1929 年起由海因里希・希姆萊統御。

衝鋒隊 SA
SA 是 Sturmabteilung 的縮寫，也稱為褐衫隊（Brownshirts）。衝鋒隊是納粹黨原本的半軍事化部隊，但逐漸被黨衛軍取代。

求和 sue for peace
展開和平談判，通常是輸的一方為避免無條件投降而採取的步驟。

特遣艦隊 task force
美國海軍在 1941 年創造的詞彙，用來指稱幾個聯合起來執行特定軍事任務的海軍單位。

第三帝國 Third Reich
納粹黨在 1933 年掌權後賦予德國的正式國名。在他們的史觀中，公元 800 到 1806 年的神聖羅馬帝國是第一帝國，1871-1918 年的德意志帝國則是第二帝國。

凡爾賽條約 Treaty of Versailles
1918 年協約國和德國休戰後，正式結束第一次世界大戰的和平條約。由於它的戰爭罪行條款引發爭議，加上要求支付賠款，導致德國人民長期不滿，進而轉化成納粹黨崛起的動力。

U 艇 U-boat
德軍的潛艇。雖然潛艇通常用來攻擊敵軍艦艇，但 U 艇的主要任務是對盟國的航運線進行海上封鎖，以便獵殺商船。

聯合國 United Nations
1945 年 10 月建立的國際組織，目標是防止未來爆發戰爭。

美國陸軍航空軍 USAAF
美國陸軍航空軍（United States Army Air Forces）在 1941 年成立，是陸軍航空兵團（Army Air Corps）的後繼單位。美國加入二次大戰後，它的戰力迅速增長，原本只有 4000 架飛機，到戰爭結束時已有 7 萬 5000 架。

維琪法國 Vichy France
法國在 1940 年 6 月投降後建立的國家，由菲立浦・貝當元帥領導，統治法國未被占領的地區，首都設於溫泉城鎮維琪。

V 武器 V-weapon
德國人創造的詞彙，用來指稱 1944 年部署的「復仇武器」，主要由無人駕駛的 V-1 飛行炸彈和 V-2 長程火箭組成。

武裝黨衛軍 Waffen-SS
黨衛軍的武裝分支和德意志國防軍的精銳戰鬥單位。由於涉入多起戰爭及人道罪行，在戰後的紐倫堡大審中被認定為犯罪組織。

德意志國防軍 Wehrmacht
從 1935 年起到戰爭結束時德國武裝部隊的通稱，由德國陸軍（Herr）、德國海軍和德國空軍組成，希特勒擔任最高統帥。

西線 Western Front
第二次世界大戰期間，涵蓋比利時、丹麥、挪威、法國、德國、義大利、盧森堡和荷蘭的作戰區域。

索引

五畫

六畫

七畫

八畫

九畫

十畫

十一畫

十二畫

十三畫

十四畫

謝誌

DK出版社感謝以下人士協助製作本書：Phil Gamble for additional map design; Steve Crozier for image retouching; Garima Agarwal, Simar Dhamija, and Bianca Zambrea for design assistance; Jaypal Singh Chauhan for DTP assistance; Martyn Page and Kate Taylor for editorial assistance; Katie John for proofreading; and Helen Peters for indexing. Additional map references: maps courtesy of the USMA, Department of History; contains map data © OpenStreetMap contributors.

編註：地名大多以當時的地名呈現。

出版社感謝以下人士慷慨提供照片。

(Key: a-above; b-below/bottom; c-centre; f-far; l-left; r-right; t-top)

2 Dorling Kindersley: Wardrobe Museum, Salisbury. **4 Getty Images:** Bettmann (tl); Henry Guttmann Collection / Hulton Archive (tr). **4-5 Getty Images:** Ullstein bild Dtl.. **5 Getty Images:** Henry Guttmann Collection / Hulton Archive (tl); J. R. Eyerman / The LIFE Picture Collection (tr). **6 Getty Images:** Sgt Robert Howard / Hulton Archive (tl, tr). **6-7 Getty Images:** Ullstein bild Dtl.. **7 The US National Archives and Records Administration:** Photographer: Joe Rosenthal (tl). **8-9 John Calvin / www.wwii-photos-maps.com**. **10-11 Getty Images:** Bettmann. **12 Getty Images:** Photo 12 / UIG (tl). **13 Getty Images:** De Agostini / Biblioteca Ambrosiana (cr); Popperfoto (tl). **14 Getty Images:** Swim ink 2 llc / Corbis Historical (tl). **15 Getty Images:** Universal History Archive / Universal Images Group (br). **16 Alamy Stock Photo:** Photo 12 (tl). **18 Getty Images:** Stefano Bianchetti / Corbis Historical (bl). **19 Alamy Stock Photo:** IanDagnall Computing (br). **20-21 Getty Images:** Bettmann. **20 Getty Images:** Bettmann (bc); Adoc-photos / Corbis Historical (cl). **22 Alamy Stock Photo:** Granger Historical Picture Archive (bc). **Getty Images:** Universal History Archive / Universal Images Group (tr). **24 Alamy Stock Photo:** Pictorial Press Ltd (bl). **Getty Images:** Ullstein bild Dtl. (br). **26 akg-images:** Pictures From History (bl). **26-27 Imperial War Museum**. **28 akg-images:** (tr). **Getty Images:** Keystone / Hulton Archive (bc). **30-31 Bridgeman Images:** Pictures from History. **31 Bridgeman Images:** Pictures from History (br). **Dorling Kindersley:** By kind permission of The Trustees of the Imperial War Museum, London (cr). **32 Getty Images:** Print Collector / Hulton Archive (bc). **33 Getty Images:** Michael Nicholson / Corbis Historical (tr). **34-35 Getty Images:** Henry

Guttmann Collection / Hulton Archive. **36 Alamy Stock Photo:** Chronicle (tl); Heritage Image Partnership Ltd (c). **37 Getty Images:** Hugo Jaeger / Timepix / The Life Picture Collection (cr); IWM / Imperial War Museums (tl). **38 Wikipedia:** Julien Bryan (bl). **40-41 Getty Images:** Gaston Paris / Roger Viollet. **41 Alamy Stock Photo:** Hi-Story (c). **Getty Images:** Lt. L A Puttnam / IWM (br). **43 Alamy Stock Photo:** World History Archive (br). **44 Getty Images:** Bettmann (tr). **46 Getty Images:** Ullstein bild Dtl. (tl). **47 akg-images:** TT News Agency / SVT (tr). **48-49 Advanced Archival Associates Research**. **49 Getty Images:** Ullstein bild Dtl. (br). **50-51 Alamy Stock Photo:** Everett Collection Historica. **51 Bridgeman Images:** Tallandier (br). **Dorling Kindersley:** Wardrobe Museum, Salisbury (cr). **52 Getty Images:** Culture Club / Hulton Archive (bl). **53 Getty Images:** Hulton-Deutsch / Corbis Historical (br). **54 Getty Images:** Adoc-photos / Corbis Historical (bc, tr). **56 Getty Images:** Photo Josse / Leemage / Corbis Historical (clb). **58 Rex by Shutterstock:** Associated Newspapers / Associated Newspapers (bc). **59 Getty Images:** IWM / Imperial War Museums (br). **60-61 London Metropolitan Archives**. **61 Alamy Stock Photo:** Shawshots (br). **62 Alamy Stock Photo:** Pictorial Press Ltd (cla); Trinity Mirror / Mirrorpix (bc). **62-63 Getty Images:** Hulton-Deutsch Collection / Corbis. **64 Alamy Stock Photo:** Interfoto (bc); John Frost Newspapers (cr). **66 Getty Images:** Ullstein bild Dtl. (bc). **67 Alamy Stock Photo:** Trinity Mirror / Mirrorpix (crb). **68-69 Getty Images:** Bettmann. **68 Getty Images:** Capt. Horton / IWM (bl); Photo 12 / UIG (cl). **70 Alamy Stock Photo:** Everett Collection Inc (bc). **71 Getty Images:** Museum of Science and Industry, Chicago / Archive Photos (tr). **72 Getty Images:** Keystone-France / Gamma-Rapho (tl). **73 akg-images:** (r). **Getty Images:** Universal History Archive / UIG (tl). **75 Getty Images:** Haynes Archive / Popperfoto (br). **77 Getty Images:** Galerie Bilderwelt / Hulton Archive (tr); Michael Nicholson / Corbis Historical (br). **79 Getty Images:** Photo 12 / Universal Images Group (clb); Fototeca Storica Nazionale. / Hulton Archive (br). **81 akg-images:** (cr). **82 Bridgeman Images:** © SZ Photo / Scherl (br). **84 Getty Images:** Haynes Archive / Popperfoto (br); Bettmann (bl). **86-87 Getty Images:** Hulton Archive. **86 Alamy Stock Photo:** The Picture Art Collection (bl). **Getty Images:** Dan Burn-Forti / The Image Bank (cl). **88 Dorling Kindersley:** Musée des blindés, Saumur, France (tr). **Getty Images:** Galerie Bilderwelt (cl). **89 Getty Images:** Mondadori Portfolio (cr); Print Collector (t). **90 Alamy Stock Photo:** Pictorial Press Ltd (bl). **91 Getty Images:** Heritage Images / Hulton Archive (br). **92 Dorling Kindersley:** Wardrobe Museum, Salisbury (cl). **Getty Images:** Horace Abrahams / Hulton Archive (bc). **92-93 Getty Images:** TASS. **94 Getty Images:** Ullstein bild Dtl. (bl). **94-95 John Calvin / www.wwii-photos-maps.com**. **97 Getty Images:** Ullstein bild Dtl. (bc); Alexander Ustinov / Hulton Archive (tc). **98-99 Getty Images:** TASS. **98 akg-images:** Ullstein bild (cla). **Getty Images:** ullstein bild Dtl. (bl). **101 akg-images:** Pictures From History (tc). **Getty Images:** Time & Life Pictures / The LIFE Picture Collection (bl). **102-103 Getty Images:** J. R. Eyerman / The LIFE Picture Collection. **104 akg-images:** (cb). **Alamy Stock Photo:** World History Archive (tl). **105 Dorling Kindersley:** Planes of Fame Air Museum, Chino, California (ca). **Getty Images:** Universal History Archive / UIG (cr). **106 Alamy Stock Photo:** Shawshots (bl). **107 Alamy Stock Photo:** Everett Collection Inc (br). **108-109 Getty Images:** The Asahi Shimbun. **109 Bridgeman Images:** Universal History Archive / UIG (br). **Dorling Kindersley:** Imperial War Museum, Duxford (cr). **111 Alamy Stock Photo:** Granger Historical Picture Archive (br). **112 Getty Images:** Keystone / Hulton Archive (bl). **113 Getty Images:** Dmitri Kessel / The LIFE Picture Collection (br). **114-115 Getty Images:** Alfred T. Palmer / Buyenlarge. **114 akg-images:** akg / John Parrot / Stocktrek Images (cl). **Getty Images:** PhotoQuest / Archive Photos (bc). **116 Bridgeman Images:** West Point Museum, New York, USA / Photo © Don Troiani (br). **118 Getty Images:** Carl Mydans / The LIFE Picture Collection (bl). **119 Getty Images:** Mondadori Portfolio (br). **120 Getty Images:** Bettmann (bl). **122-123 Getty Images:** IWM. **123 akg-images:** GandhiServe India (br). **Getty Images:** Bettmann (c). **124 Alamy Stock Photo:** The Picture Art Collection (bc). **125 Alamy Stock Photo:** Historic Images (br). **127 Alamy Stock Photo:** Archivah (cl). **128-129 Alamy Stock Photo:** Hum Historical. **129 Getty Images:** Keystone / Hulton Archive (br). **130 Getty Images:** Photo 12 / UIG (ca); David E. Scherman / Time Life Pictures (clb). **131 akg-images:** (t). **Getty Images:** Sgt. Chetwyn / IWM (cr). **132 Bridgeman Images:** Deutsches Historisches Museum, Berlin, Germany / © DHM (bl). **133 Getty Images:** Ullstein bild Dtl. (br). **135 Alamy Stock Photo:** Pictorial Press Ltd (tc). **Bridgeman Images:** © Galerie Bilderwelt (br). **136-137 Alamy Stock Photo:** Pictorial Press Ltd. **136 akg-images:** Fototeca Gilardi (bc). **United States Holocaust Memorial Museum:** (cla). **138 Getty Images:** Keystone / Hulton Archive (cl). **139 Getty Images:** Evening Standard / Hulton Archive (br). **141 Alamy Stock Photo:** Pictorial Press Ltd (br). **143 Getty Images:** Jean Desmarteau / Gamma-Rapho (br). **144 Getty Images:** Universal History Archive / Universal Images Group (bl). **147 Bridgeman Images:** American Photographer, (20th century) / Private Collection / Peter Newark American Pictures (br). **Getty Images:** British Official Photo / The LIFE Picture Collection (tr). **148 akg-images:** (bl). **149 Getty Images:** Windmill Books / Universal Images Group (br). **150 Getty Images:** TASS (bc). **www.mediadrumworld.com:** (tc). **152 Getty Images:** Serge Plantureux / Corbis Historical (bc). **www.mediadrumworld.com:** (tr). **154-155 Getty Images:** AFP Contributor. **154 Alamy Stock Photo:** Trinity Mirror / Mirrorpix (bc). **Dorling Kindersley:** Imperial War Museum, Duxford (c). **156-157 Getty Images:** Sgt Robert Howard / Hulton Archive. **158 Dorling Kindersley:** Musée des blindés, Saumur, France (cb). **Getty Images:** Popperfoto (tl). **159 Bridgeman Images:** Photo © AGIP (cr). **Getty Images:** Sovfoto / UIG (tl). **160 akg-images:** Stocktrek Images (bl). **161 akg-images:** Heritage-Images / The Print Collector (tr). **162-163 Alamy Stock Photo:** Granger Historical Picture Archive. **162 Alamy Stock Photo:** Peter Horree (ca). **Getty Images:** Lt. D C Oulds / IWM (bl). **165 Getty Images:** Lt. L Chetwyn / Imperial War Museums (bc). **166 akg-images:** (bc). **Bridgeman Images:** © Galerie Bilderwelt (tc). **168 akg-images:** (bl). **169 Getty Images:** aviation-images.com / Universal Images Group (br). **170-171 Getty Images:** Bletchley Park Trust / Sspl. **170 Alamy Stock Photo:** James King-Holmes (bc). **Getty Images:** Time Life Pictures / National Archives / The Life Picture Collection (ca). **172 Getty Images:** Hulton Deutsch / Corbis Historical (tr). **Wikipedia:** Stadt Nürnberg (bl). **174 Bridgeman Images:** SZ Photo / Sammlung Megele (cla). **Getty Images:** Ullstein bild Dtl. (bl). **174-175 Getty Images:** Roger Viollet. **176 Getty Images:** Robert Doisneau / Masters (tl). **177 Alamy Stock Photo:** John Frost Newspapers (br). **179 akg-images:** (br); Sputnik (cl). **180 Bridgeman Images:** Peter Newark Military Pictures (tl). **181 Alamy Stock Photo:** ITAR-TASS News Agency (br). **182 akg-images:** Sputnik (tl). **Dreamstime.com:** Yuri4u80 (tr). **184 Dorling Kindersley:** The Combined Military Services Museum (CMSM) (cla). **Getty Images:** Keystone Features / Hulton Archive (bl). **184-185 Getty Images:** Universal History Archive. **186 Bridgeman Images:** Colorized reproduction of original photograph by Walter Rosenblum, Omaha Beach Rescue, D-Day +1 / © Galerie Bilderwelt (cr). **Getty Images:** Roger Viollet (bl). **188-189 Getty Images:** Smith Collection / Gado. **188 akg-images:** (bc). **Dorling Kindersley:** By kind permission of The Trustees of the Imperial War Museum, London (cla). **190-191 John Calvin / www.wwii-photos-maps.com**. **191 Getty Images:** Franklin / Hulton Archive (br). **192 Bridgeman Images:** French School, (20th century) / Private Collection / Archives Charmet (bl). **193 The National Archives:** (br). **194 akg-images:** Interfoto (bl). **196-197 TopFoto.co.uk:** Ullstein Bild. **196 Getty Images:** Interim Archives / Archive Photos (br). **197 Alamy Stock Photo:** History and Art Collection (cra). **Getty Images:** Heinrich Hoffmann / The Life Picture Collection (br). **198 Alamy Stock Photo:** Granger Historical Picture Archive (tl). **200 Getty Images:** Galerie Bilderwelt / Hulton Archive (bc). **203 Getty Images:** Mondadori Portfolio (br). **204 Bridgeman Images:** Private Collection / Peter Newark Pictures (cr).

Getty Images: Historical / Corbis Historical (tl). **205 Alamy Stock Photo:** American Photo Archive (crb). **Bridgeman Images:** Pictures from History (t). **207 Alamy Stock Photo:** Aviation history now (br). **Getty Images:** Time Life Pictures / The LIFE Picture Collection (tl). **208-209 Getty Images:** Sgt Robert Howard / Hulton Archive. **208 Bridgeman Images:** Private Collection / Peter Newark Pictures (cla). **Dorling Kindersley:** Musée des blindés, Saumur, France (bl). **210-211 Imperial War Museum**. **213 Getty Images:** W. Eugene Smith / The LIFE Picture Collection (tc). **214 Getty Images:** Bettmann (bc); Keystone / Hulton Archive (tr). **216 Alamy Stock Photo:** Hi-Story (cl). **Getty Images:** Hulton-Deutsch Collection / Corbis (bc). **216-217 Naval History and Heritage Command**. **218-219 Imperial War Museum**. **218 Getty Images:** Keystone / Hulton Archive (bl). **220 Getty Images:** Sovfoto / Universal Images Group (tl). **221 Getty Images:** PhotoQuest / Archive Photos (br). **222-223 Getty Images:** Roger Viollet. **223 Getty Images:** Universal History Archive (br). **Wikipedia:** Manchukuo State Council of Emperor Kang-de Puyi (cra). **224-225 The US National Archives and Records Administration:** Photographer: Joe Rosenthal. **226 Getty Images:** Bettmann (c); Time Life Pictures (tl). **227 Bridgeman Images:** Pictures from History (cr). **Dorling Kindersley:** Royal Airforce Museum, London (tl). **228 Getty Images:** Time Life Pictures / The LIFE Picture Collection (bl). **230-231 akg-images:** Heritage-Images / Keystone Archives. **230 Alamy Stock Photo:** DBI Studio (cla). **Getty Images:** Hulton-Deutsch Collection / Corbis (bc). **232 Getty Images:** PhotoQuest / Archive Photos (bc). **233 Getty Images:** Galerie Bilderwelt / Hulton Archive (tr). **234 Getty Images:** PhotoQuest / Archive Photos (bl). **236-237 akg-images:** Picture-Alliance / ZB / Richard Peter sen.. **236 Alamy Stock Photo:** Everett Collection Inc (bl). **Imperial War Museum:** (ca). **238-239 Imperial War Museum**. **238 Getty Images:** PhotoQuest / Archive Photos (bl). **240 akg-images:** Fototeca Gilardi (bc). **241 Getty Images:** Galerie Bilderwelt / Hulton Archive (tr). **242 akg-images:** (c) Khaldei / Voller Ernst (bl). **244-245 Getty Images:** Photo12 / UIG. **244 Getty Images:** Hulton-Deutsch Collection / Corbis (bl); Picture Post / Hulton Archive (cla). **246 Getty Images:** De Agostini Picture Library (tr). **Stanford Libraries:** (c). **247 Getty Images:** Sovfoto / UIG (tl). **The US National Archives and Records Administration:** Photographer: Joe Rosenthal (c). **248 Getty Images:** Carl Mydans / The LIFE Picture Collection (tc). **249 Getty Images:** Jiji Press / AFP (tr). **250 Bridgeman Images:** Museum of Fine Arts, Houston, Texas, USA / gift of Will Michels in honor of Jim and Erika Liu (bl). **251 Getty Images:** W. Eugene Smith / The LIFE Picture Collection (br). **252 akg-images:** (cla). **253 Getty Images:** Time Life Pictures / The LIFE Picture Collection (br). **254 Getty Images:** US Signal Corps / The LIFE Picture Collection (bc). **255 Getty Images:** Time Life Pictures / The LIFE Picture Collection (br). **256-257 Alamy Stock Photo:** Everett Collection Inc. **256 Alamy Stock Photo:** DOD Photo (bl). **Dorling Kindersley:** Bradbury Science Museum, Los Alamos (ca). **259 Getty Images:** The Asahi Shimbun (br). **260-261 Getty Images:** MPI / Archive Photos. **260 Alamy Stock Photo:** John Frost Newspapers (cl); Military Images (bl). **262 akg-images:** (tl). **Getty Images:** Roger Viollet (cl). **263 Bridgeman Images:** Universal History Archive / UIG (cr). **Getty Images:** Keystone-France / Gamma-Keystone (tl). **264 Alamy Stock Photo:** Everett Collection Historical (bc). **265 David Rumsey Map Collection www.davidrumsey.com:** (br). **266 Bridgeman Images:** Pictures from History (bc). **Getty Images:** David Pollack / Corbis Historical (cr). **268 Alamy Stock Photo:** Everett Collection Historical (bl). **269 Getty Images:** Universal History Archive / Universal Images Group (br). **270-271 Magnum Photos:** Robert Capa. **271 Alamy Stock Photo:** Eddie Gerald (cr). **Getty Images:** Frank Shershel / GPO (br). **274-275 Alamy Stock Photo:** DPA Picture Alliance. **274 akg-images:** (bl). **Getty Images:** Popperfoto (cla)

Endpaper images: Front: **akg-images:** Back: **akg-images:** Ullstein bild.